MERTENSIELLA

Supplement zu SALAMANDRA

Verbreitung, Ökologie und Schutz der Schlangen
Deutschlands und angrenzender Gebiete

Herausgegeben von
Michael Gruschwitz, Paul M. Kornacker, Richard Podloucky,
Wolfgang Völkl & Michael Waitzmann

im Auftrag der
Deutschen Gesellschaft für Herpetologie und Terrarienkunde e.V.

Nummer 3

Bonn, 15. Dezember 1993

Titelbild : Ringelnatter (*Natrix natrix helvetica*). - Foto: MICHAEL GRUSCHWITZ

Inhalt

Vorwort ... 5

Geleitwort von Herrn Bundesminister Prof. Dr. KLAUS TÖPFER ... 6

Allgemeiner Teil

Die Schlangen Deutschlands - Verbreitung und Bestandssituation in den einzelnen Bundesländern: MICHAEL GRUSCHWITZ, WOLFGANG VÖLKL, PAUL M. KORNACKER, MICHAEL WAITZMANN, RICHARD PODLOUCKY, KLEMENS FRITZ & RAINER GÜNTHER ... 7

Spezieller Teil

1. Coronella austriaca

Ökologie und Biologie der Schlingnatter, *Coronella austiaca* LAURENTI 1768 in den Niederlanden: HENK STRIJBOSCH & JAN J. VAN GELDER ... 39

Lebensraum, Gefährdung und Schutz der Schlingnatter (*Coronella austriaca* LAURENTI 1768) im Norddeutschen Tiefland und in den Mittelgebirgslagen Südwestdeutschlands: RICHARD PODLOUCKY & MICHAEL WAITZMANN ... 59

Die Schlingnatter (*Coronella austriaca* LAURENTI 1768) in Nordbayern: Lebensraum, Gefährdung und Schutz: WOLFGANG VÖLKL, OTTO ASSMANN & AXEL BEUTLER ... 77

Zur Situation der Schlingnatter (*Coronella austriaca* LAURENTI 1768) in Südbayern: Lebensräume, Gefährdung und Schutz: OTTO ASSMANN, MANFRED DROBNY & AXEL BEUTLER ... 83

Zur Situation der Schlingnatter (*Coronella austriaca*, LAURENTI 1768) in der Schweiz: ULRICH HOFER ... 91

Wiederansiedlung von Schlingnattern (*Coronella austriaca* LAURENTI 1768) nach einer Rebflurbereinigung bei Freudenstein (Gemeinde Knittlingen, Enzkreis, Baden-Württemberg) - Bilanz nach drei Jahren: PETER ZIMMERMANN ... 105

2. Elaphe longissima

Zur Situation der Äskulapnatter *Elaphe longissima* (LAURENTI, 1768) in der Bundesrepublik Deutschland: MICHAEL WAITZMAN ... 115

Aspekte der Populationsökologie und der Fortpflanzungsbiologie der Äskulapnatter, *Elaphe longissima* (LAURENTI 1768) in Ostbayern: MANFRED DROBNY ... 135

3. Natrix natrix

Zur Ökologie der Ringelnatter (*Natrix natrix*) in Deutschland: HANS-PETER ECKSTEIN ... 157

Die Ringelnatter (*Natrix natrix natrix* LINNAEUS, 1758) in Südbayern - Bestandssituation, Gefährdung und Schutz: AXEL BEUTLER, OTTO ASSMANN, MANFRED DROBNY & DETLEF SCHILLING ... 171

Untersuchung zur Habitatnutzung eines inselartigen Vorkommens der Ringelnatter (*Natrix natrix*) im nördlichen Münsterland (Westfalen) mit Angaben zur Lebensraum-Pflege und -Entwicklung: PETER FORMAN & HANS-PETER ECKSTEIN ... 181

Beobachtungen an einem Winterquartier der Ringelnatter, *Natrix n. natrix* (LINNAEUS 1758), im östlichen Mecklenburg/Vorpommern: ARNOLD RITTER & ANDREAS NÖLLERT ... 189

Lebensraumveränderungen und Schutz der Ringelnatter (*Natrix natrix* LINNAEUS 1758) im Bergischen Land, NRW: HANS-PETER-ECKSTEIN ... 199

Die Ringelnatter (*Natrix natrix*) in Berlin - Untersuchungen für ein Artenhilfsprogramm in einem urbanen Ballungsraum: KLAUS-DETLEF KÜHNEL ... 211

Die Anlage künstlicher Eiablageplätze: Eine einfache Möglichkeit zum Schutz der Ringelnatter (*Natrix natrix* L. 1758): ANNIE ZUIDERWIJK, GERARD SMIT & HANS VAN DEN BOGERT ... 227

4. Natrix tessellata

Zur Autökologie der Würfelnatter, *Natrix t. tessellata* (LAURENTI 1768) (Reptilia: Serpentes: Colubridae) in Deutschland: SIGRID LENZ & MICHAEL GRUSCHWITZ ... 235

Zur Populationsökologie der Würfelnatter, *Natrix t. tessellata* (LAURENTI 1768) in Deutschland (Reptilia: Serpentes: Colubridae): SIGRID LENZ & MICHAEL GRUSCHWITZ ... 253

Zur Merkmalsdifferenzierung und -variation der Würfelnatter, *Natrix tessellata* (LAURENTI 1768) in Deutschland: SIGRID LENZ & MICHAEL GRUSCHWITZ ... 269

5. Vipera aspis

Das Reliktvorkommen der Aspisviper (*Vipera aspis* L.) im Schwarzwald: KLEMENS FRITZ & MANFRED LEHNERT ... 301

6. Vipera berus

Die Biologie der Kreuzotter (*Vipera berus*, L. 1758) in Mitteleuropa - ein kurzer Überblick: HANS-JÜRGEN BIELLA & WOLFGANG VÖLKL ... 311

Die Kreuzotter (*Vipera b. berus* LINNAEUS 1758) in Nordrhein-Westfalen - Lebensräume, Gefährdung & Schutz: ARNO GEIGER ... 319

Die Kreuzotter (*Vipera b. berus* L. 1758) im Spessart: PETER HEIMES ... 325

Verbreitung, Habitateinbindung und Gefährdung der Kreuzotter *Vipera berus* (LINNAEUS 1758) in Südbayern: ULLRICH HECKES, HANS-JÜRGEN GRUBER & JAN HAFT ... 331

Verbreitung und Klimaanspruch der Kreuzotter (*Vipera berus berus* L.) in Südwestdeutschland: MANFRED LEHNERT & KLEMENS FRITZ ... 343

Ökologische Grundlagen einer Schutzkonzeption für die Kreuzotter *Vipera berus* (LINNAEUS 1758) in Mittelgebirgen: WOLFGANG VÖLKL & HANS-JÜRGEN BIELLA ... 357

7. Artübergreifende Aspekte

Konzeptionen für einen flächendeckenden Schutz unserer heimischen Schlangen - ein theoretischer Ansatz: WOLFGANG VÖLKL & PAUL M. KORNACKER ... 369

Die fossilen Schlangen Deutschlands: Geschichte der Faunen und ihrer Erforschung: ZBIGNIEW SZYNDLAR & WOLFGANG BÖHME ... 381

Vorwort

Die einheimische Schlangenfauna setzt sich aus sechs verschiedenen Arten zusammen. Davon sind drei Arten (Schlingnatter - *Coronella austriaca*, Ringelnatter - *Natrix natrix*, Kreuzotter - *Vipera berus*) mehr oder weniger weiträumig über die Bundesrepublik Deutschland verbreitet, während die übrigen drei Arten (Äskulapnatter - *Elaphe longissima*), Würfelnatter - *Natrix tessellata*, Aspisviper - *Vipera aspis*) aus biogeographisch-klimatischen Gründen disjunkte Verbreitungsareale zeigen, die heute z.T. nur noch isolierte Standorte mit verinselten Einzelpopulationen darstellen.

Im Januar 1991 veranstaltete die AG »Feldherpetologie« der Deutschen Gesellschaft für Herpetologie und Terrarienkunde (DGHT) in Hannover eine stark beachtete Tagung zur Ökologie und Bestandssituation der einheimischen Schlangenarten. Dabei wurde deutlich, daß sich in den letzten Jahren unser wissenschaftlicher Kenntnisstand über die einheimischen Schlangenarten durch eine Reihe umfassender freilandökologischer Untersuchungen, unter anderem auch im Rahmen von Diplom- oder Doktorarbeiten, erheblich erweitert hat. Diese lieferten eine Vielzahl neuer ökologisch-biologischer Daten etwa zur Raumnutzung, zur Populationsökologie oder zur Verbreitung und dienen als Basis für gezielte Schutzkonzepte und -programme.

Für die Weiterentwicklung unseres Wissens über die einheimischen Schlangenarten war zweifellos auch die Wiedervereinigung beider deutscher Staaten sehr förderlich. Länderübergreifend können interessante Fragen zur Verbreitung und Ökologie gemeinsam bearbeitet und publiziert werden, wie im vorliegenden Band gleich mehrfach dokumentiert wird.

Ausgehend von der oben genannten Fachtagung in Hannover und vor dem geschilderten Hintergrund eines verbesserten Kenntnisstandes und einer »gesamtdeutschen« Darstellungsmöglichkeit bot es sich an, unser Wissen über Verbreitung, Ökologie und Schutz der sechs einheimischen Schlangenarten in einem weiteren Band der »Mertensiella« zu präsentieren. Dies geschieht in dem vorliegenden Band einerseits in Form einer aktuellen Zusammenstellung über Verbreitung und Bestandssituation der sechs Arten in den einzelnen Bundesländern; andererseits in Form von Einzelarbeiten mit spezieller Thematik.

Dabei konnten auch interessante freilandbiologische Arbeiten aus dem benachbarten Ausland (Niederlande, Schweiz) ebenso einbezogen werden wie - als besonders reizvoller Aspekt - eine umfassende Abhandlung über die fossilen Schlangen Deutschlands.

Für die großzügige Bereitschaft, den doch sehr umfangreichen »Schlangenband« in der renommierten Schriftenreihe »Mertensiella« publizieren zu können, bedanken wir uns bei der Deutschen Gesellschaft für Herpetologie und Terrarienkunde (DGHT), insbesondere bei ihrem Vorstand, ganz herzlich.

Unser ganz besonderer Dank und große Anerkennung gilt Herrn Andreas Mendt, dem Leiter der DGHT-Geschäftsstelle. Er hat einen Großteil der redaktionellen und organisatorischen Arbeiten übernommen. Ohne seine engagierte Mitwirkung und oft mühevolle Unterstützung wäre eine Veröffentlichung in der vorliegenden Form und in dem erreichbaren Zeitrahmen nicht möglich gewesen.

Während der Drucklegung des Bandes verstarb Herr Hans-Jürgen Biella, der mit seinen Arbeiten wesentlich zu unserem heutigen Kenntnisstand über die Biologie der Kreuzotter beitrug. Mit ihm verlieren wir einen unserer renommiertesten Freilandherpetologen. Wir werden seiner stets gedenken.

Dresden, im Januar 1994

für die Herausgeber:
Dr. Michael Gruschwitz

Geleitwort
von Herrn Bundesminister Prof. Dr. Klaus Töpfer

Unser mitteleuropäischer Landschaftsraum unterliegt einer Vielzahl unterschiedlicher Nutzungsansprüche. Siedlungs- und Gewerbeentwicklung, ein dichtes Netz von Verkehrswegen, die intensiv betriebene Landwirtschaft oder großflächiger Rohstoffabbau haben in besonderem Maße zum Verlust naturnah zusammenhängender Landschaften und zur Verinselung ökologisch wertvoller Lebensräume geführt.

Von dieser Entwicklung sind neben vielen anderen Tierarten auch Reptilien und hier besonders auch unsere einheimischen Schlangenarten betroffen. Ihr Gefährdungsgrad wird - leider - überdeutlich in der aktuellen bundesdeutschen »Roten Liste« dokumentiert, die alle sechs deutschen Schlangenarten durchweg mit hohem bis höchstem Gefährdungsstatus verzeichnet.

Hinzu kommt die seit jeher vielfach von Vorurteilen geprägte Beziehung des Menschen zur Schlange, die eher ein Ergebnis seiner Fantasie und Ängste, denn der empirischen Forschung ist und die bis zur direkten Verfolgung und gezielten Vernichtung führte.

Die gegenwärtige Bestandssituation unserer Schlangenfauna erfordert dringend effektive Artenschutzmaßnahmen, die sowohl Schutz, Pflege, Entwicklung, Neuanlage oder Vernetzung von Lebensräumen als auch Aufklärungsarbeit in der Bevölkerung einschließen müssen. Persönlich ist mir der diesbezügliche Handlungsbedarf seit langem durch das Beispiel der vom Aussterben bedrohten Würfelnatter (*Natrix tessellata*) vertraut, deren erfolgreiche Bestandserhaltung ich in Rheinland-Pfalz über viele Jahre mitbetreiben konnte.

Unabdingbare Voraussetzung für erfolgreiche Schutzbemühungen sind umfassende wissenschaftliche Kenntnisse über Biologie, Ökologie und noch genauere Details der aktuellen Bestandssituation der betreffenden Arten.

Hier schließt das vorliegende Werk über »Verbreitung, Ökologie und Schutz der Schlangen Deutschlands und angrenzender Gebiete« in beispielhafter und umfassender Form eine Vielzahl bisheriger Kenntnislücken und zeigt darüber hinaus praxisbezogene Schutzmöglichkeiten auf. Da Tiere, also auch Schlangen, sich in ihrer Verbreitung nicht nach politischen Grenzen zu richten pflegen, deckt der gebotene Wissensstoff weite über Deutschlands Grenzen hinausreichende Gebiete ab.

Meine besondere Anerkennung und mein Dank gebührt dabei der Deutschen Gesellschaft für Herpetologie und Terrarienkunde (DGHT) als anerkanntem Fachverband, die heute die größte Gesellschaft ihrer Fachrichtung in der Welt darstellt. In engagierter Form hat sie die notwendigen Fachkenntnisse gesammelt und somit die Herausgabe dieses Werkes ermöglicht. Mit ihren Zeitschriften »Salamandra« und »Elaphe« sowie der Supplementreihe »Mertensiella« hat diese Gesellschaft gleich drei Kommunikationsorgane, die national wie international hohes Ansehen genießen und sowohl von Fachwissenschaftlern als auch von Amateurforschern gelesen und zur Publikation genutzt werden.

Gleichzeitig beglückwünsche ich die Herausgeber zu ihrem gelungenen neuen Standardwerk über die Schlangen Deutschlands.

Ich wünsche dem Band eine weite Verbreitung mit einer breiten Leserschaft nicht nur in Fachkreisen und eine konsequente Umsetzung der vielen Anregungen zum Schutz unserer einheimischen Schlangen.

Die Schlangen Deutschlands - Verbreitung und Bestandssituation in den einzelnen Bundesländern

MICHAEL GRUSCHWITZ, WOLFGANG VÖLKL, PAUL M. KORNACKER,
MICHAEL WAITZMANN, RICHARD PODLOUCKY, KLEMENS FRITZ & RAINER GÜNTHER

Key Words: *Coronella austriaca, Elaphe longissima, Natrix natrix, Natrix tessellata, Vipera aspis, Vipera berus,* distribution, status

Einleitung

Die Schlangenfauna Deutschlands hat seit dem klassischen Standardwerk von DÜRIGEN (1897) über die Amphibien und Reptilien Deutschlands keine zusammenhängende Bearbeitung mehr erfahren. Seit dem Jahre 1989 sind darüber hinaus die politischen Voraussetzungen geschaffen worden, um geographisch dem oben genannten Titel von DÜRIGENS Klassiker wieder gerecht werden zu können.

Vor diesem Hintergrund bot der vorliegende Band eine gute Gelegenheit, die aktuelle Verbreitung und Bestandssituation der sechs einheimischen Schlangenarten zusammenfassend darzustellen, zumal durch zahlreiche Kartierungen auf Länderebene oder monographische Artbearbeitungen eine umfassende und aktuelle Datenbasis gegeben ist.

Innerhalb des vorliegenden Bandes wird diese Zusammenstellung als »Allgemeiner Teil« den speziellen Einzelarbeiten vorangestellt. Er umfaßt einheitlich für alle sechs einheimischen Schlangenarten jeweils ein Kapitel über die Verbreitung und die Bestandssituation in Deutschland, aufgeschlüsselt nach den einzelnen Bundesländern (vergl. Abb. 1, Übersichtsdarstellung der einzelnen Bundesländer als Vorlage für die nachfolgenden Verbreitungskarten der einzelnen Arten). Daran schließt sich für jede Art eine Verbreitungskarte an, zusammengestellt auf der Basis des TK 1:25.000-Rasters (Meßtischblatt). Die Karten geben den *aktuellen* Kenntnisstand der Verbreitung in Deutschland wieder und basieren auf den verschiedenen länderspezifischen Kartierungsprojekten sowie zahlreichen weiteren Informationen und sonstigen Quellen. Sie beziehen sich in der Regel auf den Zeitraum ab 1980.

Im Sinne einer fundierten und anspruchsvollen Zusammenstellung wurde die Bearbeitung der einzelnen Artkapitel von verschiedenen Spezialisten übernommen, die als Autorenkollektiv für den allgemeinen Teil verantwortlich zeichnen.

Der allgemeine Teil wird abgerundet durch ein Gesamtliteraturverzeichnis, das die Zitate aller Artkapitel umfaßt sowie eine Zusammenstellung der »Roten Listen« des Bundes und der Bundesländer mit der aktuellen Gefährdungseinstufung der sechs Schlangenarten.

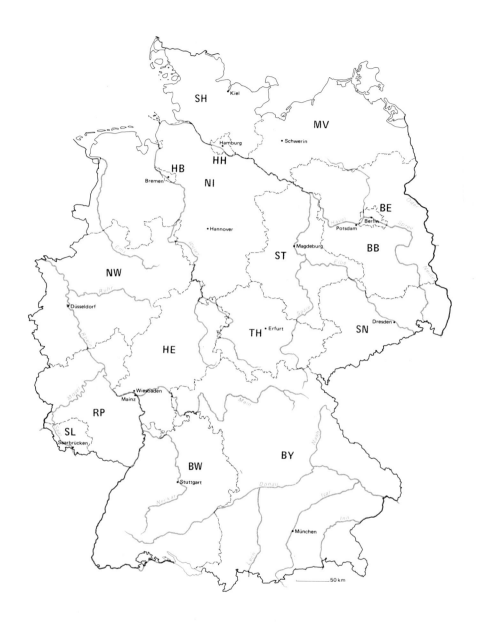

Abb. 1: Bundesrepublik Deutschland

1. Schlingnatter - *Coronella austriaca* (LAURENTI 1768)

Verbreitung

Der bundesdeutsche Verbreitungsschwerpunkt der Schlingnatter liegt in den klimatisch begünstigten Mittelgebirgsräumen Südwest- und Süddeutschlands (Abb. 2). In Hessen, dem westfälischen Bergland, Rheinland-Pfalz, dem Saarland, Baden-Württemberg und Nordbayern ist die Art weit verbreitet, wobei die Hauptareale in den Weinbaugebieten von Rheinland-Pfalz bzw. Hessen, dem Pfälzer Wald, dem Hessischen und Westfälischen Bergland, im Gebiet des Schwäbisch-Fränkischen Schichtstufenlandes, des Odenwaldes, der Oberrheinebene und des Schwarzwaldes, der Schwäbischen und der Fränkischen Alb und im Donautal liegen. Hinsichtlich ihrer Habitatwahl zeigt sich die Schlingnatter sehr plastisch und besiedelt ein breites Spektrum an offenen und halboffenen, oft trockenwarmen Lebensräumen mit heterogener Vegetationsstruktur und einem Mosaik aus unterschiedlichen Biotoptypen.

In den Hanglagen der Flußtäler der Jura- und Muschelkalkgebiete bzw. der Rheinischen Schiefergebirge sind die typischen Schlingnatterlebensräume die stark von Hecken oder Gebüsch durchsetzten südexponierten Weinbergsbrachen, Magerrasen, Steppenheiden, Trocken- oder Halbtrockenrasen. Dort erreicht die Art auch ihre höchsten Abundanzen. Daneben nutzt sie aber auch Waldrandbereiche sowie reich strukturierte Kulturflächen und dringt regelmäßig in Siedlungen ein, vorzugsweise entlang von exponierten Verkehrstrassen (Bahndamm, Straßenböschungen).

In den Mittelgebirgen kommt die Schlingnatter im Schwarzwald und im Bayerischen Wald bis in Höhen von etwa 1000 m über NN bzw. 850 m über NN vor. In den übrigen Mittelgebirgen geht sie kaum über 650 m.

In Südbayern konzentrieren sich die Schlingnattervorkommen vor allem auf die großen Flußtäler, wo der Schwerpunkt in den Resten der dealpinen Flußauen liegt, und auf die Alpen, wo die Art bei Berchtesgaden in hochmontanen Lagen bis 1300 m auftritt.

In Thüringen, Sachsen und Sachsen-Anhalt besiedelt die Schlingnatter ebenfalls vor allem trockenwarme felsige Hanglagen, wobei Schwerpunktvorkommen im Saale-Unstrutgebiet (Kalkgebiete des Thüringer Beckens), im Porphyrhügelland und im

Abb. 2: Die aktuelle Verbreitung der Schlingnatter (*Coronella austriaca*) in Deutschland, dargestellt als Rasterkarte auf der Basis des Meßtischblattes (TK 25). (Quellen: ASSMANN, DROBNY & BEUTLER 1993; BALLMANN unpubl.; BAYERISCHES LANDESAMT FÜR UMWELTSCHUTZ-ARTENSCHUTZ-KARTIERUNG unpubl.; BIELLA 1985; DIERKING-WESTPHAL 1981; DIERKING unpubl.; FELLENBERG 1981; GEIGER unpubl.; GRUSCHWITZ 1981; HEIMES unpubl.; FRITZ unpubl.; KORNACKER unpubl.; KÜHNEL 1990; LEIBL unpubl.; NIEDERSÄCHSISCHES LANDESAMT FÜR ÖKOLOGIE, TIERARTENERFASSUNGSPROGRAMM unpubl.; PATZER 1990; PHILIPPEN 1983; PODLOUCKY & FISCHER 1991; SCHIEMENZ 1980, 1981; SCHIEMENZ & GÜNTHER in Vorb.; VÖLKL & MEIER 1988).

Abb. 3: Die aktuelle Verbreitung der Äskulapnatter (*Elaphe longissima*) in Deutschland, dargestellt als Rasterkarte auf der Basis des Meßtischblattes (TK 25). (Quellen: ASSMANN 1986; ASSMANN & DROBNY 1990; DROBNY 1989; HEIMES 1988, 1989; HEIMES & WAITZMANN 1993; WAITZMANN 1987, 1989; WAITZMANN & SANDMAIER 1990).

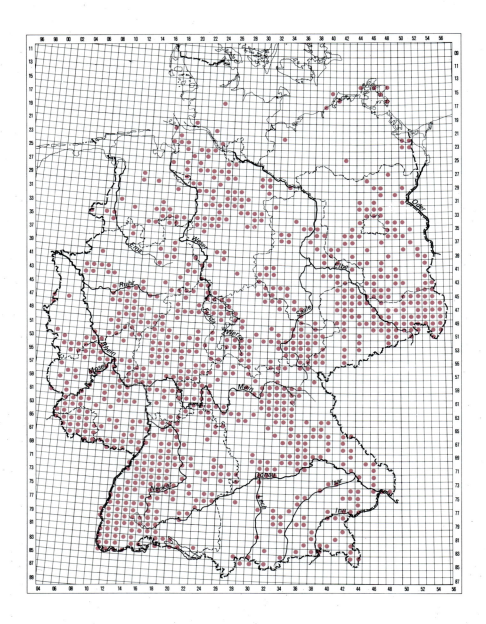

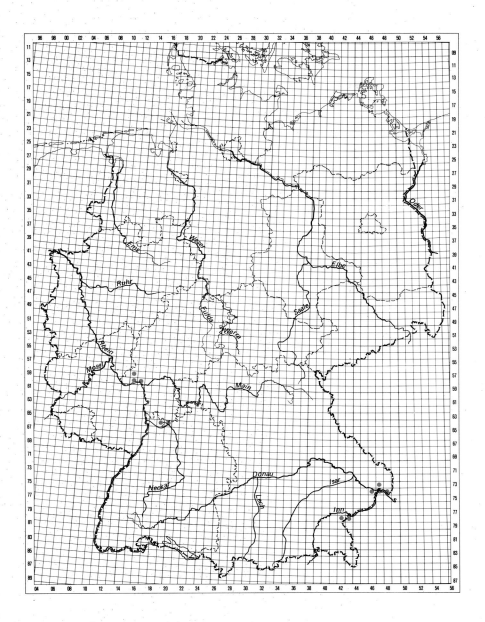

Dresdener Elbtalgebiet liegen. Daneben besiedelt sie im Übergangsbereich zur Tiefebene (z.B. im Oberlausitzer Heide- und Teichgebiet oder in der Dübener Heide) wie in Nordwestdeutschland auch Moor- und Heidestandorte. Nach Norden splittert sich das im Süden mehr oder weniger geschlossene Verbreitungsbild immer mehr in disjunkte Vorkommen auf.

Im nordrhein-westfälischen Tiefland bestehen einige kleine Siedlungsschwerpunkte am Niederrhein und in der Westfälischen Bucht. Im nordwestdeutschen Tiefland Niedersachsens besiedelt die Schlingnatter vor allem Sand- (Heide, Waldränder) und Moorstandorte mit Schwerpunktvorkommen in den natürlichen Regionen Stader Geest, Lüneburger Heide und Wendland, Weser-Aller-Flachland, Dümmer-Geestniederung und Ems-Hunte-Geest. Ein weiterer Schwerpunkt im südniedersächsischen Weserbergland schließt an die westfälischen Vorkommen an.

Nach Osten zeigt sich ein weiterer regionaler Schwerpunkt in den Sand- und Heidegebieten Brandenburgs, von wo aus die Art bis in die Siedlungsbereiche Berlins vordringt. Die aktuell nördlichsten, bereits sehr isolierten Populationen der Schlingnatter in Deutschland leben in Mecklenburg-Vorpommern an der Ostseeküste zwischen Rostock und dem Darß, auf Rügen und in den Sanddünengebieten der Ueckermünder Heide sowie in Schleswig-Holstein vorwiegend in trockengelegten Hochmooren bei Rendsburg und nordwestlich von Hamburg. Die Mehrzahl der noch von MOHR (1926) aufgeführten Vorkommen zwischen Husum und Hamburg bzw. bei Lübeck sind inzwischen erloschen (DIERKING-WESTPHAL 1981).

Bestandssituation

Die Schlingnatter gilt bundesweit als »gefährdet« und wird mit Ausnahme von Rheinland-Pfalz in allen Bundesländern als bestandsbedroht eingestuft, wobei beim Gefährdungsgrad ein gewisser Nord-Süd-Gradient festzustellen ist.

Die derzeit individuenstärksten Populationen mit überregionalem Verbund dürften in den trockenwarmen Gebieten der Pfalz (Hardtrand) bzw. in den Tälern von Rhein, Mosel, Nahe und Main sowie ihren Nebenflüssen, von Südhessen, der Oberrheinebene und den angrenzenden Schwarzwaldlagen, dem Neckar-Tauberland, im Odenwald, in der Fränkischen Alb, im Donautal sowie im Thüringischen Becken leben. Daneben bestehen eine Reihe großflächiger Vorkommen u.a. im Odenwald, im Spessart, im nördlichen Sachsen (Porphyrhügelland, Dübener Heide, Dresdener Elbtalgebiet), in der Oberlausitz sowie im Westfälischen, Hessischen und im Weserbergland. Größere, aber bereits weitgehend isolierte Populationen leben am Niederrhein, in den Heide- und Moorgebieten Niedersachsens, in den Sandgebieten Brandenburgs sowie in den dealpinen Flußauen Südbayerns.

Über die langfristige Bestandsentwicklung der Schlingnatter lassen sich kaum Aussagen treffen, da nur wenige regionale oder überregionale ältere Arbeiten vorliegen (z.B. DÜRIGEN 1897, BALLOWITZ 1902, ZIMMERMANN 1922), die Art früher sehr oft übersehen wurde und außerdem starke Unterschiede im Verteilungsmuster selbst innerhalb eines Lebensraumes die Beurteilung der Abundanz und der Bestandsentwicklung sehr erschweren (BIELLA 1988). Ein Vergleich der aktuellen und historischen Dichte potentieller Lebensräume läßt aber zumindest regional auf einen starken Rückgang schließen, der sich besonders gravierend an der Arealgrenze im Norden auswirkt (MOHR 1926; DIERKING-WESTPHAL 1981), jedoch durch die aktuelle Entwicklung in der Landwirtschaft sicherlich auch einige Kerngebiete (z.B. Frankenjura, Weinbaugebiete) betrifft (vgl. hierzu BAUER 1987; VÖLKL 1991). Zu den wesentlichen Lebensraumverlusten gehören u.a. die Zerstörung von Moorgebieten und Heiden in Niedersachsen (PODLOUCKY 1988), die großflächige Umwandlung kleinparzellierter strukturreicher Hänge in Rebmonokulturen durch die Rebflurbereinigung an Mosel, Nahe, Rhein, Neckar und Main (WERNER & KNEITZ 1978), der Verlust an strukturreichen Trockenrasenstandorten durch Flurbereinigung und Aufforstung im Frankenjura (VÖLKL 1991) und die flächenhafte Zerstörung der dealpinen Flußauen (EDER & MAYER 1990; MÜLLER 1990).

2. Äskulapnatter - *Elaphe longissima* (LAURENTI 1768)

Verbreitung

Die Äskulapnatter tritt in der Bundesrepublik Deutschland an der Nordgrenze ihres Gesamtverbreitungsareals in vier autochthonen, voneinander isolierten Populationen auf (Abb. 3). In Bayern im Donautal südöstlich von Passau und an der unteren Salzach bei Burghausen, in Hessen im Rheingau-Taunus in der Umgebung von Schlangenbad und im südlichen Odenwald bei Hirschhorn. Der Verbreitungsschwerpunkt der Population im Neckar-Odenwald befindet sich auf hessischer Seite, nur die östlichen und nordwestlichen Randpunkte des Vorkommens liegen in Baden-Württemberg.

Aus den anderen Bundesländern sind keine weiteren Vorkommen von *Elaphe longissima* bekannt.

Das bekannteste Vorkommen der Äskulapnatter in der Bundesrepublik Deutschland liegt im Rheingau-Taunus und wurde bereits im Jahre 1817 von v. HEYDEN (1862) entdeckt und erstmalig für deutsches Gebiet von LENZ (1832) beschrieben. Eine erste umfassende Untersuchung über die Verbreitung und Bestandssituation im Rheingau-Taunus erfolgte jedoch erst Ende der 80er Jahre (HEIMES 1988, 1989, 1991).

Parallel dazu wurde auch das zweite westdeutsche Vorkommen im Odenwald in der Umgebung von Hirschhorn im nordbadisch-südhessischen Grenzgebiet erstmalig in den Jahren 1986 bis 1989 umfassend untersucht (WAITZMANN 1987, 1989, 1992).

Abb. 4: Die aktuelle Verbreitung der Ringelnatter (*Natrix natrix*) in Deutschland, dargestellt als Rasterkarte auf der Basis des Meßtischblattes (TK 25). (Quellen: BAYERISCHES LANDESAMT FÜR UMWELTSCHUTZ unpubl.; BEUTLER et al. 1993; BEUTLER unpubl.; DIERKING unpubl.; FELLENBERG 1981; FRITZ unpubl.; GEIGER unpubl.; GERSTNER unpubl.; GRUSCHWITZ 1981 unpubl.; GÜNTHER & SCHIEMENZ in Vorb.; HEIMES 1990 unpubl.; Leibl unpubl.; NIEDERSÄCHSISCHES LANDESAMT FÜR ÖKOLOGIE, TIERARTENERFASSUNGSPROGRAMM unpubl.; PODLOUCKY & FISCHER 1991; SCHIEMENZ 1977, 1980, 1981; VÖLKL & MEIER 1989)

Abb. 5: Die aktuelle Verbreitung der Würfelnatter (*Natrix tessellata*) in Deutschland, dargestellt als Rasterkarte auf der Basis des Meßtischblattes (TK 25). (Quelle: GRUSCHWITZ 1981)

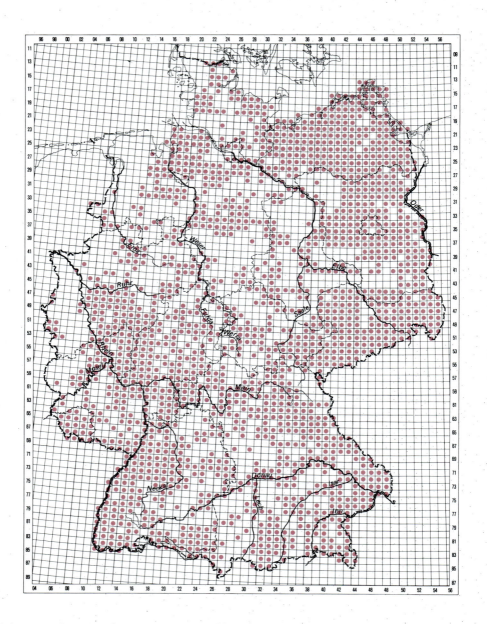

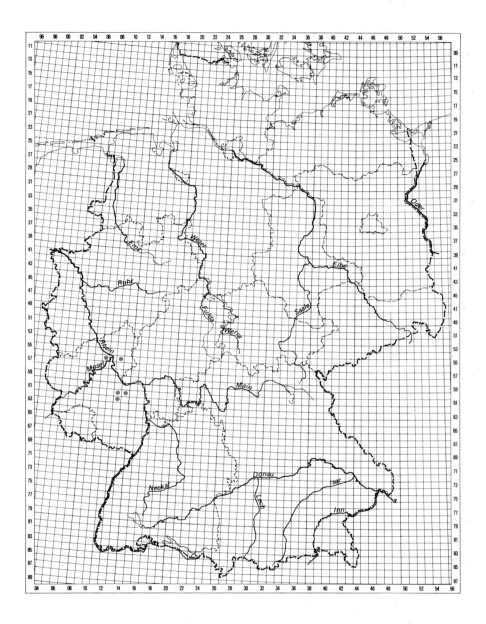

Die Population in Niederbayern im Donautal südöstlich von Passau ist bereits seit Beginn des 19. Jahrhunderts bekannt (DÜRIGEN 1897). Erste wissenschaftliche Untersuchungen in ausgewählten Abschnitten des Verbreitungsgebietes wurden ebenfalls erst in jüngster Zeit durchgeführt (WELLER & DEISZ 1973, FRÖR 1980 u. 1986, ASSMANN 1986, DROBNY 1989, WAITZMANN 1989, WAITZMANN & SANDMAIER 1990) und zeigten, daß dieses Vorkommen im Gegensatz zu den isolierten Populationen in Hessen und Baden-Württemberg zumindest entlang der Donau unmittelbaren Anschluß an das geschlossene Verbreitungsareal Österreichs hat (WAITZMANN & SANDMAIER 1990).

Das vierte bundesdeutsche Vorkommen der Äskulapnatter an der unteren Salzach bei Burghausen blieb seit der Erstveröffentlichung im Jahre 1905 (HECHT 1928) bis zu den Untersuchungen von FRÖR (1980, 1986), ASSMANN & DROBNY (1990) und WAITZMANN (1989) in der Fachliteratur unberücksichtigt. Bis heute nicht belegt sind publizierte Vorkommen am unteren Inn (DIESENER & REICHHOLF 1986, GRUBER 1989), so daß eine Verbindung zu dem nahe gelegenen niederbayerischen Vorkommen bei Passau nicht bestätigt werden kann.

Eine weitere, nicht autochthone Population von *Elaphe longissima* in der Bundesrepublik Deutschland geht nachweislich auf die Jahre 1853/54 zurück, wobei in der Nähe von Schlitz in Oberhessen 40 Tiere aus dem Rheingau ausgesetzt wurden (LENZ 1870). Diese künstlich angesiedelte Population hat sich über mehrere Jahrzehnte gehalten (HECHT 1928, MERTENS 1948, JAESCHKE 1971) und ist wahrscheinlich erst in jüngster Zeit erloschen (WAITZMANN 1989).

Alle weiteren beschriebenen Vorkommen der Äskulapnatter auf bundesdeutschem Gebiet bei Pforzheim, Baden-Baden, Ettlingen und Badenweiler (AMON 1928, DOUGLASS 1891, WEBER 1871) konnten nicht bestätigt werden und gehen wahrscheinlich auf ausgesetzte bzw. verschleppte Exemplare zurück, da gerade gegen Ende des letzten Jahrhunderts ein reger Handel mit Schlangenbader Tieren betrieben wurde (HEIMES 1988). Auch das häufig beschriebene Vorkommen im Wiesental bei Lörrach (ARNOLD & BURTON 1979, MERTENS 1960) konnte bis heute nicht belegt werden und muß - sofern jemals eine autochthone Population existent war - als erloschen gelten (FRITZ & LEHNERT 1989).

Trotz ihres mediterranen Ursprungs verhält sich die Äskulapnatter in allen vier genannten bundesdeutschen Verbreitungsgebieten weitgehend eurytop und besiedelt eine Vielzahl sehr unterschiedlicher Habitate. In den westdeutschen Isolaten des Rheingau-Taunus und Neckar-Odenwaldes liegen die Verbreitungsschwerpunkte sogar im Siedlungsbereich sowie im Bereich freier Wiesenhänge, trockener bis mäßig feuchter Ruderalstandorte und im Randbereich lichter Laub- und Mischwälder (HEIMES 1989, WAITZMANN 1989). Innerhalb dieser Biotope ist die Äskulapnatter weitgehend lückenlos verbreitet, gemieden werden lediglich dichte Wälder sowie land- und forstwirtschaftliche Monokulturen.

Die Verbreitungsschwerpunkte der niederbayerischen Äskulapnatter-Vorkommen im Donautal südöstlich von Passau liegen im Bereich der xerothermen Hanglagen der linken Donauseite, während sich die Vorkommen bei Burghausen überwiegend auf den unmittelbaren Uferbereich der Salzach und die angrenzenden Wald- und Wegränder konzentrieren.

Bestandssituation

Die Äskulapnatter gilt bundesweit und in allen Bundesländern, in denen sie vorkommt, als »vom Aussterben bedroht«.

Dieser hohe Gefährdungsgrad ergibt sich in erster Linie aus der inselartigen Reliktverbreitung mit nur vier isolierten Vorkommen in den Bundesländern Hessen, Baden-Württemberg und Bayern. Obwohl die Bestände in allen vier Populationen nach den aktuellen Untersuchungsergebnissen heute als weitgehend stabil eingestuft werden können, liegen doch keinerlei historische Daten über die Verbreitungssituation und Bestandsdichte dieser Art vor, so daß zuverlässige Aussagen über die Bestandsentwicklung in den einzelnen Vorkommensgebieten nicht möglich sind.

Dennoch besteht allein aufgrund der inselartigen Verbreitungssituation von *Elaphe longissima* grundsätzlich ein großes Extinktionsrisiko, da langfristig mögliche Bestandseinbußen in den jeweiligen Vorkommensgebieten nicht durch benachbarte Populationen kompensiert werden können.

Die wichtigsten populationslimitierenden Faktoren liegen - neben der seit dem Atlantikum bis in die Gegenwart andauernden Klimaverschlechterung - in einer Vielzahl direkter anthropogener Eingriffe in Form von Landschaftsveränderungen und Habitatzerstörungen (Intensivierung der Land- und Forstwirtschaft, Flurbereinigungen, Bodenversiegelung, Straßenbau, Rekultivierung von Sekundärstandorten, Aufforsten vegetationsarmer Trockenstandorte). Aufgrund der oft siedlungsnahen Vorkommen besteht darüber hinaus die Gefahr der direkten Verfolgung aus übertriebener Angst und Unkenntnis sowie ein Defizit an natürlichen Eiablagemöglichkeiten.

3. Ringelnatter - *Natrix natrix* (LINNAEUS 1758)

Verbreitung

Die Ringelnatter ist die Schlangenart mit der weitesten Verbreitung in Deutschland. Die Verbreitungsschwerpunkte liegen insbesondere in den südwestlichen, südöstlichen und östlichen Teilen Deutschlands (siehe Abb. 4). Im äußersten Nordwesten Schleswig-Holsteins und Niedersachsens läßt sich ihr Fehlen mit dem Verlauf der heutigen Arealgrenze erklären, zumindest fehlen Nachweise aus den letzten Jahrzehnten.

Abb. 6: Die aktuelle Verbreitung der Aspisviper (*Vipera aspis*) in Deutschland, dargestellt als Rasterkarte auf der Basis des Meßtischblattes (TK 25).

Abb. 7: Die aktuelle Verbreitung der Kreuzotter (*Vipera berus*) in Deutschland, dargestellt als Rasterkarte auf der Basis des Meßtischblattes (TK 25). (Quellen: ADER 1981; BAYERISCHES LANDESAMT FÜR UMWELTSCHUTZ -ARTENSCHUTZKARTIERUNG, unpubl.; BIELLA 1985; DIERKING-WESTPHAL 1981; GEIGER 1983; GRUSCHWITZ 1981; HECKES et al. 1993; HEIMES 1990; LEHNERT & FRITZ 1993; LEIBL unpubl.; NIEDERSÄCHSISCHES LANDESAMT FÜR ÖKOLOGIE, TIERARTENERFASSUNGSPROGRAMM unpubl.; PODLOUCKY & FISCHER 1991; SCHIEMENZ 1977, 1980, 1981; SCHIEMENZ & GÜNTHER in Vorb.; VÖLKL 1992)

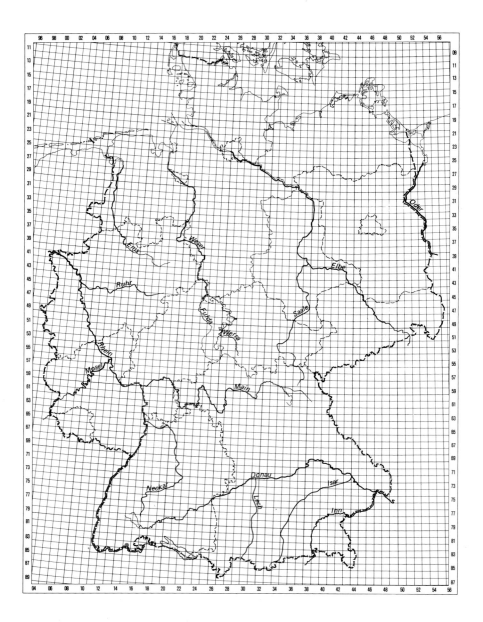

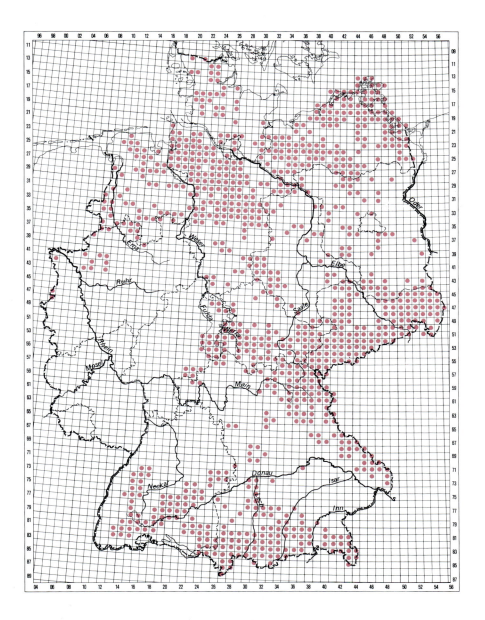

Die Vertikalverbreitung der Ringelnatter reicht von nahezu Meeresspiegelhöhe (Untere Elbeniederung, Bezirk Rostock) bis 1300 m üNN im deutschen Alpenraum (BEUTLER et al 1993). In den Mittelgebirgen befinden sich die höchstgelegenen Fundpunkte bei 610 m üNN im Thüringer Wald, bei 760 m üNN im Osterzgebirge und 980 m üNN im Westerzgebirge.

Die Ringelnatter bildet als einzige Schlangenart Deutschlands zwei Unterarten (*Natrix natrix natrix, Natrix natrix helvetica*) aus. Darüber hinaus sollte erwähnt werden, daß im nördlichen Leipziger Auwald die Unterart *N. n. persa* vorkommt, die - 1963 erstmals ausgesetzt - sich bis heute als teils reinrassige, teils Mischpopulation gehalten hat (SCHMIEMENZ 1980). Als Folge der nacheiszeitlichen Besiedlung aus zwei unterschiedlichen Refugialräumen im Südosten (*N. n. natrix*) bzw. Südwesten Europas (*N. n. helvetica*) stoßen die beiden Unterarten östlich des Rheins aufeinander und bilden hier auch Mischpopulationen aus. Die Arealgrenze beginnt im Süden auf den rechtsrheinischen Gebirgskämmen (Schwarzwald), verläuft in Hessen und Nordrhein-Westfalen deutlich östlich des Rheins (Teile des Odenwaldes unter Einschluß des Maingaues, des südöstlichen Taunus, des Westerwaldes, des Siegerlandes, des Wittgensteiner Landes, des südwestlichen und westlichen Sauerlandes, des westlichen Ruhrgebietes) bis in die Holländische Tiefebene (FELLENBERG 1981, HEIMES 1990). Während die saarländischen Ringelnatterpopulationen der Unterart *N. n. helvetica* angehören (MÜLLER 1968), kommen in den Bundesländern Baden-Württemberg, Rheinland-Pfalz, Hessen und Nordrhein-Westfalen beide Unterarten vor.

Im Nordwestdeutschen Tiefland (Schleswig-Holstein, Hamburg, Niedersachsen, Bremen, westliches Sachsen-Anhalt, nordwestliches Nordrhein-Westfalen) liegen Verbreitungsschwerpunkte im Bereich des Schleswig-Holsteinischen Hügellandes, der Stader Geest, des Weser-Aller-Flachlandes, der Westfälischen Tieflandbucht (Kernmünsterland, nördlich angrenzendes Emsland) und der Niederrheinischen Bucht. Auf Fehmarn, den Nord- und Ostfriesischen Inseln sowie in den Nordseemarschen fehlt die Art vollständig. Die östliche Ostfriesische Geest scheint heute nicht mehr zum Verbreitungsgebiet der Ringelnatter zu gehören. In den übrigen Regionen tritt sie nur kleinräumig (z.B. Lüneburger Heide, Hunte-Geest), häufig in isolierten Poulationen auf oder fehlt nahezu vollständig (Niedersächsische Börden, Nördliches Harzvorland, Südosten der Münsterschen Bucht, heute auch im Westmünsterland).

Das Nordostdeutsche Tiefland (Mecklenburg-Vorpommern, Brandenburg, Berlin, Sachen-Anhalt, nördliches Sachsen) wird von der Art großflächig besiedelt. Die höchsten Dichten erreicht sie im Mecklenburgisch-Vorpommerschen Küstengebiet, im Warnow-Recknitz-Gebiet, auf der Mecklenburgischen Seenplatte, den Ruppiner Heiden und Platten, in der Mittleren Mark, in der Elbaue und im Elster-Tiefland, in der Dübener und Dahlener Heide, im Nordsächsischen Platten- und Hügelland sowie in der ostsächsischen Lausitz. Größere Verbreitungslücken bestehen im Bereich der Prignitz, im Wendland (Altmark), im östlichen Harzvorland und der Magdeburger Börde, im Fläming sowie im Stadtgebiet von Berlin.

Im Westlichen Mittelgebirge (südliches Niedersachsen, östliches und südliches Nordrhein-Westfalen, nördliches und westliches Hessen, nördliches und westliches Rheinland-Pfalz, Saarland) liegen die Vorkommensschwerpunkte im Rheinischen Schiefergebirge (Westerwald, Hunsrück, Taunus) sowie dem sich nach Norden anschließenden Bergischen Land bzw. Sauerland. Die Vorkommen im Harz beschränken sich weitgehend auf den Südwestharz und seine Randbereiche. Große Verbreitungslücken sind im Weser-Leine-Bergland vorhanden. In den übrigen Mittelgebirgsregionen tritt die Art mehr oder weniger regelmäßig auf. Im Saarland erstreckt sich die Verbreitung im wesentlichen auf die Flußläufe und ihre Einzugsgebiete.

Auch im Östlichen Mittelgebirge (Thüringen, südliches Sachsen, nordöstliches Bayern) zeichnet sich eine weitgehend geschlossene Verbreitung ab. Verbreitungsschwerpunkte befinden sich im Zittauer Gebirge, auf den Saale-Sandsteinplatten, im östlichen Thüringer Schiefergebirge, im Vogtland sowie in Teilen des Erzgebirges. Größere Verbreitungslücken bzw. eine disjunkte Verbreitung sind lediglich im Thüringer Becken, im Thüringischen Mittelgebirge sowie im Frankenjura.

Im Südwestdeutschen Mittelgebirgs- bzw. Stufenland (Baden-Württemberg, südöstliches Rheinland-Pfalz, südliches Hessen, nordwestliches Bayern) liegen die Verbreitungsschwerpunkte in den naturnahen Talräumen entlang der großen Flüsse im Oberrheinischen Tiefland (Rheintal einschließlich Niederterrassen, Randgebiete der Untermainebene), dem Neckartal samt Seitentälern, am Haardtrand, im südlichen Odenwald und im Spessart.

Das Alpenvorland (südöstliches Baden-Württemberg, südliches Bayern) weist flächenhafte Verbreitungsschwerpunkte im Donautal mit Nebenflüssen, im südlichen Alpenvorland (Oberschwaben, Bodenseegebiet), den Schwäbisch-Bayerischen Voralpen sowie dem Unterbayerischen Hügelland und den Isar-Inn-Schotterplatten auf, ansonsten muß die Verbreitung als zerstreut bezeichnet werden. Im Süden reichen die Vorkommen bis in die Alpenregion hinein.

In Anlehnung an das weite Verbreitungsgebiet besiedelt die Ringelnatter ein breites Spektrum unterschiedlicher Habitate in Deutschland. Bevorzugte Lebensräume stellen naturnahe Feuchtgebiete sowie extensiv bewirtschaftete Wiesen oder lichte Laubwälder vor allem mit Gewässerbindung dar; weiterhin Still- und Fließgewässer verschiedenster Art (Seen, Weiher, Altwässer, Flüsse, Bäche einschließlich solcher mit anthropogener Prägung (Teiche, Kiesgruben, Steinbrüche). Als weitere Lebensräume kommen - vor allem in Nord- und Ostdeutschland - Moore sowie in Süddeutschland auch trockenere Habitate (Weinberge, Bahndämme) hinzu, sofern ein ausreichendes Nahrungsangebot besteht (HEIMES 1990).

Bestandssituation

Die Ringelnatter gilt bundesweit als »gefährdet« und wird auch in allen Bundesländern in unterschiedlichen Gefährdungskategorien als bedroht eingestuft.

In Schleswig-Holstein stellt sie die häufigste, in Niedersachsen die zweithäufigste Schlangenart dar. In Nordrhein-Westfalen konnte in Gebieten mit zunehmender Anlage von Gewässern eine Bestandsverbesserung festgestellt werden (ECKSTEIN 1993). Auch im Westharz wird durch den Stauseebau in den vergangenen Jahrzehnten eine lokale Arealausweitung vermutet (BRUNKEN & MEINEKE 1984). In den östlichen Bundesländern wird sie als häufig eingestuft. Insbesondere aus Mecklenburg-Vorpommern und Brandenburg liegen Beobachtungen über individuenstarke Populationen (bis zu 300 Ex. an Eiablageplätzen oder Winterquartieren) vor. In Baden-Württemberg und Bayern gilt sie ebenfalls als die häufigste Schlange (BAUER 1987; VÖLKL unpubl.). Die derzeit wahrscheinlich individuenstärksten Populationen mit einem überregionalen Verbund befinden sich in Süddeutschland in den großen Flußtälern (Rhein, Main, Donau mit linken Nebenflüssen) sowie in den nordbayerischen, hessischen und württembergischen Mittelgebirgen.

Allerdings weist die Ringelnatter trotz ihres Status als häufigste und verbreiteste Schlange Deutschlands lokal deutliche Bestandsrückgänge auf (z.B. BIEHLER & SCHOLL 1976). Allerdings sind detaillierte Aussagen über die langfristige Bestandsentwicklung der Ringelnatter sind kaum möglich, da diese Art auch in der Vergangenheit wesentlich weniger als die übrigen Arten Gegenstand vertiefter Freilanduntersuchungen war. Ein Vergleich der aktuellen und historischen Verbreitungsangaben sowie die Veränderungen in den bevorzugten Lebensräumen lassen aber zumindest regional auf einen Rückgang im gesamten deutschen Verbreitungsgebiet schließen (vergl. BEUTLER et al. 1993). Die Hauptursachen für den Bestandsrückgang der Ringelnatter sind Biotopzerstörungen vor allem durch Trockenlegung bzw. Drainage von Feuchtgebieten und durch den Ausbau von Flüssen und deren Uferbereichen (z.B. Rhein, Mosel). Zu nennen ist weiterhin das immer dichter werdende Straßennetz, welches nicht nur zum direkten Verlust durch Straßentod, sondern auch zu einer zunehmenden Verinselung der Populationen führt. Vergleichbare Isolationseffekte bestehen auch im Bereich großräumiger monotypischer Agrarlandschaften. Nicht unerwähnt bleiben dürfen direkte anthropogene Beeinträchtigungen durch Verfolgung oder Störung, z.B. infolge zunehmender Freizeitaktivitäten an Gewässern.

4. Würfelnatter - *Natrix tessellata* (LAURENTI 1768)

Verbreitung

Die Würfelnatter erreicht in der Bundesrepublik Deutschland die Nordgrenze ihres Gesamtverbreitungsareals. Die einzigen deutschen Vorkommen beschränken sich auf drei voneinander isolierte Standorte an den Flüssen Mosel, Lahn und Nahe (GRUSCHWITZ 1978, 1981, 1985, LENZ 1989) innerhalb des Bundeslandes Rheinland-Pfalz (Abb. 5). Die Art besiedelt gemäß ihrer semiaquatischen Lebensweise ausschließlich größere Fließgewässer in wärmebegünstigter Lage. Die Habitate sind durch flachgründige Uferzonen, eine deckungsreiche Gebüsch- und Hochstaudenvegetation der Ufer im Wechsel mit freien Kies- und Schotterflächen sowie durch ufernahe Böschungen, Dämme oder Bruchsteinmauern gekennzeichnet. Ein Vergleich der Fundortmitteilungen aus älteren Literaturquellen mit dem aktuellen Kenntnisstand der Verbreitung dokumentiert einen

---

Tafel I (gegenüberliegende Seite): Übersicht der in diesem Band behandelten Arten.
Coronella austriaca - Schlingnatter (Foto: GRUSCHWITZ); *Elaphe longissima* - Äskulapnatter (Foto: WAITZMANN); *Natrix natrix* - Ringelnatter (Foto: ECKSTEIN); *Natrix tessellata* - Würfelnatter (Foto: GRUSCHWITZ); *Vipera aspis* - Aspisviper (Foto: FRITZ); *Vipera berus* - Kreuzotter (Foto: PODLOUCKY).
(Reihenfolge der Abbildungen: von links nach rechts, von oben nach unten)

drastischen Bestandsrückgang der Art, weshalb sie zu den am stärksten vom Aussterben bedrohten Tierarten in der Bundesrepublik Deutschland gehört und umfangreiche Schutzmaßnahmen zum Erhalt der Art durchgeführt wurden und werden (GRUSCHWITZ et al. 1992, LENZ & GRUSCHWITZ 1992).

Danach sind an der Mosel insgesamt sieben ehemalige Fundorte belegbar, die sich längs des Unterlaufes von Bernkastel-Kues bis zur Rheinmündung bei Koblenz verteilten und auch Nebenbäche der Mosel (z.B. Üss-Bach) mit einschlossen (NOLL 1888, LE ROI & REICHENSPERGER 1913, HECHT 1929).Gegenwärtig existiert nur noch eine einzige Population am Unterlauf der Mosel längs eines ca. 500 m langen Uferabschnittes, die im Jahre 1975 »wiederentdeckt« wurde (GRUSCHWITZ 1978).

Die in älteren Quellen genannten Fundorte an der Lahn lassen auf eine ehemals zusammenhängende Verbreitung längs des Unterlaufes von Nassau bis zur Mündung bei Niederlahnstein schließen (NOLL 1869, DÜRIGEN 1897, HECHT 1929). Vielfach zitiert wird dabei der Fundort »Bad Ems« (z.B. KIRSCHBAUM 1862/63), wo die Art von dem Frankfurter Senator C. VON HEYDEN im Jahre 1816 erstmals für Deutschland entdeckt wurde, wobei er seine Beobachtung jedoch erst im Jahre 1861 publizierte (HEYDEN 1861, 1863). Gegenwärtig besteht an der Lahn nur noch ein einziger, räumlich eingeschränkter Fundort im Bereich des Unterlaufes längs eines ca. 2 km langen Uferabschnittes.

Über das Vorkommen an der Nahe wird erstmals im Jahre 1871 durch GEISENHEYNER (briefl. in NOLL 1874) berichtet, der die Art häufig bei Bad Kreuznach antraf. Bei Auswertung älterer Literaturquellen lassen sich mindestens 12 verschiedene ehemalige Fundorte am Mittel- und Unterlauf der Nahe zwischen Kirn und Langenlonsheim festlegen (NOLL 1874, GEISENHEYNER 1888, WOLTERSDORF 1926, HECHT 1929, PETRY 1929, PARENT 1975). Darüberhinaus lagen Nachweise von den Nebenflüssen Alsenz (Unterlauf bei Altenbamberg, NOLL 1874) und Glan (bei Meisenheim, GEISENHEYNER 1895, WOLTERSDORF 1926) vor. Meldungen über Vorkommen ober- oder unterhalb dieses Nahe-Abschnittes wie im Raum Idar-Oberstein - Birkenfeld (HECHT 1929, SCHREIBER in litt.) oder bei Laubenheim (GEISENHEYNER 1888) sind fraglich und unsicher. Die derzeitigen Vorkommen an der Nahe verteilen sich auf drei bis vier räumlich abgrenzbare Populationen längs eines 17 km langen Flußabschnittes zwischen Bad Kreuznach und Boos (GRUSCHWITZ 1985).

Die in der älteren Literatur genannten Einzelnachweise im Rheintal lassen sich mindestens 9 verschiedenen Fundorten zuordnen, die alle im Mittellauf des Flusses zwischen der Nahe-Mündung im Süden bei Bingen und Remagen im Norden lagen und in den Zeitraum 1870 bis 1926 fielen (NOLL 1869, 1870, 1874, 1888, GEISENHEYNER 1888, WOLTERSDORF 1926, HECHT 1929, 1930, MERTENS 1947). Die Art galt dort bereits zum Zeitpunkt ihrer Entdeckung als Seltenheit und wurde schwerpunktmäßig nur im Flußbereich zwischen Boppard und Kaub regelmäßig beobachet. Trotz intensiver Nachsuche in jüngster Zeit konnten keine aktuellen Nachweise mehr erbracht werden, so daß die Art für das Mittelrheintal als ausgestorben gelten muß (GRUSCHWITZ 1985).

Besondere Beachtung verdienen neuere Hinweise auf Vorkommen von *Natrix tessellata* am Hochrhein bei Waldshut in Baden-Württemberg. Dort wurde nach Informationen von FRITZ (in litt. 1985) im Jahre 1975 die Art mehrfach im Bereich einer Rheininsel nachgewiesen, die mittlerweile durch den Bau eines Wasserspeicherbeckens nahezu völlig zerstört wurde. Zwischenzeitlich wurden hier leider nachweislich aus dem Tessin stammende Würfelnattern ausgesetzt, so daß der Nachweis eines authochthonen Vorkommens der Art in Baden-Württemberg offen bleibt (BAUER 1987). Ebenso ungeklärt ist die Herkunft eines Würfelnatterfundes am Bodensee bei Konstanz aus dem Jahre 1956 (Beleg im Museum Koenig, Bonn).

Ein weiteres autochthones Vorkommen von *Natrix tessellata* mit einer reproduzierenden Population, zugleich das nördlichste der Art überhaupt, bestand an der Elbe bei Meißen (GEISENHEYNER 1898, ZIMMERMANN 1910). Dieses Vorkommen muß jedoch nach den Untersuchungen von OBST (1976) als erloschen gelten. Als Gründe für das Aussterben der Population führt der Autor Negativ-Veränderungen der Biotopstruktur sowie die Gewässerbelastung an. Schließlich erwähnt TORNIER (1904) den Einzelfund einer Würfelnatter bei Gera, wobei die Herkunft des Tieres ungeklärt bleibt.

Bestandssituation

Natrix tessellata gilt bundesweit und in Rheinland-Pfalz als »vom Aussterben bedroht«. Die Würfelnatter ist die einzige deutsche Schlangenart, zu der aufgrund aktueller und detaillierter Freilanduntersuchungen konkrete Bestandszahlen angegeben werden können. Der bundesdeutsche Individuenbestand kann derzeit mit ca. 450 Tieren angegeben werden.

Im einzelnen stellt sich die aktuelle Bestandssituation an den drei Flüssen Mosel, Lahn und Nahe wie folgt dar:

Die einzige Population an der Mosel umfaßt nach neueren Untersuchungen von LENZ (unpubl.) aus dem Jahre 1991 einen Bestand zwischen 20 und 40 Individuen. Vereinzelte Jungtierfunde belegen die noch vorhandene Reproduktionsfähigkeit der Population. Der Gesamtbestand liegt jedoch im absoluten Existenzminimum, so daß die Moselpopulation als hochgradig bestandsgefährdet einzustufen ist.

Das einzige Vorkommen an der Lahn weist einen seit Jahren konstanten Individuenbestand zwischen 100 und 150 Tieren auf (GRUSCHWITZ unpubl., LENZ 1989). Nach Durchführung einer Reihe von Pflege- und Entwicklungsmaßnahmen (LENZ & GRUSCHWITZ 1992) wurde eine stabile Reproduktionsrate mit ausgewogener Altersstruktur der Population erreicht.

An der Nahe existierten einst die individuenstärksten Populationen von *Natrix tessellata* in Deutschland (GEISENHEYNER 1888). Jedoch kam es in der ersten Hälfte dieses Jahrhunderts bereits zu deutlichen Bestandsrückgängen, die sich bis in die Gegenwart fortsetzten (NIEHUIS 1967, SCHNEIDER 1979). Nach aktuellen Bestandsuntersuchungen von LENZ und HERZBERG (noch unpubl.) aus den Jahren 1992 und 1993 kann die Gesamtpopulation der Nahe auf ca. 250 Tiere geschätzt werden, wobei Nachweise einer erfolgreichen Reproduktion vorliegen.

Für alle drei deutschen Würfelnatter-Standorte können als hauptsächliche Beeinträchtigungsfaktoren einerseits die vielfältigen anthropogenen Eingriffe im Uferbereich der Flußläufe (Uferverbau, Uferbefestigungen, Flußbegradigungen, Ausbaggerungen, Verfugen von Böschungsmauern), andererseits der stark angewachsene Freizeit- und Ausflugverkehr (Angler, Bootsverkehr, Campingplätze usw.) gelten.

5. Aspisviper - *Vipera aspis* (LINNAEUS 1758)

Verbreitung

Die Nominatform der Aspisviper erreicht im Nordosten ihres Verbreitungsareals über das Mittelgebirge des Schweizer Juras den südlichen Schwarzwald (Baden-Württemberg) und damit deutsches Gebiet (Abb. 6). Im Jahre 1867 wurde sie erstmals im Schwarzwald nachgewiesen. Aus der Zeit um die Jahrhundertwende liegen weitere zahlreiche Fundberichte vor. Auf Literaturzitate wird hier im Interesse des Aspisviper-Schutzes verzichtet. In den naturkundlichen Sammlungen der Museen und Schulen befinden sich mehrere Belegexemplare, die alle aus dem Gebiet um Waldshut-Tiengen und beim Hornfelsen (nahe Grenzach-Wyhlen bzw. Basel) stammen. Von einem weiteren oftmals zitierten Fundort am Isteiner Klotz (westlich Lörrach) liegen keine Belegexemplare vor.

Mit großer Wahrscheinlichkeit besteht heute lediglich noch das Verbreitungsareal bei Waldshut-Tiengen, in welchem in den vergangenen Jahrzehnten immer wieder einzelne Aspisvipern gefunden wurden. Bestandsuntersuchungen wurden lange Zeit nicht durchgeführt, so daß Status und Gefährdungsgrad unklar blieben und manche Autoren ihr Aussterben auf rechtsrheinischer Seite befürchteten. Eine populationsökologische Untersuchung wird seit nunmehr 10 Jahren im Sinne einer Langzeitstudie durchgeführt (siehe hierzu CAMBENSY 1984; FRITZ et al. 1985, 1987).

Nach heutiger Erkenntnis umfaßt das Areal eine Fläche von knapp 2 km² und besteht aus xerothermen, felsigen Hanglagen mit Traubeneichen- und Kiefer-Eichen-Wäldern.

Tafel II (gegenüberliegende Seite): Typische Habitate der in diesem Band behandelten Arten.

1) Typischer Habitat der Schlingnatter (*Coronella austriaca*) in Südwestdeutschland: Weinbergsbrache im Rheintal bei Leutesdorf, Juni 1985 (Foto: GRUSCHWITZ).

2) Typischer Habitat der Schlingnatter (*Coronella austriaca*) in Norddeutschland: Naturschutzgebiet »Ahlen-Falkenberger Moor« im Landkreis Cuxhaven, August 1989 (Foto: PODLOUCKY).

3) Typischer Habitat der Äskulapnatter (*Elaphe longissima*) im Rheingau-Taunus: Waldrand-Wiesen-Komplex bei Eltville, Mai 1990 (Foto: WAITZMANN).

4) Typischer Habitat der Ringelnatter (*Natrix natrix helvetica*) in Südwestdeutschland: Stillgelegter Basaltsteinbruch bei Rosenheim (Westerwald), Mai 1988 (Foto: GRUSCHWITZ).

5) Typischer Habitat der Ringelnatter (*Natrix natrix natrix*) in Norddeutschland: Naturschutzgebiet »Meerbruch« am Steinhuder Meer (Landkreis Nienburg), April 1990 (Foto: PODLOUCKY).

6) Typischer Habitat der Würfelnatter (*Natrix tessellata*) in Deutschland: Flußabschnitt der Nahe (Rheinland-Pfalz), Juli 1993 (Foto: LENZ).

7) Typischer Habitat der Aspisviper (*Vipera aspis*) im Bereich des einzigen Vorkommens im Südschwarzwald, Oktober 1990 (Foto: FRITZ).

8) Typischer Habitat der Kreuzotter (*Vipera berus*) in Deutschland: Nordschwarzwald, September 1986 (Foto: LEHNERT).

(Reihenfolge der Abbildungen: von links nach rechts, von oben nach unten)

Bestandssituation

Vipera aspis aspis gilt bundesweit und in Baden-Württemberg als vom Aussterben bedroht. Allein schon die Tatsache, daß sie nur noch in einem einzigen kleinen Areal für die Bundesrepublik Deutschland bestätigt werden kann, rechtfertigt diesen Status. Das Gebiet liegt völlig isoliert von den nächstgelegenen Populationen im Schweizer Jura. Verglichen mit den in den vergangenen Jahrzehnten stark rückläufigen Populationen der Nordschweiz (z.B. DUSEJ & BILLING 1991), ist der rechtsrheinische Bestand nach bisherigen Erkenntnissen jedoch relativ stabil.

Der wichtigste populationslimitierende Faktor liegt in der zunehmenden Bewaldung und Beschattung offener bzw. vegetationsarmer Fels- und Hanggebiete. Gezielte Eingriffe in den Waldbestand (Auslichten) sind geeignete Schutzmaßnahmen und wurden auch kleinräumig bereits durchgeführt.

6. Kreuzotter - *Vipera berus* (LINNAEUS 1758)

Verbreitung

Die Verbreitungsschwerpunkte der Kreuzotter in Deutschland liegen in den Moor- und Heidegebieten der Norddeutschen Tiefebene bzw. des Alpenvorlandes und in den (nadel)waldreichen Mittelgebirgen Süd- und Mitteldeutschlands (Abb. 7), während sie im Hessischen und Weserbergland, in der Mark Brandenburg, in der Magdeburger Börde und den klimatisch begünstigten Lagen Bayerns und Baden-Württembergs nur sehr sporadisch vorkommt. In den rheinischen Schiefergebirgen und der Oberrheinischen Tiefebene (d.h. in ganz Rheinland-Pfalz und im Saarland) fehlt die Kreuzotter von Natur aus (SCHIEMENZ 1985), aus dem Stadtgebiet von Berlin ist sie verschwunden.

In Niedersachsen (mit Hamburg und Bremen), Schleswig-Holstein und Mecklenburg-Vorpommern ist die Art in den Heide- und Moorgebieten der Tiefebene weit verbreitet. Die Hauptareale sind hier die Stader Geest, die Lüneburger Heide und das Weser-Aller-Flachland in Niedersachsen sowie das Müritzgebiet in Mecklenburg. Wichtige kleinere, aber oft bereits isolierte Vorkommen liegen im Emsland, auf der Schleswiger Geest, im Wendland und an der Ostseeküste bzw. auf Rügen, Hiddensee und Usedom, wo sie regelmäßig Küstenheiden besiedelt. In den Marschgebieten an der Nordseeküste und auf den Nordseeinseln fehlt die Kreuzotter, im Oberharz ist sie ausgesprochen selten.

In Brandenburg, Sachsen-Anhalt, Hessen und Nordrhein-Westfalen tritt sie nur sehr lokal auf, z.B. im Unterharz, im Spessart, in der Rhön, im Westmünsterland und am Niederrhein.

In Thüringen, Sachsen, Bayern und Baden-Württemberg ist die Kreuzotter in den (nadel)waldreichen, montan geprägten Mittelgebirgen, wo sie in den Gipfelregionen regelmäßig bis über 1000m vorkommt sowie im Oberlausitzer Heide- und Teichgebiet weit verbreitet und teilweise noch häufig. In den Mittelgebirgen lebt sie vor allem in offenen Biotopen im (Nadel)waldbereich (Lichtungen mit *Vaccinium*-Zwergstrauchheiden, innere und äußere Waldränder etc.), während Vorkommen in den Feucht- und Moorgebieten der Hochlagen und der Randbereiche meist nur lokale Bedeutung erreichen. Die Verbreitungszentren liegen im Oberlausitzer Heide- und Teichgebiet und in den montanen Lagen des Erzgebirges, des Fichtelgebirges, des Bayerischen Waldes und des Nordschwarzwaldes. Weitere regelmäßige Vorkommen werden aus dem Thüringer Wald, dem Zittauer Gebirge sowie von der Schwäbischen Alb gemeldet, wo die Art bis in Wacholderheiden vordringt. In trockenwarmen Gegenden (Neckar-Tauber-Land, mittlerer und südlicher Frankenjura, Thüringer Becken) sowie in weiten Teilen des Tertiären Hügellandes kommt die Kreuzotter nur sporadisch (v.a. in größeren Nadelwaldgebieten) vor. Ein weiteres Verbreitungszentrum von *Vipera berus* liegt im Voralpenland und Oberschwaben, wo sie vor allem die noch verbliebenen Moore und Feuchtwiesenkomplexe besiedelt. Im deutschen Alpenraum, wo sie in alpine Lagen bis 1800m hoch geht, kommt die Kreuzotter zwar regelmäßig vor, ist aber nirgends häufig.

Bestandssituation

Die Kreuzotter gilt bundesweit als »stark gefährdet« und wird auch in allen Bundesländern, in denen sie vorkommt, in unterschiedlichen Gefährdungsstufen als bedroht eingestuft (s. Anhang).

Die derzeit wahrscheinlich individuenstärksten Bestände mit überregionalem Verbund leben im mittleren und östlichen Niedersachsen (Stader Geest, Lüneburger Heide, Weser-Aller-Flachland), im Schwarzwald, im Fichtelgebirge, im Bayerischen Wald, im Erzgebirge und im Oberlausitzer Heide- und Teichgebiet sowie im Alpenvorland. Daneben gibt es noch eine Reihe kleinerer Vorkommen (u.a. Oberschwaben, Thüringer Wald, Westemsland, Wendland, Schleswiger Geest, Müritzgebiet, Darß sowie die Ostseeinselpopulationen Hiddensee und Rügen), die aber in vielen Fällen bereits weitgehend isoliert sind, z.B. durch ihre Lage in großräumigen Agrarlandschaften oder durch Autobahnen.

Bundesweit gesehen dürfte bei einem Vergleich der aktuellen Verbreitung mit nicht mehr bestätigten ehemaligen Vorkommen (BLUM 1888, WESTHOFF 1891; DÜRIGEN 1897; LEMMEL 1977, ADER 1981; LIEB & OBLINGER 1981; GEIGER 1983; VÖLKL 1986; HECKES et al. 1993) - und angesichts der Fangzahlen bei früheren Kopfprämienaktionen - ein Rückgang der Kreuzotter um 50 - 70% seit der Jahrhundertwende als realistisch erscheinen. Lokale oder regionale Bestandseinbußen wie in Umgebung der Großstädte Berlin und München, aus denen die Kreuzotter nahezu verschwunden ist (SCHIEMENZ 1985, KÜHNEL 1991, HECKES et al. 1993), im Fränkischen Jura (LIEB & OBLINGER 1981, VÖLKL 1992), im Nürnberger Reichswald (SCHOLL 1986) oder in den Moorgebieten Mecklenburgs (PAGEL 1981) können aber sicherlich wesentlich höher liegen. Die angegebenen bundesweiten 90 - 99% Bestandsrückgang bei JOGER (1985) beruhen auf einem Interpretationsfehler der Daten von VÖLKL (1986) und dürften zu hoch gegriffen sein. Die Hauptgefährdung für die Kreuzotter im Tiefland bzw. im Voralpenland ist die Zerstörung von Mooren (z.B. durch großflächigen Torfabbau) und Heiden, während in den Mittelgebirgen die Aufforstung der Schlüssellebensräume das größte Problem darstellt.

Danksagung

Wir danken O. ASSMANN, A. BEUTLER, U. DIERKING, M. DROBNY, A. GEIGER, J. GERSTNER, P. HEIMES, A. HERZBERG, F. LEIBL, M. LEHNERT, S. LENZ, J. VOITH, dem NIEDERSÄCHSISCHEN LANDESAMT FÜR ÖKOLOGIE und dem BAYERISCHEN LANDESAMT FÜR UMWELTSCHUTZ für die Überlassung unpublizierter Daten und H.J. BIELLA für seine Diskussionsbeiträge. Für die kartografische Hilfestellung bei der Anfertigung der Verbreitungskarten und der Deutschlandkarte bedanken wir uns bei Frau U. EULER, BUNDESAMT FÜR NATURSCHUTZ.

The snakes of Germany: distribution and status in the federal states

Six snake species occur in Germany. Three of them, *Elaphe longissima*, *Natrix tessellata* and *Vipera aspis*, are restricted to few small and very disjunct areas. *N. tessellata* decreased dramatically since the beginning of this century, while the populations of *E. longissima* and *Vipera aspis* seem to be more stable. Due to their small population numbers and the limited range, all three species are threatened to become extinct.

Coronella austriaca possesses a continous range in Central and Southwest Germany but has a disjunct distribution in the prealpine and alpine area - where it can be found up to 1300 m - and in Northern Germany. In its Southern range, it occupies a wide range of habitats including sunny forest edges, hedges, dry limestone grassland, meadows and vineyards while it lives mainly in dry heathlands and sandy areas in the North. Due to a decline in Northern Germany and severe habitat destruction in the South, *C. austriaca* is considered to be threatened.

Natrix natrix is widespread throughout Germany and can be found from the sea level up to 1200 m in the Alps. Within this range, the most numerous populations are concentrated in large wetlands and along unregulated brook and river sectors. Since a number of populations declined during the last years, *N. natrix* is considered to be endangered.

Vipera berus is widespread in the moor- and heathlands of North and East Germany, in the mountains of Central Germany and in the pre-alpine and alpine area up to 1800 m. *V. berus* lacks widely in the Rhine area. The main habitats are moores and heaths in the prealpine area. *V. berus* declined heavily during the last decades and is considered to be severely threatened.

Schriften

ADER, K. (1981): Kreuzotter - *Vipera b. berus* (LINNAEUS 1758). In: FELDMANN, R. (Hrsg): Die Amphibien und Reptilien Westfalens. - Abh. Landesmus. Naturkde. Münster 43: 151-154.

AMON, R. (1928): Unsere einheimischen Schlangen. - Der neue Pflug Wien 3: 25-44.

ARNOLD, E. N. & J. A. BURTON (1979): Pareys Reptilien- und Amphibienführer Europas. - Hamburg und Berlin, 270 S.

ASSMANN, O. (1986): Gutachten zur Frage eines geplanten Probestollens durch die Rhein-Main-Donau AG auf die Fauna im Landschaftsschutzgebiet Donautal. - (Unveröff. Bericht im Auftrag des Landratsamtes Passau).

ASSMANN, O. & M. DROBNY (1990): Artenhilfsprogramm für die Äskulapnatter (*Elaphe longissima*, LAURENTI 1768) bei Burghausen. - (Unveröff. Bericht im Auftrag des Landratsamtes Altötting).

ASSMANN, O., M. DROBNY & A. BEUTLER (1993): Zur Situation der Schlingnatter (*Coronella austriaca*) in Südbayern: Bestandssituation, Gefährdung und Schutz. - Mertensiella 3: 83-90.

BALLOWITZ, E. (1902): Über die Verbreitung der Schlingnatter (*Coronella austriaca* LAURENTI) im norddeutschen Flachland, insbesondere in Vorpommern. - Zool. Anz., Jena 25: 266-276.

BAUER, S. (1987): Verbreitung und Situation der Amphibien und Reptilien in Baden-Württemberg. - Beih. Veröffentl. Naturschutz Landespfl. Bad.-Württ., Karlsruhe 41: 71-155.

BEUTLER, A., O. ASSMANN, M. DROBNY & D. SCHILLING (1993): Die Ringelnatter (*Natrix natrix natrix* LINNAEUS, 1758) in Südbayern - Bestandssituation, Gefährdung und Schutz. - Mertensiella 3: 171-180.

BIEHLER, J.G. & G. SCHOLL (1976): Rote Listen und Tierartenschutz am Beispiel einiger Reptilien. - Natur Landschaft 51: 223-224.

BIELLA, H.J. (1985): Glattnatter und Kreuzotter in der Oberlausitz. - Natura lusatica 9: 28-37.

- (1988): Bemerkenswerte Abundanzen bei Oberlausitzer Schlangenpopulationen. - Abh. Ber. Naturkundemus. Görlitz 61: 45-52.

BLUM, J. (1888): Die Kreuzotter und ihre Vebreitung in Deutschland. - Abh. Senckenberg naturf. Ges. 15: 123-278.

BRUNKEN, G. & T. MEINEKE (1984): Amphibien und Reptilien zwischen Harz und Leine. - Beih. Schriftenr. Natursch. Landschaftspfl. Niedersachs., Hannover 10: 1-59.

CAMBENSY, J. (1984): Vorkommen der Aspis-Viper, *Vipera aspis* (LINNAEUS 1758) in Baden-Württemberg (Serpentes; Viperidae). - Salamandra 20: 56-58.

DIERKING-WESTPHAL, U. (1981): Zur Situation der Amphibien und Reptilien in Schleswig-Holstein. - Landesamt für Naturschutz und Landespflege in Schleswig-Holstein, Heft 3. Kiel 109 S.

DIESENER, G. & J. REICHHOLF (1986): Lurche und Kriechtiere. - Steinbachs Naturführer, München.

DOUGLASS, G. N. (1891): On the herpetology of Grand Duchy of Baden. - The Zoologist 49: 338-341 und 380-391.

DROBNY, M. (1989): Untersuchungen zur Aktivitätsdynamik und Habitatwahl der Äskulapnatter, *Elaphe longissima* (LAURENTI, 1768) in Ostbayern. - Dipl.-Arb. Univ. München.

DÜRIGEN, B. (1897): Deutschlands Amphibien und Reptilien. - Magdeburg. 676 S.

DUSEJ, G. & H. BILLING (1991): Die Reptilien des Kantons Aargau - Verbreitung, Ökologie und Schutz. - Mitt. Naturf. Ges. Bd. 33: 233-335.

ECKSTEIN, H.-P. (1993): Untersuchungen zur Ökologie der Ringelnatter (*Natrix natrix* LINNAEUS 1758). - Jb. Feldherpetologie, Duisburg, Beiheft 4, 145 S.

EDER, R. & A. MAYER. (1990): Die Situation der Flußauen in Bayern und ihre Erfassung nach ökologischen Gesichtspunkten. - Schriftenr. Bayer. Landesamt Umweltschutz 99: 5-15.

FELLENBERG, W. (1981): Schlingnatter (*Coronella austriaca* LAURENTI 1768)/ Ringelnatter (*Natrix natrix* LINNAEUS 1758). - In: FELDMANN, R. (Hrsg): Die Amphibien und Reptilien Westfalens. - Abh. Landesmus. Naturkde. Münster 43: 137-154.

FRANKE, A. (1881): Die Amphibien und Reptilien Deutschlands. - Leipzig.

FRITZ, K., M. LEHNERT, G. MÜLLER & M. SCHRENK (1985): Status und Schutzproblematik des Aspisviper (*Vipera aspis* L.) in der Bundesrepublik Deutschland. - Natur und Landschaft 60: 360-361.

FRITZ, K., G. MÜLLER, M. LEHNERT & M. SCHRENK (1987): Zur gegenwärtigen Situation der Aspisviper (*Vipera aspis* L.) in Deutschland.- Beih. Veröff. Naturschutz Landschaftspflege Bad.-Württ. 41: 463-472.

FRITZ, K. & M. LEHNERT (1989): Einheimische Schlangen. - Arbeitsbl. Naturschutz, Karlsruhe, 7: 1-5.

FRÖR, E. (1980): Schlußbericht über die Untersuchung zu Bestand und Ökologie von Smaragdeidechse (*Lacerta viridis*), Mauereidechse (*Lacerta muralis*) und Äskulapnatter (*Elaphe longissima*) in Bayern. (Unveröff. Bericht im Auftrag des Bayr. Landesamtes f. Umweltschutz, München).

- (1986): Erhebungen zur Situation der Reptilienbestände im Bereich der Donauhänge zwischen Passau und Jochenstein. - Schr.-R. Bayer. Landesamt f. Umweltschutz 73: 135-158.

GEIGER, A. (1983): Kreuzotter - *Vipera berus berus* (LINNAEUS, 1758). - In: GEIGER, A. & M. NIEKISCH (Hrsg.): Die Lurche und Kriechtiere im nördlichen Rheinland - Vorläufiger Verbreitungsatlas. - Neuss (BUND-NW): 152-155.

GEISENHEYNER, L. (1888): Wirbeltierfauna von Kreuznach unter Berücksichtigung des ganzen Nahetales. 1. Teil: Fische, Amphibien, Reptilien. - Wiss. Beil. z. Prog. des Kgl. Gymnasiums zu Kreuznach.

- (1895): Über die Verbreitung zweier Thiere aus der Fauna des Nahethales (*Tropidonotus tessellatus und Mus rattus*). - Verh. des Natur-Hist. Vereins der Rhld. und Westf. 52: 33-44.

GERHARDT, A. & T. GABRIEL (1991): Die Ringelnatter *Natrix natrix* (LINNAEUS, 1758).- In: KINZELBACH, R. & M. NIEHUIS (Hrsg.): Wirbeltiere - Beiträge zur Fauna von Rheinland-Pfalz.- Mz. naturwiss. Arch./Beih. 13: 103-115.

GRUBER, U. (1989): Die Schlangen Europas und rund ums Mittelmeer. - Kosmos Naturführer; Stuttgart.

GRUSCHWITZ, M. (1978): Untersuchungen zu Vorkommen und Lebensweise der Würfelnatter (*Natrix t. tessellata*) im Bereich der Flüsse Mosel und Lahn (Rheinland-Pfalz) (*Reptilia: Serpentes: Colubridae*). - Salamandra 14: 80-89.

- (1981): Verbreitung und Bestandssituation der Amphibien und Reptilien in Rheinland-Pfalz. - Naturschutz und Ornithologie in Rheinland-Pfalz 2(2): 289-390.

- (1985): Status und Schutzproblematik der Würfelnatter (*Natrix tessellata* LAURENTI 1768) in der Bundesrepublik Deutschland. - Natur und Landschaft 60: 353-356.

GRUSCHWITZ, M., S. LENZ, H. JES & G. NOGGE (1992): Die Nachzucht der Würfelnatter (*Natrix tessellata* LAUR. 1768) im Aquarium des Kölner Zoos - Ein Beitrag zum Artenschutz.- Zeitschrift des Kölner Zoos 3: 117-125.

HECHT, G. (1929): Zur Kenntnis der Nordgrenzen der mitteleuropäischen Reptilien. - Mitt. aus d. Zool. Museum Berlin 14: 501-597.

- (1930): Systematik, Ausbreitungsgeschichte und Ökologie der europäischen Arten der Gattung *Tropidonotus* (KUHL) H. BOIE. - Mitt. aus d. Zool. Museum Berlin 16: 244-393

HECKES, U., H.J. GRUBER & J. HAFT (1993): Verbreitung, Habitateinbindung und Gefährdung der Kreuzotter *Vipera berus* (LINNAEUS 1758) in Südbayern. - Mertensiella 3: 331-342

HEIMES, P. (1988): Die Reptilien des Rheingautaunus unter Berücksichtigung der Schutzproblematik der Äskulapnatter, *Elaphe longissima* (LAURENTI, 1768). - (Unveröff. Bericht im Auftrag der Stiftung Hessischer Naturschutz).

- (1989): Untersuchungen zur Ökologie der Äskulapnatter, *Elaphe longissima* (LAURENTI, 1768) im Rheingautaunus. - (Unveröff. Bericht im Auftrag des Naturschutz-Zentrums Hessen und der Stiftung Hessischer Naturschutz).

- (1990): Die Verbreitung der Reptilien in Hessen. - Naturschutz heute, Wetzlar, Heft 8: 1-26.

- (1991): Zum Vorkommen der Äskulapnatter im Rheingau-Taunus. - Natur u. Museum, Frankfurt a. M., 121(6): 171-181.

HEIMES, P. & M. WAITZMANN (1993): Die Äskulapnatter (*Elaphe longissima* (LAURENTI, 17681) in der Bundesrepublik Deutschland. - Zool. Abh. Staatl. Mus. Tierkde. Dresden 47 :157-192.

HEYDEN, C.H.G. VON (1861). Über das Vorkommen von *Calopeltis flavescens* SCOP. und *Tropidonotus tessellatus* LAUR. bei Ems.- Jahrbücher d. Vereins f. Naturkde. im Herzogthum Nassau 16: 263-265.

- (1863): Über das Vorkommen von *Calopeltis flavescens* SCOP. und *Tropidonotus tessellatus* LAUR. bei Ems. - Zool. Garten 4: 13-14

JAESCHKE, J. (1971): Zur Einbürgerung der Äskulapnatter in Oberhessen. - Salamandra 7 (2): 85.

JOGER, U. (1985): Status und Schutzproblematik der Kreuzotter, *Vipera berus berus* (L.), unter besonderer Berücksichtigung der hessischen Situation. - Natur Landschaft, 60: 356-360.

KIRSCHBAUM (1862/63): Die Reptilien und Fische des Herzogthums Nassau.- Jahrbücher d. Vereins f. Naturkde im Herzogthum Nassau 1 7/1 8: 86-89.

KLEMMER, K. (1985): Status und Schutzproblematik der Äskulapnatter (*Elaphe longissima*). - Natur u. Landschaft 60 (9): 351-353.

KÜHNEL, D. (1990): Neue Funde der Glattnatter (*Coronella austriaca*) aus Berlin. - Berliner Naturschutzbl. 34: 17-20.

- (1991): Verbreitung und Bestandssituation der Kreuzotter (*Vipera berus*) in Berlin (West). - Gutachten im Auftrag der Senatverwaltung für Stadtentwicklung und Umweltschutz Berlin. 13 S.

LEHNERT, M. & K. FRITZ (1993): Verbreitung und Klimaanspruch der Kreuzotter (*Vipera berus berus* L.) in Südwestdeutschland. - Mertensiella 3: 343-356.

LEMMEL, G. (1977): Die Lurche und Kriechtiere Niedersachsens. - Natursch. Landschaftspfl. Niedersachs. 5: 1-75.

LENZ, H. O. (1832): Schlangenkunde. - Gotha.

- (1870): Schlangen und Schlangenfeinde. - Gotha.

LENZ, S. (1989): Untersuchungen zur Biologie und Populationsökologie der Würfelnatter, *Natrix tessellata* (LAURENTI 1768) in der Bundesrepublik Deutschland (*Reptilia: Serpentes: Colubridae*). - Diplomarbeit Univ.Bonn, 185 S.

LENZ, S. & M. GRUSCHWITZ (1992): Artenschutzprojekt Würfelnatter (*Natrix tessellata*). - Fauna und Flora Rheinland-Pfalz, Beiheft 6: 55-60.

LE ROI, O. und A. REICHENSPERGER (1913): Die Tierwelt der Eifel in ihrer Beziehung zu Vergangenheit und Gegenwart. - Eifelfestschrift zur 25-jähr. Jubelfeier d. Eifelvereins, Bonn: 186-212.

LIEB, E. & H. OBLINGER (1981). Zur Verbreitung der Kreuzotter (Vipera berus) in Bayerisch-Schwaben. - Ber. Naturw.Verein Schwaben 85: 2-13.

MERTENS, R. (1947): Die Lurche und Kriechtiere des Rhein-Main-Gebietes. - Frankfurt a.M.

- (1948): Neues über dasVorkommen der Äskulapnatter in Deutschland. - Natur u. Volk 78(4/6): 78-80.

- (1960): Kriechtiere und Lurche. - Kosmos Naturführer, 2. Aufl., Stuttgart.

MERTENS, R. & H. WERMUTH (1960): Die Amphiblen und Reptilien Europas. - Frankfurt a.M.

MOHR, E. (1926): Die Lurche und Kriechtiere Schleswig-Holsteins. - Nordelbingen. 50 S.

MÜLLER, N. (1990): Die übernationale Bedeutung des Lechtales für den botanischen Arten- und Biotopschutz und Empfehlungen zu deren Erhaltung. - Schriftenr. Bayer. Landesamt Umweltschutz 99: 17-40.

MÜLLER, P. (1968): Über die Schlangen des Saarlandes. - Faunistisch-floristische Notizen aus dem Saarland 1(2): 9-12.

NIEHUIS, M. (1967): Die Würfelnatter bei Bad Kreuznach. - Mz. Naturw. Archiv 5/6: 84-86.

NOLL (1869): Die Würfelnatter (*Tropidonotus tessellatus*) eine deutsche Schlange. - Zool. Garten 10: 299-304.

- (1870): Die Würfelnatter im Rheine. - Zool. Garten 11: 161.

- (1874): Die Würfelnatter (*Tropidonotus tessellatus*) in der Nahe. - Zool. Garten 15: 430-434.

- (1888): Die Würfelnatter an der Mosel. - Zool. Garten 29: 242-243.

OBST, F. J. (1976): Die Würfelnatter bei Meißen - ein erloschenes Vorkommen (*Reptilia, Ophidae, Colubridae*). - Zool. Abh. Staatl. Museum Tierkde. Dresden 34: 47-52.

PAGEL, H.J. (1981): Zur Herpetofauna des Göldenitzer Moores und seiner Umgebung. - Natur und Umwelt, Beitr.a.d.Bez.Rostock 2: 44-54.

PARENT, G.H. (1975): L'absence de *Natrix maura* (L.) et de *Natrix tessellata* (LAURENTI) dans la vallée de la Moselle francaise (*Serpentes, Colubridae*). - Société d'histoire Naturelle de la Moselle 41: 201-232.

PATZER, J. (1990): Zum Vorkommen der Glattnatter (*Coronella a. austriaca* LAURENTI 1768) in Vorpommern. - Naturschutzarb. Mecklenburg-Vorpommern 34: 56-58.

PETRY, L. (1929): Nassauisches Tier- und Pflanzenleben im Wandel von 100 Jahren. - Jahrbücher d. Nassauischen Vereins f. Naturkde 80: 197-237.

PHILIPPEN, H.D. (1983): Schlingnatter *Coronella austriaca* LAURENTI 1768. - In: GEIGER, A. & M. NIEKISCH (Hrsg.): Die Lurche und Kriechtiere im nördlichen Rheinland - Vorläufiger Verbreitungsatlas. Neuss (BUND-NW): 152-155.

PODLOUCKY, R. (1988): Zur Situation der Zauneidechse *Lacerta agilis* LINNAEUS, 1758 in Niedersachsen - Verbreitung, Gefährdung und Schutz. - Mertensiella 1: 146-166.

PODLOUCKY, R. & C. FISCHER (1991): Zur Verbreitung der Reptilien und Amphibien in Niedersachsen. Zwischenauswertung mit Nachweiskarten von 1981 - 1989. - Niedersächsisches Landesverwaltungsamt, Hannover. 37 S.

SCHIEMENZ, H. (1977): Erfassung und Schutz unserer Kriechtiere und Lurche. - Natursch.in Mecklenb. 20: 40-49.

SCHIEMENZ, H. (1980): Die Herpetofauna der Bezirke Leipzig, Dresden und Karl-Marx-Stadt (Amphibia et Reptilia). - Faun. Abh. Staatl. Mus. Tierkde. Dresden 7: 191-211.

SCHIEMENZ, H. (1981): Die Verbreitung der Amphibien und Reptilien in Thüringen. - Veröff. Mus. Stadt Gera, Naturwiss. R. 9: 3-39.

SCHIEMENZ, H. (1985): Die Kreuzotter. Neue Brehm Bücherei A. Ziemsen, Wittenberg Lutherstadt. 108 S.

SCHIEMENZ, H. & R. GÜNTHER (in Vorber.): Verbreitungsatlas der Amphibien und Reptilien Ostdeutschlands (Gebiet der ehemaligen DDR).

SCHNEIDER, W. (1979): Zum Vorkommen der Würfelnatter (*Natrix tessellata*) an der Nahe. - Naturschutz und Ornithologie in Rheinland-Pfalz 1: 327-330.

SCHOLL, G. (1986): Kursorische Bestandsaufnahme von Kriechtieren in Mittelfranken. - Schriftenr. Bayr. Landesamt Umweltschutz 73: 101-105.

SCHREIBER, E. (1912): Herpetologica europaea. - Jena.

STEINHEIL, F. (1913): Die Europäischen Schlangen. - Jena.

TORNIER, G. (1904): Über das Auffinden von *Tropidonotus tessellatus* (LAUR.) in Mitteldeutschland. - Sitzungsberichte d. Gesell. naturforschender Freunde Berlin: 197-198.

VÖLKL, W. (1986): Untersuchungen zum Bestand der Kreuzotter (*Vipera b. berus* L.) im Fichtelgebirge. - Schriftenr. Bayr. Landesamt Umweltschutz 73: 125-133.

- (1991): Habitatansprüche von Ringelnatter (*Natrix natrix*) und Schlingnatter (*Coronella austriaca*): Konsequenzen für Schutzkonzepte am Beispiel nordbayerischer Populationen. - Natur u. Landschaft 66: 444-448.

- (1992): Verbreitungsmuster und Bestandssituation der Kreuzotter *Vipera berus* (LINNAEUS, 1758) in Nordbayern. - Salamandra 28: 25-33.

- & B. MEIER (1988): Verbreitung und Habitatwahl der Schlingnatter in Nordostbayern. - Salamandra 24: 7-15.

- & B. MEIER (1989): Untersuchungen zum Vorkommen der Ringelnatter *Natrix natrix* LINNAEUS 1758 in Nordostbayern. - Salamandra 25: 213-223.

WAITZMANN, M. (1987): Untersuchungen zur Verbreitung und Habitatbevorzugung der Reptilien des Neckartales und des südlichen Odenwaldes unter besonderer Berücksichtigung des Vorkommens der Äskulapnatter - *Elaphe longissima* (LAURENTI, 1768) im Raum Hirschhorn. - (Unveröff. Bericht im Auftrag der Stiftung Hessischer Naturschutz).

- (1989): Untersuchungen zur Verbreitung, Ökologie und Systematik der Äskulapnatter - *Elaphe longissima* (LAURENTI, 1768) im südlichen Odenwald und im Donautal unter Berücksichtigung aller anderen in den Untersuchungsgebieten auftretenden Reptilienarten. - [Unveröff. Bericht irn Auftrag der Stiftung Hessischer Naturschutz und der Umweltstiftung WWF-Deutschland].

- (1992): Verbreitung, Ökologie und Schutzproblematik der thermophilen Reptilienarten im südlichen Odenwald. - Veröff. Naturschutz Landschaftspflege Bad.-Württ., Karlsruhe 67: 233-266.

WAITZMANN, M. & P. SANDMAIER (1990): Zur Verbreitung, Morphologie und Habitatwahl der Reptilien im Donautal zwischen Passau und Linz (Niederbayern, Oberösterreich). - Herpetozoa, Wien 3(l/2): 25-53.

WEBER, E. (1871): Beitrag zur Schlangenfauna des Großherzogthums Baden. - Jb. Mannh. Verein f. Naturk 37: 45-50.

WELLER, G. & R. DEISZ (1973): Bericht zur »Aktion Äskulapnatter« im Raum Passau - Jochenstein vom 1.6. bis 17.6.1973. - (Unveröff. Manuskript).

WERNER, W. & G. KNEITZ (1978): Die Fauna der mitteleuropäischen Weinbaugebiete und Hinweise auf die Veränderungen durch Flurbereinigungsmaßnahmen und technisierte Bewirtschaftungsweisen. - Bayr. landwirtsch. Jb. 55: 582-633.

WESTHOFF, F. (1891): Die geographische Verbreitung von *Pelias berus* in Westfalen und angrenzenden Landesteilen. - 19.Jahresber. Westfäl. Provinz.-Ver. Wiss. Kunst 1890, Münster/Westf. 72-78.

WOLTERSDORFF, W. (1926): Zum Vorkommen der Würfelnatter (*Tropidonotus tessellatus* LAUR.) in Westdeutschland. - Bl. Aquar.-Terrar.-kde 37: 71-74.

ZIMMERMANN, R. (1910): Über das Vorkommen der Würfelnatter im Königreich Sachsen. - Wochenschrift f. Amphibien- und Reptilienkde, Beiheft Lacerta 2: 8.

ZIMMERMANN, R. (1922): Ein Beitrag zur Lurch- und Kriechtierfauna des ehemaligen Königreiches Sachsen. - Archiv für Naturgeschichte 88: 262-264.

Verfasser

Dr. Michael Gruschwitz, Sächsisches Staatsministerium für Umwelt und Landesentwicklung, Ostra-Allee 23, D-01067 Dresden;

Dr. Wolfgang Völkl, Lehrstuhl für Tierökologie I, Universität Bayreuth, Postfach 10 12 51, D-95440 Bayreuth;

Paul M. Kornacker, Bundesamt für Naturschutz, Institut für Tierökologie, Konstantinstr. 110, D-53179 Bonn;

Dr. Michael Waitzmann, Landesanstalt für Umweltschutz Baden-Württemberg, Abt. 2 - Grundsatz und Ökologie, Griesbachstr. 3, D-76185 Karlsruhe;

Dipl.-Biol. Richard Podloucky, Niedersächsisches Landesamt für Ökologie, Abt. Naturschutz, Scharnhorststr. 1, D-30175 Hannover;

Klemens Fritz, ABS (Amphibien/Reptilien-Biotop-Schutz), Tennenbach 6 (Forsthaus), D-79348 Freiamt;

Dr. Rainer Günther, Museum für Naturkunde der Humboldt-Universität, Invalidenstr. 43, D-10115 Berlin.

Anhang: Einstufungen der Schlangen Deutschlands in der Roten Liste des Bundes und der Bundesländer, Stand 1993

	Coronella austriaca Schlingnatter	*Elaphe longissima* Äskulapnatter	*Natrix natrix* Ringelnatter	*Natrix tessellata* Würfelnatter	*Vipera aspis* Aspisviper	*Vipera berus* Kreuzotter
Baden-Württemberg	2	1	3	1	1	2
Bayern	3	1	3	-	-	2
Berlin	1	-	2	-	-	1
Brandenburg	1	-	3	-	-	1
Hamburg	1	-	2	-	-	1
Hessen	3	1	2	-	-	1
Mecklenburg-Vorpommern	1	-	3	-	-	2
Niedersachsen und Bremen	2	-	3	-	-	3
Nordrhein-Westfalen	2	-	3	-	-	2
Rheinland-Pfalz	4	-	3	1	-	-
Saarland	3	-	3	-	-	-
Sachsen	2	-	3	0	-	3
Sachsen-Anhalt	2	-	3	-	-	1
Schleswig-Holstein	1	-	2	-	-	2
Thüringen	3	-	3	-	-	2
Bundesrepublik Deutschland	3	1	3	1	1	2

Erklärung: »0« ausgestorben oder verschollen, »1« vom Aussterben bedroht, »2« stark gefährdet, »3« gefährdet, »4« potentiell gefährdet, »-« Vorkommen nicht nachgewiesen.

Schriftenverzeichnis zum Anhang

BAIER, R. (1992): Rote Liste der in Brandenburg gefährdeten Lurche (Amphibia) und Kriechtiere (Reptilia). - In: Rote Liste Brandenburg. - Ministerium f. Umwelt, Naturschutz und Raumordnung, Potsdam: 31-33.

BLAB, J. & E. NOWAK (1984): Rote Liste der Kriechtiere (Reptilia). - In: BLAB, J., E. NOWAK, W. TRAUTMANN & H. SUKOPP (Hrsg.): Rote Liste der gefährdeten Pflanzen und Tiere in der Bundesrepublik Deutschland. - Naturschutz aktuell 1, Kilda Verlag, Greven: 28-29.

BAST, H.-D.O.G., D. BREDOW, R. LABES, R. NEHRING, A. NÖLLERT & H.M. WINKLER (1991): Rote Liste der gefährdeten Amphibien und Reptilien Mecklenburg-Vorpommerns. 1. Fassung. - Die Umweltministerin des Landes Mecklenburg-Vorpommern, Schwerin: 1-26.

BUSCHENDORF, J. & H. UTHLEB (1992): Rote Liste der Amphibien und Reptilien des Landes Sachsen-Anhalt. - In: Rote Listen Sachsen-Anhalt. - Landesamt f. Umweltschutz, Halle 1: 16-18.

DIERKING-WESTPHAL, U. (1990): Rote Liste der in Schleswig-Holstein gefährdeten Amphibien und Reptilien. 2. Fassung - Landesamt f. Naturschutz u. Landschaftspflege Schleswig-Holstein, Kiel: 1-14.

FELDMANN, R. & A. GEIGER (1986): Rote Liste der in Nordrhein-Westfalen gefährdeten Kriechtiere (Reptilia) und Lurche (Amphibia). - In: Rote Liste der in Nordrhein-Westfalen gefährdeten Pflanzen und Tiere. 2. Fassung. - Schriftenreihe d. LÖLF, Recklinghausen 4: 159-167.

GERSTNER, J. (1988): Die Kriechtiere (Reptilia). - In: Bedrohte Tier- und Pflanzenarten im Saarland. - Minister f. Umwelt, Saarbrücken: 23-24.

GRUSCHWITZ, M. (1987): Kriechtiere (Reptilia). - In: Rote Liste der bestandsgefährdeten Wirbeltiere in Rheinland-Pfalz. - Ministerium f. Umwelt u. Gesundheit, Mainz: 28-29.

HAMANN, K. (1981): Verbreitung und Schutz der Amphibien und Reptilien in Hamburg. - Schriftenreihe der Behörde f. Bezirksangelegenheiten, Naturschutz u. Umweltgestaltung, Hamburg 1: 1-32.

HEUSINGER, J., J.E. KRACH, G. SCHOLL & H. SCHMIDT (1992): Kriechtiere (Reptilia). - In: Rote Liste gefährdeter Tiere Bayerns. - Schriftenreihe Bayer. Landesamt für Umweltschutz, München 111: 35-37.

HÖLZINGER, J. (1987): Die in Baden-Württemberg gefährdeten Lurche (Amphibia) und Kriechtiere (Reptilia). »Rote Liste«. 2. Fassung, Stand 1984. - In: Die Amphibien und Reptilien Baden-Württembergs. - Beih. Veröff. Naturschutz Landschaftspflege Bad.-Württ., Karlsruhe 41: 157-164.

KÜHNEL, K.D., W. RIECK, C. KLEMZ, H. NABROWSKY & A. BIEHLER (1991): Rote Liste der gefährdeten Amphibien und Reptilien von Berlin. - In: Rote Listen der gefährdeten Pflanzen und Tiere in Berlin. - Landschaftsentwicklung u. Umweltforschung S 6: 143-155.

NÖLLERT, A. & U. SCHEIDT (1993): Rote Liste der Kriechtiere (Reptilia) Thüringens. - In: Rote Liste Thüringens. - Thüringer Landesanstalt f. Umwelt, Jena 5: 26-27.

PODLOUCKY, R. & C. FISCHER (im Druck): Rote Liste der gefährdeten Amphibien und Reptilien in Niedersachsen. - Inform. d. Naturschutz Niedersachs., Hannover.

VIERTEL, B. & P. HEIMES (1991): Rote Liste der Kriechtiere (Reptilia). Stand Oktober 1988. - In: Rote Liste Hessen, Wirbeltiere. - Hess. Ministerium f. Landesentwicklung, Wohnen, Landwirtschaft und Naturschutz, Wiesbaden: 35-39.

Ökologie und Biologie der Schlingnatter, *Coronella austriaca* LAURENTI 1768 in den Niederlanden

HENK STRIJBOSCH & JAN J. VAN GELDER

Key words: *Coronella austriaca,* life history, hibernation, migrations, reproduction, home ranges, thermoregulation, sexual dimorphism

Einleitung

In diesem Beitrag wird der biologisch-ökologische Kenntnisstand über die Schlingnatter in den Niederlanden zusammengetragen. Die Daten wurden aus Literaturangaben und aus einer langfristigen Freilanduntersuchung gewonnen. Die letztere wurde von den Mitarbeitern unserer Arbeitsgruppe im Zeitraum 1976 bis 1986 auf dem Landgut »De Hamert« vorgenommen, einem Naturschutzgebiet im niederländisch-deutschen Grenzgebiet (SO-Niederlande). Die intensivste Bearbeitungsphase erfolgte in den Jahren 1981 und 1982; in dieser Zeit wurden zwei Telemetriestudien ausgeführt, bei denen Mikrosender verwendet wurden, die mittels Zwangsfütterung im Magen der Schlangen angebracht waren (KERSTEN & MERTENS 1982, DE BONT 1982). Insgesamt wurden 29 Schlangen auf diese Weise markiert, 21 in der Periode April 1981 bis März 1982 und 8 in der Periode April bis Juli 1982. Bei diesen letzteren Tieren waren die Sender temperaturempfindlich, so daß wir auch Daten über die Thermoregulation erhielten. Mit Sendern markierte Schlangen wurden 1981 mehr als 2000 mal lokalisiert, 1982 waren es rund 1000 Registrierungen. Teilresultate dieser intensiven Untersuchungen wurden bereits früher veröffentlicht (DE BONT et al. 1984, 1986, VAN GELDER et al. 1988); sie werden in diesem Beitrag darum nur kurz erwähnt.

Beim Studium der Literatur berücksichtigten wir vor allem Daten aus dem nordwestlichen Teil des Areals der Schlingnatter, etwa von Frankreich und Südengland über die Beneluxländer und westliches Deutschland bis Schweden; dies bedeutet, daß mittel- und osteuropäische Literatur hier nur selten zitiert wird.

Die Schlingnatter ist zweifellos ein adriato-mediterranes Faunenelement (MÜLLER 1971). Sie muß die Niederlande schon im Präboreal erreicht haben, da auch England so früh besiedelt wurde (BEEDEE 1980, YALDEN 1980, HOLMAN 1985, 1991, WILKINSON 1988). Zur selben Zeit müssen auch die zentraler gelegenen nördlichen Teile von Europa schon von der Art bewohnt gewesen sein, da man in Mecklenburg fossile Reste aus dem Präboreal gefunden hat (PETERS 1977) und da die Art in Schweden rezent vorkommt (ANDRÉN & NILSON 1979).

Verbreitung und Habitat

Die Schlingnatter kommt in den Niederlanden in der Mitte des Landes (Veluwe) vor, ferner im Osten an mehreren Stellen und vereinzelt im Süden. Die jüngste detaillierte Verbreitungskarte stammt von ZUIDERWIJK & SMIT (1991). Ein Vergleich dieser Karte mit den Karten von VAN DE BUND (1964) und BERGMANS & ZUIDERWIJK (1986) zeigt, daß sich die Anzahl der Fundorte in den Niederlanden stark und schnell vermindert hat. Darüber hinaus lebt die Schlingnatter auf vielen der von ZUIDERWIJK & SMIT (1991) angegebenen Stellen in kleinen, isolierten Populationen, um deren Weiterbestehen man fürchten muß. Auf der Roten Liste der Niederlande steht denn auch *Coronella austriaca* als »stark bedroht« verzeichnet (BERGMANS & ZUIDERWIJK 1986).

Die wichtigste Ursache für den Rückgang ist im Habitatverlust zu sehen. Die Schlingnatter ist nämlich in den Niederlanden (wie auch an anderen Stellen im Nordwesten ihres Areals) stark an trockene, sandige, offene Plätze mit heideartiger Vegetation gebunden, ein Habitattyp, der hier schnell verschwindet. Nur selten kann man sie auf feuchteren, moorigen Stellen finden. Eine Untersuchung über die Trockenresistenz der in den Niederlanden heimischen Reptilien (VAN GELDER & STRIJBOSCH 1985, MULDER 1986) zeigte, daß die Schlingnatter an trockene Umgebungsbedingungen ausgezeichnet angepasst ist: Im Experiment mit extrem trockener Luft zeigte *Coronella austriaca* einen pulmocutanen Feuchtigkeitsverlust, der mehr als 1½x niedriger lag als der von *Vipera berus* und sogar 2½x niedriger als der Feuchtigkeitsverlust von *Natrix natrix*.

Reproduktion

In den Niederlanden findet die erste Reproduktion bei *Coronella austriaca* normalerweise im 4. Lebensjahr statt; dies konnte aus unseren Messungen von Gewicht und Körperlänge abgeleitet werden. Ausnahmsweise erreichten einzelne Weibchen die Geschlechtsreife erst im 5. Lebensjahr.

Bei den meisten Weibchen tritt hiernach ein zweijähriger Fortpflanzungszyklus ein, d.h. die Tiere produzieren nur einmal in zwei Jahren Nachkommen. Auch hier gibt es Ausnahmen: Wir fanden vereinzelt ein Weibchen, das in zwei aufeinander folgenden Jahren trächtig war. Die Wurfgröße war dann im 2. Jahr deutlich kleiner; so wurden z.B. 1980 bei einem trächtigen Weibchen 8 Eier gezählt, während das gleiche Tier 1981 nur 6 Nachkommen produzierte. Wir nehmen an, daß die Fähigkeit zur Reproduktion in zwei aufeinander folgenden Jahren davon abhängt, wie schnell ein post partum-Weibchen seine Fettreserven wieder anfüllen kann. Wenn dies, z.B. durch einen günstigen Spätsommer, schnell gelingt, kann im darauf folgenden Jahr wiederum Ovulation und Befruchtung stattfinden.

Die Wurfgröße schwankte zwischen 2 und 12, mit einem Mittelwert von 7,6 (n = 14). Bei 4 Weibchen war es uns möglich, einen genauen Wert für die »relative clutch mass« (relatives Eiergewicht) zu bestimmen, es betrug im Mittel 46% (Schwankung 44 bis 48%). Dieser Wert ist so hoch, daß es in unseren Breiten fast zwangsläufig zu einem zweijährigen Reproduktionszyklus kommen muß.

Manchmal wurden vollständig entwickelte Embryonen geboren, die bei der Geburt tot waren. Wir fanden eine solche Geburten-Mortalität bei 3 von 54 Nachkommen (5,6%).

Auffallend war, daß wir in allen Würfen, bei denen wir mit Sicherheit das Geschlecht der Jungtiere bestimmen konnten, jeweils mehr Weibchen als Männchen antrafen. 5 Würfe bestanden aus insgesamt 25 Weibchen, aber nur 16 Männchen. Dies entspricht einem Geschlechtsverhältnis von nur 0,64 (Schwankung bei den einzelnen Würfen: 0,60 bis 0,80).

Ein Vergleich dieser Werte mit den Angaben in der Literatur zeigt, daß auch in England und in Frankreich die erste Reproduktion im 4., manchmal sogar erst im 5. Lebensjahr eintritt (ROLLINAT 1934, SPELLERBERG & PHELPS 1977). Der zweijährige Fortpflanzungszyklus wird auch von anderen westlichen Populationen angegeben, z.B. von SPELLERBERG & PHELPS (1977). Bei nördlicheren Populationen besteht offenbar neben einem zwei- auch noch ein dreijähriger Zyklus (ANDRÉN & NILSON 1979), während das Vorkommen eines jährlichen Zyklus bei südlicheren Populationen ausdrücklich erwähnt wird, z.B. von FREYTEY (1975) für Frankreich.

Die von uns gefundene Wurfgröße paßt besser zu den mehr kontinentalen Populationen. Sie ist deutlich höher als die von Populationen in England, z.B. geben SPELLERBERG & PHELPS (1977) einen Mittelwert von 5,25 (n = 27) mit einer Schwankung von 3-10 an, während SPELLERBERG (1988) 4-8 Jungtiere/Wurf angibt.

Jahresrhythmus

Hibernation

Während der Winterperiode 1981/82 folgten wir insgesamt 10 mit Sendern markierten Schlangen. Diese verschwanden in der Periode zwischen 3. November und 2. Dezember in ihren Winterquartieren. Die letzten nicht telemetrisch markierten Schlangen wurden Mitte November beobachtet; dies wurde zuweilen auch in anderen Jahren und in anderen niederländischen Untersuchungsgebieten festgestellt; in den meisten Jahren verschwanden die Schlangen aber bereits im Oktober. Alle markierten Schlangen kamen im Frühjahr 1982 zwischen dem 16. und 28. März zum Vorschein; zur gleichen Zeit wurden auch 5 nicht-markierte Tiere beobachtet. Hieraus ist zu schließen, daß die Schlingnatter in den Niederlanden eine Winterschlafperiode von circa 4 Monaten hat (Mitte November bis Mitte März); folglich dauert die aktive Periode 8 Monate. Diese Werte stimmen gut mit Angaben für Populationen in England (BRAITHWAITE et al. 1989) und Westdeutschland (GLANDT 1972, ZIMMERMANN 1988) überein; in einer mehr kontinentalen, süddeutschen Population fanden VÖLKL & MEIER (1988) eine etwas kürzere Aktivitätsperiode (7 Monate).

Erwähnenswert sind die von uns telemetrisch gefundenen kleinen Ortsveränderungen (hauptsächlich vertikal) im Untergrund während der Hibernationsperiode. Es zeigte sich, daß diese Ortsveränderungen mit extemen Faktoren korreliert waren, vor allem mit der Außentemperatur. Während einer kurzen Erwärmung während des Jahreswechsels 1981/82 kamen sogar überwinternde Tiere kurzzeitig ans Tageslicht: 1 Exemplar am 31.12.81 und 2 Exemplare am 3.1.82; zugleich wurden bei zwei weiteren Schlangen unterirdische Ortsveränderungen gemessen. Die zuweilen vorkommende Winteraktivität wird für Mittelfrankreich auch von ROLLINAT (1934) konstatiert. Möglicherweise passen auch die von GLANDT (1972) und SPELLERBERG & PHELPS (1977) gemeldeten Beobachtungen von Tieren im Februar in dieses Bild.

Anhand der gemessenen Signalstärke an den Winterquartieren konnte für die markierten Schlangen eine Überwinterungstiefe von 35 cm festgestellt werden. Die Frostgrenze im Boden lag nie tiefer als 20 cm. Die Winterquartiere befanden sich auf relativ hohen und trockenen Plätzen, die meist noch zusätzlich durch niedrige Bäume in der Nähe geschützt wurden. Offenbar kannten die Schlangen diese Plätze gut, da sie im Herbst gewöhnlich in sehr kurzer Zeit (wahrscheinlich also sehr gerichtet) und über große Abstände hinweg (bis zu 400 m) dorthin zogen. Die Hälfte der von uns telemetrisch gefolgten Schlangen überwinterte wahrscheinlich solitär, in allen anderen Fällen überwinterten die Tiere gemeinsam und/oder mit anderen, nicht mit Sendern markierten Individuen. Dies alles führt zu der Annahme, daß die Schlingnatter ein hohes Maß an Ortstreue bezüglich des Winterquartiers besitzt, was auch von vielen anderen Schlangenarten (vor allem den nordamerikanischen Crotaliden, KLAUBER 1972) bekannt ist.

Es gelang uns, von 7 Schlangen Gewichtsdaten kurz vor und nach der Hibernation zu erhalten. Diese zeigen einen mittleren Wintergewichtsverlust von 2,3 ± 1,5 g (Schwankung 0,5 bis 5,0 g), entsprechend 5,4 ± 4,3% des Körpergewichts (Schwankung 0,8 bis 12,8%).

Aktivitätsperiode

Während der Aktivitätsperiode von circa 8 Monaten können eine Anzahl von Aktivitäten unterschieden werden, die mit Fortpflanzung, Migrationen oder z.B. periodischen Häutungen in Beziehung stehen. In diesem Abschnitt sollen die Zeit-Aspekte dieser Aktivitäten behandelt werden (siehe auch Abb. 1), Migrationen werden im Abschnitt »Raum-Nutzung« besprochen.

Die Paarungszeit der Schlingnatter besteht in den Niederlanden aus zwei getrennten Paarungsperioden: die erste reicht von Ende März bis Ende April (schließt also direkt an die Hibernation an), die zweite, meist die Zeit der »Herbstpaarungen« genannt, liegt in der 2. Augusthälfte. Im Frühjahr 1982 fanden die meisten Paarungen in der Periode Ende März-Anfang April statt - verglichen mit der Literatur ein recht früher Zeitraum. So gibt VAN DE BUND (1964) für die Niederlande April bis Mai an, während SPELLERBERG & PHELPS (1977) für das immerhin atlantischere Südengland als Beginn Ende April angeben und PHELPS (1978) sogar Mitte Mai vermeldet. ROLLINAT (1934) verzeichnet auch für Frankreich Ende März. Er schreibt ferner, daß die Paarungen unmittelbar nach dem Winterschlaf dicht bei den Winterquartieren, ja manchmal sogar in den Winterquartieren stattfinden. Herbstpaarungen wurden auch von ROLLINAT (1934) angegeben, ebenfalls für die 2. Augusthälfte.

Die Wurfzeit lag in unserem Beobachtungsgebiet 1981 in der Periode Ende August bis Anfang September. In kühleren Jahren fanden wir aber noch trächtige Weibchen bis Anfang Oktober, und in einem warmen Jahr (1986) warf ein Weibchen schon in der 1. Augusthälfte. Auch VÖLKL & MEIER (1988) erwähnen eine solche frühe Geburt der Jungtiere, während für England sehr spät noch trächtige Weibchen gemeldet werden (SPELLERBERG & PHELPS 1977, LANGTON 1985, BRAITHWAITE et al. 1989).

Schlingnattern in verschiedenen Häutungsstadien wurden 1981 während zweier deutlich getrennten jahreszeitlichen Perioden festgestellt, nämlich 4.-10. Juni und 10.-

17. August. Ein ähnlicher Häutungsrhythmus wird auch von SPELLERBERG & PHELPS (1977) angegeben.

Tagesrhythmus und Thermoregulation

Das Verhalten und die Thermoregulation im Tagesverlauf bei niederländischen Schlingnattern wurden bereits von DE BONT et al. (1984, 1986) ausführlich beschrieben. Darum sollen hier nur die wichtigsten Ergebnisse zusammengefaßt werden. Es hat sich gezeigt, daß das Verhalten der Schlingnatter tagsüber stark auf das Erreichen und möglichst lange Halten einer Körpertemperatur von 29 bis 33 °C ausgerichtet ist. Diese Werte kann man als das Temperatur-Präferendum von *Coronella austriaca* bezeichnen (siehe auch SPELLERBERG & PHELPS 1975). Daher sonnt sich die Schlingnatter morgens, bis sie dieses Temperatur-Präferendum erreicht hat. Hierauf folgt das charakteristische Verhalten eines »shuttling heliotherm«, wobei die Schlange bei einer Körpertemperatur >33 °C in der Vegetation verschwindet oder sich sogar in den Boden zurückzieht, sich dagegen bei einer Körpertemperatur <29 °C von neuem sonnt. Die sich verändernde Intensität der Sonneneinstrahlung im Laufe der Saison führt folglich zu einer sich verschiebenden Tagesrhythmik, d.h. im Frühjahr und im Herbst konzentriert sich alle oberirdische Aktivität auf die Tagesmitte, während sich im Sommer (also etwa von Mitte Mai an) ein bimodales Schema hinsichtlich der oberirdischen Aktivität der Schlangen ergibt. Hierbei ist folgendes festzustellen:

- Das Ansteigen der Körpertemperatur verläuft morgens immer schneller als das Absinken der Körpertemperatur am Abend.
- Morgens sonnen sich die Schlangen stets zeitlich kürzer als am Abend.
- Im Laufe der Saison wird die Zeitspanne zwischen Sonnenaufgang und Erscheinen der Schlangen stets kürzer.
- Gleiches gilt für die Zeitspanne zwischen dem endgültigen Verschwinden in den Boden am Abend und Sonnenuntergang.
- Die zeitliche Periode von oberirdischer Abwesenheit in der Tagesmitte wird im Laufe des Frühjahrs und im Frühsommer immer länger.
- An bewölkten Tagen kommen die Tiere später zum Vorschein und kehren abends auch früher zu ihren unterirdischen Schlupfplätzen zurück.
- An bewölkten Tagen schwankt die Körpertemperatur stärker als an sonnigen Tagen.
- Im Sommer verbleiben die Tiere manchmal bei starker Bewölkung oberirdisch, ab und zu wurden Schlingnattern sogar bei leichtem Regen oder bei Morgennebel gesichtet.
- Manchmal zeigen die Tiere auch bei offenbar günstigem Wetter keine Aktivität, sie bleiben dann aus unbekannten Gründen auch bei sonnigem Wetter im Boden.
- Nachts bleiben die Tiere in einer mittleren Tiefe von nur 5 cm im Boden.

Raumnutzung

Bei der von uns untersuchten Population lebten die Tiere im Laufe des Jahres in zwei räumlich deutlich voneinander getrennten Lebensräumen. Im einen Lebensraum befan-

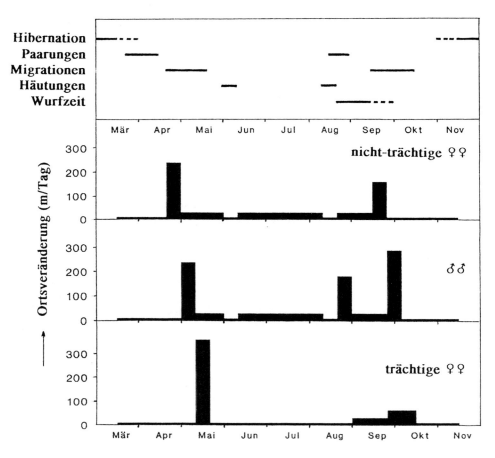

Abb. 1: Jahresperiodischer Aktivitätsverlauf (als maximale Ortsveränderung) bei adulten Schlingnattern.
Movements (m/day) of adult smooth snakes during the annual activity period.

den sich die Winterquartiere. Dort hielten sich die Tiere auch im frühen Frühjahr und im Spätherbst auf. In der Sommerperiode lebten sie in einem einige 100 m weiter entfernt gelegenen Gelände, das bezüglich Substrat, Exposition und Vegetation große Ähnlichkeit mit dem Überwinterungsgebiet hatte. Wohl standen im letzteren etwas mehr Bäume, wodurch der Platz stellenweise etwas geschützter war als das Sommerterrain. Die Wanderungen zwischen diesen Gebieten fanden stets innerhalb relativ kurzer Zeitspannen statt, die Frühjahrswanderung fiel in die Periode von Ende April bis Ende Mai, die Herbstwanderung in die Zeit von Mitte September bis Mitte Oktober (Abb. 1).

Die Existenz eines Frühjahr/Herbst-Lebensraums neben einem davon deutlich getrennten Sommergebiet wird für die Schlingnatter nur von VÖLKL & MEIER (1988) erwähnt. Dagegen betonen verschiedene andere Autoren für die Schlingnatter ausdrücklich das Nichtbestehen einer solchen getrennten Habitatnutzung (z.B. PHELPS 1978 und

GODDARD 1981 für Populationen in England und EDELSTAM 1990 für solche in Schweden). Möglicherweise beeinflußt das Vorhandensein von günstigen, innerhalb der Population bekannten Winterquartieren das Verhalten der Tiere. Dies ist für die beiden anderen, in NW-Europa heimischen Schlangenarten *Vipera berus* und *Natrix natrix* bekannt; in großen Teilen ihres Areals bestehen bei diesen Arten deutlich voneinander getrennte Sommer- und Wintergebiete, zwischen denen deutliche Migrationen stattfinden.

Zurückgelegte Wegstrecken pro Tag

Abb. 1 soll einen Eindruck von den täglichen Ortsveränderungen bei den verschiedenen Gruppen innerhalb der von uns untersuchten Population geben. Hieraus ist ein einigermaßen zuverlässiger Eindruck über die Nutzung des Raumes im Jahresverlauf zu gewinnen. So wird die zeitige Frühjahrsperiode durch eine besonders geringe Mobilität der Tiere gekennzeichnet. Trotz der dann stattfindenden Frühjahrspaarungen ist zu dieser Zeit keine Mobilitätssteigerung festzustellen. Dagegen sind die Frühjahrswanderungen durch große und schnelle Ortsveränderungen gekennzeichnet. In 1 bis 2 Tagen werden Abstände von einigen 100 m zurückgelegt. Die in diesem Jahr nichtträchtigen Weibchen wandern hierbei zuerst. Einige Tage später wandern die Männchen, denen wiederum die trächtigen Weibchen folgen. Bei den Männchen und den nichtträchtigen Weibchen fanden wir Strecken von maximal 240 m/Tag, bei einem trächtigen Weibchen sogar 360 m an einem Tag. Auch VÖLKL & MEIER (1988) erwähnen für diese Periode starke Ortsveränderungen von bis zu 200 m/Tag.

Nach der Frühjahrswanderung, d.h. im Sommerhabitat, ist das Bewegungsmuster sehr variabel, d.h. es bestehen kurze Perioden mit starker Mobilität, abgewechselt von Perioden mit besonders geringer Mobilität. Zuweilen bleiben die Tiere sogar einige Tage an fast genau derselben Stelle. Es fiel uns jedoch auf, daß die trächtigen Weibchen eine viel geringere Kriechaktivität als die Männchen und die nichtträchtigen Weibchen zeigen. Ebenso wurde eine allgemeine Abnahme der Mobilität während der Häutungsperioden beobachtet. Bei den Männchen und nichtträchtigen Weibchen liegen die zurückgelegten Abstände in einer Größenordnung von 25-35 m/Tag. Diese Werte liegen wesentlich höher als die von SPELLERBERG & PHELPS (1977) und GODDARD (1981) angegebenen Werte von circa 13 m bzw. 3-9 m/Tag.

Während der Zeit der Herbstpaarungen fanden wir bei den Männchen eine Verdoppelung der Kriechaktivität gegenüber den Weibchen mit einem Maximalwert von 183 m/Tag. Die Männchen erreichen hierbei auch die Plätze, an denen sich seit längerem die trächtigen Weibchen aufhalten. Gerade diese Tiere zeigen direkt nach dem Wurf (also als post partum-Weibchen) eine stark erhöhte Kriechaktivität. Bei der Herbstwanderung ist die Reihenfolge wieder dieselbe wie bei der Frühjahrswanderung, nämlich erst die nichtträchtigen Weibchen, gefolgt von den Männchen und post partum-Weibchen. Die von uns gemessenen maximalen Ortsveränderungen in dieser Periode betragen 291 m/Tag bei den Männchen, 163 m/Tag bei den nichtträchtigen Weibchen und nur 63 m/Tag bei den post partum-Weibchen. Diese letzte Gruppe nimmt sich für die Rückkehr ins Wintergebiet mehr Zeit. Während der Prähibernationsphase sind fast keine Ortsveränderungen mehr festzustellen.

Die längsten von uns gemessenen Ortsveränderungen während des ganzen Sommers waren: Männchen: 480 m, nichtträchtiges Weibchen: 460 m, trächtiges Weibchen: 60 m. GODDARD (1981) vermeldet für Südengland eine maximale Ortsveränderung von 483 m.

Das in Abb. 1 dargestellte Bild der Ortsveränderungen paßt ziemlich gut zu dem, was schon über die Biologie dieser Schlangenart bekannt geworden ist. In der Prähibernationsphase finden mehrere, wahrscheinlich energieraubende Prozesse in den Reproduktionsorganen statt: Vitellogenese mit Ovulation und Befruchtung bei den Weibchen, Spermiogenese und ein hochaktives epigames Verhalten bei den Männchen. Diese Prozesse verursachen wahrscheinlich auch den von DE BONT et al. (1984) erwähnten deutlichen Gewichtsverlust, der in der Posthibernationsphase bis circa Mitte Mai gemessen wurde. In der Sommerperiode wird der Unterschied zwischen den trächtigen und nichtträchtigen Weibchen besonders deutlich: Die trächtigen Weibchen jagen kaum, die nichtträchtigen Weibchen zeigen dagegen dieselbe starke Aktivität wie die Männchen. Die deutlich erhöhte Aktivität zur Ortsveränderungs der post partum-Weibchen im September/Oktober und ihre verzögerte Herbstmigration deuten wahrscheinlich auf eine Periode von starker Jagd-Intensität für diese Gruppe. Im nächsten Jahr sind es denn auch diese Weibchen, die sowohl während der Frühjahrs- als während der Herbstmigration zuerst wandern.

Während der ruhigen Prähibernationsphase wird alle aufgenommene Energie wahrscheinlich möglichst optimal auf die Fortpflanzungs- und Energiespeicher-Organe verteilt, um auf die Hibernation und die unmittelbar danach folgende, physiologisch stark belastete Frühjahrszeit optimal vorbereitet zu sein.

Reviergröße

Bei der Betrachtung der Reviergröße wird hier ein Unterschied zwischen den Revieren der Prä- und Posthibernationsphase gemacht, d.h. während des Aufenthalts in den Wintergebieten und denen der Sommerperiode, wenn die Tiere in ihrem Sommerhabitat verbleiben. Die hier angegebenen Flächen sind mit Hilfe der Minimum-Polygon-Methode berechnet, deren Anwendung uns wegen der besonders hohen Anzahl von Registrierungen, auf der Basis telemetrischer Messungen, gerechtfertigt erschien. Die Reviergrößen im Wintergebiet sind sehr klein und betragen normalerweise nur 200-500 m^2. VÖLKL & MEIER (1988) geben an, daß in Süddeutschland die Frühjahrsreviergrößen eine Fläche von 20-100 m^2 haben, also noch kleiner sind als in unserem Untersuchungsgebiet; sie betonen denn auch, daß die Ortstreue der Schlingnatter im frühen Frühjahr besonders groß ist.

Bei der Berechnung der Reviergröße in der Sommerphase wird zwischen den Männchen, den nichtträchtigen Weibchen und den trächtigen Weibchen unterschieden. Bei den Männchen wurde ein mittlerer Wert von 2,3 ha (n = 5) gefunden, der wahrscheinlich wegen des Migrationsverhaltens dieser Gruppe während der Periode der Herbstpaarungen so hoch ist. Bei einem nichtträchtigen Weibchen fanden wir einen Wert von 1, 2 ha und bei trächtigen Weibchen 0,4 (n = 6). Hieraus wird wieder einmal die geringe Kriechaktivität von trächtigen Weibchen deutlich. Diese Angaben stimmen gut mit denen von GODDARD (1981) aus Südengland überein, der 2,3 ha als mittleren Wert für 15 Männchen und 1,5 ha für 18 Weibchen angibt (wegen der geringeren Anzahl von

Wahrnehmungen pro Individuum in seiner Untersuchung haben wir seine Angaben gewählt, die nach der Methode von JENRICH & TURNER (1969) berechnet wurden). Die ebenfalls für Südengland von SPELLERBERG (1988) angegebenen Werte sind viel niedriger (0,1 bis 0,7 ha in Heidegebieten). Auch die Angaben von 0,060 bis 0,345 ha von ZIMMERMANN (1988) für eine südwestdeutsche Population in einem Weinbaugebiet sind viel niedriger; hierbei spielt das vollkommen verschiedene und wahrscheinlich beträchtlich nahrungsreichere Habitat eine große Rolle, ein Zusammenhang, der vom Autor selbst auch als Erklärung für die von ihm gefundenen Unterschiede der Reviergrößen angegeben wird.

Um einen Eindruck vom totalen Raumbedarf der Schlingnatter in einem Heidegebiet zu erhalten, haben wir ein »Totalrevier« berechnet, d.h. die in der Post- und Prähibernationsphase genutzte Fläche plus die Sommerreviergröße und den Raum für die Migrationen dazwischen. Dieses Totalrevier umfaßte für die Männchen 3 ha, für das nichtträchtige Weibchen 1,7 ha und für die trächtigen Weibchen 0,5 ha, also 1,5 ha (n = 12) als mittlerer Wert. Es ist hier zu bemerken, daß fast immer eine beträchtliche Revier-Überlappung festgestellt wurde, die auch von GODDARD (1981) gefunden wurde.

Mortalität

im Laufe unserer Untersuchung entstand der Eindruck, daß vor allem bei den trächtigen Weibchen eine hohe Mortalität besteht. So folgten wir 1980 sieben trächtigen Weibchen, die während eines großen Teils des Sommers einen bestimmten Sonnenplatz benutzten. Kurz vor der Wurfzeit lagen täglich 4 Schlangen auf einem Platz, der nicht viel größer als 1 m^2 war. Die Tiere waren plötzlich verschwunden, während auf dem Ruheplätzchen frischer Kot von einem Iltis (*Putorius putorius*) lag. In unseren späteren Untersuchungsjahren haben wir keine dieser Tiere wiedergesehen.

Von den insgesamt 21 Schlingnattern, die wir 1981 mit einem Sender markierten, haben wir sieben verloren, d.h. 33%. So wurde ein Weibchen von einem Mäusebussard (*Buteo buteo*) an seine Jungen gefüttert; wir haben den Sender auf dem Rand des Mäusebussardhorsts (450 m entfernt) wiedergefunden. Ein trächtiges Weibchen verschwand wie 1980, wahrscheinlich als Opfer eines Iltis. Weiter wurden ein Männchen und ein trächtiges Weibchen Beute eines Hermelins (*Mustela erminea*), zumindest fanden wir die angefressenen Überreste dieser Tiere in dem Versteck eines Hermelins. Ein Tier verschwand durch noch unbekannte Ursache, während 2 Exemplare an Erschöpfung starben. Hierbei war ein Weibchen, das schon seit der ersten Beobachtung harte Knoten im Hinterleib hatte; bei Sektion post mortem entdeckten wir, daß in jedem Eileiter ein »versteinerter« Embryo anwesend war, zusammen mit drei »versteinerten«, nicht entwickelten Eiern. Dieses Tier hatte also offenbar schon im letzten Jahr Reproduktions-Abnormalitäten.

Beutetiere

In der Literatur über *Coronella austriaca* gibt es kaum ein Thema, über das mehr Kontroversen bestehen als über ihre Beute. Extreme gehen vom sehr wählerischen Jäger (»eher sterben als etwas anderes als Eidechsen fressen«, VAN DE BUND 1964) zum absolut opportunistischen »Allesjäger« (GODDARD 1983, 1984). Weiter wurden Beutespektren publiziert, die von einer nahezu ausschließlichen Reptilien-Diät (ANDRÉN & NILSON 1979, ZIMMERMANN 1988) mit allen Zwischenstufen bis zu einer nahezu ausschließlichen Säugetier-Diät (GODDARD 1984, SPELLERBERG 1988) reichen, und die auf das absolute Verweigern von Insekten bis zum freiwilligen Fressen dieser Tiere (VAN EIJCK 1972) hinweisen. Eine Synthese dieser Angaben würde eine sehr lange Liste von potentiellen Beutetieren ergeben. Doch sind einige deutliche Hauptmerkmale und Trends zu erkennbar, mit denen wir unsere eigenen Beobachtungen vergleichen werden.

Es muß zwischen juvenilen und adulten Tieren unterschieden werden. Die Juvenilen erweisen sich überall als viel wählerischer in ihrer Beutewahl und beschränken sich vor allem auf junge Eidechsen. Auch wir sahen juvenile *Coronella austriaca* lediglich juvenile *Lacerta vivipara* fressen. Daß sie freiwillig Insekten fressen, wie VAN EIJCK (1972) angab, muß als Ausnahme gelten, sicher nach den Experimenten von SEWARD (1958).

Für die adulten Tiere muß die geographische Lage in Europa und damit der Teil des Areals, in dem die Beobachtungen gemacht werden, besonders berücksichtigt werden. So sind die sandigen Heidegebiete, auf die sich die Verbreitung der Schlingnatter in NW-Europa deutlich beschränkt, weniger reich an Reptilien als die nicht allzu hoch gelegenen Gebiete in Mitteleuropa. Weiter südlich verlegt *Coronella austriaca* ihre Habitatwahl auf höher gelegene oder dichter bewachsene, also mehr beschattete Plätze, was wiederum eine Verminderung des Reptilienreichtums an diesen Stellen bedeutet. Dieser Umstand kann viele der veröffentlichten Unterschiede in der Nahrung erklären.

In England wurden bei den Adulten kleine Säugetiere als wichtigste Beute bezeichnet (SPELLERBERG & PHELPS 1977, GODDARD 1984, SPELLERBERG 1988). In einer Zusammenstellung von englischen Beobachtungen kommt für die Adulten eine Speisekarte zum Vorschein, die zu 84% aus Säugetieren besteht, während die Beute der Juvenilen zu 87,5% aus Reptilien besteht. Für eine Schlingnatter-Population in SW-Deutschland gibt ZIMMERMANN (1988) ein ganz anderes Bild: 98% Reptilien (77% *Podarcis muralis*, 18% *Lacerta agilis* und 3% *Anguis fragilis*) und nur 2% Mäuse. ROLLINAT (1934) gibt für Mittel-Frankreich vornehmlich Reptilien an, erwähnt aber, daß ab und zu auch Feld- und junge Waldmäuse gefressen werden. Auch BESHKOV & GERASIMOV (1980) melden für eine sehr südliche Population (SW-Bulgarien) wieder das regelmäßige Fressen von Säugetieren, wobei es sich hier um eine Gebirgspopulation handelt. In diesem Zusammenhang paßt die von ANDRÉN & NILSON (1979) für Schweden angegebene absolute Spezialisierung von *Coronella austriaca* auf Reptilien (Eidechsen und Schlangen, einschließlich Kreuzottern) nicht gut ins Gesamtbild.

Die von uns untersuchte Population ähnelt bezüglich Nahrungsspektrum wie auch Habitat am meisten der englischen Situation. Hier war im Beutespektrum bei den Adulten das Verhältnis von Säugetieren zu Reptilien 4 : 1, im intensiven Beobachtungsjahr 1981 sogar 5 : 1. Wir fanden bei 13 Ausspei-Vorgängen von Beutetieren der Schlingnatter 11 kleine Säugetiere (7x *Microtus agrestis*, 3x *Sorex araneus* und 1x *Sorex minutus*) und nur 2x *Lacerta vivipara*. Unter den Säugetieren waren auffällig viele nestjunge Mäuse, manchmal sogar drei gleichzeitig. Offenbar spezialisiert sich die Schlingnatter auf das Finden und Ausfressen von unterirdischen Mäusenestern. Schon früher gab STEWARD (1958) an, daß bei *Coronella austriaca* die Jagd auf Säugetiere olfaktorisch geschieht,

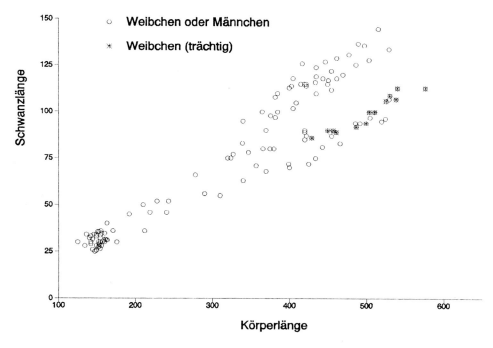

Abb. 2: Zusammenhang zwischen Körperlänge und Schwanzlänge bei der Schlingnatter. Correlation between body length and tail length in smooth snakes

während Reptilien optisch gejagt werden. Die Präferenz nestjunger Säugetiere bedeutet auch, daß Säugetiere vor allem erst später in der Saison gefressen werden; die Reptilien sind eine Art Frühjahrskost. Das Fressen von Säugetieren ist in der von uns untersuchten Population sicher eine Notwendigkeit, weil auf Grund des Energiebedarfs von einem Beutetier/Woche (ROLLINAT 1934 und BROADLEY 1958 geben resp. an: 1x *Podarcis muralis* 8-10 Tage und 19 Reptilien/4 Monate) einfach berechnet werden kann, daß die Schlingnatter-Population in sehr kurzer Zeit die vorhandenen Eidechsen-Populationen total erbeutet haben würde.

Geschlechtsdimorphismus und Wachstum

Auf den ersten Blick ist der Unterschied zwischen Männchen und Weibchen bei der Schlingnatter nicht sehr deutlich. Frühere Autoren (BREHM 1920, HEDIGER 1937) geben nur einen Farbunterschied an. Auch spätere Autoren (STREET 1979, WAITZMANN 1991) geben die Färbung (neben morphologischen Kriterien) noch als ein gutes Unterscheidundsmerkmal an. Nach SMITH (1975) sollen jedoch in englischen Populationen Farbunterschiede selten sein. Bezüglich der morphologischen Merkmale vermelden viele Autoren (u.a. ROLLINAT 1934, SMITH 1975, DAAN 1981, KMINIAK & KALÙZ 1983) einen Unterschied zwischen der Anzahl von Ventralia (Männchen weniger) und Subcaudalia (Männchen mehr). Außerdem haben Männchen einen (relativ zur Körper-

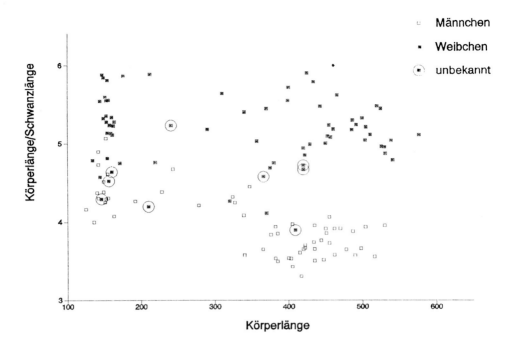

Abb. 3: Zusammenhang zwischen der Körperlänge und dem Verhältnis Körperlänge/Schwanzlänge bei der Schlingnatter.
Correlation between body length and body length/tail length ratio in smooth snakes.

länge) längeren Schwanz (ANGEL 1946, APPLEBY 1971, FRETEY 1975, DAAN 1981, KMINIAK & KALÙZ 1983). Ferner erwähnen KMINIAK & KALÙZ (1983) noch einen signifikanten Unterschied im Verhältnis der Summe von Körperbreite und Körperhöhe an der Basis des Analschilds zu Summe der maximalen Schwanzbreite und Schwanzhöhe.

VAN GELDER et al. (1988) untersuchten 132 Schlingnattern; 13 hiervon waren mit Sicherheit Weibchen, weil sie trächtig waren (Abb. 2). Mit Hilfe einer Diskriminant-Analyse auf der Basis der 13 sicheren Weibchen konnten an Hand der Anzahl von Ventralia und Subcaudalia, der Körperlänge und der Schwanzlänge 123 Schlangen mit einer Sicherheit von > 95% gesext werden. Bei dieser Untersuchung stellte sich auch heraus, daß für die untersuchte Population die Färbung kein einfach diskriminierendes Merkmal ist. Es muß jedoch bemerkt werden, daß sich die Untersuchung über einige Jahre erstreckte und die Färbung von verschiedenen Mitarbeitern bestimmt wurde. Nach vielen Jahren Erfahrung mit dieser Schlangenart ist es dennoch möglich, die meisten adulten Tiere schon auf Abstand zu sexen. Hierbei ist die Farbe dann doch ein wichtiger Faktor.

Was das Verhältnis von Körperlänge zu Schwanzlänge betrifft (Abb. 2) wird deutlich, daß dieses Merkmal im Feld nur bei großen Tieren Anwendung finden kann. Bei kleinen Tieren gibt es einen großen Überlappungsbereich, wie Abb. 3 zeigt. Das Verhältnis ist

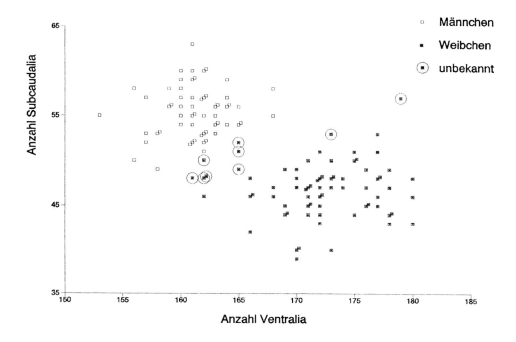

Abb. 4: Zusammenhang zwischen Anzahl der Ventralia und Anzahl der Subcaudalia bei der Schlingnatter.
Correlation between number of ventrals and number of subcaudals in the smooth snake.

bei den Weibchen unabhängig von der Länge und schwankt zwischen 4,1 und 5,9; bei den Männchen ist es dagegen von der Länge abhängig und liegt zwischen 3,3 und 5,2. Aus der Literatur (l.c.) ergeben sich in verschiedenen Teilen Europas sehr unterschiedliche Werte; die minimalen und maximalen Werte betragen 3,3 bzw. 6,8 für Weibchen und 3,0 bzw. 5,7 für Männchen. Ein Unterschied zwischen kleinen und großen Männchen wird nicht erwähnt.

Am besten kommt der Geschlechtsunterschied in der Anzahl der Subcaudalia im Vergleich mit der Anzahl der Ventralia zum Ausdruck (Abb. 4). Dies gilt auch für die in der Literatur erwähnten Werte, obwohl über die absoluten Anzahlen deutlich unterschiedliche Angaben gemacht werden.

Aus Abb. 2 könnte man schließen, daß bei einer Körperlänge von ungefähr 35 cm der Schwanz bei den Männchen schneller als bei den Weibchen wächst. Da das Verhältnis der Anzahl von Ventralia zu Anzahl von Subcaudalia während des ganzen Lebens konstant bleibt (Abb. 5), würde dies bedeuten, daß nach Erreichen einer Länge von 35 cm bei den Männchen ein allometrisches Wachstum auftritt. Um diese Frage zu beantworten, haben wir die Länge eines Subcaudales (Körperlänge/Anzahl der Subcaudalia) durch die Länge eines Ventrales (Schwanzlänge/Anzahl der Ventralia) geteilt und dieses Verhältnis mit der Körperlänge verglichen (Abb. 6). Bei kleinen Schlangen ist dieses Verhältnis

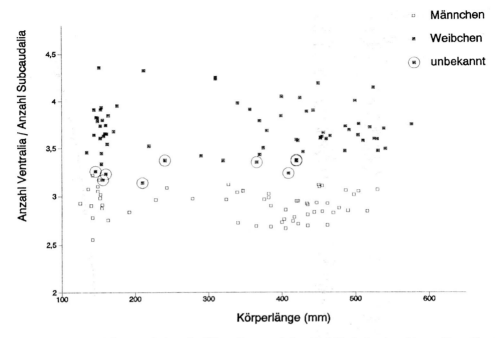

Abb. 5: Zusammenhang zwischen der Körperlänge und dem Verhältnis der Anzahl von Ventralia zur Anzahl der Subcaudalia bei der Schlingnatter.

Correlation between body length and the ratio number of ventrals/number of subcaudals in the smooth snake.

bei den Männchen größer als bei den Weibchen (die Ventralia sind relativ kleiner), bei großen Schlangen ist es genau umgekehrt. Obwohl die Werte eine große Streuung haben - was zu erwarten ist, weil sich in dem Verhältnis vier mögliche Meßfehler summieren - und die Anzahl von Messungen an Subadulten relativ niedrig war, zeigt Abb. 6 doch deutlich, daß das Wachstum schon von Beginn an allometrisch verläuft.

Besondere Beobachtungen

Partieller Albinismus: LENDERS (1989) beschreibt den Fund einer albinotischen Schlingnatter im Meynweg-Gebiet, welches sich ebenfalls im niederländisch-deutschen Grenzgebiet (etwas südlich von »De Hamert«) befindet. Weil das charakteristische Fleckenmuster noch leicht zu erkennen war, handelte es sich hier um partiellen Albinismus (offenbar fehlte nur die Produktion von Melanin).

Abweichende Beschuppung: Regelmäßig wurden Exemplare angetroffen, bei denen die Beschuppung vom normalen Muster abwich, z.B. halbe oder geteilte Ventralia, ungeteilte Subcaudalia oder ein zusätzliches Kopfschildchen zwischen den Präfrontalia und Internasalia. Wichtiger war die Beobachtung, daß von den 132 näher untersuchten Schlangen bei 6 Exemplaren deutlich die Beschuppungsmerkmale vorhanden waren, die der Unterart *Coronella austriaca fitzingeri* (BONAPARTE, 1840) zugeordnet werden. Vor

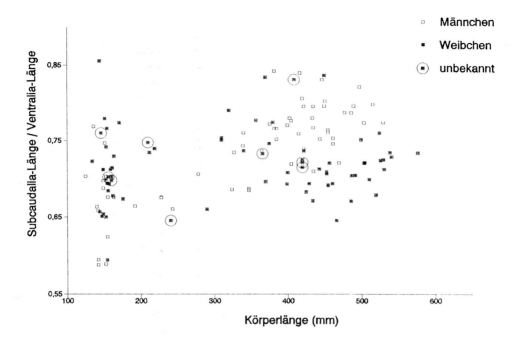

Abb. 6: Zusammenhang zwischen der Körperlänge und dem Verhältnis Subcaudalia-Länge/ Ventralia-Länge bei der Schlingnatter.
Correlation between body length and the ratio length of subcaudals/length of ventrals in the smooth snake.

allem betrifft dies die Form und Stellung des Rostrales (stark gewölbt über den Unterkiefer hervorragend, relativ lang und hierdurch zwischen die Internasalia bis zu den Präfrontalia reichend). Schon SCHREIBER (1875) und BOULENGER (1894) gaben an, daß die Merkmale dieser Unterart weit außerhalb des angegebenen Areals (Süditalien und Sizilien) gefunden wurden, aber dennoch verzeichnen MERTENS & WERMUTH (1960) sowie GRUBER (1989) diese Unterart und ihr begrenztes Areal.

Geburt und Schlupf: OOMEN (1958) beschreibt den Geburtsvorgang und das aus dem »Ei« Schlüpfen der Jungen in einem Wurf von 12 Tieren. Der ganze Geburtsprozeß, der früh am Morgen stattfand, dauerte 4½ Stunden, d.h. ganze 20 Minuten für 1 »Ei«. Die Zeitspanne zwischen dem Austreten des »Eies« und dem Schlüpfen der Jungtiere dauerte eine viertel- bis halbe Stunde.

Soziales Verhalten: Außer dem gemeinsamen Überwintern und dem dichten gemeinsamen Sonnen während der kurzen Prä- und Posthibernationsphasen wurden in mehreren Jahren auch sommerliche Gruppenbildungen angetroffen. Diese betrafen jedesmal trächtige Weibchen (4 bis 7 Exemplare), die gemeinsam wochenlang ein- und denselben Sonnenplatz benutzten. Bei Störungen verschwanden sie dann auch oft mit mehreren Tieren in derselben Höhle. Manchmal kamen die einer Gruppe angehörenden Weibchen aus einem ziemlich großen Gebiet zusammen. Wir waren nicht in der Lage, die von den

Schlangen gewählten Plätze mit einer besonderen ökologischen Präferenz zu charakterisieren und können daher auch keine Erklärung für die Ursache und Funktion dieses Verhaltens geben.

Danksagung

Wir wollen uns bei der Stiftung »Het Limburgs Landschap«, die Besitzerin des Landguts »De Hamert« ist, herzlichst bedanken. Die meisten der hier präsentierten Daten konnten mit ihrer freundlichen Zustimmung gesammelt werden. Weiter sind wir dem »Beijerinck-Popping Fonds«, das unsere Untersuchungen mehrere Jahre lang finanziell unterstützte, großen Dank schuldig. Wir bedanken uns auch bei Dr. Claudius Stumm für seine Hilfe bei der Übersetzung ins Deutsche.

Ecology and biology of the smooth snake (*Coronella austriaca* LAURENTI 1768) in the Netherlands

In the Netherlands, as in other places in the northwestern part of its distribution area, the smooth snake inhabits sandy, dry heathland habitats. First reproduction in females is in their 4th year, in exceptions the 5th year, and thereafter they produce one clutch every two years, sometimes 1 clutch/year. Mean clutch size is 7.6, mean value of relative clutch mass 46%; we measured a sex ratio (males/females) at birth of 0.64 and a perinatal mortality of 5.6%. The snakes inhabited two spatially separated habitats, one in summer and one in winter, with migrations of up to 400 m between these in spring (late April-late May) and autumn (mid September-mid October). During a winter period of 4 months (mid November-mid March) they hibernated, partly aggregated, partly solitarily, at a mean depth of 35 cm; sometimes they showed some winter activity. The total hibernation weight loss, measured in 7 individuals, averaged 5.4% of body weight. During the activity period of 8 months there are two mating times, one in late March/late April and one in the second half of August; most juveniles are born in the period late August/early September. In early spring the circadian activity cycle was unimodal, from the end of May it was bimodal; preferred body temperatures during activity were 29-33 °C. The summer home ranges averaged 0.4 ha (reproductive females), 1, 2 ha (non-reproductive female) and 2.3 ha (males), daily movements reached 25-35 m/day, with maximum values of 240 m/day (males) and 360 m/day (females). The snakes were eaten by polecats, stoats and buzzards; as food they took mainly mice and shrews, especially nestlings. We measured a sexual dimorphism in tail length, caused by allometric growth in the *males*.

Schriften

ANDRÉN, C. & G. NILSON (1976): Hasselsnoken (*Coronella austriaca*) - utrotningshotad ormart! - Fauna och Flora 71(2): 61-76.

ANDRÉN, C. & G. NILSON (1979): Hasselsnoken (*Coronella austriaca*) i Norden - en isolerad och ekologiskt särställd ras? - Fauna och Flora 74(2): 89-96.

ANGEL, F. (1946): Faune de France. Reptiles et amphibiens. - Lechevalier, Paris.

APPLEBY, L.G. (1971): British snakes. - Beeker, London.

BEEBEE, T.J.C. (1980): Historical aspects of British herpetofauna distribution. - Brit.J.Herpetol. 6(3): 105.

BERGMANS, W. & A. ZUIDERWIJK (1986): Atlas van de Nederlandse amfibieën en reptielen en hun bedreiging. Vijfde herpetogeografisch verslag. - Kon.Ned.Natuurhist.Ver., Hoogwoud.

BESHKOV, V.A. & S. GERASIMOV (1980): Small mammals as food components of snakes in the Maleshevo Mountain (Southwestern Bulgaria). - Ekologija 6: 51-61.

BONT, R.G. DE (1982): Het gedrag van de gladde slang vanaf de winter tot na de lentemigratie: een thermotelemetrische studie. - Research Report 219, Dept.Anim.Ecol., Cath.Univ.Nijmegen.

BONT, R.G. DE, J.J. VAN GELDER & J.H.J. OLDERS (1984): Gewichtsverloop en lichaamstemperatuur van de gladde slang (*Coronella austriaca*) in het voorjaar. - Lacerta 42(7): 124-129.

BONT, R.G. DE, J.J. VAN GELDER & J.H.J. OLDERS (1986): Thermal ecology of the smooth snake, *Coronella austriaca* LAURENTI, during spring. - Oecologia (Berl.) 69: 72-78.

BOULENGER, G.A. (1894): On the variations of the smooth snake, *Coronella austriaca*. - Zoologist 18(3): 10-15.

BRAITHWAITE, A.C., J. BUCKLEY, K.F. CORBETT, P.W. EDGAR, E.S. HASLEWOOD, G.A.D. HASLEWOOD, T.E.S. LANGTON & W.J. WHITAKER (1989): The distribution in England of the smooth snake (*Coronella austriaca* LAURENTI). - Results of the British Herpetological Society Survey 1984-7. - Herpetol.J. 1(8): 370-376.

BREHM, H. (1920): Tierleben. 5. Bd. Lurche und Kriechtiere. - Bibliogr.Institut, Leipzig/Wien.

BROADLEY, D.G. (1958): Some ecological notes on the British reptiles with particular reference to their feeding habits. - Brit.J.Herpetol. 2: 126-129.

BUND, C.F. VAN DE (1964): Vierde herpetogeografisch verslag. De verspreiding van reptielen en amphibieën in Nederland. - Lacerta 22: 1-72.

DAAN, R. (1981): Slangen (Ophidia). - In: M. SPARREBOOM (ed.): De amfibieën en reptielen van Nederland, België en Luxemburg. - Balkema, Rotterdam: 145-163.

EDELSTAM, C. (1990): 45-Year long snake study. - Herpetofauna News 2(2): 11.

EIJCK, C. VAN (1972): Een juveniel exemplaar van de gladde slang (*Coronella austriaca*) at insecten. - Lacerta 30(12): 163-164.

FRETEY, J. (1975): Guide des reptiles et batraciens de France. - Hatier, Paris.

GELDER, J.J. VAN, J.H.J. OLDERS, L.A.J.M. MERTENS & H.L.M. KERSTEN (1988): Field identification of the sex of the smooth snake (*Coronella austriaca* LAURENTI). - J.Herpetol. 22(1): 53-60.

GELDER, J.J. VAN & H. STRIJBOSCH (1985): Water, reptielen en amfibieen. - In: W.H. DIEMONT & J. BOKDAM (eds): Water op heide. - Versl.4.Studiedag Heidebeheer, Stg.Studiedag Heidebeheer, Ede., S. 41-53

GLANDT, D. (1972): Zur Verbreitung und Ökologie der Schlingnatter, *Coronella austriaca* LAUR. (Reptilia, Colubridae), am Niederrhein. - Decheniana 125(1/2): 131-136.

GODDARD, P. (1981): Limited movement areas and spatial behaviour in the smooth snake *Coronella austriaca* in southern England. - Proc.Euro.Herp.Symp., C.W.L.P., Oxford: 25-40.

GODDARD, P. (1983): Heathland management and the smooth snake. - In: L. FARRELL (ed): Heathland management: 11-19. - N.C.C. - edition 2.

GODDARD, P. (1984): Morphology, growth, food habits and population characteristics of the smooth snake *Coronella austriaca* in southern England. - J.Zool.,Lond. 204: 241-257.

GRUBER, U. (1989): Die Schlangen Europas und rund ums Mittelmeer. - Stuttgart.

HEDIGER, H. (1937): Die Schlangen Mitteleuropas. - Basel.

HOLMAN, J.A. (1985): Herpetofauna of the Late Pleistocene fissures near Ightham, Kent. - Herpetol.J. 1(1): 26-32.

HOLMAN, J.A. (1991): Fossil history of the grass snake (*Natrix natrix*) with emphasis on the British fossil record. - Brit.Herp.Soc.Bull. 36: 8-13.

JENRICH, R.I. & F.B. TURNER (1969): Measurement of non-circular home range. - J.Theor.Biol. 22: 227-237.

KERSTEN, H.L.M. & L.A.J.M. MERTENS (1982): De gladde slang oecologisch bezien m.b.v. telemetrie. - Research Report 209, Dept.Anim.Ecol., Cath.Univ.Nijmegen.

KLAUBER, L.M. (1972): Rattlesnakes. Their habits, life histories, and influence on mankind. Vol.1. - Univ. of Calif. Press, Berkeley/Los Angeles.

KMINIAK, M. & S. KALÚZ (1983): Evaluation of sexual dimorphism in snakes (Ophidia, Squamata) based on external morphological characters. - Folia Zoologica 32(3): 259-270.

LANGTON, T.E.S. (1985): Late hatching for snakes in 1985. - Herpetofauna News 2: 2.

LENDERS, A.J.W. (1989): Partieel albinisme bij een gladde slang (*Coronella austriaca* LAUR.). - Natuurhist.Maandbl. 78(6): 102-103.

MERTENS, R. & H. WERMUTH (1960): Die Amphibien und Reptilien Europas (Dritte Liste, nach dem Stand vom 1. Januar 1960). - Frankfurt/M.

MULDER, J. (1986): Pulmocutaan waterverlies bij de inheemse slangen. - Research Report 275, Dept. Anim.Ecol., Cath.Univ.Nijmegen.

MÜLLER, P. (1971): Biogeographische Probleme des Saar-Mosel-Raumes dargestellt am Hammelsberg bei Perl. - Faun.-flor.Notizen Saarland 4(1/2): 1-14.

OOMEN, H.C.J. (1959): Geboorte bij de gladde slang. - De Levende Natuur 61(12): 265-267.

PETERS, G. (1977): Die Reptilien aus dem fossilen Tierbautensystem von Pisede bei Malchin. Teil 2: Interpretationen und Probleme. - Wiss.Z.Humbolt-Univ.Berl., Math.Nat.R. 26(3): 321-327.

PHELPS, T.E. (1978): Seasonal movement of the snakes *Coronella austriaca, Vipera berus* and *Natrix natrix* in southern England. - Brit.J.Herpetol. 5: 755-761.

ROLLINAT, R. (1934): La vie des reptiles de la France Centrale. - Delagrave, Paris.

SCHREIBER, E. (1875): Herpetologia Europaea, eine systematische Bearbeitung der Amphibien und Reptilien, welche bisher in Europa aufgefunden sind. - Braunschweig.

SMITH, M.A. (1975): The British amphibians and reptiles. - London.

SPELLERBERG, I.F. (1988): Ecology and management of reptile populations in forests. - Quatern.J.Forestry 82: 99-109.

SPELLERBERG, I.F. & T.E. PHELPS (1975): Voluntary temperatures of the snake, *Coronella austriaca*. - Copeia 1975(1): 183-185.

SPELLERBERG, I.F. & T.E. PHELPS (1977): Biology, general ecology and behaviour of the snake, *Coronella austriaca* LAURENTI. - Biol.J.Linn.Soc. 9: 133-164.

STEWARD, J.W. (1958): Observations on the feeding habits of the smooth snake. - Brit.J.Herpetol. 2(8): 149-152.

STREET, D. (1979): The reptiles of northern and central Europe. - London.

VÖLKL, W. & B. MEIER (1988): Verbreitung und Habitatwahl der Schlingnatter *Coronella austriaca* LAURENTI, 1768 in Nordostbayern (Serpentes: Colubridae). - Salamandra 24(1): 7-15.

WAITZMANN, M. (1991): Zur Morphologie einiger Reptilien des südlichen Odenwaldes (Nordbaden, Südhessen). - Salamandra 27(4): 266-281.

WILKINSON, D.M. (1988): The Flandrian history of rare herptiles in Britain: a consideration of the hypotheses of BEEBEE and YALDEN. - Brit.Herp.Soc.Bull. 25: 39-41.

YALDEN, D.W. (1980): An alternative explanation of the distributions of the rare herptiles in Britain. - Brit.J.Herpetol. 6(2): 37-40.

ZIMMERMANN, P. (1988): Die Schlingnatter (*Coronella austriaca*) im Weinberg »Höllstein« bei Freudenstein (Enzkreis, Baden-Württemberg). - Carolinea 46: 65-74.

ZUIDERWIJK, A. & G. SMIT (1991): De Nederlandse slangen in de jaren tachtig. Analyse van waarnemingen en beschrijving van landelijke verspreidingspatronen. - Lacerta 49(2): 43-60.

Verfasser

Dr. Henk Strijbosch & Dr. Jan J. van Gelder, Fachbereich Ökologie, Abt. Tierökologie, Kath. Univ. Nijmegen, Postbus 90 10, NL-6500 GL Nijmegen, Niederlande.

Lebensraum, Gefährdung und Schutz der Schlingnatter (*Coronella austriaca* LAURENTI 1768) im Norddeutschen Tiefland und in den Mittelgebirgslagen Südwestdeutschlands

RICHARD PODLOUCKY & MICHAEL WAITZMANN

Key words: *Coronella austriaca*, habitat, lowland, hilly area, association, threats, conservation measures, Germany

Einleitung

Die Schlingnatter-Vorkommen im Norddeutschen Tiefland zählen neben denen Südschwedens und Südnorwegens zu den nördlichsten Populationen dieser Art im west- und mitteleuropäischen Raum (AHLÉN et al. 1992, DOLMEN 1978, ENGELMANN 1993). Der Vergleich historischer Daten mit aktuellen Nachweisen läßt an der gesamten nördlichen und nordwestlichen Arealgrenze auf einen starken Rückgang während dieses Jahrhunderts, insbesondere der letzten Jahrzehnte schließen (ANDRÉN & NILSON 1979, BERGMANS & ZUIDERWIJK 1986, DIERKING-WESTPHAL 1981; DOLMEN 1978; LEMMEL 1977; PODLOUCKY & FISCHER, im Druck). In Deutschland sind die nördlichsten Vorkommen in Schleswig-Holstein vermutlich bis auf vier noch aktuell bekannte Populationen erloschen (DIERKING, briefl. 1993), die Schlingnatter wird daher in der Roten Liste als »vom Aussterben bedroht« eingestuft. Auch in den übrigen Bundesländern bzw. Stadtstaaten, die vollständig oder zu wesentlichen Teilen im Norddeutschen Tiefland liegen (Mecklenburg-Vorpommern, Hamburg, Niedersachsen, Sachsen-Anhalt, Brandenburg, Berlin, Nordrhein-Westfalen, Sachsen) gilt die Art als »vom Aussterben bedroht« bzw. »stark gefährdet« (vgl. Übersicht in GRUSCHWITZ et al. 1993).

Obwohl die Schlingnatter als Charaktertier der klimatisch begünstigten deutschen Mittelgebirge und Hügellandschaften gilt (ENGELMANN 1993), zeigen die Bestandsaufnahmen der letzten Jahrzehnte deutlich, daß sie auch im Tiefland in zahlreichen, wenn auch meist kleinen Populationen, vorkommt.

In den Hanglagen südwestdeutscher Mittelgebirge ist die Schlingnatter gebietsweise flächendeckend in z.T. individuenstarken Populationen vertreten. Trotz zentralerer Lage innerhalb des Verbreitungsareales und deutlich günstigerer Klimabedingungen wird sie aufgrund raumgreifender Veränderungen des Lebensraumes auch in Baden-Württemberg als »stark gefährdet«, in Hessen als »gefährdet« eingestuft. Lediglich in Rheinland-Pfalz gilt sie nur als »potentiell gefährdet« (vgl. Übersicht in GRUSCHWITZ et al. 1993).

Die Schlingnatter besiedelt eine Vielzahl unterschiedlicher mehr oder weniger anthropogen beeinflußter Biotoptpyen. Sie wird allgemein hinsichtlich ihrer Ansprüche an den Lebensraum als sehr plastisch eingeschätzt. Die bevorzugten Lebensräume scheinen eher das landschaftstypische Angebot widerzuspiegeln. Allerdings zeigen alle Schlingnatter-Habitate bestimmte strukturelle Gemeinsamkeiten. Dazu gehören eine sehr heterogene Vegetationsstruktur, ein kleinflächiger Wechsel von Grasland, strauch-, gebüsch- oder baumgeprägten Flächen sowie offene Strukturen, die sowohl als Sonnen- als auch Versteckplätze dienen können. Geschlossene Wälder und großflächig offenes Gelände mit nur niedriger Vegetation wird jedoch gemieden. Ebenfalls von Bedeutung sind eine entsprechende Beutetierdichte und die Nähe geeigneter Winterquartiere.

Der folgende Beitrag gibt einen Überblick über die Hauptlebensräume der Schlingnatter im Norddeutschen Tiefland und in den Mittelgebirgslagen Südwestdeutschlands, über Gefährdungsursachen in den jeweiligen Landschaftsräumen und mögliche Schutzmaßnahmen.

Lebensräume im Norddeutschen Tiefland

Die ursprünglichen Lebensräume der Schlingnatter in der Tiefebene dürften die Randbereiche der atlantischen Hochmoore und lichte Stieleichen-Birkenwälder mit eingestreuten Zwergstrauch-Gesellschaften im Nordwesten sowie großflächige primäre Sandmagerrasen bzw. lichte Kiefernwälder im Nordosten sein, während die Heiden mit ihrer größten Ausdehnung gegen Ende des 18. Jahrhunderts anthropogene Sekundärlebensräume sind, die durch die Entwaldung nährstoffarmer Standorte entstanden. Zu den Sekundärlebensräumen zählen, zumindest im Nordwesten, auch die meisten heutigen Wälder.

Entsprechend konzentrieren sich die aktuellen Schlingnatter-Vorkommen im atlantisch geprägten Nordwestdeutschen Tiefland (Schleswig-Holstein, niedersächsisches Tiefland, Westfälische Tieflandsbucht und Niederrheinisches Tiefland) - ebenso wie in den Niederlanden (BERGMANS & ZUIDERWIJK 1986) - auf drei Bereiche, die aufgrund ihrer trockenen, sonnenexponierten Standorte, die Ansprüche der xerothermophilen Schlange offensichtlich am besten erfüllen:

1. Hochmoore und ihre Randbereiche (Abb. 1);
2. lichte Wälder, Waldränder und -lichtungen (Abb. 2);
3. Heiden (Abb. 3).

Im Niederrheinischen Tiefland stellen hügelige, sandige Heidegebiete (*Calluna*, Gräser, Ginster, Birke, Kiefer) mit angrenzendem lockeren Mischwald und niedrigen Binnendünen, lichte Eichen-Birkenwaldreste und Kiefernforste sowie deren Ränder bzw. Kahlschläge bevorzugte Habitate der Schlingnatter dar (GLANDT 1972; GRÜNWALD 1970). In der Westfälischen Tieflandsbucht kommen ebenso wie im moorreichen Niedersachsen Hochmoorbiotope hinzu (FELLENBERG 1981).

Auf der Grundlage einer Teilauswertung der im Rahmen des Tierartenerfassungsprogrammes (Niedersächsisches Landesamt für Ökologie) erhobenen Daten sowie eigener Untersuchungen lassen sich für das niedersächsische Tiefland schwerpunktmäßig die folgenden Schlingnatter-Habitate beschreiben (die Prozent-Angaben beziehen sich auf das gesamte Niedersachsen inklusive des Berglandes). Sie stimmen mit Ausnahme des Hochmoores weitgehend mit denen der Zauneidechse (*Lacerta agilis*; PODLOUCKY 1988) überein.

Abb. 1: Hochmoorrandbereich mit Grabenböschung und angrenzendem Moorbirken-Kiefern-Buschwald im Lichtenmoor/Lk. Nienburg: Sommer- und Winterhabitat von Schlingnatter und Kreuzotter.

Edge of peatland with ditch embank and bushy Birch-Pine forest in the Lichtenmoor, Nienburg county: summer and winter habitat of the Smooth Snake and Adder.

Abb. 2: Ehemalige, nicht wieder aufgeforstete Kahlschlagfläche mit Baumstubben, Jungfichten und Drahtschmiele (*Avenella flexuosa*) im Forst Wiebeck/Lk. Uelzen (1982), inzwischen vollständig von Fichten überwachsen: Habitat von Schlingnatter und Blindschleiche.

1982 old forest clearing with tree stumps, young Spruce and *Avenella flexuosa* in the Wiebeck forest: habitat of Smooth Snake and Slow Worm (today totally overgrown with Spruce).

Abb. 3: Heidefläche mit Gehölzanflug im NSG Lüneburger Heide/Lk. Soltau-Fallingbostel: Habitat von Schlingnatter, Kreuzotter und Zauneidechse.

Heathland with scrub vegetation in the nature reserve »Luneburg Heath«: habitat of Smooth Snake, Adder and Sand Lizard.

- Hochmoore, die heute durch Entwässerung fast ausnahmslos nur noch als Hochmoor-Degenerationsstadien vorhanden sind. Die bevorzugten trockenen Aufenthaltsorte liegen auf den nach der Abtorfung stehengebliebenen Torfdämmen und -resten, insbesondere aber in den Moorrandbereichen (Abb. 1). In der Regel handelt es sich um strukturreiche Moorheideflächen mit Zwergsträuchern (z.B. *Calluna vulgaris, Erica tetralix, Vaccinium uliginosum, V. myrtillus, V. oxycoccos*), eingestreuten Pfeifengras-Rasen (*Molinia caerulea*), durchsetzt mit Birken- und Kiefernanflug sowie angrenzenden Moorbirken-Kiefern-Buschwäldern (28% aller Funde).
- Waldränder meist lichter Nadelwälder sowie Lichtungen oder Schneisen, häufig in südexponierter Lage und in Verbindung mit kleinen eingestreuten Heideflächen (23% aller Funde; Abb. 2);
- Sandheide- und Glockenheide-Gesellschaften auf trockenen bis feuchten Sandböden mit mehr oder weniger starkem Gehölzanflug und eingestreuten Borstgrasrasen (21% aller Funde; Abb. 3);
- Feld- und Wegränder, häufig verbunden mit Moor- und Waldrändern (13% aller Funde).

Typisch für das Schlingnatter-Habitat sind folgende Merkmale und Strukturen:
- vorwiegend sandiger oder mooriger Boden. In der Regel sind die Standorte trocken (43%) bis feucht (26%), nasse Bereiche werden weitgehend gemieden. Im Sommer konnten sich sonnende Schlingnattern gelegentlich auch in nassen Bereichen im Zentrum von Hochmooren, in verlandeten Torfstichen oder auf kleinen Torfinseln oder Sumpfbulten beobachtet worden, die teilweise nur nach Überquerung flacher Gewässer erreichbar waren (eig. Beob., FELLENBERG 1981, CLAUSNITZER 1989).
- Wechsel von vegetationslosen Flächen mit dichter bzw. spärlicher Vegetation (Zwergstrauch-, Schlagflur- oder Ruderal-Gesellschaften, Magerrasen). Damit sind sowohl Sonnenplätze als auch Deckung und Schutz bei ungünstiger Witterung vorhanden. In Sand- oder Moorheiden besteht die Deckung bietende Vegetation häufig aus älteren Heidesträuchern, Molinia-Bulten oder niedrigem Gebüsch (z.B. Ginster, Birke, Kiefer, Rauschebeere, Brombeere). Die Vegetationshöhe liegt nach eigenen Untersuchungen im Mittel um 50 cm, CLAUSNITZER (1989) gibt 30 cm als Maximum an.
- Strukturelemente wie Baumstubben, liegendes Totholz, Steinhaufen, Gleisschotter, aber auch Blechplatten, Dachpappe u.a. können als Unterschlupf von Bedeutung sein.
- Maßgebend sind auch im Tiefland Geländeneigung und/oder Exposition. Diese Bedingungen erfüllen z.B. aufgeschobene Stubbenwälle, Kanal-, Straßen- und Grubenböschungen, Bahndämme oder natürliche Hangneigungen.

Im mehr kontinental geprägten Nordostdeutschen Tiefland stellen dagegen lichte Nadel-, insbesondere Kiefernwälder mit einer Bodenvegetation aus Gräsern, Kräutern und Stauden, eingestreuten heideartigen Flächen und Schonungen sowie deren mit Gebüsch bestandenen Ränder den Hauptlebensraum der Schlingnatter dar. Soweit vorhanden, werden auch strukturreiche Heidegebiete, an der Küste gelegentlich die mit Kiefern oder Gebüsch bestandenen Sanddünengebiete besiedelt. Vorwiegend handelt es sich um Standorte auf trockenen, sandigen Böden (BUSCHENDORF 1984, GASSMANN 1984, HEINRICH 1982, PATZER 1990, SCHIEMENZ in ENGELMANN 1993, STRECK 1965). Weitere

Habitate befinden sich im Küstenbereich und in der Mark in den trockenen, besonnten Heideflächen der Moorrandbereiche (STRECK 1965, TSCHIESCHE 1973, zit. nach HEINRICH 1982).

Daneben spielen im gesamten Norddeutschen Tiefland Wiesenbrachen, Magerrasen, Ruderalfluren, Feldraine, Kies- oder Sandgruben, Grabenränder, Böschungen und Randstreifen, wie sie z.B. häufig entlang von Gleisanlagen oder Straßen vorhanden sind, eine wichtige Rolle. Derartig strukturierte Verkehrstrassen können zusätzlich als Wanderungswege und Ausbreitungslinien dienen. Liegen geeignete Habitatvoraussetzungen vor, werden auch Siedlungsbereiche, Gärten, verbuschte Industriebrachen, Schutt- und Abraumhalden nicht gemieden, sodaß man die Schlingnatter keineswegs als Kulturflüchter bezeichnen kann (BUSCHENDORF 1984, CLAUSNITZER 1989, FELDMANN et al. 1968, FELLENBERG 1981, GLANDT 1972, 1986, GRÜNWALD 1970, LEMMEL 1977, PODLOUCKY & FISCHER 1991, RÜHMEKORF 1972, SCHIEMENZ in ENGELMANN 1993, STRECK 1965).

So heterogen diese Lebensräume erscheinen mögen, sie entsprechen allesamt dem bereits eingangs beschriebenen, relativ engbegrenzten Habitatschema der Art, einem kleinflächigen, mosaikartigen Muster verschiedener Strukturelemente. Generell zeichnen sich Schlingnatter-Habitate als Randbereich zwischen offener und bewaldeter Landschaft dar. Diese Übergangszonen, in denen neben unbewachsenen, sandigen Flächen, der stets vorhandenen niedrigen Kraut-, Gras- oder Zwergstrauchschicht auch eine Strauchschicht mehr oder weniger gut entwickelt ist (Gebüschkomplexe, einzelne Sträucher oder junge Bäume, mitunter auch einzelne hohe Bäume), sind als halboffener Lebensraum zu charakterisieren. Der kleinräumige Wechsel verschiedener Vegetationsstrukturen wird im Norddeutschen Tiefland, in der Regel von Waldrandlagen ausgehend, an Moorrändern, in Heiden, an Feldrainen, auf Wiesenbrachen, an Bahndämmen, Straßenböschungen, in Sandgruben sowie auf Waldlichtungen erfüllt. In der Regel handelt es sich um vorwiegend nährstoffarme trockene bzw. nach Regen schnell abtrocknende Böden, die wiederum die vegetationsarmen oder -losen Flächen bedingen. Gekennzeichnet sind die Habitate ebenfalls durch Südexposition, die durch Waldrand- oder Hanglage gegeben sein kann. Nahezu alle Habitate sind anthropogenen Ursprungs (Heide, Ruderalflächen, Bahndämme u.a.) oder unterliegen einem starken anthropogenen Einfluß (trockengelegte Moore, Wälder) (FELLENBERG 1981, CLAUSNITZER 1989). Häufig kommen nur einige hundert Quadratmeter als Lebensraum in Frage. Teilweise müssen die Minimal-Areale als sehr kleinräumig angesehen werden, wie z.B. GODDARD(1980) in Untersuchungen zum Aktionsraum (»lifetime range«) einzelner Schlingnattern in zwei südenglischen Heidebiotopen feststellen konnte.

Vergesellschaftung

Die Schlingnatter tritt mit allen übrigen, im Norddeutschen Tiefland vorkommenden Reptilienarten syntop auf, in Brandenburg auch mit der Smaragdeidechse (*Lacerta viridis*; PETERS 1970). Auch die Kreuzotter (*Vipera berus*) ist davon nicht ausgenommen, wie früher von LANDOIS (1892, zit. in FELLENBERG 1981) für Westfalen angenommen wurde.

In Niedersachsen ergab die Auswertung von 68 Fundgebieten Vergesellschaftungen mit allen übrigen 5 heimischen Reptilienarten: Waldeidechse (*Lacerta vivipara*) 69 %,

Kreuzotter (*Vipera berus*) 60%, Blindschleiche (*Anguis fragilis*) 31%, Ringelnatter (*Natrix natrix*) 18%, Zauneidechse (*Lacerta agilis*) 13%.

Lebensräume in südwestdeutschen Mittelgebirgslagen

In den südwestdeutschen Mittelgebirgslagen konzentrieren sich die Vorkommen der Schlingnatter auf wärmebegünstigte Hanglagen, die Verbreitungsschwerpunkte liegen in Baden-Württemberg im Oberrheintal, Schwarzwald und im Neckar-Tauber-Gebiet (BAUER 1987, FRITZ et al. 1989), in Hessen im Rheingau-Taunus, im oberen Lahntal, im hessischen Spessart, im südlichen Odenwald sowie im Werra- und Diemeltal (HEIMES 1990, MERTENS 1947) und in Rheinland-Pfalz in den Hanglagen des Rhein-, Ahr-, Mosel-, Lahn- und Nahetales sowie am Ostabfall des Pfälzer Waldes (GRUSCHWITZ 1981). Im Bereich dieser trockenwarmen Hanglagen ist die Schlingnatter als thermophile Art weitgehend flächendeckend verbreitet und tritt hier in besonders individuenstarken Populationen auf. In den höheren Mittelgebirgslagen Südwestdeutschlands dagegen löst sich das zusammenhängende, dicht besiedelte Verbreitungsareal von *Coronella austriaca* allmählich in isolierte Einzelvorkommen auf (GRUSCHWITZ et al. 1993).

In Abb. 4 wird die vertikale Verbreitung der Schlingnatter in Baden-Württemberg auf der Grundlage detaillierter Bestandserfassungen (SOWIG & FRITZ 1993) exemplarisch für die Gesamtverbreitung in den südwestdeutschen Mittelgebirgslagen dargestellt. Der Verbreitungsschwerpunkt in Baden-Württemberg liegt mit ca. 60% aller Habitatnachweise (n = 259) zwischen 100 und 400 m üNN, das vollständige Fehlen unter 100 m üNN liegt in der Topographie Baden-Württembergs begründet. In den Hochlagen des Süd- und Mittelschwarzwaldes konnte die Schlingnatter vereinzelt noch in Höhenlagen bis zu 1000 m üNN nachgewiesen werden, es handelt sich hierbei jedoch um isolierte Einzelvorkommen in Bereichen mikroklimatisch besonders begünstigter Standorte. Vergleichbare Ergebnisse liegen aus Ostbayern vor, wo die höchsten Bestandsdichten der Schlingnatter zwar im Bereich der xerothermen Hanglagen des Donautales bei Passau

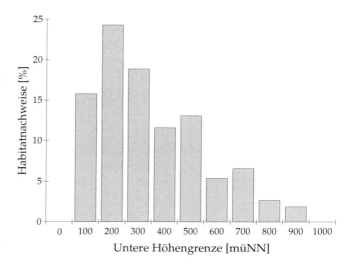

Abb. 4: Vertikale Verbreitung der Schlingnatter (*Coronella austriaca*) in Baden-Württemberg, bezogen auf 259 Habitatnachweise (verändert nach SOWIG & FRITZ 1993).

Vertical distribution of the Smooth Snake (*Coronella austriaca*) in Baden-Württemberg on the basis of 259 records (ammended from SOWIG & FRITZ 1993).

Abb. 5: Wärmebegünstigte Hanglagen des südlichen Odenwaldes mit lichten Laubwäldern, naturnahen Felsabschnitten und sonnenexponierten Sekundärstandorten als bevorzugter Lebensraum von *Coronella austriaca* und *Podarcis muralis*.

Insolated and sheltered slopes at the southern Odenwald with sparse deciduous forest, natural rocky parts and sunexposed secondary habitats, especially for *Coronella austriaca* and the *Podarcis muralis*.

ermittelt wurden (VÖLKL et al. 1993, WAITZMANN 1989), im angrenzenden Bayerischen Wald jedoch auch submontane Lagen bis 850 m üNN in Abhängigkeit von kleinklimatischen Verhältnissen besiedelt werden (VÖLKL et al. 1993).

Hinsichtlich der besiedelten Habitatstrukturen ergibt sich für die Schlingnatter in den südwestdeutschen Mittelgebirgslagen ein sehr einheitliches Bild. In den wärmebegünstigten Hanglagen stellen Halb- und Volltrockenrasen, Steinbrüche, Geröllhalden, Trockenmauern, felsige Straßen- und Wegböschungen, Bahndämme, aufgelockerte Waldränder mit steinreichen Randgebieten sowie aufgelassene Weinbergslagen bevorzugte Lebensräume von *Coronella austriaca* dar (Abb. 5); (FRITZ et al. 1989, HEIMES 1990, GRUSCHWITZ 1981, SOWIG & FRITZ 1993). Daneben ist sie nicht selten auch innerhalb geschlossener Ortschaften im Bereich von Schrebergärten, Wegrändern und Bruchsteinmauern anzutreffen.

Alle Standorte zeichnen sich durch ein kleinräumiges Mosaik verschiedenster Strukturelemente aus, wobei freie, sonnenexponierte Trockenbereiche mit steinigem und wärmespeicherndem Bodensubstrat als Sonnenplätze von essentieller Bedeutung sind. Felsspalten und Mauerfugen werden als Versteck- und Rückzugsmöglichkeiten, aber auch als Überwinterungsquartiere genutzt, während dichtere Vegetationsabschnitte in erster Linie als Jagdreviere dienen dürften.

In den höheren Mittelgebirgslagen Südwestdeutschlands bewohnt die Schlingnatter überwiegend Waldränder, Gebüschsäume und den Randbereich von extensiv genutztem Grünland.

Im Rahmen einer populationsökologischen Studie im südlichen Odenwald (Südhessen, Nordbaden) wurde die aktuelle Verbreitung und Habitatbindung von *Coronella austriaca* in einem konkreten Landschaftsraum über einen Zeitraum von drei Jahren intensiv untersucht (WAITZMANN 1989, 1992). Die Ergebnisse spiegeln die Gesamtverbreitungssituation in südwestdeutschen Mittelgebirgslagen wider und werden nachfolgend in komprimierter Form dargestellt.

In den wärmebegünstigten Hanglagen des Odenwaldes, der südlichen Bergstraße und des Neckartales ist die Schlingnatter flächendeckend verbreitet, aufgrund klimatischer Bedingungen und durch das Fehlen geeigneter Habitatstrukturen kommt es in den höheren Lagen des Odenwaldes zu einer inselartigen Auflösung des Verbreitungsareals.

Ähnlich wie die xerotherme Mauereidechse (*Podarcis muralis*) tritt auch die Schlingnatter im südlichen Odenwald überwiegend im Bereich trockener bis mäßig feuchter Ruderalstandorte (sonnenexponierte Bahndämme, Weg- und Straßenböschungen, Steinbrüche) auf. Weitere Vorkommen liegen in Weinbergen und Schrebergärten, im Randbereich von Wiesenhängen und innerhalb der Ortschaften. Aufgrund der topographischen und geologischen Gegebenheiten des Untersuchungsgebietes spielen echte Kalkmagerrasen im Bereich der waldreichen Hanglagen und Seitentäler des Odenwaldes eine nur untergeordnete Rolle und sind deswegen im Vergleich zu anderen Naturräumen Südwestdeutschlands als Lebensräume der Schlingnatter unterrepräsentiert. Aktuelle Nachweise in offenen Waldbiotopen (Waldlichtungen, Kahlschläge) und in ausgesprochen feuchten Lebensräumen (Feuchtwiesen, Bach- und Flußufern) konnten im Rahmen der Untersuchungen nicht erbracht werden (Abb. 6). Der thermophile Charakter von *Coronella austriaca* in den südwestdeutschen Mittelgebirgslagen ergibt sich auch durch die ermittelten Hangrichtungspräferenzen; so entfielen allein 72 % aller Habitatnachweise im südlichen Odenwald auf wärmebegünstigte Südost-, Süd- und Südwestlagen, während reine Nord-, Nordost- und Nordwesthänge vollständig gemieden werden.

Vergesellschaftung

Während die Schlingnatter in nahezu allen Naturräumen Südwestdeutschlands mit den eurytopen Arten *Anguis fragilis* und *Lacerta agilis* angetroffen werden kann, tritt sie aufgrund ihrer Habitatpräferenzen und ihrer Klimaansprüche sehr häufig mit den xerothermen Arten syntop auf, mit der Mauereidechse (*Podarcis muralis*) überwiegend im Bereich der Weinanbaugebiete in Rheinland-Pfalz, Hessen und Baden-Württemberg (FRITZ 1987, GRUSCHWITZ 1981, HEIMES 1988, WAITZMANN 1986, 1989), aber auch mit der Smaragdeidechse (*Lacerta viridis*) am Kaiserstuhl (WAITZMANN, unpubl.) und am Mittelrhein (BÖKER 1990), mit der Äskulapnatter (*Elaphe longissima*) im Rheingau-Taunus (HEIMES 1988) und im Neckar-Odenwald (WAITZMANN 1989) und der Aspisviper (*Vipera aspis*) im Südschwarzwald (FRITZ & LEHNERT 1993).

In den niederschlagsreichen und kühlen Regionen der höheren Mittelgebirgslagen (Schwarzwald) sind auch syntope Vorkommen mit der Waldeidechse (*Lacerta vivipara*)

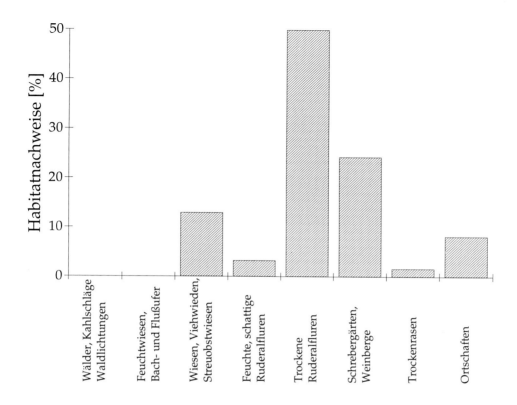

Abb. 6: Habitatpräferenzen von *Coronella austriaca* im südlichen Odenwald, bezogen auf 62 Einzelhabitat-Nachweise.

Habitat preferences of *Coronella austriaca* in the southern Odenwald on the basis of 62 habitat records.

und mit der Kreuzotter (*Vipera berus*) bekannt (BAEHR 1987, LEHNERT & FRITZ 1993), doch ist die Schlingnatter hier nur sporadisch verbreitet und erreicht nie die Populationsstärken der klimatisch begünstigten Lagen (Abb. 7).

Gefährdungsursachen im Norddeutschen Tiefland

Die im Rahmen intensiver Land-, Forstwirtschaft und durch die Torfindustrie verursachten Landschaftsveränderungen sind die Hauptursachen für den Rückgang der Schlingnatter und tragen auch heute noch maßgeblich zur weiteren Isolation und Vernichtung von Schlingnatter-Populationen bei. Dies wird besonders deutlich, wenn man berücksichtigt, daß die ehemaligen Heiden und Moore, sofern letztere nicht noch der Abtorfung unterliegen, weitgehend land- und forstwirtschaftlich genutzt werden. In Niedersachsen wurden weit mehr als 90% der Hochmoore zerstört; mehr als 99% der ursprünglich vorhandenen Heideflächen sind verschwunden (von DRACHENFELS et al. 1984).

Abb. 7: Habitat von *Coronella austriaca* und *Vipera berus* im Schwarzwald als Beispiel eines Lebensraumes in den höheren Mittelgebirgslagen Südwestdeutschlands.

Habitat of *Coronella austriaca* and *Viperea berus* in the Black Forest as an example for habitats in the hillier parts of Southwest Germany.

Im einzelnen handelt es sich um Abtorfungen von Hochmoorkomplexen, Aufforstungen oder Umwandlung der Moorrandbereiche und Heiden zu Grün- bzw. Ackerland, Zerstörung von Randzonen entlang von Waldsäumen oder auch die Beseitigung von als Unterschlupf benötigten Strukturen (Feldsteinhaufen, Totholz, Hecken). Das mehrmals im Jahr stattfindende Mähen von Randstreifen und Grabenböschungen entlang von Straßen, Feld-, Forst- sowie Wanderwegen hat nachweislich den Verlust von sich in diesen Bereichen bevorzugt sonnenden Tieren zur Folge.

CLAUSNITZER (1989) führt den Rückgang in den Waldgebieten der Südheide (Lk. Celle/Niedersachsen) auf die Intensivierung der Forstwirtschaft zurück. Die von ihm aufgeführten Beispiele gelten sicherlich auch für weitere auf Sandböden befindlichen forstwirtschaftlich genutzten Wälder:

1. Pflanzung von Jungfichten unter Kiefern, sodaß kaum noch sonnige Phasen im Wald vorhanden sind.
2. Neue Aufforstungen erfolgen großflächig und sehr dicht.
3. Vor Aufforstungen werden die Flächen mit Planierraupen abgeschoben und eingeebnet, sodaß keine Versteckmöglichkeiten bleiben.
4. Aufforstungen erfolgen bis unmittelbar an die Wege. Damit fehlen die früher zahlreich vorhandenen breiten, mit Heidekraut bestandenen Wegränder. Selbst breite Sandwege mit Heidekraut wurden nachträglich durch Umpflügen und Aufforstung in schmale, beschattete Wege verwandelt.

Damit fehlen im Wald an vielen Stellen die für die wärmebedürftigen Schlangen wichtigen Saumbereiche mit einem Wechsel unterschiedlicher Habitatstrukturen. Die fehlenden Wanderungsmöglichkeiten entlang der Waldwege führen zusätzlich zu den übrigen Isolationsfaktoren zu einer weiteren Verinselung der Populationen.

In Heidegebieten können auch zeitlich bzw. örtlich unsachgemäß durchgeführte Maßnahmen (Mahd, Plaggen, Brennen) zum Erhalt der verbliebenen Heidelandschaften, die als Reste einer alten Kulturlandschaft einer natürlichen Sukzession unterliegen, erhebliche Gefährdungsfaktoren darstellen. Bei großflächiger Durchführung über mehrere Hektar gehen derartige Maßnahmen auf Kosten der bereits als notwendig beschriebenen Strukturvielfalt und führen zwangsläufig zur Zerstörung des Habitats (PODLOUCKY 1988).

Abgesehen von den zahlenmäßig großen Verlusten, die im Zusammenhang mit der Abtorfung der Moore durch großflächige Vorbereitungsmaßnahmen, wie Herausreißen der Büsche und Bäume sowie Abfräsen der obersten Vegetationsschicht während der Wintermonate, entstehen (PODLOUCKY 1991), entwickeln sich besonders die bis zu 2 m tiefen, senkrecht in den Boden gegrabenen Schlitzgräben zu Reptilienfallen (HARTMANN, briefl.). Zahlreiche Beobachtungen in den letzten Jahren haben gezeigt, daß auch während der Wintermonate durchgeführte Renaturierungsmaßnahmen wie Aufstau von Flächen, Abtragen von Torfdämmen und -kanten Schlingnattern und andere Reptilien in ihrer empfindlichsten Phase treffen können. Dies gilt besonders, wenn es sich um von mehreren Tieren genutzte Winterquartiere handelt.

Auch in der zunehmenden Eutrophierung der Lebensräume, die zu einer Verschlechterung der Habitatqualität für die Schlingnatter führt, da die wichtigen offenen Sonnenplätze von dichter Vegetation überwachsen werden, wird auf Dauer eine Gefährdung des Fortbestandes betroffener Populationen gesehen. Dies wirkt sich in der Ebene vor allem dort aus, wo diese Sonnenplätze nicht natürlicherweise durch Hanglagen exponiert liegen.

Schließlich führt die industrialisierte und monotonisierte Landnutzung auch zum Rückgang oder zur Vergiftung der Nahrungstiere durch Pestizid-Einsatz. Gerade durch den Verzehr insektenfressender Eidechsen kann es zu einer Anreicherung der Gifte kommen. ANDRÉN & NILSON (1976) vergleichen die Pestizid-Empfindlichkeit der Schlingnatter mit der insektenfressender Vögel.

Das gelegentlich emotional bedingte Töten einzelner Tiere bzw. ihre frühere Verfolgung als Verwechslungsopfer im Zusammenhang mit der Prämienzahlung für getötete Kreuzottern, kann in kleinen Populationen bereits eine Gefährdung darstellen bzw. lokal zur Ausrottung geführt haben (FELLENBERG 1981, GASSMANN 1984, NEUNZIG 1923).

Ohne die Auswirkungen auf den Fortbestand einzelner Populationen einschätzen zu können, werden als weitere Gefährdungsursachen Störungen durch Erholungsnutzung (z.B. Lüneburger Heide), Opfer im Straßenverkehr und Haustiere (Katzen, Hunde) genannt. CLAUSNITZER (1989) vermutet, daß die derzeit überhöhten Schwarzwildbestände in Norddeutschland zur weiteren Dezimierung der Populationen führen.

Als Folge der aufgeführten Gefährdungsursachen wird der flächenmäßige Rückgang beispielsweise in Niedersachsen auf etwa 40-65% seit Beginn dieses Jahrhunderts geschätzt.

Gefährdungsursachen in südwestdeutschen Mittelgebirgslagen

Als ursprüngliche Lebensräume der Schlingnatter in den südwestdeutschen Mittelgebirgslagen gelten Trockenrasen, trockenwarme Gebüsche und Wälder, offene Felsbildungen sowie natürliche Block- und Geröllhalden. Da solche naturnahen Primärstandorte als Lebensräume für thermophile Arten in der heutigen Kulturlandschaft nur noch eine untergeordnete Rolle spielen, ist für den Rückgang der Schlingnatter in Südwestdeutschland in erster Linie der Verlust von Sekundärlebensräumen als Folge der

Abb. 8: Trockenmauer als besonders bedeutsame Habitatstruktur von *Coronella austriaca* im Bereich der Weinbergslagen in Südwestdeutschland.

Dry walls are very important as habitat structure in vineyard areas of Southwest Germany.

Intensivierung bzw. der Umstrukturierung in der Landwirtschaft verantwortlich. So bezeichnet BAEHR (1987) die Umbildung der kleinräumigen, abwechslungsreichen Kulturlandschaft mit wertvollen Habitatstrukturen wie Hecken, Wegrainen und Steinriegeln zur produktionsintensiven »Kultursteppe« im Rahmen von Flurbereinigungsmaßnahmen als eine der wichtigsten Gefährdungsursachen. Von besondere Bedeutung für die zunehmende Gefährdung der Schlingnatter sind in diesem Zusammenhang Rebflurbereinigungen, da die Verbreitungsschwerpunkte von *Coronella austriaca* im südwestdeutschen Raum sehr eng mit den Hauptweinanbaugebieten in Baden-Württemberg, Rheinland-Pfalz und Hessen korreliert sind (GRUSCHWITZ et al. 1993). Im Rahmen solcher Rebflurbereinigungen werden ökologisch wertvolle Strukturen wie Trockenmauern, Raine und Brachflächen innerhalb der landwirtschaftlichen Nutzflächen großflächig zerstört, was regional zum Erlöschen ganzer Populationen führen kann.

Auch die Nutzungsaufgabe von Grenzertragsflächen, die über Jahrzehnte durch extensive Nutzung (z.B. Schafbeweidung von Halbtrockenrasen) offengehalten wurden, führt durch eine zunehmende Verbuschung und Bewaldung im Laufe der natürlichen Sukzession langfristig zu einem Verlust von Reptilienlebensräumen.

Einen zweiten Schwerpunkt von Lebensräumen der Schlingnatter im südwestdeutschen Raum bilden Sekundärbiotope, die nicht landwirtschaftlich genutzt werden, wie z.B. Steinbrüche als Ersatzlebensräume für offene Felsbildungen und natürliche Geröllhalden, aber auch Straßenböschungen und Bahndämme als Refugien und Ausbreitungslinien. Gerade Steinbrüche, Kies- und Tongruben sind in zunehmendem Maße durch Verfüllung und Rekultivierungen bedroht, so daß wertvolle Rückzugsgebiete der Schlingnatter durch Zerstörung intakter Lebensräume unwiderruflich verloren gehen.

Da die Schlingnatter als »Kulturfolger« nicht selten auch innerhalb der Ortschaften im Bereich von Kleingartenanlagen, Wegböschungen und Trockenmauern anzutreffen ist (Abb. 8), besteht hier die Gefahr des Verlustes lebensnotwendiger Habitatstrukturen (Zerstörung von Trockenmauern, Ersatz von Bruchsteinmauern durch fugenlose Betonmauern) und der direkten Verfolgung.

Schutzmaßnahmen

Für das Norddeutsche Tiefland werden vor allem folgende Maßnahmen für erforderlich gehalten (vgl. CLAUSNITZER 1989, GLANDT 1986):
- Unterschutzstellung bedeutender Schlingnatter-Vorkommen. Besonders geeignet erscheinen Hochmoorstandorte bzw. Heiden; in der Regel stellen diese Gebiete gleichzeitig Vorkommen weiterer gefährdeter Reptilienarten dar. In Niedersachsen könnte dies beispielsweise durch die konsequente Umsetzung des Moorschutzprogrammes unter besonderer Beachtung der Randbereiche geschehen. Ca. 30 % der Vorkommen liegen auf Flächen, die im Rahmen des Programmes geschützt werden sollen.
- Biotoppflege infolge natürlicher Sukzession (Verbuschung, Bewaldung), z.B. Entkusselung an südexponierten Bahn- oder Kanaldämmen, in Sandgruben, in Moorrandbereichen oder Übergangszonen von Heide zu Wald, entlang von Waldwegen und -lichtungen während der Wintermonate;
- Liegenlassen von Versteckmöglichkeiten wie Altholz, Steinhaufen u.ä.;
- Vermeidung von Aufforstungen in bevorzugten Schlingnatter-Habitaten bzw. Aussparung von größeren Flächen;
- Schaffung von naturnahen Waldsäumen und 10 bis 20 m breiten Streifen mit halboffenem Charakter zwischen Wald und Acker sowie unbeschatteten Randstreifen zu beiden Seiten der Waldwege. Geeignete Lebensräume sollten außerdem durch linienförmige Landschaftsstrukturen miteinander verbunden werden.
- Berücksichtigung der Lebensraumansprüche der Schlingnatter und weiterer Reptilienarten bei der Aufstellung und Umsetzung von Pflege- und Entwicklungsplänen für Heidegebiete und Hochmoore;
- Fortführung der bisherigen Aufklärungsarbeit in der Öffentlichkeit und in Schulen zum Schutz aller heimischen Schlangen.

Für Südwestdeutschland sind entsprechend den dortigen Habitatansprüchen die folgenden Maßnahmen zu fordern:
- Erhaltung der traditionellen Kulturlandschaft, insbesondere in den wärmebegünstigten Hanglagen Südwestdeutschlands (Weinberge, Wacholderheiden und Trockenrasen);
- Erhaltung trockenwarmer Primärbiotope in den Mittelgebirgslagen Südwestdeutschlands, wie z.B. lichte Laubwälder mit offenen Felsbildungen und natürlichen Block- und Geröllhalden;
- Erhaltung und Pflege brachliegender Sekundärbiotope, wie Steinbrüche, Bahndämme sowie Straßen- und Wegränder;
- Erhaltung bzw. Wiederherstellung wertvoller Habitatstrukturen, wie Trockenmauern, Steinriegel, Trockengebüsche, Hecken und Waldränder im Randbereich landwirtschaftlicher Nutzflächen.

Danksagung

Wesentlichen Anteil am Zustandekommen dieses Beitrages hatte W. VÖLKL (Bayreuth); für die diversen Literaturhinweise und Diskussionsbeiträge sei ihm ganz herzlich gedankt. K. CORBETT (Bournemouth) half dankenswerterweise bei der englischen Übersetzung.

Habitat, threats and conservation measures of the Smooth Snake (*Coronella austriaca* LAURENTI 1768) in the north German lowland and in the hilly area of Southwest Germany

In Germany, a decline of *Coronella austriaca* has been identified as a result of habitat loss and habitat degradation, especially at the northern and northwestern limit of its range, but also in some parts of the more central and climatic favoured southwestern hilly area. In the north German lowland the Smooth Snake is now considered as »endangered«, in the Southwest mostly as »vulnerable«.

In the north German lowland the main habitats are characterized by peatland, sparse forest, forest edges and clearings as well as heathland; in the southwestern hilly parts meso- and xerophytic meadows, stone quarries, rubble slopes, dry walls and former vineyards in the xerotherm slopes of the big river valleys. Futher more, different habitats such as fallow land, dry grassland and ruderal land, field edges, gravel and sand pits, ditch and road and railway embankments, but also semiurban habitats are used. Especially in the north the Smooth Snake habitat represents edges between open and wooded landscape, partly covered with bushes or scrub vegetation.

In the north German lowland *Coronella austriaca* is associated with all other native reptile species (*Anguis fragilis, Lacerta viridis, L. agilis, L. vivipara, Natrix natrix, Vipera berus*), in Southwest Germany *Podarcis muralis, Elaphe longissima* and *Vipera aspis* are also associated with *Coronella*.

Agriculture and forestry, in the north German lowland also peat digging industry are responsible for the decline of the Smooth Snake and are identified as the most serious threat in the whole area. The loss of peatland and heathland in the last 200 years amounts to about 90%. In the Southwest the biggest loss of habitat has been in vineyard areas, which being situated on sunexposed slopes, therefore correspond with the Smooth Snake habitats. Further threats are afforestation, scrub enchroachment, infilling of former quarries and pits, removal of dry walls, rapid closing of vegetation due to eutrophication, indirect poisoning by pesticides and the killing of snakes. Inappropriate management of heathland and peatland also harms populations.

The most important conservation measures are maintainance (e.g. nature reserve, traditional landuse) and restoration of habitats, and to link these habitats by corridors as well as appropiate management. It is necessary to consider the habitat requirements of the Smooth Snake also within forest and heathland management, as well as for restauration of peat extracted sites.

Schriften

AHLÉN, I., C. ANDRÉN & G. NILSON (1992): Sveriges grodor, ödlor och ormar. - Naturskyddsföreningen, 48 S.

ANDRÉN, C. & G. NILSON (1976): Hasselsnoken (*Coronella austriaca*) - en utrotningshotad ormart! - Fauna och Flora 71: 61-76.

ANDRÉN, C. & G. NILSON (1979): Hasselsnoken (*Coronella austriaca*) i Norden - en isolerad och ekologiskt särställd ras? - Fauna och Flora, Stockholm, 74 (2): 89-96.

BAEHR, M. (1987): Zur Biologie der einheimischen Amphibien und Reptilien. - Beih. Veröff. Naturschutz Landschaftspflege Bad.-Württ., Karlsruhe, 41: 7-70.

BAUER, S. (1987): Verbreitung und Situation der Amphibien und Reptilien in Baden-Württemberg. - Beih. Veröff. Naturschutz Landschaftspflege Bad.-Württ., Karlsruhe, 41: 71-115.

BERGMANS, W. & A. ZUIDERWIJK (1986): Atlas van de Nederlandse Amfibieen en Reptielen en hun Bedreiging. - Stichting Uitgeverij KNNV, Hoogwoud, 177 S.

BÖKER, T. (1990): Zur Ökologie der Smaragdeidechse *Lacerta viridis* (LAURENTI, 1768) am Mittelrhein. - Salamandra, Bonn, 26(1): 19-44.

BUSCHENDORF, J. (1984): Kriechtiere und Lurche des Bezirkes Halle. - Naturschutzarbeit in den Bez. Halle und Magdeburg 21 (1): 3-28.

CLAUSNITZER, H.-J. (1989): Zur Verbreitung und Ökologie der Schlangen im Landkreis Celle. - Jb. Feldherpetologie, Duisburg, 3: 81-95.

DIERKLING-WESTPHAL, U. (1981): Zur Situation der Amphibien und Reptilien in Schleswig-Holstein. - Landesamt für Naturschutz und Landespflege Schleswig-Holstein, Kiel, Heft 3: 1-109.

DOLMEN, D. (1978): Norske padder og krypdyr, en forelopig utbredelsesoversikt. - Fauna, Oslo, 31: 165-174.

DRACHENFELS, O. von, H. MEY & P. MIOTK (1984): Naturschutzatlas Niedersachsen - Erfassung der für den Naturschutz wertvollen Bereiche - Stand 1984. - Natursch. Landschaftspfl. Niedersachs., Hannover, 13: 1-267.

ENGELMANN, W.-E. (1993): *Coronella austriaca* (LAURENTI, 1768) - Schling-, Glatt- oder Haselnatter. - In: BÖHME, W. (Hrsg.): Handbuch der Reptilien und Amphibien Europas. Band 3/I. Schlangen (Serpentes) I. - Wiesbaden: 200-245.

FELDMANN, R., W.O. FELLENBERG & E. SCHRÖDER (1968): Verbreitung und Lebensweise der Schlingnatter, *Coronella a. austriaca* LAURENTI, 1768, in Westfalen. - Abh. Landesmus. Naturk. Münster 30 (1): 3-12.

FELLENBERG, W. (1981): Schlingnatter - *Coronella a. austriaca* (LINNAEUS 1768). - In: FELDMANN, R. (Hrsg.): Die Amphibien und Reptilien Westfalens. - Abh. Landesmus. Naturk. Münster 43 (4): 128-136.

FRITZ, K. (1987): Die Bedeutung anthropogener Standorte als Lebensraum für die Mauereidechse (*Podarcis muralis*), dargestellt am Beispiel des südlichen Oberrhein- und des westlichen Hochrheintals. - Beih. Veröff. Naturschutz Landschaftspflege Bad.-Württ., Karlsruhe, 41: 427-462.

FRITZ, K. & M. LEHNERT (1993): Das Reliktvorkommen der Aspisviper (*Vipera aspis* L.) im Schwarzwald. - Mertensiella, Bonn, 3: 301-310.

FRITZ, K., K. RIMPP & P. SOWIG (1989): Amphibien- und Reptilienkartierung in Baden-Württemberg. - Unveröff. Bericht im Auftrag der Landesanstalt für Umweltschutz Baden-Württemberg.

GASSMANN, F.H. (1984): Lurche und Kriechtiere des Bezirkes Magdeburg. - Naturschutzarbeit in den Bez. Halle und Magedburg 21 (1): 29-56.

GLANDT, D. (1972): Zur Verbreitung und Ökologie der Schlingnatter, *Coronella austriaca* LAUR. (Reptilia, Colubridae), am Niederrhein. - Dechemiana, Bonn, 125 (1/2): 131-136.

GLANDT, D. (1986): Artenhilfsprogramm Glatt- oder Schlingnatter (Colubridae: *Coronella austriaca*). - LÖLF NW, Merkblätter zum Biotop- und Artenschutz, Recklinghausen, Nr. 70: 1-4.

GODDARD, P. (1980): Limited movement areas and spatial behaviour in the Smoothsnake *Coronella austriaca* in southern England. - Proc. Euro. Herp. Symp. C.W.L.P. Oxford: 25-40.

GRÜNWALD, H. (1970): Nachweis der Schlingnatter *Coronellla austriaca* am rechten Niederrhein. - Natur u. Heimat 30: 20-22.

GRUSCHWITZ, M. (1981): Verbreitung und Bestandssituation der Amphibien und Reptilien in Rheinland-Pfalz. - Naturschutz u. Ornithol. Rheinl.-Pfalz, Landau, 2(2): 298-390.

GRUSCHWITZ, M., W. VÖLKL, P.M. KORNACKER, M. WAITZMANN, R. PODLOUCKY, K. FRITZ & R. GÜNTHER (1993): Die Schlangen Deutschlands - Verbreitung und Bestandssituation in den einzelnen Bundesländern. - Mertensiella, Bonn, 3: 7-38.

HEIMES, P. (1988): Die Reptilien des Rheingautaunus unter Berücksichtigung der Schutzproblematik der Äskulapnatter, *Elaphe longissima* (LAURENTI, 1768). - Unveröff. Bericht im Auftrag der Stiftung Hessischer Naturschutz.

HEIMES, P. (1990): Die Verbreitung der Reptilien in Hessen. - Schrift.-R. Naturschutz heute, Wetzlar, 8: 1-26.

HEINRICH (1982): Zum Vorkommen der Glattnatter, *Coronella austriaca austriaca* (LAURENTI), in der Uckermark. - Naturschutzarb. Meckl. 25(2): 98-100.

LEHNERT, M. & K. FRITZ (1993): Verbreitung und Klimaanspruch der Kreuzotter (*Vipera berus berus* L.) in Südwestdeutschland. - Mertensiella, Bonn, 3: 343-356.

LEMMEL, G. (1977): Die Lurche und Kriechtiere Niedersachsens. - Natursch. Landschaftspfl. Niedersachs., Hannover, 5: 1-75.

MERTENS, R. (1947): Die Lurche und Kriechtiere des Rhein-Main-Gebietes. - Frankfurt a.M. (Kramer), 144 S.

NEUNZIG, R. (1923): Zur Verbreitung der *Coronella austriaca* LAUR. in der Mark Brandenburg. - Blätter f. Aquarien- u. Terrarienk. 34 (10): 226-227.

PATZER, J. (1991): Zum Vorkommen der Glattnatter (*Coronella a. austriaca* LAURENTI 1768) in Vorpommern. - Naturschutzarb. Mecklenburg-Vorpommern 34 (2): 56-58.

PETERS, G. (1970): Studien zur Taxonomie, Verbreitung und Ökologie der Smaragdeidechse. IV. Zur Ökologie und Geschichte der Populationen von *Lacerta v. viridis* (LAURENTI) im mitteleuropäischen Flachland. - Beiträge zur Tierwelt der Mark VII, Veröff. Bez.-Mus. Potsdam, 21: 49-119.

PODLOUCKY, R. (1988): Zur Situation der Zauneidechse *Lacerta agilis* LINNAEUS, 1758 in Niedersachsen - Verbreitung, Gefährdung und Schutz. - Mertensiella, Bonn, 1: 146-166.

PODLOUCKY, R. (1991): Überwinterung von Amphibien und Reptilien - ein ungelöstes Problem für den Naturschutz. - SEEVÖGEL, Zeitschrift Verein Jordsand, Hamburg, 12, Sonderheft 1: 85-87.

PODLOUCKY, R. & C. FISCHER (1991): Zur Verbreitung der Reptilien und Amphibien in Niedersachsen. Zwischenauswertung mit Nachweiskarten von 1981 - 1989. - Niedersächsisches Landesverwaltungsamt, Hannover, 37 S.

PODLOUCKY, R. & C. FISCHER (im Druck): Rote Liste der gefährdeten Amphibien und Reptilien in Niedersachsen. - Inform.d. Naturschutz Niedersachs., Hannover.

RÜHMEKORF, E. (1972): Die Verbreitung der Amphibien und Reptilien in Niedersachsen. - Beitr. Naturkunde Niedersachs. 24: 67-131.

SOWIG, P. & K. FRITZ (1993): Die Verbreitung der Schlangen in Baden-Württemberg mit einer Analyse der Habitatpräferenzen von Ringel- und Schlingnatter. - Unveröff. Manuskript.

STRECK, O.E. (1965): Zur Verbreitung der Glattnatter, *Coronella austriaca austriaca* (LAURENTI) in der Mark. - Beiträge zur Tierwelt der Mark II, Veröff. Bez. Mus. Potsdam 9: 21-29.

VÖLKL, W., O. ASSMANN & A. BEUTLER (1993): Die Schlingnatter (*Coronella austriaca* LAURENTI 1768) in Nordbayern: Lebensraum, Gefährdung und Schutz. - Mertensiella, Bonn, 3: 77-82.

WAITZMANN, M. (1986): Untersuchungen über das Vorkommen von Mauereidechsen und weiterer Reptilien und Amphibien in Rebflurbereinigungsgebieten des Heuchelberges und des Weinsberger Tales. - Unveröff. Bericht im Auftrag des Landesamtes für Flurbereinigung und Siedlung Baden-Württemberg.

WAITZMANN, M. (1989): Untersuchungen zur Verbreitung, Ökologie und Systematik der Äskulapnatter - *Elaphe longissima* (LAURENTI, 1768) im südlichen Odenwald und im Donautal unter Berücksichtigung aller anderen in den Untersuchungsgebieten auftretenden Reptilienarten. - Unveröff. Bericht im Auftrag der Stiftung Hessischer Naturschutz und der Umweltstiftung WWF-Deutschland.

WAITZMANN, M. (1992): Verbreitung, Ökologie und Schutzproblematik der thermophilen Reptilienarten im südlichen Odenwald. - Veröff. Naturschutz Landschaftspflege Bad.-Württ., Karlsruhe, 67: 233-266.

Verfasser

Dipl.-Biol. Richard Podloucky, Niedersächsisches Landesamt für Ökologie,
Abt. Naturschutz, Scharnhorststraße 1, D-30175 Hannover;

Dr. Michael Waitzmann, Landesanstalt für Umweltschutz Baden-Württemberg,
Abt. 2 - Grundsatz und Ökologie, Griesbachstr. 3, D-76185 Karlsruhe.

Die Schlingnatter (*Coronella austriaca* LAURENTI 1768) in Nordbayern: Lebensraum, Gefährdung und Schutz

WOLFGANG VÖLKL, OTTO ASSMANN & AXEL BEUTLER

Key words: *Coronella austriaca*, Northern Bavaria, habitats, threats, conservation

Einleitung

Die Schlingnatter ist in Nordbayern weit verbreitet und hat in den trockenwarmen Lebensräumen des Frankenjura und der angrenzenden Muschelkalkgebiete, wo noch große individuenstarke Populationen leben, einen ihrer Verbreitungsschwerpunkte in Deutschland (VÖLKL & MEIER 1988, GRUSCHWITZ et al. 1993). Daneben leben weitere große Vorkommen in Ostbayern im südlichen Oberpfälzer Wald, in der Oberpfälzer Senke und im Bayerischen Wald. Der folgende Beitrag gibt einen kurzen Überblick über die Lebensraumstruktur der Schlingnatter in Nord- und Ostbayern, über aktuelle Gefährdungsursachen und mögliche Schutzmaßnahmen.

Lebensraumstruktur in Nord- und Ostbayern

Die Schlingnatter ist in Nord- und Ostbayern bezüglich ihrer Habitatwahl sehr plastisch und lebt in einem breiten Spektrum an offenen und halboffenen, oft trockenwarmen Lebensräumen. Deren gemeinsame Kennzeichen sind eine heterogene Vegetationsstruktur, ein Mosaik aus unterschiedlichen Bioptypen (kleinflächiger Wechsel von Grasland und Wald/Gebüsch) sowie meist Felsen, Steinhaufen/-mauern oder liegendes Totholz als Sonnplätze bzw. Tagesverstecke.

In den Hanglagen der Jura- und Muschelkalkgebiete sind die typischen Schlingnatterlebensräume die stark von Hecken oder Gebüsch durchsetzten südexponierten Kalkmagerrasen, die an lichte Wälder grenzen und oft offene exponierte Felsbereiche (v.a. Malm, Dolomit) aufweisen (Abb. 1, Abb. 2). Die primären Mager- bzw. Trockenrasen und Blaugrashalden mit den angrenzenden Wäldern (z.B. im Tauber-, Main- und Naabtal; hierzu auch das mittlere Saaletal in Thüringen), die Felshänge entlang der Flüsse (z.B. Altmühl, Lauterach, Pegnitz, Wiesent, Püttlach, Weismain, Ölschnitz) und die aus dem Wald ragenden Felsen (v.a. Dolomitkuppen und Schwammkalkriffe) mit ihren Felsheiden und Gebüschen dürften in diesem Gebiet die ursprünglichen Lebensräume der Schlingnatter darstellen, die aufgrund der ehemals extensiven landwirtschaftlichen Nutzung des Gebietes ihr Areal wahrscheinlich zunächst deutlich auf die angrenzende Kulturlandschaft ausdehnen konnte. Auf der Jurahochfläche wurden Schlingnattern häufig in Hecken zwischen intensiv genutzten landwirtschaftlichen Flächen (Äckern, Fettwiesen) und an reich strukturierten Wald- und Wiesenrändern nachgewiesen (VÖLKL & MEIER 1988).

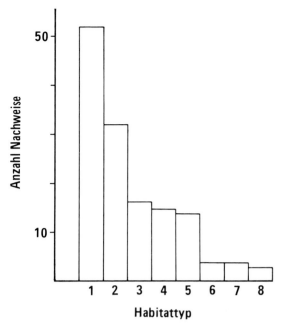

Abb. 1: Verteilung von Schlingnatternachweisen (n = 144) im Nordfrankenjura und angrenzenden Gebieten auf unterschiedliche Lebensräume (nach VÖLKL & MEIER 1988, ergänzt). 1 = Halbtrocken- und Magerrasen, 2 = Hecke/Gebüsch, 3 = Laubwald, 4 = Kiefernwald, 5 = Garten, 6 = Mesophile Wiese, 7 = Bahndamm, 8 = Steinbruch

Distribution of *Coronella austriaca* records (n = 144) in different habitats. 1 = nutrient-poor grassland, 2 = hedge/shrub, 3 = deciduous forest, 4 = dry pine forest, 5 = garden, 6 = meadow, 7 = railway embankment, 8 = quarry

In Ostbayern (südlicher Oberpfälzer Wald, Oberpfälzer Senke, Bayerischer Wald) werden typische Lebensräume einer teilweise noch reich strukturierten land- und forstwirtschaftlich geprägten Hügel- und Mittelgebirgslandschaft besiedelt. Es sind dies vor allem besonnte Waldränder, die an Extensivwiesen grenzen, Waldschläge und Waldlichtungen, Felsheiden (Granit, Gneis, Quarz- und Pfahlschiefer) und Magerrasen mit Gebüschen sowie Böschungen, Ranken und Lesesteinhaufen in Grünlandbereichen. In der Bodenwöhrer Senke, z.B. im Schwandorfer Weihergebiet, tritt die Schlingnatter regelmäßig sowohl in Sandmagerrasen als auch im Uferbereich verlandeter Teiche (teilweise mit Braunseggensümpfen) auf. Wenngleich die höchsten Dichten in Ostbayern im Donautal bei Passau erreicht werden, kommt die Schlingnatter im Bayerischen Wald in Abhängigkeit von kleinklimatischen Verhältnissen noch in submontanen Lagen von etwa 850m üNN (Ortsbereich von St.Oswald; SCHERZINGER, mdl. Mitt.) vor. Damit werden bezüglich der Temperatur- und Niederschlagsverhältnisse in Ostbayern sehr unterschiedliche Gebiete besiedelt (vgl. ASSMANN et al. 1985). Die Schlingnatterlebensräume in den ostbayerischen Mittelgebirgen sind in ihrer Struktur mit den Habitaten an der nördlichen Arealgrenze in Südschweden vergleichbar (ANDRÉN & NILSON 1979).

In Unterfranken spielen auch aufgelassene oder extensiv genutzte Weinberge eine gewisse Rolle als Lebensraum, erreichen aber bei weitem nicht die Bedeutung wie in Rheinland-Pfalz (GRUSCHWITZ 1981). Im Spessart tritt die Schlingnatter bevorzugt in der halboffenen bis offenen Kulturlandschaft auf, wobei Böschungen, Lesesteinhaufen an Hecken und Waldränder sowie kleinflächige Trockenbiotope innerhalb größerer Waldkomplexe die wichtigste Rolle spielen (MALKMUS 1987).

Daneben dringt die Schlingnatter überall aus den genannten Lebensräumen regelmäßig in die Randbereiche von Dörfern und sogar Städten (z.B. Bayreuth, Ebermannstadt) ein, wo sie sich z.T. ganzjährig in (oft extensiv genutzten oder verwilderten) Gärten aufhalten kann (vgl. MALKMUS 1987; VÖLKL & MEIER 1988; KÜHNEL 1991; VÖLKL 1991). Auch Sonderstandorte wie Steinbrüche, Bahndämme und Straßenböschungen haben - vor allem in Gebieten, in denen großräumige natürliche oder halbnatürliche Lebensräume selten sind - eine hohe Bedeutung als Refugien bzw. als Ausbreitungslinien.

Die wichtigsten funktionellen Plätze bzw. Teilhabitate innerhalb eines Schlingnatterjahreslebensraumes sind Sonnplätze (z.B. auf Felsen/in Felsspalten, in Lesesteinwällen, im Randbereich von Hecken oder sehr häufig an naturnahen Wald- bzw. Wiesenrändern), Tagesverstecke (z.B. in Hecken, unter Büschen oder in Felsspalten) und Winterquartiere. Letzere dürften vor allem an den südexponierten Waldrändern bzw. in Lesesteinhecken liegen, da sich die Nachweise im zeitigen Frühjahr (also kurz nach dem Verlassen der

Abb. 2: Typischer Schlingnatterlebensraum im südlichen Frankenjura im Übergang zum Donautal mit Magerrasen, Gebüsch und offenem Fels.

A typical habitat of the Smooth Snake in Northern Bavaria with calcareous grassland, shrub and bare rock

Winterquartiere) hier konzentrieren. Die offenen Magerrasen, aus denen ein Großteil der Sichtnachweise im Jura stammt, dienen vor allem als Jagdrevier.

Gefährdung

Die Hauptgefährdung für die Schlingnatter liegt im großflächigen Verlust ihrer Lebensräume als Folge der Intensivierung und Umstrukturierung in der Landwirtschaft. In den Jura- und Muschelkalkgebieten wurden viele trockene Magerrasen und strukturreiche Wacholderheiden in den letzten Jahrzehnten entweder in Intensivgrünland umgewandelt bzw. zu Ackerland umgebrochen. Sehr nachteilig wirkten sich die Beseitigung von Saum- und Kleinstrukturen wie Hecken, Rainen, Waldrändern, Hochstaudenfluren und Felsenkuppen in Magerrasen, z.B. im Rahmen von Flurbereinigungsmaßnahmen, und die damit verbundene Arrondierung von Flächen aus. Dabei wurden oft auch vorher vielfach gut ausgeprägte Ökotone (z.B. die breiten Randbereiche zwischen Wiesen und Hecken oder Wald), die eine hohe Bedeutung nicht nur für Reptilienarten besitzen, durch »scharfe« Nutzungsgrenzen ersetzt (VÖLKL 1991).

Ein weiteres Problem stellen Aufforstungen dar: Im Jura betrifft dies vor allem ertragsarme Magerrasen, für die diese Maßnahme in Bayern zwar nach Art. 6d

BayrNatSchG genehmigungspflichtig ist, jedoch häufig illegal durchgeführt wird. Erfahrungsgemäß werden solche unrechtmäßigen Aufforstungen nur selten wieder entfernt. Außerdem wurde in Nordbayern seit Beginn der neunziger Jahre - u.a. bedingt durch staatliche Prämien, z.B. aus dem Flächenstillegungsprogramm der EG - eine extrem hohe Zahl an Aufforstungsgenehmigungen für Grenzertragsäcker und Salbei-Glatthaferwiesen beantragt, die nicht unter den Schutz von Art. 6d fallen. Im ostbayerischen Raum waren vor allem zahlreiche Klein- und Kleinstbiotope (kleine Magerrasen auf Ranken und Böschungen, Lesesteinhaufen, kleine Waldlichtungen, extensiv genutzte Wiesenränder) von dieser Maßnahme betroffen.

Alle diese Maßnahmen wirken sich in mehrfacher Weise negativ aus: (1) Es entsteht ein direkter Habitatverlust, der entweder den gesamten Jahreslebensraum oder zumindest wichtige funktionelle Plätze oder Teillebensräume betrifft, z.B. Felsen als Sonnplätze, Hecken und Säume als Tagesverstecke oder Winterquartiere an Waldrändern. (2) Aufforstungen und großflächige Arrondierungen (z.B. große Schläge mit Intensivkulturen) können zu einer verstärkten Fragmentierung der Lebensräume und - im Extremfall - zur Isolierung einzelner Populationen führen. (3) Ein verminderter bzw. mangelnder Strukturreichtum führt zu einer reduzierten Beutedichte in den Habitaten. Schlingnattern sind zwar hinsichtlich ihrer Ernährung ausgesprochene Opportunisten (GODDARD 1984) und leben - je nach »Angebot« - von erwachsenen oder jungen Mäusen und Spitzmäusen, Eidechsen, Blindschleichen und kleinen Schlangen. Allerdings dürfte auch die Schlingnatter unter dem - zum Teil drastischen - Rückgang der meisten ihrer potentiellen Beutetiere (z.B. alle Spitzmausarten, Zauneidechse) leiden, der seinerseits vor allem auf den Verlust an Klein- und Saumstrukturen zurückzuführen ist.

Möglichkeiten für populationsbezogene Schutzmaßnahmen

Ein dauerhafter Schutz der Schlingnatter kann nur durch die Sicherung von Populationen und somit durch flächendeckende Maßnahmen erzielt werden. Dabei ist der Erhalt von großflächigen, reich strukturierten Lebensräumen mit einem Mosaik aus Gehölzstrukturen, Hecken, Säumen und extensiv bewirtschafteten Grünländereien notwendig. Da die Hauptvorkommen der Schlingnatter in traditionell genutzten Kulturlandschaften liegen, ist bei der Erstellung einer Schutzkonzeption die Integration der Landwirtschaft (v.a. im Jura) bzw. der Forstwirtschaft (v.a. in Ostbayern) und eine Lösung des Konflikts zwischen Landnutzung und Naturschutz notwendig (VÖLKL 1991). Die typischen Lebensräume der Schlingnatter entstanden vielerorts durch ein Mosaik aus unterschiedlichen Nutzungsformen im Wechsel mit ungenutzten Flächen und stellen ein Relikt traditioneller kleinbäuerlicher Landwirtschaft dar. Für einen flächendeckender Erhalt dieses Strukturmosaiks, das auch die notwendige Vernetzung von Teillebensräumen garantiert und ein genügend hohes Nahrungsangebot beinhaltet, ist die Integration - und damit auch finanzielle Unterstützung - einer naturnahen, traditionellen Landwirtschaft notwendig. Eine Möglichkeit hierzu bieten die verschiedenen Naturschutzprogramme für Landwirte (KANNAMÜLLER 1991), denen damit Ertragseinbußen bei einer extensiven Landbewirtschaftung ausgeglichen werden sollen. Um einen möglichst hohen Erfolg bei der Extensivierung zu erzielen, sollte jedoch regelmäßig die Effizienz dieser Programme aus naturschutzfachlicher Sicht überprüft werden (KRIEGBAUM & SCHLAPP 1993). Zur Verhinderung der zunehmenden Aufforstungstendenzen von Grenzertragsäckern oder

Salbei-Glatthaferwiesen müßten die bestehenden (naturschutzorientierten) Förderprogramme entweder erweitert werden oder aber die (politisch forcierte) Aufforstung von behördlicher Seite (wieder) unterbunden werden, z.B. durch die Streichung von Aufforstungssubventionen.

Die wertvollsten Kernbereiche von Schlingnatterlebensräumen sollten - soweit noch nicht vollzogen - als Naturschutzgebiet oder flächenhaftes Naturdenkmal auch rechtlich geschützt werden.

Alle genannten Maßnahmen zur Integration der bestehenden Landnutzung in die Ziele des Naturschutzes kommen aber nicht nur der Schlingnatter zugute, sondern ermöglichen den Schutz der gesamten typischen Biozönose der entsprechenden Lebensräume.

The smooth snake *Coronella austriaca* in Northern Bavaria: Habitats, threats and conservation

The smooth snake is found in number of different habitat types in Northern Bavaria: dry calcareous grasslands structured by hedges, sparse forests and bare rocks are preferred in the Frankenjura and adjacent areas, while forest edges and forest clearings are the main habitats in the Eastern Bavarian mountains. A serious threat to the smooth snake is the loss of habitats either by transformation into intensively run farmland or by reafforestation. Conservation activities include the maintenance of typical habitats by management of nature protection areas. Agricultural programmes shall help to preserve living space for the smooth snake outside protected areas.

Schriften

ANDRÉN, C. & G. NILSON (1979): Hasselsnoken (*Coronella austriaca*) i Norden - en isolerad och ekologiskt särstellld ras? - Fauna och Flora 74: 89-96.

ASSMANN, O., E. HAMMINGER, U. LANG & S. WEID (1985): Fachbeitrag Amphibien und Reptilien zur Landschaftsrahemnplanung für den Nationalpark Bayerischer Wald und dess Vorfeld. - Unveröffentl. Gutachten im auftrag des Bayerischen Landesamts für Umweltschutz, München.

GODDARD, P. (1984): Morphology, growth, food habits and population characteristics of the smooth snake *Coronella austriaca* in Southern Britain. - J. Zool., London, 204: 241-257.

GRUSCHWITZ, M. (1981): Verbreitung und Bestandssituation der Amphibien und Reptilien in Rheinland-Pfalz. - Natursch. Ornith. Rheinl.-Pfalz, Landau, 2: 298-390.

GRUSCHWITZ, M., W. VÖLKL, P.M. KORNACKER, M. WAITZMANN, R. PODLOUCKY, K. FRITZ & R. GÜNTHER (1993): Die Schlangen Deutschlands - Verbreitung und Bestandssituation in den einzelnen Bundesländern. - Mertensiella, Bonn, 3: 7-38.

KANNAMÜLLER, P (1991): Landwirtschaft und Umwelt. Alle Programme auf einen Blick. - Bayr. Landwirtsch. Wochenblatt, München, Broschüre, 4 S.

KRIEGBAUM, H. & G. SCHLAPP (1993): Ansätze für Effizienzkontrollen zu den Naturschutzförderprogrammen in Bayern. - Schriftenr. Landschaftspfl. Naturschutz 40: im Druck

KÜHNEL, D. (1990): Neue Funde der Glattnatter (*Coronella austriaca*) aus Berlin. - Berliner Naturschutzbl. 34: 17-20.

MALKMUS, R. (1987): Die Reptilien des Landkreises Aschaffenburg. - Schriftenr. z. Fauna Flora Landkr. Aschaffenburg 2: 1-104.

VÖLKL, W. (1991): Habitatansprüche von Ringelnatter (*Natrix natrix*) und Schlingnatter (*Coronella austriaca*): Konsequenzen für Schutzkonzepte am Beispiel nordbayerischer Populationen. - Natur Landschaft 66: 444-448.

VÖLKL, W.& B. MEIER (1988): Verbreitung und Habitatwahl der Schlingnatter in Nordostbayern. - Salamandra 24: 7-15.

Verfasser

Dr. Wolfgang Völkl, Lehrstuhl für Tierökologie I, Universität Bayreuth, Postfach 10 12 51, D-95440 Bayreuth;

Dipl.-Ing. Otto Aßmann, Untere Hauptstraße 45, D-85354 Freising;

Dipl.-Biol. Axel Beutler, Gaiglstraße 12, D-80335 München.

Zur Situation der Schlingnatter (*Coronella austriaca* LAURENTI 1768) in Südbayern: Lebensräume, Gefährdung und Schutz

OTTO ASSMANN, MANFRED DROBNY & AXEL BEUTLER

Key words: *Coronella austriaca*, southern bavaria, habitats, threats, conservation

Einleitung

Für die vorliegende Übersicht wurden Daten aus der Literatur (WIEDEMANN 1887, DÜRINGEN 1897, REICHHOLF 1976, VOGEL 1972, KUHN 1984, HEILIGENBRUNNER 1968), der Zoologischen Staatssammlung München (ZSM), der Artenschutzkartierung des Bayerischen Landesamtes für Umweltschutz, kurzfristige Umfrageergebnisse und eigene Daten ausgewertet, die insgesamt circa 100 Fundorte belegen.

Aufgrund der sehr unterschiedlichen Naturräume in den südlich der Donau gelegenen Teilen Bayerns zeigt die Schlingnatter eine große Plastizität gegenüber den Faktoren Klima, Geologie, Boden und Vegetationstyp. Hinsichtlich der Struktur der Lebensräume finden sich jedoch deutliche Gemeinsamkeiten - wenngleich diese hier nur beschreibend dargestellt werden können.

Lebensräume

Als Habitate wurden Waldränder, Waldlichtungen und -schläge, lichte Wälder, Magerrasen, Wirtschaftswiesen, Ruderalfluren an Böschungen und Hängen, entwässertes Hochmoor, Sand- und Kiesgruben sowie Hausgärten, Deiche, Dämme, Flußufer und Kiesbänke festgestellt.

Aus den Meldungen geht hervor, daß es sich keineswegs immer um trockene Standorte oder gar Gebiete mit geringen Jahresniederschlägen (z.B. an der Salzach 900 mm bis 950 mm) handelt. Charakteristisch für die Habitate sind Mosaike von niedriger oder auch lockerer halbhoher Kraut- und Gebüschvegetation mit Kleinstrukuren wie Geröll, Felsspalten, Mauern, Totholz - meist an Böschungen und Hängen gelegen - mit längerer Sonneneinstrahlung. Bevorzugt werden somit oft Standortgradienten und Strukturmosaike, wo die Schlingnatter für ihre optimale Wärme- und Feuchteregulation sorgen kann. Der Strukturbedarf ist dabei eng im Zusammenhang mit funktionalen Plätzen zum Sonnen, als Tagesversteck, Winterquartier und Jagdrevier zu sehen (vgl. VÖLKL & MEIER 1988).

Die Habitate sind meist durch extensive Nutzung oder »Sukzession« bzw. »Verwilderung« gekennzeichnet. Vielfach sind es auch Übergangszonen zwischen verschiedenen Nutzungen oder lineare Randstrukturen entlang Bahnlinien, Wegen, Straßen, Ufern und Hochwasserdeichen.

Entsprechend ihrer Verbreitung und der bewohnten Habitate kann die Schlingnatter zumindest in Südbayern nicht als typisch »xerothermophile« Tierart eingestuft werden. Notwendige Schutzmaßnahmen sollten die Variabilität der Habitate berücksichtigen.

Eine landschaftsbedingte Präferenz für vorwiegend einen Vegetationstyp, wie für die 'Kalkmagerrasen mit Gebüschen und angrenzendem Wald in den Jura- und Muschelkalkgebieten' in Teilen Nordostbayerns (VÖLKL & MEIER 1988), besteht in Südbayern nicht. Dagegen besitzen die Täler und Auen der Alpenflüsse mit ihren reichen, im Einzelnen sehr unterschiedlichen Standort- und Vegetationsmosaiken eine besondere Bedeutung für die Schlingnatter.

Charakteristisch für diese Flußlandschaften sind eine Reihe offener, warmer, teilweise auch trockener Standorte. Von der Schlingnatter besiedelt werden hier z.B. lichte Schneeheide-Kiefernwälder und anthropogen entstandene Kalkmagerrasen mit Gebüschen auf Grobschotterablagerungen, schütter bewachsene Kiesbänke, Deiche mit

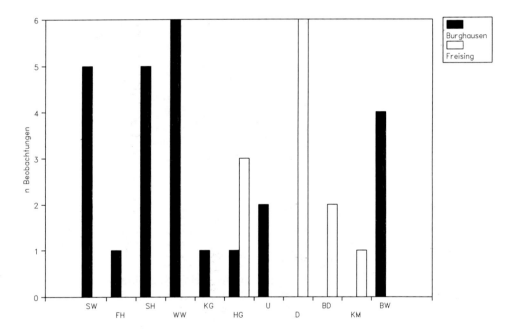

Abb. 1: Verteilung der Schlingnatternachweise von zwei Populationen aus Freising (n = 12) und Burghausen (n = 18) auf die verschiedenen Habitate. SW = Silberweidenaue, FH = feuchte Hochstaudenflur, SH = Schwemmholzhaufen, W = Wiesen-/Wegrand, KG = Kiesgrube, HG = lichter Hangwald mit Büschen und Gärten, U = Ufer, D = Deich, BD = Bahndamm, KM = Kalkmagerrasen in der Aue, BW = Buchenwaldrand.

Fig. 1: Habitat types with smooth snake (*Coronella austriaca*) records from two different populations. SW = edge of wet flood plain forest, FH = wet stands of high herbaceous plants, SH = piles of drift wood, W = edge of grassland/path, KG = gravel pit, HG = open hillside deciduous forest with shrubs and gardens, U = bank, D = embankment, BD = railway embankment, KM = nutrient poor grassland in flood plain forest, BW = edge of deciduous forest.

Abb. 2: Uferbereich an der Salzach mit Weichholzaue, Habitat von Schlingnatter, Äskulapnatter und Ringelnatter

Fig. 2: Bankarea of the Salzach-River in the wet flood plain forest. Habitat of the smooth snake, aesculapian snake (*Elaphe longissima*) and grass snake (*Natrix natrix*)

Abb. 3: Trockene Kiesterrassen in der Isaraue. Habitat von Schlingnatter, Ringelnatter und Kreuzotter

Fig. 3: Dry gravel terrace in the flood plain forest of the Isar-River. Habitat of the smooth snake, grass snake (*Natrix natrix*) and adder (*Vipera berus*)

Kalkmagerrasen und Gebüschen. Meist stehen sie jedoch im Kontakt zu wechselfeuchten Standorten. Vielfach kommt die Schlingnatter hier gemeinsam mit der Kreuzotter vor (Lech, obere Isar).

Daneben werden an den Flußleiten und Terrassenkanten z.B. Hecken- und Waldränder angrenzend an Salbei-Glatthaferwiesen, sowie in der Aue selbst Ränder von Weich- und Hartholzauen mit Strukturelementen wie Uferversteinungen und Schwemmholzhaufen besiedelt. Viele dieser Standorte sind als »feuchtwarm« zu bezeichnen. An einem derartigen Abschnitt der Salzach (350 m üNN) (Abb. 2) kommt die Schlingnatter sympatrisch mit Äskulapnatter und Ringelnatter vor.

Ein Beispiel der lokalen Habitatnutzung von zwei untersuchten Räumen (Freising in Oberbayern, circa 430 m üNN und die Salzachhänge bei Burghausen, 350 m bis 400 m üNN) gibt die Abbildung 1.

Über die Dichte der Vorkommen lassen sich nur schwer Angaben machen. Selbst bei mehrmaligen Kontrollen im Jahr können an bekannten Vorkommen von Kleinpopulationen nicht regelmäßig Nachweise erbracht werden (vgl. ASSMANN 1991). Bei systematischen, lokalen Erhebungen wurden jedoch in einigen Fällen auch überraschende Ergebnisse erzielt. VOITH (mündl. Mitt.) machte vier Beobachtungen in den Berchtesgadener Alpen in Lagen um 1.000 m bzw. 1.300 m üNN. Bei den Habitaten handelte es sich um zwei mit relativ hoher Krautschicht bestandene Schlagfluren, ein Holzstoß am Waldinnenrand und eine felsreiche Almwiese.

Gefährdung

Obwohl die Schlingnatter in Südbayern großräumig betrachtet noch ein weites Verbreitungsgebiet besitzt, muß sie hier als »stark gefährdet« angesehen werden. Mit Ausnahme der Flußauen und einigen Gebieten in Südostbayern ist die Art wahrscheinlich nur sehr lückig verbreitet. Die gefundenen Bestände sind oft klein und latent gefährdet, ohne daß eine Verbesserung zu erwarten wäre. Entsprechend sind auch aktuelle Rückgänge zu verzeichnen (z.B. am Lech, KUHN 1984).

Allgemein gelten für die Schlingnatter weitgehend die gleichen Gefährdungsfaktoren, wie für die anderen heimischen Schlangen: (1) direkte Zerstörung von Lebensräumen, (2) Intensivierung der landwirtschaftlichen Nutzung, (3) Veränderungen in der Waldbewirtschaftung, (4) Beseitigung und Veränderung von Kleinstrukturen (z.B. Reisighaufen, unverfugte Bruchsteinmauern), (5) direkte Verfolgung (vielfach wegen Verwechslung mit der Kreuzotter), (6) Zerschneidung von Lebensräumen durch Baumaßnahmen oder Nutzungsintensivierung mit der Folge von Verinselungen, (7) Pestizide (HALL 1980). Die Wirkung von Bioziden und anderen Umweltgiften (z. B. Schwermetalle) ist schwer zu quantifizieren; sie sollten aber gerade bei langlebigen Prädatoren eingehend untersucht werden. HALL (1980) gibt in einer Zusammenstellung zahlreiche Beispiele von tödlichen Wirkungen verschiedener Insektizide (bei ordnungsgemäßer Anwendung) auf verschiedene Schlangenarten. Daneben kann auch eine Beeinträchtigung der Fitness die Folge sein.

Für die Verbreitungsschwerpunkte in Südbayern soll versucht werden, die Gefährungsfaktoren der Schlingnatter zu konkretisieren. Regional unterschiedliche Bedingungen betreffen die Beeinträchtigungen der Lebensräume. In Südbayern sind dies schwerpunktmäßig die größeren Flußtäler mit offenen Auenstandorten, Talhängen und Terrassen. Folgende Veränderungen führen hier zu Gefährdungen der Schlingnatter: (1) Flußregulierungen im weitesten Sinne durch Längs- und Querbauten und damit verbunden Befestigung der Ufer, befestigte Uferwege, Unterbindung der Flußdynamik und Nutzungsintensivierung der Auen. Dies bedeutet: gleichförmige, oft schattige Ufer mit häufigen Störungen; keine neu entstehenden, jungen, vegetationsarmen und sonnigen Standorte; keine Kleinstrukturen wie Schwemmholzhaufen u. ä.; Brennen mit Magerra-sen werden zu Wildäckern, verbuschen oder werden aufgeforstet. Solche Veränderungen sind zu beobachten am Lech, an der Isar, am Inn und an der Donau. Es muß befürchtet werden, daß für die Schlingnatter durch Nutzungsänderungen künftig weiter erhebliche Habitatverluste, im wesentlichen durch die Reduzierung offener Standorte eintreten. (2) Intensive Nutzung der Tallagen mit Siedlung und Verkehrswegen; besonders auffällig z. B. in Passau, am Inn, am Lech, im Raum Bad Reichenhall, an der mittleren Isar. Die Schlingnatter ist bei geeigneten Habitaten, einer guten Verbindung und entsprechender Ruhe in der Lage, in Siedlungen vorzudringen (z.B. Freising, Burghausen, Passau, Münchener Außenbezirke), leidet hier aber unter zunehmender Verdichtung der Bebauung und des Straßennetzes. (3) Aufforstungen von Wiesenhängen z.B. an den Talrändern der Salzach, der unteren Donau, den Talhängen der Südausläufer des Bayrischen Waldes. (4) Intensivierung der Landnutzung mit dem Verlust von Ökotonen wie Waldsäume, Raine und Hecken; Beseitigung von verwilderten und ungenutzten Restflächen. Besonders die letzten drei Beeinträchtigungen führen neben dem direkten Lebensraumverlust zu einer Verinselung der Vorkommen, woraus eine starke Isolierung mit einer entsprechenden Gefährdung der Kleinpopulationen resultiert. Einige uns bekannte Bestände dürften bereits davon betroffen sein, sofern sie überhaupt noch existieren (z.B. bei Freising).

Zumindest in Südbayern ist nicht das Vorhandensein von trockenen Biotopen, sondern von sonnigen (mageren) Standorten bzw. Strukturen wichtig, die eine ausreichende und schnelle Erwärmung ermöglichen. Feuchte Auen werden dann ohne Probleme besiedelt. Düngung, allgemein die zunehmende Eutrophierung könnte hier ein wesentliches Problem darstellen. Diese hat eine dichte Bodenvegetation zur Folge, was die Erwärmung des Bodens und sonnige Plätze reduziert.

Schutzaspekte

Resultierend aus der jeweiligen Gefährdungssituation und naturschutzfachlichen Zielvorstellungen sind in Südbayern sehr unterschiedliche Ansätze zum Schutz und zur Entwicklung der Populationen notwendig.

In vielen Fällen wird die Schlingnatter ein integrierter Bestandteil allgemein ökosystemorientierter Schutzmaßnahmen sein. Dies gilt z.B. für Biotope der bayrischen Biotopkartierung, die Ausweisung geschützter Landschaftsbestandteile und Naturschutzgebiete.

Hier gilt es zu prüfen, inwieweit über die Art besondere Anforderungen an fachlich sinnvolle Abgrenzungen, Vernetzung, zur Pflege und Entwicklung bzw. der strukturellen Ausstattung definiert werden können. Schlangen sind hier generell gut geeignete »Zielarten« (vgl. ASSMANN 1991).

Für die wichtigen und bedrohten Lebensräume der Alpenflüsse bis zur Donau sollen folgende Maßnahmenziele formuliert werden: (1) Vermeidung von Beeinträchtigungen an bestehenden Habitaten bzw. Kontrolle auf Vorkommen bei: Aufforstungen, Anlagen von Wildäckern, Deicherneuerungen, Uferausbaumaßnahmen (auch beim Rückbau zur Renaturierung!), Beseitigung von Kleinstrukturen wie Schwemmholzhaufen; Berücksichtigung der Art bei Unterhaltungsmaßnahmen (z. B. Mahdregime an den Deichen); (2) Berücksichtigung der Schlingnatter bei der Ausweisung von Schutzgebieten, deren Abgrenzung, Pflege und Entwicklung; (3) Erhaltung und Entwicklung eines durchgehenden Bandes von offenen Standorten bzw. Vernetzung der vorhandenen Habitate entlang der Flußauen.

Möglichkeiten der Umsetzung dieser Ziele können z.B. in der Landschaftsplanung, der Begleitplanung bei Eingriffen und in Unterhaltungsmaßnahmen der Wasserwirtschaftsämter liegen. Die weitestgehende Renaturierung der Auen wäre natürlich oberstes Ziel. Durch den vorhandenen Ausbaugrad besteht jedoch kaum Hoffnung auf eine grundlegende Änderung der Situation.

Bei Vorkommen in Siedlungsbereichen ist, um negative Reaktionen zu verhindern, eine fachliche Öffentlichkeitsarbeit gefordert.

Der aktuelle Bauboom gefährdet durch Verdichtung einige bestehende Vorkommen. Prinzipiell könnte hier im Rahmen der Bauleitplanung im Grünordnungsplan angesetzt werden, um z.B. geeignet strukturierte Korridore durch Siedlungsbereiche zu erhalten.

In der Fläche nicht unerheblich dürften Schlingnattervorkommen an Waldrändern sein. Die generelle Forderung des Naturschutzes nach gut ausgebildeten Waldsäumen und -mänteln kommt in jedem Falle auch der Schlingnatter wie allen anderen Reptilien zu Gute. Bei der Schlingnatter dürften damit noch eher Erfolge erzielt werden als bei den anderen einheimischen Schlangen.

Danksagungen

Für Anregungen, die Übermittlung von Fundortdaten und die kritische Durchsicht des Manuskriptes sei Herrn ULLRICH HECKES und Herrn HANS-JÜRGEN GRUBER, München herzlich gedankt. Vielen Dank auch allen weiteren Personen, die ihre Fundortkenntnisse kurzfristig zur Verfügung stellten.

The Smooth Snake *Coronella austriaca*, (LAURENTI 1768) in Southern Bavaria (Germany): Habitats, Threats and Conservation.

The habitats of the smooth snake (*Coronella austriaca*) in Southern Bavaria (Germany) are represented. Important areas are the valleys of the alpine rivers. The smooth snake is found in a variety of different habitat types from wet to dry, mostly at ecotones. Special threats are habitat distruction, caused by river impoundment structures, intensive forestry, especially of flood plain forestry and afforestation of grassland at sunny hillsides. Isolation and habitat distruction caused by roads, urbanisation and intensive agriculture is an important threat. Conservation strategies are discussed, wherein habitat management is favoured.

Schriften

ASSMANN, O. (1991): Kriechtiere. - In: Stützkraftstufe Landau a. d. Isar, Entwicklung der Pflanzen- und Tierwelt in den ersten 5 Jahren. - Bayerisches Landesamt für Wasserwirtschaft, Schriftenreihe H 24: 71-73.

BAUER, S. (1987): Verbreitung und Situation der Amphibien und Reptilien in Baden-Württemberg (Stand 1983). - Beih. Veröff. Naturschutz Landschaftspflege Bad.-Württ. 41: 71-155.

DÜRINGEN, B. (1897): Deutschlands Amphibien und Reptilien. - Magdeburg.

HALL, R.J. (1980): Effects of environmental contaminents on reptiles: A review. - U.S. Fish Wildl. Serv. Spec. Sci. Rep. Wildl. 228: 1-12.

HEILIGENBRUNNER, F. (1968): Amphibien und Reptilien am Unterlauf des Inn. - 42. Bericht der Naturforschenden Gesellschaft Bambergs: 38-41.

KUHN, K. (1984): Reptilien. - In: 100 Jahre Wasserbau am Lech zwischen Landsberg und Augsburg. - Schriftenr. Bayer. Landesamt für Wasserwirtschaft 19: 126 S.

REICHHOLF, I. (1976): Dämme als artenreiche Biotope. - Natur und Landschaft 51(7/8): 209-212.

VOGEL, W. (1972): Ein Beitrag zur Amphibien- und Reptilienfauna des Rottales und einiger angrenzender Gebiete. - Mitt. zool. Ges. Braunau, 1: 323-329.

VÖLKL, W. & B. MEIER (1988): Verbreitung und Habitatwahl der Schlingnatter in Nordostbayern. - Salamandra 24: 7-15.

WIEDEMANN, A. (1887): Die im Regierungsbezirk Schwaben und Neuburg vorkommenden Kriechtiere und Lurche. - Ber. Naturh. Ver. Augsburg 29: 163-216.

Verfasser

Dipl.-Ing. Otto Aßmann & Dipl.-Biol. Manfred Drobny, Untere Hauptstr. 45, D-85354 Freising; Dipl.-Biol. Axel Beutler, Gaiglstraße 12, D-80335 München.

Zur Situation der Schlingnatter
(*Coronella austriaca*, LAURENTI 1768) in der Schweiz

ULRICH HOFER

Key words: *Coronella austriaca*, Switzerland, distribution, habitats, status

1. Einleitung

Die Schlingnatter (*Coronella austriaca*, LAURENTI 1768) ist zusammen mit der Ringelnatter die am weitesten verbreitete der acht in der Schweiz heimischen Schlangenarten (*Coluber viridiflavus, Coronella austriaca, Elaphe longissima, Natrix natrix, Natrix maura, Natrix tessellata, Vipera aspis, Vipera berus*). In den meisten ihrer Habitate wird sie jedoch eher zufällig beobachtet und gilt daher als selten oder in geringen Dichten vorkommend. Fachleute sind sich dennoch einig darüber, daß die Art in der Schweiz in den letzten Jahrzehnten massiv zurückgegangen ist (HOTZ & BROGGI 1982, KRAMER & STEMMLER 1986), eine Entwicklung, die sich auch in den meisten anderen nord- und mitteleuropäischen Staaten ihres Areals abzuzeichnen begann (HONEGGER 1981: 123ff.). Als Hauptgrund hierfür wird Habitatzerstörung genannt, doch fehlte für die Schweiz bisher eine Studie, die diese wie auch den Rückgang selbst belegbar machen. Die vorliegende Arbeit verfolgt daher zwei Zielsetzungen: 1. durch die Interpretation vorhandener Funddaten die potentielle Verbreitung der Schlingnatter in der Schweiz abzuschätzen; 2. anhand einer ausgewählten Probefläche ihren Rückgang in der Schweiz quantitativ zu belegen sowie das bestehende Habitatangebot zu beurteilen.

2. Verbreitung

Areal in der Schweiz (Abb. 1)

Die Zusammenstellung des Datenmaterials der KARCH (Koordinationsstelle für Amphibien- und Reptilienschutz in der Schweiz), vorliegender Inventare (PILLET & GARD 1979, SCHNEPPAT & SCHMOCKER 1983, KADEN 1988, ECONAT 1990, HOFER 1991, DUSEJ & BILLING 1991) sowie der Arbeit von KRAMER & STEMMLER 1986 zeigt, daß die Schlingnatter in der Schweiz das größte Verbreitungsgebiet aller acht heimischen Arten hat, gefolgt von der Ringelnatter, welche im Alpenraum auf tiefere Lagen beschränkt bleibt und im größten Teil des Jura fehlt. Die Anzahl aktueller Fundorte variiert allerdings lokal beträchtlich und zahlreiche ältere Nachweise konnten im vergangenen Jahrzehnt nicht mehr bestätigt werden. Im Mittelland bilden größere Molasseberge und Hügelgebiete vermutlich natürliche Verbreitungslücken, so z.B. in den Kantonen Freiburg (vgl. ECONAT 1990) und Bern (HOFER 1991) und im Ostthurgau (vgl. KADEN 1988). Die Schlingnatter wurde von der Ebene bis auf 2100 m (in den Zentralalpen, vgl. PILLET & GARD 1979, SCHNEPPAT & SCHMOCKER 1983) nachgewiesen, wobei nicht bekannt ist, bis in welche Höhen die Art noch Populationen bildet.

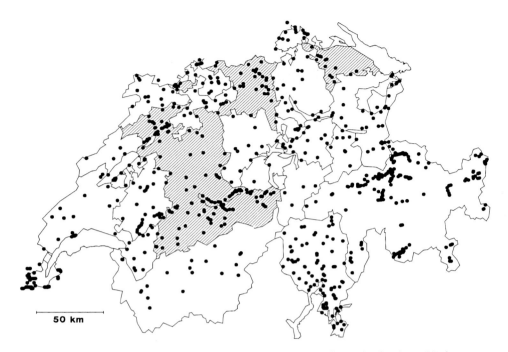

Abb. 1: Verbreitung der Schlingnatter in der Schweiz. Aktuelle und erloschene Vorkommen werden nicht unterschieden. Schraffiert: die in die Habitatanalyse einbezogenen Kantone Bern, Aargau und Thurgau, Fläche total 8467 km².

Distribution of the Smooth Snake in Switzerland. Actual and former sites are not distinguished from each another. Hatched: Cantons selected for habitat analysis, Bern, Aargau and Thurgau, total surface 8467 km².

Lage der Fundorte (Abb. 2)

In Jura und Alpen wurde die Schlingnatter bisher nur an den Südflanken der Hügelketten und in den Talsohlen gefunden. Hinweise auf eine Besiedlung der Schattenhänge und der Weideflächen oberhalb der (heute meist anthropogenen) Waldgrenze fehlen bisher.

Im Mittelland liegt der Schwerpunkt ihrer Verbreitung in den Canyons, Talböden und an den Hängen am Rand der Molasseberge und Hügelgebiete, während die Art auf diesen Erhebungen selbst weitgehend zu fehlen scheint. Die Lage der Fundpunkte auf der Geomorphologie-Karte (Nr. 8 im »Atlas der Schweiz«, IMHOF 1965-78) bestätigte, daß 43 (89.5%) der 48 Mittelland-Fundorte des Untersuchungsgebiets in den erwähnten Bereichen liegen. Mögliche Gründe hierfür sind a) die Bindung der Primärhabitate (Schotterbänke in Flußauen, Flühe und Föhrenwälder an Molassehängen, siehe Kapitel 3) an eben diese Bereiche; b) außerhalb dieser Bereiche das weitgehende Fehlen geomorphologisch günstiger Abschnitte mit steil abfallenden Hängen und windgeschützten Geländekammern mit hoher Sonneneinstrahlung (einzige Ausnahme sind im Untersuchungsgebiet Oberemmental und Napfgebiet, wo die Schlingnatter nach verläß-

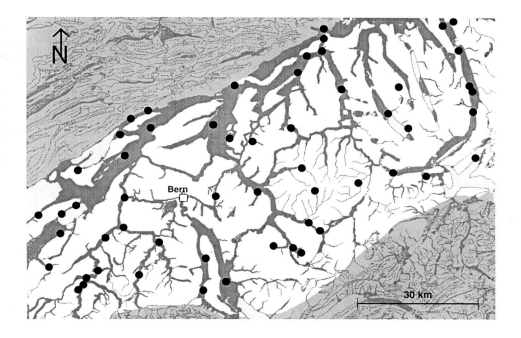

Abb. 2: Lage der Schlingnatter-Fundorte in einem Ausschnitt des Schweizer Mittellandes. Fast alle Fundorte liegen in den Canyons und Talböden (dunkelgrau) zwischen sowie an den Hängen am Rand der Hügelgebiete und Molasseberge (weiß).

Location of the sites of the Smooth Snake in a section of the Swiss Midlands. Almost all sites are located in the canyons and beds of the valleys (dark grey) between as well as along the slopes of the hilly parts and molasse mountains (white).

lichen Angaben früher weit verbreitet war und auch heute noch Neunachweise zu erwarten sind); c) die geringe Mobilität der Schlingnatter. Möglicherweise kann sie sich nur entlang von Hängen mit sehr mildem Lokal- und Mikroklima ausbreiten oder auf Flächen, die dieses durch ein geeignetes Substrat bieten, z.B. Schotterflächen entlang der Flüsse oder an Bahndämmen.

3. Habitate

Als Grundlage für die nachfolgende Erhebung dienten sämtliche aktuellen oder ehemaligen zweifelsfrei belegten Fundorte der Schlingnatter aus den Kantonen Bern (BE), Aargau (AG) und Thurgau (TG), bis zum Abschluss der Datenerhebung im Herbst 1990 insgesamt 148. In den betreffenden Kantonen wurden im Zeitraum von 1986 bis 1990 Bestandsaufnahmen der Reptilien durchgeführt. Für das gesamte Untersuchungsgebiet (Fläche total: 8467 km²) liegt somit eine vollständige Aufarbeitung historischer Dokumente sowie eine einheitliche Erfassung aller bekannten aktuellen und ehemaligen Fundorte vor. Die drei Kantone decken einen großen Teil des Mittellandes ab, gleichzeitig werden Ostjura und Nordabdachung der Alpen miteinbezogen. Die verwerteten

Funddaten bestehen im Minimum aus einer auf 100 m genauen Koordinatenangabe und einer Jahrzahl. Die Beobachtungen stammen aus den Jahren 1935 bis 1991. Wo Einzelfunde vorlagen, wurde der strukturell homogene Geländeabschnitt, in welchem der Koordinatenpunkt des Fundes liegt, als Habitat erfaßt. Wurden mehrere Individuen vermutlich derselben Population beobachtet, setzte sich das als Habitat definierte Gebiet aus den homogenen Strukturen der einzelnen Fundstellen zusammen. Die Ergebnisse von sieben der ursprünglich zwölf erfaßten Parameter werden im folgenden vorgestellt und diskutiert.

Naturraum

In 75 (51%) der 148 Habitate konnten bis zum Abschluss der Datenerhebung (TG: 1988, AG und BE: 1990) noch Schlingnattern nachgewiesen werden, im Mittelland in 12 von 48 (25%), im Jura in 28 von 40 (70%), im Alpenraum in 35 von 60 (58%).

Für Habitate, die seit dem Zeitpunkt des letzten Nachweises keine erkennbaren gravierenden Veränderungen erfahren haben, wir die Art aber nicht finden konnten, wurde sie als »verschollen« (d.h. Nachweis nicht auszuschließen) registriert (total 30 (20%), im Mittelland 4, im Jura 3, im Alpenraum 23). In den übrigen Habitaten ist die Schlingnatter mit höchster Wahrscheinlichkeit ausgestorben (total 43 (29%), im Mittelland 32, im Jura 9, im Alpenraum 2). »Nachgewiesen« & »verschollen« ergeben für das Mittelland 33%, für den Jura 77.5%, für den Alpenraum 97%.

Das Mittelland ist seit dem Entstehen der Kulturlandschaft starken Veränderngen unterworfen und genügt heute den Ansprüchen vieler Organismen nicht mehr, so auch der Schlingnatter (vgl. hierzu KRAMER & STEMMLER 1986 und HOTZ & BROGGI 1982). Im Untersuchungsgebiet ist die Anzahl aktueller Habitate sehr gering, und Neunachweise in bedeutender Zahl sind unwahrscheinlich. Die Nachweise in 12 der 48 Habitate sind mit drei Ausnahmen Einzelbeobachtungen, die keinesfalls die Existenz einer Population bedeuten. Die übrigen Habitate sind bis auf vier stark verändert oder existieren nicht mehr. Im Jura wirkt die Situation weniger dramatisch. Landschaftsveränderungen vollzogen sich langsamer als im Mittelland. Die 1987 bis 1990 hinzugekommenen 15 Neunachweise zeigen, daß die Schlingnatter im Jura noch weiter verbreitet sein könnte als die Resultate der vorliegenden Arbeit andeuten.

Das beste Bild zeigt sich im Alpenraum. Unter den 60 Fundorten befinden sich nur zwei, wo die Art vermutlich verschwunden ist. Der hohe Anteil an Habitaten der Kategorie »verschollen« reflektiert primär die in diesem Naturraum extrem schwere Nachweisbarkeit der Art, aber auch die in höheren Lagen noch geringe Landschaftsveränderung. Die aktuellen Habitate beruhen mit einer Ausnahme auf Neunachweisen 1987 bis 1990.

Habitattypen (Abb.3)

Das von der Schlingnatter im Untersuchungsgebiet besiedelte Habitatspektrum ist mit dem anderer Arbeiten vergleichbar. So erscheinen in Arbeiten aus Deutschland zehn der dreizehn Typen. Dort fehlen die für Jura und Alpen typischen Schutthalden und Rutschgebiete sowie (zufällig?) Kiesgruben. Im Untersuchungsgebiet fehlen die im

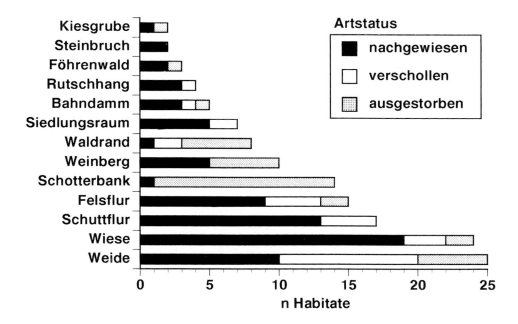

Abb. 3: Habitattypen der Schlingnatter in den Schweizer Kantonen Bern, Aargau und Thurgau (n= 136). Erläuterungen zur Legende siehe Kapitel 3.
Habitat types of the Smooth Snake in the Swiss cantons of Bern, Aargau and Thurgau (n=136). Category axis, form bottom to top: Pasture, meadow, scree slope, rock cliff, gravel surface along river, vineyard, forest edge, backyard, railway embankment, landslip corridor, pine wood, quarry, gravel-pit. Black: Species found between 1986 and 1990, white: habitat not obviously modified since last observation, but species »missing«, grey: species extinct.

Norden des Artareals typischen Habitate Heidegebiet (FELDMANN, FELLENBERG & SCHRÖDER 1968, GLANDT 1972, MALKMUS 1973, BRAITHWAITE, BUCKLEY, CORBETT et al. 1989) und Sanddünen (VAN GELDER pers. Mitt.).

Fotografien sowie der Vergleich aktueller Landeskarten 1:25.000 mit zwanzig bis dreißig Jahre älteren zeigen, daß nur wenige der älteren Fundorte im Mittelland noch Ähnlichkeit mit dem Zustand zur Zeit der Beobachtung haben. Zwölf ältere Fundorte konnten nicht mehr eindeutig zugeordnet werden. Für die anderen 136 Habitate wurden 13 Typen unterschieden (in Klammern angeführt sind vergleichbare Arbeiten, in welchen der betreffende Habitattyp erwähnt wird):

Primärhabitate (nicht anthropogen, total 53 [39%]):

Schuttflur (n = 17): Offene, von Geröll bedeckte Hangflächen unterschiedlichster Größe, z.T. vollständig von Wald umgeben. Auf Alpen und Jura beschränkt. Strukturell mit den Schotterflächen mittelländischer Auengebiete vergleichbar, doch stets geneigt.

Schotterflächen in Auengebiet (n = 14): Im Untersuchungsgebiet an Thur, Reuss, Aare, Emme, Sense und Gürbe festgestellt. Vermutlich noch vor wenigen Jahrzehnten typisches Mittelland-

Habitat entlang der Flußläufe, heute zum Teil kombiniert mit Kiesgruben, durch Verbauungen ersetzt oder zerstört. (BAUER 1987)

Felsflur (n = 15): Im Mittelland steiler Molassehang oder Sandsteinfluh, stets in Verbindung mit grösserem Flußlauf oder ehemaligem Moorgebiet. In Jura und Alpen offene Felspartie, z.T. mit Schutthalde kombiniert. (FELDMANN, FELLENBERG & SCHRÖDER 1968, VÖLKL 1991)

Rutschhang (n = 4): Lawinenkorridor oder Runse. Im Untersuchungsgebiet typisch für den Alpenraum und in vorliegender Studie sicher untervertreten. Diese Habitate entstehen noch heute auf natürliche Weise, sind aber starker Dynamik ausgesetzt und können von der Schlingnatter vermutlich nur während bestimmten Sukzessionsstadien besiedelt werden.

Föhrenwald (n = 3): trockenwarmer, lichter Wald (Erico- oder Molinio-Pinion) an steilem Molassehang oder auf Schotterunterlage in Auengebiet. (GLANDT 1972, VÖLKL & MEIER 1988)

Sekundärhabitate (total 83 [61%]):

Weide (n = 25): Offene, meist größere beweidete Fläche. Zu steil oder zu stark von Kleinstrukturen (Baumstrünke, Sträucher, Steine) durchsetzt, um als Mähwiese genutzt zu werden. Im Untersuchungsgebiet typisch für den Alpenraum (12), wo die Weide der häufigste Habitattyp ist. Im Mittelland nur in drei Fällen festgestellt. Alle drei Fundorte liegen im oberen Emmental auf über 950 m üNN und enthalten Steinhaufen und Kleinsträucher. Die meisten Viehweiden des Mittellandes und zahlreiche im Jura werden vermutlich mangels erforderlicher Kleinstrukturen nicht mehr besiedelt. (BAUER 1987)

Wiese (n = 24): Offene oder halboffene, unregelmässig oder extensiv bearbeitete Grünfläche. Unter diesem Begriff werden Böschungen, Magerrasen und vergandende Weiden vereinigt. Überwiegend kleine, strukturreiche Habitate. (DUGUY 1961, BAUER 1987, VÖLKL & MEIER 1988)

Weinberg (n = 10): Rebkulturen mit unversiegelten, stellenweise überwachsenen Legsteinmauern und/oder Brachstreifen am Parzellenrand. (BAUER 1987, ZIMMERMANN 1988)

Waldrand (n = 8): strukturreicher Kraut- und Gebüschsaum entlang einem Laub- oder Mischwald. Nur als Habitat festgehalten, wenn aus der unmittelbaren Umgebung keine weiteren Nachweise vorlagen und die angrenzenden Landschaftsteile als Habitate ungünstig schienen. (DUGUY 1961, FELDMANN, FELLENBERG & SCHRÖDER 1968, GLANDT 1972, MALKMUS 1973)

Bahndamm (n = 5): Schotterbett entlang der Bahngeleise und angrenzende Böschung. (DUGUY 1961, BAUER 1987, VÖLKL & MEIER 1988)

Siedlungsraum (n = 7): Vor allem im Alpenraum gelangen Schlingnattern regelmässig in Gärten oder Gebäude, oft von Katzen verschleppt. Erfasst wurden nur diejenigen Fundorte, wo Beobachtungen regelmäßig oder über längere Zeiträume erfolgten. Dabei handelt es sich um Legsteinmauern entlang von Strassen oder Holz- und Komposthaufen in Gärten. (FELDMANN, FELLENBERG & SCHRÖDER 1968, MALKMUS 1973, BAUER 1987, VÖLKL & MEIER 1988)

Kiesgrube (n = 2): Von den acht Kiesentnahmestellen wurden nur die beiden als Habitate festgehalten, die nicht unmittelbar an ein Flußsystem angrenzen. Die anderen sechs sind Bestandteil von Schotterflächen im Auengebiet (siehe oben) bzw. waren es zur Zeit der Beobachtung.

Steinbruch (n = 2): Beide Habitate liegen im Aargauer Jura und enthalten ungestörte Bereiche mit überwachsenem Schutt. (BAUER 1987, VÖLKL & MEIER 1988)

Die Schlingnatter bewohnte im Untersuchungsgebiet primär natürlicherweise unbewaldete Flächen, vor allem Schotterbänke entlang von Flüssen, Felsfluren, Molassehänge am Rande von Moor- und Sumpfgebieten, Schutthalden und Runsen. Von hier aus besiedelte sie mit der Entstehung der Kulturlandschaft Magerwiesen, Weiden, Waldränder und Sonderstandorte wie Rebberge, Bahndämme, Steinbrüche und Kiesgruben.

Im Mittelland liegt der Anteil an Primärhabitaten (41%), vor allem Schotterflächen in Auengebieten höher als in den beiden anderen Naturräumen. Er zeigt, daß viele durch die Kulturlandschaft entstandene Lebensräume den Ansprüchen der Schlingnatter nicht mehr genügen und sie dort ausstirbt. Real geht jedoch auch die Anzahl Primärhabitate stetig zurück. Natürliche Flußauen wurden größenteils zerstört (nur in einem der 14 Auengebiete konnte die Schlingnatter 1987 bis 1990 nachgewiesen werden!), und den verbleibenden fehlt die für ihren Fortbestand notwendige Dynamik der Landschaft. Längerfristig beständige Habitattypen bleiben im Mittelland einzig »Flühe« (Felswände) und artgerecht gepflegte Kiesgruben, Rebberge und Bahndämme.

Auch im Jura gewinnen die Primärhabitate -Felsfluren und Schutthalden- an Bedeutung. Flurbereinigungen verdrängen die Schlingnatter zunehmend aus den typischen Sekundärhabitaten Magerrasen und Juraweide (1987 bis 1990 noch in 8 von 14 nachgewiesen). Während die meisten der noch bestehenden Schutthalden heute vom Verbuschen bedroht sind, bieten Felsfluren strukturell ziemlich konstante Verhältnisse und sind von der Sukzession weniger betroffen.

Im Alpenraum existiert mit zehn der dreizehn unterschiedenen Typen das vielfältigste Habitatangebot. Die Primärhabitate haben hier den geringsten Anteil (30%) unter den drei Naturräumen, vermutlich weil die bedeutendsten Sekundärhabitate -Weiden und Wiesen- den Ansprüchen der Schlingnatter noch in vielen Tälern genügen. Die Schlingnatter wurde auch auf Kleinstflächen und in Randstrukturen der Siedlungsgebiete, entlang von Bahndämmen und Wildbachbetten gefunden. Die Nachweise im Siedlungsgebiet zeigen, daß sie generell nicht als Kulturflüchter zu betrachten ist, eine Beobachtung, die vor allem in deutschen Arbeiten bestätigt wird (FELDMANN, FELLENBERG & SCHRÖDER 1968, MALKMUS 1973).

Exposition (Abb.4), Neigung und Substrat

Exposition: Südwest- bis südostexponierte Hanglagen, Waldränder und Dämme werden deutlich bevorzugt (86.6%, X^2-Test, $p < 0.001$). Dagegen wurden nordwest- bis nordostexponierte Habitate nicht festgestellt. Vergleichbare Bevorzugungen südexponierter Hanglagen zeigten sich in den Arbeiten von BAUER 1987 (81%) und VÖLKL & MEIER 1988 (78%). In west- oder ostexponierten Habitaten bevorzugt die Schlingnatter nach Beobachtungen des Autors südexponierte Mikorhabitate.

Neigung: Ähnlich der Mauereidechse besiedelt die Schlingnatter oft stark geneigte Hanglagen oder nahezu senkrechte Flühe, d.h. Flächen, die landwirtschaftlich ungenutzt bleiben und nicht vom Verwalden bedroht sind. Dadurch kann sie selbst im Intensivkulturland Inselvorkommen bilden, wo sonst keine geeigneten Lebensräume mehr existieren, so zum Beispiel im Berner Mittelland.

Substrat: Für 101 Habitate konnten die beiden flächenmässig dominanten Substrattypen aus Fotografien und Karten nachträglich eruiert oder direkt im Feld abgeschätzt werden. Unter diesen dominiert in 45 Fällen eine Gras- oder Krautschicht als Substrat, in 40 Stein, in 12 Fels und in 4 Habitaten bloße Erde. Von den 49 Habitaten mit Gras/Kraut

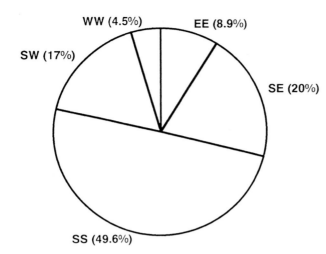

Abb. 4: Exposition von 135 Fundorten der Schlingnatter in den Kantonen Bern, Aargau und Thurgau. Nordwest- bis nordostexponierte Habitate wurden nicht festgestellt.

Exposition of 135 sites of the Smooth Snake in the cantons of Bern, Aargau and Thurgau.

oder Erde als dominantem Substrat weisen 30 als deutlich zweitgrößten Flächenanteil Stein oder Fels auf, womit in 82 (81%) aller erfaßten Habitate Steinstrukturen jedwelcher Form klar vorhanden sind. In diese Kategorie fallen 55 (73%) der Habitate mit aktuellen Nachweisen der Art.

Exposition, Neigung und Substrattyp eines Geländebereichs haben einen wesentlichen Einfluss auf dessen Mikroklima. Vor allem die ausgeprägt thermophilen Reptilienarten des Untersuchungsgebiets (*Podarcis muralis, Coronella austriaca, Vipera aspis*) zeigen bezüglich dieser Geländeeigenschaften eine geringere Toleranz als die übrigen (vgl. HOFER 1991:189, DUSEJ & BILLING 1991:277 ff.). Für die Schlingnatter dürften Steinstrukturen zur Besiedlung von Habitaten essentiell sein, deren Exposition und Neigung kein ausreichend mildes Mikroklima bilden oder die in niederschlagsreichen Gebieten liegen (im Untersuchungsgebiet vor allem die Alpweiden), da sie als rasch abtrocknendes, sich stark erwärmendes Substrat die Thermoregulation erheblich begünstigen. So ist die Art vermutlich auch im Flachland an sich gut erwärmende Substrate gebunden, hier vor allem Schotterflächen in Auen, Kiesgruben und an Bahndämmen. Das Verschwinden natürlicher Auenlandschaften und damit großer Flächen dieses Substrattyps sehe ich als Hauptgrund für den im Vergleich mit den übrigen Reptilienarten des Schweizer Mittellandes extremen Rückgang der Schlingnatter. Daß sie in zahlreichen Habitaten mit starken Echsenpopulationen als Nahrungsgrundlage nicht gefunden werden konnte, dürfte meist auf das Fehlen der für Schlingnattern essentiellen Substrateigenschaften zurückzuführen sein. Bei der Wiederherstellung oder Aufwertung von Schlingnatter-Lebensräumen kommt der Schaffung von Steinstrukturen (Lesesteinhaufen, Steinriegel, Trockenmauern, Steinplatten etc.) daher zentrale Bedeutung zu.

Lokalklima (Wärmestufe, Niederschlag, Temperatur)

Anhand von bestehenden Klimakarten wurde überprüft, ob die Habitate der Schlingnatter sich auf einen bestimmten Lokalklima-Bereich beschränken. Verwendet wurden die »Wärmegliederung der Schweiz« (Karte 1:200.000, EIDG. JUSTIZ- und POLIZEI-

DEPARTEMENT 1977: 53ff.) sowie der »Klimaatlas der Schweiz« (Karten 1:1.750.000, KIRCHHOFER 1982 & 1984).

Eine Beschränkung der Habitate auf einen bestimmten Wärmestufen-Bereich existiert nicht. Mit Ausnahme der beiden kühlsten werden sämtliche Wärmestufen des Untersuchungsgebiets besiedelt; dabei bleibt die Schlingnatter unter der klimatisch bedingten potentiellen Waldgrenze. Ähnlich der Wärmestufe zeigt sich auch bei dem aus Frühjahrs- und Herbsttemperaturen bzw. -Niederschlagsmengen ermittelten Lokalklima ein Schwerpunkt der Verteilung im oberen Bereich des beobachteten Spektrums. Die Anzahl Habitate nimmt in durchschnittlich kühleren, niederschlagsreicheren Gebieten deutlich ab. Durch das Fehlen des reellen qualitativen Angebots kann jedoch nicht gezeigt werden, ob bestimmte Lokalklimabereiche generell gemieden werden. In Westfalen z.B. zeigte sich nach FELDMANN, FELLENBERG & SCHRÖDER (1968:11) eine Bindung der Schlingnatter an trockene bzw. rasch abtrocknende Substrate, doch liegen ihre Hauptverbreitungsgebiete fast ausnahmslos in den regenreichsten Gebieten Westfalens.

Die Resultate zeigen, daß die Wärmeansprüche der Schlingnatter im Untersuchungsgebiet mit aus Karten ermittelten Klimadaten nicht beschrieben werden können. Durch Felsabbrüche, Klüfte und Blockschutt entstehen höhenunabhängig extreme lokalklimatische Unterschiede (vgl. EIDG. JUSTIZ- und POLIZEIDEPARTEMENT 1977:35), welche die Artverbreitung mit Sicherheit beeinflussen, in den Karten aber unberücksichtigt bleiben. Zudem basieren die verwendeten Klimakarten auf Lufttemperaturen, während für die Thermoregulation ektothermer Organismen primär Substrattemperatur und Albedo der Körperoberfläche bedeutend sein dürften. So zeigte die Schlingnatter-Studie von DE BONT, VAN GELDER & OLDERS (1986:75) eine deutlich bessere Korrelation der Körpertemperatur mit derjenigen des Substrats als mit den darüberliegenden Luftschichten.

4. Bemerkungen zu Abundanz und Populationen

Aus den meisten ihrer Habitate in der Schweiz liegen nur Einzelbeobachtungen der Schlingnatter vor, weshalb sie allgemein als »selten« oder in nur kleinen Dichten vorkommend gilt. Ihre diskrete Lebensweise macht die Schlange jedoch zu einem schwer erfaßbaren Faunenelement, was eine realistische Beurteilung der Bestandssituation erschwert. Im Kanton Wallis entfielen auf die Schlingnatter während der Bestandsaufnahme gerade 80 (4.8%) von 1665 Schlangenbeobachtungen, obwohl sie hier neben der Aspisviper das größte Verbreitungsgebiet aller sieben Schlangenarten hat (PILLET & GARD 1979). Im Thurgau konnte sie in einem Fall erst mit dem fünften Kontrollgang und der Verwendung von Blechplatten als künstliche Verstecke nachgewiesen werden (KADEN mdl. Mitt.). Bisher existieren für die Schlingnatter in der Schweiz nur wenig konkrete Bestandszahlen, meist anekdotisch als Nebenprodukt anderweitiger Reptilienstudien. Die Befunde dieser Arbeiten, in welchen Gebiete während mindestens einem Jahr regelmäßig begangen und die Tiere individuell markiert wurden, reichen von 16 Adulten auf weniger als 2 ha (PILLET 1990:31) in einem ausgedehnten Trockenhang über 18 auf 25 ha (Lawinenrunse, MONNEY mdl. Mitt.) bis zu drei auf 14 ha (Juraweide, pers. Beob.). In einer kleinen Schotterböschung an der Aare (Abb.5, Fläche etwa 140x3 m) markierte ich 1987 fünf Weibchen und vier Männchen, die ich 1988/89 in 29 Begehungen

Abb. 5: Schotterböschung an unkorrigiertem Flusslauf (460 m.ü.M.). Vermutlich bis Mitte dieses Jahrhunderts bedeutendster Primärhabitattyp der Schlingnatter im Schweizer Mittelland.

Gravel surface along a river (460 m above sea-level). In the Swiss Midlands presumably the most important primary habitat type of the Smooth Snake up to the middle of the century.

68 mal beobachtete, ohne aber ein weiteres Adulttier zu finden. An einem Bahndamm im Südjura waren es 1989 auf einer Länge von 1500 m vier Männchen und drei Weibchen, 1991 kamen zwei weitere Adulttiere hinzu. Nach meinen Erfahrungen sind Schlingnattern in solch linienförmigen Habitaten leichter nachzuweisen und regelmäßiger zu beobachten als in flächigen, womit hier eher das Bild einer Population entsteht. Überdurchschnittliche Dichten werden jedoch meist durch hohe Wiederfangraten relativiert, da in Böschungen und an Dämmen die Bewegungen der Tiere anscheinend ziemlich eindimensional bleiben, was ihr Auffinden begünstigt, und andererseits heute zahlreiche dieser Habitate völlig isoliert in Umgebungen liegen, die den Schlingnattern ein Ab- oder Zuwandern kaum ermöglichen. Die meist geringeren Dichten in ausgedehnten flächigen Habitaten dürften der Realität im Untersuchungsgebiet näherkommen, da hier Ressourcen homogener verteilt und die Bewegungsmöglichkeiten der Schlangen weniger eingeschränkt sind. Ein für Schutzkonzepte verwendbarer Dichtewert, wie ihn zum Beispiel GODDARD (1984) für englische Populationen ermittelt hat, läßt sich aber aufgrund der letzendlich doch recht unterschiedlichen Befunde nicht angeben (vgl. hierzu auch DUGUY 1961:403 ff.).

Feststehen dürfte zumindest, daß eine intakte Schlingnatter-Population aus weniger als einem Dutzend Adulttieren bestehen kann. KRAMER & STEMMLER (1986:799) vermuten aufgrund ihrer Beobachtungen sogar, die Art könne sich an einem Ort während

Abb. 6: Viehweide im Alpenraum (1340 m ü.M.). In vorliegender Erhebung in Jura und Alpenraum bedeutendster Sekundärhabitattyp der Schlingnatter.
Pasture in the Alps (1340 m above sea-level). In the present study the most important secondary habitat type of the Smooth Snake in the mountain areas.

Jahrzehnten halten, obwohl nur zwei Pärchen den Bestand sichern. Möglicherweise zwangen nebst anderem die Verhältnisse, denen die Schlange in den meisten ihrer Primärhabitate ausgesetzt sein mußte, die Schlingnatter zur Anpassung an eine Existenz in sehr kleinen Beständen: Schutthalden, Schotterflächen in Auen und Rutschgebiete (in vorliegender Studie 67% der Primärhabitate) unterliegen normalerweise einer natürlichen Dynamik, die hier lebenden Schlingnatterpopulationen hätten somit seit jeher plötzlich eintretende Verluste größeren Umfangs oder ihre Aufsplitterung in voneinander isolierte Kleinbestände überstehen müssen.

5. Status und Schutzmöglichkeiten

Die im Zeitraum 1987 bis 1991 im Untersuchungsgebiet erfolgten Beobachtungen von Schlingnattern geben keine verläßliche Prognose über ihre Bestandsentwicklung. Die 51% als »aktuell« angeführten Habitate sind dies teilweise aufgrund einer Einzelbeobachtung, die keinesfalls die Existenz einer Population belegt.

Den Befunden der Inventare in den Kantonen Aargau, Bern und Thurgau zufolge ist die Schlingnatter im Schweizer Mittelland nur noch inselartig verbreitet und steht über weite Teile vor dem Aussterben. Der Anteil aktueller Mittelland-Fundorte (25%) liegt in vorliegender Arbeit mit Sicherheit zu hoch, da die Art in den letzten Jahrzehnten vermutlich aus zahlreichen Habitaten verschwunden ist, die nie erfaßt wurden. Obwohl sie in den einst besiedelten Gebieten ein ziemlich häufiges Tier gewesen sein dürfte (vgl. SCHINZ 1837:141), wird die Fläche ihrer ehemaligen Mittelland-Verbreitung vermutlich eher über- als unterschätzt (siehe Kapitel 2). Blieben tatsächlich die meisten Hügelgebiete und Molasseberge von der Schlingnatter unbesiedelt, dann hätte sich ein Artenhilfsprogramm auf eine relativ kleine Fläche des gesamten Mittellandes zu konzentrieren. Doch gerade im Flachland haben Land- und Bauwirtschaft eine Intensität erreicht, welche die Wiederherstellung und Neuschaffung von Schlingnatter-Habitaten weitgehend verunmöglicht. Auch sind die wenigen noch existenten Vorkommen meist derart voneinander isoliert, daß ihre Vernetzung weder praktisch noch biologisch gelingen dürfte. Mittelfristig scheint über die Ausweisung von Schutzgebieten allenfalls der Erhalt der wenigen potentiellen Populationen realisierbar.

Im Jura und in den Nordalpen haben Landschaftsveränderungen das Vorkommen der Schlingnatter geringfügiger beeinflußt. Im Untersuchungsgebiet ist sie nicht unmittelbar vom Aussterben bedroht, ein Rückgang aber feststellbar. Der Anteil aktueller Fundorte dürfte auch in diesen Naturräumen aus den obgenannten Gründen zu hoch liegen. Andererseits machen hier sowohl die Dichte existenter Vorkommen als auch die Möglichkeiten zur Vernetzung und Neuschaffung von Habitaten den Erfolg artspezifischer Schutzmaßnahmen wahrscheinlicher als im Mittelland. Zudem können letztere oft in für viele Bergregionen bereits bestehende Natur- und Landschaftsschutzkonzepte eingebunden werden, welche generell die Extensivierung der Nutzung und den Erhalt einer strukturreichen Landschaft zum Ziel haben.

Danksagungen

Besonderen Dank schulde ich GORAN DUSEJ für die zahllosen fachlichen Anregungen und seine Mithilfe bei der Auswertung des Datenmaterials; ferner danke ich Dr. EUGEN KRAMER für das großzügige Überlassen seiner persönlichen Funddaten, DONALD KADEN für ergänzende Bemerkungen zu den Daten aus dem Kanton Thurgau; HANSJÖRG und PIA RIEDWYL für ihre Mithilfe bei der Anfertigung der Grafiken.

On the status of the smooth snake (*Coronella austriaca* LAURENTI 1768) in Switzerland

The smooth snake occurs in all parts of Switzerland up to altitudes of 2100 m above sea level. Togehter with the grass snake, it is the most widely distributed of the eight Swiss snake species (*Coluber viridiflavus, Coronella austriaca, Elaphe longissima, Natrix maura, Natrix natrix, Natrix tessellata, Vipera aspis, Vipera berus*).

148 actual or former habitats of the smooth snake were visited between 1986 and 1990 in three major parts of the country (Jura, Midlands, Alps). If all controlled sites are considered, smooth snakes were observed in 51% of the potential habitats. However, the snake was found only in 25% of all sites controlled in the Midlands. The existence of a stable population couldn't be confirmed for most sites, since often only single specimens were recorded.

Habitats were classified into 13 types. The most important primary habitats (39% of all habitats) were scree slopes in the mountains and gravel surfaces along rivers. The secondary (anthropic) habitats (61%) are extensively exploited pastures and meadows.

The smooth snake disappeared widely in the Midlands due to habitat destruction within the past 30 years and is now locally extinct. In this area few remaining -and in most cases widely separated– populations make species-specific conservation concepts very doubtful. Several larger habitats with probably viable populations remained in the two mountain regions (Jura, Alps), where the species should survive for longer terms.

Schriften

BAUER, S. (1987): Verbreitung und Situation der Amphibien und Reptilien in Baden-Württemberg (Schlingnatter S. 134-137). - In: Die Amphibien und Reptilien Baden-Württembergs. - Beih. Veröff. Naturschutz & Landschaftspflege Bad.-Württ. 41, Landesanstalt für Umweltschutz Bad.-Württ., Karlsruhe.

BONT, R.G. DE, J.J. VAN GELDER & J.H.L. OLDERS (1986): Thermal ecology of the Smooth Snake, *Coronellla austriaca* LAURENTI, during spring. - Oecologia 69: 72-78.

BRAITHWAITE, A.C., J. BUCKLEY, K.F. CORBETT et al. (1989): The Distribution in England of the Smooth Snake (*Coronella austriaca* LAURENTI). - Herp. Journal 1(8): 370-376.

DUGUY, R. (1961): Le cycle annuel d'activité de *Coronella austriaca* LAURENTI d'après les observations manuscrites inédites de Raymond Rollinat. - La terre et la vie 15: 401-435

DUSEJ, G. & H. BILLING (1991): Die Reptilien des Kantons Aargau - Verbreitung, Ökologie und Schutz. - Mitt. Aarg. Naturf. Ges. BD. XXXIII: 233-335.

ECONAT (1990): Les reptiles et les batraciens du canton de Fribourg. - Etat de Fribourg - Musée d'histoire naturelle, 80 S.

EIDGEN. JUSTIZ- & POLIZEIDEPARTEMENT, Delegierter für Raumplanung (Hrsg., 1977): Wärmegliederung der Schweiz (Karte 1:200.000).

FELDMANN, R., W.O. FELLENBERG & E. SCHRÖDER (1968): Verbreitung und Lebensweise der Schlingnatter, *Coronella austriaca* LAURENTI 1768, in Westfalen. - Abh. Landesmuseum f. Naturkunde Münster 30(1): 3-12.

GLANDT, D. (1972): Zur Verbreitung und Ökologie der Schlingnatter, *Coronella austriaca* LAUR. (Reptilia. Colubridae), am Niederrhein. - Decheniana, Bd. 125 (1/2): 131-136.

GODDARD, P. (1984): Morphology, growth, food habits and population characteristics of the smooth snake *Coronella austriaca* in Southern Britain. - J. Zool., London, 204: 241-257.

HOFER, U. (1991): Die Reptilien des Kantons Bern. - Mitt. Naturf. Ges. in Bern, Neue Folge, 48: 153-208.

HONEGGER, R.E. (1981): Threatened Amphibians and Reptiles in Europe. Suppl.Vol. of »Handbuch der Reptilien und Amphibien Europas«. - Akadem. Verlagsges. Wiesbaden.

HOTZ, H. & M. BROGGI (1982): Rote Liste der gefährdeten und seltenen Amphibien und Reptilien der Schweiz. - SBN Basel, 112 S.

IMHOF, E. (Bearb., 1965-1978): Atlas der Schweiz. - Verlag Bundesamt für Landestopographie, Wabern.

KADEN, D. (1988): Die Reptilienfauna des Kantons Thurgau. - Mitt. thurg. naturf. Ges., Frauenfeld, 49: 51-95.

KIRCHHOFER, W. (1982 & 1984): Klimaatlas der Schweiz (Karten 1:1.750.000). - Schweiz. Meteorolog. Anst. Verlag Bundesamt für Landestopographie, Wabern.

KRAMER, E. & O. STEMMLER (1986): Schematische Verbreitungskarten der Schweizer Reptilien. Revue Suisse de Zoologie 93(3): 779-802.

MALKMUS, R. (1973): Verbreitung der Schlingnatter (*Coronella austriaca*) im Spessart. - Abh. Naturwiss. Ver. Würzburg 14: 19-28.

PILLET, J.-M. (1990): Etude des Follatères. La Faune, 3ème partie: Herpétofaune. - Unpubl. Bericht, 58 S.

PILLET, J.-M. & N. GARD (1979): Les Reptiles du Valais. I. Les Ophidiens. - Bull. Murithienne, Sion, 96: 85-113.

SCHINZ, H.R. (1837): Verzeichnis der in der Schweiz vorkommenden Wirbelthiere. Fauna Helvetiae. - Neue Denkschrift allg. Schweiz. Ges. ges. Naturw. 1. Neuchâtel, 165 S.

SCHNEPPAT, U. & H. SCHMOCKER (1983): Die Verbreitung der Reptilien im Kanton Graubünden. - Ber. naturf. Ges. Graubünden, Chur, 100: 47-133.

VÖLKL, W. (1991): Habitatansprüche von Ringelnatter (*Natrix natrix*) und Schlingnatter (*Coronella austriaca*): Konsequenzen für Schutzkonzepte am Beispiel nordbayrischer Populationen. - Natur und Landschaft, 66(9): 444-448.

VÖLKL, W. & B. MEIER (1988): Verbreitung und Habitatwahl der Schlingnatter (*Coronella austriaca* LAURENTI) in Nordostbayern. - Salamandra 24: 7-15.

ZIMMERMANN, P. (1988): Zur Ökologie und Lebensweise der Schlingnatter (*Coronella austriaca*, LAURENTI 1768) im Weinberg »Höllstein« bei Freudenstein-Knittlingen (Enzkreis, Baden-Württemberg). - Zusammenfassung DGHT-Jahrestagung 1988, S. 45.

Verfasser

Ulrich Hofer, Koordinationsstelle für Amphibien- und Reptilienschutz in der Schweiz (KARCH), Naturhistorisches Museum, Bernastr. 15, CH-3005 Bern.

Wiederansiedlung von Schlingnattern (*Coronella austriaca* LAURENTI 1768) nach einer Rebflurbereinigung bei Freudenstein (Gemeinde Knittlingen, Enzkreis, Baden-Württemberg) - Bilanz nach drei Jahren

PETER ZIMMERMANN

Key words: Reptilia, Serpentes, Colubridae, smooth snake (*Coronella austriaca*), vineyard, reintroduction, Southern Germany.

Einleitung

In den Jahren 1986 und 1987 konnten die abiotischen und biotischen Verhältnisse einer Schlingnatterpopulation innerhalb eines etwa 300jährigen Weinberges mit zahlreichen Natursteinmauern bei Knittlingen-Freudenstein (Enzkreis, Baden-Württemberg) untersucht werden (ZIMMERMANN 1988). Aufgrund einer bevorstehenden Rebflurbereinigung wurden neben den über 300 Mauereidechsen (*Podarcis muralis*) auch die dort lebenden, in Baden-Württemberg stark gefährdeten und geschützten Schlingnattern (*Coronella austriaca*) im Herbst 1987 von Mitarbeitern der Bezirksstelle für Naturschutz und Landschaftspflege Karlsruhe und Zivildienstleistenden eingefangen, in Freilandterrarien gehalten und in einem Kalthaus (Gewächshaus) überwintert. Während *Podarcis muralis*, die mit einem Anteil von etwa 70% zum Nahrungsspektrum der Schlingnattern im Weinberg »Hollstein« (der Name ist je nach Kartengrundlage verschieden, z.B. Höllerstein, Höllstein) zählen, im Spätsommer 1988 wieder ausgesetzt wurden (ZIMMERMANN 1989), siedelten wir *Coronella austriaca* erst nach der zweiten Überwinterung im Frühsommer 1989 wieder an.

Bisherige Veröffentlichungen über *Coronella austriaca* beschäftigten sich vor allem mit dem Verhalten (z.B. FELDMANN 1971, GRÜNWALD 1962, MIEDERS 1976, MOLLE 1918, SCHREITHMÜLLER 1918 und 1920, WERNER 1918, ZSCHOKKE 1909/1910), der Ökologie (z.B. FRITZ & LEHNERT 1988, HÖLZINGER & SCHMID 1987, PRIHODA 1988, WAITZMANN 1986, ZIMMERMANN 1988), der Schutzproblematik (z.B. GLANDT 1986, HÖLZINGER & BAUER 1978) oder der Verbreitung (z.B. FELDMANN et al. 1968, GLANDT 1972, GRUSCHWITZ 1981, MALKMUS 1973, PHILIPPEN 1983, STEIN & BOGON 1988, VÖLKL & MEIER 1988, WAITZMANN 1992, ZIMMERMANN 1914, ZIMMERMANN 1990). Umsiedlungs- oder Wiederansiedlungsaktionen insbesondere in Baden-Württemberg sind nur von Eidechsen bekannt wie beispielsweise der Mauereidechse (z.B. DEICHSEL & RUTSCHKE 1983, MERTENS 1917, 1918, SCHWEIZERBARTH 1908).

Die vorliegende Studie erläutert die Auswirkungen der Umsiedlungsaktion auf die Schlingnattern und gibt eine Bilanz der Populationsentwicklung drei Jahre nach der Ansiedlung.

Abb. 1: Der Weinberg »Hollstein« (1987) vor der Rebflurbereinigung - Lebensraum der 17 Schlingnattern.

Typical habitat of the 17 smooth snakes - the vineyard »Hollstein« in the year 1987.

Untersuchungsgebiet und Methode

Der Weinberg »Hollstein« liegt etwa 25 km östlich von Karlsruhe und 3 km nördlich von Maulbronn zwischen 240 und 310 m üNN an einem südost- bis südwestexponierten Hang, der nördlich an den Ort Freudenstein grenzt. Er zählt zur naturräumlichen Haupteinheit »Kraichgau« mit der Untereinheit »Strombergvorland« (SCHMITHÜSEN 1952). Mit seinem westlichen Teil grenzt er an die Untereinheit »Derdinger Hügelstreifen«. Im westlichen Teil des Rebgeländes tritt an der oberen Hangkante der Schilfsandstein zutage, der unterhalb vom Gipskeuper abgelöst wird. Im Gegensatz zu den Schlingnatterhabitaten im Nordschwarzwald (Landkreis Calw, vgl. ZIMMERMANN 1990) sind die Weinberge im Strombergvorland ausgesprochene Wärmeinseln. Das Untersuchungsgebiet besitzt ein günstiges Wuchsklima mit kontinental getöntem Temperaturgang. So sind mittlere Jahrestemperaturen von 9,5 °C, eine mittlere Julitemperatur von 18,3 °C und mittlere Jahresniederschläge von 798 mm (Station Knittlingen, Wetteramt Stuttgart) charakteristisch.

Der »Hollstein« zeichnete sich vor der Rebflurbereinigung durch ein kleingliedriges Mosaik aus verschiedenen Biotoptypen wie extensiv und intensiv bewirtschafteten Rebflächen, Ruderalfluren, Halbtrockenrasen, Feldgehölzen, Hecken, Streuobstwiesen, Klingen, Hohlwegen, Natursteinmauern und natürlichen Felskanten auf einer Fläche von rund 25 ha aus. Hauptlebensräume der Schlingnattern waren die 567 fugen- und spaltenreiche, bis zu drei Meter hohen und durchschnittlich etwa 20 Meter langen

Abb. 2: Flurbereinigungsmaßnahmen im Jahr 1988 im Weinberg »Hollstein«.
Intensified use of the vineyard »Hollstein« for agricultural purposes

Abb. 3: Der Weinberg »Hollstein« im Jahr 1989 nach der Rebflurbereinigung.
Vineyard »Hollstein« in the year 1989.

Abb. 4: Die Schlingnatter (*Coronella austriaca*) an einer Trockenmauer.
Smooth snake (*Coronella austriaca*) near a wall.

Trockensteinmauern mit einer sehr individuenreichen Mauereidechsenpopulation. Die abiotischen und biotischen Faktoren sind bei ZIMMERMANN (1987, 1988) bereits beschrieben worden, so daß auf eine wiederholte Angabe verzichtet wird. Während der Rebflurbereinigung entfernte man circa 70% der Mauern. Ein Jahr zuvor baute man - aufgrund der Forderungen der Bezirksstelle für Naturschutz und Landschaftspflege (BNL) - über 10 neue Mauern am Rande des Flurbereinigungsgebietes. Zusätzlich konnte ein etwa 1,5 ha großes Teilstück des Weinbergs mit zahlreichen Mauern und Felskanten im geplanten Flurbereinigungsgebiet vollständig erhalten werden. 1988 errichtete man noch einige bis zu acht Meter hohe Gabionen (Steinschotterkästen mit einem Drahtgeflecht zur Böschungssicherung) und stellte einen großen Teil der Entwässerungsrinnen aus Natursteinen her.

Unter den 17 gefangenen Schlingnattern waren zwei trächtige Weibchen, die in Gefangenschaft insgesamt 10 Jungtiere gebärten. Der nun auf 27 Schlangen angewachsene Bestand wurde mit nestjungen Labormäusen gefüttert. Nur die Jungtiere mußten zunächst mit Echsen gefüttert werden, da sie andere Nahrung verweigerten. Da bis auf die frisch geborenen Jungtiere alle Schlingnattern kleinere, ältere Verletzungen an Bauchschuppen oder Dorsalschuppen aufwiesen, konnten die einzelnen subadulten und adulten Tiere gut voneinander unterschieden werden. Für die Erfassung wurde die bei ZIMMERMANN (1988) beschriebene Methode angewandt.

Lfd. Nr.	1987 KGW (g)	GL (cm)	KRL (cm)	SL (cm)	1989 KGW (g)	GL (cm)	KRL (cm)	SL (cm)	1992 KGW (g)	GL (cm)	KRL (cm)	SL (cm)
1	22,4	50,6	41,5	9,1	40,3	56,3	44,7	11,6	42,1	58,1	46,0	12,1
2	30,3	44,0	34,5	9,5	37,9	49,5	39,3	10,2	40,1	51,7	41,3	10,4
3	55,3	60,0	47,0	13,0	59,1	61,3	47,9	13,4	58,6	62,1	48,4	13,7
4	3,7	15,5	13,1	2,4	7,6	26,6	21,7	4,9	?	?	?	?
5	4,2	15,6	13,1	2,5	8,1	28,8	23,7	5,1	22,6	36,9	30,1	6,8
6	34,9	47,6	39,3	8,3	40,2	54,6	44,8	9,8	45,2	58,4	47,1	11,3
7	47,5	57,0	44,5	12,5	51,8	58,4	47,5	10,9	?	?	?	?
8	43,9	57,8	47,0	10,8	45,4	58,3	47,4	10,9	?	?	?	?
9	24,7	53,7	44,1	9,6	46,3	56,9	45,8	11,1	47,1	58,3	47,1	11,2
10	6,2	27,9	22,8	5,1	15,5	38,1	31,9	6,2	?	?	?	?
11	39,6	53,1	43,8	9,3	45,7	56,4	45,6	10,8	48,5	59,2	47,9	11,3
12	32,1	44,9	35,3	9,6	37,6	51,0	40,7	10,3	39,9	55,1	44,6	10,5
13	5,8	25,3	20,4	4,9	14,1	33,7	28,4	5,3	?	?	?	?
14	6,9	26,9	21,9	5,0	15,9	39,0	32,5	6,5	?	?	?	?
15	3,5	15,4	13,0	2,4	7,8	27,2	22,1	5,1	21,0	36,5	29,6	6,9
16	56,7	59,6	46,7	12,9	60,2	62,8	49,2	13,6	60,5	63,6	49,9	13,7
17	36,9	46,3	38,2	8,1	41,9	53,6	43,8	9,8	42,5	55,1	44,3	10,8
18	3,2	13,7	11,4	2,3	7,3	23,8	18,9	4,9	18,7	31,2	24,7	6,5
19	3,5	15,2	12,8	2,4	7,0	22,5	17,7	4,8	?	?	?	?
20	4,1	15,3	13,0	2,3	8,3	27,3	22,2	5,1	20,3	34,3	28,0	6,3
21	3,9	14,7	12,3	2,4	7,9	27,2	22,1	5,1	19,9	33,7	27,4	6,3
22	3,2	13,5	11,3	2,2	7,4	25,2	20,2	5,0	?	?	?	?
23	4,2	15,7	13,3	2,4	8,5	28,0	22,9	5,1	23,7	38,2	31,5	6,7
24					3,7	15,1	12,8	2,3	?	?	?	?
25					3,9	14,6	13,3	2,3	8,2	27,4	23,3	5,1
26					3,5	15,2	12,9	2,3	?	?	?	?
27					4,1	15,4	13,2	2,2	?	?	?	?
28									56,6	59,5	46,7	12,8
29									39,6	53,0	43,8	9,2
30									3,9	14,8	12,4	2,4
31									4,0	15,6	13,2	2,4
32									4,0	15,2	12,9	2,3
33									3,8	15,0	12,7	2,3

Tab. 1: Morphometrische Charakteristika der Schlingnatterpopulation im Weinberg »Hollstein« bei Freundenstein. (KGW = Körpergewicht, GL = Gesamtlänge, KRL = Kopf-Rumpf-Länge, SL = Schwanzlänge, ? = nicht mehr nachweisbar).

Morphometric characteristics of a population of *Coronella austriaca* in a vineyard from Southern Germany (KGW = weight, GL = total length, KRL = snout-vent length, SL = tail length, ? = without evidence).

Ergebnisse

Die im Herbst 1987 gefangenen 17 Schlingnattern wurden zusammen mit den 10 (Nr. 18-27; vgl. Tab. 1) in Gefangenschaft geborenen Nattern im Frühsommer 1989 an unterschiedlichen Natursteinmauern, Gabionen und im alten erhaltenen Teilstück des Weinbergs »Hollstein« wieder ausgesetzt und danach beobachtet.

Die ausgesetzten *Coronella austriaca* versteckten sich zunächst in den Spalten der Mauern. In den folgenden Monaten erkundeten sie zunächst ihre neue Umgebung. Trafen

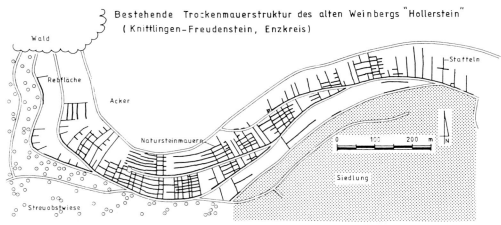

Abb. 5: Generalisierte Skizze des Weinbergs »Hollstein« mit zahlreichen Natursteinmauern. Ground plan of the vineyard »Hollstein« with many walls.

sich dabei zwei Schlingnattern, so versuchten sie sich auszuweichen. Erst nach etwa drei Monaten begannen die ersten Revierkämpfe, die noch bis ins Jahr 1992 beobachtet werden konnten. In den Jahren 1989 und 1990 konnten keine Jungtiere erfaßt werden. Erst 1992 konnten neben zwei zugewanderten Nattern (Nr. 28, 29) vier neue Jungtiere (Nr. 30-33) gefangen und vermessen werden.

Drei Jahre nach der Wiederansiedlung konnten im Jahr 1992 nur noch insgesamt 16 von 27 Schlingnattern (ca. 60% des ursprünglichen Bestandes, vgl. Tab. 1), zwei adulte, zugewanderte Schlingnattern und vier Jungtiere nachgewiesen werden. Ob der Verlust von 11 Nattern durch Abwanderungen oder Prädatordruck verursacht wurde, bleibt ungewiß.

Diskussion

60 Prozent des ursprünglichen Bestandes konnte nur deshalb nach drei Jahren noch nachgewiesen werden, da ein Teil der alten Mauerkomplexe erhalten blieb, neue Mauern vor Beginn der Flurbereinigungsmaßnahmen erstellt wurden und bei Hangsicherungsmaßnahmen sowie Entwässerungseinrichtungen weitgehend mit den alten, grob behauenen Natursteinen gearbeitet wurde. Hinzu kommt, daß die Hauptnahrungstiere von *Coronella austriaca*, die Mauereidechsen (*Podarcis muralis*), bereits ein Jahr zuvor wieder ausgesetzt wurden. Da Jungtiere von *Coronella austriaca* sehr versteckt leben, sind diese vermutlich unterrepräsentiert. Gründe für die nicht mehr nachweisbaren, adulten (Nr. 4, 7, 8, 10, 13, 14) und subadulten Individuen (Nr. 19, 22, 24, 27) liegen mit hoher Wahrscheinlichkeit am starken Rückgang (circa 70 %) von geeigneten Natursteinmauern (fehlenden Habitaten) und dem daraus resultierenden Abwandern der Tiere in benachbarte Weinberge (in circa 300 Meter Entfernung) mit noch zahlreichen Mauern.

Eine gezielte Wiederansiedlung von Reptilien- oder Amphibienarten ist nur dann sinnvoll, wenn die Ursachen für deren Rückgang eindeutig festgestellt wurden, zwischenzeitlich beseitigt sind und wenn geeigneter Lebensraum langfristig zur Verfügung steht. Eine Entnahme von Tieren zum Zwecke der Neuansiedlung darf jedoch nicht zur Gefährdung der ursprünglichen Population führen und muß in enger Zusammenarbeit mit der höheren Fachbehörde für Naturschutz unter wissenschaftlicher Betreuung durchgeführt werden. Grundsätzlich bedarf das Ausbringen bzw. Ansiedeln von Pflanzen und Tieren in Baden-Württemberg (§§ 30, 33 Naturschutzgesetz von Baden-Württemberg) einer Genehmigung von der höheren Naturschutzbehörde. Im vorliegenden Fall wären sowohl die Habitate als auch die Individuen durch die im Jahr 1988 bevorstehende Flurbereinigung zerstört bzw. getötet worden. Der Fang und die Wiederansiedlung erschien deshalb gerechtfertigt, da

- wichtige Teilflächen wie Mauerkomplexe, Halbtrockenrasen und Hecken zum Teil erhalten werden konnten,
- eine ca. 1,5 ha große, südexponierte Rebfläche mit alten Mauerstrukturen und Felskanten aus dem flurbereinigten Gebiet herausgenommen wurde,
- Ersatzmauern mit alten Steinen angrenzend an den Weinberg ein Jahr vor der Rebflurbereinigung gebaut wurden,
- ein Mauernverbundsystem mit einem grobmaschigen Netz aus alten Natursteinmauern, Gabionen und Ersatzmauern teilweise errichtet werden konnte.

Durch die gezielte Wiederansiedlung von *Coronella austriaca* und *Podarcis muralis* konnten zwar zwei bedrohte und geschützte (vgl. Berner Konvention (Council of Europe 1984), Bundesartenschutzverordnung 1989) Reptilienarten bis heute erhalten werden - Langzeituntersuchungen müssen erst die Auswirkungen auf die Populationsentwicklung klären -, ein großer Teil der typischen Weinbergsflora und -fauna (z.B. Weinhähnchen) und die historischen Elemente unserer Kulturlandschaft gingen jedoch durch die gravierenden Biotopveränderungen verloren.

Ob das seit 1.1.92 rechtskräftige Biotopschutzgesetz von Baden-Württemberg die großflächige Vernichtung von Weinbergmauern in Zukunft verhindern kann, bleibt zu hoffen.

Danksagung

Den Herren M. BECK (Karlsruhe), A. WOLF (Dossenheim) und A. EHRL (Stuttgart) danke ich für die Hilfe beim Abfangen der Schlingnattern und Herrn Landeskonservator R. WOLF, Leiter der Bezirksstelle für Naturschutz und Landschaftspflege Karlsruhe, für die kritische Durchsicht des Manuskripts.

Reintroduction of smooth snake (*Coronella austriaca*) into reparcelled vineyards near Freudenstein (Enzkreis, Baden-Württemberg, South Germany) - Results of a three-year study

In autumn 1987 17 specimen of *Coronella austriaca* were caught in vineyards wich were reparcelled soon after. In summer 1989 27 specimen (17 adults and 10 juveniles) were reintroduced into the reparcelled vineyards where some of the old walls still existed and new walls had been built. Three years later 16 of 27 animals (69%) could be found again.

Schriften

COUNCIL OF EUROPE (1984): The smooth snake (*Coronella austriaca*). - In: Giving nature a chance - the Bern Convention -, 31 S.

DEICHSEL, A. & J. RUTSCHKE (1983): Bericht über die Umsiedlung von Mauereidechsen in Tübingen. - (unveröff. Untersuchung).

FELDMANN, R., FELLENBERG, W.O. & E. SCHRÖDER (1968): Verbreitung und Lebensweise der Schlingnatter, *Coronella a. austriaca* in Westfalen. - Abh. Landesmus. Naturk. Münster 30: 3-12.

FELDMANN, R. (1971): Schlingnatter und Ringelnatter. - Westf. Heimatkalender 26: 137-139.

FRITZ, K. & M. LEHNERT (1988): Einheimische Schlangen. - Arbeitsbl. Naturschutz 7: 1-5.

GLANDT, D. (1972): Zur Verbreitung und Ökologie der Schlingnatter *Coronella austriaca* (Reptilia, Colubridae) am Niederrhein. - Decheniana 125: 131-136.

GLANDT, D. (1986): Artenhilfsprogramm Glatt- und Schlingnatter (Colubridae: *Coronella austriaca*). - In: LÖLF-Mitteilungen, Nr. 1, Merkblätter zum Biotop- und Artenschutz Nr. 70, 4 S.

GRÜNWALD, H. (1962): Die Schling- oder Glattnatter - eine Besonderheit der heimischen Tierwelt. - Heimatkal. Kr. Dinslaken (Nsrh.) 19: 109-111.

GRUSCHWITZ, M. (1981): Verbreitung und Bestandssituation der Amphibien und Reptilien in Rheinland Pfalz. - Naturschutz und Ornithologie in Rheinland-Pfalz 2(2): 298-390.

HÖLZINGER, J. & S. BAUER (1978): Die in Baden-Württemberg gefährdeten Lurche und Kriechtiere - Rote Liste. In: HARMS, K. & C. ANTESBERGER (1986): Rote Listen der gefährdeten Tiere und Pflanzen in Baden-Württemberg. - Arbeitsbl. Naturschutz 5: 199.

HÖLZINGER, J. & G. SCHMID (1987): Die Amphibien und Reptilien Baden-Württembergs. - Beih. Veröff. Naturschutz Landschaftspflege Baden-Württemberg 41: 1-500.

MALKMUS, R. (1973): Verbreitung der Schlingnatter (*Coronella austriaca*) im Spessart. - Abh. Naturwiss. Ver. Würzburg 14: 1928.

MERTENS, R. (1917): *Lacerta muralis* in Leibzig ausgesetzt. - Aquar. u. Terr. 28: 203-205.

MERTENS, R. (1918): Nachtrag zum Artikel: *Lacerta muralis* in Leipzig ausgesetzt. - Aquar. u. Terr. 29: 14-40.

MIEDERS, G. (1976): Unsere heimischen Schlangen. - Der Schlüssel 21: 70-74.

MOLLE, F. (1918): Über Fang und Geburt der *Coronella austriaca*. - Blätter für Aquarien- und Terrarienkunde 29(4): 45.

PHILIPPEN, H.-D. (1983): Schlingnatter, *Coronella austriaca*, LAURENTI 1768. - In: Geiger, A. & M. NIEWKISCH (Hrsg.): Die Lurche und Kriechtiere im nördlichen Rheinland. - S. 145-146.

PRIHODA, A. (1988): Schlingnatter (*Coronella austriaca*) - Bemerkungen zur Ökologie und Ethologie. - Bohemia zentralis 17: 211-215.

SCHMITHÜSEN, J. (1952): Die naturräumlichen Einheiten auf Blatt 161 Karlsruhe. - Geographische Landesaufnahme 1:200.000, Naturräumliche Gliederung Deutschlands (Amt für Landeskunde), 24 S.

SCHREITMÜLLER, W. (1918): Zur Nahrung der Schlingnatter (*Coronella austriaca*). - Blätter für Aquarien- und Terrarienkunde 29 (24): 287-288.

SCHREITMÜLLER, W. (1920): Die Schlingnatter frißt Kreuzotter. - Blätter für Aquarien- und Terrarienkunde 31(20): 310-311.

SCHWEIZERBARTH, E. (1908): Über das Vorkommen der Mauereidechse an dem Kriegsberg in Stuttgart. - Aquar. u. Terrarienkde. 19: 520-521.

SPELLERBERG, I.F. & PHELPS, T.E. (1977): Biology, general ecology and behavior of the snake, *Coronella austriaca* LAURENTI. - Biol. J. Linn. Soc. 9: 133-164.

STEIN, B. & K. BOGON (1988): Zum Vorkommen der Schlingnatter (*Coronella austriaca*, LAURENTI 1768; Serpentes: Colubridae) in Nordhessen. - Hess. Faunist. Briefe 4: 60-63.

VÖLKL, W. & B. MEIER (1988): Verbreitung und Habitatwahl der Schlingnatter *Coronella austriaca* LAURENTI, 1768 in Nordbayern. - Salamandra 24(1): 7-15.

WAITZMANN, M. (1986): Untersuchungen über das Vorkommen von Mauereidechsen und weiterer Reptilien und Amphibien in Rebflurbereinigungsgebieten des Heuchelbergs und des Weinberger Tales sowie Vorschläge für die Gestaltung ihrer Lebensräume. - 108 S. (unveröff. Gutachten).

WAITZMANN, M. (1992): Verbreitung, Ökologie und Schutzproblematik der thermophilen Reptilienarten. - Veröff. Naturschutz Landschaftspflege Bad.-Württ. 67: 233-266.

WERNER, F. (1918): Einiges über das Frei- und Gefangenenleben unserer Glattnatter (*Coronella austriaca*). - Blätter für Aquarien- und Terrarienkunde 29(15): 173-175.

ZIMMERMANN, P. (1988): Die Schlingnatter (*Coronella austriaca*) im Weinberg »Höllstein« bei Freudenstein. - Carolinea 46: 65-74.

ZIMMERMANN, P. (1989): Zur Ökologie und Schutzproblematik der Mauereidechse (*Podarcis muralis*). - Veröff. Naturschutz Landschaftspflege Bad.-Württ. 64/65: 221-236.

ZIMMERMANN, P. (1990): Amphibien und Reptilien im Landkreis Calw. - In: Ein Jahrbuch, »Der Landkreis Calw« 8: 115-141.

ZIMMERMANN, R. (1914): Die Glatte Natter als Nestplünderin. - Blätter für Aquarien- und Terrarienkunde 25(38): 653-654.

ZSCHOKKE, W. (1909/1910): Schlingnatter als Eierdiebin. - Ornithologischer Beobachter 7: 55-60.

Verfasser

Peter Zimmermann, Bezirksstelle für Naturschutz und Landschaftspflege,
Kriegsstraße 5a, D-76137 Karlsruhe.

Zur Situation der Äskulapnatter *Elaphe longissima* (LAURENTI, 1768) in der Bundesrepublik Deutschland

MICHAEL WAITZMANN

Key words: Serpentes, Colubridae, *Elaphe longissima*, distribution, habitat, ecology, population density, conservation measures, Germany

1. Einleitung

Die Äskulapnatter (*Elaphe longissima*) weist einen westasiatisch-mediterranen Verbreitungsschwerpunkt auf. Das europäische Gesamtverbreitungsareal erstreckt sich von Nordost-Spanien im Westen bis zur westlichen Ukraine im Osten. Im Norden reicht das rezente Verbreitungsgebiet bis zum 50. Breitengrad, wo in der Bundesrepublik Deutschland, in der Tschechischen Republik und in Polen noch einige isolierte Reliktpopulationen existieren, die keinen Kontakt zum geschlossenen Hauptverbreitungsareal dieser Art haben (ARNOLD & BURTON 1979, BÖHME 1993, DÜRIGEN 1897, MERTENS 1947 u. 1960, MERTENS & WERMUTH 1960).

Aufgrund dieser inselartigen Reliktverbreitung zählt die Äskulapnatter zu den seltenen und stark gefährdeten Reptilienarten in der Bundesrepublik Deutschland (BLAB et al. 1984), das wahre Ausmaß der Verbreitungs- und Bestandssituation wurde jedoch erst durch gezielte Untersuchungen Ende der 80er Jahre bekannt (ASSMANN 1986, ASSMANN & DROBNY 1990, DROBNY 1989, HEIMES 1988, WAITZMANN 1989).

2. Material

Die Ergebnisse dieses Beitrages basieren auf umfassenden populationsökologischen Untersuchungen in den vier isolierten Reliktvorkommen der Äskulapnatter in der Bundesrepublik Deutschland, die im Auftrag der Stiftung Hessischer Naturschutz (Wiesbaden), der Umweltstiftung WWF-Deutschland (Frankfurt) und des Naturschutzzentrums Hessen (Wetzlar) in den Jahren 1986 bis 1989 von P. HEIMES und M. WAITZMANN durchgeführt wurden.

Im Mittelpunkt der Untersuchungen stand die Erfassung der aktuellen Verbreitungssituation dieser in der Bundesrepublik Deutschland vom Aussterben bedrohten Schlangenart in den einzelnen Vorkommensgebieten sowie die Untersuchung der Habitatpräferenzen und Gefährdungsfaktoren als Grundlage für den Einsatz wirksamer Schutzmaßnahmen.

Der Einsatz individueller Markierungsmethoden nach BLANCHARD & FINSTER (1933) und HONEGGER (1979) ließ neben einer morpho-metrischen Datenauswertung (HEIMES & WAITZMANN 1993, WAITZMANN 1991) erstmalig für das Gebiet der Bundesrepublik Deutschland auch zuverlässige Aussagen zur Bestandssituation der Äskulapnatter in den vier autochthonen Reliktpopulationen zu.

	Neckar-Odenwald	Rheingau-Taunus	Donautal	Salzach
Lufttemperatur [°C]				
- Vegetationsperiode	15 - 16	15 - 16	15 - 16	14 - 15
- Jahr	9	8 - 9	8	7 - 8
Niederschläge [mm]				
- Vegetationsperiode	220 - 240	200 - 220	280 - 300	300 - 350
- Jahr	900 - 950	650 - 750	800 - 850	900 - 950
Trockenheitsindex	45 - 50	40 - 45	50 - 60	50 - 60
Frosttage	bis 80	bis 80	80 - 100	80 - 100
Eistage	bis 20	bis 20	20 - 30	20 - 30
Sommertage	30 - 40	30 - 40	> 40	> 40

Tab. 1: Vergleich der Klimadaten in den vier Äskulapnatter-Vorkommen in der Bundesrepublik Deutschland (nach Angaben des Deutschen Wetterdienstes 1950, 1952, 1953).
Comparsion of the climatic data in the areas of the four populations of *Elaphe longissima* in Germany.

3. Lokale Verbreitung

Die Äskulapnatter tritt als ursprünglich mediterranes Faunenelement in der Bundesrepublik Deutschland an der nördlichen Arealgrenze ihres natürlichen Verbreitungsgebietes heute in vier autochthonen, voneinander isolierten Populationen auf, und zwar im Rheingau-Taunus bei Schlangenbad (Hessen), im Neckar-Odenwald bei Hirschhorn (Hessen, Baden-Württemberg), sowie in Bayern im Donautal südöstlich von Passau und an der unteren Salzach bei Burghausen (siehe GRUSCHWITZ et al. 1993).

Der Vergleich der Klimadaten aus den vier isolierten Vorkommen der Äskulapnatter in der Bundesrepublik Deutschland (Tab. 1) läßt zwar eine weitgehende Übereinstimmung erkennen, doch sind diese Vorkommen keineswegs durch außergewöhnliche Klimaeigenschaften im süddeutschen Raum bedingt. Allgemein läßt sich das Klima der heimischen Vorkommen von *Elaphe longissima* eher als mäßig feucht-warm charakterisieren, sie fehlt im westdeutschen Raum nachweislich in den wärmsten Trockenstandorten, im Bereich der Smaragdeidechsen-Vorkommen am Ober- und Mittelrhein (BAUER 1987, GRUSCHWITZ 1981). Besonders auffällig für die beiden westlichen Reliktvorkommen im Neckar-Odenwald und Rheingau-Taunus ist, daß die xerothermen Standorte trotz geeigneter Habitatstrukturen vollständig gemieden werden. So liegen beide Vorkommen nur wenige Kilometer von den klimatisch begünstigten Hanglagen der Bergstraße und des Mittelrheingrabens zwischen Taunus und Hunsrück entfernt, in denen die Mauereidechse *Podarcis muralis* als Charakterart ihre größten Populationsstärken erreicht.

Bei Passau betragen die mittleren Jahresniederschläge ungefähr 800 bis 850 mm, die mittlere Lufttemperatur ca. 8 °C, wobei die mikroklimatischen Verhältnisse am Rande der bis zu 300 Meter hohen Felshänge jedoch wesentlich extremer sein dürften, als es die Darstellung des regionalen Klimas erkennen läßt (PAROLLY 1988). Das dort herrschende, für thermophile Arten besonders günstige Mikroklima wird durch das massenhafte Vorkommen von *Lacerta viridis* und *Podarcis muralis nigriventris* belegt (WAITZMANN & SANDMAIER 1990).

Aufgrund der Klimasituation allein läßt sich somit die rezente Verbreitung der Äskulapnatter heute nicht ausreichend erklären. MERTENS (1953) deutet diese isolierten Vorkommen im Norden des natürlichen Verbreitungsgebietes als Überbleibsel eines früher zusammenhängenden Verbreitungsareals aus der wärmeren Periode der Nacheiszeit. Zahlreiche Fossil- und Subfossilfunde aus dem Pleisto- und Postpleistozän des nördlichen Mitteleuropas (BÖHME 1993, SZYNDLAR & BÖHME 1993) bestätigen diese Theorie sehr eindrucksvoll und widerlegen zugleich die Hypothese, die westdeutschen Reliktvorkommen seien auf Importe der Römer im Zusammenhang mit dem Asklepioskult zurückzuführen (BÖHME l. c.).

Neckar-Odenwald

Die Population von *Elaphe longissima* im Neckartal und im angrenzenden Odenwald des südhessisch-nordbadischen Grenzgebietes wurde erst 1947/48 entdeckt (MERTENS 1948) und nach der Erstveröffentlichung zwar in der herpetologischen Fachliteratur übernommen (ARNOLD & BURTON 1979, KLEMMER 1985, MERTENS & WERMUTH 1960, MÜLLER 1976), der wahre Umfang der Gesamtverbreitung und der Populationsdichte wurde jedoch erst nach Abschluß der gezielten Untersuchungen im Jahre 1989 erkannt (WAITZMANN 1989).

Das Gesamtverbreitungsgebiet der Äskulapnatter im Neckar-Odenwald umfaßt ungefähr eine Fläche von 100 km² und setzt sich aus einer Vielzahl vernetzter Einzelpopulationen entlang des Neckars und zweier angrenzender Seitentäler zusammen und wird in Abb. 1 exemplarisch für die Verbreitungssituation von *Elaphe longissima* an der Nordgrenze des europäischen Gesamtareals dargestellt. Der Schwerpunkt der Verbrei-

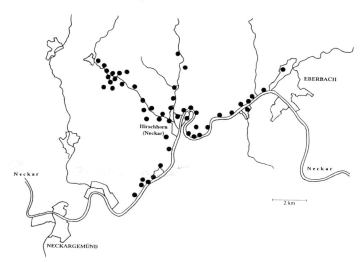

Abb. 1: Verbreitung von *Elaphe longissima* im Neckar-Odenwald.
Distribution of *Elaphe longissima* in the Nekkar-Odenwald.

tung im südlichen Odenwald liegt auf hessischer Seite in der Umgebung von Hirschhorn, nur vereinzelt ist sie im Osten bis Eberbach und im Nordwesten bis Heddesbach auch in Baden-Württemberg anzutreffen. Bemerkenswert ist, daß das Verbreitungsgebiet der Äskulapnatter nicht ausschließlich auf die klimatisch begünstigte rechte Neckarseite beschränkt ist, sondern sich in mindestens zwei isolierten, reproduktionsfähigen Teilpopulationen auch links vom Neckar in den Randbereich des Kleinen Odenwaldes erstreckt.

Die vertikale Verbreitungsgrenze im Neckar-Odenwald reicht vom Neckarniveau (120m üNN), wo die Äskulapnatter regelmäßig im Ufergestein zu finden ist, bis in eine Höhenlage von 240m üNN. Die höheren Lagen des angrenzenden Odenwaldes werden von der Äskulapnatter nach den bisherigen Untersuchungsergebnissen nicht besiedelt. Weitere Fundortangaben im Neckar-Odenwald aus Schönau, Zwingenberg und Heidelberg (TRAUTMANN 1950), aus dem Steinachtal bei Neckarsteinach (LAYER 1983) und bei Schriesheim (STÄRK 1975) könnten - sofern es sich nicht um Verwechslungen mit der im Gebiet häufigen Ringelnatter handelt - auf verschleppte bzw. ausgesetzte Tiere aus dem Hirschhorner Raum zurückzuführen sein und sind somit nicht in das natürliche Verbreitungsgebiet im Neckar-Odenwald einzubeziehen. Auch die beiden Totfunde von BERNECKER aus Moosbrunn und Mülben (Belegexemplare liegen vor) sollten bis zur endgültigen Klärung der Gesamtverbreitungssituation im Odenwald nicht in das geschlossene Areal einbezogen werden.

Rheingau-Taunus

Die Äskulapnatter-Population um Schlangenbad ist das bekannteste und am häufigsten beschriebene Vorkommen in Deutschland und wurde bereits im Jahre 1817 entdeckt (HEYDEN 1862) und im Jahre 1832 erstmals beschrieben (LENZ 1832). Während sich die Fundortangaben von MERTENS (1947) im wesentlichen noch auf die unmittelbare Umgebung von Schlangenbad bezogen, wies KLEMMER (1985) erstmals darauf hin, daß das Gesamtareal wesentlich größer ist und sich auch auf die Rheingauer Hanglagen erstreckt. Vergleichbar mit der Population im Neckar-Odenwald, wurde der wahre Umfang der Gesamtpopulation aber erst durch die gezielten Untersuchungen von HEIMES erkannt.

Nach Angaben von HEIMES (1988, 1989 und 1991) liegt die westliche Verbreitungsgrenze bei Hallgarten etwa in der Mitte zwischen Wiesbaden und Rüdesheim, im Osten werden noch die Vororte der Stadt Wiesbaden erreicht. Das Walluftal wird fast auf ganzer Länge bis zum Taunuskamm in 510m üNN besiedelt. Das gesamte Verbreitungsgebiet im Rheingau-Taunus, das sich aus einer Vielzahl vernetzter Teilpopulationen zusammensetzt, erstreckt sich sowohl in Nord-Süd-Richtung (Walluftal) als auch von Westen nach Osten entlang der Mittelterrasse der Rheingauer Hänge einschließlich einiger kleiner Nebentäler auf jeweils etwa 10 km Länge. Damit weisen beide westlichen Reliktpopulationen im Rheingau-Taunus und im Neckar-Odenwald sowohl in Bezug auf die besiedelte Gesamtfläche als auch hinsichtlich des Verbreitungsmusters eine deutliche Übereinstimmung auf.

Fundmeldungen außerhalb des geschlossenen Gesamtverbreitungsareals im Rheingau-Taunus bei Wiesbaden, Rüdesheim und im Bereich des Aartales schließt HEIMES (l.c.) aus und führt sie auf Verwechslungen mit der Ringelnatter bzw. auf ausgesetzte oder entwichene Terrarientiere zurück.

Donautal bei Passau

Das ostbayerische Vorkommen im Donautal südöstlich von Passau ist bereits seit dem Beginn des 19. Jahrhunderts, seit 1824 bekannt (DÜRIGEN 1897). Im Gegensatz zu den beiden westlichen isolierten Reliktvorkommen hat die Population bei Passau unmittelbaren Anschluß an das geschlossene Verbreitungsareal Österreichs, das sich zumindest entlang der Donau flächendeckend von Oberösterreich bis ins Stadtgebiet von Passau erstreckt (CABELA & TIEDEMANN 1985, EBERHARDT 1933, WAITZMANN & SANDMAIER 1990). Der Fundpunkt am Klosterberg im Stadtgebiet von Passau stellt zugleich die westliche Verbreitungsgrenze dieses Vorkommens dar. Die Verbreitungsschwerpunkte liegen auf der klimatisch günstigeren linken Donauseite, wo die Äskulapnatter speziell im Bereich der xerothermen Hanglagen nahezu lückenlos verbreitet ist, im Gegensatz zur stenotopen Smaragdeidechse werden aber auch die angrenzenden Seitentäler besiedelt; hier liegen auf bundesdeutscher Seite insbesondere Nachweise aus dem Erlautal und dem Rampersdorfer Tal bei Obernzell vor (FRÖR 1980, 1986; WAITZMANN & SANDMAIER l.c.). Die Äskulapnatter besiedelt alle Höhenstufen der Donauhänge, die vertikale Verbreitungsgrenze liegt bei ca. 600m üNN. Auf der rechten Donauseite fehlen aktuelle Nachweise im bayerischen Teilareal, während im unmittelbar angrenzenden oberösterreichischen Uferbereich der Donau einige kleinere, voneinander isolierte Teilpopulationen bekannt sind.

Salzach bei Burghausen

Das Vorkommen an der unteren Salzach bei Burghausen, nach HECHT (1928, ohne Quellennachweis) bereits seit 1905 bekannt, blieb jahrzehntelang in der herpetologischen Fachliteratur unberücksichtigt und wurde erst wieder von FRÖR (1980, 1986) beschrieben. Nach den aktuellen Untersuchungsergebnissen kommt die Äskulapnatter entlang der Salzach auf einem ca. 10 km langen Abschnitt in mindestens zwei isolierten Teilpopulationen vor, deren Areal jeweils auf den unmittelbaren Uferbereich und die angrenzenden Hangbereiche beschränkt ist (ASSMANN & DROBNY 1990, DROBNY 1989, HEIMES & WAITZMANN 1993, WAITZMANN 1989). Die Vorkommen am unteren Inn (DIESENER & REICHHOLF 1986, GRUBER 1989) sind bis heute nicht belegt, so daß eine Verbindung zum Vorkommen bei Passau auszuschließen ist. Auf eine mögliche Verbindung zur oberösterreichischen Salzachseite weist bereits FRÖR (1986) hin, doch sind bis heute keine aktuellen Funde bekannt (CABELA & TIEDEMANN 1985).

4. Habitatpräferenzen

Die Äskulapnatter besiedelt im bundesdeutschen Verbreitungsareal als mediterranes Faunenelement eine Vielzahl sehr unterschiedlich gestalteter Habitate und verhält sich weitgehend euryök. Sie widerspricht damit dem »KÜHNELTschen Prinzip der regionalen Stenözie«, wonach sich eine Art in ihrem Verbreitungsschwerpunkt euryök, zu den natürlichen Arealgrenzen hin zunehmend stenotop verhalten soll (BÖHME 1978, KÜHNELT 1943).

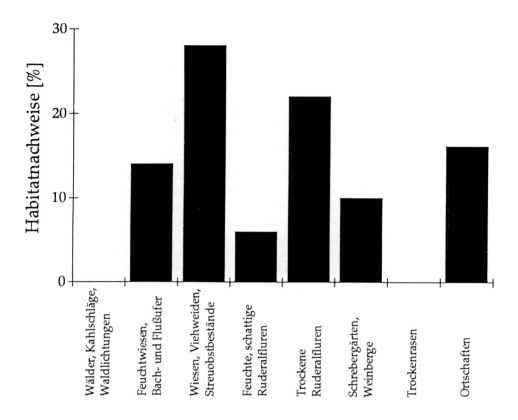

Abb. 2: Habitatpräferenzen von *Elaphe longissima* im Neckar-Odenwald.
Preference of habitats of *Elaphe longissima* in the Neckar-Odenwald.

In den beiden disjunkten, westdeutschen Reliktarealen im Neckar-Odenwald und im Rheingau-Taunus umfaßt das Gesamtverbreitungsareal von *Elaphe longissima* jeweils eine Fläche von etwa 100 km². Innerhalb dieser natürlichen Verbreitungsgrenzen ist die Äskulapnatter relativ weit verbreitet und besiedelt nahezu das gesamte Spektrum aller vorhandenen Habitatstrukturen. Gemieden werden lediglich dichte Wälder, land- und forstwirtschaftliche Monokulturen sowie ausgesprochene Trockenrasen.

In Abb. 2 werden die Habitatpräferenzen der Äskulapnatter im Neckar-Odenwald exemplarisch für eine isolierte Population am Nordrand des Gesamtverbreitungsareals dargestellt.

Als charakteristischer Lebensraum von *Elaphe longissima* gelten demnach freie Wiesenhänge, Streuobstwiesen und Viehweiden. Auf diesen Habitattyp entfallen im südlichen Odenwald insgesamt 28% der Nachweise. Daneben besiedelt sie aber auch trockene bis mäßig feuchte Ruderalstandorte wie Weg- und Straßenränder, Steinbrüche, Schuttplätze und Bahndämme. Selbst innerhalb der Ortschaften tritt die Äskulapnatter regelmäßig auf und ist hier häufig im Bereich anthropogener Strukturen wie Garagen,

Heizungskeller, Kabelschächte, Komposthaufen, Gartenhäuser und Geräteschuppen anzutreffen (Abb. 3). In solchen für die Äskulapnatter optimalen Biotopstrukturen werden innerhalb des geschlossenen Verbreitungsareals auch die größten Populationsdichten erreicht (WAITZMANN 1989).

Daneben ist sie aber auch vereinzelt in Bereichen extensiv bewirtschafteter Nutzflächen außerhalb der Ortschaften (Kleingartenanlagen und brachliegende Weinberge), in schattigen und feuchten Ruderalstandorten sowie in klassischen Feuchtwiesen und im Randbereich von Bach- und Flußufern regelmäßig anzutreffen. Ähnlich vielgestaltig und heterogen sind auch die Habitate von *Elaphe longissima* im Rheingau-Taunus. Nach HEIMES (1989) liegen die meisten Fundorte in der unmittelbaren Umgebung der Ortschaften, wo die Art als Kulturfolger in Gärten, Komposthaufen, Geräteschuppen und Scheunen anzutreffen ist. Als naturnahe Habitate werden im Rheingau-Taunus die

Abb. 3: Kleingartenanlage als Beispiel eines anthropogen geprägten Lebensraumes von *Elaphe longissima* im Neckartal (Baden-Württemberg).

Allotments representing a typical habitat of the Aesculapian snake in the Neckar Valley (Baden-Württemberg).

Abb. 4: Brachliegender Weinberg im Rheingau-Taunus als Fundort von *Elaphe longissima* (Hessen).

Vineyard in the Rheingau-Taunus as a typical habitat of *Elaphe longissima*.

Randbereiche lichter Laub- und Mischwälder, Feuchtwiesen, Wiesenhänge, trockene Ruderalstandorte sowie brachliegende Weinberge besiedelt (Abb. 4).

Auffällig für beide Gebiete ist die Bevorzugung fugenreicher Trocken-mauern, die als Aktionszentren innerhalb der meist großflächigen Verbreitungsareale der Äskulapnatter von ausschlaggebender Bedeutung sind und beim Schutz der heimischen Populationen unbedingt Berücksichtigung finden sollten. Solche unverfugten Bruchsteinmauern stellen innerhalb der Äskulapnatter-Vorkommen jeweils die Bereiche mit den höchsten Populationsdichten dar.

Da natürliche Felshänge, Geröllhalden und Trockenrasen als ursprüngliche Lebensräume thermophiler Reptilienarten in unserer heutigen Kulturlandschaft immer seltener werden, übernehmen häufig anthropogene Strukturen wie Trockenmauern und Steinbrüche die ökologischen Funktionen der verlorengegangenen Habitate und sind heute für die meisten Reptilienarten mediterraner Herkunft unentbehrlich. Gerade die Struktur einer

Abb. 5: Xerothermer Bahndamm als Verbreitungsschwerpunkt von *Elaphe longissima* im Donautal südöstlich von Passau (Niederbayern).

Xerothermous railway embankment representing the central habitat of *Elaphe longissima* in the Danube Valley southeast of Passau (South-Eastern Bavaria).

Abb. 6: Auwald an der unteren Salzach bei Burghausen als Lebensraum von *Elaphe longissima*.

Flood-plane at the lower Salzach near Burghausen as a typical habitat of *Elaphe longissima* (Bavaria).

intakten Trockenmauer kann mit ihrem ausgeprägten Spalten- und Hohlraumsystem als Versteck- und Rückzugsmöglichkeit, aber auch als Überwinterungsquartier und Eiablageplatz eine wichtige Funktion im Lebensraum dieser thermophilen Arten übernehmen.

Im Verbreitungsareal der Äskulapnatter im Donautal südöstlich von Passau, das als einziges Vorkommen in der Bundesrepublik Deutschland unmittelbaren Anschluß an das geschlossene Verbreitungsgebiet Österreichs hat, liegen die Schwerpunkte auf der klimatisch begünstigten linken Donauseite im Bereich des xerothermen Bahndammes zwischen Passau und Obernzell (Abb. 5) sowie der angrenzenden Felshänge. Hier tritt die Äskulapnatter in besonders individuenstarken Populationen auf (ASSMANN 1986, DROBNY 1989, WAITZMANN & SANDMAIER 1990). Neben diesem optimalen Lebensraum besiedelt sie aber auch die Straßen-, Weg- und Waldränder sowie den unmittelbaren Uferbereich der Donau. Selbst Vorkommen in den höheren Lagen, im Bereich der feuchten, schattigen Seitentäler und auf der klimatisch ungünstigeren rechten Donauseite stellen keine Seltenheit dar, eine Auflösung in kleinere Teilareale ist hier jedoch wahrscheinlich.

Am wenigsten gut untersucht ist derzeit die vierte bundesdeutsche Population der Äskulapnatter an der unteren Salzach bei Burghausen. Hier konzentriert sich das Vorkommen vor allem auf den unmittelbaren Bereich des Flußufers, wo sie nicht selten auch in auwaldähnlichen Biotopen anzutreffen ist (Abb. 6). Daneben lebt hier die Äskulapnatter wie in den anderen Gebieten auch entlang der Wald- und Wegränder und innerhalb der angrenzenden Ortschaften.

Die weitgehend euryöke Nordrand-Habitatwahl von *Elaphe longissima* wird durch die Hangrichtungspräferenzen in den einzelnen bundesdeutschen Verbreitungsarealen verdeutlicht (Abb. 7), die im wesentlichen von der jeweiligen Topographie der besiedelten Areale bestimmt wird. So überwiegen im Gebiet des Neckar-Odenwaldes wärmebegünstigte Südwest- bzw. Südosthänge, während reine Südhänge eine nur untergeordnete Rolle spielen. Im Rheingau-Taunus ist dagegen eine deutliche Bevorzugung südlich exponierter Lagen auffallend, während sich die Vorkommen im Donautal südöstlich von Passau in erster Linie auf Südwesthänge konzentrieren. Trotz des eindeutigen Schwerpunktes im Bereich klimatisch begünstigter Lagen sind in allen Gebieten auch klimatisch ungünstigere Nordwest-, Nord- und Nordosthänge besiedelt.

Die populationsbiologischen Untersuchungen zur Verbreitung und Bestandssituation der Äskulapnatter in den bundesdeutschen Reliktarealen zeigten, daß sich die Äskulapnatter auch am Nordrand ihres europäischen Gesamtverbreitungsareals hinsichtlich ihrer Habitatwahl weitgehend eurytop verhält (HEIMES 1988, WAITZMANN 1989). Stellvertretend für andere thermophile Tierarten beschreibt BÖHME (1989) für die vier mitteleuropäischen Eidechsenarten die Zusammenhänge zwischen Klimafaktoren und Arealdynamik auf einer innerartlichen Ebene. Während *Lacerta agilis* und *Lacerta viridis* dem »KÜHNELTschen Prinzip der regionalen Stenözie« mit verschiedenen Euryöziezentren und zugehörigen, an den Nord- und Südrändern jeweils gegenläufigen Randstenotopien entsprechen, fiel für die Mauereidechse nach den Untersuchungen von DEXEL (1984) auch am Nordrand des Gesamtverbreitungsareals im Siebengebirge bei Bonn ein recht eurytopes Verhalten auf, das hinsichtlich der Habitatwahl von *Elaphe longissima* in den nördlichen Isolaten durchaus vergleichbar ist. Inwieweit die Schlußfolgerungen von

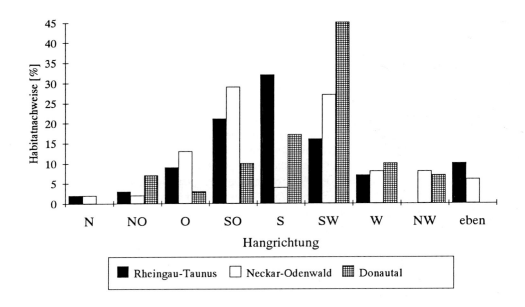

Abb. 7: Hangrichtung der Fundstellen von *Elaphe longissima* im Neckar-Odenwald, Rheingau-Taunus und Donautal (verändert nach HEIMES & WAITZMANN 1993).

Orientation of the habitats of *Elaphe longissima* in the Neckar-Odenwald, Rheingau-Taunus and the Danube Valley.

BÖHME (l.c.), daß sich solche Isolate wegen fehlender Randstenotopie nicht regressiv darstellen, sondern vielmehr als Vorposten einer Expansion zu betrachten sind, auch auf die Äskulapnatter übertragbar sind, müßte durch weitere gezielte Untersuchungen über einen längeren Zeitraum geklärt werden. HEIMES (1988) interpretiert diesen Widerspruch zum KÜHNELTschen Prinzip durch die auffällige Nutzung stark anthropogen geprägter, mikroklimatisch besonders günstiger Strukturen im Siedlungsbereich, wodurch suboptimale Klimabedingungen kompensiert werden könnten.

5. Bestandssituation

Detaillierte Angaben über die Bestandsentwicklung der Äskulapnatter in den bundesdeutschen Verbreitungsgebieten sind derzeit nicht möglich, da es sich bei den jüngsten Untersuchungen im Neckar-Odenwald (WAITZMANN 1989), im Rheingau-Taunus (HEIMES 1988, 1989) und im Donautal südöstlich von Passau (DROBNY 1989, WAITZMANN & SANDMAIER 1990) um die ersten populationsbiologischen Erfassungen mit aussagekräftigem Zahlenmaterial handelt, auf deren Grundlage sich bei künftigen Folgeuntersuchungen Bestandsveränderungen abschätzen lassen.

Speziell aus den westlichen Reliktarealen in Hessen und Baden-Württemberg liegen keinerlei ältere Daten über die Bestandssituation von *Elaphe longissima* vor, während die Angaben aus dem niederbayerischen Vorkommen bei Passau von FRÖR (1986) und

WELLER & DEISZ (1973) als unfundiert verworfen werden müssen. Wesentlich zuverlässiger sind die Bestandsschätzungen von DROBNY (1989), der für eine Teilpopulation der Äskulapnatter im Bereich der Jochensteiner Hänge mittels der Markier-Wiederfang-Methode einen Bestand von 250 Exemplaren ermittelte.

Abb. 8 dokumentiert die ermittelten Altersstrukturen in den drei untersuchten Verbreitungsgebieten der Äskulapnatter. Der Altersaufbau der Populationen wird jeweils über die Einteilung in 16 verschiedene Größenklassen ermittelt und basiert auf einer zweijährigen Erfassung und individuellen Markierung der Tiere, wobei im Raum Schlangenbad insgesamt 205, im Raum Hirschhorn 190 und im Raum Passau 133 verschiedene Individuen erfaßt werden konnten (HEIMES & WAITZMANN 1993).

Da in der dargestellten Graphik alle Größen- und Altersklassen vertreten sind, kann eine konstante Reproduktionsrate angenommen werden. Dennoch fällt, speziell im Gebiet des Donautales südöstlich von Passau, der prozentuale Anteil juveniler und subadulter Exemplare an der Gesamtpopulation relativ niedrig aus, was in erster Linie auf die sehr versteckte Lebensweise dieser Altersgruppe zurückzuführen ist. Für das Verbreitungsgebiet im Raum Passau wäre auch denkbar, daß die Eiablageplätze und somit die ersten Lebensphasen juveniler Tiere weit ab von den xerothermen Hanglagen im Bereich der feuchteren Seitentäler liegen, wodurch der Nachweis juveniler und subadulter Tiere innerhalb des Verbreitungsschwerpunktes erschwert wäre.

Eine mögliche Überalterung der Gesamtpopulationen, wie sie von GRUSCHWITZ (1985) für die Würfelnatter *Natrix tessellata* in Rheinland-Pfalz festgestellt wurde, wird aufgrund der ermittelten Altersstruktur und des Verbreitungsmusters der Äskulapnatter in den einzelnen Gebieten in der Bundesrepublik für unwahrscheinlich gehalten, zumal aus allen Gebieten eine Reihe von Eiablageplätzen bekannt sind, die eine erfolgreiche Reproduktion gewährleisten.

6. Gefährdung und Schutzproblematik

Die heutige disjunkte Verbreitung der Äskulapnatter in der Bundesrepublik Deutschland an der Nordgrenze ihres Gesamtareals läßt sich als Relikt einer nacheiszeitlichen Einwanderungswelle in den mitteleuropäischen Raum erklären, in dem viele der ursprünglich mediterranen Arten in Mitteleuropa wesentlich weiter verbreitet waren (MERTENS 1947, 1953). Erst mit zunehmender Klimaverschlechterung (Atlantisierung) kam es allmählich zu einer inselartigen Auflösung der Gesamtverbreitungsareale. Anthropogene Eingriffe wie Habitatzerstörung wirken sich auf solche Randisolate besonders negativ aus und können regional zum Erlöschen ganzer Populationen führen. BÖHME (1989) bezeichnet demnach die bis in die Gegenwart andauernde Klimaverschlechterung als primäre Aussterbensursache und stellt dieser die Habitatzerstörung als sekundären, zusätzlichen Effekt gegenüber. Als einzig wirksame Schutzmaßnahme gegen dieses natürliche, marginale Aussterben bezeichnet BÖHME (l.c.) einerseits die Sicherung der Biotope, andererseits aber auch den Ersatz der klimabedingten kritischen Freilandphase (Inkubations- und erste Juvenilphase) durch angemessenes Management. Ein solches Nachzuchtprogramm zur Bestandssicherung einer überalterten Würfelnatter-Population wurde in Rheinland-Pfalz in den Jahren 1983 bis 1985 erfolgreich durchgeführt (GRUSCHWITZ et al. 1992). Solche Stützungsmaßnahmen können jedoch nur

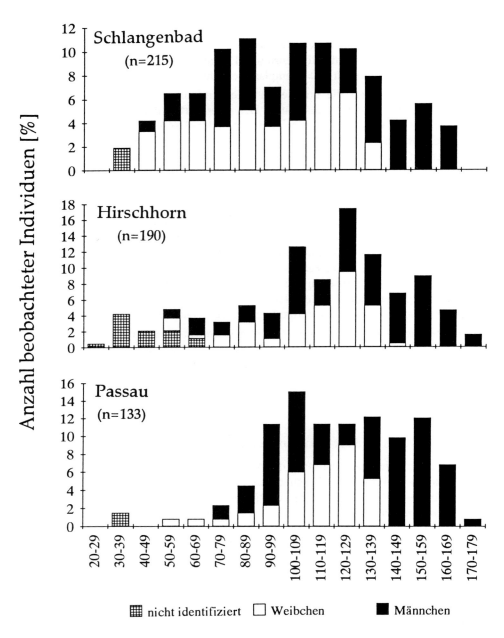

Abb. 8: Ermittelte Altersstrukturen der Äskulapnatter-Populationen im Neckar-Odenwald, Rheingau-Taunus und Donautal (verändert nach HEIMES & WAITZMANN 1993).

Observed age distribution in the populations of Aesculapian snakes in the Neckar-Odenwald, Rheingau-Taunus and the Danube Valley.

in Verbindung mit parallel durchgeführten Pflege- und Entwicklungsprogrammen in den entsprechenden Habitaten erfolgreich durchgeführt werden und setzen eine genaue Kenntnis der Populationsdynamik der zu schützenden Art voraus. Während für *Natrix tessellata* Erfahrungen aus langjährigen Untersuchungen vorliegen (GRUSCHWITZ 1985, GRUSCHWITZ et al. 1992, LENZ 1989), die den Einsatz von Stützungsmaßnahmen unter wissenschaftlicher Aufsicht rechtfertigt, sind vergleichbare Maßnahmen nicht ohne Vorbehalt auf die Äskulapnatter übertragbar, da sich ihre Situation im bundesdeutschen Verbreitungsareal grundlegend von der der Würfelnatter unterscheidet:

- Obwohl die Äskulapnatter in der Bundesrepublik Deutschland ebenfalls nur noch in isolierten Reliktpopulationen auftritt, ist sie innerhalb der geschlossenen Verbreitungsareale relativ weit verbreitet und verhält sich auch an den nördlichen Arealgrenzen weitgehend eurytop.
- Nach den aktuellen Untersuchungsergebnissen sind die Populationen in allen Verbreitungsarealen weitgehend stabil, eine Überalterung der Bestände wird zur Zeit ausgeschlossen.
- Langjährige Untersuchungen zur Populationsdynamik liegen zur Zeit nicht vor, erstmalig wurde im Rahmen der Untersuchungen von HEIMES und WAITZMANN die gegenwärtige Verbreitung und Bestandssituation dokumentiert. Sollte sich in den folgenden Jahren ein drastischer Bestandsrückgang abzeichnen, sollten jedoch sofort Schutzmaßnahmen, die über den reinen Biotopschutz hinausgehen, ergriffen werden, da allein durch die inselartige Verbreitungssituation ein hohes Extinktionsrisiko besteht.

Neben den ungünstigen Klimaverhältnissen zählt die Zerstörung und Veränderung von Lebensräumen zu den gravierendsten Gefährdungsursachen der Äskulapnatter in der Bundesrepublik Deutschland. Zu diesen Lebensraumveränderungen gehören in erster Linie die Intensivierung der Land- und Forstwirtschaft, Flurbereinigungen, Siedlungserweiterungen, Rekultivierung von Sekundärstandorten (Steinbrüche, Kies- und Tongruben, Schuttplätze) sowie die Aufforstung von vegetationsarmen Trockenstandorten.

Da die Äskulapnatter in den einzelnen Reliktvorkommen in der Bundesrepublik nach den heutigen Erkenntnissen jeweils ein großflächiges Areal besiedelt und sich innerhalb der Verbreitungsgrenzen weitgehend eurytop verhält, scheint eine generelle Unterschutzstellung der Verbreitungsareale wenig sinnvoll. Die Ausweisung von Schutzgebieten sollte vielmehr die Kernzonen des jeweiligen Verbreitungsareals umfassen, in denen die Äskulapnatter auch die größten Populationsdichten aufweist. Hierzu zählen im Neckar-Odenwald in erster Linie freie Wiesenhänge und Streuobstwiesen außerhalb der geschlossenen Ortschaften sowie die Randbereiche von Bahndämmen, die speziell im Neckartal als Lebensraum und Rückzugsgebiet thermophiler Arten eine ganz besonders wichtige Funktion haben (WAITZMANN 1992). Im Rheingau-Taunus wären zusätzlich Weinbergsbrachen zu nennen, wobei die hohen Populationsdichten von *Elaphe longissima* immer an spezifische Habitatstrukturen wie Trockenmauern, Trockengebüsche sowie Fels- und Geröllhänge gebunden sind. Diese Strukturen sollten bei einem »Schutzkonzept Äskulapnatter« besondere Berücksichtigung finden.

Im Raum Passau, wo sich die Verbreitungssituation der Äskulapnatter ganz wesentlich von den westlichen Isolaten unterscheidet, sind die Verbreitungsschwerpunkte von

Elaphe longissima und *Lacerta viridis* nach der Verordnung der Regierung von Niederbayern vom 5. August 1986 in das Naturschutzgebiet »Donauleiten von Passau bis Jochenstein« integriert, so daß als vorrangiges Ziel die Überwachung der Schutzverordnung und die Erstellung wirksamer Pflegepläne gelten kann.

Eine extensive Nutzung freier Wiesen und Streuobstbestände innerhalb der Gesamtverbreitungsareale ist für die Äskulapnatter positiv zu werten, da dadurch eine zu starke Verbuschung in den Hanglagen vermieden wird und gerade im Bereich von Kleingärten eine Vielzahl von Unterschlupf- und Versteckmöglichkeiten erhalten bleiben. Auch werden Kompost-, Laub- und Misthaufen gerne als Eiablageplätze genutzt.

Im Bereich brachliegender Grundstücke, an Straßen- und Wegböschungen und im Randbereich der Bahndämme wirkt sich eine zunehmende Verbuschung langfristig negativ auf die Bestände der Äskulapnatter aus und erfordert den Einsatz gezielter Pflegemaßnahmen. Um eine unmittelbare Gefährdung der Tiere zu vermeiden, sollten alle Pflegeeinsätze außerhalb der Aktivitätsperiode von Oktober bis April durchgeführt werden.

Ganz wesentlich für den Gesamtbestand der Äskulapnatter an der Nordgrenze ihres Gesamtareals dürfte sich die Anzahl und Qualität von Eiablageplätzen und Überwinterungsquartieren auswirken.

Als natürliche Eiablageplätze kommen in erster Linie vermodertes Holz und faulende Höhlungen alter Bäume (BESKOV 1975, VOGEL 1968) und wahrscheinlich auch Schwemmholzansammlungen im unmittelbaren Uferbereich von Flüssen in Betracht. Alle bisher bekannten Eiablageplätze der Äskulapnatter in der Bundesrepublik Deutschland fanden sich jedoch in rein anthropogen geprägten Strukturen wie Kompost-, Heu- oder Sägemehlhaufen, Pferde-, Ziegen- oder Kuhmist, wo durch eine weitgehend konstante Gärungswärme eine erfolgreiche Embryonalentwicklung gewährleistet ist (GOLDER 1985, HEIMES 1989). Das Fehlen geeigneter Eiablageplätze kann nach HEIMES (l.c.) zu einer Eiablage in ungeeignetem Substrat führen, wodurch eine erfolgreiche Reproduktion stark beeinträchtigt werden kann. Auch das frühzeitige Abtragen von intakten Eiablageplätzen (Kompost, Mist) führt nicht selten zum Verlust ganzer Gelege, so daß sowohl durch die dauerhafte Sicherstellung bereits vorhandener und die gezielte Neuanlage weiterer Eiablagemöglichkeiten ein wesentlicher Beitrag zum Schutz der Äskulapnatter an der nördlichen Arealgrenze geleistet werden kann. In der praktischen Durchführung kann im wesentlichen auf die Erfahrungen mit der Würfelnatter in Rheinland-Pfalz zurückgegriffen werden (GRUSCHWITZ 1985).

Über die Überwinterungsquartiere der Äskulapnatter ist bislang nur wenig bekannt. Die Überwinterung erfolgt an frostfreien Standorten im Bereich von Felsspalten, Baumstümpfen, in natürlichen Erdhöhlen und in unterirdischen Tierbauten (DIESENER & REICHHOLF 1986). Da alle Funde gegen Ende der Aktivitätsperiode im Spätsommer und im Herbst auf den unmittelbaren Randbereich von Trockenmauern entfielen, kommt mit Sicherheit der Struktur einer intakten Bruchsteinmauer auch als Überwinterungsplatz der Äskulapnatter eine entscheidende Bedeutung zu und sollte innerhalb der großflächigen Habitate langfristig gesichert werden.

Obwohl im Rahmen der Untersuchungen in allen Verbreitungsgebieten regelmäßig überfahrene Tiere beobachtet werden konnten, erweist sich der Straßenverkehr für die

Äskulapnatter wahrscheinlich nicht als hochgradiger Gefährdungsfaktor, da vegetationsfreie Standorte (freie Asphaltflächen) als Sonnenplätze nahezu vollständig gemieden werden. Über saisonale Wanderungen der Äskulapnatter ist jedoch nur wenig bekannt, so daß sich eine zunehmende Zerschneidung von großflächigen Arealen und eine damit verbundene Isolation einzelner Teilpopulationen durchaus negativ auf den Gesamtbestand auswirken kann.

Wesentlich gravierender dürfte sich auch heute noch die direkte Verfolgung und das Töten der Tiere aus übertriebener Angst und Unkenntnis auswirken. Diese Gefahr ist speziell für die Äskulapnatter nicht zu unterschätzen, da sie gemäß ihrer Habitatbevorzugung nicht selten innerhalb der Ortschaften in unmittelbarer Nähe des Menschen im Bereich von Komposthaufen, Heizungskellern, Maschinenräumen, Garagen und Geräteschuppen anzutreffen ist (vgl. Abb. 2). Somit stellt die regionale Informations- und Aufklärungsarbeit in den Verbreitungsgebieten der Äskulapnatter einen wesentlichen Schwerpunkt im Schutzkonzept dieser Art dar.

Die Liste der Prädatoren umfaßt sowohl carnivore Säugetiere, als auch Greifvögel, Raben- und Singvögel (BÖHME 1993); die als Kulturfolger lebenden Populationen in der Bundesrepublik Deutschland sind darüber hinaus auch durch Hauskatzen und Haushühner bedroht (HEIMES 1988), wobei eine echte Bestandsgefährdung der Äskulapnatter durch das Auftreten natürlicher Feinde ausgeschlossen werden kann.

Auch das Nahrungsangebot spielt als limitierender Faktor für die Äskulapnatter-Bestände mit Sicherheit keine wesentliche Rolle. Als Hauptnahrung werden übereinstimmend Kleinsäugetiere (Rodentia, Insectivora) und Vögel sowie in seltenen Fällen auch Amphibien und andere Reptilien angegeben. Eine zusammenfassende Auswertung nahrungsökologischer Untersuchungen und eine detaillierte Auflistung des potentiellen Nahrungsspektrums der Äskulapnatter findet sich bei BÖHME (1993). Auch die Untersuchungen in einer bulgarischen Population (BESKOV 1975), wonach die Zusammensetzung der Nahrung saisonal je nach Angebot starken Schwankungen unterliegt, unterstreichen das euryphage Verhalten der Äskulapnatter.

7. Zusammenfassung und Perspektive

Nach aktuellem Kenntnisstand tritt die Äskulapnatter *Elaphe longissima* in der Bundesrepublik Deutschland an der Nordgrenze ihres Gesamtverbreitungsareals nur noch in vier autochthonen, voneinander isolierten Populationen auf. Während die beiden westdeutschen Vorkommen im Neckar-Odenwald und im Rheingau-Taunus völlig isoliert sind, handelt es sich bei dem ostbayerischen Vorkommen im Donautal bei Passau um den westlichsten Ausläufer eines geschlossenen Verbreitungsareals, das sich entlang der Donau von Österreich bis ins Stadtgebiet von Passau erstreckt. Wenig gut untersucht ist die vierte autochthone Population an der unteren Salzach bei Burghausen, eine Verbindung zum Vorkommen an der Donau scheint ausgeschlossen.

Trotz ihres mediterranen Ursprunges verhält sich die Äskulapnatter auch in den isolierten Reliktarealen an der Nordgrenze ihres Gesamtverbreitungsgebietes in der Bundesrepublik weitgehend eurytop und besiedelt eine Vielzahl sehr unterschiedlicher Habitate. Die Schwerpunkte liegen im Neckar-Odenwald und im Rheingau-Taunus im Bereich freier Wiesenhänge, trockener bis mäßig feuchter Ruderalstandorte, sowie innerhalb der Ortschaften. Im Donautal südöstlich von Passau werden überwiegend die xerothermen Hanglagen besiedelt, während sich die Fundnachweise an der unteren Salzach auf den unmittelbaren Uferbereich konzentrieren.

Die wichtigsten populationslimitierenden Faktoren sind - neben der seit dem Atlantikum bis in die Gegenwart andauernde Klimaverschlechterung - die direkten anthropogenen Einflüsse der Landschaftsveränderung und Habitatzerstörung sowie das Fehlen natürlicher bzw. das Nichtbereitstellen künstlicher Eiablagemöglichkeiten.

Obwohl die Bestände in allen vier Populationen heute weitgehend als stabil eingestuft werden können, besteht aufgrund der inselartigen Reliktverbreitung in der Bundesrepublik Deutschland weiterhin ein großes Extinktionsrisiko, so daß der Sicherung der Lebensräume und der eigenständigen Reproduktionsfähigkeit, der Betreuung und Pflege der besiedelten Habitate und der kontinuierlichen Kontrolle und Überwachung der Bestandsentwicklung höchste Priorität eingeräumt werden muß.

Status of the Aesculapian snake *Elaphe longissima* (LAURENTI, 1768) in Germany

Nowadays *Elaphe longissima* is living in Germany in only four autochthonous populations. Two of these are living in the Neckar-Odenwald and in the Rheingau-Taunus area and are completely isolated from each other. The east bavarian occurrence in the Danube Valley near Passau are the western branches of a bigger spreading area which covers the area along the Danube from Austria up to the urban district of Passau. The fourth population at the Salzach near Burghausen is less investigated and doesn't seem to have any connections to the Danube population.

Although Elaphe longissima is a mediterranean species it is prefering very different habitats in the upper north of its occurrence area. In the Neckar-Odenwald and in the Rheingau-Taunus it is mainly living near meadows or dry wasteland habitats as well as inside built-up areas. The population in the Danube Valley in the southeast of Passau prefers mainly xerothermous hillsides while the population near Burghausen was found directly near the river banks of the Salzach.

The most important population limiting factors are (besides the continous deterioration of the climate) the destruction of habitats and the rapid change of landscape as well as the absence of natural or artificial localities for propagation. It is a prior duty to protect their habitats and guarantee an autonomous propagation while the development of the populations has to be controlled continously.

Schriften

ARNOLD, E. N. & J. A. BURTON (1979): Pareys Reptilien- und Amphibienführer Europas. - Hamburg und Berlin.

ASSMANN, O. (1986): Gutachten zur Frage eines geplanten Probestollens durch die Rhein-Main-Donau AG auf die Fauna im Landschaftsschutzgebiet Donautal. - (Unveröff. Bericht im Auftrag des Landratsamtes Passau).

ASSMANN, O. & M. DROBNY (1990): Artenhilfsprogramm für die Äskulapnatter (*Elaphe longissima*, LAURENTI 1768) bei Burghausen. - (Unveröff. Bericht im Auftrag des Landratsamtes Altötting).

BAUER, S. (1987): Verbreitung und Situation der Amphibien und Reptilien in Baden-Württemberg (Stand 1983). - Beih. Veröff. Naturschutz Landschaftspflege Bad.-Württ., Karlsruhe, 41: 71-155.

BESKOV, W. (1975): Izslednanija w'rchi biologijata i ekologijata na zmiite w Malesewskata planina (jugoz apadua B´lgarija). I. W'rchu pazmnozawaneto na smokamiskar (*Elaphe longissima* (LAUR.). B'lg. Akad. Nauk., Ekologija, Sofia, 1: 75-83.

BLAB, J., NOWAK, E. et al. (1984): Rote Liste der gefährdeten Tiere und Pflanzen in der Bundesrepublik Deutschland. - Greven.

BLANCHARD, F. N. & E. B. FINSTER (1933): A method of marking living snakes for future recognition, with a discussion of some problems and results. - Ecology, Brooklyn, 14(4): 334-347.

BÖHME, W. (1978): Das Kühnelt'sche Prinzip der regionalen Stenözie und seine Bedeutung für das Subspezies-Problem; ein theoretischer Ansatz. - Hamburg u. Berlin.

BÖHME, W. (1989): Klimafaktoren und Artenrückgang am Beispiel mitteleuropäischer Eidechsen (Reptilia: Lacertidae). - Schr.-R. f. Landschaftspflege u. Naturschutz, Bonn-Bad Godesberg, 29: 195-202.

BÖHME, W. (1993): *Elaphe longissima* - Äskulapnatter. In: BÖHME, W. (Hrsg.): Handbuch der Reptilien und Amphibien Europas. - Bd. 3/I: Schlangen (Serpentes) I, Wiesbaden, 331-372.

CABELA, A. & F. TIEDEMANN (1985): Atlas der Amphibien und Reptilien Österreichs. - Neue Denkschr. naturhist. Mus. Wien. - Wien-Horn.

Deutscher Wetterdienst (1950): Klimaatlas von Baden-Württemberg. - Bad Kissingen.

Deutscher Wetterdienst (1952): Klimaatlas von Bayern. - Bad Kissingen.

Deutscher Wetterdienst (1953): Klimaatlas von Hessen. - Bad Kissingen.

DEXEL, R. (1984): Untersuchungen zur Populationsökologie der Mauereidechse, *Podarcis muralis* (LAURENTI, 1768) im Siebengebirge. - Dipl.-Arb. Univ. Bonn.

DIESENER, G. & J. REICHHOLF (1986): Lurche und Kriechtiere. - Steinbachs Naturführer; München (Mosaikverlag).

DROBNY, M. (1989): Untersuchungen zur Aktivitätsdynamik und Habitatwahl der Äskulapnatter, *Elaphe longissima* (LAURENTI, 1768) in Ostbayern. - Dipl.-Arb. Univ. München.

DÜRIGEN, B. (1897): Deutschlands Amphibien und Reptilien. - Magdeburg.

EBERHARDT, K. (1933): Die Reptilien und Amphibien Österreichs nebst einem Anhang über *Lacerta sicula*. - Matura-Hausarb., Linz (Mkr im Oberösterr. Landesmuseum).

FRÖR, E. (1980): Schlußbericht über die Untersuchung zu Bestand und Ökologie von Smaragdeidechse (*Lacerta viridis*), Mauereidechse (*Lacerta muralis*) und Äskulapnatter (*Elaphe longissima*) in Bayern. - (Unveröff. Bericht im Auftrag des Bayr. Landesamtes f. Umweltschutz, München).

FRÖR, E. (1986): Erhebungen zur Situation der Reptilienbestände im Bereich der Donauhänge zwischen Passau und Jochenstein. - Schr.-R. Bayer. Landesamt f. Umweltschutz 73: 135-158.

GOLDER, F. (1985): Ein gemeinsamer Massen-Eiablageplatz von *Natrix natrix helvetica* (LACEPEDE, 1768) und *Elaphe longissima longissima* (LAURENTI, 1768) mit Daten über Eizeitigung und Schlupf. - Salamandra, Frankfurt a.M., 21: 10-16.

GRUBER, U. (1989): Die Schlangen Europas und rund ums Mittelmeer. - Kosmos Naturführer, Stuttgart.

GRUSCHWITZ, M. (1981): Verbreitung und Bestandssituation der Amphibien und Reptilien in Rheinland-Pfalz.- Naturschutz u. Ornithol. Rheinl.-Pfalz, Landau, 2(2): 298-390.

GRUSCHWITZ, M. (1985): Status und Schutzproblematik der Würfelnatter (*Natrix tessellata* LAURENTI, 1768) in der Bundesrepublik Deutschland. - Natur u. Landschaft 60(9): 353-356.

GRUSCHWITZ, M., S. LENZ, H. JES & G. NOGGE (1992): Die Nachzucht der Würfelnatter (*Natrix tessellata* LAURENTI, 1768) im Aquarium des Kölner Zoos - Ein Beitrag zum Artenschutz. - Zeitschr. d. Kölner Zoo, 35(3): 117-125.

GRUSCHWITZ, M., W. VÖLKL, P.M. KORNACKER, M. WAITZMANN, R. PODLOUCKY, K. FRITZ & R. GÜNTHER (1993): Die Schlangen Deutschlands - Verbreitung und Bestandssituation in den einzelnen Bundesländern. - Mertensiella, Bonn, 3: 7-38.

HECHT, G. (1928): Zur Kenntnis der Nordgrenzen der mitteleuropäischen Reptilien. - Mitt. zool. Mus. Berlin 14: 501-597.

HEIMES, P. (1988): Die Reptilien des Rheingautaunus unter Berücksichtigung der Schutzproblematik der Äskulapnatter, *Elaphe longissima* (LAURENTI, 1768). - (Unveröff. Bericht im Auftrag der Stiftung Hessischer Naturschutz).

HEIMES, P. (1989): Untersuchungen zur Ökologie der Äskulapnatter, *Elaphe longissima* (LAURENTI, 1768) im Rheingautaunus. - (Unveröff. Bericht im Auftrag des Naturschutz-Zentrums Hessen und der Stiftung Hessischer Naturschutz).

HEIMES, P. (1991): Zum Vorkommen der Äskulapnatter im Rheingau-Taunus. - Natur u. Museum, Frankfurt a. M., 121(6): 171-181.

HEIMES, P. & M. WAITZMANN (1993): Die Äskulapnatter (*Elaphe longissima* [LAURENTI, 1768]) in der Bundesrepublik Deutschland. - Zool. Abh. Staatl. Mus. Tierkde. Dresden 47 : 157-192.

HEYDEN, C. VON (1862): Über das Vorkommen von *Calopeltis flavescens* SCOP. bei Schlangenbad und von *Tropidonotus tessellatus* LAUR. bei Ems. - Jahrb. Ver. Naturk. Herzogthum Nassau, Wiesbaden, 263-265.

HONEGGER, R.E. (1979): Marking amphibiens and reptiles for future identification. - Internat. Zoo Yearbook, London, 19: 14-22.

KLEMMER, K. (1985): Status und Schutzproblematik der Äskulapnatter (*Elaphe longissima*). - Natur u. Landschaft 60(9): 351-353.

KÜHNELT, W. (1943): Die Leitformenmethode in der Ökologie der Landtiere. - Biol. gener. 17: 106-146.

LAYER, W. (1983): Reisen: Im Odenwald. - Kosmos 6: 76.

LENZ, H.O. (1832): Schlangenkunde. - Gotha.

LENZ, S. (1989): Untersuchungen zur Biologie und Populationsökologie der Würfelnatter *Natrix tessellata* (LAURENTI, 1768) in der Bundesrepublik Deutschland. - Dipl.-Arb. Univ. Bonn.

MERTENS, R. (1947): Die Lurche und Kriechtiere des Rhein-Main-Gebietes. - Frankfurt a.M.

MERTENS, R. (1948): Neues über das Vorkommen der Äskulapnatter in Deutschland. - Natur u. Volk 78 (4/6): 78-80.

MERTENS, R. (1953): Zur Verbreitungsgeschichte einiger Amphibien und Reptilien Deutschlands. - Aus d. Heimat, Öhringen, 61(10): 245-248.

MERTENS, R. (1960): Kriechtiere und Lurche. - Kosmos Naturführer, 2. Aufl. - Stuttgart.

MERTENS, R. & H. WERMUTH (1960): Die Amphibien und Reptilien Europas. - Frankfurt a.M.

MÜLLER, P. (1976): Arealveränderungen von Amphibien und Reptilien in der Bundesrepublik Deutschland. - Schr.-R. Veget.kde. 10: 269-293.

PAROLLY, G. (1988): Die Donauhänge bei Passau. - Nationalpark, Grafenau, 59: 28-32.

SZYNDLAR, Z. & W. BÖHME (1993): Die fossilen Schlangen Deutschlands: Geschichte der Faunen und ihrer Erforschung. - Mertensiella, Bonn, 3: 381-431.

STÄRK, O. (1975): Über Besonderheiten und Seltenheiten aus der Fauna von Baden-Württemberg. - Veröff. Naturschutz Landschaftspflege Bad.-Württ., Karlsruhe, 43: 170-214.

TRAUTMANN, T. (1950): Zum Vorkommen der Äskulapnatter (*Elaphe longissima longissima* LAURENTI) im Neckartal. - DATZ 3(3): 44-45.

VOGEL, Z. (1968): Neues über das Vorkommen der Äskulapnatter (*Elaphe longissima*) in der Tschechoslowakei. - Zool. Garten, N.F. 35: 166-178.

WAITZMANN, M. (1989): Untersuchungen zur Verbreitung, Ökologie und Systematik der Äskulapnatter - *Elaphe longissima* (LAURENTI, 1768) im südlichen Odenwald und im Donautal unter Berücksichtigung aller anderen in den Untersuchungsgebieten auftretenden Reptilienarten. - (Unveröff. Bericht im Auftrag der Stiftung Hessischer Naturschutz und der Umweltstiftung WWF-Deutschland).

WAITZMANN, M. (1991): Zur Morphologie einiger Reptilien des südlichen Odenwaldes (Nordbaden, Südhessen). - Salamandra, Bonn, 27(4): 266-281.

WAITZMANN, M. (1992): Verbreitung, Ökologie und Schutzproblematik der thermophilen Reptilienarten im südlichen Odenwald. - Veröff. Naturschutz Landschaftspflege Bad.-Württ., Karlsruhe, 67: 233-266.

WAITZMANN, M. & P. SANDMAIER (1990): Zur Verbreitung, Morphologie und Habitatwahl der Reptilien im Donautal zwischen Passau und Linz (Niederbayern, Oberösterreich). - Herpetozoa, Wien, 3(1/2): 25-53.

WELLER, G. & R. DEISZ (1973): Bericht zur »Aktion Äskulapnatter« im Raum Passau - Jochenstein vom 1.6. bis 17.6.1973. - (Unveröff. Manuskript).

Verfasser

Dr. Michael Waitzmann, Landesanstalt für Umweltschutz Baden-Württemberg, Abt. 2 - Grundsatz, Ökologie, Griesbachstraße 3, D-76185 Karlsruhe.

Aspekte der Populationsökologie und der Fortpflanzungsbiologie der Äskulapnatter, *Elaphe longissima* (LAURENTI 1768) in Ostbayern

MANFRED DROBNY

Key words: *Elaphe longissima*, seasonal activity patterns, social and sexual activity, egg clutch site.

1. Einleitung

Ungeachtet der Gefährdung der Äskulapnatter in Deutschland ist über ihre Lebensweise und ihren Lebensraum auffallend wenig bekannt. Die entsprechenden Untersuchungen beziehen sich oft nur auf Beobachtungen in der Gefangenschaft (KLEMMER 1985, KÖNIG 1985, LOTZE 1975). Freilanduntersuchungen sind überwiegend im Rahmen von Bestandsuntersuchungen durchgeführt worden (ASSMANN 1986, FRÖR 1986). Ausführlichere Hinweise auch zur Ökologie finden sich erst bei HEIMES (1988) und WAITZMANN (1989). Eine Bestätigung der Ergebnisse und die Beantwortung vieler Fragen zur Ökologie der Äskulapnatter stehen noch aus.

Ökologische Arbeiten über Schlangen sind eher die Ausnahme (TURNER 1977), so daß auch bei den Grundlageninformationen zu dieser Tiergruppe noch Lücken zu finden sind. Eine Zusammenfassung des Kenntnisstandes geben SEIGEL, COLLINS und Novak (1987). Darin wird deutlich, daß (u.a.) die Kenntnisse über das Sozialverhalten (GILLINGHAM 1987), der Aktivitätsmuster (GIBBONS & SEMLITSCH 1987) und der Populationsökologie (PORTER, PARKER & PLUMMER 1987) noch vielfältiger Ergänzungen bedarf. Letztere Autoren geben die Schwierigkeiten der Freilanduntersuchungen an Schlangen als Gründe an.

Hinweise ergeben sich noch aus Untersuchungen an der verwandten *Elaphe obsoleta* (FITCH 1963, WEATHERHEAD & CHARLAND 1985) und an europäischen Colubriden (SPELLERBERG & PHELPS 1977, MADSEN 1984, VÖLKL & MEIER 1987).

Große Wissenslücken bleiben bei den Kenntnissen zur Fortpflanzungsbiologie und dem Sozialverhalten der Äskulapnatter im Freiland.

Dieser Aspekt gewinnt bei ökologischen Fragestellungen und damit im praktischen Naturschutz stark an Bedeutung. Eine ausreichende und gesicherte Fortpflanzung ist für das Überleben einer Population entscheidend. Dieser Faktor kann am Rand des Verbreitungsgebiet unter möglicherweise ungünstigeren Lebensbedingungen ein entscheidendes Gewicht bekommen.

Vorliegende Studie greift den Fortpflanzungsaspekt im Jahreszyklus der Äskulapnatter für eine genauere Betrachtung heraus. Die Daten entstammen einer umfassenderen Diplomarbeit über die Aktivitätsdynamik und Habitatwahl einer Population der Äskulapnatter an der Donau bei Passau (DROBNY 1989a). Weitere Untersuchungen ergänzen die Daten (DROBNY 1989b, ASSMANN & DROBNY 1990).

Neue Erkenntnisse zur Populationsstruktur und zu fortpflanzungsökologischen Fragen zu gewinnen, war ein wesentliches Ziel vorliegender Arbeit. Sie sollen auch einen Beitrag für einen effizienten Schutz der Art liefern.

2. Material und Methoden

2.1. Untersuchungsgebiet

Das Untersuchungsgebiet liegt innerhalb des südostbayrischen Verbreitungsgebietes an den linksseitigen südost- bis südwestexponierten Donauhängen östlich von Passau (Niederbayern). Es reicht vom Hangfuß bis zu Teilen der Hangschulter mit Höhenlagen von 285 m - 600 m üNN mit einer Breite bis zu 0,9 km und einer Länge von 3,5 km. Mit Verordnung vom 5.8.1986 sind große Teile des Gebietes zum Naturschutzgebiet »Donauleiten von Passau bis Jochenstein« erklärt worden.

An den Hängen des kristallinen Grundgebirges herrschen tief verwitterter Gneis und Paragneis neben Glimmerschiefer und Granit vor, auf dem sich grusiger, lehmiger und anlehmiger Sand entwickelte. Stellenweise finden sich tiefgründige, offene Blockhalden aber auch anstehender Fels. Im Donauschwemmbereich liegen Aueböden.

Die potentielle natürliche Vegetation an den Hängen ist noch in beachtlichen Resten vorhanden: Ein Hainsimsen - Buchenwald und thermophile Hangwälder mit mediterranem Einschlag werden sporadisch als Niederwald oder mit kleinen Kahlschlägen genutzt. Am Hangfuß und in Bachschluchten wachsen edellaubholzreiche Waldtypen. Ein Steinbruch und Straßenböschungen lichten den Waldbestand auf.

Das Klima ist im Donautal im Vergleich beispielsweise zu München kontinentaler geprägt mit einer deutlich längeren, wärmeren und niederschlagsreicheren Vegetationszeit (196 Tage). Die steilen Hanglagen und die Donau schaffen ein günstiges Lokalklima.

2.2. Methoden

Für die angesprochene Freilanduntersuchung lag eine naturschutzrechtliche Ausnahmegenehmigung der Regierung von Niederbayern vor.

Die untersuchte Population wurde mit dem Untersuchungsgebiet abgegrenzt. Ergänzende Daten zu den Eiablageplätzen stammen von der zweiten bayrischen Population an der Salzach (Oberbayern). Die Freilandbeobachtungen wurden von Mai bis September 1987 und April bis August 1988 durchgeführt. Dabei wurden an den Donauhängen 224 Beobachtungen an mindestens 83 verschiedenen Äskulapnattern gemacht.

Mittels Voruntersuchungen und Luftbildern wurde eine Geländeroute festgelegt, die einem Querschnitt durch die vorhandenen Lebensraumtypen beinhaltet. Dieser Weg wurde, in Abhängigkeit vom Wetter, regelmäßig abgesucht. Die Reihenfolge der kontrollierten Bereiche wurde ständig variiert, um die günstigen Beobachtungszeiten gleichmäßig zu verteilen. Stichproben des übrigen Geländes wurden regelmäßig durchgeführt. Bei besonderen Aktivitäten (z.B. sexuelles Verhalten) wurden Dauerbeobachtungen an Einzeltieren durchgeführt und protokolliert. Luft- und Bodentemperatur, sowie relative Feuchte wurden gemessen, das Habitat und Substrat beschrieben und vermessen. Die beobachteten Verhaltensweisen wurden in folgende Kategorien eingeteilt:

Dislokation: Tier ist in ruhiger ortverändernder Bewegung; keine Flucht
Sozialverhalten: unspezifisches oder unbestimmtes soziales Verhalten
Kommentkampf
Paarungsvorspiele
Paarung
Ohne nähere Auswertung: Sonnen, Ruhen, Häuten, Flucht.

Zur individuellen Erkennung und zur Berechnung populationsspezifischer Daten wurden die gefundenen Tiere gefangen, vermessen (Länge, Gewicht), markiert und wieder freigelassen. Der Zustand der Tiere wurde vermerkt. Mit den Wiederfängen wurde nach der Methode von MANLY & PARR (1968), leicht verändert in ERDELEN (1983) die Populationsgröße berechnet. Damit ist auch eine Abundanzbestimmung möglich. Diese Methode erfordert eine konstante Fläche und eine annähernd konstante Individuenzahl, was hier erfüllt sein dürfte. Die gewählte Berechnung hat den Vorteil, daß Mortalität und Wanderungen keinen Einfluß nehmen (im Gegensatz zu dem häufig verwendeten Lincoln-Peterson-Index). Die Markierung erfolgte über eine individuelle Beschneidung der Bauchschilder mit einer feinen Sezierschere. Die Kerben sind etwa 1 - 2 Jahre sichtbar. Eine Farbmarkierung mit mattem Acryllack wurde auf dem Schwanz der Tiere zusätzlich angebracht, um sie nicht ständig anfassen zu müssen. Bei den wenigen Funden von juvenilen Schlangen wurde auf eine Vermessung verzichtet, da diese nachteilige Auswirkungen auf die Tiere haben kann (FITCH 1987). Aus dem gleichen Grund wurde kein Tier gewaltsam aus seinem Versteck geborgen. Das Geschlecht wurde an Hand der Schwanzwurzelform und mit dem Kopf-Rumpf- zu Schwanzlängenverhältnis (WAITZMANN 1989) bestimmt.

Eiablageplätze wurden an Hand ihrer Größe, Lage und ihrem Material beschrieben. Temperatur und relative Feuchte des Substrats an den Gelegen wurde gemessen und sein pH-Wert in $CaCl_2$-Lösung näherungsweise bestimmt. Ein ungeschlüpftes Gelege wurde vermessen.

3. Ergebnisse

3.1. Populationsstruktur

Einen Überblick über die ermittelten Populationsschätzungen gibt die Tabelle 1. Da die Markierungen nicht in jedem Fall länger als ein Jahr sichtbar blieben, wurden die beiden Jahre getrennt berechnet. Im Jahr 1987 konnten während 34 Stichproben insgesamt 45 Tiere markiert werden; 1988 bei 26 Stichproben 50 Schlangen. Der Zeitraum zwischen den Proben ist vielfach wetterbedingt. Der mittlere Anteil markierter Tiere in den Stichproben betrug gegen Ende etwa ein Drittel. Der Anteil markierter Wiederfunde/Tag erreichte 1987 0,76 und 1988 1,15 bei 2,26 (1987) bzw.

Jahr	SPA	t SPA	Markiert				mittlerer Anteil markierter
			♂♂	♀♀	SA	Σ	Tiere in den Stichproben
1987	34	2,9 d	22	16	7	45	33,62 %
1988	26	3,5 d	22	18	10	50	38,33 %
Σ	60	--	44	34	17	95	-----

Jahr	markierte Fänge/Tag	Anteil markierter Wiederfunde/Tag	Σ Beobachtungen
1987	2,26	0,76	109
1988	3,0	1,15	115
Σ	2,63	0,96	224

Beobachtungen markier. Tiere: ♂♂ ♀♀ SA Σ
                                62   39   22 123

Geschlechterverhältnis: ♂♂ : ♀♀ = 1,38 : 1,0

Geschätzte Populationsgröße nach dem Modell von Manly & Parr:
1987: 276 Individuen
1988: 221 Individuen
ø   249 Individuen

Tab. 1: Populationsschätzungen mit Hilfe der Markier-Wiederfang-Methode. SPA=Stichprobenanzahl; t SPA=Zeit zwischen zwei Stichproben; SA=semiadulte Tiere; J=juvenile Tiere.
Population datas with the mark-recapture-method. SPA=quantity of sample test; t SPA time between two sample tests; SA=semiadult snakes; J=juvenil snakes. Further ist represented: quota of marked individuels in the sample test; sample of marked recaptures/day; quota of marked recaptures/day; sex ratio and estimated population size.

3,0 (1988) markierter Fänge/Tag. Die markierten juvenilen Schlangen waren mindestens einjährig und wurden bei der weiteren Auswertung den Semiadulten zugerechnet. Das Geschlechterverhältnis wurde mit Männchen : Weibchen = 1,38 : 1 bestimmt. Eine Geschlechtsbestimmung an Hand der gefundenen intakten Häute (n = 34) ergab ein Verhältnis von Männchen : Weibchen = 1,21 : 1. Das männliche Übergewicht wurde auch von WAITZMANN (1989) festgestellt. Nach dem Modell von MANLY und PARR (1968) ließen sich Populationsgrößen von 276 Tiere 1987 und 221 Tiere 1988 (ohne Juvenile) schätzen. Die durchschnittliche Populationsgröße betrug im Mittel 249 Äskulapnattern. Bei einer Realgröße des Untersuchungsgebietes von 108,75 ha errechnet sich eine Dichte von 2,29 Tieren/ha. Berücksichtigt man nur das tatsächlich kontrollierte und nutzbare Gebiet, so ergibt sich eine Dichte von 2,89 Äskulapnattern/ha (86,25 ha) (nach MADSEN 1984; MOSER 1988).

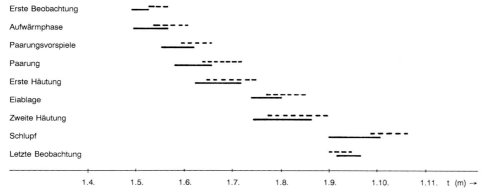

Abb. 1: Zeitliche Verteilung der saisonalen Aktivitäten der Äskulapnatter (*Elaphe longissima*), dargestellt für die Jahre 1987 (gestrichelt) und 1988 (ausgezogene Linie).
Seasonal activities of *Elaphe longissima* in 1987 (dotted) and 1988 (full line). Time axis in month.

3.2. Jahreszyklus der Aktivität

Der Jahreszyklus der Aktivität mit der zeitlichen Einordnung der physiologischen Phasen ist in der Abb. 1 dargestellt. Sie wurden entsprechend ihrer Beobachtungen zeitlich abgegrenzt. Die beiden Untersuchungsjahre wurden getrennt aufgezeichnet. Dabei zeigten sich Unterschiede im Beginn und Ende der oberirdisch aktiven Zeit und der Verhaltensweisen. Diese äußerten sich weniger in der Dauer der Zyklen, als vielmehr im Zeitpunkt von Beginn und Ende der sichtbaren Aktivitäten. Abweichungen durch Einzelbeobachtungen und bei den Verhältnissen in anderen Gegenden werden damit nicht ausgeschlossen (z.B. ist die Aktivitätszeit an der Salzach noch geringfügig kürzer gewesen). Das hatte in einem beobachteten Fall die Konsequenz, daß 1987 zumindest einige Gelege nicht mehr ausreifen konnten.

Das erste Erscheinen der Tiere erfolgte im kühlen Jahr 1987 etwa ab dem 2. Monatsdrittel im Mai, 1988 bereits in den ersten Maitagen, einzelne Tiere bereits Ende April. Danach folgt eine relativ stationäre Phase (vgl. Abb. 1).

In der Zeit von Ende Juni bis September wurden zwei Häutungsphasen und die Eiablage beobachtet. Abgesehen von diesen Aktivitäten waren die Sommermonate von einer versteckten Lebensweise und einer stärkeren Dispersion gekennzeichnet. Viele Tiere wurden mit frisch aufgenommener Nahrung beobachtet, was auf eine verstärkte Nahrungsaufnahme in dieser Phase hindeutet.

Eine erste Häutungsphase konnte ab Ende Juni beobachtet werden. Eine zweite, mit vier Wochen länger dauernde Häutungsperiode folgte ab Mitte bis Ende Juli. Aus der Unterscheidung in zwei Phasen kann jedoch nicht geschlossen werden, wie oft sich jedes einzelne Tier häutet. Die Tiere wurden vor einer Häutung inaktiver und sonnten sich häufiger und ausgiebiger, was sich in einer erhöhten Beobachtungshäufigkeit niederschlug.

Die letzten Funde wurden in der ersten Septemberhälfte vermerkt. Von Einzeltieren abgesehen (durch Hautfunde belegt) dürfte in dieser Zeit das Winterquartier aufgesucht worden sein. Die Winterruhe dauert demnach 7 - 8 Monate.

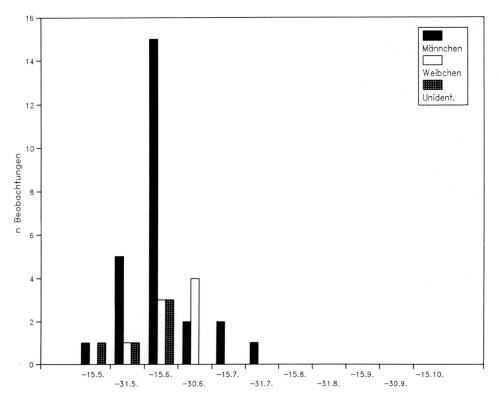

Abb. 2: Beobachtete Dislokationsaktivitäten bei der Äskulapnatter (*Elaphe longissima*) mit einer halbmonatlichen Zeitverteilung. Nach Geschlechtern unterschieden. Y-Achse: Anzahl Beobachtungen (n = 38).
Number of dislocation activities of *Elaphe longissima* in half-month-intervals. Sexes are differentiated. Y-axis: Number of observations (n = 38).

3.3. Fortpflanzungsverhalten

Die im Zusammenhang mit der Fortpflanzung stehenden Aktivitäten begannen Mitte Mai (1988) bzw. erst Ende Mai (1987). Die Aktivität der Männchen nimmt stark zu, was besonders an der hohen Dislokationsaktivität und einer starken Zunahme der Beobachtungshäufigkeit ablesbar ist. Die Beobachtungen sind in der Abbildung 2 dargestellt. An Hand der Wiederfunde und der Dauerbeobachtungen einzelner Tiere wurden die ortsverändernden Aktivitäten auf einer Zeitachse, nach Geschlechtern getrennt, aufgetragen. Es wurde darauf geachtet, Ortsveränderungen von Fluchtverhalten zu trennen. Das typische Verhalten wurde in folgender Weise beobachtet. Einzelne Männchen inspizierten heftig züngelnd alle Verstecke und verfolgten dabei aber zielstrebig eine Richtung. Dabei konnten die Schlangen kaum abgelenkt werden, selbst ein Geschlechtsgenosse war uninteressant. Ein ähnliches Verhalten beschreibt auch MOSER (1988) für die Kreuzotter (*Vipera berus*). Vereinzelt konnte auch ein »aufgeregtes« Schwanzzittern beobachtet werden.

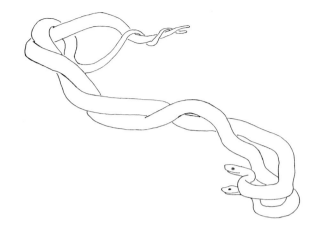

Abb. 3: Kommentkampf der Äskulapnatter (*Elaphe longissima*). Deutlich S-förmig gebogene Halsregion bei dem Versuch, die Köpfe oben zu halten. Zeichnung nach Lichtbildprojektion.

Combat ritual of *Elaphe longissima*. Note S-shaped neck while topping attempt. Sketched from colour slide.

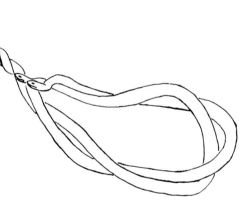

Abb. 4: Kommentkampf der Äskulapnatter (*Elaphe longissima*). Übereinanderkriechen mit stark verdrillten Schwänzen. Zeichnung nach Lichtbildprojektion.

Combat ritual of *Elaphe longissima*. Dorsal crawl with strongly screwed tails. Sketched from colour slide.

Foto 1: Kommentkampf der Äskulapnatter (*Elaphe longissima*).

Combat ritual of *Elaphe longissima*.

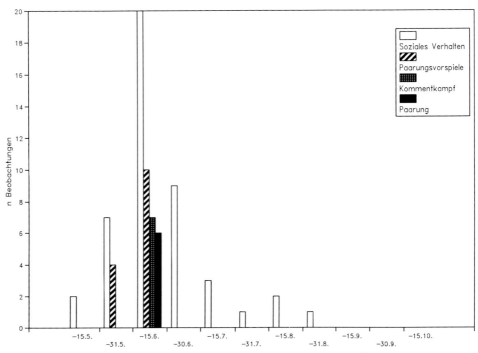

Abb. 5: Beobachtete sexuelle und soziale Verhaltensweisen bei der Äskulapnatter (*Elaphe longissima*) in einer halbmonatlichen Zeitverteilung. Unterschieden ist unbestimmtes soziales Verhalten, Paarungsvorspiele, Kommentkampf und Paarung. Y-Achse: Anzahl Beobachtungen (n = 70).

Number of social and sexual behavior of *Elaphe longissima* in half-month-intervals. Represented is unidentified social behavior, courtship behavior, combat rituals and mating.

Paarungsbereite Weibchen hielten sich in dieser Zeit vielfach auf offeneren Habitaten (mit lichterer Vegetation - ca. 50% Deckungsgrad) auf. Die Paarungsbereitschaft war an der je nach ihrem Grad unterschiedlich stark geöffneten Kloake zu erkennen. Ein hinzukommendes Männchen blieb dann bis zur Paarung in unmittelbarer Nähe und mit häufigem Körperkontakt bei dem Weibchen und es lag häufig vor dem Versteck. Eindringlinge, vor allem hinzutretende Männchen wurden zuerst visuell erkannt und aktiv untersucht, bzw. angegriffen. In zwei Fällen kroch ein »wachehaltendes« Männchen mit leicht erhobenen Kopf zielstrebig auf den Beobachter in 10 m Entfernung zu, verharrte heftig züngelnd etwa 3 m vor ihm und kehrte dann ruhig wieder auf seinem Platz vor dem Versteck des Weibchens zurück. Andere Äskulapnattermännchen wurden in der gleichen Weise inspiziert. In solchen Fällen folgte dann immer ein Kommentkampf zwischen den beiden Männchen. Dazu brachten die Tiere unter langsamen Kriechen ihre Körperlängsachsen in eine parallele Position. Die Schwänze und teilweise auch die Körper verdrillten sich mit wachsender Erregung immer heftiger. Das offensichtliche Ziel einer solchen Auseinandersetzung war es, die Kopfregion des Gegners herunter zu drücken. Dabei wurde der Hals s- oder hakenförmig zurückgebogen, etwas über den Boden erhoben (max. ca. 25 cm) und versucht, ihn über den des Kontrahenten zu schieben. Dieses Verhalten wird von wellenförmigen cephalocaudalen und caudocephalen Muskelkontraktionen begleitet. Die Auseinandersetzungen dauerten, mit bewegungsarmen Pausen, bis zu 30 min. Die Aufgabe eines Tieres erfolgte nach heftigen Muskelkontraktionen. Das unterlegene Männchen entfernte sich rasch, wobei es bisweilen noch kurz verfolgt wurde.

Kommentkämpfe konnten insgesamt 7mal beobachtet werden. Schemabilder von Kommentkämpfen zeigen die Abbildungen 3 und 4.

Einen Gesamtüberblick der Häufigkeiten und der zeitlichen Verteilung der sexuellen und sozialen Verhaltensweisen zeigt die Abbildung 5. Fehlansprachen sind dabei zwar möglich, dürften jedoch nicht zu einer Veränderung des Gesamtbildes führen. Die Darstellung kennzeichnet den engen Zeitraum, in dem sich die wesentlichen sozialen Aktivitäten abspielen. Das erfordert eine gute zeitliche Abstimmung des Sexualverhaltens. »Soziales Verhalten« wurde angenommen, wenn mindestens zwei Tiere (auch gleichgeschlechtlich) ohne Zwang in engen Kontakt zueinander standen und sich gegenseitig bemerken mußten. Es wurde versucht, diese Zuordnung möglichst eng zu fassen.

Ein Beispiel für ein soziales Verhalten gibt die Beobachtung der individuellen Affinität eines Pärchens, das in der Spätsommerphase, einige 100 m von seinem Paarungsplatz entfernt, beobachtet werden konnte. Die beiden Tiere hielten sich über einige Tage hinweg in unmittelbarer Nähe zueinander auf. Ähnliche Beispiele gibt auch MOSER (1988) bei der Kreuzotter.

Paarung

Paarungen konnten 1988 in der ersten Junihälfte, 1987 etwa 7 - 10 Tage später beobachtet werden. Insgesamt wurden 5 Paarungen verfolgt.

In allen Fällen ging der Paarung ein Zusammensein des Pärchens über mehrere Tage voraus, wobei häufiger Körperkontakt zu beobachten war. Die Tiere lagen ineinandergeringelt und Kopf an Kopf. Die Kopulation wurde mit ähnlichem Verhalten eingeleitet, wobei nach intensivem Bezüngeln (»tongue flicking«) das Männchen

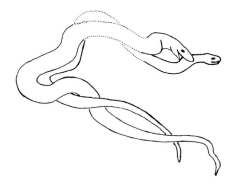

Abb. 6: Paarung der Äskulapnatter (*Elaphe longissima*). Charakteristisch der lockere Nackenbiß und die Umschlingung der weiblichen Kloakenregion. Zeichnung nach Lichtbildprojektion.

Mating of *Elaphe longissima*. Note the sensitive neck bite and the embracement of the female cloaca. Sketched from colour slide.

143

Foto 2: Eiablageplatz der Äskulapnatter (*Elaphe longissima*). Maßstab: 1 m.
Clutch site of the snake, (*Elaphe longissima*). Scale: 1 m.

seine Backen an denen des Weibchens rieb (»chin rubbing«). Nach einer kurzen Flucht des Weibchens versuchte das Männchen an seiner Partnerin einen offenbar lockeren Biß in der Nackenregion anzubringen. Ob dieses Verhalten zum Festhalten oder zur Stimulierung des Weibchens dient, ist unbekannt, wurde aber auch bei anderen Colubriden beschrieben (GILLINGHAM 1987). Das männliche Tier versucht, seine Kloake mit den angeschwollenen Hemipenissen unter die weit geöffnete Kloake des Weibchens zu schieben. Die Kopulationsdauer wurde mit 30 min bis max. 45 min gemessen. Die Tiere lagen dabei locker aneinander oder eingeringelt (Abbildung 6). Gelegentliche Muskelzuckungen wurden beobachtet.

Nach der Kopulation blieben die Paare oft noch 1 - 3 Tage beisammen. Ob dabei die Kopulation wiederholt wurde oder sich einzelne Schlangen mehrmals paarten, blieb unbekannt.

Während einer Kopulation wurde ein offensichtlich sexuell stimuliertes, großes Männchen beobachtet, das suchend auf das kopulierende Pärchen traf, dieses intensiv bezüngelte und dann ohne weitere Beachtung weiterkroch. Das Paar schien von dem zweiten Männchen keine Notiz zu nehmen.

Eiablage und Schlupf

Die Ergebnisse basieren auf Beobachtungen an drei verschiedenen Eiablageplätzen, darunter ein natürlicher. Die beiden anthropogen geschaffenen wurden über zwei Jahre hinweg kontrolliert. Bei sieben Weibchen konnte eine Trächtigkeit festgestellt werden.

Im Jahr 1987 konnte ein Gelege, das vermutlich in der ersten Augusthälfte abgesetzt wurde, in einem Komposthaufen gefunden werden. Die Entwicklung konnte nicht mehr abgeschlossen werden, der Schlupf wäre theoretisch erst in der zweiten Oktoberhälfte erfolgt. Die Sezierung des vorzeitig zu Grunde gegangenen Geleges zeigte ausgebildete, aber wenig entwickelte Jungschlangen. Das geborgene Gelege bestand aus 8 Eiern, die zum Teil miteinander leicht verklebt waren. Die durchschnittliche Länge betrug 4,55 cm (3,9 cm - 5,2 cm), ihr Durchmesser 2,77 cm

(2,5 cm - 3,5 cm). In diese Größenordnungen ließen sich auch die anderen gefundenen Eier und Eischalen einordnen. Zum Zeitpunkt des Fundes betrug die Temperatur auf der Oberfläche des Haufens 10,1 °C, in 15 cm Tiefe wurden 16,6 °C gemessen.

Im klimatisch günstigeren Jahr 1988 fand die Eiablage und der Schlupf von Mitte Juli bis Mitte August deutlich früher statt als 1987 (siehe Abb. 1). Die Einordnung erfolgte mit gefundenen hochträchtigen Weibchen und aus der geschätzten Rückdatierung des Schlupfs der Jungtiere. Ab 12. Juli wurden trächtige Weibchen gefunden. Teilweise war bei diesen Tieren die Kloake leicht geöffnet, was eine baldige Eiablage anzeigte. Bei vorsichtigem Überstreichen des hinteren Bauchraumes mit dem Daumen konnten die Eier gezählt werden. Die Daten sind in der Tabelle 2 aufgelistet.

Tab. 2: Größe und Eizahl trächtiger Weibchen der Äskulapnatter (*Elaphe longissima*) in Südostbayern.

Size and number of eggs of gravid females of the snake, *Elaphe longissima*.

Kopf-Rumpf-Länge (cm)	Gewicht (g)	Eizahl
78	180	7
83	210	5
90	325	9
92	390	11-12
95	372	10
103	410	11-12
110	600	12

Es zeigt sich eine Tendenz zu größeren Gelegen bei größeren Muttertieren. Die Stichprobenzahl ist für genaue Angaben allerdings zu gering. Durchschnittliche Gelegegrößen von 8 - 12 Eiern bestätigten sich auch bei den Funden in den Eiablageplätzen.

Sowohl ein Gelege, als auch zwei frisch geschlüpfte Jungtiere wurden am 26.9.1988 in dem gleichen Komposthaufen wie die unausgereiften Eier 1987 gefunden. Das Gelege war im Schlupf begriffen, so daß auf weitere Nachforschungen aus Schutzgründen verzichtet wurde.

Ein ungewöhnlich großer Eiablageplatz mehrerer Weibchen konnte Anfang September in einem Sägmehlhaufen an der Salzach gefunden werden. An 2 Tagen wurden insgesamt 99 Eier und Eischalen der Äskulapnatter (Bestimmungsfehler ± 5) und 384 Eier der Ringelnatter (*Natrix natrix*) entdeckt. Bei den Gelegen der Äskulapnatter waren 3 Jungtiere während des Schlupfes verstorben, 3 Eier waren nicht geschlüpft, aber fast fertig entwickelt. Bei der Ringelnatter waren 2 Jungtiere nicht geschlüpft. Zwei Suchtage waren notwendig, um die zuerst noch gefundenen Schlüpflinge der Äskulapnatter (8) und der Ringelnatter (12) sowie den Schlupf nicht zu stören. Vielfach häuteten sich die Jungschlangen sofort und verblieben dann scheinbar noch einige Tage im feuchtwarmen Sägmehl. Die Gelege konzentrierten sich deutlich an einer Stelle. Vorjährige Eischalen wurden ebenfalls gefunden.

3.4. Beschreibung der Eiablageplätze

Die gefundenen Eiablageplätze sind bis auf einen anthropogenen Ursprungs: Abfallhaufen aus organischen Material wie Tierdung, Kompost oder Sägmehl. Sie weisen eine Reihe, für die Äskulapnatter wichtig erscheinende Gemeinsamkeiten auf. Alle Eiablageplätze bestanden aus überwiegend organischem Material in sauerstoffreicher Umsetzung ohne Fäulnisbildung. Sie waren feucht und durch die Kompostierung erwärmt. Die Gelegeplätze wurden über mehrere Jahre und oft gemeinsam mit der Ringelnatter genutzt. Der pH - Wert lag annähernd im neutralen Bereich (6 - 7,5). Eine reiche Wirbellosenfauna war vorhanden. Drei Beispiele sind nachfolgend beschrieben:

a) Gartenkomposthaufen an der Hangschulter des Donautales.

Größe (Länge x Breite x Höhe): 12 m x 1 m x 1 m
Substrat: Gartenkompost und Küchenabfälle mit Erde und Reisig als Zwischenlagen, 1 x jährlich umgesetzt
Gemessene Temperatur: 22,5 °C bei den Gelegen; 16,5 °C im Okt. 1987
rel. Feuchte: 100%
pH - Wert (in $CaCl_2$): 7
Gelegelage: 30 cm tief

b) Sägmehlhaufen im Salzachtal

Größe (Länge x Breite x Höhe): 10 m x 5 m x 4 m
Substrat: Sägmehl unterschiedlichen Alters, gemischt mit Holzabfällen
Gemessene Temperatur: 27,0 °C in 50 cm Tiefe
rel. Feuchte: 100%
pH - Wert (in $CaCl_2$): 6 - 7
Gelegelage: 30 - 70 cm, überwiegend in 50 cm Tiefe

c) Natürlicher Gelegeplatz

Größe: Rohbodenfläche auf altem Kahlschlag
Substrat: lockere, stark humose Erde mit lockerem Blockgrus
Gemessene Temperatur: 24 °C in 20 cm Tiefe
rel. Feuchte: 80%
pH - Wert (in $CaCl_2$): 6 - 7
Gelegelage: ca. 20 cm tief

Bei dem natürlichen Eiablageplatz dürfte es sich um den ersten der Äskulapnatter handeln, der für die Bundesrepublik beschrieben wurde. Er wurde auf einem südexponierten, älteren Kahlschlag am Hangfuß der Donauleite gefunden. Entdeckt wurde ein geschlüpftes Gelege, dessen Ablageplatz vermutlich von einem Beutegreifer aufgegraben wurde. In und um ein etwa 20 cm tiefes Loch waren 10 leere Eischalen verteilt. Das Substrat bestand aus sehr humusreicher Erde, vermischt mit lockerem Blockschuttgrus. Vergleichende Temperaturmessungen zeigten, daß es sich sowohl klein- als auch lokalklimatisch um eine der wärmsten Stellen im Untersuchungsgebiet handelt. Der Boden war tiefgründig und fast ohne Bewuchs.

4. Diskussion

Populationsstruktur

Mit etwa 250 Tieren im Untersuchungsgebiet, entsprechend einer Dichte von 2,89 Tieren/ha, ist der Bestand als relativ hoch zu bewerten und liegt in der Größenordnung vergleichbarer Colubriden (FITCH 1963, PARKER & PLUMMER 1987). Die Abundanz entspricht den Werten der stärkeren Colubriden der gemäßigten Breiten (*Natrix natrix* 7 Tiere/ha, *Elaphe obsoleta* 1 Tier/ha; nach PARKER & PLUMMER 1987), allerdings auf unterschiedlichen Erhebungsmethoden basierend. Den Vorschlägen von MADSEN (1984) und MOSER (1988) folgend, wurde für die Abundanzbestimmung nicht das gesamte Areal, sondern nur das potentiell nutzbare und tatsächlich kontrollierte herangezogen (unbereinigt 2,29 Tiere/ha). Obwohl die Äskulapnatter hier am Rand ihres Verbreitungsgebietes lebt, scheint sie sich in ihrer Population nicht auszudünnen, sondern bildet regionale Schwerpunkte. Die Lebensbedingungen dürften also günstig sein. ENRIGHT (1976) nimmt an, daß bei der Größe der Abundanz nicht nur klimatische Bedingungen eine Rolle spielen, da dichtabhängige und dichtunabhängige Faktoren nicht einfach zu trennen sind.

Nach BESKOV (1976) war auch in Bulgarien eine größere Anzahl von Tieren nur schwer zu bekommen, so daß die Donauhänge am Rand ihres Verbreitungsgebietes als günstiger, dicht besetzter Lebensraum zu bewerten sind. Geht man davon aus, daß die Teilpopulationen der Passauer Donauhänge nicht völlig isoliert sind und über das Donautal eine Verbindung zum Gesamtverbreitungsgebiet vorhanden ist (WAITZMANN 1989), kann das Vorkommen im Moment als stabil angesehen werden.

Normalerweise ist die Sex-Ratio bei Schlangen bei der Geburt annähernd 1 : 1 (PARKER & PLUMMER 1987). Das männliche Übergewicht in der Sex-Ratio bei der Äskulapnatter wäre demnach auf eine unterschiedliche Mortalität zurück zu führen oder besteht schon bei der Geburt, womit die Art eine Ausnahme darstellt. Ein männliches Übergewicht bereits bei der Geburt ist bei der nahen Verwandten *Elaphe quadrovirgata* (FUKADA 1960 in: PARKER & PLUMMER 1987) nachgewiesen. WAITZMANN (1989) und HEIMES (in: WAITZMANN 1989) stellten ein männliches Übergewicht an adulten Schlangen am Neckar und im Taunus ebenfalls fest. Ein männliches Übergewicht bei Colubriden mit größeren Männchen, die dann meist Kommentkämpfe ausführen, wird von PARKER & PLUMMER (1987) beschrieben.

Mit Hilfe der gefundenen Gelege und graviden Weibchen wurde versucht, Schätzungen zur Demographie zu geben. Die Ei- und Embryonenzahlen schwankten zwischen 5 und 12 Eiern/Tier (Schwerpunkt bei 8 - 9 Eiern) und lagen damit im erwarteten Bereich (PARKER & PLUMMER 1987). Danach wären unter günstigsten Bedingungen bei 30 % der Äskulapnattern, entsprechend der vermuteten Anzahl trächtiger Weibchen im Reproduktionsalter in einem Jahr und durchschnittlich 8 Eiern/Gelege x Jahr, mit 80 Weibchen x 8 Eier = 640 Eiern/Jahr zu rechnen. Der größte Unsicherheitsfaktor ist dabei die Frage, wie groß der Anteil trächtiger Weibchen in einem Jahr ist. Die Schätzung entspricht jedoch der Größenordnung, wie sie in der Literatur für die sogenannte Gruppe der »spät zur Reife gelangenden Colubriden« angegeben wird (PARKER & PLUMMER 1987).

Jahreszyklus der Aktivität

Entsprechend dem Schwerpunkt der Arbeit soll der Fortpflanzungsaspekt herausgehoben werden.

Die kurze Aktivitätszeit von 4,5 bis 5,5 Monaten scheint in ungünstigen (kühlen, nassen) Jahren Probleme für die Äskulapnatter zu bringen, einen ganzen Aktivitätszyklus zu durchlaufen (vgl. Abb. 1). Wie das unausgereifte Gelege im kühlen und nassen Sommer 1987 (Deutscher Wetterdienst 1987 und 1988) zeigt, leidet darunter die Fortpflanzung (Beleg in der Zoologischen Staatssammlung, München). Der Zeitverlust durch die später einsetzende Paarung konnte offenbar nicht mehr ausgeglichen werden. Dies zeigt einen möglicherweise begrenzenden Faktor in der Verbreitung der Äskulapnatter. Weiterhin unterstreicht das die Bedeutung eines günstigen Eiablageplatzes und die Fähigkeit, einen solchen zu finden. So kann vermutlich die kürzere Aktivitätszeit an der Salzach (etwa 0,5 °C kühler als Passau) durch einen optimalen Eiablageplatz zumindest teilweise ausgeglichen werden.

Die sexuell aktive Phase war an einer verstärkten Wanderaktivität, am deutlich sexuell motivierten Suchverhalten der Männchen und später an »Paarungsvorspielen« (Bewachen eines Weibchens u.a.) zu erkennen. Der physiologische Auslöser hierfür ist in der Reifung der Gonaden zu suchen (Crews & Garstka 1982), welche wiederum durch die Temperatur und photoperiodisch gesteuert wird (Porter 1972). Die Steuerung über die Temperatur erklärt die jährlichen Aktivitätsverschiebungen.

Während der Wanderphase der Männchen schienen die Weibchen noch sehr versteckt und unbeteiligt zu leben. Die eigentliche Paarungsphase verlief dann über einen verhältnismäßig langen Zeitraum. Nach der Paarung verblieben die Weibchen vielfach noch lange Zeit an günstigen Wärmeinseln, wofür zwei Ursachen angenommen werden: Zum einen schließt sich die erste Häutungsphase unmittelbar an den Paarungszeitraum an, wobei die Tiere relativ standorttreu waren und offenbar ein erhöhtes Wärmebedürfnis hatten; zum zweiten ist für einige Spezies nachgewiesen (z.B. bei der Kreuzotter; vgl. Moser 1988), daß trächtige Weibchen ein erhöhtes Wärmebedürfnis besitzen.

Bei der Auswahl eines geeigneten Eiablageplatzes ist zu vermuten, daß mitunter größere Entfernungen zurück gelegt werden, da Masseneiablageplätze sonst kaum erklärbar wären (vgl. Golder 1985). Die trächtigen Weibchen erschienen an den bekannten Gelegeorten erst kurz vor der Ablage der Eier.

Der Schlupfzeitpunkt der Jungschlangen dürfte starken jährlichen Schwankungen unterliegen, was sicher einen Einfluß auf die Demographie hat. Den Funden nach ist zu vermuten, daß zumindest bei einem späteren Schlupfzeitpunkt die Jungschlangen sofort in die Überwinterung gehen. Durch die fehlende Nahrungsaufnahme könnte die Verlustrate bei den Jungschlangen ansteigen, da der Aufbrauch von Fettreserven ein wesentlicher Mortalitätsfaktor der Überwinterung ist (Parker & Plummer 1987).

Die Geschlechter unterscheiden sich in ihrer Aktivität sowohl in der sehr aktiven Phase der Männchen während der Paarungszeit, als auch in einem vermutlich erhöhten Wärmebedürfnis der graviden Weibchen, was diese zu einem ausgiebigeren »Sonnen« veranlaßt. Sexuell bedingte Unterschiede in der Aktivität scheinen bei Schlangen allgemein vorhanden zu sein (Gibbons & Semlitch 1987). Die größte Unbekannte bleibt das bislang unerforschte Aktivitätsmuster der Jungtiere.

Sozialverhalten

Schlangen sind überwiegend Einzelgänger und werden deshalb von einigen Forschern als die am wenigsten sozialen Reptilien bezeichnet (GILLINGHAM 1987). Bei Schlangen wird das Sozialverhalten als eine verhältnismäßige Interaktion zwischen zwei oder mehr Individuen, ungeachtet ihrer Verwandtschaft, angesehen. Im wesentlichen werden dabei nur Verhaltensweisen im Zusammenhang mit der Fortpflanzung, den Aggregationen von trächtigen Weibchen und bei gemeinsamer Überwinterung beschrieben.

Die gemachten Beobachtungen bestätigten dies weitgehend. Die Tiere waren meist solitär. Soziale Interaktionen betrafen überwiegend mittelbares und unmittelbares sexuelles Verhalten. Die zeitliche Verteilung der beobachteten Verhaltensweisen (vgl. Abb. 5) zeigt die zentrale soziale Bedeutung des Reproduktionsgeschehens, das sichtbar mit einer verstärkten Wanderaktivität der Männchen beginnt. Das Wanderverhalten ist eindeutig als Aufsuchen des Geschlechtspartners zu interpretieren (GILLINGHAM 1987). Dieser Mechanismus ist vor allem bei Arten notwendig, die nicht sofort nach Verlassen des Winterquartiers zur Paarung schreiten. Gesucht wird von den Männchen vermutlich die chemische Spur der Pheromone eines paarungsbereiten Weibchens (FORD 1986, GILLINGHAM 1987 u.a.). CREWS und GARTSKA (1982) wiesen bei der nordamerikanischen *Thamnophis sirtalis* das Lipoprotein Vitelligenin als verantwortliches Pheromon nach, welches von paarungsbereiten Weibchen durch die Haut abgegeben wird. Das Männchen ist dabei in der Lage, Art, Herkunft und Richtung der Spur zu erfassen (FORD & LOW 1984). Im Freiland konnte dies mehrmals beobachtet werden, wobei ein Männchen die Spur eines Weibchens unter aufgeregtem Züngeln verfolgte. Dabei wurde jedes Versteck untersucht. Die Erregung war bisweilen an einem aufgeregten Schwanzzittern zu beobachten. Ein ähnliches Verhalten beschreibt auch MOSER (1988) für die Kreuzotter. Die Paarungsbereitschaft des Weibchens war zu diesem Zeitpunkt an seiner sich öffnenden Kloake zu erkennen. Es verblieb relativ inaktiv und stationär auf einem freien Platz. Offenes Gelände scheint von Bedeutung, da die initiale Erkennung des Weibchens durch das Männchen visuell erfolgt. GILLINGHAM (1980) wies dies für die nordamerikanische *Elaphe obsoleta* nach. Auch in den beobachteten Fällen bei der Äskulapnatter schien das der Fall zu sein. Die letztendliche individuelle Identifikation erfolgt nach GILLINGHAM (1980) und FORD (1986) wieder auf chemorezeptorischem Weg. Die Paare blieben dann einige Zeit mit ausgiebigem Körperkontakt zusammen. Dieses taktile (und sensorische?) Verhalten dient offenbar dem Vorbereiten der Paarungsbereitschaft des Weibchens (CARPENTER 1977, GILLINGHAM 1987). Die Männchen hielten sich in dieser Phase auffallend oft vor dem Versteck des Weibchens auf, scheinbar »Wache haltend«. Neu hinzutretende Männchen wurden zuerst visuell erkannt, und es kam zu Kommentkämpfen. Der Sieger verblieb bis zur Paarung beim Weibchen und auch noch einige Tage darüber hinaus. Ob die Paarung wiederholt wurde oder das Weibchen nach Fortgang des Partners noch von anderen Männchen begattet wurde, blieb unbekannt. LOTZE (1975) beobachtete im Terrarium mehrmalige Paarungsversuche des Männchens über einen längeren Zeitraum hinweg, die jedoch nur einmal zum Erfolg führten. Allerdings muß in Frage gestellt werden, ob unter den beengten Verhältnissen des Terrariums die Verhaltensmuster wie im Freiland ablaufen.

Tab. 3: Diagramm des vermuteten Ablaufs der sexuellen Verhaltensweisen bei der Äskulapnatter.

Diagram of the supposed flow of the sexual behavior patterns of *Elaphe longissima*: female pheromon production - searching of the male - watching and courtship - combat ritual - mating.

Beginnende Bereitschaft des Weibchens:
Pheromonausschüttung; Warten auf einem lichten Platz
↓
Suchverhalten des Männchens
↓
Nach chemosensorischem und optischem Erkennen des Weibchens
"Bewachen" durch das Männchen; Warten auf Paarungsbereitschaft
↓
Bekämpfen neu hinzutretender Männchen:
Kommentkampf
↓
Paarung
↓
Wiederholte Paarung ?
↓
Trennung des Paares

Der vermutete Ablauf der Verhaltensweisen ist in der Tabelle 3 zusammengefaßt dargestellt.

Der Kommentkampf war die einzige Form von intraspezifischem aggressivem Verhaltens, das bei der Äskulapnatter beobachtet wurde. Er erfüllt den Zweck der sexuellen Selektion (GILLINGHAM 1987), durch die das stärkere Männchen zur Fortpflanzung kommen sollte. Ein Territorialverhalten konnte nicht nachgewiesen werden. Voraussetzung hierfür wäre zumindest zeitweise die Inbesitznahme, Markierung und Verteidigung eines Areals. Einzig das Weibchen und sein Versteck schienen verteidigt zu werden. Der Auslöser für einen Kampf wäre also einzig die Anwesenheit eines Weibchens, die bei den bisher beschriebenen und territorial interpretierten Kommentkämpfen wohl übersehen wurde.

Der Kommentkampf der Äskulapnatter kann dem Typ mit überwiegend horizontaler Kampfhaltung zugeordnet werden, der bei CARPENTER (1977) dem Typ mit vertikaler Aufrichtung gegenübergestellt wird, aber von ihm falsch zugeordnet wurde, da er die Äskulapnatter als vertikalen Typ benennt. Die Äskulapnatter scheint sich mit ihrem Ritual kaum von ihren Verwandten der Gattung *Elaphe* in Nordamerika zu unterscheiden (GILLINGHAM 1980). Nach CLARK et al. (in: GILLINGHAM 1987) ist bei *Lampropeltis getulus* die Dauer der überlegenen Position, d.h. die Nackenregion obenauf, positiv korreliert mit dem Gewinn des Kommentkampfes. Unerklärt bleibt dann die Serie heftiger Muskelkontraktionen am Ende einer Auseinandersetzung, nach denen das unterlegene Männchen flüchtet. Ein wesentliches Element schien das intensive Verdrillen der Schwänze zu sein (vgl. Abb. 3 und 4), das immer zu beobachten war. In der Literatur fanden sich keine Hinweise darüber.

Das Paarungsverhalten der Äskulapnatter folgte überwiegend den Verhaltensmustern, die für andere Colubriden beschrieben worden sind (CARPENTER 1977, GILLINGHAM 1987). Abweichend von den anderen Beschreibungen (LOTZE 1975) war bei der Äskulapnatter das häufig beschriebene Flucht-Verfolgungs-Spiel vor der Paarung nur in geringem Umfang vorhanden oder es wurde nicht bemerkt. Der Paarungsbiß in die Nackenregion des Weibchens war dagegen eine auffallende Verhaltensweise, wie sie auch bei anderen Colubriden beschrieben wurde (GILLINGHAM 1987 u.a.). Der Biß schien nicht fest zupackend zu sein (nur mit den vorderen Zähnen; vgl. Abb. 6) und ist damit eher als ein stimulierendes Element zu deuten. Ebensolche Funktionen besitzen vermutlich das Wangenreiben (»chin rubbing«) und die Muskelkontraktionswellen entlang der Körperlängsachse. Neben der chemischen Stimulierung durch Pheromone des Weibchens (und Männchens?) scheinen taktile Reize die wesentlichen Kommunikationsträger zu sein. Dies wird auch von PORTER (1972), CARPENTER (1977) und GILLINGHAM (1987) so gesehen. Der Nackenbiß bewirkt zudem beim Weibchen die Einnahme einer günstigen Körperhaltung (GILLINGHAM 1987) und beschränkt sich bei den Schlangen auf die Colubriden.

Eine Interpretation von weiterem sozialen Verhalten über die Fortpflanzung hinaus ist sehr schwierig. Bei den Beobachtungen handelte es sich im wesentlichen um Aggregationen, bei denen eine soziale Attraktivität vermutet werden kann. Probleme bereitet die Trennung von abiotischen und intraspezifischen Faktoren, die für die Attraktivität eines Platzes verantwortlich sind. Letzteres wurde angenommen, wenn scheinbar gleichwertige Habitate in unmittelbarer Nähe zu dem mit einer Aggregation lagen. »Sensuel satisfaction« wird auch bei GILLINGHAM (1987) als potentieller Faktor genannt. Vielfach fanden sich Verklumpungen (»cluster«) während besonderer Phasen, wie Häutung oder Eiablage. Möglicherweise signalisieren vorhandene Häute oder Eier (bzw. Eischalen) nachfolgenden Schlangen günstige Bedingungen. Das wäre aber noch unter Terrarienbedingungen zu testen, zumal es auch bei Masseneiablageplätzen eine Rolle spielen könnte. Bei einigen Viperiden und einzelnen Colubriden sind Ansammlungen gravider Weibchen beschrieben worden (GILLINGHAM 1987, MOSER 1988). Öfters beobachtet werden konnte das von MOSER (1988) beschriebene »Wärmeanlehnungsverhalten«. Bemerkenswert erscheint noch der Wiederfund eines Pärchens nach etlichen Wochen an anderer Stelle in unmittelbarer Nähe zueinander. Ob es sich dabei um Zufall handelte, muß offen bleiben. MOSER (1988) beschreibt ähnliches auch bei der Kreuzotter.

Fortpflanzung

In kühleren Klimaten kann neben dem Problem des späten Schlupfzeitpunktes der Jungschlangen noch die Reproduktionseinschränkung auftreten, daß die Weibchen wegen der kurzen aktiven Saison nicht jedes Jahr trächtig werden (SPELLERBERG & PHELPS 1977, MOSER 1988). Die Verhältnisse im Untersuchungsgebiet konnten nicht geklärt werden. In klimatisch ungünstigeren Gegenden kann die kurze Aktivitätszeit durch eine gute Temperaturadaptation und Habitatwahl ausgeglichen werden (SPELLERBERG 1973). Das Hauptproblem bei der Reproduktion scheint die Eientwicklung, d.h. vor allem ein günstiger Eiablageplatz zu sein. Bei dessen Wahl kann die Äskulapnatter mangelnde Wärme durch die Nutzung der Zersetzungswärme von Pflanzenmaterial ausgleichen (vgl. 4.5.).

Bei der Gelegeplatzwahl kann wegen der Gelegeanzahl in einigen Fällen darauf geschlossen werden, daß die trächtigen Weibchen Entfernungen von einigen hundert

Metern zurücklegen. Die Möglichkeit einer sozialen Attraktion wurde bereits diskutiert (4.3.).

In dem gefundenen Masseneiablageplatz hatten die Äskulapnattereier bis zum Schlupf eine Mortalität von etwa 2%, davon die Hälfte während des Schlupfes. Bei der Ringelnatter lagen die Verluste unter 1%. GOLDER (1985) berichtet von 0% Verlust der Äskulapnatter bei einem ähnlichen Fund, aber von 14,5% bei der Ringelnatter. Er mußte die Gelege allerdings umsetzen. Mit ausreichender Reifezeit haben die Eier eine gute Überlebenschance (ohne Beutegreifer!), was auch für die Fähigkeit der Weibchen spricht, einen günstigen Platz auszuwählen.

Eiablageplätze

Zur Eiablage werden offenbar überwiegend Haufen aus totem organischen Material gesucht, das in entsprechender Menge und »Reife« vorhanden ist, um die auftretende Zersetzungswärme für die Eizeitigung zu nutzen. Die erhöhte Temperatur konnte gemessen werden. Die Bedingungen sollten vermutlich annähernd 100% relative Feuchte, erhöhte, aber nicht zu hohe Temperatur, einen pH-Wert im neutralen Bereich und keine Fäulnis aufweisen. Eine lockere Schichtung dürfte deshalb förderlich sein. Darüber hinaus wurden scheinbar an Menge und Art des Substrats keine großen Anforderungen gestellt. Ähnliche Angaben machen FITCH (1963), GOLDER(1985), ASSMANN (1986) und WAITZMANN (1989). Letzterer beschreibt Haufen von Kaninchen-, Ziegen- und Pferdemist, Kompost- und Laubhaufen als Fundorte einzelner Gelege. Er vermutet ebenfalls die Notwendigkeit eines gewissen Reifegrades. SCHREIBER (1912) nennt Dunghaufen als Gelegeplätze.

Davon etwas abweichend ist der beschriebene Fundort des natürlichen Eiablageplatzes, dessen Substrat aus Rohhumus (neben Steinen) bestand, der keine Zersetzungswärme mehr liefern dürfte. Die Lage läßt hier auf besonders günstige äußere Bedingungen schließen (optimale Einstrahlung, dunkles Substrat). Trotz einer guten Wasserhaltefähigkeit des Substrats dürfte es insgesamt trockener sein, als die beschriebenen anthropogenen Haufen. In der Literatur werden modernde Baumhöhlen (VOGEL 1968) und bei *Elaphe obsoleta* modernde Baumstümpfe (FITCH 1963) angegeben. Die Häufigkeit solcher natürlicher Ablageplätze ist unbekannt.

Das Phänomen der Masseneiablageplätze mit vermutlich besonders günstigen Bedingungen findet sich offenbar häufiger (GOLDER 1985, KLEMMER 1985, HEIMES 1988 in WAITZMANN 1989). LYNCH (1966) beschreibt einen Masseneiablageplatz der *Elaphe obsoleta* mit 76 Eiern in einem alten Sägmehlhaufen. Als Grund wurde bereits eine soziale Attraktivität diskutiert, die günstige Plätze anzeigen könnte. Hierfür möglicherweise verantwortliche, chemosensorische Leistungen könnten auch eine Rolle bei der Orientierung der Schlangen eine Rolle spielen. Darüber hinaus kann aber auch eine gute Kenntnis des individuellen »home range« angenommen werden. Dabei besteht zumindest bei großen Haufen eine gewisse Tradition über einige Jahre hinweg, wie alte Schalen belegen.

Aspects of population ecology and reproductive biology of Aesculapian Snake, *Elaphe longissima* (LAURENTI 1768) in eastern Bavaria, Germany

A part of a population of the snake, *Elaphe longissima* (LAURENTI 1768) was investigated in the activity periods of the years 1987 and 1988 at the hillsides of the danube river in lower bavaria (Germany).

The snakes have been individualy marked by scale clipping. The population size was 250 (±40) adult snakes, estimated with the mark-recapture-technique. The population density was found to be 2,89 adult snakes/ha. Seasonal activity patterns are represented. The cool and early summer in 1987 forced a shifting in the seasonal activities. The behavior pattern of courtship and reproduction is described, with special mention of the male combat rituals. Problems of a successful reproduction are discussed. Egg clutch sites are described.

Schriften

ASSMANN, O. (1986): Gutachten zur Frage der Auswirkungen eines geplanten Probestollens durch die Rhein-Main-Donau AG auf die Fauna im LSG Donautal. - Unveröff. Gutachten im Auftrag des Landratsamts Passau.

BESKOW, W. (1976): Izslodwanija w'ruchu biologijata i ecobgijata na zmiite w Malesewskata planina (Jugozapatna Bulgaria) . - II. W'rchu chramata i chrameneto na smoka miskar (*Elaphe longissima longissima*, LAUR.). - B'lg. Akad. Nauk. Ekologija, Sofia, 2: 34-42.

CARPENTER, C.C. (1977): Communication and Displays of snakes. - Am. Zool. 17: 217-233.

CREWS, D. & W.R. GARSTKA (1982): The ecological physiology of a garter snake. - Sci. Am. 247: 159-168.

Deutscher Wetterdienst (Hrsg.) (1987 & 1988): Agrarmeteorologische Monatsberichte für Bayern.

DROBNY, M. (1989): Untersuchungen zur Aktivitätsdynamik und Habitatwahl der Äskulapnatter, *Elaphe longissima* (LAURENTI, 1768) in Ostbayern. - Dipl.-Arb. an der Fakult. f. Biologie der L.-M.-Universität München.

- (1989 b): Untersuchungen zur Aktivitätsdynamik und Habitatwahl einer Population der Äskulapnatter, *Elaphe longissima* (LAURENTI, 1768) mit Hilfe der Radiotelemetrie. - Bericht für den Landesbund für Vogelschutz in Bayern, e.V. und das Landratsamt Altötting.

ENRIGHT, J.T. (1976): Climate and Population Regulation. - Oecologia, Berlin, 24: 295-310.

ERDELEN, W. (1983): Die Gattung *Calotes* (Sauria, Agamidae) in Sri Lanka: Beziehungen innerhalb eines Artensystems tropischer Eidechsen. - Diss. Univ. München.

FITCH, H.S. (1963): Natural history of the Black rat snake *Elaphe o. obsoleta* in Kansas. - Copeia (4): 649-658.

- (1987): Collecting and life-history techniques. - pp 143 - 164. - In: Snakes - Evolutionary and Ecology Biology, (R.A. SEIGEL, J.T. COLLINS, S.S. NOVAK eds.) Macmillan Publ. Co., N.Y. London.

FORD, N.B. (1986): The role of pheromone trails in the sociobiology of snakes. - In: Chemical signals in Vertebrates IV, (D. DUVALL, D. MULLER-SCHWARZE and R. SILVERSTEIN, eds.), Plenum Press, New York.

FORD N.B. & J.R. LOW (1984): Sex pheromon source location by garter snakes: a mechanism for detection of direction in nonvolatile trails. - J. Chem. Ecol. 10: 1193-1199.

FRÖR, E. (1986): Erhebungen zur Situation der Reptilienbestände im Bereich der Donauhänge zwischen Passau und Jochenstein. - Schr.R. Bayer. Landesamt f. Umweltschutz 73: 135-185.

GIBBONS, J.W. & R.D. SEMLITCH (1987): Activity patterns. - In: Snakes -Evolutionary and Ecology Biology, (R.A. SEIGEL, J.T. COLLINS, S.S. NOVAK eds.). Macmillan Publ. Co., N.Y. London, S. 396-421.

GILLINGHAM, J.C. (1980): Communication and combat behavior of the black rat snake *(Elaphe obsoleta)*. - Herpetologica 36: 120-127.

- (1987): Social Behavior. - In: Snakes - Evolutionary and Ecology Biology, (R.A. SEIGEL, J.T. COLLINS, S.S. NOVAK eds.). - Macmillan Publ. Co., N.Y. London, 184-209.

GOLDER, F. (1985): Ein gemeinsamer Masseneiablageplatz von *Natrix natrix helvetica* (LACEPEDE, 1789) und *Elaphe longissima* (LAURENTI, 1768) mit Daten über Eizeitigung und Schlupf. - Salamandra 21(2): 10-16.

HEIMES, P. (1988): Die Reptilien des Rheingautaunus unter Berücksichtigung der Schutzproblematik der Äskulapnatter, *Elaphe longissima* (LAURENTI 1768). - Unveröff. Bericht am Naturschutzzentrum Hessen. - Wetzlar.

KLEMMER, K. (1975): Status und Schutzproblematk der Äskulapnatter *(Elaphe longissima)*. - Natur und Landschaft 60(9): 352-353.

KÖNIG, D. (1985): Langjährige Beobachtungen an der Äskulapnatter, *Elaphe longissima* (LAURENTI, 1768), Serpentes: Colubridae. - Salamandra, Bonn, 21(1): 17-39.

LOTZE, H.U. (1975): Zum Paarungsverhalten der Äskulapnatter, *Elaphe longissima*. - Salamandra 11(2): 67-76.

LYNCH, J.D. (1966): Communal egg laying in the pilot black snake, *Elaphe obsoleta*. - Herpetologica 32: 305.

MADSEN, T. (1984): Movements, home range size and habitat use of radio-tracked Grass Snakes *(Natrix natrix)*. - Copeia: 707-713.

MANLY, B.F.J. & M.J PARR (1968): A new method of estimating population size, survivorship and birthrate from capture-recapture data. - Trans. Soc. Brit. Ent. 18: 81-89.

MOSER, A. (1988): Untersuchung einer Population der Kreuzotter *(Vipera berus* L.) mit Hilfe der Radio-Telemetrie. - Dissertation Univ. Basel.

PARKER, W.S. & M.V. PLUMMER (1987): Population Ecology. - In: Snakes -Evolutionary and Ecology Biology, (R.A. SEIGEL, J.T. COLLINS, S.S. NOVAK eds.), N.Y. London, S. 253-301.

PORTER, K. (1972): Herpetology. - Toronto.

SCHREIBER, E. (1912): Herpetologia europaea. - Jena.

SPELLERBERG, I.F. (1973): Critical minimum temperatures of reptiles. - In: Effects of temperature on ecothermic organisms (W. WIESER ed.), Berlin, S. 239-247.

SPELLERBERG, J.F. & T.E. PHELPS (1977): Biology, general ecology and behabior of the snake, *Coronella austriaca* LAURENTI. - Biol. J. Linn. Soc. 9: 133-164.

TURNER, F.B. (1977): The dynamics of populations of Squamates, Crocodilians and Rhynchocephaliens. - In: Biology of the reptilia, Vol. 7 (C. GANS & D.W. TINKLE eds.). - Academic Press, N.Y., S. 157-264.

VOGEL, Z. (1968): Neue Erkenntnisse über das Vorkommen der Äskulapnatter *(Elaphe longissima,* LAURENTI 1768) in der Tschechoslowakei. - Zool. Garten NF. 35: 167-178.

VÖLKL, E. & B. MEIER (1988): Verbreitung und Habitatwahl der Schlingnatter *Coronella austriaca* (LAURENTI, 1768) in Nordostbayern. - Salamandra 24(1): 7-15.

WAITZMANN, M. (1989): Untersuchungen zur Verbreitung, Ökologie und Systematik der Äskulapnatter - *Elaphe longissima* (LAURENTI,1768) im südlichen Odenwald und im Donautal unter Berücksichtigung aller anderen in den Untersuchungsgebieten auftretenden Reptilienarten. - (Unveröff. Bericht im Auftrag der Stiftung Hessischer Naturschutz e.V. und der Umweltstiftung WWF-Deutschland).

WHEATHERHEAD, P.J. & M.B. CHARLAND (1985): Habitat selection in an Ontario population of the snake, *Elaphe obsoleta*. - J. of Herpetology 19(1): 12-19.

Verfasser

Dipl.-Biol. Manfred Drobny, Schönmetzlerstr. 21, D-85354 Freising.

Zur Ökologie der Ringelnatter (*Natrix natrix*) in Deutschland

HANS-PETER ECKSTEIN

Key words: *Natrix natrix*, postglacial habitats, situation 16th century to recent, food, protection

Einleitung

Die Ringelnatter ist die in Deutschland am weitesten verbreitete Schlange. Inzwischen liegen Kartierungswerke einiger Bundesländer und Kreise vor, aber über regionale und lokale Ansprüche, sowie der Ökologie dieser Schlangenart wurden erst wenige Arbeiten verfaßt. Einige Autoren weisen darauf hin, daß in manchen Gebieten Ringelnatter-Populationen erlöschen oder stark rückläufig sind (ECKSTEIN 1990, FELLENBERG 1981, GEIGER & NIEKISCH 1983, GRUSCHWITZ 1981, GÜNTHER 1993, KÜHNEL 1991, LEMMEL 1977), dieses kann jedoch nur von wenigen belegt werden (z.B. BEUTLER et al. 1993). Stichhaltige Begründungen, warum die Ringelnatter manche Landstriche nicht besiedelt (hat), stehen noch aus.

Auf radiotelemetrischer Basis errechnete Arealgrößen

MERTENS (1992) schreibt, daß sich nach Abzug aller gemiedenen Bereiche Arealgrößen zwischen 8,3 ha und 28,9 ha ergaben und die telemetrierten Tiere den Eindruck großer Vertrautheit mit dem jeweiligen, allem Anschein nach über mehrere Jahre hinweg genutzten »home range« erweckten. Das potentielle Gesamtareal belief sich, wiederum abzüglich aller gemiedenen Bereiche, auf 83,0 ha, da sich die individuellen Areale stark überlappen. Der nach der LINCOLN-PETERSEN Methode errechnete Gesamtbestand lag bei 299 ± 75 Individuen, wobei potentiell adulte Individuen 101 ± 23 Exemplare ausmachten (MERTENS 1992). MADSEN (1984) errechnete für Südschweden einen individuellen Flächenanspruch, ebenfalls anhand telemetrierter Ringelnattern, von 21,2 ha (total home range), bei Ausschluß nicht genutzter Flächen 11,8 ha (combined home range).

Unter dem Gesichtspunkt, daß das Areal in Marburg anthropogen geformt (Botanischer Garten) und dadurch vielfältige Strukturen aufweist, zudem auch ein hohes »Nahrungsangebot« gegeben ist (MERTENS 1992), erweist sich die Hypothese von VÖLKL (1991) als realistisch, der von einer Mindestpopulationsgröße von 50 fortpflanzungsfähigen Individuen ausgehend, einen Flächenbedarf von mindestens 250 ha für eine überlebensfähige Ringelnatterpopulation ansetzt.

Charakterisierung des Lebensraumes

In Deutschland wird die Ringelnatter im Flachland in Feuchtgebieten und Gewässern und deren nächster Umgebung, dagegen im Bergland entlang der Flußtäler angetroffen,

Abb. 1: Die Ringelnatter besiedelt auch anthropogen geschaffene Areale (Wuppertal, NRW).
The Ringed snake also settles human areas

also in Bereichen, in denen Amphibien, ihre Hauptnahrung, leben. Das sind auch anthropogen geschaffene Gewässer wie Seen, Kotten-, Hammer-, Garten- ,Park-, Feuerlösch- und extensiv genutzte Fischteiche, wenn häufige Störungen unterbleiben und eine »Mindestausstattung« vorhanden ist.

GRUSCHWITZ (1981) nennt für Rheinland Pfalz als Verbreitungsschwerpunkt die Rheinebene, wo diese Art vor allem in Feuchtstandorten auftritt. Eine Häufung von Fundorten findet sich in Niedersachsen nur in den Feuchtgebieten der Tiefebene, schreibt LEMMEL (1977). Nach WESTPHAL (1985) findet sich (die Ringelnatter) im Landkreis Harburg (Niedersachsen) insbesondere in den Niederungen der Flußläufe und an deren Ränder. In Bayern (BEUTLER & HECKES 1986) beschränkt sich die Ringelnatter im wesentlichen auf Feuchtbiotope mit einem entsprechenden Angebot an Amphibien.

Die meisten beobachteten Aktivitäten der Ringelnatter finden im direkten Uferrandbereich von Gewässern statt, so registrierte MERTENS (1992) 78% aller Fänge in einer Entfernung von weniger als 5 m zum nächsten Gewässer (davon 43,4% im Wasser).

VÖLKL & MEIER (1989) nennen als entscheidenden Faktor für die Eignung eines Gebietes die räumliche Entfernung der drei Teillebensräume Winterquartier, Eiablageplatz und Nahrungshabitat. FELLENBERG (1981) schreibt, daß als Optimallebensräume Bereiche anzusehen sind, welche extreme Biotopstrukturen in enger räumlicher Verbindung umfassen. Das ist am ehesten im stark reliefiertem Bergland der Fall, wo bachdurchflossene, feuchte Talgründe mit steilen, trockenen Berghängen in enger Folge

Wasserhabitate	Landhabitat
60,7 % Weiher, Teiche, Altwässer	18,7 % Mischwälder
11,3 % Tümpel, Weiher, Seen in ehem. od. genutzten Brüchen u. Gruben	13,7 % Sumpfwiesen u. Flachmoore
10,2 % natürliche und künstliche Seen	13,4 % Feldgehölze, Hecken u. Gebüsche
7 % Niederungsbäche und -gräben	10,5 % Nadelwälder (Vorliebe f. Schonungen)

Tab. 1: Auszug aus GÜNTHER (in Vorb.): Verteilung der Wasser- (n = 1172) und Landhabitate (n = 1485) in Ostdeutschland (jeweils die vier höchsten Werte).
Extract from GÜNTHER (in prep.): distribution of water- and landhabitats in East-Germany.

Wasserhabitate	Landhabitate
103 Bäche (Wiesen-, Wald- und Flurbäche)	74 Übergangszone Wald/Gelände (zu Fluren und Ortschaften hin)
33 Teiche (offene Flur, am Waldrand und im Wald)	73 Trockenes offenes bis halboffenes Gelände (Gärten, Steinbrüche, Straßen, Wege, Böschungen, Ödland, Halden etc.)
14 Tümpel (Flur-, Garten-, Steinbruch- und Waldtümpel)	47 Feuchtes, offenes Gelände (Mähwiesen, feuchte bis sumpfige Viehweiden, Wiesensümpfe, Brachwiesen)
10 Flüsse (offene Ufer, Altwässer, bewaldete Ufer,) 8 Talsperrenufer	42 Geschlossener Wald mit offenen Stellen (Laubwald, Laub-Nadel-Mischwald 7x, Fichtenschonung 1x, offene Stellen)

Tab. 2: Analyse von 187 südwestfälischen Ringelnatterhabitaten (nach FELLENBERG, komprimiert) - (die Werte sind absolute Zahlen).
Analysis of 187 South-Westfalian Ringed Snake habitats.

abwechseln. Aus den bisherigen Erhebungen zu Fundplätzen läßt sich sagen, daß die Verteilung von Land- zu Wasserhabitaten stark zu schwanken scheint (z.B. BUSCHENDORF & GASSMANN 1984, ECKSTEIN 1993, KÜHNEL 1990, MERTENS 1992). Die obigen Aufstellungen zeigen zwar größtenteils gleiche Strukturen und Habitate, jedoch mit einer völlig unterschiedlichen Verteilung, z.B. bezüglich Nadelwald-Anteilen und Bächen.

Ringelnattern wurden vereinzelt an Standorten angetroffen, die aus den obigen Aufstellungen nicht verifizierbar sind, so z.B. Fundpunkte weitab von Gewässern. Als Sonnplätze und auch als Wanderlinien werden Gebüschsäume und Vorwälder genutzt (MERTENS 1992), die Deckung und Versteckmöglichkeiten bieten (z.B. FORMAN & ECKSTEIN 1993, KÜHNEL 1989), wobei die telemetrierten Ringelnattern überwiegend Strecken zwischen 0 - 50 m Luftlinie während eines Tages zurücklegten (MERTENS 1992). Von 274 Beobachtungen wurden nur 38 mal Schlangen aktiv, also kriechend oder schwimmend registriert (ECKSTEIN 1993).

Jahresrhythmik

Die Zeiträume für Aktivitätsbeginn, Paarung, Schlupf der Jungschlangen und Beginn der Hibernation in Deutschland variieren aufgrund natürlicher Ursachen, wie z. B. unterschiedlicher regionaler Witterungsverhältnisse, wechselnden großklimatischen Einflüssen und der Höhenverbreitung der Ringelnatter; dazu kommt noch die »Vergrößerung des zu bearbeitenden Raumes durch die Neuen Bundesländer«. Dieser Artikel

Abb. 2: Optische und olfaktorische Orientation eines Ringelnatter-Weibchens.

Visual and smell orientation of a female Ringed snake.

beruht größtenteils auf Literaturdaten. Berücksichtigung finden hauptsächlich Informationen, die »Schwerpunkt-Zeiträume« darstellen, durch einige Ausnahmen ergänzt.

Aktivitätsbeginn

DÜRIGEN (1897) setzt für die ersten Aktivitäten im Jahr Mitte März, je nach Witterung den April an. Einige Autoren nennen die Monate März und April als den Zeitraum, in dem die Ringelnatter (*Natrix natrix*) nach der Hibernation wieder an der Oberfläche aktiv wird (ENGELMANN et al. 1986, GRUBER 1989, KÜHNEL & SCHWARZER 1989, STERNFELD 1912), während MERTENS (1947) für das Rhein-Main Gebiet, GEIGER & NIEKISCH (1983) für das nördliche Rheinland und auch TRAUTMANN (1950) nur den April angeben. WISNIEWSKI (1958), der in Brandenburg und Berlin Beobachtungen über die Ringelnatter notierte, nennt den Zeitraum vom 15. bis 25. April, der sich in den nördlichen Gebieten deutlich verlängern würde.

Präzise Zeitangaben findet man bei FELLENBERG (1981) für Westfalen, wo erstmalig im Jahr ab dem 26. März bis zum 7. April aktive Ringelnattern angetroffen wurden, ECKSTEIN (1993) stellte für den Raum Wuppertal (Bergisches Land, Nordrhein-Westfalen) den 27. März bis 15. April (1987 bis 1991) als Aktivitätsbeginn fest.

Paarung

Die Paarung, die bei der Ringelnatter länger als 4 ½ Stunden andauern kann (FORMAN schriftl. Mitt.), findet im Anschluß an die erste Häutung, nach Verlassen des Winterquartieres statt (ENGELMANN et al. 1986, GRUBER 1989). MERTENS (1947) schreibt, daß die Ringelnattern nach der Hibernation »bald zur Paarung« schreiten. BLAB & VOGEL (1989) nennen April und Mai, KABISCH (1978) Ende April bis Mai. MERTENS (1992) beobachtete in Marburg (Hessen) von Anfang April bis Ende Mai Kopulationen, TRAUTMANN (1950) dagegen nicht vor Ende Mai.

DÜRIGEN (1897) setzt den Zeitraum für die Paarung von etwa Mitte Mai bis Ende Juni an, nennt aber als Ausnahme aufgrund außergewöhnlicher Wärme als frühen Zeitpunkt den 30. März, an dem bei Mainz (Rheinland-Pfalz) Ringelnattern in Kopula angetroffen wurden. FORMAN (schriftl. Mitt.) traf bei Münster (Westfalen) am 27. März 1989 und am 26. April 1987 im gleichen Gebiet paarende Nattern an. GÖHLERT (schriftl. Mitt.) beobachtete vom 21. bis 23.04.1990 etwa 30 Tiere auf einem »Balzplatz« in einem Dünengelände bei Perow/Darß (Vorpommern). Der Autor (ECKSTEIN 1993) beobachtete am 2. Mai 1989 in Wuppertal (Nordrhein-Westfalen) zwei Ringelnattern während der Kopulation.

DÜRIGEN (1897) weist darauf hin, das im September und Oktober zuweilen eine zweite Vereinigung stattfindet, auch MERTENS (1947) schreibt, daß manchmal Herbstpaarungen vorkommen. KABISCH (1978) führt als Datum einer Herbstpaarung im Bayerischen Wald den 3. September an.

HEDIGER (1971) weist auf Schlangenweibchen hin, die bereits zwei Jahre und länger allein gehalten wurden und danach noch befruchtete Eier ablegten.

Die Paarung selbst findet häufig in den frühen Morgenstunden statt, so sind z.B. im Bereich der Mecklenburger Seenplatte und in Teilen des Niederlausitzer Teichgebietes auf Teichdämmen oder Uferböschungen mitunter mehrere kopulierende Paare angetroffen worden (KABISCH 1978).

Weder eine signifikante Steigerung der Wanderaktivität männlicher Nattern zur Paarungszeit, noch eine Verminderung der Aktivität während der Sommermonate stellte MERTENS (1992) in Marburg (Hessen) fest.

Eiablage

Die Eiablage der Ringelnatter kann mit den beiden anderen in Deutschland eierlegenden Schlangen an gemeinsamen Orten stattfinden, wobei GOLDER (1985) die Gelege mit denen der Äskulapnatter (*Elaphe longissima*) vermischt vorfand, diese also zur gleichen Zeit abgelegt wurden. Die Würfelnatter (*Natrix tessellata*) dagegen legt ihre Eier etwa eine Woche nach der Ringelnatter. Diese schlüpfen dann etwa zwei Wochen vor den Würfelnattern (LENZ & GRUSCHWITZ 1993).

Als Zeitraum der Eiablage nennt TRAUTMANN (1950) »gewöhnlich den Juli«, ENGELMANN et al. (1986) und GRUBER (1989) geben die Monate Juli und August an, BLAB & VOGEL (1989) Juli bis Mitte August, KABISCH (1967) beschränkt den Zeitraum der Eiablage für Mecklenburg auf Anfang Juli bis Mitte August, DÜRIGEN (1897) auf die zweite Julihälfte, aber auch noch die erste Septemberhälfte.

Vorgenannte Autoren setzen den Zeitraum der Eireife bis 10 Wochen an, einige vier, andere acht Wochen als minimale Nachreifezeit. LENZ & GRUSCHWITZ (1993) beobachteten verstärkt am 26. und 27. Juni Weibchen am Pferdemisthaufen. Die ersten Jungtiere registrierten sie nach einer Inkubationszeit von 35 bis 37 Tagen, dem 2. August 1988 (Rheinland-Pfalz).

Gelegegrößen

KABISCH (1978), der umfangreiches Material von Masseneiblageplätzen der Mecklenburger Seenplatte sichtete, zählte durchschnittlich 30 bis 32 Eier, nennt für junge

Weibchen eine Gelegegröße von 8 bis 15 Eiern und berichtet als Ausnahmefall von einem aus 105 Eiern bestehenden Gelege. NÖLLERT et al. (1989) berechneten die durchschnittliche Eizahl mit 33 für das Ahlbecker Fenn in Neubrandenburg, der Autor (ECKSTEIN 1993) zählte bei Gelegen (n = 12) im Wuppertaler Raum 17 bis 44 Eier mit durchschnittlich 28,8 Eiern.

Masseneiablageplätze mit bis zu mehreren tausend Eiern (KABISCH 1967 und 1978; GÜNTHER, in Vorber.), die entsprechend große Populationen und Lebensräume voraussetzen, fanden sich wohl in den letzten Jahrzehnten nur noch in Ostdeutschland. Die einzige (mir bekannte) Ausnahme beschreibt GOLDER (1985) mit einem Masseneiablageplatz in Hessen mit etwa 2000 Eiern.

Schlupfzeitraum

Im September findet man an geeigneten Orten Jungschlangen, schreibt DÜRIGEN (1897). Am 10.9.1987 entdeckte der Autor bei der Kontrolle eines Pferdemisthaufens (Wuppertal, Nordrhein-Westfalen) eine Ringelnatter, die gerade aus dem Ei kroch, neben der sich schon geschlüpfte Jungschlangen aufhielten. Weitere schlüpften während der folgenden 5 Tage, ebenso die Tiere aus einem 30 cm entfernt aufgefundenen Gelege. Vier Jahre später, wieder am 10. September, im Jahr 1991, entdeckte der Autor dort wieder schlüpfende Ringelnattern (ECKSTEIN 1993). In Wuppertal war ein Mitte Mai entdecktes Gelege in kompostierten Grassoden in der letzten Maiwoche schon von den Jungschlangen verlassen (ECKSTEIN 1993), was auf eine Paarung Anfang März schließen läßt. FELLENBERG (1981) nennt den 19.9.71 als Schlupftermin von fünf Ringelnattern im Kreis Siegen (Westfalen).

Der Schlupferfolg von 15 Gelegen (incl. 3 Massengelege mit 133/56/62 Eiern) schwankte zwischen 0 und 100%, wobei aus 5 Gelegen alle Tiere, aus dreien 82,3 bis 86,9%, aus je einem 64,7% und 40,6%, aus weiteren drei 10,2 bis 16,7% schlüpften, zwei Gelege blieben ohne Erfolg (Schlupferfolg durchschnittlich 60% bei 15 Gelegen) (ECKSTEIN 1993).

Abb. 3: Schlüpfende Ringelnatter.
Hatching Ringed Snake.

Nach den vorgenannten Daten kann man von Ende Mai bis Ende September Jungschlangen beobachten. DÜRIGEN (1897) schreibt »daß die spät schlüpfenden Jungschlangen, bedingt durch rauhe Witterung, es wohl bis zum nächsten Frühjahr ohne Nahrungsaufnahmen aushalten«.

Hibernation

Die Ringelnattern ziehen sich nach DÜRIGEN (1897) in den Monaten Oktober und November zurück. GEIGER & NIEKISCH (1983) eruierten für das nördliche Rheinland den September, MERTENS (1947) nennt für das Rhein - Main Gebiet ebenso wie KABISCH (1978) Ende September bis Anfang Oktober, WISNIEWSKI (1958) für Brandenburg den 1 bis 15. Oktober als Beginn der Hibernation. FELLENBERG (1981) stellte in Westfalen fest, daß zwischen dem 3. Oktober und dem 14. November noch aktive Ringelnattern beobachtet werden konnten. ECKSTEIN (1993) registrierte im Raum Wuppertal die letzten aktiven Ringelnattern zwischen dem 3. September und dem 4. Oktober (1986 bis 1991), betrachtet die unter einer Holzbohle entdeckte Jungschlange am 26. Oktober 1991 als Einzelfund.

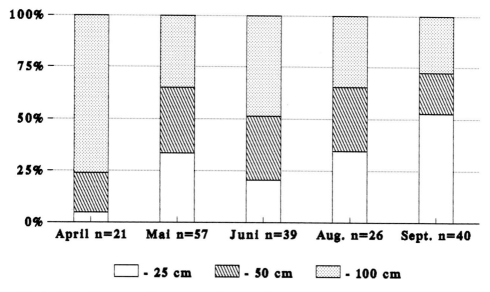

Abb. 4: Größenklassenverteilungen nach Monaten. Erklärungen im Text.
Monthly size-class-distribution. Explanations in the text.

Bei sehr warmen Herbstwetter stößt man jedoch noch im November auf sich sonnende Exemplare (KABISCH 1978). MERTENS (1992), der eine Ringelnatter über einen Winter telemetrisch kontrollierte, stellte fest, daß dieses Tier bis Mitte November noch an der Oberfläche aktiv war, und am 10. Januar 1991 die »Winterruhe« bei einem Tagesmaximum von 13,7 °C Lufttemperatur kurzzeitig unterbrach.

Das Balkendiagramm zeigt die monatliche Verteilung der drei Größenklassen: bis 25 cm (0. bis 1. Lebensjahr), < 50 cm (semiadulte Tiere), und geschlechtsreife Tiere

> 50 cm. Für die Monate Juli, März und Oktober liegt zu wenig Datenmaterial vor. Aus dem Diagramm ist ersichtlich, daß der Anteil an semiadulten Schlangen der konstanteste mit 19 bis 31% ist. Es fällt auf, daß im April der Anteil der Adulti 76% beträgt und sich (erwartungsgemäß) der Anteil der Juvenilen im September auf 52,5% beläuft.

Diurnale Aktivitäten

ARNOLD & BURTON (1979) beschreiben die Ringelnatter als weitgehend tagaktiv, eventuell sind südliche Formen durch wärmere Tage vormittags und abends aktiv. BLAB & VOGEL (1989) bezeichnen die Ringelnatter für Mitteleuropa als tagaktiv.

Im Frühjahr und Herbst registrierte MERTENS (1992) den Beginn des Sonnenbades zwischen 9 und 11 Uhr (MEZ), wobei sich im Sommer die Schlangen schon morgens zwischen 6:30 und 8 Uhr aufwärmten. Weniger günstige Wetterverhältnisse verschoben den Aktivitätsbeginn oder unterbanden ihn völlig. Dämmerungs- und Nachtaktivität konnte MERTENS (1992) in sechs Fällen im Anschluß an sehr warme Tage zweifelsfrei nachweisen. Alle Tiere wurden im Wasser angetroffen. Bei einer Vergleichsmessung wies das durch den Wasserkörper erwärmte Tier mit 19,5 °C eine um 3,5 °C höhere Körpertemperatur auf als das an Land nächtigende Tier.

	März	April	Mai	Juni	Juli	Aug.	Sept.	Okt.
- 24			1,1 %					
- 23			1,1 %	1,8 %				
- 22		3,2 %						
- 21			1,1 %		8,3 %	2,3 %		
- 20			5,4 %	1,8 %		6,9 %		
- 19		6,5 %	5,4 %	9,3 %	8,3 %	6,9 %	61,6 %	
- 18		6,5 %	24,5 %	7,5 %	24,9 %	18,4 %		
- 17	20,0 %	19,3 %	11,7 %	24,3 %	8,3 %	9,2 %	6,6 %	
- 16	20,0 %	19,3 %	15,6 %	15,0 %		9,2 %	2,2 %	42,8 %
- 15	60,0 %	19,3 %	5,5 %	9,4 %	8,3 %	13,8 %	4,4 %	
- 14		6,5 %	9,7 %		16,6 %	2,3 %	13,2 %	14,3 %
- 13		12,9 %	7,6 %	17,0 %	8,3 %	4,6 %	4,4 %	28,6 %
- 12		6,5 %	11,0 %	7,5 %	16,6 %	18,4 %	6,6 %	14,3 %
- 11			1,1 %	3,7 %		6,9 %	2,2 %	
- 10				3,7 %				
Uhrzeit	100 %	100 %	100 %	100 %	100 %	100 %	100 %	100 %
MESZ ⇑	März	April	Mai	Juni	Juli	Aug.	Sept.	Okt.
Σ=291	n=5	n=31	n=94	n=53	n=12	n=43	n=46	n=7

Tab. 3: Täglicher Aktivitätsrhythmus (MESZ). Schwerpunkte sind hervorgehoben. Erklärungen im Text.
Daily activity pattern. Focal points are shown off. Explanations in the text.

KÜHNEL & SCHWARZER (1989) beobachteten (n = 36) in Berlin 83% der Individuen während des Zeitraumes von 12 bis 17 Uhr, alle anderen vormittags zwischen 8 bis 12 Uhr; das Untersuchungsgebiet wird ab 17 Uhr beschattet, ab dann war auch keine Schlange mehr zu sehen.

Die Tabelle 3 basiert auf im Raum Wuppertal, Solingen, Remscheid, Mettmann, Wipperfürth (Bergisches Land, Nordrhein-Westfalen) ermittelten Daten, wobei der

Fundzeitschwerpunkt zwischen 11 und 18 Uhr liegt. Manche Tiere waren nicht im Sinne des Wortes aktiv, sondern hielten sich unter Steinen, im Pferdemist etc. auf. Der Erfassungsschwerpunkt liegt bedingt durch ehrenamtliche Tätigkeit zwischen 16 und 18 Uhr, jedoch waren bei Amphibienkartierungen auch einige Kartierer »nachtaktiv«.

Aktivitäts-Temperaturen und Vorzugstemperaturbereiche

Verhältnisse bei Aktivität

MERTENS (1992) machte eine sehr interessante Feststellung bei der Auswertung von 461 Meßwerte telemetrierter Ringelnattern in Marburg (Hessen): bei einer Lufttemperatur von 6 bis 8 °C waren schon circa 50% der Individuen an der Oberfläche aktiv, bei 9 bis 12 °C circa 70%, oberhalb 12 °C stets über 80% und ab einschließlich 19 °C stets über 90%. Nur eine Schlange war unterhalb 6 °C, nämlich bei 3,7 °C oberflächlich aktiv, die höchste Lufttemperatur betrug 33,5 °C. Leichter oder mäßiger Niederschlag bis zu 10 mm/Tag reduzierte den Anteil aktiver Tiere nur geringfügig. Generell wurden an wechselhaften und mehr oder weniger regnerischen Tagen sonnige Phasen zur oberflächlichen Aktivität genutzt (MERTENS 1992).

Temperaturen am Fundort

Bei Temperatur-Messungen direkt am Fundort der Ringelnattern ermittelte BLOSAT (1993) in Much (Rheinland) eine Temperatur von Ø 22,9 °C (n = 20), wobei etwa die

Autor	Verteilung in der Population	Fundort - Temperatur	Anzahl
BLOSAT	Gesamt	ø 22,9 °C	Σ = 20
ECKSTEIN	Gesamt	ø 25,6 °C	Σ = 81
"	Juvenile < 30 cm	ø 26,5 °C	n = 37
"	Weibchen	ø 25,5 °C	n = 21
"	Männchen	ø 24,4 °C	n = 20

Tab. 4: Fundorttemperaturen (Nordrhein-Westfalen).
Temperatures of places of discovery.

Hälfte der Messungen auf Tiere < 30 cm entfällt. ECKSTEIN (1993) ermittelte in Wuppertal (Rheinland) ein deutlich höheres Mittel mit Ø 25,6 °C (n = 81), welches auch zwischen den Geschlechtern und den Jungtieren differierte: Juvenile < 30 cm - Ø 26,5 °C (n = 37), Weibchen Ø 25,5 °C (n = 21) und bei Männchen den niedrigsten Wert mit Ø 24,4 °C (n = 20).

Körpertemperaturbereich

Bei Messungen der Körpertemperatur (n = 958), davon 901 radiotelemetrisch ermittelt, betrug der kleinste Wert 0,4 °C und der höchste 34,8 °C (MERTENS 1992). Unter günstigen äußeren Bedingungen bevorzugten 64,8% der Ringelnattern (247 Messungen) einen Temperaturbereich zwischen 29 °C bis 33 °C, wobei in diesem Bereich Körpertemperaturwerte zwischen 31 °C und 32 °C dominierten. Der prozentuale Anteil von Körpertemperaturen über 34 °C betrug nur 2,4%. Geschlechtsspezifische Unter-

Abb. 5: Ruhende Ringelnatter auf einem Stein, partiell im Wasser
Ringed Snake resting on a stone, partly in water.

schiede in Bezug auf die bevorzugte Körpertemperatur stellte MERTENS (1992) nicht fest. Der Aufenthalt im Wasser oder sehr hohe Lufttemperaturen von mehr als 29 °C führen nicht selten dazu, daß die Tiere mit ihrer Körpertemperatur unterhalb der herrschenden Lufttemperatur lagen. Die in diesem Zusammenhang gemessene größte Differenz betrug 11,9 °C (MERTENS 1992).

Die Migrationsbereitschaft und ebenso die zurückgelegten Distanzen wurden in starkem Maße vom Wetter beeinflußt. Große Wanderungen fanden überwiegend an sonnigwarmen Tagen statt. Auch Schwüle schien sich positiv auf die Wanderaktivität auszuwirken und zu beträchtlichen Migrationen zu führen, selbst wenn die betreffenden Tage wechselhaftes Wetter mit zeitweiligen Schauern brachte (MERTENS 1992).

Nominatform oder Barrenringelnatter?

Nach ENGELMANN et al. (1986) besiedelt die Nominatform *Natrix n. natrix* Mitteleuropa östlich des Rheingebietes und Nordeuropa bis 67° nördl. Breite, das südwestliche Finnland und die westliche (ehemalige) UDSSR, die Barrenringelnatter (*Natrix n. helvetica*) kommt in Westeuropa, dem Rheingebiet, Nord-, Mittelitalien und Istrien vor.

ECKSTEIN (1993) untersuchte in Wuppertal, ob die Beschuppungsmerkmale (Ventralia und Subcaudalia) mit der Zeichnung der Nominatform oder der Barrenringelnatter übereinstimmen (nach MERTENS 1947b), und kam zu dem Ergebnis, daß das Kriterium Barrenzeichnung in Wuppertal nicht zur Unterscheidung der Unterart herangezogen

Abb. 6: Barrenringelnatter? (Foto: P. HEIMES)
Natrix n. helvetica?

werden kann, weil auch Tiere mit Ventral- und Subcaudal-Schuppenzahlen der Nominatform (*Natrix n. natrix*) Barren aufweisen. Inwieweit dieses Ergebnis auf andere Räume zu übertragen ist, bleibt weiteren Untersuchungen vorbehalten.

Aussagen zur Unterartzugehörigkeit finden sich in vielen Arbeiten, so z.B. bei ARNOLD & BURTON (1979), FELDMANN (1971), FELLENBERG (1981), GEIGER & NIEKISCH (1983), GRUSCHWITZ (1981), KABISCH (1978), R. MERTENS (1947b), D. MERTENS (1992), SCHLÜPMANN (1982 u. 1983), THORPE (1975, 1979, 1980a-c), WAITZMANN (1991). Präzise Aussagen über den Verlauf der Unterartgrenzen und den »Mischgebieten« lassen sich aus oben genannten Gründen mit dem heutigen Kenntnisstand meiner Meinung nach nur schwer machen.

Von der herpetologischen Sektion des Zoologischen Forschungsinstitutes und Museums Koenig in Bonn wird eine DNA (Desoxyribonukleinsäure) und/oder enzymelektrophoretische Untersuchung der Gattung *Natrix* angestrebt, die auch präzisere Aussagen über die Unterart-Differenzierung erwarten läßt.

Danksagung

Besonderer Dank gebührt Herrn R. Günther, der mir unveröffentlichtes Material über die Ringelnatter zur Verfügung stellte. Meiner Frau S. Günther-Eckstein danke ich für die Übersetzung.

Ecology of the Ringed Snake (*Natrix natrix*) in Germany

The individual home range of the Ringed Snake (*Natrix natrix*) is varying from 8.3 ha to 28.9 ha, excluding avoided areas. The entire area of the population of 101 ± 23 adults is calculated by MERTENS (1992) to 83.0 ha, also excluding avoided areas. So the demand of VÖLKL (1991) appears realistic, an area of 250 ha is required to maintain a viable population of at least 50 adult individuals. The Ringed Snake lives in the plain in and near humid areas, lakes, ponds and extensively used fishponds, whereas in the mountainous areas it lives mostly along river valleys. It also settles in cultivated land and artifical ponds. Most activities could be observed on the shorelines. Table 1 and 2 compare habitats in Eastern - Germany to those in Westfalia. Remarkable differences can be seen in the percentage of coniferous woods and frequency of brooks. The time of beginning of the activities and of hibernation and periods of behaviour like mating and hatching, show a great variability caused by different climatic influences and vertical distribution. The Ringed Snake is mainly diurnal, the time of activity lies between 6.30 a.m. and 9.00 p.m. The periods of activity seem to be correlated with the exposition of the habitat. MERTENS (1992) registered by means of telemetry, that in an air-temperature of 6 - 8 °C already about 50 % of the individuals were active, above 12 °C more than 80% were active. Informations on the temperatures of the discovery-places are varying, BLOSAT (1993) calculated an average of 22.9 °C, ECKSTEIN's (1993) examination resulted in an average of 25.6 °C. The preferred body-temperatures found out by radio-tracking are 31 - 32 °C (MERTENS 1992). The problem to recognize individuals according to their colour pattern as *Natrix n. natrix* or *N. n. helvetica* is discussed as the occurence of barrs sometimes failed to correspond with presumed pholidosis.

Literatur

ARNOLD, N. & J.A. BURTON (1979): Pareys Reptilien und Amphibienführer Europas. - Hamburg u. Berlin.

BEUTLER, A. & U. HECKES (1986): Möglichkeiten der Kartierung von Reptilienbiotopen - Abriß der Ansprüche, Gefährdungsursachen und des Status der bayerischen Kriechtiere. - Schrift. Bayer. f. Umweltsch. 73: 57-100.

BEUTLER, A., O. ASSMANN, M. DROBNY & D. SCHILLING (1993). Die Ringelnatter in Südbayern - ursprüngliche und heutige Bestandssituation, Gefährdung und Schutz . - Mertensiella, Bonn, 3: 171-180.

BLAB, J. & H. VOGEL (1989): Amphibien und Reptilien - Kennzeichen, Biologie, Gefährdung. - München.

BLOSAT, B. (1993): Ökologie und Habitatwahl von Amphibien und Reptilien in der Gemeinde Much (Bergisches Land) unter besonderer Berücksichtigung der Reptilien. - Diplomarbeit Universität Köln.

BUSCHENDORF, J. & F.H. GASSMANN (1984). Vorläufiger Stand der Erforschung der Herpetofauna in den Bezirken Halle und Magdeburg. - Natursch. Bez. Halle und Magdeburg.

DÜRIGEN, B. (1897): Deutschlands Amphibien und Reptilien. - Magdeburg.

ECKSTEIN, H.-P. (1990): Die Ringelnatter. - In: Reptilienschutz in Nordrhein-Westfalen 9: 25-27.

ECKSTEIN, H.-P. (1993): Untersuchungen zur Ökologie der Ringelnatter. - Ökologie und Faunistik, Duisburg.

ENGELMANN, W.-E.; FRITZSCHE, J.; GÜNTHER, R. & F.J. OBST (1986): Lurche und Kriechtiere Europas. - Stuttgart.

FELDMANN, R. (1971): Die Lurche und Kriechtiere des Kreises Iserlohn. - Menden, Heimatmuseum.

FELDMANN, R. (1981): Die Amphibien und Reptilien Westfalens. - Landesmuseum, Abh. Westf. Mus. f. Naturkde., Münster, 43(4): 1-161.

FELLENBERG, W. (1981): Ringelnatter, *Natrix natrix* (LINNAEUS 1758), In: FELDMANN, (Hrsg.). Die Amphibien und Reptilien Westfalens. - Abh. Westf. Mus. f. Naturkde. 43(4): 137-150.

GEIGER, A. & M. NIEKISCH (Hrsg.) (1983): Die Lurche und Kriechtiere im nördlichen Rheinland. - Neuss.

GOLDER, F. (1985): Ein gemeinsamer Masseneiablageplatz von *Natrix natrix helvetica* und *Elaphe longissima* mit Daten über Eizeitigung und Schlupf. - Salamandra 21(2): 10-12.

GRUBER, U. (1989): Die Schlangen Europas und rund ums Mittelmeer. - Stuttgart.

GRUSCHWITZ, M. (1981): Verbreitung und Bestandssituation der Amphibien und Reptilien in Rheinland-Pfalz - Landau. - Gesellschaft f. Naturschutz u. Ornithologie 2(2).

GÜNTHER, R. (in Vorber.): Die Amphibien und Reptilien Deutschlands. - Jena.

HEDIGER (1971): Die Ringelnatter. - In: Grzimeks Tierleben, Bd. VII, Kriechtiere.

KABISCH, K. (1967): Massen-Eiablageplätze der Ringelnatter in Mecklenburg. - Salamandra 3: 9-15.

KABISCH, K. (1978): Die Ringelnatter. - Wittenberg Lutherstadt. (Neue Brehm Bücherei Nr. 483).

KÜHNEL, K.-D. & U. SCHWARZER (1989): Untersuchung zur Biologie und Ökologie der Ringelnatter (*Natrix natrix*) in Berlin (West). - Gutachten im Auftrag der Senatsverw. Stadtentw. Umweltschutz Berlin, (unveröfftl.).

KÜHNEL, K.-D. (1991): Untersuchung zur Biologie und Ökologie der Ringelnatter (*Natrix natrix*) in Berlin (West), Untersuchungszeitraum 1990. - Berlin.

LEMMEL, G. (1977): Die Lurche und Kriechtiere Niedersachsens. - Hannover, Landesverwaltungsamt. Naturschutz und Landschaftspflege in Niedersachsen 5.

LENZ & GRUSCHWITZ (1993): Zur Autökologie der Würfelnatter, *Natrix t. tessellata*. - Mertensiella, Bonn, 3: 235-252.

MADSEN, T. (1984): Movements, Home Range Size and Habitat Use of Radiotracked Grass Snakes in Southern Sweden. - Copeia 3: 707-713.

MERTENS, R. (1947): Die Lurche und Kriechtiere des Rhein-Main-Gebietes.- Frankfurt, Abh. Senck. Naturf. Ges.

MERTENS, R. (1947): Studien zur Eidonomie und Taxanomie der Ringelnatter (*Natrix natrix*). - Abh. Senck. Naturf. Ges. 38.

MERTENS, D. (1992): Ökoethologisch-Radiotelemetrische Untersuchung an einer Population der Ringelnatter (*Natrix natrix* L.). - Inaugural Dissertation, Marburg.

NÖLLERT, A.; STEGMANN, K.-D. & A. RITTER (1989): Bemerkungen zu einem Massen-Eiablageplatz der Ringelnatter (*Natrix n. natrix*) am Ahlbecker Fenn, Kreis Ueckermünde, Bez. Neubrandenburg. - Jahrb. f. Feldherp. 3: 107-117.

SCHLÜPMANN, M. (1982): Zur Rassenzugehörigkeit von Ringelnattern (*Natrix natrix*) des nördlichen Sauerlandes. - Der Schlüssel 27(1): 9-17.

SCHLÜPMANN, M. (1983): Die Reptilien im Raum Hagen. - BUND - Kreisgruppe Hagen.

STERNFELD, D.R. (1912): Die Reptilien und Amphibien Mitteleuropas. - Leipzig.

THORPE, R.S. (1975): Quantitative handling of characters useful in snake systematics with particular reference to intraspecific variation in the Ringed Snake *Natrix natrix*. - Biol. J. Linn. Soc. 7: 27-43.

THORPE, R.S. (1979): Multivariate analysis of the systematics of the Ringed Snake. - Proc. Roy. Soc. Edinb. 78(B): 1-62.

THORPE, R.S. (1980a): A comparative study of ordination techniques in numerical taxonomy in relation to racial variation in the Ringed Snake. - Biol. J. Linn. Soc. 13: 7-40.

THORPE, R.S. (1980b): Racial Affinities and Geographical variation: A Comparison of the use of multivariate Morphometrics and conventional Subspecies in Relation to European Reptiles. - Cotswold Wild Life Park, European Herpetological Symposium, Oxford, S. 5-7.

THORPE, R.S. (1980c): Microevolution and taxanomy of European reptiles with particular reference to the Grass Snake *Natrix natrix* and the wall lizards *Podarcis sicula* and *P. melisellensis*. - Biol. Journal of the Linnean Society 14: 215-233.

TRAUTMANN, T (1950): Die Ringelnatter. - Wochenschrift Aquar. Terrark. 44: 50-53.

VÖLKL, W. (1991): Habitatansprüche von Ringelnatter (*Natrix natrix*) und Schlingnatter (*Coronella austriaca*): Konsequenzen für Schutzkonzepte am Beispiel nordbayerischer Populationen. - Natur u. Landschaft 66(9): 444-448.

VÖLKL, W. & B. MEIER (1989): Untersuchungen zum Vorkommen der Ringelnatter in Nordostbayern. - Salamandra 25(3/4): 213-224.

WAITZMANN, M. (1991): Zur Morphologie einiger Reptilien des südlichen Odenwaldes (Nordbaden, Südhessen). - Salamandra 27(4): 266-281.

WESTPHAL, D. (1985): Zur Situation der Amphibien und Reptilien im Landkreis Harburg. - Winsen (Luhe).

WISNIEWSKI, N. (1958): Die Ringelnatter (*Natrix n. natrix*) in der Umgebung Berlins. - Aquarien u. Terrarien 5: 166-169.

Verfasser

Hans-Peter Eckstein, Rudolfstr. 70, D-42285 Wuppertal.

Die Ringelnatter (*Natrix natrix natrix* LINNAEUS, 1758) in Südbayern - Bestandssituation, Gefährdung und Schutz

AXEL BEUTLER, OTTO ASSMANN, MANFRED DROBNY & DETLEF SCHILLING

Key words: Grass Snake, *Natrix natrix natrix*, Germany, Southern Bavaria, Alpes, Danube, Pfaffenhofen, Biogeography, protection, status of endangered habitates

Einleitung

Im Unterschied zu den anderen heimischen Schlangenarten (ASSMANN et al. 1993, HECKES et al. 1993, DROBNY 1993 in diesem Band) war die Ringelnatter früher fast allgemein über Südbayern verbreitet; sie fehlte nur in den höheren Lagen der Alpen und ihrer Vorgebirge. Das Donautal, Südostbayern und das Voralpenland sind Verbreitungsschwerpunkte der Art, die heute auch in Südbayern vielerorts lokal verschwunden ist bzw. regional stark zurückgeht.

Die Ringelnattern Südbayerns zählen ausnahmslos zur Nominatform; Schwärzlinge oder teilmelanotische Tiere treten regelmäßig auf (zur »*picturata*-Varietät« vgl. HELLMICH 1956). Südbayerische Ringelnattern können mindestens 1,20 m erreichen (Material Zoologische Staatssammlung München - ZSM). VOGEL (1972) nennt auch *N. n. helvetica* für Südbayern, doch handelt es sich wohl nur um Hinweise auf »*helvetica*-artige« Tiere.

Ursprüngliche und heutige Verbreitung

Die Ringelnattervorkommen waren früher wohl nur durch die mittleren und höheren Lagen der Alpen und ihrer Vorgebirge begrenzt; in einigen Gebieten mit extrem niedrigem Gewässerangebot, z.B. Teilen der Münchner Schotterebene, dürfte sie auch ursprünglich selten gewesen sein. Großräumig gesehen hat sich am heutigen Verbreitungsbild gegenüber dem ursprünglichen wenig geändert; vom Donautal bis zum Alpennordrand fehlt die Ringelnatter auch heute nirgends über weite Strecken (Abb. 1). Die von HELLMICH (1956) postulierte »Allgäulücke« läßt sich nicht aufrecht erhalten; es liegen aus dem Material der ZSM, aus der Artenschutzdatei des Landesamts für Umweltschutz und von Gebietskennern eine ganze Reihe von aktuellen Nachweisen aus dem Allgäu vor, z.B. von Lechbruck bei Füssen, Kempten und der Umgebung von Oberstdorf. Ebenso wie im übrigen Alpen- und Voralpenland fehlt die Ringelnatter jedoch auch hier weitestgehend in höheren Lagen und scheint im Allgäu sehr lückenhaft verbreitet zu sein (FUCHS, mdl.). Auch von den vorgelagerten Donau-Iller-Lechplatten liegen nur einzelne Nachweise vor, z.B. aus dem weiteren Umgriff von Memmingen und Mindelheim oder von der Wertach (Artenschutzdatei LfU). Relativ häufig scheint sie nur an den Grenzen dieses Gebietes, im Iller-, Lech- und Donautal aufzutreten (KUHN mündl., SAMPER mündl.). Ob sie hier aus natürlichen Gründen selten bleibt, oder ebenso zurückgedrängt wurde wie in den östlich angrenzenden Gebieten, läßt sich derzeit nicht entscheiden.

In anderen Teilen des südbayerischen Hügellandes, etwa im Tertiär-Hügelland um Pfaffenhofen oder auf den Isar-Inn-Platten, ging die Ringelnatter nämlich deutlich zurück. Das Tertiär-Hügelland, vor allem das Hopfenanbaugebiet der Holledau, ist heute über weite Strecken ringelnatterfrei; die sehr intensiven Sonderkulturen mit hohem Pestizideinsatz und die Umwandlung zahlreicher naturnaher Gewässer und Feuchtbiotope in intensiv genutzte Fischteiche engen die Lebensmöglichkeiten für die Art stark ein. Die Ringelnatter verschwand aber auch in anderen intensiv land- und forstwirtschaftlich genutzten Gebieten des Tertiär-Hügellands fast völlig. Im Raum Landshut (STÖCKLEIN, mündl., BEUTLER, eig. Beob.) und im ehemaligen Donaumoos südlich von Neuburg und Ingolstadt ist die Ringelnatter anscheinend heute völlig ausgestorben (BEUTLER 1981, BEUTLER 1983, BEUTLER & HECKES 1986, SAMPER mündl. Mitt.). Auch in Ballungsgebieten wie etwa dem Großraum München oder dem Stadtgebiet von Augsburg ist ein deutlicher Rückgang zu verzeichnen (BEUTLER & HECKES 1986, WALERT 1988). Das heutige lückige Verbreitungsmuster ist somit eindeutig anthropogen bedingt.

Abb. 1 gibt exemplarisch die rezente Ringelnatterverbreitung in einem mittelbayerischen Landkreis, Pfaffenhofen an der Ilm wieder. Basis sind Beobachtungen von Gebietskennern und eigene Nachweise aus den letzten 15 Jahren. Große Vorkommen existieren heute wahrscheinlich nirgendwo im Landkreis; kleine bis mittelgroße Bestände besiedeln das mittlere Paartal, das Donautal im Landkreis sowie zwei Weihergebiete. Die anderen Nachweise beziehen sich auf Einzeltiere. Quantitative Aussagen sind bei Schlangen natürlich problematisch. Da sich jedoch praktisch nur Einzeltiere und Kleinstbestände feststellen ließen, noch dazu verteilt über mehr als zehn Jahre, ist wohl im Gesamtgebiet mit einigen Dutzend, höchstens einigen Hundert Ringelnattern zu rechnen.

Relativ häufig tritt die Ringelnatter auch heute fast überall im oberbayerischen Moränenland bis zum Münchner Südwesten und außerdem in Südostbayern, etwa östlich des Rottales, auf. Einen weiteren Verbreitungsschwerpunkt bilden die fossilen Auen der ehemaligen dealpinen Wildflüsse Donau, Iller, Lech, Isar, unterer Alz, Inn und Salzach, die auch für die anderen heimischen Schlangen eine entscheidende Bedeutung haben (HECKES et al. 1993, ASSMANN et al. 1993). Sehr häufig tritt die Art z.B. an der Lech- und der Isarmündung, an der Salzach, an der niederbayerischen Donau oder an der Mündung der Tiroler Ache auf (GRUBER & HECKES in SCHALLER, BEUTLER & LANDAU 1992, ASSMANN & DROBNY, eig. Beob., SCHILLING, eig. Beob.). SAMPER (mündl. Mitt.) konnte an der Lechmündung 40-50 Exemplare an einem Tag beobachten. Allerdings sind solche kopfstarken Vorkommen auch hier in den meisten Gebieten selten geworden.

Die Höhenverbreitung der Art in den bayerischen Alpen ist bisher noch nicht hinreichend geklärt, da systematische Erhebungen fehlen. Ein Großteil der Nachweise stammt aus Lagen unter 800 m. Vereinzelt konnten auch Tiere in höheren Lagen beobachtet werden (z.B. ca. 900 m bei Mittenwald, Artenschutzdatei LfU, > 900 m Rießerkopf bei Garmisch, Material ZSM, leg. HELLMICH, 950 m bei Schliersee, H. J. GRUBER, mdl. Mitt., 1.300 m Hochgern, Chiemgau, ASSMANN, eig. Beob., 1.200 bis 1.300 m mehrere Funde östlich des Königssees, VOITH, mündl. Mitt.).

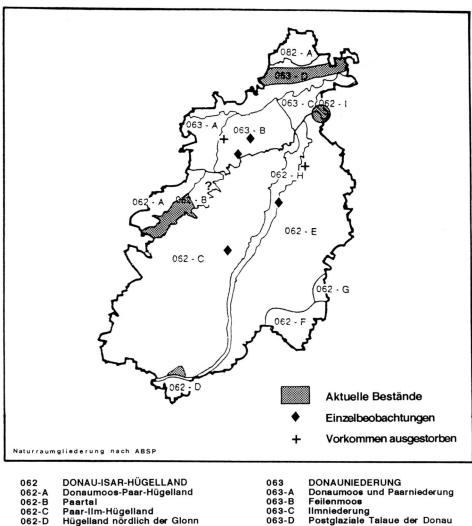

062	DONAU-ISAR-HÜGELLAND	063	DONAUNIEDERUNG
062-A	Donaumoos-Paar-Hügelland	063-A	Donaumoos und Paarniederung
062-B	Paartal	063-B	Feilenmoos
062-C	Paar-Ilm-Hügelland	063-C	Ilmniederung
062-D	Hügelland nördlich der Glonn	063-D	Postglaziale Talaue der Donau
062-E	Wolnzacher Hügelland		
062-F	Asymmetrische Seitentäler der Amper	082	SÜDLICHE FRANKENALB
062-G	Einzugsgebiet der Abens	082-A	Menninger Frankenalb
062-H	Ilmtal		
062-I	Dürnbucher Forst		

Abb. 1: Situation der Ringelnatter (*Natrix natrix*) in einem typischen mittelbayerischen Landkreis (Pfaffenhofen an der Ilm). In den weitaus meisten Gebieten des Landkreises fehlt die Art heute.

Die Ringelnatter zeigt damit in den bayerischen Alpen eine sehr ähnliche Vertikalverbreitung wie die Schlingnatter (ASSMANN et al. 1993), und erreicht keineswegs auch nur annähernde Höhen wie die Kreuzotter (HECKES et al. 1993). Gebirge oberhalb 800 m besiedelt sie offenbar nur spärlich (v.a. Wärmeinseln, z.B. Garmischer Umgebung, Berchtesgadener Land) und erreicht ausnahmsweise 1.200 bis 1.300 m.

Die Höhenverbreitung in Südbayern ähnelt damit der in Baden-Württemberg (BAUER 1987), wo die Ringelnatter im Schwarzwald ausnahmsweise 1.000 m erreicht haben soll (HECHT 1928). Auch in Österreich überschreitet die Art meist 1.250 m nicht (CABELA & TIEDEMANN 1985); in den Nordalpen werden wahrscheinlich nirgends auch nur annähernd Höhen erreicht, wie sie für die Süd- und Zentralalpen angegeben werden (z.B. 2.322 m für Osttirol, KOFLER 1977 nach CABELA & TIEDEMANN l.c., 2.300 m im Piemont, WERNER nach HECHT 1928).

Bevorzugte Lebensräume

Viele große Ringelnatterbestände siedeln in ausgedehnten, extensiv genutzten Weihergebieten (vgl. auch VÖLKL & MEIER 1989). Altwassersysteme können natürlich ebenfalls große Bestände beherbergen, doch spielen diese in Südbayern wahrscheinlich nicht so eine große Rolle wie zu erwarten wäre. Hinzu kommt, daß viele dieser Altwasser heute stark eingewachsen sind und intensiv sportfischereilich genutzt werden, so z.B. im Donautal zwischen Vohburg und Neustadt. Fließgewässer werden in verschiedenen Gebieten gerne angenommen, vor allem langsam fließende Gräben und Bäche (vgl. zur Habitatwahl in Nordbayern auch VÖLKL & MEIER 1989).

Ausgedehnten Sümpfen und Mooren kommt eine hohe Bedeutung für Ringelnattern zu. Dabei werden keineswegs nur Niedermoore, sondern auch Hoch- und Zwischenmoore angenommen. Die Tiere finden sich sogar in dystrophen Mooraugen, z.B. in den Staffelseemooren. Bei Erhebungen im Chiemseegebiet ließen sich Ringelnattern in 4 von 14 Hoch- und Zwischenmoor-, aber nur in 6 von 29 Niedermooruntersuchungsflächen feststellen (BEUTLER & DÜRST 1990). Wenngleich das Resultat sicher nicht verallgemeinert werden darf, so zeigt es doch, daß die Bedeutung von Hochmooren für die Art nicht unterschätzt werden darf. Besonders wichtig ist extensive, bäuerliche Torfstichnutzung, die zu einer Erhöhung des Kleingewässernetzes führt (z.B. Chiemseemoore). Hauptnahrung ist dort der Kleine Teichfrosch *(Rana lessonae)*. In den reinen Hochmooren Oberbayerns finden sich kaum andere Amphibien. Feuchtbiotope und Gewässer haben in allen Landesteilen eine große Bedeutung für die Ringelnatter.

Einen weiteren wichtigen Lebensraum bilden Auen. Es werden sowohl lichte Auwälder als auch gehölzarme, auespezifische Biotope genutzt, wobei vor allem die Auen der Alpenflüsse eine erhebliche Rolle für die Art spielen. Sie besiedelt hier ebenso wie Kreuzotter und Schlingnatter Brennen und andere auetypische Magerrasen sowie Gebüschsukzessionen. Dabei erreicht sie in Gebieten mit einem noch einigermaßen guten Angebot derartiger Biotope, z.B. der Pupplinger Au südlich München, noch verhältnismäßig große Häufigkeiten. Auch auwaldartige Bestände, die an der mittleren und unteren Isar an Stelle der durch die Flußregulation zerstörten dealpinen Auen traten, werden besiedelt. Allerdings sind hier die Bestände oft nicht mehr sehr groß. So ist z.B. in den Isarauen nördlich München, um Freising oder zwischen Landshut und Dingolfing nur noch mit kleinen Vorkommen zu rechnen. Der Grund für die Abnahme der Tiere ist möglicherweise zum einen auf eine Verschlechterung der Lebensbedingungen für ihre Hauptbeutetiere, zum anderen auf die zunehmende Verschattung in den auwaldartigen

Beständen zurückzuführen. Außerdem werden auch völlig anders geartete Strukturen besiedelt, z.B. Truppenübungsplätze oder ausgedehnte Kiesgruben. Oft handelt es sich dabei um Lebensräume, die große Amphibienbestände beherbergen.

Ebenso wie für andere Schlangen sind auch für die Ringelnatter ausreichende Sonnplätze sowie ein gutes Angebot an Verstecken (v.a. Schilf- oder Reisighaufen, Steinpackungen) von Bedeutung. Ein mindestens ebenso hoher Stellenwert kommt den Eiablageplätzen zu. Ebenso wie aus anderen Bundesländern (siehe z.B. GOLDER 1985) sind Massenablageplätze bekannt (U. GRUBER, mündl. Mitt.).

Gefährdung und Schutz

Die Ringelnatter ist die auffälligste und am leichtesten nachweisbare heimische Schlange. Während die Bestände von Kreuzotter und Schlingnatter oft stark unterschätzt werden, wird die Häufigkeit von Ringelnattern wahrscheinlich häufig überschätzt. Zwar scheint die Ringelnatter in Südbayern in einem geringeren Maße bedroht zu sein als Schlingnatter und Kreuzotter, doch besteht bereits eine erhebliche Gefährdung. Die Bestände sind überall rückläufig bis stark rückläufig, lokal und regional ist die Art vielerorts verschwunden. Die Art wird in der Neufassung der Bayerischen Roten Liste (Bayerisches Landesamt für Umweltschutz 1992) lediglich als gefährdet bezeichnet (Gefährdungsstufe 3), ist nach dem Landesverband für Amphibien- und Reptilienschutz Bayern jedoch als stark gefährdet zu führen (KRACH 1991, LARS 1991).

Einige der wichtigsten Ursachen für den Rückgang der Ringelnatter stehen wahrscheinlich in Zusammenhang mit Aussterbevorgängen bei ihren Hauptbeutetieren, Frosch- und Schwanzlurchen. Als Ursachen für diese wären vor allem die Trockenlegung von Sümpfen, Flach- und Hochmooren bzw. deren Umwandlung in landwirtschaftliche Nutzflächen oder Forste, die Zerstörung von Kleingewässern und Eiablagemöglichkeiten, die Umwandlung von Altwassern, Weihern oder Quellmooren in intensiv fischereilich genutzte Gewässer, die Verfüllung und Rekultivierung von Entnahmestellen mit der Zielsetzung Erholung, Fischerei, Forst oder Landwirtschaft oder auch permanente Störungen durch den Menschen aufzuführen (vgl. auch BLAB 1980, FRÖR 1986).

Am Beispiel eines circa 80 qkm großen Gebietes südlich von Ingolstadt, Oberbayern, läßt sich der Verlust an Feuchtbiotopen und Gewässern in der heutigen Kulturlandschaft gegenüber ursprünglichen Verhältnissen aufzeigen (Abb. 2). Die von HECKES et al. (1993) dargestellten Verluste an Hoch- und Zwischenmooren beinhalten natürlich auch einen Lebensraumverlust bei der Ringelnatter. Auch im Voralpenland, also in noch relativ gut ausgestatteten Gebieten, sind Ringelnatterbiotope heute oft isoliert. Dabei läßt sich bei dieser recht vagilen Schlange natürlich schlechter als bei der Kreuzotter abschätzen, inwieweit großflächige, landwirtschaftlich intensiv genutzte Flächen oder Siedlungsgebiete überwunden werden können.

Als eines der wichtigsten Ziele des Ringelnatterschutzes wäre damit die Erhaltung von Nieder- und Hochmooren, Sümpfen und sonstigen Feuchtbiotopen, von naturnahen oder extensiv genutzten Gewässern sowie die Vernetzung dieser Strukturen zu nennen, um die Lebensraumansprüche der Art zu erfüllen (VÖLKL & MEIER 1989, VÖLKL 1991). Als zweite wesentliche Ursache für die Bestandsminderungen bei der Ringelnatter sind Eingriffe in die Fluß- und Bachauen sowie in die Gewässerdynamik anzusehen. Zum

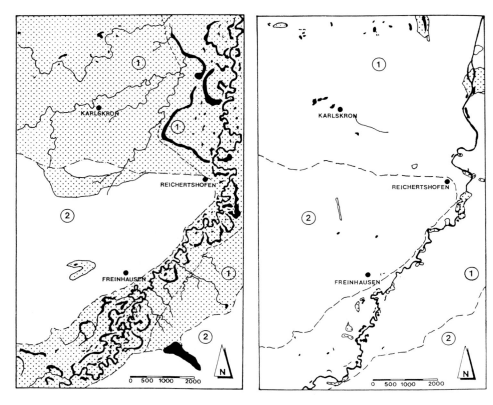

Abb. 2: Biotopverlust im bayerischen Donauraum. ① Naturraum: Donaumoos und Paaraue; ② Naturraum: Tertiäres Hügelland; ● Gewässer; ☐ Feuchtgebiete.

einen wirken sich diese natürlich auf die Lebensräume ihrer Hauptbeutetiere aus. Daneben kommt es jedoch zu direkten Beeinträchtigungen.

Da in den fossilen Auen kaum noch natürliche Gewässer neu entstehen (Fehlen bettbildender Dynamik), wachsen die bestehenden stark ein und verschatten zunehmend. Dies führt im allgemeinen nicht nur zu einer Verschlechterung der Fortpflanzungsmöglichkeiten für Amphibien (geringe Insolation, starke Eutrophierung) und zum Rückgang der dauernd am Wasser lebenden Arten, sondern mindert auch die Sonnmöglichkeiten für Ringelnattern. Das Absinken der Grundwasserstände und die zunehmende Bodenbildung begünstigt konkurrenzstarke Pflanzen, vor allem Gehölze und Hochstauden. Damit kommt es zu einer starken Verschattung: Aus lichten Auwäldern entstehen dichte und schließlich typische Landwälder. Auf die spezielle Entwicklung in gestörten dealpinen Auen, deren Magerrasen und Gebüschsukzessionen ein Vorzugshabitat der Ringelnatter bilden, gehen HECKES et al. (1993) bereits ausführlich ein. Ebenso wie bei Kreuzotter und Schlingnatter ist in Südbayern Erhaltung und Pflege dealpiner Auen als ein wichtiges Schutzziel zu nennen (Entbuschung, Entwaldung, kontrolliertes Abbrennen, Beweidung, Bodenabtrag). In Niederungs- und Bachauen soll eine bettbildende Dynamik zumindest auf kaum nutzbaren Flächen zugelassen werden. Besonders wichtig wäre jedoch Erhalt und Pflege großflächiger Feuchtbiotope bzw. von Kleingewässernetzen in den Auen. In den südbayerischen Auen existieren zahlreiche Kiesgruben, die zum Teil für ein Schutzkonzept genutzt werden können. Ebenso wie viele Altwasser müßten diese Strukturen allerdings häufig erst freigestellt oder auch entlandet werden, um der Ringelnatter günstige Bedingungen zu bieten (Lebensmöglichkeiten für kopfstarke Amphibienbestände, Sonnplätze).

Die direkte Verfolgung der Tiere führt sicher auch heute zu Verlusten (siehe auch BIEHLER & SCHOLL 1976, BLAB 1980). Ein weitaus wichtigerer Gefährdungsfaktor für die Ringelnatter ist der Straßenverkehr (BLAB 1980, VÖLKL 1991). Selbst im Alpenvorland oder in Südostbayern, wo noch große Ringelnatterbestände bestehen, werden die Vorkommen vielfach von stark frequentierten Straßen zerschnitten. Dabei hat die Verkehrsdichte in den letzten 15 Jahren meist um ein vielfaches zugenommen, so daß diese Trassen heute unüberwindliche Barrieren bilden. Bereits vor mehr als zehn Jahren zeigte FRÖR auf, daß Autos erhebliche Verluste in Schlangenbeständen verursachen (FRÖR 1986). Die Verinselung kann zur Bildung von Kleinpopulationen führen, die auf Dauer nicht lebensfähig sind.

Eine grundsätzliche Verbesserung der Situation ist nur bei Vermeidung einer Zerschneidung von Ringelnatterhabitaten zu erreichen. Inwieweit Zerschneidungen durch geeignete Vermeidungsmaßnahmen (Unterführungen, Ökobrücken) minimiert werden können, ist fraglich. Zu erwägen sind außerdem Umsiedlungen bzw. das Versetzen von Tieren, um die Isolierung von Kleinbeständen zu vermeiden und einen Genaustausch zu ermöglichen (z.B. in extrem ausgeräumten Gebieten wie dem Tertiär-Hügelland). Eine gute Vernetzung der Bestände, ist hingegen wohl noch heute entlang der großen Flüsse und Ströme gegeben. Diese ist unbedingt zu erhalten.

Die Ringelnatter hat nach MADSEN (1984) einen erheblich höheren Raumbedarf als die anderen relativ weit verbreiteten heimischen Schlangenarten Schlingnatter und Kreuzotter. VÖLKL (1991) diskutiert das Minimumareal von Populationen. Er gibt auf der Grundlage von Untersuchungen von MADSEN (1984) in Südschweden einen hypothetischen Flächenbedarf von mindestens 250 ha für eine Ringelnatterpopulation von ca. 50 erwachsenen Tieren an. Bei vollständiger oder weitgehender Isolation müßte ein auf Dauer lebensfähiger Bestand mehrere hundert Tiere umfassen, was eher einem Flächenbedarf von etwa 1.000 bis 2.000 ha durchgehender oder eng vernetzter, als Jahreslebensraum geeigneter Fläche entspräche. Die geringe und möglicherweise nur sporadische Nutzung großer Feuchtgebietsinseln in weitgehend ausgeräumten Landschaften Südbayerns steht möglicherweise in Relation zum großen Flächenbedarf der Ringelnatter.

Angesichts der intensiven Land- und Forstwirtschaft in Südbayern lassen sich Ziele des Ringelnatterschutzes im allgemeinen sicher nicht mit solchen des Forstes oder der Landwirtschaft kombinieren, sondern es müssen große Ringelnatterbestände und ihre Biotope speziell unter Schutz gestellt und gefördert werden.

Danksagung

Für die Durchsicht des Manuskripts und verschiedener Hinweise danken wir Herrn Dr. W. VÖLKL, Bayreuth, sowie Herrn U. HECKES und Herrn H.-J. GRUBER, München, für die Überlassung verschiedener Daten, vor allem auch aus der Fundortdatei seines Vaters, danken wir Herrn J. SCHMIDTLER jun., München.

Verschiedene Hinweise erhielten wir von Herrn E. ANDRÄ, Neu-Esting, Herrn E. BOLENDER, Isny, Herrn BUCHBERGER, Pfaffenhofen, Herrn T. DÜRST, München, Herrn H.P. ECKSTEIN, Wuppertal, Herrn D. FUCHS, München, Herrn Dr. U. GRUBER, München, Herrn J. HAFT, Herrn KAPLAN, Fernhag, Herrn H. MÄRZ, Oberstimm, Herrn H. NETZER, Pfaffenhofen, Herrn SAMPER, Neuburg, Herrn K. H. SCHAILE, Königsbrunn, Herrn Prof. Dr. SCHARTAU, München, Herrn K. SCHMALZ, München, Herrn Prof. Dr. B. STÖCKLEIN, Landshut, Herrn VOITH, München. Für redaktionelle Arbeiten danken wir Frau C. MILTZ und Frau M. HALLER.

The Grass Snake (*Natrix natrix natrix*) in Southern Bavaria

The grass snake ranges nearly all over Southern Bavaria. It is absent only in higher parts of the Bavarian Alpes where it reaches occusionally 1.300 m, but most records are from lower regions and it is assumed to exceed rarely 900 m. The grass snake is seldom but not absent in the Allgäu and the adjacent territories. The grass snake decreased in Southern Bavaria during the last decades, especially in the counties between the Danube valley and the moraines (Fig. 1). Reasons for decline are especially the destruction of wetlands, swamps, moors (Fig. 2) caused by agriculture, forestry and urbanisation and the destruction of valleys of dealpine rivers like Danube, Isar and Lech. Car traffic and the destruction of habitates caused by road building also diminuished the populations of the snake. The grass snake is assumed to be highly endangered in Southern Bavaria. Protection of wetlands, swamps, waterside woods and valleys as well as correctional measures against the losses caused by traffic and intensive agriculture are demanded.

Schriften

ASSMANN, O., M. DROBNY & A. BEUTLER (1993): Zur Situation der Schlingnatter (*Coronella austriaca* LAURENTI 1768) in Südbayern: Lebensräume, Gefährdung und Schutz. - Mertensiella, Bonn, 3: 83-90.

BAUER, S. (1987): Verbreitung und Situation der Amphibien und Reptilien in Baden-Württemberg. - Beitr. Veröff. Naturschutz Landschaftspflege Bad. Württ. 41(5-6): 71-156.

Bayerisches Landesamt für Umweltschutz (1992): Rote Liste gefährdeter Tiere Bayerns. - Schriftenr. Bay. Landesamt f. Umweltsch. 111: 7-288.

BEUTLER, A. (1981): Kriechtiere. In: Landschaftsökologische Modelluntersuchung Ingolstadt, Abschlußbericht B4. - Unver. Bericht, Lehrstuhl für Landschaftsökologie TU München-Weihenstephan und Zoologische Staatssammlung München, S. 6-20.

BEUTLER, A. & U. HECKES (1983): Stadtbiotopkartierung München, Berichtsteil B: Fachbeiträge Teil III: Kriechtiere. - Unver. Bericht, Lehrstuhl für Landschaftsökologie TU München-Weihenstephan, Auftraggeber: Stadt München.

BEUTLER, A. & U. HECKES (1986): Möglichkeiten der Kartierung von Reptilienbiotopen - Abriß der Ansprüche, Gefährdungsursachen und des Status der bayerischen Kriechtiere. - Schriften. Bayer. Landesamt für Umweltschutz 73: 57-100.

BEUTLER, A. & T. DÜRST (1990): Pilotstudie zur Erfassung von Reptilien in ausgewählten Lebensräumen in Bayern. - Unver. Bericht, Planungsbüro Beutler, München. - Auftraggeber Landesamt für Umweltschutz, 114 S..

BIEHLER, J.G. & G. SCHOLL (1976): Rote Listen und Tierartenschutz am Beispiel einiger Reptilien. - Natur u. Landschaft 51: 223-224.

BLAB, J. (1980): Reptilienschutz: Grundlagen - Probleme - Lösungsansätze. - Salamandra 16(2): 89-113.

CABELA, A. & F. TIEDEMANN (1985): Atlas der Amphibien und Reptilien Österreichs. - Neue Denk. Nat. Mus. Wien 9: 7-80.

FRÖR, E. (1986): Erhebungen zur Situation der Reptilienbestände im Bereich der Donauhänge zwischen Passau und Jochenstein. - Schriften Bayer. Landesamt f. Umweltzschutz 73: 135-158.

GOLDER, F. (1985): Ein gemeinsamer Massen-Eiablageplatz von *Natrix natrix helvetica* (LACEPEDE, 1789) und *Elaphe longissima longissima* (LAURENTI, 1768), mit Daten über Eizeitigung und Schlupf (Serpentes: Colubridae). - Salamandra 21(1): 10-16.

HECHT, G. (1928): Zur Kenntnis der Nordgrenzen der mitteleuropäischen Reptilien. - Mitt. Zoolog. Museum Berlin 14(3/4): 503-595.

HECKES, U., H.J. GRUBER & J. HAFT (1993): Verbreitung, Habitateinbindung und Gefährdung der Kreuzotter *Vipera berus* (LINNAEUS 1758) in Südbayern. - Mertensiella, Bonn, 3: 331-342.

HELLMICH, W. (1956): Unsere Ringelnatter in den Alpen. - Sonderdruck aus Jahrh. Ver. z. Schutze d. Alpenpflanzen u. -Tiere Mü. e.V.: 63-68.

KABISCH, K. (1974): Die Ringelnatter *Natrix natrix* (L.). - Die Neue Brehm Bücherei 483, Wittenberg Lutherstadt.

KRACH, E. (1991): Zusammenfassung der Diskussionsergebnisse zum Kenntnisstand der Gefährdung der Lurche und Kriechtiere. - Mitt. LARS München 11(1): 3-12.

Landesverband für Amphibien- und Reptilienschutz Bayern (1991): Diskussion und Neufassung des Vorschlages zur ROTEN LISTE bedrohter Tierarten in Bayern (Reptilien und Amphibien) von Dr. E. KRACH. - Mitt. LARS München 12(2): 3-26.

MADSEN, T. (1984): Movements, home range size and habitat use of radiotrached grass snake *(Natrix natrix)*- in Southern Sweden. - Copeia 1984: 707-713.

MERTENS, R. (1947): Studien zur Eidonomie und Taxonomie der Ringelnatter *(Natrix natrix)*. - Abh. senckenberg. naturf. Ges. 476: 1-38.

SCHALLER, J., BEUTLER, A. & LANDAU (1992): Pflege- und Entwicklungsplan für das Mündungsgebiet der Isar. - Zoologische Zustandserfassung (Entwurf). - Unver. Bericht, Planungsbüro Dr. Schaller, Planungsbüro Beutler, Büro Landau. - Auftraggeber: Landkreis Deggendorf.

VOGEL, W. (1972): Ein Beitrag zur Amphibien- und Reptilienfauna des Rottales und einiger angrenzender Gebiete. - Mitt. Zool. Ges. Braunau 1(13): 323-329.

VÖLKL, W. (1991): Habitatansprüche von Ringelnatter *(Natrix natrix)* und Schlingnatter (*Coronella austriaca*): Konsequenzen für Schutzkonzepte am Beispiel nordbayerischer Populationen. - Natur u. Landschaft 66(9): 444-448.

VÖLKL, W. & B. Meier (1989): Untersuchungen zum Vorkommen der Ringelnatter *Natrix natrix* (LINNAEUS, 1758) in Nordostbayern. - Salamandra 25(3/4): 213-223.

WALDERT, R. (1988): Selektive zoologische Kartierung im Augsburger Stadtgebiet. - Augsburger Ökol. Schr. 1: 77-128.

Verfasser

Dipl.-Biol. Axel Beutler & Dipl.-Biol. Detlef Schilling, Gaiglstraße 12, D-80335 München;
Dipl.-Ing. Otto Aßmann & Dipl.-Biol. Manfred Drobny, Untere Hauptstr. 45, D-85354 Freising.

Untersuchung zur Habitatnutzung eines inselartigen Vorkommens der Ringelnatter (*Natrix natrix*) im nördlichen Münsterland (Westfalen) mit Angaben zur Lebensraum-Pflege und -Entwicklung

PETER FORMAN & HANS - PETER ECKSTEIN

Key words: *Natrix natrix*, habitat structure, habitat and population sizes, habitat management, activity pattern, ecological characteristics

Einleitung

An einer Ringelnatterpopulation auf einem Holzlagerplatz in Westfalen wurden zwischen 1985 und 1989 Untersuchungen durchgeführt. Das kleine, auf höchstens 15 Adulti geschätzte Vorkommen ist durch landwirtschaftliche Nutzflächen und Hochwald weitgehend isoliert und dadurch potentiell gefährdet. Die Untersuchungsergebnisse zur Ökologie und Habitatnutzung dieser westfälischen Ringelnatterpopulation geben Hinweise zu notwendigen Management-Maßnahmen.

Untersuchungsraum

Die untersuchte Fläche liegt in der Nähe von Füchtorf bei Münster in Nordrhein-Westfalen. In den 50er Jahren holzte man die 8 ha große Waldfläche für ein Munitionsdepot frei. Aus dieser Zeit stammen verändertes Relief (Mulden, Böschungen, Gräben) und Wirtschaftswege. Einem Kahlschlag Anfang der 60er Jahre folgten bis heute partielle Pflegerodungen. Seitdem bestimmen Forste, baumfreie Flächen und Stammlagerplätze die Biotopstruktur. Die Fläche ist seit ca. 30 Jahren Holzlagerplatz. Die Ringelnatter ist im Untersuchungsgebiet mit Zauneidechse (*Lacerta agilis*), Waldeidechse (*Lacerta vivipara*) und Blindschleiche (*Anguis fragilis*) vergesellschaftet.

Die Umgebung des Holzlagerplatzes wird von Wald und landwirtschaftlicher Intensiv-Nutzfläche geprägt. Ein östlich liegendes Moor ist entwässert und wird überwiegend ackerbaulich genutzt.

Methoden

Im Untersuchungsraum wurden 1987 zwischen dem 15. April und 16. November 37 mehrstündige bis ganztägige Begehungen durchgeführt, im Zeitraum von 1985 bis 1989 mehrmals jährlich Kontrollgänge, allerdings in unregelmäßigen Abständen. Zu Vermessungs- und Fotozwecken wurden vereinzelt Nattern kurzzeitig gefangen.

Habitatstruktur und Vegetation

Die nutzungsbedingte Strukturvielfalt des Holzlagerplatzes vereint auf 8 ha unterschiedliche Biotoptypen, dabei werden Vegetation und Sukzession hauptsächlich von der Eingriffstätigkeit bestimmt. Offene Sandflächen (Stammlager) und unterschiedliche Sukzessionsstadien sind vorhanden. Nach einigen Jahren ohne Eingriffstätigkeit setzen sich Vorwaldstadien durch.

Neben differenzierter Vegetationsstruktur führt insbesondere das bewegte Relief zur Ausprägung unterschiedlicher Kleinlebensräume (Böschungen, Feuchtstandorte, Gewässer). Forstliche und gärtnerische Nutzung liefern für die Eiablage geeignete Substrate wie Rindenhaufen, Sägespäne und Komposthaufen. Die für die Ringelnatter erforderlichen Teillebensräume Winterquartier, Eiablageplätze und Nahrungshabitat überschneiden sich hier. Das entspricht den ökologischen Grundansprüchen der Art für die Ausstattung eines Habitates (vgl. VÖLKL & MEIER 1989).

Neben ephemeren Gräben und Überschwemmungstümpeln hat ein Teich (ca. 800 qm) eine ganzjährig offene Wasserfläche. Hier finden sich strukturreiche, unregelmäßige Uferpartien mit Deckungsmöglichkeiten.

Habitatnutzung

Auf der Fläche lebt eine kleine (max. 15 Adulti), bereits seit Jahrzehnten bestehende Ringelnatterpopulation. Präferenzen für zwei Teilbereiche des Habitates wurden festgestellt:
1. Die meisten Aktivitäten fielen in den Bereich eines vorhandenen Stillgewässers (> 80% der Beobachtungen in einer 50 m Zone, siehe Abb. 1). Dort konnten auch kopulierende Ringelnattern beobachtet werden.

In diesem Bereich leben Erdkröte (*Bufo bufo*), Grasfrosch (*Rana temporaria*), Grünfrösche (*Rana kl. esculenta*), Teich- (*Triturus vulgaris*) und Bergmolch (*Triturus alpestris*). Im Teich vorkommende Fische könnten eine weitere Nahrungsquelle darstellen.

Eigenschaften des teichnahen Aktivitätszentrums:
- Hohe Amphibiendichte an Gräben, Gehölzrändern und Feuchtflächen
- Geeignete Eiablageplätze (Kompost, Rindenhaufen)
- Strukturvielfalt und viele Deckungs- bzw. Versteckmöglichkeiten
- Fluchtmöglichkeit ins Wasser

Auch in der Literatur wird für die Ringelnatter auf die Bevorzugung strukturreicher Feuchtgebiete mit allenfalls extensiver Teichnutzung hingewiesen (z.B. KABISCH 1974, FELLENBERG 1981, VÖLKL & MEIER 1989).
2. Ein zweites Aktivitätszentrum liegt im Bereich von Kompost- und Holzlagerplätzen (Frühjahr und Sommer), etwa 200 Meter vom Teich entfernt (circa 15% der Beobachtungen). Bevorzugte Kleinhabitate finden sich an dicht bewachsenen Teichufern, Gräben und im direkten Gewässerumfeld, die eine Flucht auf kürzestem Wege ins Wasser erlauben. Vergleichbar häufig suchen flüchtende Nattern den Schutz der bodennahen Vegetation. Sonn- bzw. Ruheplätze liegen in unmittelbarer Nachbar-

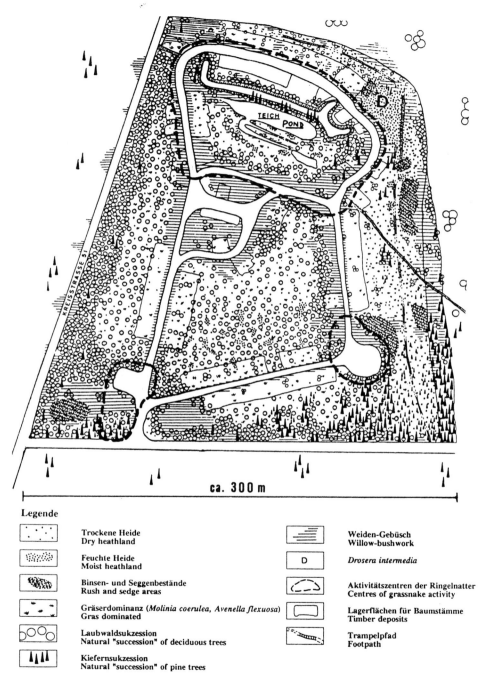

Abb. 1: Struktur und Vegetation des Ringelnatterhabitats.
Structure and Vegetation of the grassnake habitat.

schaft zu einer Deckungsmöglichkeit: Gebüschsaum, Waldrand oder Brombeerstrauch, zumindest aber neben bzw. auf Grasbulten und Heidepolstern. Das gilt auch für Paarungsplätze, sodaß bei Störung ein Rückzug, z.B. unter Brombeergestrüpp, möglich ist. Ein häufiger Sonnplatz sind Reisighaufen, deren Hohlraumsysteme gute Versteckmöglichkeiten bieten und die sich auch als Hibernationsplatz eignen. Reisighaufen sind neben Pfeifengrasbulten oder Heidepolstern die einzigen erhöht liegenden Plätze, die von der Ringelnatter als Sonnplatz genutzt werden. Ruhende Schlangen konnten nicht ohne nahe Deckung oder auf offenem Sandboden registriert werden.

Aktive Ringelnattern wurden in Reisighaufen, im Wasser und innerhalb lichter Gehölze registriert. Häufig an gleichen Sonnplätzen beobachtete Individuen, die nach wiederholter Störung zurückkehren oder ein mehrfach genutzter Fluchtweg in dasselbe Versteck deuten auf ein von Kleinstrukturen abhängiges Aktivitätsmuster hin, das eine detaillierte Raum/Zeit-Orientierung voraussetzt. Das zeigt sich auch an wechselnden Aktivitätsbereichen, deren Nutzung von der Tageszeit (Sonnenstand?) abhängig zu sein scheinen.

Abb. 2: Dicht bewachsener Teichrand als bevorzugter Liegeplatz der Ringelnatter.

Densely overgrown edge of a pond as preferred resting site.

Eine Nutzung von Erschließungsstraßen als Sonnplatz (vgl. VÖLKL 1991) konnte nicht beobachtet werden. Totfunde auf Kreisstraßen (F. FORMAN 1981) und in der weiteren Umgebung (mdl. Mitt. des Försters) zeigen, daß der Verzicht auf Straßenausbau aufgrund des Gefahrenpotentials zu den Grundforderungen von Schutzkonzepten (Zerschneidungseffekt, Verkehrstod) gehören muß.

Habitatmanagement

Die Habitatansprüche der Ringelnatter weisen regionale Unterschiede auf (VÖLKL 1991). Aus Beobachtungen und Erfahrungen in Lebensräumen mit stabilen Populationen lassen sich Forderungen hinsichtlich der Pflege und Entwicklung junger oder beeinträchtigter Ringelnatter-Habitate ableiten, was besonders für anthropogene Ersatzlebensräume und Kulturlandschaften gilt. Hier können durch Pflegemaßnahmen notwendige Strukturen parallel zu ökonomischen Vorgaben erhalten bleiben. Ausschlaggebend für eine

Eignung von Flächen ist die Nutzungsintensität, wobei primär eine großflächig extensiv genutzte Landschaft die Zielvorstellung wäre. Die Verfügbarkeit und Vernetzung unterschiedlicher Teillebensräume, die sich auch überlappen können, muß gewährleistet sein. Enge Vernetzung ist die Voraussetzung für stabile Populationsentwicklungen. Dadurch kann die Notwendigkeit zu Migrationen minimiert werden, wodurch sich die daraus resultierenden Gefahren (Straßentod, Feinde, ggf. Ausdünnung von Populationen) reduzieren.

Im vorliegenden Fall liegt der Wert der Fläche als Ringelnatterhabitat in der durch Eingriffe und natürliche Vegetationsfolge bedingten Strukturvielfalt, die z.B. durch Gehölzbeseitigung und im hiesigen Gebiet u.a. durch Heidepflege zu sichern wäre. Im Biotop vorhandene Kleinstrukturen, wie Baumstümpfe, Totholz-, Kompost-, oder Sägespanhaufen (Versteck, Überwinterung, Eiablage, Kleinhabitat für Amphibien) sind ebenfalls zu erhalten, wobei sich diese Maßnahmen auch positiv auf Amphibienpopulationen auswirken. Viele Autoren (z.B. BLAB 1986, VÖLKL & MEIER 1989, RIECKEN & BLAB 1989) nennen Vielfalt an Kleinhabitaten als wichtigen Faktor. Nutzungsänderung (z.B. Wiederaufforstung) oder -aufgabe (natürliche Wiederbewaldung) bergen große Gefahren (Beschattung durch Kronenschluß, Strukturverarmung). Mit Verlust von Saum- und Kleinstrukturen nimmt die Attraktivität auch für Amphibien ab (vgl. VÖLKL 1991).

Gegen Störungen z.B. durch Erholungssuchende oder Angler wird in Aktivitätszentren ggf. die Einzäunung sensibler Bereiche sowie Hinweisschilder notwendig. Daneben können natürliche Puffer (Gehölzpflanzungen, Brombeerhecken, breite Wassergräben) gezielt Schutz bieten. Diese Maßnahmen müssen insbesondere bei kleinen Habitaten wegen der höheren Störanfälligkeit gefordert werden.

Die präferierten Ringelnatter-Aktivitätszentren sind in Pflege- und Entwicklungsplänen durch die Beachtung des jeweiligen Biotopcharakters zu entsprechen. Ökologischen Vorrangflächen (Zonen hoher Beutetierdichte, Eiablageplatz, Winterlager) sind zu erhalten und ggf. auszudehnen. Den Teillebensräumen droht nicht nur Gefahr durch Eingriffe, sondern auch durch unsachgemäße Unterhaltungspflege zum falschen Zeitpunkt. Konflikte zwischen den Schlangen, Forstbetrieb, Landwirtschaft, Gewerbe und nicht zuletzt Erholungsnutzung erfordern speziell abgestimmte Schutz-, bzw. Entwicklungskonzepte. Konkrete Pflegemaßnahmen können in Ringelnatterhabitaten zumindest Qualitätsverluste vermeiden. Im speziellen Fall bleibt zu untersuchen, ob der verbliebene Raum noch für stabile und dauerhafte Populationen ausreicht, um evtl. durch eine Habitatvergrößerung eine Verbesserung zu erreichen. Als Hauptgefährdungsursache für Schlangenhabitate muß die Nutzungsänderung angesehen werden (VÖLKL 1991). Solange wertvolle Flächen nicht offiziell geschützt und entsprechend gepflegt werden, können tiefgreifende Veränderungen (z.B. Grundwasserabsenkung, Aufforstung, Dunkelwaldwirtschaft, Straßen[aus]bau) weiterhin zu Erlöschen von Populationen beitragen oder führen.

Diskussion

Bei Untersuchungen der näheren Umgebung gab es keine weiteren Nachweise der Ringelnatter, die nächsten Fundpunkte lagen erst in 2,5 bis 3 km Entfernung Luftlinie.

Geeignete Lebensräume wurden in der Nachbarschaft des Holzlagerplatzes nicht festgestellt. Somit kann von einer weitgehenden Isolation der Population ausgegangen werden. Für die geringe Dispersion dieser Population spricht auch die Tatsache, daß unter 5% der Nachweise außerhalb der Aktivitätszentren erfolgten.

Für den Zeitraum von 1979 bis 89 konnte keine Veränderung der Populationsgröße festgestellt werden, die aus etwa 10 bis 15 adulten Ringelnattern besteht. Es fällt auf, das in den 10 Jahren nur ein Jungtier (Gesamtlänge = GL 20 cm) registriert wurde. Ebenso fehlen semiadulte Schlangen in der Größenordnung bis 50, bzw. 60 cm GL. Die Mehrzahl der Männchen fiel in die Größenklasse 50 bis 70 cm, während Weibchen meist 60 bis 100 cm GL aufwiesen. Das heißt, daß bis auf eine Ausnahme die beobachteten Tiere der gesamten Population über einen zehnjährigen Zeitraum älter als 5 Jahre (ECKSTEIN 1993) waren. Selbst unter Berücksichtigung, daß Jungtiere schwieriger nachzuweisen sind als Adulti, weist diese Population im Vergleich zu anderen Gebieten eine sehr geringe Reproduktiosrate auf.

Gesamtlänge GL	Gewicht Füchtorf	Vergleich Rheinland	Vergleich Südhessen
♂ 78,2 cm	64,1 g	96 - 99,4 g	(n =19) Ø 71,5 cm Ø 73,4 g
♀ 79,0 cm	78,5 g	125 - 250 g	
♀ 87,8 cm	86,2 g	255 - 387 g	(n = 27) Ø 99,3 cm Ø 281,9 g
♀ 100 cm	98,5 g	340 g	

Tab. 1: Die Ringelnattergewichte des Untersuchungsgebietes vom 24.9.1987 bei Warendorf (Nordrhein-Westfalen) im Vergleich mit Tieren aus Wuppertal (Nordrhein-Westfalen) (ECKSTEIN 1993) und aus Südhessen (WAITZMANN 1989).
Weights of grassnakes from Sept. 24th 1987 in the observation area near Warendorf (Nordrhein-Westfalen) in comparsion with snakes from Wuppertal (Nordrhein-Westfalen) (ECKSTEIN 1993) and Südhessen (WAITZMANN 1989).

Aus obiger Tabelle ist ersichtlich, daß das Füchtorfer Männchen im untersten Bereich der zum Vergleich herangezogenen Gewichtsdaten aus Nordrhein-Westfalen und Südhessen liegt. Noch größere Differenzen werden bei den drei Füchtorfer Weibchen deutlich, die »Vergleichstiere« wiegen zwei- bis viermal soviel.

Bedingt durch die geringen Körpergewichte der Weibchen wäre denkbar, das diese nur in einem mehrjährigen Rhythmus reproduzieren (können). In diesem Zusammenhang ist auch die Aussage von EDELSTAM (1989) interessant, der für eine vorgelagerte Insel Gotland's (Schweden) eine Gelegegröße von nur 2 bis 3 Eiern angibt. Am 18.6.1993 gelang P. FORMAN in diesem Gebiet noch der Nachweis einer juvenilen Ringelnatter (20,5 cm GL, 4,2 g), die wahrscheinlich aus dem Vorjahr stammt. Weitere Untersuchungen bezüglich Mindestarealgröße, Überalterung, Reproduktionszyklus dieser stark isolierten Ringelnatterpopulation wären von großen Interesse.

Danksagung

Herrn Dr. W. VÖLKL (Eckersdorf) und Herrn Dr. M. GRUSCHWITZ (Bonn) Dank für die kritischen Anmerkungen zum Manuskript.

Examinations of habitat-use of an isolated population of Grass Snake (*Natrix natrix*) north of Münster (Westfalia) including a statement to living-space maintenance and development

Between 1985 and 1989 observations were made on a small grassnake population (*Natrix natrix*) in an isolated habitat north of Münster (Westfalia) with the main period of observation in 1987. In this 8 hectare habitat with a population of 10 - 15 adults the Ringed Snake shows a preference for two zones: the area inside a range of 50 m around the only perennial pond with 80% of the activities, and a site with an accumulation of wood-shavings and bark heaps (ca. 15% activities). The discussion deals whith the maintenance and agestructure of the population. Only one juvenile Ringed Snake under a length of 50 cm was found during a period of 10 years. It is also remarkable that female grasssnakes compared to those from other regions (Südhessen and northern Rheinland) show a bodyweight of only 25 - 50%.

Literatur

ECKSTEIN, H.-P. (1993): Untersuchungen zur Ökologie der Ringelnatter. - Beih. 4 d. Jahrb. f. Feldherp. - Duisburg.

EDELSTAM, C. (1989): A long term study of Snake Populations. - In: First World Congress of Herpetology. - University of Kent and Canterbury (Abstracts).

FELLENBERG, W. (1981): Ringelnatter. - In: FELDMANN, R. (Hrsg.): Die Amphibien und Reptilien Westfalens. - Münster.

FELLENBERG, O. & E. RÜHMEKORF (1974): Die Barrenringelnatter, *Natrix n. helvetica* (LACÉPÈDE 1789) in Westfalen. - Dortmunder Beitr. Landeskde 7: 29-36.

FORMAN, F. (1981): Zur Schlangenfauna im Osnabrücker Gebiet. - In: Osnabrücker naturw. Mitt., Osnabrück, 8: 135-138.

FORMAN, P. (1989): Der Holzlagerplatz Füchtorf, herpetologische und botanische Erfassung sowie Schutz-, Pflege- und Entwicklungsmaßnahmen. - Diplomarbeit an der FH Osnabrück, Fachbereich Landespflege.

KABISCH, K. (1974): Die Ringelnatter. - Neue Brehm Bücherei, Leipzig.

VÖLKL, W. (1991): Habitatansprüche von Ringelnatter (*Natrix natrix*) und Schlingnatter (*Coronella austriaca*): Konsequenzen für Schutzkonzepte am Beispiel nordbayerischer Populationen. - Natur und Landschaft, Bonn, 66(9): 444-448.

VÖLKL. W. & B. MEIER (1989): Untersuchungen zum Vorkommen der Ringelnatter (*Natrix natrix* LINNAEUS, 1758) in Nordostbayern. - Salamandra, Frankfurt/M., 25(3/4): 213-223.

RIECKEN, U. & J. BLAB (1989): Biotope der Tiere in Mitteleuropa. - Naturschutz aktuell, Nr. 7, Greven.

WAITZMANN, M. (1989): Zur Morphologie einiger Reptilien des südlichen Odenwaldes (Nordbaden, Südhessen). - Salamandra, Frankfurt/M., 27(4): 266-281.

Verfasser

Peter Forman, Dipl.- Ing. Landespflege, Büro f. angewandte Ökologie und Landschaftsplanung, Danziger Str. 2, D-49143 Bissendorf;

Hans-Peter Eckstein, Rudolfstr. 70, D-42285 Wuppertal.

Beobachtungen an einem Winterquartier der Ringelnatter, *Natrix n. natrix* (LINNAEUS 1758), im östlichen Mecklenburg/Vorpommern

ARNOLD RITTER & ANDREAS NÖLLERT

Key words: *Natrix natrix*, hibernation site

Einleitung

Unsere Kenntnisse von den Winterquartieren heimischer Reptilien basieren größtenteils auf Zufallsbeobachtungen und sind kaum zufriedenstellend (u.a. PODLOUCKY 1991). KABISCH (1978) stellt für die Ringelnatter eine Reihe bis dahin publizierter Funde aus dem gesamten Verbreitungsgebiet zusammen. Neuere Untersuchungen zur Ökologie und Faunistik dieser Schlange vermitteln wenig (ECKSTEIN 1993; GEIGER & NIEKISCH 1983) oder keine Daten zu diesem wichtigen Teillebensraum (FELLENBERG 1981; KÜHNEL & SCHWARZER 1989; KÜHNEL 1991).

Hier werden einige Ergebnisse systematischer Beobachtungen an einem Winterquartier der Ringelnatter im östlichen Mecklenburg (Landkreis Strasburg) dargestellt. Desweiteren geben wir einen Überblick von bislang bekannten Winterquartieren der Art im ehemaligen Bezirk Neubrandenburg.

Untersuchungsgebiet

Das Untersuchungsgebiet liegt am nördlichen Rand des Stauchendmoränen-Komplexes »Helpter Berge« im Woldegk-Feldberger Hügelland (vgl. SCHULTZE 1955) an der Bahnstrecke Pasewalk-Neubrandenburg ca. 1 km westlich des Ortes Groß Daberkow (Abb. 1 Nr. I). Es handelt sich um eine Brückenruine aus Feld- und Bruchsteinen an der südlich exponierten Bahnböschung (Abb. 2).

Methodik

Zwischen September 1981 und Mai 1986 wurden das Quartier und die nähere Umgebung nahezu täglich kontrolliert, die Schlangen gefangen, die Unterseite der Erstfänge zur individuellen Kennung fotografiert sowie Körpermaße (Maßband mit mm-Teilung), Körpermassen (Federwaage 0,5g Teilung) und Pholidosewerte ermittelt. Von Juni 1986 bis zum Abschluß der Beobachtungen im Mai 1991 erfolgten phänologische Beobachtungen; auf das Fangen wurde weitestgehend verzichtet. An zwei weiteren Winterquartieren (Abb. 1 Nr. II, III) entlang der gleichen Bahnstrecke gelangen sporadische Beobachtungen, ebenso wurden Gartenanlagen und eine Schutthalde im Ort Oertzenhof (IV) zeitweise kontrolliert.

Abb. 1: Umrißkarte des ehemaligen Bezirkes Neubrandenburg. Die römischen Ziffern bezeichnen die beschriebenen Winterquartiere der Ringelnatter, *Natrix n. natrix*. Zeichnung: M. DITTMANN.

Map of the formes county Neubrandenburg. The Roman numbers indicate all studied hibernation sites of the grass snake.

Ergebnisse

Anzahl und Geschlechterverhältnisse

190 Schlangen (101 Männchen; 71 Weibchen; 18 Subadulte) wurden an der Brückenruine 342 mal gefangen. 51% der Tiere wurden nicht wiedergefangen. Ein bzw. zwei Wiederfänge erfolgten bei 22% bzw. 13 % der Nattern. Die Maxima lagen bei 11, 12 bzw. 15 Wiederfängen (jeweils 0,5%).

In der Tabelle 1 sind Fangzahlen und Geschlechterverhältnis markierter Ringelnattern für die Jahre 1981 bis 1986 zusammengefaßt.

Überwinterung (Jahr)	Männchen (n=)	Weibchen (n=)	Sex indet. (n=)	GV 0/0
1981/82	23	21	13	1,1
1982/83	27	23	-	1,2
1983/84	28	20	2	1,4
1984/85	22	11	1	2,0
1985/86	22	7	5	3,1

Tab. 1 : Zahl und Geschlechterverhältnis (GV) der zwischen 1981 und 1986 in der Brückenruine überwinterten Ringelnattern.

Abb. 2: Die als Winterquartier dienende Brückenruine an der Bahnstrecke Pasewalk-Neubrandenburg.

A bridge ruin at the railroad Pasewalk-Neubrandenburg, serving as hibernation site.

Die Geschlechtsbestimmung war bei einer Reihe subadulter Tiere (3% bis 23% der Gesamtzahl) nicht möglich.

Mehrfachüberwinterung und Wechsel des Winterquartiers

Von mindestens 21 Ringelnattern wurde die Brückenruine mehrfach als Winterquartier genutzt. Zwei Überwinterungen erfolgten von neun Männchen und zwei Weibchen. Sechs Männchen und drei Weibchen überwinterten dreimal im gleichen Quartier, für ein Weibchen konnten sechs Überwinterungen registriert werden.

Auch im sporadisch kontrollierten Winterquartier II (44 Erstfänge) sind mehrfache Überwinterungen einzelner Schlangen belegt. Drei Männchen überwinterten zweimal, fünf Männchen und ein Weibchen dreimal zum Teil mit Bauschutt verfüllten Keller dieses ehemaligen Bahnwärterhauses.

Der Wechsel des Winterquartieres wird bei Weibchen Nr. 132 vermutet. Es konnte am 4.6.1983 an Quartier I und am 5.10.1983 an Quartier II (Entfernung: 1,2 km) beobachtet werden. Männchen Nr. 165 wurde am Quartier II am 21.4.1986 gefangen. Die erneute Beobachtung gelang am 23.9.1986 an der Brückenruine; hier scheint der Wechsel des Winterquartieres belegt.

Änderungen der Körpermasse während der Winterruhe

Zur Darstellung von Masseverlusten während der Winterruhe konnten die Daten von 28 Schlangen (19 Männchen; 9 Weibchen) ausgewertet werden. Die durchschnittliche Zeitspanne zwischen Letztfang im Herbst und Erstfang im Frühjahr war für beide Geschlechter mit 199 Tagen gleich (Männchen: min. 181 Tage, max. 228 Tage; Weibchen: min. 187 Tage. max. 219 Tage).

Drei Männchen zeigten keinen Masseverlust, ein Männchen hatte 2 g zugenommen (Feuchtigkeitsaufnahme?). Die Verluste der Männchen betrugen durchschnittlich 4 g (1 g bis 13 g) bzw. 7% (2% bis 17%). Alle weiblichen Ringelnattern hatten Masseverluste erlitten, die im Durchschnitt bei 15 g (3 g bis 25 g) bzw. 6% (2% bis 9%) lagen. Der größte

Abb. 3: Kopula zwischen Männchen Nr. 168 und Weibchen Nr. 62 am Winterquartier I (21.4.1984).

A copula at hibernation site I, taken on April 21, 1984.

relative Verlust entsprach nicht gleichzeitig der größten absoluten Abnahme. In beiden Geschlechtern war der durchschnittliche relative Masseverlust gleich, wobei die absoluten Werte bei Weibchen höher waren. Ein interessanter Einzelbefund soll vorgestellt werden. Die Masseänderung von Weibchen Nr. 142 konnten während drei Überwinterungen dokumentiert werden. Sie betrugen:

1983/84: 24 g (9%); 1984/85: 5 g (2%); 1985/86: 25 g (9%).

Die größeren Verluste korrelieren jeweils mit der größeren Körpermasse zu Beginn der Überwinterung:

1983/84: 255 g; 1984/85: 224 g; 1985/86: 275 g.

Die Überwinterungsdauer variierte lediglich 26 Tage, was die Unterschiede nicht erklärt.

Phänologie

Die Tabelle 2 informiert über die phänologischen Daten der beobachteten »Gemeinschaft«.

Die jährliche Aktivitätsdauer der Männchen erstreckte sich über durchschnittlich 205 Tage (201 bis 210 Tage; n = 7), die der Weibchen über 185 Tage (171 bis 199 Tage; n = 6).

Männchen waren mit Ausnahme des Jahres 1988 stets (durchschnittlich 18. März) vor den Weibchen (durchschnittlich 7. April) außerhalb des Winterquartieres anzutreffen. Nach dem Erscheinen der ersten Männchen kam es zumeist zu Wetterverschlechterungen (z.T. Schnee), die für längere Zeit keine Aktivitäten außerhalb des Winterquartieres erlaubten. Im Herbst wurde die Tendenz sichtbar, daß weibliche Ringelnattern vor den Männchen die Winterquartiere aufsuchten, jedoch waren Unterschiede weniger deutlich als im Frühjahr.

Paarungen

Der Beginn der Frühjahrspaarung (Abb. 3) datierte zwischen dem 27. März (einziger Märztermin) und dem 18. April. Vor der Paarung waren keine sicheren Anzeichen für

Jahr	1. Nachweis im Frühjahr	Paarungs-beginn	1. Nachweis Spätsommer	Letzter Nachweis im Herbst	
1981	24.03. sex?	-	-	07.10. 07.10.	Männchen Weibchen
1982	15.03. 26.03.	06.04.	24.08. 14.08.	10.10. 05.10.[1]	Männchen Weibchen
1983	17.03. 10.04.	17.04.	05.09.[2] 01.09.	05.10. 06.10.	Männchen Weibchen
1984	24.03. 13.04.	15.04.	17.09. 07.08.	10.10. 13.10.	Männchen Weibchen
1985	03.04. 17.04.	17.04.	24.08.[3] 23.09.	23.10. 15.10.[4]	Männchen Weibchen
1986	22.03. 18.04.	18.04.	07.09. -	15.10. 05.10.	Männchen Weibchen
1987	27.03. 14.04.	14.04.	26.08. 25.09.[5]	14.10. 29.10.	Männchen Weibchen
1988	06.04. 06.04.	06.04.	27.08. 12.09.[6]	28.10. ?[7]	Männchen Weibchen
1989	08.03. 27.03.	27.03.	01.08. -	- -	Männchen Weibchen
1990	22.02. -	-	- -	- -	Männchen Weibchen
1991	15.03. 03.04.	03.04.	- -	- -	Männchen Weibchen

Anmerkungen:
[1] bis 05.11. ein Weibchen mit Verhärtungen im Kloakenbereich
[2] am 29.08. ein Jungtier aus dem Jahr 1983
[3] am 05.08. Exuvie; am 11.08. Jungtier 1985
[4] 23.09. Paarungsversuch eines Männchens mit einem Weibchen
[5] 25.09. Paarungsversuch zwei Männchen mit einem Weibchen
[6] 27.08. zwei Juvenes 1988; 12.09. Paarungsversuch zwei Männchen mit einem Weibchen
[7] 10.10. Juvenes 1988

Tab. 2: Phänologische Daten am Winterquartier der Ringelnatter.

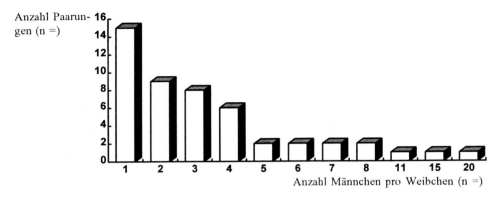

Abb. 4: Anzahl der Paarungen und daran beteiligter Männchen

eine stattgefundene oder bevorstehende Häutung sichtbar; Trübungen der Ventralseite oder der Augen wurden im März/April nie beobachtet sowie keine Exuvien gefunden.

An der Mehrzahl der 49 beobachteten Paarungen (vgl. Abb. 4) war mehr als ein Männchen beteiligt. Bemerkenswert waren »Paarungsknäuel« mit 15 oder 20 Männchen pro Weibchen.

1985, 1987 und 1988 wurden Paarungsversuche im Herbst registriert. Die Paarung fand zumeist an von oben gedeckten Lokalitäten statt, hauptsächlich auf oder unter toten organischen Materialien (n = 34) wie Brennesselresten, Hopfenranken oder Holzreisig. Verschiedentlich hielten sich die Schlangen auch auf Lesesteinhaufen (n = 8), im Gemäuer der Brückenruine (n= 5), sehr selten (n = 2) auf dem bloßen, z.T. abgebrannten Boden auf.

Übersicht über weitere Winterquartiere im ehemaligen Bezirk Neubrandenburg

Im Rahmen der Herpetofauna-Kartierung wurden zwischen 1979 und 1989 weitere Winterquartiere bekannt, die in der Tabelle 3 zusammengefaßt sind.

Diskussion

In Tabelle 1 ist zu Beginn der Untersuchungen ein nahezu ausgeglichenes Geschlechterverhältnis am Winterquartier sichtbar, wie es beispielsweise auch ECKSTEIN (1993) in einer Population bei Wuppertal fand. Die Zunahme des Männchenanteiles im Verlauf der Untersuchung ist schwierig zu erklären. Möglicherweise entfernen sich männliche Ringelnattern weniger weit vom Winterquartier. Dafür spricht die größere Zahl der Mehrfachüberwinterer. Geschlechtspartner und (im Untersuchungsgebiet) Nahrung werden in unmittelbarer Nähe des Quartiers gefunden. Weibchen legen auf der Suche nach Eiablageplätzen größere Distanzen zurück (vgl. MADSEN 1984) und nutzen vielleicht aus diesem Grund Winterquartiere »weniger traditionell« als Männchen.

Die Masseverluste während der Winterruhe waren gering. ECKSTEIN (1993) überwinterte ein Männchen mehrfach in Gefangenschaft und registrierte nach der Ruheperiode Masseverluste zwischen 23% und 26%. Bereits nach 18 h waren 15% durch Wasserauf-

Nr.	Ort/Landkreis	Lokalität	Bemerkungen
I	Groß Daberkow/ Strasburg	Brückenruine	in dieser Arbeit
II	Groß Daberkow/ Strasburg	mit Bauschutt verfüllter Keller ehem. Bahnwärterhaus	1,2 km von I entfernt
III	Helpt/Strasburg	mit Bauschutt verfüllter Keller ehem. Bahnwärterhaus	4 km von I entfernt
IV	Oertzenhof/ Strasburg	Schutthalde mit Gartenabfällen	5 km von I entfernt, Eiablageplatz/ Winterquartier
V	Lindow/Strasburg	mehrjährige Strohmiete	Januar 1984 zwei Tiere bei Arbeit mit Dungkran ausgegraben
VI	Woldegk/ Strasburg	Brückenruine	
VII	Lauenhagen/ Strasburg	mehrjährige Strohmiete	Ende Oktober 1985 ca. 500 Exemplare bei Arbeit mit Dungkran ausgegraben
VIII	Blumenhagen/ Strasburg	Hauskeller	Oktober 1979 »viele Schlangen«
IX	Wolfshagen/ Strasburg	Ziegelschutthaufen in Nähe eines Wohnhauses	1984 ca. 200 Exemplare
X	Lehrstätte Müritzhof/Waren	Ziegelschutthaufen	gemeinsames Winter- quatier Ringelnatter (ca. 300) und Kreuzotter
XI	Altkalen/Teterow	morscher Baumstumpf	im April 1982 19 Tiere
XII	Schmölln/Prenzlau	Hauskeller	21.04.1984

Tab. 3: Winterquartiere der Ringelnatter im ehemaligen Bezirk Neubrandenburg

nahme ausgeglichen. Beobachtungen, wie sie KABISCH (1978) schildert: »Sie weisen infolge des Schwundes der Fettreserven oft eine sehr faltige Haut auf«, konnten wir nie machen. Vielleicht trifft dies auf Weibchen zu, die ihre Gelege sehr spät deponiert haben (vgl. ECKSTEIN 1993; FELLENBERG 1981) und den Energieverlust bis zum Überwinterungsbeginn nicht kompensieren konnten. Es könnte sich auch um Erfahrungen an in Gefangenschaft überwinterten Schlangen handeln und derart deutliche Massedifferenzen sind unter natürlichen Bedingungen bei gesunden Tieren nicht die Regel.

Die Mehrzahl der Autoren (vgl. ECKSTEIN 1993; FELLENBERG 1981; LOVERIDGE 1936; PHELPS 1978) teilt mit, daß Ringelnattern in Mittel- und Westeuropa Ende März/Anfang April die Winterquartiere verlassen, was auch bei der mecklenburgischen Population zu beobachten war. PHELPS (1978) untersuchte in einer zweijährigen Studie zwei Ringelnatterpopulationen bei Dorset. Auch er fand Männchen im Frühjahr stets vor den Weibchen außerhalb der Winterquartiere.

Die Paarung begann zumeist unmittelbar nach dem Erscheinen der ersten Weibchen. Wahrscheinlich finden schon Paarungen im Winterquartier statt, wie es FITCH (1960) bei der nordamerikanischen Grubenotter *Agkistrodon contortrix* nachwies. Weitere Daten zum Beginn der Paarungszeit in Mitteleuropa (vgl. DAAN 1975; DÜRINGEN 1897; ECKSTEIN 1993) liegen in dem von uns ermittelten Zeitraum.

Die Nutzung abgestorbener und trockener Pflanzenmaterialien als »Liegesubstrate« der Tiere im zeitigen Frühjahr hat thermoregulatorische Gründe (vgl. HAILEY 1982).

Die Frühjahrshäutung erfolgt bei der Mehrzahl der Schlangen nach der Paarung.

Durch den »Männchenüberschuß« zur Paarungszeit (vgl. Abb. 4) wird der Befruchtungserfolg wahrscheinlicher. Auch STEMMLER-MORATH (1935) fand Paarungsknäuel mit bis zu 20 Männchen.

Im Spätsommer erschienen die Schlangen z.T. bis zu zwei Monate vor dem Aufsuchen des Winterquartieres in dessen unmittelbarer Umgebung. Bei den hier stattgefundenen Paarungsversuchen konnte keine Kopula registriert werden. Herbstpaarungen bei der Ringelnatter beschreiben auch LESTER (1949) und LANKES (1928).

Bis auf das Winterquartier XI sind alle anthropogen. Auch ECKSTEIN (1993) und KABISCH (1978) zählen hauptsächlich durch den Menschen entstandene Lokalitäten als Winterquartiere der Art auf. Die Großräumigkeit solcher Anlagen (Keller, landwirtschaftliche Mieten) ermöglicht in entsprechenden Gebieten auch die Überwinterung einer großen Anzahl von Schlangen. In wieweit eine Absenkung der Körpertemperatur bei Schlangen erfolgt, die in wärmeproduzierenden Substraten überwintern (vgl. IV, V, VII) und welche physiologischen Konsequenzen dies hat, wäre ein interessanter Untersuchungspunkt. Zum Beispiel waren die Ende Oktober 1985 bei Lauenhagen, Lkrs. Strasburg, zutage beförderten Schlangen hochagil (vgl. Tabelle 3).

Das Winterquartier IV diente gleichzeitig als Eiablageplatz, was nach WISNIEWSKI (1958) bei der Ringelnatter in der Regel nicht der Fall ist. Wesentlich für ein Winterquartier scheint neben den darin herrschenden mikroklimatischen Bedingungen auch das Vorhandensein geeigneter Sonnen- und Paarungsplätze in der unmittelbaren Nähe zu sein. Dem ist bei der Anlage von Winterquartieren (vgl. ECKSTEIN 1993) Rechnung zu tragen.

Danksagung

Für die Mitteilung von Beobachtungsdaten bedanken wir uns bei den Herren F. BOLBRINKER, J. GESATZKE, K. GIESE, D. IFFERT, I. LEISTIKOW, D. MARTIN, G. MÖLLER und S. VIERKE.

Obsersation at a Grass Snake (*Natrix natrix*) hibernation site in Eastern Mecklenburg-Vorpommern

The behaviour of grass snakes was studied at a hibernation site and its vicinity in Mecklenburg between 1981 and 1986. Male snakes left the hibernation site between mid March and early April, while females usually appeared two to threee weeks later. Mating took place soon after the females' emergence in the vicinity of the hibernation site. Grass snakes returned from their summer grounds between late August and early September and entered hibernationin October. The recapture of individually marked specimens showed both the traditional use of a single hibernation site and the annual change of hibernation sites up to a distance of > 1 km.

Additional studies revealed that most hibernation sites in the area are anthropogenous (cellars, bridge ruins, straw heaps), but that natural hibernation sites (e.g. rotten tree trunks) still can be recorded.

Schriften

DAAN, R. (1975): Populatie-dynamika en oecology van de ringslang (*Natrix natrix*) op Broekhuizen. - R.I.N., Leersum, unveröff.

DÜRIGEN, B. (1897): Deutschlands Amphibien und Reptilien. - Magdeburg.

ECKSTEIN, H.-P. (1993): Untersuchungen zur Ökologie der Ringelnatter. - Jb. Feldherpetologie, Beiheft 4, Much.

FELLENBERG, W. (1981): Ringelnatter, *Natrix natrix* (LINNAEUS 1758). In: FELDMANN, R. (Hrsg.): Die Amphibien und Reptilien Westfalens. - Abh. Westf. Mus. Naturkd. Münster 43(4): 137-150.

FITCH, H.S. (1960): Autecology of the copperhead. - Univ. Kans. Publ. Mus. Nat. His. 13(4): 85-288.

GEIGER, A. & M. NIEKISCH (1983): Ringelnatter - *Natrix natrix* (LINNAEUS 1758). In: GEIGER, A. & M. NIEKISCH (Hrsg.): Die Lurche und Kriechtiere im nördlichen Rheinland - Vorläufiger Verbreitungsatlas. - BUND, Neuss: 147-150.

HAILEY, A. (1982): Choice of substrate and heating rate in *Lacerta vivipara*. - Br. J. Herpetol. 6: 207-213.

KABISCH, K. (1978): Die Ringelnatter. - Neue Brehm Bücherei, Wittenberg Lutherstadt, Bd. 438.

KÜHNEL, K.-D. (1991): Untersuchungen zur Biologie und Ökologie der Ringelnatter (*Natrix natrix*) in Berlin (West), Untersuchungszeitraum 1990. - Gutachten Senatsverw. Stadtentw. Umweltschutz Berlin, unveröff.

KÜHNEL, K.-D. & U. SCHWARZER (1989): Untersuchungen zur Biologie und Ökologie der Ringelnatter (*Natrix natrix*) in Berlin (West). - Gutachten Senatsverw. Stadtentw. Umweltschutz Berlin, unveröff.

LANKES, K. (1928): Herbstpaarung der Ringelnatter. - Bl. Aquarkd. 39: 489.

LESTER, J. (1949): Autumn mating in young grass snakes. - Br. J. Herpetol. 2: 54.

LOVERIDGE, A. (1936): Reptiles and amphibians in Glamorgan. - Glamorgan Co. History, Cardiff: 288-308.

MADSEN, T. (1984): Movements, home range size and habitat use of radio-tracked grass snakes in southern Sweden. - Copeia 1984(3): 707-713.

PHELPS, T.E. (1978): Seasonal movements of the snakes *Coronella austriaca*, *Vipera berus* and *Natrix natrix* in southern England. - Br. J. Herpetol. 5: 775-761.

PODLOUCKY, R. (1991): Überwinterung von Amphibien und Reptilien - ein ungelöstes Problem für den Naturschutz.. - Zus. Jahrestagung DGHT, Bonn: 8.

SCHULTZE, J.H. (1955): Die naturbedingten Landschaften der Deutschen Demokratischen Republik. - Gotha.

STEMMLER-MORATH, C. (1935): Beitrag zur Fortpflanzungsbiologie europäischer Colubridae. - Zool. Garten (NF) 8: 38-41.

WISNIEWSKI, N. (1958): Die Ringelnatter (*Natrix natrix natrix*) in der Umgebung Berlins. - Aquar. Terrar. 5: 166-169.

Verfasser

Arnold Ritter, Dorfstraße 19, D-17349 Oertzenhof;

Andreas Nöllert, Thüringer Landesanstalt f. Umwelt, Prüssingstraße 25, D-07745 Jena.

Lebensraumveränderungen und Schutz der Ringelnatter (*Natrix natrix* LINNAEUS 1758) im Bergischen Land, NRW

HANS-PETER-ECKSTEIN

Key Words: *Natrix natrix* ecology, diurnal and annual activities, activity pattern, home range.

Einleitung

Die Ringelnatter (*Natrix natrix*) ist regional für alle sieben Naturräume Nordrhein Westfalens als gefährdet eingestuft (FELDMANN & GEIGER 1986).

Die Sensibilisierung durch die Umweltschutzbewegung bewirkte eine größere Toleranz gegenüber der Ringelnatter, allerdings wirkt sich das bei stetig fortschreitender Lebensraumvernichtung kaum positiv auf die Bestände aus. Seit der Jahrhundertwende sind Beobachtungen »Dutzender, sich paarender Ringelnattern« und »Knäuel von Schlangenleibern« eine große Ausnahme geworden.

Es stellt sich die Frage, ob die Ringelnatter als Kulturfolger oder -flüchter zu betrachten ist und in welchem Maße sich während der letzten Jahrhunderte anthropogene Einflüsse auf ihre Bestände ausgewirkt haben.

Ringelnatterlebensräume von der Frühzeit bis heute

Postglaziale Lebensräume der Ringelnatter

Naturgemäß liegen über die natürlichen postglazialen Lebensräume der meisten Arten nur sehr wenige Informationen vor, so daß man hier auf Vermutungen angewiesen ist. Als ursprünglicher Lebensraum der Ringelnatter müssen Flußtäler mit ihren Altarmen, Sümpfe und temporär überflutete Niederungen angenommen werden.

Potentielle Eiablagemöglichkeiten bildeten in den Überschwemmungszonen der Flüsse angeschwemmte Materialien, bei deren Verrottung Gärungswärme entsteht, sowie in bewaldeten Bereichen vermodernde Baumstämme. In Sümpfen könnten abgestorbene, trocken gefallene Binsen und Rohrkolbenbestände diese Funktion erfüllt haben.

Nach Regulierung und Eindeichung der Flüsse in den vergangenen Jahrhunderten ist heute nur noch schwer vorstellbar, welche Ausmaße die Flußauen mit ihren Nebenarmen, temporär wasserführenden Bereichen sowie Überschwemmungszonen während der jahreszeitlich bedingten Hochwässer hatten. Eine Annäherung an eine natürliche Flußlandschaft mögen die Abbildungen der Sawe in Slowenien vermitteln, wo zu sehen ist, wie der Fluß den ganzen Talbereich überflutet.

Über die Auswirkungen menschlicher Besiedlung auf Reptilienpopulationen in der Frühzeit ist wenig bekannt. Faktoren wie Rodungen, Waldbrände (natürlichen sowie anthropogenen Ursprungs) und Ackerbau, wie auch Anlage von Wasserspeichern könnten große Bedeutung zukommen.

Für das Bergische Land ist anzunehmen, daß die Ringelnatter-Besiedlung durch die Flußtäler erfolgte. Zu dieser Zeit boten kleinere Kerb- und Bachtäler wahrscheinlich keine ausreichenden Ressourcen (Nahrung, Eiablage und Sonnplätze), deshalb kamen vermutlich in dieser Region nur größere Flußtäler als Lebensraum in Frage.

ARNOLD (1875) schreibt, daß die erste menschliche Besiedlung entlang der großen Flüsse stattfand und erst Ende der Völkerwanderungen, etwa um das Jahr 600, durch feste Ansiedlungen die Notwendigkeit entstand, größere Flächen für Ackerbau und Viehzucht zu roden. Etwa ab dem 7. und 8. Jahrhundert ließen die Klöster in großem Stil Waldgebiete roden, diesem Vorgehen folgten dann die Grundbesitzer (ARNOLD 1875).

Industrialisierung im Bergischen Land

Etwa mit dem Jahr 1600 beginnend wurde im Bergischen Land durch die zunehmende Industrialisierung (Eisenindustrie), Anlage von Kotten und Hämmern in den Bachtälern, durch Anlage von Stauteichen und Waldrodungen der Lebensraum der Ringelnatter-Populationen vergrößert.

Im Bereich der heutigen Städte Wuppertal, Remscheid und Solingen zählte man 1773 bereits 181 Kotten und 30 Schleifhämmer, im Jahr 1861 gemeinsam mit Mettmann 169 Kotten und 206 Hämmer, die etwa ab 1910 rapide von Dampfmaschinen in stadtnahen Fabriken ersetzt wurden (VIEBAHN 1983). Die Kotten und Hämmer (Wassertriebwerke) besaßen meist mehrere Wasserräder, einen großen Stauteich und wasserführende Obergräben.

Situation der Ringelnatter von 1830 bis 1900

Besser dokumentiert ist die Situation der Ringelnatter in den Jahren 1830 bis 1897 durch zeitgenössische Literatur, die unter anderen über Amphibien und Reptilien (BREHM 1876 bis 1879, LANDOIS 1892), über diese Ordnung (DÜRIGEN 1897, LACHMANN 1890) oder ausschließlich über Schlangen (LENZ 1832, 1870, KNAUER 1908) berichtet.

Diese Studien, Berichte und Erzählungen machen deutlich, daß die Ringelnatter kein Kulturflüchter ist, sondern auch schon damals Aufenthaltsorte, Eiablageplätze und Überwinterungsmöglichkeiten anthropogenen Ursprungs nutzte, obwohl intakte Naturräume vorhanden waren. Einen Hinweis darauf geben auch die beiden Namen Hausschlange und Hausunk (LACHMANN 1890). Wie von allen Autoren durchgehend festgestellt wird, nutzte die Ringelnatter häufig Ställe, Keller, Backhäuser und Höfe.

In dieser Periode wird laut zeitgenössischen Berichten der Ringelnatter unterschiedlich stark nachgestellt, in manchen Bezirken war sie als Glücksbringer im Hausbereich willkommen, in anderen wurde sie toleriert, aber auch in einigen Bereichen massiv verfolgt und getötet (DÜRIGEN 1897). LENZ erzählt 1832 folgende Kuriosa (auf die Ringelnatter bezogen) unter dem Titel Benutzung: »In manchen Gegenden wird sie als wohlschmeckend gegessen, ein mit ihrer Haut überzogener Stock sieht hübsch aus. Das Fett derselben sammeln manche Leute, um Wunden damit zu verbinden oder um es in die Augen zu streichen, wenn ein sich darüber ziehendes Fell mit Blindheit droht.« Den Lebensraum betreffend schreibt DÜRIGEN bereits 1897: »Allein die in Deutschland stetig

Abb. 1: Während temporärer Hochwasser angespültes Material könnte als Eiablageplatz gedient haben.

Material, that has been washed ashore during temporary high waters could have served as place for egg deposition.

Abb. 2: Der Fluß Sawe in Slovenien überflutet heute noch den gesamten Talbereich (Mai 1991).

River Sawe in Slovenia is still overflowing the whole valley area.

weiterschreitende Trockenlegung der Sümpfe, die um sich greifende Bebauung der bisher ungenutzten Theile der »Wildniß« und die damit Hand in Hand gehende Beunruhigung der Thierwelt rauben unserer Natter gar manche ihrer zum Aufenthalt und zur Eiablage dienende Stätte und verdrängen sie vielerorts, so daß sie da und dort nur noch selten auftritt oder gänzlich verschwunden ist.« Als natürliche Lebensräume werden Sümpfe (DÜRIGEN 1897, LACHMANN 1890) und Altwässer aufgeführt (DÜRIGEN 1897). Dem letztgenannten Autor nach kommt die Ringelnatter in sumpfigen und wasserreichen Gegenden besonders häufig vor. Als Ringelnatter-Lebensraum weist DÜRIGEN (1897) speziell auf alte Burgen und Ruinen hin, deren Wassergräben meist von Mauern umgeben waren.

Eiablageplätze: Die oben genannten Autoren beschreiben in dieser Periode bereits hauptsächlich anthropogen geschaffene Eiablageplätze. Naturgemäß fallen diese eher auf, da Mist- und Komposthaufen höchstwahrscheinlich in unmittelbarer Umgebung der Gehöfte lagen. Als Eiablageplätze anthropogenen Ursprungs nennt DÜRIGEN (1897) Mistbeete, Dungstätten, Lohhaufen, Viehstreu und Sägemehl. Nach BREHM (1876-1879)

Abb. 3: Relativ naturnahes Wupper-Tal mit Kiesbänken im Bergischen Land, NRW, inzwischen Talsperre (Foto: R. MÖNIG).

The rather natural valley of the river Wupper in the Bergisch Land, NRW, with it's gravel banks has become dam in the meantime.

legen Ringelnattern ihre Eier unter verlassene Nester von Enten und Hühnern. Als natürliche Eiablageplätze nennt BREHM (1876-1879) lockere Erde, Mulm und feuchtes Moos, LANDOIS (1892) feuchte Moospolster und Erdlöcher. LACHMANN (1890) und KNAUER (1908) schreiben des weiteren von Mooshaufen und Mulm hohler Bäume, während LACHMANN (l.c.) noch »unter Steinen« mit aufzählt. DÜRIGEN (1897) benennt drei Fundorte von Massengelegen mit Quellenangaben, von denen nur das Erste indirekt anthropogenen Ursprungs ist:

a. ein Massengelege von circa 3.000 Eiern in altem Brückenholz und Moorboden etwa 40 bis 50 cm tief (Württemberg),
b. ein Massengelege von ca. 1.500 Eiern in einem Fichtenstumpf und
c. ein Massengelege in Sachsen mit etwa 6.000 Eiern an einem südexponierten Steilhang in der Erde in einer kesselartigen Höhlung mit kleinen, davon ausgehenden Röhren, 2 bis 6 Zoll tief.

Überwinterung: LENZ (1832, 1870) schreibt, daß Ringelnattern unter Haufen von Mist oder Sägespänen hibernieren, LACHMANN (1890) nennt zusätzlich Ställe und Keller, DÜRIGEN (1897) führt noch Komposthaufen auf, während LANDOIS (1892) schreibt, daß die Ringelnatter sich besonders zum Winterschlafe gerne in Scheunen, Ställen und Kellern ansiedelt. KNAUER (1908) führt als natürliche Winterquartiere geschützte Erdhöhlen und hohle Baumstümpfe auf.

Aktuelle Situation

1. Vernichtung und Veränderung des (Ringelnatter-) Lebensraumes

In den Ballungsräumen sind viele Pflanzen- und Tiergesellschaften und mit ihnen auch die Ringelnatter heute gezwungen auf immer kleiner werdenden, mehr oder weniger naturnahen Flächen zu überleben. Um sich vor Augen zu führen, in welchem Ausmaß Landschaft verbaut wird, lohnt es sich, die statistischen Jahrbücher der Kreise und Gemeinden zu lesen. Aus den Statistischen Jahresberichten der Stadt Wuppertal (1975 und 1989/90) geht hervor, daß hier von 1975 bis 1990 durchschnittlich alle 3 Tage die Fläche eines Fußballplatzes verbaut wurde (durchschnittlich 62 ha jährlich). Immer mehr Bedeutung kommt deshalb gerade in Ballungsräumen den Restlebensräumen zu.

2. Bedeutung von Straßen für Ringelnatter-Populationen

Die Zerschneidung der Ringelnatter-Lebensräume durch Straßen bedroht die Populationen aus zwei Gründen:

a. Auch stark genutzte Straßen in Bachtälern werden von Ringelnattern während saisonaler Wanderungen überquert (VÖLKL 1991). In Wuppertal werden dabei hauptsächlich Jungtiere und Männchen überfahren (ECKSTEIN unveröffentl.).

b. Als zweite Gruppe trifft es Tiere, die sich zur Thermoregulation auf wenig befahrenen Straßen aufhalten. Der dunkle Straßenbelag nimmt die Wärme schnell auf und speichert diese. Hier besteht die Gefährdung durch den Autoverkehr hauptsächlich in den Morgen- und Abendstunden (VÖLKL 1991, ECKSTEIN unveröffentl.).

Größere Beachtung und effektiverer Schutz muß Wanderkorridoren gewährt werden. Zwischen Bachtälern und anderen Lebensräumen dürfen keine weiteren Barrieren (Autobahnen, Schnellstraßen etc.) geschaffen werden. Der Vernetzung von Landlebensräumen kommt eine ähnlich große Bedeutung wie Amphibienpopulationen zu, die immer weiter durch Zerschneidung geschädigt werden.

Wachsende Kenntnis zu Lebensräumen und -gewohnheiten der Ringelnatter ermöglicht bedingt die Kompensation negativer Auswirkungen.

Da die Vernichtung von naturnahen Lebensräumen (ein großes Problem in Ballungsgebieten, weil die Städte immer weiter zusammenwachsen) permanent fortschreitet und auch für absehbare Zeit keine Änderung der Situation zu erwarten ist, verbleibt realistisch betrachtet nur noch die Möglichkeit, den »Rest«-Lebensraum so zu verändern (gestalten), daß eine hohe Diversität an Pflanzen und Tiergemeinschaften erhalten bleibt.

Der Aktionsraum der Ringelnatter setzt sich aus einer Vielfalt biotischer und abiotischer Faktoren zusammen, die für die Population von unterschiedlich starker Bedeutung sind. Die Kenntnis dieser Elemente lassen (in Grenzen) einen Rückschluß auf Maßnahmen zur »Verbesserung« vorhandener Lebensräume zu.

Gewässer spielen für den Fortpflanzungserfolg von Amphibien-Populationen eine wichtige Rolle. Da Amphibien die hauptsächliche Nahrung hiesiger Ringelnattern bilden (z.B. ECKSTEIN 1993, HEMMER 1955, MERTENS 1992) sind deren Laichgewässer und Landlebensräume wichtige Bestandteile von Ringelnatter-Habitaten.

Gewässer sollten am Ufer sowohl natürlichen Bewuchs als auch submerse Vegetation aufweisen (MERTENS 1992). Der Autor weist auch darauf hin, daß von Ringelnattern der Wasserkörper zur Thermoregulation genutzt wird. Im Sommer hielten sich bei kühlen Abend- oder Nachttemperaturen einzelne Tiere im Wasser auf, das wärmer als der Boden war.

Juvenile Ringelnattern benötigen zur Jagd auf Molchlarven und Kaulquappen Flachwasserzonen größerer Gewässer und Tümpel, die eine Wassertiefe von etwa 5 bis 20 cm aufweisen. Wichtig sind vielfältig geformte Uferbereiche, die sowohl Sonnplätze als auch Versteckmöglichkeiten bieten. Anthropogene Belästigungen sollten möglichst ausgeschlossen werden (keine Wanderwege am Uferrand, Störungen durch Angler auf kleine Bereiche einschränken).

Sommerlebensraum: Den Sommerlebensraum der Ringelnatter bilden Feuchtwiesen, extensiv genutzte Weiden, sonnenexponierte Hangbereiche und lichte Laubwälder, in deren Nähe sich meist Teiche, Tümpel, Gräben, langsam fließende Bäche oder Flüsse mit Stillwasserzonen befinden. Als Ruhe und Sonnplätze nutzt die Ringelnatter häufig vegetationsarme Bereiche, Totholz, Steine und abgestorbene Vegetation sowie Mist, Kompost und Mahdhaufen, in denen Gärungswärme ein feuchtwarmes Klima geschaffen hat. Gemieden werden vegetationsfreie Flächen (ECKSTEIN 1993, MERTENS 1992). Strauchsäume besitzen als Wanderwege und Versteckmöglichkeiten eine wichtige Funktion, dabei kommt den dornenbewehrten Brombeeren (*Rubus fructicosus* agg.) und Himbeeren (*Rubus ideaus*) eine besondere Rolle zu (MERTENS 1992).

Die von MERTENS (1992) telemetrierten Ringelnattern zeigten eine relativ hohe Standorttreue innerhalb des Untersuchungsgebietes, die täglich zurückgelegten Strecken (n = 424) in Luftlinie betragen:

45,3% zwischen 0 und 5 m   33,5% zwischen 5 und 50 m
11,5% zwischen 50 und 120 m   9,7% mehr als 120 m

wobei die größte Tagesentfernung 460 m Luftlinie betrug. Ein Ringelnatter-Weibchen (Zufallsfund) wurde etwa 750 m Luftlinie entfernt von dem Wuppertaler Untersuchungsgebiet aufgefunden (ECKSTEIN 1993).

Die »Home Range's« mehrerer Tiere können sich mehr oder weniger überschneiden (ECKSTEIN 1993, MADSEN 1984, MERTENS 1992), auch konnten bei der Ringelnatter bisher keine intraspezifische Aggressionen und Kommentkämpfe beobachtet werden (ECKSTEIN 1993, KABISCH 1978). Die Faktoren zur Limitierung der Populationsgröße müßten noch weiter untersucht werden.

Mehrere Autoren wiesen adulte Erdkröten (*Bufo bufo*) als Nahrung sowohl während (WISNIEWSKI 1958 ab 80 cm GL) als auch außerhalb deren Laichzeit nach (z.B. ECKSTEIN 1993, MADSEN 1984, MERTENS 1992 ab 90 cm GL).

Die Erdkröten verlassen nach dem Ablaichen die Gewässer und wandern in ihren Sommerlebensraum ab. Dorthin folgt ihnen zumindest ein Teil der adulten Ringelnattern (Weibchen?). Größere Exemplare scheinen somit eine deutlich geringere Bindung an Gewässer zu zeigen als juvenile Tiere (MADSEN 1984, MERTENS 1992).

Nahrungs-Opportunismus bei der Ringelnatter ?

Vorstellbar wäre ein größerer Opportunismus im Bereich des Nahrungsspektrums. Relativ häufig konnte für die Ringelnatter andere Beute als Amphibien und Fische nachgewiesen werden.

In einer tabellarischen Literaturauswertung listet HEMMER (1966) die Nahrungstiere der Ringelnatter auf und beschreibt u.a. das Fressen von Säugern, Eidechsen und Schlangen; bekannt wurde auch die Aufnahme von Vogeleiern und Vögeln. Nicht nur von Inselformen der Ringelnatter (Korsika, Sardinien, Milos) wurde beschrieben, daß sie Eidechsen fressen.

NAME	WISS. NAME		BEMERKUNG	AUTOR
Kleinsäuger				
Maulwurf	Talpa europaea	regurgitiert		HEMMER [1966]
Eichhörnchen	Sciurus vulgaris	regurgitiert	juvenil	HEMMER [1966]
Rötelmaus	Clethrionomys glareolus	regurgitiert		HEMMER [1966]
Gemeine Schermaus	Arvicola terrestris	regurgitiert		HEMMER [1966]
Zwergmaus	Micromys minutus	gefressen		WISNIEWSKI [1958]
Erdmaus	Microtus agrestis	gefressen		ECKSTEIN [1993]
Feldmaus	Microtus arvalis	gefressen		HEMMER [1966]
Erd- oder Feldmaus	Microtus spec.	regurgitiert	von 5 Beobacht. (3 Grasfrösche u. 1 Erdkröte) bei Bad Berneck	VÖLKL [1993, unveröfftl.]
Spitzmäuse	Soricidae indet.			HEMMER [1966]
Echte Mäuse	Muridae indet.			
Hausmäuse, wildfarben		gefressen	Terrarium	HEMMER [1966]
'Weiße Mäuse'		tot gefressen	Terrarium	HEMMER [1966]
Labormäuse		juvenil u. adult	Terrarium	ECKSTEIN [1993]
Reptilien				
Mauereidechse	Lacerta muralis		Natrix n.corsa u.	HECHT [1930]
Ruineneidechse	Podarcis sicula		Natrix n.cetti	
Geckos Eidechsen Kleinsäuger	Gymnodactylus kotschyi		Natrix n. schweizeri der Insel Milos	KRATZER [1974]
Riesensmaragdeidechse	Lacerta trilineata hansschweizeri	Schädelskelett im Rachen festsitzen	Natrix n. schweizeri (Milos)	KRATZER [1974]
Waldeidechse	Lacerta vivipara	gefressen (3 mal)	juv. Ringelnattern	PHELPS [1978]
Waldeidechse	Lacerta vivipara		1 von insges. 98 Beobachtungen	MERTENS [1992]
Kreuzotter	Vipera berus		Terrarium	KLINGELHÖFFER [1959]
Wiesenotter	Vipera ursinii		Terrarium	HEMMER [1966]
Vipernattern	Natrix maura		Terrarium	HEMMER [1966]
Ringelnattern	Natrix natrix		Terrarium	HEMMER [1966]

Tab. 1: Literaturauswertung und eigene Beobachtungen von Nahrungstieren der Ringelnatter. Literature exploitation and own observes of the Grass Snake food (exclude amphibiens).

Abb. 4: Adultes Ringelnatterweibchen mit stark abgedunkelten Mondflecken.

Adult female of the Grass Snake with intense darkened lunar markings.

Bei Albaum (Landesanstalt für Fischerei NRW) wurde (GEIGER mdl. Mitt.) beobachtet, daß regelmäßig kleine Forellen (circa 4 bis 8 cm lang) gejagt und erbeutet wurden. »Allgemein gesehen ist die Vorliebe der Ringelnatter für diese oder jene Futtertierart vor allem von den örtlichen Verhältnissen, d.h. von dem Vorkommen der einzelnen Arten abhängig« (WISNIEWSKI 1958).

MADSEN (1984) weist darauf hin, das bei Ringelnattern die Bindung an Gewässer sehr locker sein kann und sie lange Zeitspannen, bis zu zwei Jahren, weitab von diesen verbringen.

Eiablageplätze: Förster KOHLHAAS (mdl. Mitt. 1992) berichtete von einem Eiablageplatz der Ringelnatter in aufgestapelten, alten Eichenholzträgern, die bei Abriß einer Brücke über den Marscheider Bach (Wuppertal, NRW) neben diesen abgelegt wurden. Ein solcher Eiablageplatz kann als fast natürlich bezeichnet werden, da sich ähnliche Möglichkeiten auch in naturnah bewirtschafteten Wäldern mit hohem Totholzanteil bieten.

Alle anderen Informationen beziehen sich ausschließlich auf Ablageplätze anthropogenen Ursprungs.

Ein Masseneiablageplatz mit 133 Eiern befand sich in einem Brückenlager einer Wupperbrücke in Solingen (ECKSTEIN 1993). MERTENS (1992) vermutet einen Eiablageplatz der Ringelnatter in einem Fernwärmestollen der Universität von Marburg.

Im Neandertal (Kreis Mettmann, NRW) wurde im Winter 1989/90 ein etwa 100 m² großer Pferdemisthaufen angelegt, in dem man bereits 1990 Gelege mit insgesamt 62 Eiern entdeckte. Bei einer neuerlichen Überprüfung 1992 fanden Zivildienstleistende etwa 400 Eier in einer Tiefe von 15 bis 20 cm, wobei die Schlupfquote über 95% lag. Der Pferdemisthaufen ist jährlich mit einer Grasschnittschicht abgedeckt worden (MAY, mdl. Mitt. 1992). Die schnelle Annahme und die hohe Eizahl lassen vermuten, daß hier bisher nur wenige und suboptimale Eiablageplätze vorhanden waren.

Während einer Untersuchung im Wuppertaler Raum, in deren Verlauf der Autor u.a. bei Forstbetrieben Erkundigungen einzog, konnten nur Eiablageplätze anthropogenen Ursprungs nachgewiesen werden. Als häufigstes Substrat wurde 13x Pferdemist vermischt mit Stroh oder Sägespänen festgestellt, je 1x Schweinemist/Stroh, ferner Kompost von Grassoden (1x) und Schnitthaufen eines Kulturrasens (ECKSTEIN 1993).

In der neueren Literatur finden sich nur noch Ringelnatter-Eiablageplätze anthropogenen Ursprungs, hauptsächlich aus Substraten wie Mist, Kompost und Sägemehl (ECKSTEIN 1993, GOLDER 1984, KABISCH 1967 und 1978, NÖLLERT et al. 1989)

Überwinterung: Förster LEIPZIG erhielt Nachricht von einem gemeinschaftlichen Hibernationsplatz von 2 Ringelnattern und 12 Blindschleichen circa 100 m von der Neye-Talsperre (Wipperfürth, NRW) entfernt, in einer Schneise an einem bewaldeten Hang. Die Tiere wurden bei ßberprüfung eines Gasrohr-Winkelstückes neben diesem in einer Tiefe von 1 bis 1,5m von einem Baggerführer entdeckt.

MERTENS (1992) stellte an einer telemetrierten Ringelnatter fest, daß diese in einem Hangbereich mit der Möglichkeit zu horizontalen und vertikalen Wanderungen (unterirdische Hohlräume und Nagerbauten) den Winter in einer Tiefe von nur 5 bis 15 cm verbrachte und erst bei Temperaturen weit unter -10 °C kurzzeitig eine Tiefe von 25 bis 50 cm aufsuchte, wobei die Körpertemperatur nicht unter 0,4 °C absank.

Maßnahmen

Die Anlage von Pferdemisthaufen als Eiablageplätze für Ringelnattern ist einfach und schnell zu realisieren, da viele Reiterhöfe Mist abgeben. Allerdings darf dabei nicht übersehen werden, daß durch diesen »Düngerhaufen« eine enorme Eutrophierung verursacht wird. Deshalb ist die Standortfrage vorher sorgfältig abzuklären.

Die Ringelnattern hibernieren in diesen Haufen etwa von Oktober bis März, suchen in Schlechtwetterperioden dort Wärme und Schutz (ECKSTEIN 1993) und die Weibchen befinden sich vor und während der Eiablage im Juni und Juli (eventuell schon im Mai) an diesem Platz. Die Gelege benötigen sodann bis zum Schlupf der Jungtiere im August, September dieses feuchtwarme Mikroklima.

Umsetzaktionen von Pferdemist- und Komposthaufen, von denen bekannt ist, daß sie als Eiablageplatz genutzt werden, sollten nur in bestimmten Zeiträumen durchgeführt werden, im Bergischen Land wären das die Monate April und Mai.

Abb. 5: Misthaufen werden von der Ringelnatter zur Hibernation, während des Eiablagezeitraumes und in Schlechtwetterperioden aufgesucht.

The Grass Snake is looking for dung heaps for hibernation, during the egg deposition period and in spells of bad weather

Weil einige Lebensräume inzwischen nicht mehr beweidet und durch Baumaufwuchs beschattet werden, ist es notwendig, ausgewählte Bereiche in regelmäßigen Zeitabständen freizustellen.

Leider ist im Bergischen Land immer wieder festzustellen, daß keine natürlichen Übergänge von Weiden und Koppeln zum Waldrand hin mehr bestehen. Strauchsäume und Vorwälder können bedingt durch Tritt- und Fraßschäden, verursacht durch zu hohen Besatz mit Pferden und Kühen, nicht aufwachsen. Deshalb ist anzustreben, die Weidezäune in einem Abstand von mehreren Metern zum Baumbestand zu halten.

Strauchsäume bieten Verstecke, Sichtschutz und werden bei Standortwechseln bevorzugt als Wanderwege genutzt, sie stellen dadurch für die Ringelnatter eine wichtige Funktion dar (MERTENS 1992).

Diese oben genannten Strukturen - Waldrand, Hecken und Gebüsche - sind Lebensraum vieler Arten, so z. B. von Insekten, Vögeln und Säugern, und besitzen eine besonders hohen Wert in süd-, südost- oder südwestlicher Exposition (BLAB 1986).

Diskussion

Problematik der anthropogenen Sichtweise

Als sehr problematisch sehe ich es an, einen »hypothetischen Ideallebensraum« zu kreieren, wie dies MERTENS (1992) in seiner Arbeit macht. Die menschliche Sichtweise erlaubt es meiner Ansicht nach nicht, solche Aussagen über eine Tierart zu treffen.

Sehr deutlich macht das der Artikel KUHN's (1992) über die Erdkröte in einer Wildflußaue, wo in dieser urtümlichen Landschaft die jährliche Wiederkehr an einen bestimmten Platz einen Sinn bekommt, weil dort durch temporäre Hochwässer ein Laichgewässer entstehen kann.

Dazu kommt noch, das die geographische und klimatische Bandbreite im Verbreitungsareal der Ringelnatter beträchtlich ist.

Ringelnatter als Kulturflüchter?

Es scheint für die Ringelnatter kein Problem darzustellen, teilweise oder vollständig anthropogen geformte Lebensräume anzunehmen (MERTENS 1992, ECKSTEIN 1990 und 1993). So lebt eine Population in Marburg in dem künstlich angelegten Teil des Botanischen Gartens (MERTENS 1992). Wie weiter oben bereits geschrieben, werden zur Hibernation und Eiablage häufig menschlich geschaffene Strukturen aufgesucht. Deshalb trifft meiner Ansicht nach die Bezeichnung Kulturflüchter keinesfalls zu, obwohl die Ringelnatter auf häufige Störungen in ihrem Lebensraum negativ reagiert (RITTER schriftl. Mitt. 1990, ECKSTEIN 1990 und 1993).

Veränderungen des Ringelnatter-Lebensraumes

Nach der letzten Eiszeit wird die Ringelnatter hauptsächlich in den breiten großen Flußtälern und in Sumpfgebieten gelebt haben, wobei im Bergischen Land letztere eher selten anzutreffen waren.

Vom 6. bis 13. Jahrhundert wird die Ringelnatter durch großflächige Rodungen eine starke Vergrößerung der von ihr bewohnbaren Flächen erfahren haben.

Aus der Literatur von 1830 bis 1900 ist zu ersehen, das die Ringelnatter trotz noch vorhandener »Wildnis« anthropogen geschaffene Strukturen wie Misthaufen, Ställe, Gehöfte etc. zur Eiablage und Überwinterung aufsuchte.

Heutzutage ist in weiten Bereichen ein Rückgang der Ringelnatterpopulationen zu beobachten.

Meiner Ansicht nach hat die Ringelnatter durch Ackerbau und Weidewirtschaft vermutlich bis Anfang/Mitte dieses Jahrhunderts nicht nur im Bergischen Land durch Schaffung vielfältiger Strukturen und Habitattypen einen größeren Raum nutzen können als vor der Besiedlung, aber inzwischen durch Verbau riesiger Flächen, Änderung der landwirtschaftlichen Arbeitsweise, Flurbereinigung, Verbau und Vergiftung von Flüssen und Umwelt große Einbußen hinnehmen müssen.

Danksagung

Ich danke H. MEINIG für die produktive Kritik, S. GÜNTHER-ECKSTEIN für die englische Übersetzung und R.MÖNIG für die Überlassung von Bildmaterial.

Changes in living-space and protection of the Grass Snake (*Natrix natrix*), (Bergisches Land, NRW)

Formaly the Grass Snake (*Natrix natrix*) lived in and near river-valleys. It's area was enormously expanded since the end of the migration of nations in the 6th century by deforestation for agriculture and cattle breeding.

The Grass Snake was found frequently in the 19th century despite of a regional persecution. During that time it used farms, cellars, stables and dung-heaps for egg-deposition and hibernation. Since the middle of our century intense negative changes took place like urbanisation, changes in cultivation methods, regulation and contamination of rivers.

To compensate for negative influence in overcrowded urban areas, the creation an equipping of habitats is the only remaining possibility to protect the Grass Snake

Literatur

ARNOLD, R (1875): Ansiedelungen und Wanderungen Deutscher Stämme. - unveränderter Nachdruck 1983, Köln.

BLAB, J. (1986): Grundlagen des Biotopschutzes für Tiere. - Greven.

BREHM (1927): Brehms Tierleben, Bd. 22, Kriechtiere, Reptilien. - Wien.

DAAN, R. (1975): Populatie-dynamika en oekologie van de ringslang op Broekhuizen. - Leersum.

DÜRIGEN, B. (1897): Deutschlands Amphibien und Reptilien. - Magdeburg.

ECKSTEIN, H.-P. (1990): Die Ringelnatter. - In: Reptilienschutz in Nordrhein-Westfalen, NZ/NRW Seminarberichte 9: 25-27.

ECKSTEIN, H.-P. (1993): Untersuchungen zur Ökologie der Ringelnatter - Beiheft 4 des Jahrbuch für Feldherpetologie. - Verlag für Ökologie und Faunistik, Duisburg.

FELDMANN, R & A. GEIGER (1986): Rote Liste der in Nordrhein-Westfalen gefährdeten Kriechtiere (Reptilien) und Lurche (Amphibien). - Schriftenreihe der Landesanstalt f. Ökologie, Landschaftsentwicklung u. Forstplanung NRW.

GLANDT, D. & A. GEIGER (1990): Reptilienschutz in Nordrhein-Westfalen, Situation - Forschungsstand - Probleme - Maßnahmen. - Reptilienschutz in NRW 9: 4-9.

GOLDER, F. (1984): Ein gemeinsamer Masseneiablageplatz von *Natrix natrix helvetica* und *Elaphe longissima* mit Daten über Eizeitigung und Schlupf. - Salamandra 21(1): 10-12.

HECHT, G. (1930): Systematik, Ausbreitungsgeschichte und Oekologie der europäischen Arten der Gattung Tropidonotus. - Mitt. Zool. Mus. Berlin 16: 244-393.

HEMMER, H. (1966): Der Funktionskreis von Nahrungserwerb und Nahrungsaufnahme bei der Ringelnatter (*Natrix natrix*). - Zool. Beitr. (NF) 12: 419-464.

KABISCH, K. (1978): Die Ringelnatter. - Wittenberg Lutherstadt, (Neue Brehm Bücherei Nr. 483).

KABISCH, K. (1967). Massen-Eiablageplätze der Ringelnatter in Mecklenburg. - Salamandra 3: 9-15.

KLINGELHÖFFER, W. (1959): Terrarienkunde, 4.Teil: Schlangen, Schildkröten, Panzerechsen, Reptilienzucht. - Stuttgart.

KNAUER, F. (1908): Unsere heimischen Nattern und Ottern. - Regensburg.

KRATZER, H. (1974): Beobachtungen über den Nahrungserwerb bei der Milos-Ringelnatter. - Salamandra 10: 49-54.

KUHN, J. (1992): Die Erdkröte *Bufo bufo bufo* in einer Wildflußaue. - Herpetofauna 14: 25-31.

LACHMANN, H. (1890): Die Reptilien und Amphibien Deutschlands in Wort und Bild. - Berlin.

LANDOIS, H. (1892): Westfalens Tierleben, Bd.3: Die Reptilien, Amphibien und Fische. - Paderborn.

LENZ, H. O. (1832): Schlangenkunde. - Gotha.

LENZ, H. O. (1870): Schlangen und Schlangenfeinde. - Gotha.

MADSEN, T. (1983): Growth rates, maturation and sexual size dimorphism in a population of Grass Snakes in Southern Sweden. - Oikos, Copenhagen, 40: 277-282.

MADSEN, T. (1984): Movements, Home Range Size and Habitat Use of Radiotracked Grass Snakes in Southern Sweden. - Copeia 3: 707-713.

MERTENS, D. (1992): Ökoethologisch-Radiotelemetrische Untersuchung an einer Population der Ringelnatter (*Natrix natrix* L.). - Inaugural Dissertation, Marburg.

NÖLLERT, A., STEGMANN, K.-D. & A. RITTER (1989): Bemerkungen zu einem Massen-Eiablageplatz der Ringelnatter (*Natrix n. natrix*) am Ahlbecker Fenn, Kreis Ueckermünde, Bez. Neubrandenburg. - Jahrb. f. Feldherp. 3: 107-117.

PHELPS, T.E. (1978): Seasonal Movement of the Snake *Coronella austriaca*, *Vipera berus* and *Natrix natrix* in Southern England. - Brit. J. Herpetol. 5: 755-761.

VIEBAHN, E. (1983): Hämmer und Schleifkotten im Gelpetal. - Wuppertal.

VÖLKL, W. (1991): Habitatansprüche von Ringelnatter (*Natrix natrix*) und Schlingnatter (*Coronella austriaca*): Konsequenzen für Schutzkonzepte am Beispiel nordbayerischer Populationen. - Natur u. Landschaft 66(9): 444-448.

WAITZMANN, M. (1991): Zur Morphologie einiger Reptilien des südlichen Odenwaldes (Nordbaden, Südhessen). - Salamandra 27(4): 266-281.

WISNIEWSKI, N. (1958): Die Ringelnatter (*Natrix natrix natrix*) in der Umgebung Berlins. - Aquarien und Terrarien 5: 166-169.

Verfasser

Hans-Peter Eckstein, Rudolfstr. 70, D-42285 Wuppertal

Die Ringelnatter (*Natrix natrix*) in Berlin - Untersuchungen für ein Artenhilfsprogramm in einem urbanen Ballungsraum

KLAUS-DETLEF KÜHNEL

Key words: Serpentes, Colubridae, *Natrix natrix*, distribution, habitat selection, metric and scale characters, threats, conservation, Berlin

1. Einleitung

Die Ringelnatter ist ein kennzeichnender Bewohner großflächiger Feuchtgebiete. Sie gehört seit altersher zu den typischen Reptilienarten des gewässerreichen Gebietes von Berlin und seiner Umgebung. Der besonders in den siebziger Jahren beobachtete Rückgang der Nachweise führte in der ersten Roten Liste für das Gebiet von Berlin (West) zu Einstufung in die Kategorie »stark gefährdet« (BIEHLER et al. 1982). Für das Gebiet von Berlin (Ost) wurde die Art später als »vom Aussterben bedroht« eingestuft (NESSING 1990).

Schon 1985 wurde im Artenschutzprogramm für Berlin (West) die Erarbeitung eines Hilfsprogramms für die Ringelnatter angeregt (KÜHNEL 1985). Im Jahr 1989 beauftragte schließlich die Senatsverwaltung für Stadtentwicklung und Umweltschutz Berlin die Erarbeitung eines Artenhilfsprogrammes für die Ringelnatter zuerst für Berlin (West). Dieses Programm wurde später auf Gesamt-Berlin ausgedehnt. Als Grundlage sollte die Verbreitung der Art und ihre speziellen Habitatansprüche im Gebiet des Landes Berlin erfaßt werden.

Die vorliegende Arbeit gibt einen Überblick über die bisher erzielten Ergebnisse. Im Unterschied zu den meisten anderen Untersuchungen zur Biologie und Ökologie der Ringelnatter (z.B. DAAN 1975, VÖLKL & MEIER 1989, VÖLKL 1991, BLAB et al. 1991) werden hier Beobachtungen aus einem urbanen Ballungsraun mitgeteilt.

2. Untersuchungsgebiet

Das Land Berlin umfaßt eine Fläche von 889,1 km², davon entfallen 60% auf Gebäude- und Verkehrsflächen.

Berlin liegt in einem Grenzbereich zwischen ozeanisch und kontinental geprägtem Klima. Das langjährige Niederschlagsmittel liegt bei circa 600 mm und die Jahresmitteltemperatur um 8,8 °C.

Das Berliner Relief ist Ergebnis der letzten Eiszeit. Durch das Zentrum verläuft in Ost-West-Richtung die von der Spree durchflossene Niederung des Berlin-Warschauer-Urstromtals (33 bis 38 m üNN). Sie trennt die beiden über 40 m üNN gelegenen Moränenplatten des Teltow im Süden und des Barnim im Norden voneinander. Die im

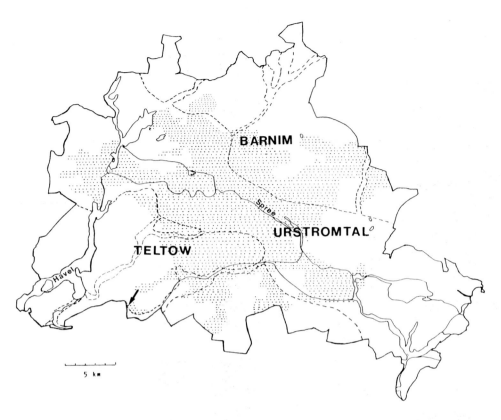

Abb. 1: Naturräumliche Gliederung Berlins / Geographical formation of Berlin
------ Grenzen der naturräumlichen Einheiten / borders of geographical units
⌒◯ Gewässer / waters
▓ Bereiche dichter Bebauung, Industrieanlagen / urban areas
↙ Untersuchungsgebiet Siepegraben / site of Siepegraben region

Westen gelegene Nauener Platte wird von der in einer Schmelzwasserrinne verlaufenden Havel abgetrennt.

Die in den Tälern gelegenen Flüsse sind zum Teil als Seenketten ausgebildet. So liegen im Westen Berlins die Seenketten der Havel und im Südosten die der Dahme, eines Zuflusses der Spree.

Sowohl das Urstromtal als auch die Hochflächen wurden früher durch Bachläufe (Fließe) gegliedert. Von diesen ist lediglich das Tegeler Fließ im Norden der Stadt in seinem natürlichen Zustand und landschaftlichen Zusammenhang erhalten geblieben. Auch die früher zahlreichen Pfuhle (Sölle), Moore und Feuchtgebiete sind auf einen Bruchteil ihrer ursprünglichen Anzahl zusammengeschrumpft.

Heute ist das Gebiet Berlins durch Flächen mit verschiedenartiger Bebauungsdichte und Nutzungsweise gekennzeichnet. An den eigentlichen Innenstadtbereich mit ge-

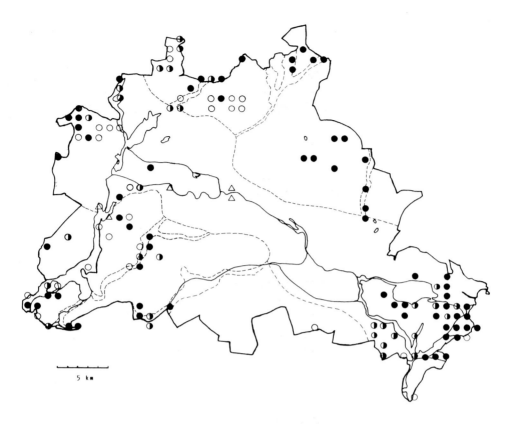

Abb. 2: Verbreitung der Ringelnatter in Berlin / Distribution of Grass Snake in Berlin
△ vor / before 1900   ◯ 1900 - 1979   ◐ 1980 - 1988   ● 1989 - 1992

schlossener und halboffener Bebauung schließt sich eine äußere Stadtrandzone an. Dieser Bereich ist durch Einfamilien- und Reihenhäuser mit Gärten geprägt. Außerhalb des bebauten Bereiches liegen Landschaftsteile, die als Außenraum bezeichnet werden. Dazu zählen vor allem Wälder und landwirtschaftlich genutzte Flächen.

3. Methoden

In den Jahren 1989 bis 1992 wurden alle bekannten und potentiellen Ringelnatterhabitate in Berlin auf Vorhandensein der Art kontrolliert. Von allen Fundorten wurden neben Temperaturen und Habitatstrukturen auch alle weiteren Habitattypen im Umkreis von 200 m aufgenommen.

Intensive Erhebungen hinsichtlich Habitatnutzung und Populationsstruktur wurden in einem stadtnahen Feuchtgebiet (1989-1991) und einem Kanalufer im Außenbereich (ab 1991) durchgeführt. In einigen Gebieten wurden zusätzlich Blechplatten (100 x 70 cm) ausgelegt, die als Wärme- und Versteckplätze für die Schlangen dienten. Die regelmäßige Kontrolle dieser Platten erhöhte die Fangzahl (besonders der Jungtiere) beträchtlich.

Grundlage für die kartographische Darstellung der Ringelnatterfundorte in Abbildung 2 ist die Rasterkartierung der Berliner Herpetofauna. Bei dieser Kartierung wurden die 1 km² großen Raster des Gauß-Krüger-Koordinatensystems in neun Quadrate aufgeteilt. Diese Raster mit einer Größe von circa 11 ha bilden die kleinsten Erfassungseinheiten. Sie wurden für die hier vorgestellte Kartierung wieder zu 1 km²-Raster zusammengefaßt.

Für die Auswertung ökologischer und morphologischer Daten ist die individuelle Erkennung der Ringelnattern notwendig. Dazu wurde das Farbmuster der Ventralia registriert. Dieses Muster ist individuell verschieden und unveränderlich (DAAN 1975). Ein Vergleich der ersten 20 Ventralia verschiedener Individuen ermöglicht eine sichere Unterscheidung.

Zur Bestimmung des Musters wurden die Schlangen gefangen, in eine Fotobox gesetzt und mit Schaumgummi fixiert. Die Unterseite dieser Fotobox war mit einer Glasscheibe versehen, durch die Fotos des Ventralia-Musters aufgenommen werden konnten.

Bei den gefangenen Ringelnattern wurde das Gewicht, Längenmaße und einige Pholidosemerkmale (Anzahl der Ventralia und der Subcaudalia) aufgenommen.

Die Längenmessungen erfolgten in der Fotobox mit Hilfe eines Landkartenmessers, Gewichte wurden mit Pesola-Präzisionsfederwaagen ermittelt. Die Bestimmung der Anzahl der Subcaudalia wurde in der Fotobox durchgeführt, während die Ventraliazahl den Fotos entnommen wurde.

Die Geschlechtsbestimmung erfolgte bei Individuen von mehr als 30 cm Länge durch Sondierung.

4. Verbreitung und Bestandssituation

In der Abbildung 2 ist die Ringelnatter-Verbreitung in Berlin auf der Grundlage der 1 km²-Raster dargestellt. Das Verbreitungsbild zeigt sehr deutlich eine Konzentration der Ringelnatter-Funde auf das Urstromtal und die Havelniederung sowie die Fließrinnen, die die Moränenhochflächen durchschneiden. Von den Hochflächen selbst existieren nur wenige Nachweise. Auch in der Vergangenheit scheint die Ringelnatter hier nicht weiter verbreitet gewesen zu sein. Das betrifft vor allem den Bereich der auf dem Teltow und Barnim häufigen Sölle, von denen nur ein Nachweis aus dem Jahre 1931 vorliegt (SCHMIDT 1970).

Die Arealveränderungen in den letzten 100 Jahren lassen sich vor allem auf die Ausdehnung der Bebauung zurückführen. So gibt es im Spreetal westlich der Dahme-Seenkette bis zur Einmündung in die Havel heute nur noch ein Vorkommen. Angaben aus dem vorigen Jahrhundert (SCHULZ 1846, FRIEDEL 1889, DÜRIGEN 1897) zeigen, daß Ringelnattern zu dieser Zeit bis in die Innenstadt vorkamen. Die Autoren geben neben den in Abbildung 2 verzeichneten Fundorten weitere an, die sich jedoch in der Rasterkartierung nicht eindeutig lokalisieren lassen.

Die Rückgänge im Bereich der Havelniederung datieren aus der Zeit nach dem 2. Weltkrieg. Ursachen sind vor allem die starke Freizeitnutzung der Gewässerufer mit einhergehendem Verlust von Röhrichten und Uferwiesen, die in Badestellen oder Campingplätze verwandelt wurden.

Veränderungen der Bestände in den letzten Jahrzehnten lassen sich für die aktuellen Verbreitungsgebiete nur schwer quantitativ beschreiben. Tatsache ist, daß in vielen Gebieten die Fundhäufigkeit abgenommen hat. Von HERTER (1947) wird die Art für Berlin und Umgebung als häufig beschrieben, auch WENDLAND (1971) hielt sie für nicht selten. Heute sind Nachweise in einigen Gebieten, wo die Art früher häufig war, nur noch nach längerer Suche möglich.

5. Ökologie

5.1. Habitatwahl

Die Ringelnatter besiedelt in Berlin ausschließlich großflächige, strukturreiche Feuchtgebiete. Die aktuellen Vorkommen zeigen folgende Schwerpunkte in der Habitatwahl:

Im Urstromtal und in der Havelniederung handelt es sich vor allem um die Uferbereiche der großen Flüsse im Bereich von ausgedehnten Röhrichtbeständen und Erlenbrüchen. Ebenfalls besiedelt werden Kanalufer, wenn der notwendige Strukturreichtum vorhanden ist, sowie die Ufer kleinerer Fließgewässer und Moore. Fast alle Vorkommen liegen im Bereich von Wäldern (zum Teil Kiefernforsten).

In den eiszeitlichen Fließrinnen stammen die Funde schwerpunktmäßig aus reich strukturierten Feuchtgebieten entlang von Fließgewässern. Kennzeichnend sind Feuchtwiesen, Schilfflächen und Erlenbruchreste. Gelegentlich sind auch Moore besiedelt, die in engem räumlichen Zusammenhang mit Seen stehen.

Auf den Moränenhochflächen gibt es nur drei aktuelle Vorkommen. Sie stammen aus den Mooren des Grunewaldes und ehemaligen Sandgruben mit Kleingewässern in unmittelbarer Nähe, sowie aus früher großflächigen Feuchtgebieten (Niedermoore) auf dem Barnim.

In der Tabelle 1 ist die Häufigkeit verschiedener Biotoptypen und -elemente im Umkreis von jeweils 200 m um die vom Verfasser selbst festgestellten Ringelnatterfundorte in Berlin (n = 46) aus den Jahren 1989 bis 1992 eingetragen. Dabei wurden alle Fundorte extra betrachtet, die mindestens 500 m voneinander entfernt lagen.

Bei allen Fundorten waren im 200 m - Umkreis sowohl aquatische als auch ter-

Biotoptyp	Anzahl	%
Gräben, Fließgewässer	19	41,3
Seen	12	26,1
Kanäle	9	19,6
Teich- und Weiherkomplexe	8	17,4
Moore	5	10,9
Havel- und Havelseen	3	6,5
überstaute Wiesen	3	6,5
einzelne Teiche oder Weiher	2	4,3
Röhrichte	24	52,2
Laub- oder Laubmischwälder	18	39,1
Gärten	17	37,0
uferbegleitende Staudenfluren	16	34,8
Feuchtwiesen	13	28,3
Bruch- und Auwälder	12	26,1
Kiefernforsten	11	23,9
ruderale Halbtrockenrasen	9	19,6
einzelne Gehölzgruppen	7	15,2
Trockenrasen	2	4,3
Äcker	1	2,2

Tab. 1: Biotoptypen und -elemente im Umkreis von 200 m der Ringelnatter-Fundorte in Berlin (n = 46).

Biotop types and -elements around 200 m of Grass Snake sites in Berlin (n = 46).

restrische Biotope vorhanden. Die Anzahl der festgestellten Biotoptypen schwankte zwischen zwei und sechs, im Durchschnitt konnten 4,2 der aufgelisteten Elemente registriert werden.

Die Aufstellung verdeutlicht eine Grundvoraussetzung für das Vorkommen von Ringelnattern, nämlich eine Mannigfaltigkeit verschiedener Biotopelemente auf engem Raum. Bei allen Fundorten handelte es sich um Feuchtgebiete. Bei den aquatischen Biotopelemten zeigt sich eine deutliche Bevorzugung linearer Strukturen bzw. großflächiger Feuchtgebiete. Einzelne Teiche oder Weiher, wie die auf den Moränenhochflächen häufigen solitären Sölle werden kaum besiedelt.

Im terrestrischen Bereich sind die verschiedenen Waldbiotope dominierend. Lediglich bei neun der 46 Fundorte gab es im betrachteten Umkreis keinen Wald. Große Bedeutung haben Röhrichte, Staudenfluren und Feuchtwiesen als gewässerbegleitende Biotopelemte. Wie der hohe Anteil von Gärten an den ausgewerteten Fundorten zeigt, wird auch der besiedelte Raum nicht vollständig gemieden. Städtische Bebauung konnte jedoch nur bei 3 Fundorten im 200m-Umkreis festgestellt werden (in der Tabelle 1 nicht aufgelistet).

5.2. Vergesellschaftung

Die Vergesellschaftung der Ringelnatter mit anderen Arten der Herpetofauna in Berlin kann aus den Tabellen 2 und 3 entnommen werden. dafür wurden die gleichen 46 Fundorte ausgewertet wie in der Tabelle 1.

Den Amphibien als potentiellen Beutetieren kommt dabei besondere Bedeutung zu. In fast allen Fundorten wurden auch Teichfrösche (*Rana kl. esculenta*) festgestellt. Vergleicht man die Anzahl der in Berlin nachgewiesenen Populationen der einzelnen Arten (KÜHNEL et al. 1991) mit den Angaben in Tabelle 2, so sind Teichmolch, Knoblauchkröte und Wechselkröte in den Ringelnattervorkommen deutlich unterrepräsentiert. Das hängt mit den unterschiedlichen naturräumlichen Verbreitungsmustern dieser Arten und der Ringelnatter zusammen. Während die Ringelnatter bevorzugt größere Feuchtgebiete in Waldlage im Urstromtal und in den Fließrinnen besiedelt, liegt der Verbreitungsschwerpunkt von Knoblauch- und Wechselkröte in den waldfreien sandigen Gebieten auf den Hochflächen. Ähnlich liegt die Situation beim Teichmolch. Die Mehrzahl der Populationen dieser Art stammt aus kleinen Söllen auf den Hochflächen.

5.3. Nahrung

Bei den Untersuchungen seit 1989 wurden vier fressende Ringelnattern beobachtet. Bei den Beutetieren handelte es sich zweimal um Teichmolche (*Triturus vulgaris*) und um einen Teichfrosch (*Rana esculenta*) und einen Kaulbarsch (*Gymnocephalus ceruna*). WENDLAND (1971) beschreibt viermal Erdkröten (*Bufo bufo*) und zweimal Teichfrösche als Beute.

Eine Vielzahl von Daten zur Ernährung von Ringelnattern in der Umgebung Berlins trug WISNIEWSKI (1958) in den Jahren 1952 bis 1957 zusammen. Nach seinen Angaben ernährten sich die Schlangen vor allem von Braunfröschen, jedoch auch von Fischen und

Grünfröschen (wenn keine Braunfrösche vorhanden sind). Erdkröten (selten Wechselkröten) wurden vor allem im Frühjahr, wenn das Angabot in Gewässernähe besonders groß ist, erbeutet. Molche konnte der Autor nur selten, Knoblauch- und Kreuzkröten in keinem Fall als Beutetiere nachweisen. Beim Fischfang beobachtete WISNIEWSKI vor allem große Ringelnattern, als Beute stellte er Rotfedern und Plötzen fest. In einem Fall würgte eine Natter auch eine Zwergmaus aus.

5.4. Aktivität

Die jahreszeitlich früheste Beobachtung einer Ringelnatter im Untersuchungszeitraum gelang am 3. März 1989 bei einer Lufttemperatur von 18 °C. Die Aktivitätszeit reicht im Berliner Raum bis in den Oktober. Die spätesten Beobachtungen stammen aus dem Jahr 1991 als an einem Kanalufer bis zum 15. Oktober regelmäßig mehrere Individuen bobachtet wurden. Nachdem die Nachttemperaturen am folgenden Tag schlagartig abfielen, wurde keine Ringelnatter mehr festgestellt.

Ein Vergleich der Beobachtungshäufigkeit mit den im gleichen Uferbereich vorkommenden Arten *Lacerta agilis* und *Lacerta vivipara* im Jahr 1991 deutet auf eine längere Aktivitätsphase der Ringelnatter hin. Während die Fundhäufigkeit adulter Zauneidechsen bereits ab Ende Juli rückläufige Tendenz zeigte, wurden Ringelnattern bis zur letzten Beobachtung in gleichbleibender Anzahl angetroffen. Ab August dominierten bei den Beobachtungen der Zauneidechsen zunehmend die Jungtiere. Die letzten Beobachtungen adulter Eidechsen erfolgten am 10. (*Lacerta agilis*) und am 12. September (*Lacerta vivipara*), am 26.9. wurden letztmalig junge Zauneidechsen gesehen.

Art	Anzahl	%
Rana kl. esculenta	41	89,1
Rana temporaria	34	52,2
Bufo bufo	20	43,5
Rana arvalis	12	26,1
Triturus vulgaris	12	26,1
Rana ridibunda	6	13,0
Pelobates fuscus	4	8,7
Triturus cristatus	2	4,3
Bombina bombina	1	2,2
Bufo viridis	1	2,2
Rana lessonae	1	2,2

Tab. 2: Vergesellschaftung der Ringelnatter mit Amphibien in den Berliner Fundorten (n = 46).

Frequency of amphibian species in Grass Snake habitats in Berlin (n = 46).

Art	Anzahl	%
Lacerta agilis	16	34,8
Anguis fragilis	14	30,4
Lacerta vivipara	13	28,3
Coronella austriaca	1	2,2

Tab. 3: Vergesellschaftung der Ringelnatter mit Reptilien in den Berliner Fundorten (n = 46).

Frequency of reptilian species in Grass Snake habitats in Berlin (n = 46).

In der Abbilung 3 ist eine Zusammenstellung der Lufttemperaturen (etwa 1,5 m über dem jeweiligen Fundort gemessen) gegeben, bei denen Ringelnattern an Land offen liegend gefunden wurden. Von den insgesamt ausgewerteten 128 Funden wurden 91 (71%) im Temperaturbereich zwischen 19 und 25 °C registriert. Bei Temperaturen über 27 °C, die in den warmen Sommern des Untersuchungszeitraumes desöfteren gemessen wurden, sind nur wenige Ringelnattern an Land gesichtet worden.

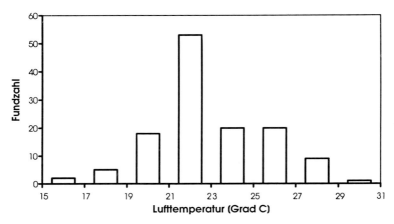

Abb. 3: Häufigkeitsverteilung der in verschiedenen Temperaturbereichen gefundenen Ringelnattern.
Frequency of Grass Snakes found at different air-temperatures

5.5. Reproduktion

Recht spärlich sind bisher die Daten über die Reproduktionsbedingungen der Ringelnatter in Berlin. Obwohl in den meisten Gebieten auch Jungtiere nachgewiesen werden konnten, gibt es kaum Gelegefunde. Eine Ausnahme stellt das einzige innnerstädtische Vorkommen im Bezirk Weißensee dar. Es handelt sich um einen eutrophen, flachen See (eine eiszeitliche Flachmoorbildung), der in einem waldparkähnlichen Gelände liegt. Das Gebiet mit einer Größe von 24,5 ha ist als Naturschutzgebiet ausgewiesen. Vernetzungen zu anderen Feuchtgebieten sind heute durch Bebauung und stark befahrene Straßen unterbrochen. Nur im Westen besteht Verbindung zu einem ausgedehnten Gartenbereich mit Einzelhausbebauung. Hier wurden auf zwei an den Waldpark angrenzenden Grundsücken Gelege in Komposthaufen gefunden. Ringelnattern, auch Jungtiere, halten sich regelmäßig in den Gärten auf.

Ebenfalls in einem Komposthaufen wurden seit 1969 mehrmals Gelege gefunden. Er liegt auf einem Grundstück in einer Sommerhaussiedlung nur wenige Meter von der Spree entfernt.

SCHNEEWEISS (1992) beschreibt einen Eiablageplatz mit Schalenresten von etwa 60 Eiern, die unter einem Blech am Hang einer ehemaligen Müll- und Schuttdeponie gefunden wurden.

5.6. Populationsuntersuchungen

5.6.1. Untersuchungsgebiet Siepegraben

Für populationsökologische Studien wurde ein überschaubares, begrenztes Gebiet mit einer relativ individuenreichen Ringelnatterpopulation ausgewählt. Dabei handelte es sich um ein 2,5 ha großes Feuchtgebiet am südwestlichen Stadtrand von Berlin. Es liegt in einer Rinne der Moränenplatte des Teltow. Der gesamte Bereich war ursprünglich durch Niedermoore geprägt, die als Wiesen genutzt wurden. In den 60er Jahren wurde die Umgebung aufgeschüttet und mit Mehrfamilienhäusern und Sportanlagen bebaut. Dadurch wurde das Gelände weitgehend isoliert. Lediglich im Westen verläuft ein Graben, der eine Verbindung zu dem circa 1,5 km südlich gelegenen Teltowkanal bildet. Der heutige Zustand des Gebietes entstand 1983. Zu dieser Zeit wurden mehrere Gewässer ausgehoben. Aufgrund verschiedener Nutzungen in der Vergangenheit ist die Vegetation des Geländes durch sehr kleinräumige und unterschiedliche Pflanzenbestände gekennzeichnet, etwa die Hälfte ist mit verschiedenen Laubwaldbeständen, der Rest vorwiegend mit Hochstauden und Röhricht bedeckt.

Im Gebiet gab es zu Beginn der Untersuchungen große Teichmolch- und Teichfroschbestände, auch Moorfrösche laichten hier. Im Verlauf der Untersuchungen fielen die Gewässer mehr und mehr trocken, was zum fast völligen Verlust der Teichfroschpopulation im Jahr 1991 führte.

5.6.2. Bestände, Populationsstruktur

In den Jahren 1989 bis 1991 wurden im Untersuchungsgebiet Siepegraben 46 verschiedene Ringelnattern gefangen. Fänge und Wiederfänge verteilten sich in den verschiedenen Jahren wie folgt (in Klammern die Anzahl der Tiere mit einer Gesamtlänge unter 40 cm):

1989: 18 (6); 1990: 24 (11), davon 4 Wiederfänge aus 1989;
1991: 10 (7), davon 2 Wiederfänge aus 1990

Auffällig war in allen Jahren das Fehlen besonders großer Individuen. Das größte gemessene Männchen hatte ein Länge von 59 cm, das größte Weibchen maß 73 cm. Beide Tiere wurden 1989 gefangen. Dominierend unter den Fängen waren juvenile und subadulte Individuen mit einer Länge unter 40 cm. Eine mögliche Erklärung für diese Dominanz kleiner Ringelnattern im Untersuchungsgbiet kann das Nahrungsangebot sein. Im Laufe der Untersuchungen war eine starke Abnahme der Grünfroschbestände festzustellen. Als potentielle Nahrungstiere standen später nur noch Teichmolche zur Verfügung. Im angrenzenden Graben und dem circa 1,5 km entfernten Teltowkanal gab es hingegen große Grünfroschpopulationen.

Tab. 4: Längen, Zuwachsraten und Distanz zwischen dem Erst- und Zweitfundort im Untersuchungsgebiet Siepegraben wiedergefangener Ringelnattern.

groth-rates and distance between capture and recapture sites of Grass Snakes captured in the »Siepegraben« region.

Nr.	Sex	Erstfang	Länge (cm)	Wiederfang	Länge (cm	Zuwachs (mm/d)	Entfernung (m)
21	w	24.6.89	53,0	17.7.90	55,0	0,1	65
22	m	24.6.89	54,0	9.7.90	55,0	0,1	60
23	w	26.6.89	34,0	6.5.90	36,5	0,3	35
43	w	9.9.89	63,5	6.5.90	65,0	1,3	68
46	w	1.5.90	58,0	23.6.90	60,0	0,4	88
52	w	4.5.90	66,0	23.9.90	66,0	0,0	130
61	j	28.5.90	22,0	17.7.90	26,0	0,8	6
65	w	23.6.90	25,0	20.7.90	31,0	2,2	0
75	j	9.7.90	27,0	24.6.91	31,0	0,3	43
89	m	27.8.90	26,0	26.7.91	32,5	0,6	6

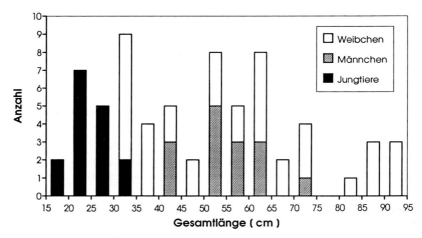

Abb. 4: Größenklassen in Berlin gefangener Ringelnattern (1989 - 1992).
Growth classes of Grass Snakes captured in Berlin 1989 - 1992.

In der Tabelle 4 sind alle Wiederfänge zusammengestellt, bei denen zwischen Erst- und Zweitfang mehr als vier Wochen lagen. Die Zuwachsrate war bei den meisten Individuen gering. Sie liegt zwischen 0,1 und 2,2 mm pro Tag, wenn man als Wachstumsperiode die Zeit vom 1. Mai bis 15. September definiert.

5.6.3. Habitatnutzung

Das vielfältig strukturierte Untersuchungsgelände mit Gewässern verschiedener Uferstruktur, Röhricht, Stauden- und Laubwaldbständen läßt Aussagen über Präferenzen bei der Habitatnutzung zu.

Aus der Tabelle 4 kann die Distanz zwischen Erst- und Zweitfundort der Wiederfänge entnommen werden. Die räumliche Verteilung der Wiederfänge zeigt, daß das gesamte Gelände von allen Individuen genutzt wird, Aussagen über zwischen dem Erst- und Zweitfundort liegende Wanderungen (z.B. zum Winterquartier oder zum Eiablageplatz) lassen sich jedoch nicht treffen.

Die meisten Beobachtungen gelangen an Uferbereichen mit niedriger Vegetation. Sonnplätze lagen oft direkt am Wasser oder auf Typha über dem Wasser. Mehrere Meter vom Gewässer entfernt liegende Sonnplätze zeichneten sich immer durch eine reiche Strukturierung der Vegetation aus, meist waren neben niedrigen Gräsern auch Hochstauden oder Gebüsche in unmittelbarer Nähe vorhanden. Auf vegetationsfreiem Boden wurden die Schlangen nur sehr selten sonnend angetroffen, dann aber immer direkt am Wasser.

Die als künstliche Wärmeplätze ausgelegten Blechplatten wurden vor allem von Jungtieren genutzt. Von 20 Ringelnattern, die unter diesen Platten gefunden wurden, hatten 16 eine Länge von weniger als 40 cm. Vor allen sehr kleine Tiere erwiesen sich dabei als sehr ortsreu und wurden mehrmals innerhalb weniger Tage unter der gleichen Platte gefunden.

	Gesamtlänge (cm)		Gewicht (g)		KRL/SL		Subcaudalia	
	m	w	m	w	m	w	m	w
Anzahl	15	24	12	16	15	34	10	29
Mittelwert	54,7	64,8	56,0	139,1	3,65	4,05	68,4	59,9
Minimum	40,0	40,0	17,0	18,5	2,9	3,1	60	47
Maximum	74,0	92,0	104,0	317,0	4,4	5,1	80	68
Standardabweichung	9,13	15,18	29,09	107,62	0,37	0,54	5,60	5,07
Geschlechtsdimorphismus	signifikant $t = 2,31; p < 0,05$		signifikant $t = 2,59; p < 0,05$		signifikant $t = 2,58; p < 0,05$		höchst signifikant $t = 4,45; p < 0,001$	

Tab. 5: Morphometrische Daten und Pholidosemerkmale Berliner Ringelnattern.
Morphometrical data and scale characters of Grass Snakes from Berlin.

6. Morphometrische Daten, Pholidosemerkmale

In den Jahren 1989 bis 1992 wurden in Berlin insgesamt 83 Ringelnattern gefangen. Diese ließen sich wie folgt differenzieren: 27 juvenile und subadulte Tiere (davon 16 Jungtiere mit einer Gesamtlänge von unter 30 cm und 11 Weibchen zwischen 30 und 40 cm Gesamtlänge), 23 Männchen (27,7%), 31 Weibchen (37,3%) und zwei adulte Individuen unbestimmten Geschlechts.

Die Ergebnisse der Längenmessungen sind in Abbildung 4 dargestellt. Im Durchschnitt maßen die Männchen 54,7 cm, die Weibchen 64,8 cm. Auffällig ist das Fehlen von Tieren mit einer Gesamtlänge von über 100 cm. Das größte Weibchen maß 92 cm, während für die Männchen ein Maximum von 74 cm festgetellt wurde.

Als Vergleich stehen Längenmessungen von 450 Ringelnattern, die in den Jahren 1952 bis 1957 im Berliner Raum durchgeführt wurden, zur Verfügung (WISNIEWSKI 1958). Die Durchschnittslänge dieser Nattern betrug 78 bis 79 cm (Männchen 68 cm, Weibchen 85 cm). Über einen Meter lange Individuen waren sehr selten, es handelte sich bis auf eine Ausnahme (ein Männchen von 108 cm Länge) um Weibchen, von denen das größte Tier 127 cm maß. Zusätzlich erwähnt der Autor eine getötete Ringelnatter von 152 cm Länge. Auch in anderen Populationen wurden höhere Maximalwerte für die Gesamtlänge gefangener Ringelnattern festgestellt. WAITZMANN (1991) ermittelte im südlichen Odenwald Maxima von 88 cm für Männchen und 132 cm für Weibchen.

Beim Vergleich der verschiedenen Meßreihen unterschiedlicher Autoren ist die Meßmethode zu berücksichtigen. Zwischen den von mir durchgeführten Messungen in der Fotobox und Messungen mittels eines Zollstockes können sich nach eigenen Untersuchungen Unterschiede von bis zu knapp 10% ergeben. Die am Zollstock gemessenen Individuen weisen immer die größeren Werte auf.

Trotz dieser methodischen Unterschiede sind die im Untersuchungszeitraum in Berlin gefangenen Tiere als ungewöhnlich klein anzusehen. Auch unter den beobachteten, aber nicht gefangenen Ringelnattern wurde keine Schlange festgetellt, die länger als einen Meter zu sein schien. Über die Gründe läßt sich nur spekulieren. Ursachen für eine geringere Lebenserwartung der Schlangen im Untersuchungsgebiet lassen sich nur schwer begründen.

Der geringen Gesamtlänge der gemessenen Ringelnattern entsprechend liegen auch die Werte für die Gewichte unter denen anderer Autoren (z.B. WAITZMANN 1991).

In der Tabelle 5 sind die statistischen Auswertungen verschiedener Maße im Hinblick auf den Geschlechtsdimorphismus zusammengefaßt. Die Gesamtlängen und die Gewichte der Männchen und Weibchen unterscheiden sich demnach signifikant. Ein deutlicher Geschlechtsunterschied besteht in der relativen Schwanzlänge. Das Verhältnis Kopf-Rumpf-Länge zu Schwanzlänge beträgt bei den Männchen im Mittel 3,65 (Schwankungsbreite: 2,9 bis 4,4) bei den Weibchen 4,05 (Schwankungsbreite: 3,1 bis 5,1). MERTENS (1947) gibt für die Nominatform Mittelwerte von 3,6 (3,3 bis 3,9) für die Männchen und 4,3 (3,9 bis 4,9) an.

Als Pholidosemerkmale wurden Anzahl der Ventralia und der Subcaudalia bestimmt. Die Anzahl der Ventralia schwankt zwischen 164 und 189 (Mittelwert 175) und liegt damit in der Variationsbreite, die MERTENS (1947) für die Nominatform angibt (163 bis 183 Ventralia, Mittelwert 174). Ein Geschlechtsunterschied war nicht zu erkennen.

Die Anzahl der Subcaudalia hingegen ist im Hinblick auf den Geschlechtsdimorphismus höchst signifikant unterschiedlich (Tab. 4).

Auffällig war das Fehlen der Schwanzspitze bei einigen der gefangenen Ringelnattern. Insgesamt waren davon sechs Männchen und vier Weibchen betroffen. Derartige Verluste des Schwanzendes wurden auch von anderen Autoren beschrieben (KABISCH 1978, WAITZMANN 1991). Neben Verletzungen, werden dafür auch Häutungsschwierigkeiten verantwortlich gemacht. Im vorliegenden Fall wurden fast alle Ringelnattern mit diesem Defekt an einem Kanalufer gefangen. Hier war das Ufer über einer Unterwasserspundwand mit scharfkantigen Steinen befestigt, die vielleicht Ursache für Verletzungen sein könnten.

In der Population am Siepegraben wurden mehrere Ringelnattern mit hellen dorsalen Seitenstreifen festgestellt. Es handelte sich um fünf Exemplare, die in den Jahren 1989 und 1990 gefangen wurden. Es ist nicht auszuschließen, daß es sich dabei um Nachkommen ausgesetzter Tiere aus Südosteuropa handelt. Einzelne gestreifte Ringelnattern wurden jedoch auch in anderen Populationen in Mitteleuropa gefunden (KABISCH 1974, WESTERMANN 1988).

7. Schutzkonzept

Aus den Erhebungen der Jahre 1989 bis 1992 resultierte ein Artenhilfsprogramm, das zur Zeit umgesetzt wird. Wichtigster Punkt diese Programmes ist die Erhaltung ausreichend großer, als Habitat für Ringelnattern geeigneter Raumeinheiten. Die bekannten Verbreitungsgebiete wurden deshalb zu Entwicklungsräumen zusammengefaßt, die zum Teil auch untereinander vernetzt sind. Dabei wurde vor allem Wert auf die Erhaltung naturräumlicher Zusammenhänge gelegt. Die meisten Berliner Verbreitungsgebiete liegen in naturäumlichen Einheiten, die sich im angrenzenden Brandenburger Gebiet fortsetzen, gleichzeitig sind die natunahen Bereiche in Berlin durch Bebauung oder Verkehrsstrassen eingeengt begrenzt. Deswegen wurde besonderer Wert Biotopverbund über die Landesgrenzen hinaus gelegt.

Die Einschätzung der Mindestarealgrößen für Ringelnatterpopulationen, in denen eine ausreichende genetische Variabilität (Inzuchtrate maximal 1%) erhalten bleibt, ist schwierig. FRANKEL & SOULEI (1981) nehmen als Populationsgröße mindestens 50 Individuen an. Stellt man demgegenüber die Erhebungen von MADSEN (1984), der als individuelles Mindestareal einer Ringelnatter eine Fläche von 10 bis 20 ha errechnet hat, so muß man auch bei stark überlappenden Individualrevieren von einem Flächenbedarf von mehr als 100 ha für eine Ringelnatterpopulation ausgehen. Inwieweit bei optimaler räumlicher Anordnung der funktionellen Habitatstrukturen diese Mindestgröße auch unterschritten werden kann ist nicht bekannt und muß Gegenstand weiterer Untersuchungen sein.

Im Artenhilfsprogramm wurde für jeden Entwicklungsraum auf der Grundlage der aktuellen Bestandssituation und der Gefährdungsursachen ein Maßnahmenkatalog aufgestellt. Als wichtigste Gefährdungsursachen haben sich neben Flächenverlusten die Zerstückelung von Lebensräumen (Bebauung, Verkehrstrassen) und die verstärkte Nutzung der Uferzonen (Badebetrieb, Wassersport) erwiesen. Gestalterische Eingriffe (Gewässerausbau, Umwandlung naturnaher Flächen in Parkanlagen) haben in vielen Gebieten zu einer Entwertung der Habitate geführt (Vernichtung von funktionellen Kleinstrukturen). Die vorgeschlagenen Maßnahmen gliedern sich wie folgt:

Gesetzliche Schutzmaßnahmen: Hierunter fällt die Ausweisung von Schutzgebieten. Durch die Ausweisung neuer Naturschutzgebiete vor allem im Ostteil der Stadt seit 1990 konnten die Populationszentren in einigen Entwicklungsräumen gesichert werden.

Entwicklungsmaßnahmen: Unter diesen Begriff werden einmalige Eingriffe zur dauerhaften Verbesserung der Biotopqualität zusammengefaßt. Wichtige Maßnahmen in diesem Themenkries sind die Renaturierung künstlich befestigter oder verrohrter Gräben sowie die Neuanlage oder Wiederherstellung von kleinen Standgewässern.

In einigen Bereichen wurden Sägemehl- oder Rindenhaufen als Eiablageplätze angelegt. Auch die Errichtung von Steinhaufen als Überwinterungsquartiere ist geplant. Derartige Strukturelemente sollen jedoch nur in den Fällen ausgebracht werden, in denen wirklich Bedarf besteht, um einer »Möbelierung« der Landschaft vorzubeugen. Besondere Bedeutung kommt im Ballungsraum Berlin der Besucherlenkung an Gewässerufern zu. Geeignete Wegeführungen sollen Spaziergänger von störungsempfindlichen Bereichen (sonnenexponierte Ufer, besonnte Flachwasserzonen) fernhalten.

Pflegemaßnahmen: für die Erhaltung einer optimalen Biotopstruktur sind in vielen Fällen regelmäßige Pflegeeingriffe notwendig (z.B. Wiesenmahd, Auslichtung von Gehölzbeständen).

Abschließend muß darauf hingewiesen werden, daß ein Artenhilfsprogramm für die Ringelnatter nicht allein als Artenschutzmaßnahme gesehen werden darf. Die Ringelnatter ist eine Indikatorart für reich strukturierte, großflächige Feuchtgebiete. Maßnahmen zum Schutz und zur Optimierung ihrer Lebensstätten helfen die gesamte Biozönose dieses Lebensraumtyps zu erhalten.

Danksagung

Die Erstellung der Verbreitungskarten war nur möglich durch die Auswertung der Erfassungsdaten aus den Karteien der DGHT - Landesverband Berlin e.V. und des Landesfachausschusses Feldherpetologie und Ichtyofaunistik des Naturschutzbundes, Landesverband Berlin e.V.

Bei der Freilandarbeit wirkten UDO SCHWARZER und Dr. MANFRED BUHLE mit, an der Erstellung der Verbreitungskarten und der Datenaufbereitung waren beteiligt: Dipl.-Hydr. ANDREAS KRONE, MARK JACHMANN und SOLWEIG FINK. Ihnen allen sei hiermit herzlich gedankt.

Herrn Dipl.-Biol. REINHARD BAIER danke ich für die Durchsicht des Manuskripts und konstruktive Anregungen.

Die der Arbeit zugrundeliegenden Untersuchungen wurden von der Senatsverwaltung für Stadtentwicklung und Umweltschutz Berlin finanziert. Den verantwortlichen Personen, insbesondere BERND KEIMER, MARTIN FLADE, ROLAND LEHMANN und KLEMENS STEIOF gilt mein Dank.

The Grass Snake (*Natrix natrix*) in Berlin - investigations for a species protection programme in an urban area

The distribution, status and ecology of the grass snake in Berlin were studied between 1989 and 1992. The natural distribution of this species has a distinct center in the Berlin-Warsaw glacial valley and within the glacial runnels which dissect the ground-moraine plates. There are, however, only few records from the maraine plates themselves situated within large wetlands. Typical grass snake habitats are river offshores situated in forests, mainly in connection with reed, wet alder forests, wet meadows or small moores. All habitats are characterized by a high diversity of different habitat elements.

The most important threats to the grass snake are area regression and fragmentation of habitats by urban expansion as well as the increased use of offshores for recreation.

To carry out a species protection programme, developmental areas were defined which consider the centers of distribution and geographical factors. Promising measures for the conservation of the grass snake within the urban area Berlin focus on the preservation of large wetlands in combination with a network of habitat corridors leading into the surroundings. Population centers shall be protected by the creation of nature protection areas. Special catalogues for maintenance and developmental measures in distinct areas enable the improvement of habitat quality.

Schriften

BIEHLER, A., K.-D. KÜHNEL, & W. RIECK (1982): Rote Liste der gefährdeten Amphibien und Reptilien von Berlin (West). In: SUKOPP, H. & H. ELVERS (Hrsg.): Rote Liste der gefährdeten Pflanzen und Tiere in Berlin (West). - Landschaftsentwicklung und Umweltforschung, Berlin 11: 185-196.

BLAB, J., P. BRÜGGEMANN & H. SAUER (1991): Tiewelt in der Zivilisationslandschaft. Teil II: Raumeinbindung und Biotopnutzung bei Reptilien und Amphibien im Drachenfelsen Ländchen. - Bonn-Bad Godesberg: 94 S.

DAAN, R. (1975): Populatie-dynamika en oekologie van de ringslang (*Natrix natrix*) op Broekhuizen. - Leersum (R.I.N.): 47 S.

DÜRIGEN, B. (1897): Deutschlands Amphibien und Reptilien. - Magdeburg: 675 S.

FRANKEL, O.H. & M.E. SOULE (1981): Consevation and evolution. - Cambridge: 327 S.

FRIEDEL, E.(1886): Wirbelthiere der Mark Brandenburg - II. und III. Klasse: Lurche und Kriechtiere. - Festschr. 59. Vers. dt. Naturf. u. Ärzte, Berlin: 16-23.

HERTER, K. (1947): Von den Wirbeltieren in und um Berlin. - Kleinmachnow.

KABISCH, K. (1978): Die Ringelnatter. - Neue Brehm Bücherei, Wittenberg-Lutherstadt (A. Ziemsen Verlag): 88 S.

KÜHNEL, K.-D. (1985): Reptilien. - In: ARBEITSGRUPPE ARTENSCHUTZPROGRAMM BERLIN (Hrsg.): Grundlagen für das Artenschutzprogramm Berlin, Bd. 2: 777-783.

KÜHNEL, K.-D., W. RIECK, C. KLEMZ, H. NABROWSKY & A. BIEHLER (1991): Rote Liste der gefährdeten Amphibien und Reptilien von Berlin. - In: AUHAGEN, A., R. PLATEN & H. SUKOPP (Hrsg.): Rote Listen der gefährdeten Pflanzen und Tiere in Berlin. Landschaftsentwicklung und Umweltforschung, Berlin, S6: 143-155.

MADSEN, T. (1984): Movements, home range size and habitat use of radiotracked grass snake (*Natrix natrix*) in Southern Sweden. - Copeia 1984: 707-713.

MERTENS, R. (1947): Studien zur Eidonomie und Taxonomie der Ringelnatter. - Abh. senckenberg. naturforsch. Ges., Frankfurt/M, 476: 38 S.

NESSING R. (1990): Verbreitungsatlas der Amphibien und Reptilien in Berlin, Hauptstadt der DDR - Teil II: Reptilien. - Berlin: 48 S.

SCHMIDT, W. (1970): Kriechtiere und Lurche im Bezirk Neukölln. - Berl. Naturschutzbl. 14 (40): 401-406.

SCHNEEWEIß, N. (1992): Die Amghibien- und Reptilienfauna im Gebiet des Köppchensees im Berliner Bezirk Pankow. - Unveröff. Gutachten im Auftrag der Senatsverw. f. Stadtentw. u. Umweltschutz Berlin: 36 S.

SCHULZ, J.H. (1845): Fauna Marchia. - Berlin.

VÖLKL, W. (1991): Habitatansprüche von Ringelnatter (*Natrix natrix*) und Schlingnatter (*Coronella austriaca*): Konsequenzen für Schutzkonzepte am Beispiel nordbayerischer Populationen. - Natur und Landschaft 66(9): 444-448.

VÖLKL, W. & B. MEIER (1989): Untersuchungen über das Vorkommen der Ringelnatter *Natrix natrix* (LINNAEUS, 1758) in Nordostbayern. Salamandra 25(3/4): 213-223.

WAITZMANN, M. (1991): Zur Morphologie einiger Reptilien des südlichen Odenwaldes (Nordbaden, Südhessen). - Salamandra 27(4): 266-281.

WENDLAND, V: (1971): Die Wirbeltiere Westberlins. - Berlin: 128 S.

WESTERMANN, W. (1988): Streifenringelnatter *Natrix natrix* »persa« in der Prignitzer Elbniederung. - Naturschutzarbeit in Mecklenburg 31(1): 46.

WISNIEWSKI, N. (1958): Die Ringelnatter (*Natrix natrix natrix*) in der Umgebung Berlins. - Aquarien Terrarien 5: 166-169.

Verfasser

Dipl.-Biol. Klaus-Detlef Kühnel, NATUR & TEXT, Friedensallee 21, D-15834 Rangsdorf

Die Anlage künstlicher Eiablageplätze: Eine einfache Möglichkeit zum Schutz der Ringelnatter (*Natrix natrix* L. 1758)

ANNIE ZUIDERWIJK, GERARD SMIT & HANS VAN DEN BOGERT

Key words: *Natrix natrix*, man-made hatcheries, conservation

Einleitung

Die Ringelnatter (*Natrix natrix*) unterliegt im kühleren Nordteil ihres europäischen Verbreitungsgebietes vielerorts einem Bestandsrückgang (CORBETT 1989). Einer der Hauptgründe dafür liegt in der fortschreitenden Intensivierung der Landwirtschaft, die zur Strukturverarmung oder zum Verlust der Lebensräume führt: Die Vernetzung einzelner Habitatelemente wird stark reduziert und Eiablageplätze, Überwinterquartiere oder Verstecke verschwinden oft gänzlich (ZUIDERWIJK & SMIT 1990/1991; VÖLKL 1991).

In der heutigen Kulturlandschaft, in der die wenigen Waldreste hauptsächlich zur forstlichen Produktion dienen, sind natürliche Eiablageplätze relativ selten. In den Niederlanden werden schon seit langem anstelle natürlicher Eiablageplätze von Menschen geschaffene Örtlichkeiten wie Mist-, Kompost- oder Laubhaufen genutzt. Diese Ersatz-Eiablageplätze gehen vor allem im Siedlungsbereich auf Bauernhöfen oder in Gärten in letzter Zeit immer stärker zurück. Der aktuelle Rückgang der Ringelnatter in den Niederlanden scheint vielfach eng mit dem Verlust dieser Ersatz-Eiablageplätze verknüpft zu sein.

Aufgrund privater Initiativen während der letzten sechs Jahre konnte dieser Entwicklung durch die künstliche Anlage von Eiablageplätzen in Ringelnatter-Lebensräumen Einhalt geboten werden. Die daraus resultierende Erfahrung zeigt, daß die Anlage künstlicher Substrathaufen eine relativ einfache Methode ist, um den Fortpflanzungs- und besonders den Schlupferfolg in Ringelnatter-Lebensräumen zu verbessern. Im folgenden Beitrag wollen wir die Eignung unterschiedlicher »Haufentypen« und ihre Verwendung in verschiedenen Lebensräumen darstellen.

Künstliche Eiablagehaufen für die Ringelnatter

In den Niederlanden legen Ringelnatterweibchen ihre Eier normalerweise im Juni oder Juli an feuchtwarmen Stellen ab. Die Jungtiere schlüpfen zwischen August und September. Die Voraussetzungen für die Entwicklung der Eier sind hohe Luftfeuchte und konstante Temperaturen zwischen 25 und 30 °C. Diese Bedingungen finden sich in Haufen, in denen durch verrottendes organisches Material wie Mist, Kompost, Laub etc. ein kontinuierliches Wärmemilieu produziert wird. Günstige Bedingungen für die Eireifung stellen sich normalerweise bereits kurz nach der Aufschichtung eines solchen

Haufens aus frischem Material ein. Nach ein bis zwei Jahren verliert der Haufen seine Eignung wieder, da das Material normalerweise dekompostiert ist und keine weitere Wärme produziert wird.

In den letzten sieben Jahren wurden über 100 künstliche Haufen in Ringelnatter-Lebensräumen angelegt, vor allem im nörlichen Teil der Niederlande und in der Umgebung von Amsterdam. Zwischen 1988 und 1992 untersuchten wir 72 Haufen an 37 Lokalitäten. Davon wurden 30 Haufen an neuen Stellen speziell für die Ringelnatter aufgeschichtet. Die restlichen Haufen befanden sich in Gärten, Bauernhöfen oder Parks, zu deren traditionellem Erscheinungsbild sie gehören. Die von uns erfaßten Daten beinhalten Größe, Material und Alter des Haufens, Alter der Anlagestelle sowie die Akzeptanz und Eignung als Eiablage- und Brutplatz. Information über den Erfolg der Nutzung durch die Ringelnatter erhielten wir sowohl durch direkte Beobachtung (Anzahl alter Eischalen im Haufen) als auch durch indirekte Hinweise, z.B. durch die Anwesenheit frisch geschlüpfter Ringelnattern in der unmittelbaren Umgebung des Haufens im August.

Ergebnisse

45 von 72 kontrollierten künstlichen Haufen wurden im Untersuchungsjahr als Eiablageplätze von den Ringelnattern genutzt.

Alter des Haufens und der Anlagestelle

Ringelnattereier wurden stets in Haufen gefunden, die weniger als zwei Jahre vor unserer Untersuchung angelegt wurden. In einigen Fällen registrierten wir Eier aber auch in älteren Haufen, allerdings nicht wie üblich im Inneren, sondern in der äußeren Schicht zwischen sehr dichter Vegetation.

Das Alter der Anlagestelle (= Zeitraum, seit dem eine Eiablagemöglichkeit an dieser Lokalität besteht) schwankte zwischen ein und mehr als zehn Jahren, wobei wir drei Altersklassen unterschieden: (I) 18 Stellen, an denen Haufen erstmalig höchstens zwei Jahre vor der Untersuchung aufgeschichtet wurden; (II) 12 Stellen, an denen Haufen seit 3 bis 8 Jahren vor der Untersuchung vorhanden waren und (III) 41 Stellen, an denen sich seit mehr als acht Jahren Haufen befanden. Ein Haufen konnte nicht eingeordnet werden. Abbildung 1 zeigt, daß Stellen, an denen seit längerem Eiablagemöglichkeiten bestehen, sehr häufig von Ringelnattern genutzt werden, während neuangelegte und mittelalte Stellen nur zu je etwa einem Drittel als Eiablageplatz angenommen wurden.

Größe des Haufens

Die Größe der Haufen schwankte zwischen 1m Durchmesser (= 1 m² Oberfläche) und 50 cm Höhe bis etwa 60 m² Oberfläche und 2 m Höhe, wobei wir drei Klassen unterschieden: (I) 20 kleinere Haufen mit weniger als 1,5 m Durchmesser, (II) 24 mittelgroße Haufen und (III) 28 große Haufen mit mehr als 6 m x 2,5 m Oberfläche und 1,5 m Höhe. Abbildung 2 zeigt, daß große Haufen häufiger angenommen wurden als mittelgroße und kleine. Der kleinste Haufen mit Eiablagenachweis war 1 m x 1 m lang bzw. breit, 50 cm hoch und bestand aus Moos.

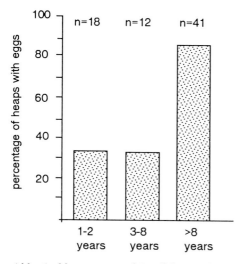
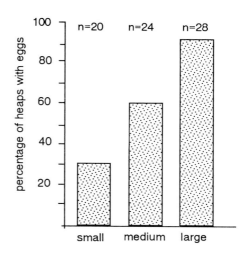

Abb. 1: Nutzung von künstlich angelegten Haufen in Abhängigkeit vom Alter der Anlagestelle.
Success of heaps in relation to site-age (n = 71).

Abb. 2: Nutzung von künstlich angelegten Haufen in Abhängigkeit von der Größe.
Success of heaps in relation to heap size (n = 72).

Material

Wir unterschieden vier Haufentypen mit unterschiedlichem Hauptmaterial: (I) 23 Misthaufen, vor allem aus Rinder- oder Pferdemist, seltener aus Schaf-, Kaninchen- oder Geflügelmist, die grundsätzlich mit Stroh vermischt waren; (II) 17 Komposthaufen aus allen Arten von organischen Abfällen aus Küche und Garten; (III) 15 Haufen mit einem Gemisch aus Mist und Kompost und (IV) 14 Laubhaufen, denen immer Zweige und Äste beigemischt waren. Drei Haufen konnten nicht eingeordnet werden: einer aus trockenem Heidekraut, ein kleiner Mooshügel (mit Resten von Ringelnattereiern) und ein Haufen aus undefinierbarem Abfall einer Sägemühle. Am häufigsten wurden Laubhaufen mit einem hohen Anteil an Zweigmaterial zur Eiablage genutzt, während Misthaufen wesentlich seltener angenommen wurden (Abbildung 3). Komposthaufen bzw. Mist-Kompostgemische lagen in ihrer Akzeptanz zwischen diesen beiden Typen.

Anzahl der Eier und Eiablagestellen innerhalb des Haufens

Unter 24 untersuchten Haufen mit Nachweisen von Eiern bzw. Eiresten schwankte die Anzahl Eier pro Haufen zwischen 15 und etwa 1200. Generell wurden in großen Haufen hohe Eizahlen festgestellt (15 bis etwa 1200 Eier), während mittelgroße (30 bis etwa 200 Eier) und kleine Haufen (35 bis 155 Eier) deutlich weniger Eier enthielten.

Innerhalb des Haufens wurden die Eier normalerweise mindestens 15 cm oder tiefer unter der Oberfläche und mindestens 15 cm über dem Grund des Haufens gefunden, wobei am häufigsten in eine Zone zwischen 20 und 60 cm unter der Oberfläche abgelegt wurde.

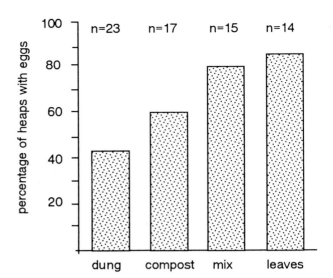

Abb. 3: Nutzung von künstlich angelegten Haufen in Abhängigkeit vom Material (n = 69). Success of heaps in relation to material (n = 69).

Eine Konzentration der Eier (100 oder mehr Eier in Klumpen) innerhalb des Haufens konnte häufig festgestellt werden, vor allem in Laubhaufen, in denen Zweige das Substrat auflockerten und natürliche Hohlräume boten.

Diskussion

Ringelnattern scheinen sich im Hinblick auf die Wahl ihres Eiablageplatzes sehr traditionell zu verhalten. Es sind viele Fälle bekannt, in denen derselbe Platz über Jahre hinweg genutzt wurde. Ein Festhalten an traditionelle Eiablageplätzen war selbst dann zu beobachten, wenn sich die Inkubationsbedingungen verschlechtert bzw. negativ entwickelt hatten, z.B. durch suboptimales Mikroklima infolge abgeschlossenen Dekompostierungsprozeßes. Das Festhalten der Ringelnatter an einem angestammten Eiablageplatz könnte auch die wesentlich höhere Akzeptanz von künstlichen Haufen an alten Anlagestellen, die bereits seit längerem Ablagemöglichkeiten bieten, im Vergleich zu neuen Anlagestellen erklären. Es kann deshalb einige Jahre dauern, bis neue Anlagestellen angenommen werden. Erstes Kriterium für die Anlage neuer Stellen sollte deshalb die (unmittelbare) Nachbarschaft zu bereits besetzten Lokalitäten sein. Wenn traditionelle Eiablageplätze eines Gebiets durch anthropogene Eingriffe wie z.B. Baumaßnahmen bedroht oder zerstört werden, kann jedoch auch die direkte Annahme neuer Ablageplätze initiiert bzw. gefördert werden. In solchen Fällen ist ein Umsetzen von Eiern in die neu angelegten Haufen zu empfehlen. Dabei ist jedoch mit großer Sorgfalt vorzugehen, da die Eier sehr empfindlich auf Druck oder Lageveränderung reagieren.

Unsere Daten geben bis jetzt noch keinen Aufschluß darüber, wie sich eine anthropogen herbeigeführte Verbesserung bzw. Vermehrung von Eiablagemöglichkeiten auf die Population auswirkt. Hierfür sind weitere langfristige Untersuchungen notwendig. Aufgrund der bisherigen Untersuchungen können jedoch grundlegende Hinweise auf die Beschaffenheit und Struktur von Substrathaufen gegeben werden, wenn diese als Ersatz-

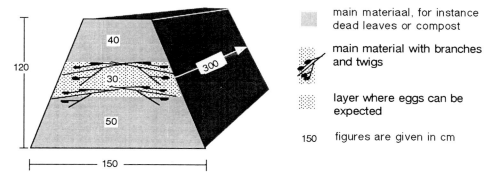

Abb. 4: Standardmodell eines künstlichen Eiablagehaufens für die Ringelnatter (nähere Erläuterungen im Text).
Standard model of a heap, suitable as grass snake hatchery.

Eiablageplätze erfolgreich genutzt werden sollen. Zunächst scheinen Laubhaufen am besten geeignet. Altes Laub hält eine hohe Feuchte und dekompostiert sehr einfach und schnell, wobei genügend Wärme produziert wird. Laubhaufen zeichnen sich zudem durch eine sehr lockere Struktur aus, was den weiblichen Ringelnattern den Zugang zum Inneren des Haufens erleichtert. Dies wird zudem durch Zweige oder kleine Äste als normale Bestandteile von Laubhaufen gefördert, wodurch sehr attraktive Hohlräume für die Schlangen geschaffen werden.

Das ideale Material für die Anlage von Eiablageplätzen ist nicht überall direkt verfügbar, und in einigen Lebensräumen kann der »Import« von Material für künstliche Ablageplätze zu Konflikten mit anderen Naturschutzzielen führen. Deshalb muß zum Beispiel für nährstoffarme Lebensräume wie Heiden oder Moore die Anlage von Haufen aus Mist oder Kompost strikt abgelehnt werden. Generell - und ganz speziell in Naturschutzgebieten - befürworten wir die Nutzung von Material aus der direkten Umgebung. Zum Beispiel kann organischer Abfall, der bei Maßnahmen der Biotoppflege wie Mähen oder Grabenräumungen anfällt, an geeigneter Stelle aufgeschichtet anstatt verbrannt oder abtransportiert werden. Dieses Material ist umso besser geeignet, je mehr es mit Zweigen untermischt und damit aufgelockert ist.

Neben der fortpflanzungsorientierten Aufgabe können künstliche Eiablagehaufen noch weitere ökologisch-biologische Funktionen auch für eine Vielzahl anderer Tierarten erfüllen. Sie dienen beispielsweise auch als Winterquartier nicht nur für Ringelnattern,

Abb. 5: Leere Eischalen eines Ringelnattergeleges nach dem Schlüpfen der Jungtiere (Aufnahme: De Nieuwe Ooststellinerwerver, Oosterwolde).
Eggs after hatching.

Abb. 6: Ein Bauer mit einem Haufen aus gemischtem Substrat (Kaninchen- und Schafmist, Garten- und Küchenabfälle), der als Eiablageplatz für Ringelnattern und als Winterquartier für Blindschleichen dient (Aufnahme: B. KLAZINGA).

Farmer with heap of mixed material (dung of rabbits and sheep, waste material from Garden and kitchen), a functional hatching site for grass snake and hibernation site for slow worm.

sondern auch für andere Reptilien, für Amphibien, Kleinsäuger oder Insekten. Dieser Aspekt sollte ebenfalls bei der Wahl des Substrathaufens beachtet werden, vor allem unter artenschutzrelevanten Zielsetzungen.

Vorschläge zur Anlage künstlicher Ringelnatter-Eiablageplätze

Als wesentliche Voraussetzungen für eine erfolgreiche Inkubation der Ringelnatter-Eier müssen eine ausreichende Feuchtigkeit und gute Duchlüftung angesehen werden. Beide Milieufaktoren fördern die Entwicklung von Mikroorganismen, durch deren Aktivität die Wärme produziert wird und die Temperatur im Inneren des Haufens ansteigt. Beide Bedingungen hängen von der Größe des Haufens und von dem vorhandenen Substrat ab. Daraus lassen sich folgende praktische Empfehlungen für die Anlage von Eiablagehaufen ableiten (vgl. Abb. 4):

Größe: Große Haufen sind geeigneter als kleine. Wir empfehlen ein Minimum von 1,60 m Länge, 1,20 m Breite und 1m Höhe.

Material: Wir empfehlen Material aus der direkten Umgebung der Anlagestelle: Misthaufen in der Nähe von Bauernhöfen, Laubhaufen in Parks oder Waldgebieten, Komposthaufen im Umfeld öffentlicher oder privater Gärten, Schilfhaufen in größeren

Schilfgebieten, organischer Abfall aus Graben-Reinigungsarbeiten in Feuchtgebieten mit vielen Gräben und Kanälen. Von Vorteil ist eine gute Durchmischung des Materials mit Zweig- oder Astmaterial, vor allem im Zentrum des Haufens (Abb. 4). Ein derartig strukturierter Haufen bleibt locker, gut durchlüftet und für die Ringelnatterweibchen gut zugänglich.

Anlagestelle: Um das Auffinden und die Akzeptanz der Haufen durch die Ringelnatter zu gewährleisten, sollten die folgenden Grundsätze beachtet werden: Haufen sollten immer in unmittelbarer oder erreichbarer Nähe einer Stelle angelegt werden, an der sich bereits vorher (genutzte) Haufen befanden. Neue Anlagestellen müssen sich - selbstverständlich - innerhalb des Lebensraumes einer Ringelnatterpopulation befinden. Der Platz muß genügend Deckung bieten, damit der Haufen sicher erreicht und verlassen werden kann, zum Beispiel an Waldrändern, im Randbereich von Feldhecken, Gebüschen oder vergleichbarer bodendichter Vegetation oder an ruhigen, störungsfreien Stellen im Bereich von Gehöften oder Gärten. Vor allem im letzteren Fall sollte unbedingt beachtet werden, daß Hunde, Katzen oder Geflügel den Ringelnattern, insbesondere den Jungtieren, gefährlich werden können. Haufen sollten nie zu nahe an (Wohn)gebäuden oder an Straßen angelegt werden!

Pflege: Ein Haufen sollte alle ein bis zwei Jahre entfernt und an der derselben Stelle neu angelegt werden, um eine ständige optimale Eignung zu sichern. Die notwendigen Arbeiten sollten zwischen Mitte April und Ende Mai oder im Oktober durchgeführt werden, um weder die Fortpflanzung der Ringelnatter noch überwinternde Tiere zu stören.

Man-made hatcheries for grass snakes (*Natrix natrix* L. 1758): A simple method for grass snake conservation

Heaps of dung, compost or dead leaves are the most commonly found hatching sites for grass snake eggs in our agricultural landscape. The presence of eggs was confirmed in 45 out of 72 inspected heaps during the investigation period 1988 - 1992. Characteristics of these heaps are compared in relation to their suitability as breeding habitat. Heaps of dead leaves or compost are more suitable than heaps of dung, just like large heaps versus small heaps. By the presence of small dead branches or twigs, small holes are created in which clusters of eggs were commonly found.

Recommendations are given for the construction and location of a heap to serve as a hatchery for grass snake eggs. It is emphasised that for creating a heap local leavings from the surrounding area of a hatching site should be used.

Schriften

CORBETT, K. (1989): Conservation of European Reptilies and Amphibians. The Conservation Committee of the Societas Europaea Herpetologica. - Worcester, U.K.

VÖLKL, W. (1991): Habitatansprüche von Ringelnatter (Natrix natrix) und Schlingnatter (Coronella austriaca): Konsequenzen für Schutzkonzepte am Beispiel nordbayerischer Populationen. - Natur und Landschaft 66: 444-448.

ZUIDERWIJK, A. & SMIT, G. (1990/1991): De Nederlandse Slangen in de jaren tachtig. Analyse van waarnemingen en beschrijving van landelijke verspreidingspatronen. - Lacerta 49(2): 43-60.

Verfasser

Dr. Annie Zuiderwijk, Dr. Gerard Smit & Dr. Hans van den Bogert, Instituut voor Taxonomische Zoölogie, Universiteit van Amsterdam, Postbus 4766, NL - 1009 AT Amsterdam.

Zur Autökologie der Würfelnatter, *Natrix t. tessellata* (LAURENTI 1768) (Reptilia: Serpentes: Colubridae) in Deutschland

SIGRID LENZ & MICHAEL GRUSCHWITZ

Key words: Serpentes, Colubridae, *Natrix tessellata*, Jahresdynamik, Tagesdynamik, Fortpflanzung, Mobilität, Dispersion, Beutespektrum, *Natrix natrix*

Einleitung

Das gegenwärtige Vorkommen der Würfelnatter (*Natrix tessellata tessellata*, LAURENTI 1768) in Deutschland beschränkt sich auf wenige inselartige Reliktpopulationen im Bereich der Flüße Mosel, Lahn und Nahe innerhalb des Landes Rheinland-Pfalz. Die Art repräsentiert eine der seltensten einheimischen Wirbeltierarten und ist hochgradig vom Aussterben bedroht (GRUSCHWITZ 1981a, 1981b).

Im Rahmen eines langjährigen Artenschutzprojektes zur Erhaltung dieser Art als einheimisches Faunenelement erfolgten in den Jahren 1980 und 1981 umfangreiche Untersuchungen zur Bestandssituation von *Natrix tessellata* (GRUSCHWITZ 1985, 1986), die - nach zwischenzeitlich durchgeführten Stützungsmaßnahmen - in detaillierter und verbesserter Form im Jahr 1988 an einer Population der Lahn wiederholt wurden (LENZ 1989). Im Rahmen der letztgenannten Freilandstudie konnten u.a. eine Vielzahl autökologisch relevanter Daten zur Biologie und Ökologie der Würfelnatter ermittelt und ausgewertet werden, die sich aus der z.T. hochspezifischen Lebensweise und Einnischung dieser Art (ichtyophag, tagaktiv, semiaquatisch) ergaben. Die Schwerpunkte lagen dabei auf den Untersuchungen zur Jahres- und Tagesdynamik, zur Mobilität und Dispersion, zum Beutespektrum und zur Fortpflanzungsbiologie, über die nachfolgend berichtet werden soll.

Untersuchungsgebiet, Material und Methode

Das Untersuchungsgebiet liegt im Bereich des unteren Lahntales und umfaßt einen circa 1,5 km langen Flußabschnitt einschließlich der Uferbereiche, der seit 1984 als Naturschutzgebiet zum Schutze der Würfelnatter ausgewiesen ist. Das Gebiet schließt ein Stauwehr mit Flachwasserzonen, Schotterflächen und einer Geschiebe-Insel im Unterwasserbereich sowie einen in Insellage zwischen Flußlauf und einem Schleusenkanal angeschütteten Damm ein. Eine genaue Standortkennzeichnung unterbleibt aus Schutzgründen.

Die Freilanduntersuchung erstreckte sich von Mitte April bis Mitte Oktober 1988 mit einem Zeitaufwand von 103 Tagen, an denen Kontrollgänge durchgeführt wurden. Das Datenmaterial basiert auf insgesamt 298 Beobachtungen von Einzeltieren, wobei 248-mal

Tiere zur individuellen Untersuchung kurzfristig gefangen werden konnten. Abzüglich der Wiederfänge ergab sich ein Bestand von 123 verschiedenen Einzelindividuen, deren Datenpool der vorliegenden Arbeit zu Grunde liegt.

Jahresdynamik

Unter Jahresdynamik werden Abfolge und Verlauf biologisch-ökologisch relevanter Verhaltensmuster von *Natrix tessellata* innerhalb ihrer jährlichen Aktivitätsperiode verstanden. Dabei ergeben sich zunächst grundsätzliche Aussagen über zeitliche Aktivitätsschwerpunkte durch eine summarische Verteilung der Beobachtungshäufigkeiten auf die einzelnen Monate (vergl. Abb. 1), jeweils differenziert in adulte und subadulte Tiere sowie Jungtiere.

In Abb. 1 werden jeweils die Beobachtungen in Halbmonats-Intervallen aufsummiert. Dabei zeigt sich, daß adulte Würfelnattern ab der 2. Aprilhälfte auftraten. Das Beobachtungsmaximum für Adulti lag mit 27 Beobachtungen in der 2. Maihälfte. Danach nahmen die Beobachtungen bis zum August kontinuierlich ab, im September war ein leichter Anstieg zu verzeichnen. Danach gingen die Feststellungen bis zu den letzten Beobachtungen im Oktober wieder zurück.

Jungtiere und subadulte Schlangen wurden ab der 2. Maihälfte beobachtet, die Zahl der festgestellten Tiere blieb im Juni und Juli nahezu konstant zwischen 15 und 22 Individuen je 2-Wochen-Intervall. Im August war, bedingt durch den Schlupf der

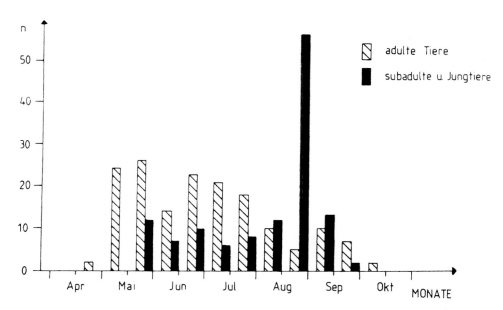

Abb. 1: Verteilung der Beobachtungshäufigkeit von *Natrix tessellata* der Lahnpopulation im Jahresverlauf, differenziert nach adulten Exemplaren und subadulten bzw. Jungtieren.

Distribution of records of *Natrix tessellata* on the river Lahn, seperated in adult and subadult specimens.

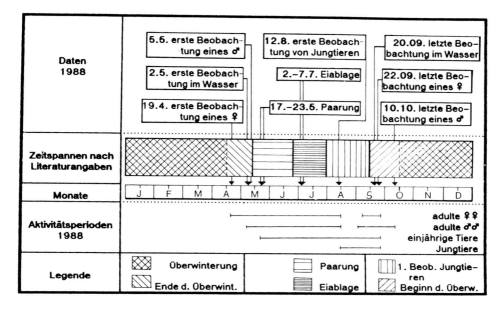

Abb. 2: Vergleichende Übersichtsdarstellung von Daten zur Jahresdynamik von *Natrix tessellata* im Untersuchungsjahr 1988 mit entsprechenden Literaturbefunden (nach HECHT 1930, STEWARD 1958, SCHWEIZER 1962, LANKA 1975, ausgegeben 1978, LUTTENBERGER 1978, STREET 1979, WOLK 1984).

Comparitive table of data on the annual activity of *Natrix tessellata* in the year 1988 with corresponding data of literature (by HECHT 1930, STEWARD 1958, SCHWEIZER 1962, LANKA 1975, ausgegeben 1978, LUTTENBERGER 1978, STREET 1979, WOLK 1984).

Jungtiere, ein deutliches Maximum zu verzeichnen (55 Beobachtungen in der 2. Monatshälfte). Danach nahm die Beobachtungshäufigkeit bis Ende September kontinuierlich ab.

Eine Differenzierung nach einzelnen Verhaltens- und Aktivitätsmustern führt zu einer Übersicht der jährlichen Aktivität von *Natrix tessellata*, wie sie in Abb. 2 dargestellt wird. Ausgehend von dieser Übersicht erscheint es sinnvoll, zur chronologischen Beschreibung der Aktivitäten im Jahresverlauf eine Untergliederung in bestimmte Zeitabstände vorzunehmen.

1. Verlassen der Winterquartiere und Erstbeobachtungen

Die erste Feststellung einer adulten Würfelnatter gelang am 19.04.88 (vergl. Abb. 2) mit der Sichtbeobachtung eines adulten Weibchen, das sich bei Außentemperaturen von 14 °C im Schatten (und 22 °C in der Sonne) auf einer ufernahen Bruchsteinmauer sonnte. Dieser Termin lag am Ende einer einwöchigen Schönwetterperiode mit durchschnittlichen Tagestemperaturen von 18 °C im Schatten (bzw. bis zu 27 °C in der Sonne). Der Erstbeobachtungstermin deckt sich mit Angaben von HECHT (1930), LANKA (1975, ausgegeben 1978) und GRUSCHWITZ (1978), die für das Ende der Überwinterung von

Natrix tessellata in mitteleuropäischen Populationen den Zeitraum von Mitte bis Ende April angeben (vergl. Abb. 2). Die nächsten Beobachtungen erfolgten erst wieder am 1. Mai (adultes Weibchen), d.h. erst circa 14 Tage später, bedingt durch eine zwischenzeitlich erfolgte Wetterverschlechterung mit Temperaturrückgang, Nachtfrösten und längeren Regenfällen. Das erste adulte Männchen wurde etwa 2 Wochen nach der Erstbeobachtung der Weibchen am 5. Mai registriert (Temp.: 19 °C im Schatten, 25 °C in der Sonne). Ein zeitlich verzögertes Auftreten von Männchen wurde auch bei den Untersuchungen 1980 beobachtet. Wiederum etwa 2½ Wochen nach dem Männchen wurden am 24.05. erstmals Jungtiere im Untersuchungsgebiet beobachtet (vergl. Abb. 2).

Das Ende der Überwinterungsphase wird primär endogen gesteuert, die herrschenden Außentemperaturen stellen jedoch sekundär den auslösenden Faktor für das Verlassen der Winterquartiere dar (vergl. auch 3.).

In der ersten Phase der Freilandaktivität nutzen die Würfelnattern ausschließlich den terrestrischen Bereich ihres Lebensraumes. Sie wurden meist in einer Entfernung von 5 bis 20 m vom Wasser beobachtet, bevorzugt in der Nähe ihrer potentiellen Winterquartiere. Dazu gehören u.a. unverfugte Bruchsteinmauern und Bahndämme. Wurden Tiere in der Nähe ihrer Winterquartiere angetroffen, zogen sie sich bei Störungen sofort in diese zurück. Dieses Rückzugverhalten steht im Gegensatz zu dem während der übrigen Aktivitätsperiode beobachteten Fluchtverhalten Richtung Wasser.

Erstmals wurden am 2. Mai 1988 zwei Würfelnattern im Wasser bzw. unmittelbar an der Uferlinie bei einer Wassertemperatur von 12,5 °C und Außentemperaturen von 19 °C im Schatten sowie 25 °C in der Sonne (vergl. Abb. 2) angetroffen. Auch im Untersuchungsjahr 1980 wurde das erste schwimmende Tier bei einer Wassertemperatur von 12.5 °C festgestellt. Das zeitlich verzögerte Aufsuchen des aquatischen Lebensraumes wird durch Literaturbefunde bestätigt (HECHT 1930, LANKA 1975, ausgegeben 1978), die für die Würfelnatter eine erforderliche minimale Wassertemperatur von 10 °C angeben. Voraussetzung für die erste Nahrungsaufnahme nach der Überwinterung ist aber nicht nur die oberhalb dieses Schwellenwertes liegende Wassertemperatur, sondern auch eine Außentemperatur von 16 bis 18 °C, die nach HECHT (1930) die Aktivierung von Verdauungsprozessen erst ermöglicht. Generell liegt das Temperaturoptimum zwischen 20 und 26 °C, wie auch durch Terrarienbefunde bestätigt wird (HECHT 1930, TRUTNAU 1981) (siehe unten).

2. Befunde während der Aktivitätsperiode

Wie aus Abb. 1 hervorgeht, blieb im Zeitraum von Mai bis Ende Juli die Beobachtungshäufigkeit von Würfelnattern annähernd konstant bei 18 bis 25 adulten Tieren und zwischen 6 und 12 Jungtieren bzw. subadulten Exemplaren je 2 Wochen-Intervall. Ab Anfang August wurden jedoch deutlich weniger adulte Tiere angetroffen, und zwar 10 in der 1. Augusthälfte und 5 in der 2. Augusthälfte (davon 2 am 15.8. und 3 am 31.08.). Interessanterweise konnten in der Zeit vom 16. bis 30.8.88 trotz intensiver Nachsuche im Untersuchungsgebiet keine Würfelnattern mit mehr als 50 cm GL, also keine geschlechtsreifen Tiere (vergl. HOMBROEK 1964), festgestellt werden. Das gleiche Phänomen wurde bereits bei der umfangreichen Bestandsuntersuchung des Jahres 1980 festgestellt. Auch HECHT (1930) und LANKA (1975, ausgegeben 1978) berichten von einem starken Rückgang der Würfelnatter-Beobachtungen in den Monaten Juli und August. LANKA (1975, ausgegeben 1978) erklärt das Beobachtungsdefizit durch eine Verlagerung der Beutefangaktivitäten in die frühen Morgenstunden und ein Zurückziehen in kühlere Verstecke während des Tages, um dort zu verdauen. Dies kann als thermoregulatorische Aktivitätsverlagerung eingestuft werden. HECHT (1930) nimmt für *Natrix tessellata* im Mittelmeergebiet und in Süd- bzw. Osteuropa eine mehrwöchige, witterungsunabhängige, endogen gesteuerte Sommerruhe an. Diese letzte Theorie scheint für die deutschen Würfelnatter-Populationen zutreffender, denn es traten im August des Untersuchungsjahres kaum extreme Werte mit sehr hohen Tagestemperaturen auf, was auch durch die nahezu konstante Beobachtungsrate von subadulten und Jungtieren bestätigt wird (vergl. Abb. 1). Darüber hinaus wurden bei verstärkten Kontrollen während der Morgenstunden und der Abenddämmerung ebenfalls keine adulten Exemplare festgestellt. Zudem wurden die Kontrollen in diesem Zeitraum auch tagsüber durch das zu erwartende erste Auftreten frischgeschlüpfter Jungtiere intensiviert. Der Schlupf der Jungtiere führte naturgemäß zu einem deutlichen Anstieg der Beobachtungshäufigkeit in der 2. Augusthälfte (vergl. Abb. 1).

Nach der »Sommerpause« gelangen Feststellungen adulter Tiere erst wieder Ende August bzw. Anfang September (Männchen ab 31.8., Weibchen ab 5.9.).

Mit Beginn des Herbstes setzte in den Monaten September und Oktober ein kontinuierlicher Rückgang der Beobachtungshäufigkeit von adulten und subadulten Würfelnattern sowie von Jungtieren ein (vergl. Abb. 1).

3. Letztbeobachtungen bzw. Aufsuchen der Winterquartiere

Nach dem Beobachtungdefizit im August wurden die Würfelnattern trotz nach wie vor hoher Wassertemperaturen um 20 °C bis 23 °C vermehrt an Land angetroffen. Das letzte Weibchen konnte am 10.9. (Wassertemp.: 20,5 °C, Außentemp.: 23,0 °C), das letzte Männchen am 20.9. (Wassertemp.: 16,5 °C, Außentemp.: 18,5 °C) schwimmend beobachtet werden. Die endogene Rhythmik der Prädisposition auf die Winterruhe dominiert dabei gegen die noch optimal ausgeprägten Klimabedingungen. Zu Beginn der Aktivitätszeit (vergl. 1.) bestimmen dagegen die äußeren Faktoren deutlich das Verhalten.

Die Aktivität im aquatischen Lebensraum wird zeitlich früher beendet als im terrestrischen Bereich. Dies wurde auch von LANKA (1975, ausgegeben 1978) beobachtet, der ebenfalls eine Verlagerung der Aktivität vom Wasser zum Land im Herbst feststellte. Die Würfelnattern wurden in dieser Zeit bevorzugt in der Nähe potentieller Winterquartiere beobachtet. Die Beobachtungshäufigkeit zeigt sich in diesem Zeitraum stark rückläufig (vergl. Abb. 1), da die Tiere eine eingeschränkte, auf die warmen Nachmittagsstunden (13 bis 15.00 Uhr) begrenzte Aktivität zeigten.

Die letzte Beobachtung eines Jungtieres gelang am 21.09. Am 22.9. wurde das letzte adulte Weibchen festgestellt. Zu diesem Zeitpunkt herrschten noch Außentemperaturen von 18.5 °C im Schatten und 25 °C in der Sonne. Die Letztbeobachtung einer männlichen Würfelnatter erfolgte fast drei Wochen später am 10.10.. Die Außentemperaturen lagen an diesem Tag bei 14 °C im Schatten (20 °C in der Sonne) und sind fast mit denen der Erstbeobachtung im Frühjahr identisch.

Auch Literaturbefunde (SCHWEIZER 1962, LUTTERBERGER 1978, STREET 1979) bestätigen ein Aufsuchen der Winterquartiere zwischen Ende September und Mitte Oktober.

4. Zeiträume der gesamten Aktivitätsperiode

Faßt man die oben angeführten Daten zu Erst- und Letztbeobachtung zusammen, so ergeben sich alters- und geschlechtsspezifisch folgende Zeiträume für Aktivitätsperioden: Die gesamte Aktivitätsperiode von *Natrix tessellata* umfaßte 1988 einen Zeitraum von 173 Tagen (vom 19.4. bis 10.10.), erstreckte sich also über fast 6 Monate. Dies deckt sich mit Angaben von HECHT (1930), der für die Überwinterungsphase eine Dauer von 6 Monaten in mitteleuropäischen Populationen angibt. Auch bei der Grundlagenuntersuchung von 1980 wurde eine vergleichbare Gesamtaktivitätsdauer von 182 Tagen ermittelt.

Bei einer Differenzierung nach Geschlechtern ergibt sich für Weibchen ein Aktivitätszeitraum von 155 Tagen (19.4. bis 22.09.) und für Männchen eine Aktivitätsphase von 159 Tagen (5.5. bis 10.10.). Unterscheidet man nach dem Alter der Tiere, so zeigen einjährige Tiere eine gegenüber den adulten Schlangen deutlich verkürzte Aktivitätsperiode von 120 Tagen (24.5. bis 21.10.). Für die im August 1988 geschlüpften Jungtiere umfaßt der Aktivitätszeitraum im gleichen Jahr max. 37 Tage (15.8. bis 21.9.) (Abb. 2).

Tagesdynamik

Natrix tessellata gilt als ausgesprochen tagaktive Reptilienart mit Aktivitätsschwerpunkten in den Vor- und Nachmittagsstunden (DÜRIGEN 1897). Im Rahmen der Freilanduntersuchung wurde die Aktivitätsverteilung im Tagesverlauf anhand der Häufigkeit von Sichtbeobachtungen ermittelt und nach den Stunden des Tages aufgeschlüsselt (vergl. Tab. 1 und Abb. 3). Diese Art der Auswertung geht davon aus, daß die Häufigkeit der Kontrollgänge zu allen Tageszeiten in etwa gleich war.

Während der Vormittagsstunden ist nur eine mittelmäßige Aktivität der Würfelnattern zu verzeichnen (insgesamt 8.9 % aller Beobachtungen). Die Zeit bis 12.00 bzw. 13.00 Uhr wird in erster Linie zum Ruhen und Sonnen genutzt. Die Mobilität der Tiere ist gering und somit auch die Möglichkeit zur Registrierung im Freiland eingeschränkt.

Uhrzeit	n	%
8 - 9	1	0.4
9 - 10	2	0.7
10 - 11	10	3.5
11 - 12	12	4.3
12 - 13	27	9.9
13 - 14	63	22.3
14 - 15	65	22.7
15 - 16	54	19.5
16 - 17	40	14.2
17 - 18	7	2.1
18 - 19	1	0.4
Gesamt	282	100.0

Tab. 1: Verteilung der Sichtbeobachtungen von *Natrix tessellata* der Lahnpoulation auf Stunden des Tages.

Distribution of the daily records of *Natrix tessellata* on the river Lahn.

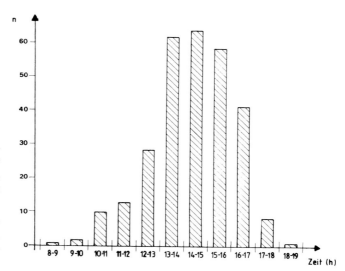

Abb. 3: Grafische Darstellung zur Verteilung der Sichtbeobachtungen von *Natrix tessellata* auf die Stunden des Tages.

Graphic illustration concerning the daily distribution of records of *Natrix tessellata*.

Der Aktivitätsschwerpunkt mit insgesamt 78,7% der Beobachtungen liegt in den Nachmittagsstunden zwischen 13.00 und 17.00 Uhr. Dann halten sich die Tiere größtenteils im Wasser auf und gehen dem Beuteerwerb (Fischfang) nach. Generell zeigt sich eine kontinuierliche Zunahme der Beobachtungshäufigkeit im Tagesverlauf bis zum Erreichen des Maximums von insgesamt 65 Registrierungen zwischen 14.00 und 15.00 Uhr. Nach diesem Höhepunkt nimmt die Beobachtungshäufigkeit wieder langsam ab. Zwischen 17.00 und 18.00 Uhr wurden nur noch insgesamt sieben Sichtbeobachtungen und nach 18.00 Uhr nur noch eine Feststellung während des gesamten Untersuchungszeitraumes protokolliert. Ab etwa 17.00 Uhr zeigten die beobachteten Schlangen ein deutliches Bestreben, das Wasser zu verlassen, was mit Feststellungen von GRUSCHWITZ (1978) an der Mosel übereinstimmt.

Die Befunde zur Aktivitätsverteilung im Tagesverlauf stehen im Gegensatz zu Beobachtungen von KABISCH (1966) und LUTTENBERGER (1978). KABISCH (1966) beschreibt für bulgarische Schwarzmeer-Populationen einen ausgeprägten Aktivitätsschwerpunkt in den Vormittagsstunden und LUTTENBERGER (1978) beobachtete in Österreich eine gelegentliche Dämmerungsaktivität von *Natrix tessellata*.

Dabei ist jedoch zu berücksichtigen, daß die Tagesaktivitätszeiten in hohem Maße von der geographischen Klimasituation, von der Jahreszeit (s.o.) und auch vom individuellen Verhalten abhängig sind. Zudem wird die Aktivitätsverteilung im Tagesverlauf von der jeweiligen lokalen Wetterlage stark beeinflußt.

Als aktivitätsbeeinflußende Witterungsfaktoren wurden der Bewölkungsgrad, die Wassertemperatur und die Lufttemperatur im Schatten in die Untersuchung einbezogen. Dabei wurde die Lufttemperatur in unmittelbarer Nähe des jeweiligen Fundortes im Schatten gemessen, die Ermittlung der Wassertemperatur erfolgte im Bereich der Flachwasserzonen. Der Bedeckungsgrad wurde bei der Freilandbeobachtung in »sonnig«, »mäßig bewölkt« und »bedeckt« unterteilt.

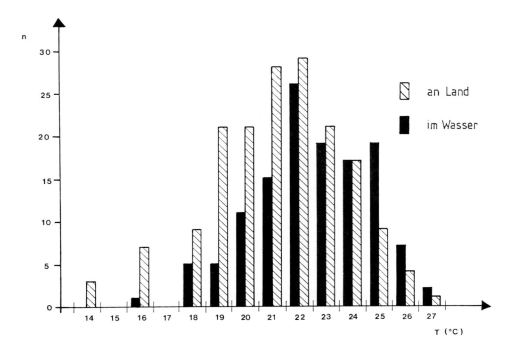

Abb. 4: Verteilung der Beobachtungshäufigkeit von Würfelnattern der Lahnpopulation in Abhängigkeit von der Außentemperatur (gemessen im Schatten), differenziert nach Beobachtungen im terrestrischen und aquatischen Lebensraum.
Distribution of the record frequency of *Natrix tessellata* on the river Lahn, correlated to the outside temperature (mesured in the shade), and distinguished in terrestrial and aquatical habitat.

Etwa die Hälfte aller Beobachtungen (49 %) erfolgten bei fast wolkenlosem Himmel und meist durchgängigem Sonnenschein. 33,9 % entfallen auf einen mäßigen Bewölkungsgrad und lediglich 17 % der Tiere wurden bei starker Bewölkung angetroffen. Bei bedecktem Himmel wurden Würfelnattern fast ausschließlich im Wasser, nicht aber an Land beobachtet.

Um die Temperaturabhängigkeit der Aktivität zu dokumentieren, wird in Abb. 4 die Anzahl der Beobachtungen den jeweils herrschenden Temperaturen zugeordnet. Danach wurden bewegungsaktive Würfelnattern bei Temperaturen zwischen 14 °C und 27 °C beobachtet. Es läßt sich ein kontinuierlicher Anstieg der Beobachtungen sowohl im terrestrischen als auch im aquatischen Bereich bis zu einer Temperatur von 22 °C erkennen, bei der die maximale Beobachtungshäufigkeit vorliegt. Im Bereich zwischen 22 und 27 °C nimmt die Aktivität von *Natrix tessellata* kontinuierlich ab, an Land jedoch stärker als im aquatischen Lebensraum. Der höchste Temperaturwert, bei dem noch aktive Würfelnattern beobachtet wurden, liegt bei 27 °C.

Zusammenfassend kann festgestellt werden, daß sich über 75 % aller Sichtbeobachtungen auf den Temperaturbereich zwischen 19 °C und 26 °C beschränken. Auch

Befunde aus der Terrarienhaltung bestätigen diese Ergebnisse: Nach HECHT (1930) führen Temperaturen über 26 °C bei langfristiger Exposition (½ bis ¾ Jahr) bei Würfelnattern zu Schwächungserscheinungen und letztlich zum Tod. BANNIKOV (1969) nennt als Temperaturmaximum für eine noch mögliche Aktivität von *Natrix tessellata* 31 °C.

Aquatische Aktivitäten wurden verstärkt ab einer Außentemperatur von 20 °C gezeigt, was mit dem Temperaturoptimum von *Natrix tessellata* korrelliert (18 bis 23 °C für den aquatischen Bereich, HOMBROEK 1964). Die minimale Wassertemperatur, bei der während des Untersuchungszeitraumes aktive Würfelnattern beobachtet wurden, lag bei 12,5 °C.

Fortpflanzung

29 Tage nach Verlassen der Winterquartiere konnten im Untersuchungsgebiet Paarungsaktivitäten der Würfelnattern beobachtet werden (17., 18. und 23. Mai). Dabei kam es zu Ansammlungen mehrerer Tiere an einer Stelle im Bereich vegetationsreicher Uferzonen. Das Paarungsverhalten war immer verbunden mit einer Knäuelbildung mehrerer Tiere, die auch von der nahverwandten Ringelnatter (*Natrix natrix*) bekannt ist (KABISCH 1974) und bereits von GRUSCHWITZ (1978) für *Natrix tessellata* beschrieben wurde. An der Knäuelbildung waren jeweils mindestens 3 Tiere beteiligt. Weitergehende Aussagen z.B. über Anzahl oder Geschlechterbeteiligung der Würfelnattern beim Paarungsverhalten sind nicht möglich, da die Paarungen nur aus großer Distanz beobachtet wurden, um Störungen der Tiere zu vermeiden.

Der Paarungszeitpunkt stimmt mit Literaturbefunden überein (MUGGIASCA und GANDOLLA 1976, LUTTENBERGER 1978), wonach sich die Paarung in den Monaten Mai und Juni, meist wenige Wochen nach Beendigung der Hibernation, vollzieht.

Anfang Juli (2.-7.7.) wurden mehrere trächtige Weibchen (insgesamt 6 individuell verschiedene Tiere) in unmittelbarer Nähe bzw. auf den »anthropogen angelegten« Eiablageplätzen (Pferdemisthaufen) beobachtet, was auf eine unmittelbar bevorstehende Eiablage schließen läßt. Dies würde einer Tragezeit zwischen Kopulation und Eiablage von circa 50 Tagen entsprechen (vergl. Abb. 2). Aus der Terrarienhaltung sind etwas längere Tragezeiten von 59 Tagen (WOLK 1984) und 56 bis 70 Tagen (HECHT 1930) bekannt.

Die Weibchen gruben sich meist in den Nachmittagsstunden mit dem Kopf voran in einer Höhe von circa 1 m über dem Erdboden in die Pferdemisthaufen ein. Am 6. und 8.7. wurden morgens bei den ersten Kontrollen (gegen 9.00 Uhr) vor den Eiablageplätzen erschöpft wirkende Weibchen mit eingefallenem Leib beobachtet, was auf eine gerade beendete Eiablage zurückzuführen sein dürfte. Diese scheint während der Nacht oder den frühen Morgenstunden zu erfolgen, wie Angaben aus Terrarienhaltung belegen (DUMMERMUTH 1977, GRUSCHWITZ et al. 1992).

Am 12. August wurde an einem Pferdemisthaufen das erste frisch geschlüpfte Jungtier festgestellt. Es stand kurz vor der ersten Häutung (erkennbar an einer deutlichen Augentrübung) und wies eine Gesamtlänge von 23,5 cm und ein Gewicht von 9,5 g auf. Aufgrund dieses Erstfunddatums kann auf eine Inkubationszeit von etwa 5 Wochen (35

Tagen) geschlossen werden. Die Inkubationsdauer ist bei allen Reptilien stark von der Umgebungstemperatur abhängig, die angegebenen Werte für *Natrix tessellata* schwanken zwischen 34 Tagen (GRUSCHWITZ et al. 1992), 44 Tagen (bei 24-27 °C, DUMMERMUTH 1977) und 50 Tagen (»bei Zimmertemperatur«, WOLK 1984).

Mobilität

Die beschriebene Tages- und Jahresdynamik der Würfelnattern setzt eine gewisse Mobilität der Tiere innerhalb des Untersuchungsgebietes bereits voraus. Da die Wanderbewegungen von *Natrix tessellata* von besonderer Bedeutung für die artgerechte Abgrenzung der Lebensräume sind, wurde im Rahmen der Freilandstudie versucht, Aktionsradien bzw. Ortsveränderungen von Würfelnattern zu erfassen. Berücksichtigen muß man jedoch, daß die räumlichen Ausdehnungs- und Wandermöglichkeiten aufgrund der isolierten Lage des Untersuchungsgebietes eingeschränkt sind.

Die im Verlauf eines Tages zurückgelegten Strecken konnten bei dem methodischen Ansatz (keine Telemetrie) nur bei wenigen Tieren nachvollzogen werden, die innerhalb eines Tages mehrfach beobachtet wurden. Die fast ausschließlich im Wasser zurückgelegten Distanzen lagen zwischen 5 und 150 m.

Aufgrund der zahlreichen Wiederfänge im Laufe des Untersuchungsjahres konnte in insgesamt 125 Fällen intrapopulare Mobilität registriert werden, was bedeutet, daß nahezu alle Wiederfänge an einem anderen Standort erfolgten als der Erstfang. Dabei wurden von Einzeltieren Strecken zwischen 5 und 400 m zurückgelegt, allerdings in sehr unterschiedlichen Zeiträumen.

Für die einzelnen Altersgruppen läßt sich folgendes feststellen:

- Bei frisch geschlüpften Jungtieren sind vom Schlupf bis zum Überwinterungsbeginn in einigen Fällen richtungsübereinstimmende Mobilitätstendenzen feststellbar. Über Entfernungen von bis zu 50 m bewegten sich die Jungtiere in den ersten Lebenstagen zum Wasser hin, jedoch nur selten auf dem direkten Weg. Mehrfach wurden Bewegungen von 200 m oder mehr flußabwärts festgestellt, die jedoch aufgrund der gegebenen Strömungsverhältnisse als Verdriftungen oder als Abwanderungsverhalten zu deuten sind.

- Für subadulte Würfelnattern lassen sich keine spezifischen Bewegungsmuster erkennen. Sie zeigen entweder eine Verteilung der Beobachtungspunkte über das ganze Kerngebiet des Vorkommens oder eine Beschränkung auf eines der beiden Ufer.

- Adulte Tiere zeigen allgemein eine geringere, jahreszeitlich differierende Mobilität. Es wurden nur in wenigen Fällen Ortswechsel über mehr als 50 m festgestellt. Im Juli zeigten 19 adulte Tiere stromabwärts gerichtete Bewegungstendenzen über Distanzen von 400 bis 500 m. Ob es sich dabei um eine Vergrößerung oder eine Verlagerung der Aktionsareale handelt, bleibt offen. Gegen Ende September legen die adulten Würfelnattern z.T. größere Strecken zurück, wahrscheinlich um bevorzugte Winterquartiere aufzusuchen. Dabei wurden Distanzen von bis zu 500 m überwunden, zum Teil auch flußaufwärts gerichtet und weiter von der Wasserlinie entfernt.

Tab. 2: Beobachtungshäufigkeit von *Natrix tessellata* der Lahnpopulation in Abhängigkeit von der Entfernung zur Wasserlinie.
Frequency of records of *Natrix tessellata* on the river Lahn in relation to the water-line.

Beobachtungshäufigkeit	n	%
im Wasser	127	42.6
an Land	171	57.4
Entfernung zum Wasser (m)		
0 - 5	125	75.4
5 - 10	29	16.9
10 - 20	7	4.1
20 - 30	1	0.6
> 30	5	2.9
Gesamt	298	100.0

Dispersion im aquatischen und terrestrischen Lebensraum

Aufgrund der hohen Beobachtungs- und Wiederfangintensität war es möglich, quantifizierte und statistisch abgesicherte Aussagen über die Verteilungshäufigkeit und Nutzungsintensität in beiden Teillebensräumen zu machen.

Wie aus Tab. 2 hervorgeht, entfallen von den insgesamt 198 ausgewerteten Beobachtungen 42,6% auf den aquatischen Bereich, d.h. die Schlangen wurden schwimmend, tauchend oder im Flachwasserbereich ruhend angetroffen. 57,4% der beobachteten Tiere befanden sich an Land, meist sonnend oder mit dem Verzehr von Beutefischen beschäftigt. Davon hielten sich 75,4% im unmittelbaren Uferbereich (bis 5 m Entfernung zur Wasserlinie) auf, 16,9% im näheren Uferbereich (bis 10 m Entfernung zum Wasser). 4,1% der im terrestrischen Lebensraum aktiven Schlangen waren bis zu 20 m vom Wasser entfernt und 3,5% der Tiere wurden in einer Entfernung von mehr als 20 m vom Flußlauf beobachtet.

Die Ergebnisse belegen eindeutig die enge Bindung der Würfelnatter an den aquatischen Lebensraum, dessen nähere Umgebung nur für Wanderungen von und zu den Winterquartieren verlassen wird.

Beutespektrum

Bei Fang und Untersuchung der Würfelnattern kam es vielfach zu einem Auswürgen von bereits verschlungenen Beutetieren durch die Schlangen. Deshalb ist es möglich, nähere Angaben zum Nahrungsspektrum der rheinland-pfälzischen Würfelnattern zu machen. Insgesamt würgten während der Untersuchung 8 adulte und 6 Jungtiere bzw. subadulte Individuen 23 Beutetiere aus. Dabei handelte es sich ausschließlich um Fische. Dies stimmt mit Ergebnissen von LANKA (1975, ausgegeben 1978) und eigenen früheren Befunden (GRUSCHWITZ 1978) überein, die für tschechische und deutsche Würfelnatter-Populationen ein Nahrungsspektrum beschreiben, daß zu nahezu 100% aus Fischen

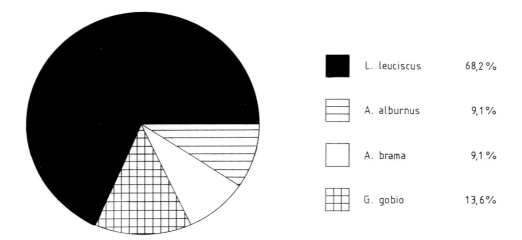

Abb. 5: Quantitative Verteilung der für *Natrix tessellata* im Bereich der Lahnpopulation nachgewiesenen Beutefische.
Quantitative distribution of the fish prey, proved for *Natrix tessellata* on the river Lahn.

besteht. Amphibien beispielsweise spielen keine Rolle im Beutespektrum, wie dies etwa für südosteuropäische Würfelnatter-Populationen bekannt ist (DÜRIGEN 1897, BOULENGER 1913, HECHT 1930).

Die von uns nachgewiesenen Beutefische gehören alle der Ordnung Cypriniformes (Karpfenartige) und der Familie Cyprinidae (Weißfische) an und lassen sich folgenden Arten zuordnen (vergl. Abb. 5.):

- Die Hasel (*Leuciscus leuciscus*) stellt mit 68,2% den Hauptanteil am Nahrungsspektrum. Es handelt sich dabei um einen gesellig lebenden Oberflächenfisch, der an sandigen oder kiesigen ufernahen Standorten ablaicht (MUUS 1981, MÜLLER 1983). Unter den ausgewürgten Beutefischen fanden sich nur ein- und zweijährige Exemplare der Hasel mit einer Körperlänge von 2,3 cm bis max. 11,0 cm und einem Gewicht zwischen 1,0 und 10,5 g.

- Der Gründling (*Gobio gobio*) repräsentiert 13,6% der untersuchten Beutetiere (vergl. Abb. 5). Er ist ein ausgesprochener Bodenfisch, der sich oft in kleinen Schwärmen an seichten Stellen in Ufernähe aufhält (MAITLAND 1977). Zum Nahrungsspektrum von *Natrix tessellata* gehörten sowohl juvenile (Körperlänge: 3,1 cm, Gewicht: 1,1 g) als auch adulte Gründlinge (Körperlänge: 14,2 cm, Gewicht: 9,2 g).

- Auch zwei Exemplare der Uklei oder Laube (*Alburnus alburnus*) befanden sich unter den ausgewürgten Beutefischen. Diese Art hält sich bevorzugt in den Uferzonen langsam fließender Gewässer auf (MÜLLER 1983). Bei den im Untersuchungszeitraum von *Natrix tessellata* erbeuteten Exemplaren handelt es sich um adulte Fische mit einer Körperlänge von 10,5 bzw. 10,0 cm und einem Gewicht von 8,5 bzw. 8,0 g.

- Der Blei oder Brachsen (*Abramis brama*) wurde in zwei Exemplaren unter den Beutefischen gefunden. Nach MÜLLER (1983) halten sich die juvenilen und subadulten

Tiere dieser Art in kleinen Gruppen ihn Ufernähe auf, dagegen ziehen sich die adulten Fische tagsüber in tiefere Regionen zurück. Von den untersuchten Würfelnattern wurden ausschließlich subadulte Exemplare von *Abramis brama* erbeutet (Körperlänge: 11,5 bzw. 15,0 cm; Körpergewicht: 9,0 bzw. 21,0 g).

Die vier nachgewiesenen Fischarten als Beutespektrum der Würfelnatter können sicher keinen Anspruch auf Vollständigkeit erheben, zumal im Untersuchungsgebiet nach Angaben der ortsansässigen Angelsportvereine insgesamt 21 Fischarten vorkommen sollen. Es wird jedoch die besondere Bedeutung von Hasel und Gründling als dominierende Beutefische deutlich. Offensichtlich werden solche Fischarten erbeutet, die entweder als Grundfische die flachen Wasserzonen präferieren (z.B. Gründling) oder aber Jungfische, die sich in Schwärmen in den ufernahen Bereichen aufhalten (z.B. Hasel). Den jungen und subadulten Würfelnattern steht dabei nur ein eingeschränktes Nahrungsspektrum zur Verfügung, da sie beim Beutefang primär auf die Jungfischschwärme in den Flachwasserzonen angewiesen sind, wo nur einige Fischarten ablaichen.

Die unterschiedlichen Lebensweisen der Beutefische setzen die Anwendung zweier Fischfangstrategien der Würfelnatter zum Nahrungserwerb voraus: Zum einen das aktive Erjagen und Verfolgen von Grundfischen und zum anderen das Auflauern und plötzliche Zustoßen zum Erbeuten von Fischen in den oberflächennahen Wasserzonen, wie auch von DÜRIGEN (1897), HECHT (1930) und LANKA (1975, ausgegeben 1978) beschrieben. Nach eigenen Beobachtungen wurden kleinere Beutefische meist in den Flachwasserzonen unter Wasser verzehrt, größere Beutefische wurden von den Schlangen erst an Land gebracht und dort verschlungen.

Unter Berücksichtigung der Literaturangaben für Süßwasser-Beutefische mittel- und osteuropäischer *Natrix tessellata* (GEISENHEYNER 1888, HECHT 1930, BANNIKOV 1969, LANKA 1975, ausgegeben 1978) ist generell davon auszugehen, daß die Würfelnatter keine spezifischen Beutefischpräferenzen hat, sondern sich nahrungsökologisch vielmehr an dem jahreszeitlich verfügbaren und aufgrund der limnischen Lebensraumbedingungen möglichen Angebot orientiert. Dies kann auch für dieselbe Population zu jahrweise unterschiedlichen Beutefischanteilen führen. So dominierte bei der ersten umfassenden Würfelnatter-Untersuchung des Untersuchungsgebietes 1980 der Gründling als »beliebtester« Beutefisch, während - wie bereits ausgeführt - diese Position im Jahr 1988 von der Hasel eingenommen wurde.

In einigen Fällen wurden mehrere Beutefische von einer Schlange gleichzeitig ausgewürgt. Dieses Verhalten zeigten vor allem Jungtiere oder subadulte Würfelnattern, die bis zu sechs Fische geringer Körperlänge gleichzeitig auswürgten (vergl. Tab. 3). In einem Fall wurde von einem adulten Weibchen (Gesamtlänge = 77,5 cm) ein adultes Exemplar von *Alburnus alburnus* (10,0 cm Körperlänge) zur gleichen Zeit mit einem juvenilen *Leuciscus leuciscus* ausgewürgt.

Betrachtet man die Relation zwischen dem Gesamtgewicht der ausgewürgten Beutefische und dem Körpergewicht der jeweiligen Schlangen (vergl. Tab. 3 und Abb. 6.), so erkennt man deutlich, daß von Jungtieren bzw. subadulten Würfelnattern relativ mehr Nahrung aufgenommen wird (in Relation zum Körpergewicht) als von adulten Schlangen. Ein Jungtier mit einer Gesamtlänge von 25,5 cm und einem Körpergewicht von

Natrix tessellata			Beute			Gesamtbeute-menge Gewicht (in g)	Gewicht-%
♂/♀	GL (cm)	G (in g)	GL (cm)	G (in g)	Art		
?	24.5	10.0	2.5	1.0	L. leuciscus	2.0	20.0
			2.7	1.0	L. leuciscus		
?	25.5	11.5	3.3		L. leuciscus	3.5	30.4
			2.3		L. leuciscus		
			3.1		L. leuciscus		
			3.1		L. leuciscus		
			3.7		G. gobio		
			2.6		G. gobio		
?	24.5	8.5	5.0	2.5	L. leuciscus	2.5	29.4
♀	29.0	9.5	5.0	2.5	L. leuciscus	2.5	26.3
♂	31.0	14.5	5.0	2.5	L. leuciscus	5.0	34.5
			6.0	2.3	L. leuciscus		
♀	32.0	17.0	5.5	3.0	L. leuciscus	4.6	26.5
			4.1	1.5	L. leuciscus		
♂	61.0	56.5	10.5	5.5	L. leuciscus	5.5	9.4
♂	65.0	53.5	11.5	9.0	A. brama	9.0	16.4
♀	67.5	88.0	15.0	21.0	A. brama	21.0	23.9
♂	71.0	95.0	10.5	8.5	A. alburnus	8.4	9.0
♂	74.5	96.5	11.0	10.0	L. leuciscus	10.0	10.4
♀	77.0	160.0	11.8	10.5	L. leuciscus	10.5	6.6
♀	77.5	97.5	10.0	8.0	A. alburnus	9.0	9.2
			2.8	1.0	L. leuciscus		
♀	82.0	190.0	14.2	9.2	G. gobio	9.2	4.8

Tab. 3: Vergleichende Gegenüberstellung biometrischer Daten des Prädators *Natrix tessellata* und seiner Beutefische, aufgeschlüsselt nach Geschlecht, Gewicht und Körperlänge.

Comparsion between the biometrical data of the predator *Natrix tessellata* and its prey, subdivided in sex, weight and body length.

11,5 g würgte nacheinander sechs leicht angedaute Fische (durchschnittliche Länge: 3,0 cm, darunter vier *Leuciscus leuciscus* und zwei *Gobio gobio*) mit einem Gesamtgewicht von 3,5 g aus. In diesem Fall entspricht das Gewicht der Nahrungstiere einem Anteil von 30,4% am Körpergewicht der Schlange. Der prozentuale Anteil der Gesamtbeutefischmenge am Gewicht der Würfelnatter schwankt für Jungtiere und subadulte Schlangen zwischen 20,0 und 34,5%. Adulte Würfelnattern zeigen, unabhängig vom Geschlecht, einen geringeren prozentualen Anteil der Beutemenge am eigenen Gewicht, der zwischen 4,8 und 23,9% liegt (vergl. Abb. 6 und Tab. 3), mit einem Durchschnittswert von etwa 10,0% des eigenen Körpergewichtes.

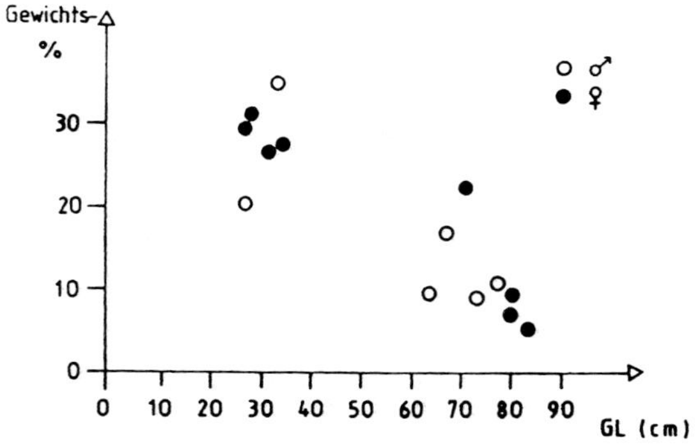

Abb. 6: Prozentualer Anteil der ermittelten Gesamtbeutemenge am Gewicht der jeweiligen Schlange, dargestellt in Abhängigkeit zur Gesamtlänge von *Natrix tessellata*.

Percentage amount of fish prey in relation to the snakes' body length.

Der hohe Nahrungsbedarf junger und subadulter Würfelnattern erklärt sich aus deren ausgeprägter Wachstumsrate, auf die in einer anderen Veröffentlichung genauer eingegangen wird (vergl. auch LENZ 1989).

Korrelationen zum Fortpflanzungsverhalten der Ringelnatter

Während des Untersuchungszeitraums wurden oftmals juvenile und adulte Ringelnattern im Gebiet beobachtet und in die Untersuchung mit einbezogen. Aufgrund der ermittelten biometrischen Daten (Gesamt- und Schwanzlänge) handelte es sich bei den adulten Exemplaren um mindestens sieben verschiedene Tiere und zwar ausschließlich Weibchen, wobei das größte Exemplar eine Gesamtlänge von 142 cm (!) aufwies. Ringelnattern dieser Größe stellen in Mitteleuropa absolute Ausnahmen dar (KABISCH 1974, TRUTNAU 1981).

Die adulten Ringelnattern hielten sich jedoch nur in einem begrenzten Zeitraum vom 9.06. bis 22.08. im Gebiet auf, wobei der Beobachtungsschwerpunkt in die Zeit zwischen dem 20. und 28. Juni fiel. Vor allem am 26. und 27. Juni wurden die adulten Weibchen verstärkt in unmittelbarer Nähe oder auf den als Eiablagesubstrat für die Würfelnattern ausgebrachten Pferdemisthaufen angetroffen, in die sie sich mit dem Kopf voran zur Eiablage eingruben. Dieser Termin stimmt mit Angaben von KABISCH (1974) überein, der für die Eiablage von *Natrix natrix* den Zeitraum von Mitte Juni bis Anfang August angibt. Die Eiablage erfolgte ca. eine Woche früher als bei *Natrix tessellata* (vergl. Abb. 2), wobei jedoch das gleiche Eiablagesubstrat genutzt wurde, weshalb hier von einer Eiablage-Vergesellschaftung zwischen beiden *Natrix*-Arten gesprochen werden kann. Solche Vergesellschaftungen mit *Natrix natrix* sind bisher nur von der Äskulapnatter (*Elaphe longissima*) bekannt (HEIMES 1989). Die zeitlich versetzte Eiablageaktivität beider *Natrix*-Arten kann als Beispiel für eine zeitlich differenzierte ökologische Nischennutzung gedeutet werden, wodurch interspezifische Konkurrenz- und Störungseffekte vermieden werden.

Nach der Eiablage wanderten die adulten Ringelnattern wieder ab und wurden nur noch vereinzelt (insgesamt drei Beobachtungen) im Untersuchungsgebiet angetroffen. Es kann davon ausgegangen werden, daß die weiblichen Ringelnattern das Gebiet gezielt und ausschließlich zur Eiablage in dem o.g. Zeitraum aufsuchten (vergl. auch KABISCH 1974).

Die ersten frisch geschlüpften Ringelnattern verließen am 2. August die Pferdemisthaufen, was einer Inkubationszeit von 35 bis 37 Tagen entspricht. Dies stimmt mit Befunden von ZINKERNAGEL (1938, zitiert nach KABISCH 1974) überein, der für eine Inkubationstemperatur von 28 bis 30 °C, wie sie in den Pferdemisthaufen auftrat, eine Bebrütungsdauer von 30 bis 33 Tagen angibt. Der Schlupftermin von *Natrix natrix* lag circa zwei Wochen vor dem der Würfelnattern (vergl. Abb. 2). Nach dem Schlupf hielten sich die jungen Ringelnattern zum Teil bis zum Beginn der Überwinterung im Untersuchungsgebiet auf. Sie zeigten ähnliche Aktivitätsschwerpunkte wie die Jungtiere von *Natrix tessellata*.

Auch MADSEN (1983) beschreibt für frisch geschlüpfte Ringelnattern ein längeres Verweilen in der näheren Umgebung des Schlupfortes. Die letzte junge *Natrix natrix* wurde am 22.09. beobachtet, ist also auf den gleichen Termin datiert wie die Letztbeobachtung eines Jungtieres von *Natrix tessellata*. Dies entspricht auch in etwa den Angaben von KABISCH (1974), wonach die Winterquartiere von *Natrix natrix* im Zeitraum von Ende September bis Mitte Oktober aufgesucht werden.

Insgesamt wurden an den Eiablageplätzen 103 Exuvien frisch geschlüpfter Ringelnattern festgestellt und mehr als 85 Jungtiere beobachtet.

Ecological aspects od the Dice Snake, *Natrix t. tessellata* (LAURENTI 1768) (Reptilia: Serpentes: Colubridae) in Germany

The Dice Snake, *Natrix t. tessellata* (LAURENTI 1768) is threatened by extinction in Germany. One of the last existing populations an the river Lahn was studied in 1988 under ecological aspects. Details of the annual and diurnal rhythm of activity are given; one can assume an optimal temperature between 20 and 26 °C. The paucity of sightings during the height of summer may well be due to the snakes' aestivation period.

The diet of the Dice Snake constist of four species of fish, of which *Leuciscus leuciscus* is predominant as much as 70%. Predatory strategies are discribed, as well as patterns of the snakes' mobility and dispersion within its habitat at different times of the year.

Schriften

BANNIKOV, A.G. (1969): Zizn zivotnych Bd. IV. Teil 2. - Moskau, 358-359.

BOULENGER, G.A. (1913): The Snakes of Europe. - London.

DÜRIGEN, B. (1897): Deutschlands Amphibien und Reptilien. - Magdeburg (Creutz'sche Buchhandlung), 295-308.

DUMMERMUTH, S. (1977): Pflege und Aufzucht der Würfelnatter (*Natrix t. tessellata*). - Aquaria 24: 43-44.

GEISENHEYNER, L. (1888): Wirbeltierfauna von Kreuznach unter Berücksichtigung des ganzen Nahetales. I. Teil: Fische, Amphibien, Reptilien. - Wiss. Beil. zum Prog. des Kgl. Gymnasiums zu Kreuznach.

GRUSCHWITZ, M. (1978) : Untersuchungen zu Vorkommen und Lebensweise der Würfelnatter (*Natrix t. tessellata*) im Bereich der Flüsse Mosel und Lahn (Rheinland-Pfalz) (Reptilia: Serpentes: Colubridae). - Salamandra 14: 80-89.

- (1981 a): Verbreitung und Bestandssituation der Amphibien und Reptilien in Rheinland-Pfalz. - Naturschutz und Ornithologie in Rheinland-Pfalz 2 (2): 289-390.

- (1981 b): Rote Liste der bestandsgefährdeten Lurche und Kriechtiere in Rheinland-Pfalz. - Beiträge Landespflege Rheinland-Pfalz 8: 138-145.

- (1985): Status und Schutzproblematik der Würfelnatter (*Natrix tessellata* LAURENTI 1768) in der Bundesrepublik Deutschland. - Natur und Landschaft 60: 353-356.

- (1986): Notes on the Ecology of the Dice Snake, *Natrix tessellata* LAUR. in West Germany. - Studies in Herpetology, Rocek Z. (ed.) Prague: 499-502.

GRUSCHWITZ, M., LENZ, S., JES, H. und G. NOGGE (1992): Die Nachzucht der Würfelnatter (*Natrix tessellata* LAURENTI 1768) im Aquarium des Kölner Zoos - Ein Beitrag zum Artenschutz. - Zeitschrift des Kölner Zoos 3: 117-125.

HECHT, G. (1930): Systematik, Ausbreitungsgeschichte und Ökologie der europäischen Arten der Gattung *Tropidonotus* (KUHL) H. Boie. - Mitt. aus d. Zool.Museum Berlin 16: 244-393.

HEIMES, P. (1989): Untersuchungen zur Ökologie der Äskulapnatter, *Elaphe longissima* (LAURENTI 1768) im Rheingautaunus. - Deutmekke, 72 S. (unpubl.).

HOMBROEK, O.M. (1964): Reptilien van Europa, III. *Natrix tessellata* (LAURENTI). - Lacerta 22: 31-32.

KABISCH, K. (1966): Zur Lebensweise der Würfelnatter, *Natrix tessellata* (LAURENTI) in Bulgarien. - Zool. Abh. Staatl. Mus. Tierkde Dresden: 273-276.

- (1974): Die Ringelnatter, *Natrix natrix* (L.). - Wittenberg-Lutherstadt (Verlag A. Ziemsen), 88 S.

LANKA, V. (1975, ausgegeben 1978): Variabilität und Biologie der Würfelnatter (*Natrix tessellata*). - Acta Universitatis Carolinae Biologica 1975-76: 106-207.

LENZ, S. (1989): Untersuchungen zur Biologie und Populationsökologie der Würfelnatter, *Natrix tessellata* (LAURENTI 1768) in der Bundesrepublik Deutschland (Reptilia: Serpentes: Colubridae). - Diplomarbeit Univ. Bonn, 185 S.

LUTTENBERGER, F. (1978): Die Schlangen Österreichs. - Wien (Facultas-Verlag), 67 S.

MADSEN, T. (1983): Growth rates, maturation and sex dimorphism in a population of grass snakes, *Natrix natrix*, in southern Sweden. - Oikos 40: 277-282.

MAITLAND, P.S. (1977): Der Kosmos Fischführer. - Stuttgart (Frank'sche Buchhandlung), 255 S.

MÜLLER, H. (1983): Fische Europas. - Leipzig, Radebeul (Neumann Verlag), 320 S.

MUGGIASCA, F. und E. GANDOLLA (1976): I rettili del Ticino. - Canobbio-Lugano, 135-142.

MUUS, B. J. (1981): BLV-Bestimmungsbuch Süßwasserfische Europas. - München, Wien, Zürich (BLV), 224 S.

SCHWEIZER, H. (1962): Beitrag zur Kenntnis der schwarzen Würfelnatter am Luganer See. - Aquar. und Terrar.-Z. 15: 47-50.

STEWARD, J.W. (1958): The Dice Snake in captivity. - British Journal of Herpetology 2: 122-125.

STREET, D. (1979): Reptiles of northern and central Europe. - London (Batsford Ltd.), 286 S.

TRUTNAU, L. (1981): Schlangen im Terrarium: Haltung, Pflege und Zucht Bd. I: Ungiftige Schlangen. - Stuttgart (Ulmer-Verlag), 200 S.

WOLK, L.-P. (1984): Beobachtungen zur Nachzucht der Würfelnatter (*Natrix tessellata*) im Zimmerterrarium. - Elaphe 3: 44-45.

Verfasser

Dipl.-Biol. Sigrid Lenz, Hochstr. 141, D-56070 Koblenz;
Dr. Michael Gruschwitz, Heidebergenstr. 25, D-53229 Bonn.

Zur Populationsökologie der Würfelnatter, *Natrix t. tessellata* (LAURENTI 1768) in Deutschland (Reptilia: Serpentes: Colubridae)

SIGRID LENZ & MICHAEL GRUSCHWITZ

Key words: Serpentes, Colubridae, *Natrix tessellata*, age-structure, population-density, sex-relation, species conservation program

Einleitung

Freilandökologische Untersuchungen an Tierpopulationen sind grundlegende und unverzichtbare Bestandteile von Schutzprojekten für bestandsbedrohte Tierarten. Sie können sowohl Aufschluß über die aktuelle Bestandssituation geben als auch - bei kontinuierlicher Wiederholung - Entwicklungstrends oder Gefährdungspotentiale aufzeigen. Ihre Realisierung ist jedoch - gerade bei Reptilienpopulationen - vielfach problematisch, da der erfaßbare Individuenbestand zu gering oder die räumliche Abgrenzung der Population nicht überschaubar genug ist, um statistisch relevantes Datenmaterial einzubringen.

Im Falle der vom Aussterben bedrohten Würfelnatter, *Natrix tessellata* (LAURENTI 1768) (Abb. 1) boten sich jedoch günstige Voraussetzungen für eine derartige Untersuchung an einer isolierten, räumlich klar abgrenzbaren und überschaubaren Population an der Lahn in Rheinland-Pfalz. Die Würfelnatter besiedelt hier einen 1,5 km langen Flußabschnitt einschließlich der Uferbereiche, der seit 1984 als Naturschutzgebiet zum Schutze der Würfelnatter ausgewiesen ist. Das Gebiet umfaßt ein Stauwehr mit Flachwasserzonen, Schotterflächen und einer Geschiebeinsel im Unterwasserbereich sowie einen in Insellage zwischen Flußlauf und einem Schleusenkanal aufgeschütteten Damm. Auf eine genaue Standortnennung wird aus Schutzgründen verzichtet.

Das Gebiet repräsentiert einen der letzten drei Standorte mit Vorkommen der Würfelnatter in Deutschland, weshalb die dortige Population im Rahmen eines Artenschutzprojektes »Würfelnatter« in den Jahren 1980 und 1981 erstmals (GRUSCHWITZ 1978, 1981, 1985, 1986) und - nach zwischenzeitlich eingeleiteten Schutzmaßnahmen - in den Jahren 1988 und 1989 erneut detailliert und umfassend untersucht wurde (LENZ 1989).

Über die synökologischen Aspekte dieser letztgenannten Untersuchung soll nachfolgend berichtet werden, wobei Fragen der Populationsgröße, der Altersstruktur, des Geschlechterverhältnisses und des Jungtieranteiles im Mittelpunkt stehen. Bei der Bewertung wird auf die Daten der erstgenannten Untersuchung 1980/81 vergleichend zurückgegriffen.

Abb. 1: *Natrix tessellata*, adultes Exemplar der Lahnpopulation.

Natrix tessellata, adult specimen from the river Lahn.

Methoden der Bestandserfassung und -bewertung

Die Freilanduntersuchungen wurden von Mitte April bis Mitte Oktober 1988 durchgeführt und umfassten insgesamt Kontrollgänge an 103 Tagen.

Zur Ermittlung der Populationsgröße kamen verschiedene Bewertungsverfahren zur Anwendung, die auf einer Hochrechnung aus dem Verhältnis von gefangenen zu wiedergefangenen Tieren beruhen (»Capture-Recapture«-Methoden, vergl. MÜHLENBERG 1976, SOUTHWOOD 1978).

Im Falle der Würfelnatter-Population boten sich folgende 3 Methoden an:

1. LINCOLN-Index

Es handelt sich um ein unspezifisches Berechnungsverfahren, das von einer geschlossenen Population ausgeht, d.h. keine Individuengewinne und -verluste berücksichtigt (MÜHLENBERG 1976, SOUTHWOOD 1978). Die Berechnung erfolgt für zwei zeitlich voneinander getrennte Stichproben, also einen Markierungs- und einen Wiederfang. Durch diese starke Vereinfachung können die Ergebnisse nur orientierenden Charakter haben.

$$P = \frac{a * n}{r}$$

mit: P = geschätzte Populationsgröße

a = Anzahl der bis Ende des jeweiligen Monats insgesamt gefangenen individuell verschiedenen Tiere

n = Gesamtzahl der gefangenen Tiere innerhalb des Monats

r = Anzahl der Wiederfänge innerhalb des Monats

2. JOLLY-SEBER-Methode

Diese Berechnungsmethode berücksichtigt auch Individuenverluste und -gewinne und kann nach SOUTHWOOD (1978) zur Anwendung kommen, wenn mehr als 9% der Gesamtpopulation gefangen und eine größere Anzahl von Individuen über einen längeren Zeitraum mehrfach wiedergefangen wurde, was auf die untersuchte Würfelnatter-Population zutrifft. Andererseits können Wiederfangraten über 50% zu Berechnungsfehlern und nach SOUTHWOOD (1978) meist zu niedrigeren Einschätzungen der Populationsgröße führen.

$$P_i = \frac{M_i * n_i}{r_i}$$

mit: P_i = geschätzte Populationsgröße im Monat i
M_i = geschätzte Anzahl aller in der Population markierten Tiere im Monat i
n_i = Gesamtzahl der im Monat i gefangenen Tiere
r_i = Anzahl der Wiederfänge innerhalb des Monats

$$M_i = \frac{a_i * Z_i}{R_i} + r_i$$

$$P_i = \left(\frac{a_i * Z_i}{R_i} + r_i\right) \frac{n_i}{r_i}$$

a_i = Gesamtzahl der im Monat i freigelassenen Tiere (entspricht ni)
Z_i = Summe aller Tiere, die vor dem Monat i erstmals gefangen und nach dem Monat i wiedergefangen wurden
R_i = Summe aller Tiere aus ai, die nach dem Monat i nochmals gefangen wurden

3. Methode nach SCHNABEL

Diese Berechnungsmethode wurde 1938 von SCHNABEL (zitiert nach LANKA 1975, ausgegeben 1978) zur Schätzung der Populationsgrößen von Fischen entwickelt.

$$P = \frac{\Sigma AB}{\Sigma C}$$

mit: A = Gesamtzahl der an einem Tag gefangenen Tiere
B = Anzahl der bis zu diesem Tag individuell verschiedenen erfaßten Tiere
C = Anzahl der Wiederfänge an diesem Tag
AB = Produkt aus A und B für diesen Tag
ΣAB = Summe aller AB bis zu diesem Tag
ΣC = Summe aller Wiederfänge bis zu diesem Tag
P = Geschätzte Populationsgröße zum jeweiligen Datum

Zur statistischen Absicherung des geschätzten Wertes P wird das Konfidenzintervall N-N bestimmt, das mit einer Wahrscheinlichkeit von 95% den Erwartungswert überdeckt (SCHWEIZER 1977).

$$\underline{N} = \frac{\Sigma\,AB}{\Sigma\,C+s}$$

$$\overline{N} = \frac{\Sigma\,AB}{\Sigma\,C-s}$$

mit: $s = \sqrt{\Sigma C}$

$\overline{N}$-$\underline{N}$ = Konfidenzintervall, das mit 95%iger Wahrscheinlichkeit den Erwartungswert überdeckt

$\underline{N}$ = untere Grenze des Konfidenzintervalls

$\overline{N}$ = obere Grenze des Konfidenzintervalls

Der Wert P und das Konfidenzintervall wurden für jeden Fangtag berechnet. Die Methode beruht auf der Grundgleichung des LINCOLN-Index, beinhaltet jedoch durch den Faktor AB ein stabilisierendes Element, welches Schwankungen der zu berechnenden Größe P auffängt.

Aussagen zur Altersstruktur bzw. Altersdetermination basieren auf Messungen der Körperlänge untersuchter Tiere. Dabei wurden die Tiere bestimmten Längenklassen in 10 cm-Intervallen zwischen 10 cm und 100 cm zugeordnet (LANKA 1975, ausgegeben 1978, GRUSCHWITZ 1985). Aufgrund der ermittelten Wachstumsdaten (LENZ 1989) in Verbindung mit Literaturangaben zur Geschlechtsreife (HOMBROEK 1964) ist davon auszugehen, daß die Längenklassen von 20-30 cm, 30-40 cm und 40-50 cm in etwa dem 1., 2. und 3. Lebensjahr entsprechen. Als frisch geschlüpfte, d.h. diesjährige Jungtiere wurden Würfelnattern mit Gesamtlängen zwischen 21 und 25 cm gewertet (LENZ 1989).

Hinsichtlich der Geschlechterverteilung erfolgte die Differenzierung entweder mit Hilfe der bei Reptilien vielfach angewandten Sondenmethode durch caudales Einführen einer medizinischen Knopfsonde in die Kloake (HONEGGER 1978) oder durch Auszählen der paarigen Subcaudalia, deren unterschiedliche Anzahl ohne Überschneidungsbereich bei *Natrix tessellata* eine sichere Geschlechtertrennung erlaubt (FUHN und VANCEA 1961, LENZ 1989).

Ergebnisse

Ermittlung der Populationsgröße

Im Untersuchungszeitraum konnten 298 Würfelnatter-Beobachtungen registriert und 248-mal Tiere zu Einzeluntersuchungen kurzfristig gefangen werden. Unter Berücksichtigung der zum Teil mehrfachen Wiederfänge (siehe unten) resultiert daraus ein Bestand von 123 verschiedenen Individuen. Dabei lag die Wiederfangrate bei 57,5%, d.h. 71 der insgesamt 123 gefangenen Tiere wurden ein- oder mehrmals wiedergefangen, davon 49 Exemplare einmal und 10 Tiere zweimal. Sechs und mehr Registrierungen traten nur bei insgesamt sechs Würfelnattern auf, den Höchstwert von insgesamt zehn Fängen erreichte ein adultes Männchen (vergl. Tab. 1).

Wichtig für die Beurteilung der Populationsberechnungen ist neben der hohen Zahl von Wiederfängen auch, daß diese verstärkt in der 2. Hälfte des Untersuchungszeitraumes ab Anfang Juli erfolgten. Allerdings berücksichtigt nur eine der angewandten Methoden (JOLLY-SEBER-Methode) die zeitlichen Abstände zwischen den Wiederfängen; diese schwankten zwischen 2 Tagen und 4 Monaten.

Anzahl der Wiederfänge	n	%
1	49	39.8
2	10	8.1
3	3	2.4
4	3	2.4
5	2	1.6
6	1	0.8
7	2	1.6
8	-	-
9	-	-
10	1	0.6
	71	57.5

Tab. 1: Wiederfanghäufigkeit von *Natrix tessellata* der Lahnpopulation im Untersuchungszeitraum 1988. Recapture rate of *Natrix tessellata* in the population of the river Lahn in 1988.

Die Ergebnisse der drei im Methodenteil beschriebenen Berechnungsmethoden stellen sich im einzelnen wie folgt dar:

Die nach dem LINCOLN-Index ermittelten Bestandszahlen schwanken zwischen 132,8 (± 7,2) im September und dem Maximalwert von 203,0 (± 18,6) Tieren im August. Die Schwankungen spiegeln indirekt die Anzahl der untersuchten Tiere des jeweiligen Monats wieder; diese lag im August, bedingt durch das erste Auftreten von Jungtieren, hoch und nahm im September u.a. durch das Aufsuchen der Winterquartiere deutlich ab (vergl. Tab. 2).

Monat	a	n	r	P	s
Mai	35	44	3	-	-
Juni	66	45	18	166.0	30.1
Juli	85	48	30	136.0	15.2
August	118	86	50	203.0	18.6
September	123	27	25	132.8	7.2

Tab. 2: Bestandsdichte der Würfelnatterpopulation an der Lahn in den einzelnen Untersuchungsmonaten 1988, berechnet mit Hilfe des LINCOLN-Index.
Legende: a = Anzahl der zum Ende jeden Monats gefangenen verschiedenen Tiere
n = Gesamtzahl der gefangenen Tiere innerhalb eines Monats
r = Anzahl der Wiederfänge innerhalb des jeweiligen Monats
P = geschätzte Populationsgröße
s = Standardabweichung
Population density of Dice Snake population at the river Lahn in 1988, calculated monthly with the LINCOLN-Index.

Monat	ai	Zi	Ri	ri	P
Mai	39	-	16	4	-
Juni	40	12	33	10	98.2
Juli	58	35	36	45	130.7
August	64	26	39	39	134.0
September	44	26	9	34	(208.4)

Tab. 3: Bestandsdichte der Würfelnatterpopulation an der Lahn in den einzelnen Untersuchungsmonaten 1988, berechnet mit Hilfe der JOLLY-SEBER-Methode.

Legende:
a_i = Gesamtzahl der im Monat i gefangenen Tiere
Z_i = Summe aller Tiere, die vor dem Monat i erstmals gefangen und nach dem Monat i wiedergefangen wurden
R_i = Summe aller Tiere aus a_i, die nach dem Monat i nochmals gefangen wurden
r_i = Zahl der Wiederfänge im Monat i
P_i = geschätzte Populationsgröße im Monat i

Population density of the Dice Snake population at the river Lahn in 1988, calculated monthly with the JOLLY-SEBER-method.

Als zweites Verfahren fand die JOLLY-SEBER-Methode Anwendung. Die aufgrund dieser Berechnungen ermittelten Werte (vergl. Tab. 3) liegen niedriger als die nach dem LINCOLN-Index zu erwartende Dichte. Im Jahresverlauf zeigen die Befunde der JOLLY-SEBER-Methode einen Anstieg von 98,2 Exemplaren über 130,7 und 134,0 auf 208,4 Individuen (vergl. Tab. 3), wobei die für September berechnete Höchstzahl aufgrund des geringen Datenmaterials als ungenau angesehen werden muß.

Im Gegensatz dazu stehen die nach der Methode von SCHNABEL (1938, zitiert nach LANKA 1975, ausgegeben 1978) bestimmten Populationsgrößen. Tab. 4 zeigt einen Ausschnitt aus der für jeden Tag berechneten Werte-Liste. Die Werte lassen nach einer langen Anlaufphase (bis Anfang Juli), bedingt durch die geringe Zahl von Wiederfängen, nur noch geringe Schwankungen im Jahresverlauf erkennen. Die Konfidenzintervalle streuen zu Beginn des Berechnungszeitraumes breit, verkleinern sich aber im Laufe der Monate, was eine größere Genauigkeit der Berechnung kennzeichnet. In Tab. 5 werden aus den einzelnen Tagesergebnissen Mittelwerte für die jeweiligen Monate berechnet. Diese liegen für die Monate Juli bis Oktober zwischen 139,6 (August) und 151,2 (September). Der gegenüber den oben angeführten Methoden niedrigere Wert für den Monat August erklärt sich zum einen durch die hohe Wiederfangquote in der ersten Monatshälfte und zum anderen durch die Eigenart dieser Berechnungsmethode, Schwankungen der Populationsgröße (z.B. hier: Schlupf der Jungtiere) teilweise zu kompensieren.

Faßt man die Ergebnisse aller Berechnungsmethoden zusammen, so kann für den Untersuchungszeitraum 1988 von einem Individuenbestand der Würfelnattern zwischen 130 und 150 bis max. 200 Tieren ausgegangen werden. Stellt man die durchschnittlichen

Datum	B	ΣC	P	N(min) - N(max)
29.07.88	85	51	135.1	105.7 - 196.4
01.08.88	85	54	133.9	105.4 - 183.5
04.08.88	86	57	132.9	105.2 - 180.3
06.08.88	87	60	132.0	105.1 - 177.6
09.08.88	88	61	131.3	104.6 - 176.4
10.08.88	88	63	132.7	106.1 - 177.1
12.08.88	90	67	132.9	106.9 - 175.9
15.08.88	92	71	131.8	106.6 - 172.7
16.08.88	93	73	134.6	109.2 - 175.5
17.08.88	98	76	139.4	113.4 - 180.8
18.08.88	101	81	140.1	115.2 - 180.9
19.08.88	104	83	142.4	116.8 - 182.4
22.08.88	106	86	142.3	117.0 - 181.6
23.08.88	107	87	144.4	118.9 - 183.7
28.08.88	110	92	147.3	121.9 - 186.1
29.08.88	113	94	150.2	124.5 - 189.2
30.08.88	116	96	151.9	126.1 - 190.8
31.08.88	118	101	153.7	128.2 - 191.9
01.09.88	121	103	154.2	128.7 - 192.3
05.09.88	122	105	153.6	128.4 - 191.1
06.09.88	122	110	153.3	128.7 - 189.5
07.09.99	123	113	152.5	128.4 - 187.7
08.09.88	123	116	151.7	127.9 - 186.4
10.09.88	123	118	151.2	127.7 - 185.5
12.09.88	123	120	150.8	127.4 - 184.6

Tab. 4: Auszug aus der auf täglichen Berechnungen beruhenden Werteliste zur Bestandsdichte für die Würfelnatterpopulation an der Lahn, erstellt mit Hilfe der SCHNABEL-Methode.

B = Anzahl der bis zu diesem Tag individuell verschiedenen erfaßten Tiere
ΣC = Summe der Wiederfänge bis zu diesem Tag
P = geschätzte Populationsgröße zum jeweiligen Datum
N(min)-N(max) = Konfidenzintervall, das mit einer Wahrscheinlichkeit von 95% den Erwartungswert überdeckt

Excerpt of the daily data list for the calculated population density of *Natrix tessellata* at the river Lahn, based on the SCHNABEL-Methode.

Tab. 5: Monatliche Durchschnittswerte für die Bestandsdichte der Würfelnatter-Population an der Lahn, berechnet mit der SCHNABEL-Methode.

P = geschätzte Populationsgröße im jeweiligen Monat;
N(min)-N(max) = Grenzen des Konfidenzintervalls

Monthly average for the population density of *Natrix tessellata* at the river Lahn, calculated with the SCHNABEL-method.

Monat	P	N(min) - N(max)
Juni	-	-
Juli	150.3	109.9 - 217.0
August	139.6	113.6 - 181.6
September	151.2	127.8 - 186.2
Oktober	149.2	126.8 - 181.4

Populationsgrößen von 159 Tieren (nach LINCOLN-Index) bzw. 142,8 (JOLLY-SEBER-Methode) bzw. 145,4 (SCHNABEL-Methode) den Befunden der Grundlagenuntersuchung von 1980 mit 151,2 bzw. 104 bzw. 107 Tieren gegenüber (vergl. Tab. 6), so zeigt sich, daß trotz der zwischenzeitlich durchgeführten Schutz- und populationsstützenden Maßnahmen keine deutliche Zunahme der Bestandsdichte zu verzeichnen ist. Dies gilt vor allem, wenn man die Populationsgröße ohne die im Untersuchungsjahr geschlüpften Jungtiere berechnet und zum Vergleich heranzieht. Dabei ergibt sich ein Individuenbestand von 100 bis 134 Tieren (JOLLY-SEBER-Methode) und 125,6 Tieren (SCHNABEL-Methode, Konfidenzintervall 103 bis 160,9).

Jahr	SCHNABEL-Methode	LINCOLN-Index	JOLLY-SEBER-Methode
1980	107	151	104
1988	145	159	143

Tab. 6: Vergleichende Gegenüberstellung der Bestandszahlen für die Würfelnatterpopulation an der Lahn, errechnet mit verschiedenen Verfahren der Fang-Wiederfang-Methodik.

Comparsion of the populations density for *Natrix tessellata* at the river Lahn, calculated with different »capture-recapture-methods«.

Grundsätzlich läßt sich zu den angewandten Berechnungsmethoden feststellen, daß die SCHNABEL-Methode nach eigener Einschätzung die realistischsten Ergebnisse lieferte, die zwar zum Teil unter den mit Hilfe der anderen beiden Methoden ermittelten Werten liegen, dafür aber ein einheitliches Bild ohne große, kurzfristige Schwankungen bieten. Die Methode nach JOLLY und SEBER, aber vor allem der LINCOLN-Index sind gängige Verfahren in der Populationsökologie, scheinen aber für diese spezielle Problemstellung nicht so gut geeignet zu sein, sondern finden eher bei größeren Populationsdichten eine Anwendung (SOUTHWOOD 1978). Allerdings zeigen alle Berechnungsverfahren ein fast einheitliches Bild für die durchschnittliche Populationsgröße, errechnet als Durchschnittswert der Ergebnisse pro Monat, so daß im Grunde keine der Methoden als mehr oder weniger ungeeignet dargestellt werden kann.

Angaben zur Populationsdichte von *Natrix tessellata* in Korrelation zur Gebietsgröße gibt nur LANKA (1975, ausgegeben 1978) für ein tschechisches Vorkommen. Er berechnete nach der SCHNABEL-Methode für einen 300 m langen Flußabschnitt an der Berounka eine Bestandsdichte von 144 Individuen und für einen 1500 m umfassenden Bereich des gleichen Flusses eine Populationsgröße von 720 Würfelnattern. Da das Kerngebiet des Würfelnatter-Vorkommens an der Lahn ebenfalls einen Flußabschnitt von circa 300 m umfaßt, sind die Befunde in etwa vergleichbar. Erstaunlich ist, daß die Individuenzahlen hier fast exakt übereinstimmen. Dies bestätigt und bekräftigt die Annahme, daß durch die Konstanz der Populationsgrößen von 1980 bis 1988 eine maximale Auslastung der räumlichen Kapazitäten und Ressourcen des Gebietes zum Ausdruck kommt. Zudem existieren in der Umgebung des Vorkommens keine anderen für *Natrix tessellata* erreichbaren Optimalhabitate mit vergleichbar günstigen Strukturen bzw. Voraussetzungen. Es ist anzunehmen, daß die verfügbaren Ressourcen und Raumkapazitäten in Verbindung mit der isolierten Standortlage eine höhere Populationsdichte nicht zulassen.

Altersstruktur (Ätilität) und Jungtier-Anteil

Die Summe aller Entwicklungs- und Altersstufen einer Population wird nach SCHWERDTFEGER (1968) als deren Ätilität oder Altersstruktur bezeichnet. Wie im Methodenteil aufgezeigt, erfolgte die Beschreibung der Altersstufen über eine Einteilung und Zuordnung der untersuchten Schlangen nach Längenklassen. Die Ergebnisse sind in Abb. 2 wiedergegeben und werden den im gleichen Untersuchungsgebiet 1980 erhobenen Daten (GRUSCHWITZ 1985) vergleichend gegenübergestellt.

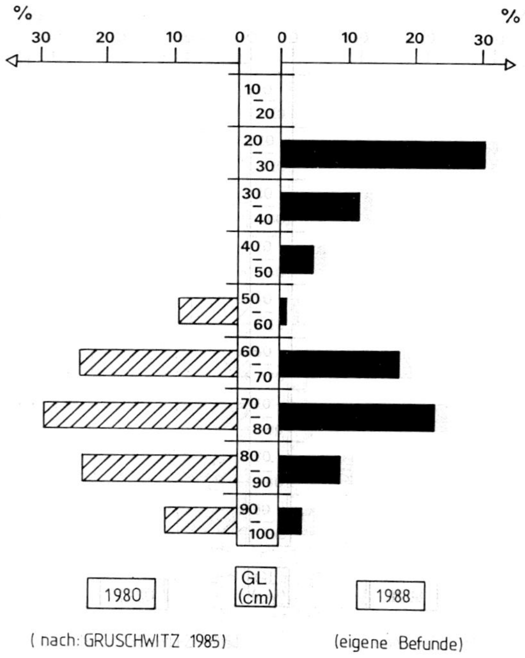

Abb. 2: Gegenüberstellung der anhand von Längenklassen ermittelten Altersstruktur für die Würfelnattern der Lahnpopulation mit Befunden aus dem Jahr 1980 (GRUSCHWITZ 1985).

Age structure of the Dice Snake population from the river Lahn in 1980 (left part GRUSCHWITZ 1985) and 1988 (right part), figured as classification in body length classes.

Die Mehrzahl der untersuchten Würfelnattern läßt sich der Längenklasse von 20 bis 30 cm zuordnen, die einen Anteil von 30,1% repräsentiert (= 37 Tiere). 14 Exemplare (= 11,4%) gehören der Klasse von 30 bis 40 cm an, für 6 Schlangen wurde eine Gesamtlänge zwischen 40 und 50 cm gemessen (4,9%). In der Klasse von 50 bis 60 cm wurde nur ein Tier im Gebiet registriert. Eine Gesamtlänge zwischen 60 und 70 cm erreichten 22 der untersuchten Würfelnattern, was einem Anteil von 17,8% entspricht. Zu dieser Größenklasse gehörten mit hoher Wahrscheinlichkeit auch die 1983/84 nachgezüchteten und ausgesetzten Würfelnattern (GRUSCHWITZ et al. 1992). Die Klasse von 70 bis 80 cm hat mit 22,8% den zweithöchsten Individuenanteil. Längen zwischen 80 und 90 cm bzw. mehr als 90 cm zeigten 11 (= 8,9%) bzw. 4 (= 3,2%) der untersuchten Individuen.

Die Befunde der Grundlagenuntersuchung 1980 (GRUSCHWITZ 1985) zeigten ein von der aktuellen, oben dargestellten Altersstruktur stark abweichendes Bild: in den Längenklassen zwischen 20 und 50 cm wurden keine Tiere gefunden; die Klasse von 50 bis 60 cm zeigte einen Anteil von 8,9%. Es dominierten Tiere aus den Längenklassen von 60 bis 70 cm und von 70 bis 80 cm, die jeweils mit 28,6% vertreten waren. Gesamtlängen zwischen 80 und 90 cm zeigten 23,3%, der höchsten Klasse konnten 10,7% der Individuen zugeordnet werden (vergl. Tab. 7).

Im Unterschied zur Populationsgröße zeigt die Populationsstruktur hier deutliche Verbesserungen gegenüber den Befunden der Untersuchung von 1980. Positiv zu bewerten ist vor allem der ermittelte Jungtieranteil von über 30%, der dem Regelfall einer intakten Population entspricht. Diesbezüglich sei auch auf die Altersstruktur-Analyse einer tschechischen Population von LANKA (1975, ausgegeben 1978) verwiesen, der einen

Länge (cm)	n	%	1980 (%) GRUSCHWITZ	(%) LANKA (1975)
20 - 30	37	30.1	0	33.8
30 - 40	14	11.4	0	1.0
40 - 50	6	4.9	0	6.9
50 - 60	1	0.8	6.9	11.8
60 - 70	22	17.9	28.6	19.8
70 - 80	28	22.8	23.2	11.8
80 - 90	11	8.9	28.6	10.9
90 -100	4	3.2	10.7	4.0

Tab. 7: Häufigkeitsverteilung von *Natrix tessellata* der Lahnpopulation auf verschiedene Längenklassen 1988, ergänzt durch an der gleichen Population ermittelte Werte von GRUSCHWITZ (1985) und Befunde von LANKA (1975, ausgegeben 1978) an einer tschechischen Population.

Frequency of *Natrix tessellata* from the Lahn-population in different body length classes, supplemented with results from GRUSCHWITZ (1985) in the same population and from LANKA (1975, ausgegeben 1978) in a Czech population.

Jungtieranteil von 34% ermittelte (vergl. Tab. 7). In der Grundlagenuntersuchung 1980 konnten keine subadulten Schlangen (Größenklassen bis 50 cm) festgestellt werden, während diese Größenklassen 1988 einen Anteil von 46,4% an der Gesamtpopulation repräsentierten. Diese populationsökologisch hoch zu bewertende Verbesserung kann auf die verschiedenartigen zwischenzeitlich durchgeführten populationsstützenden und biotopverbessernden Maßnahmen, vor allem die Nachzuchtaktion und die Anlage von Eiablageplätzen, zurückgeführt werden (GRUSCHWITZ et al. 1992).

Bei genauer Analyse der Altersstruktur innerhalb der subadulten Tiere fällt auf, daß die Anzahl der Würfelnattern im 1., 2. und 3. Lebensjahr konstant abnimmt (von 30,1% über 11,4% auf 4,9%). Dies ist auf die höhere natürliche Mortalitätsrate innerhalb der Jungtiere zurückzuführen, die sich mit zunehmendem Alter verringert, wie u.a. von MOSER (1988) für eine Kreuzotter-Population (*Vipera berus*) belegt werden konnte.

Der Anteil der Jungtiere an der Gesamtpopulation ist unter fortpflanzungsbiologischen und populationsökologischen Aspekten besonders wichtig und interessant. Setzt man die 31 im Jahr 1988 untersuchten frisch geschlüpften Jungtiere in Relation zur Gesamtpopulation, so ergibt sich ein Jungtier-Anteil von 25,2%. Da für Jungtiere viele Wiederfänge vorliegen, kann eine gesonderte Schätzung der Bestandsdichte (nach SCHNABEL, s. Kap. Methode) durchgeführt werden. Die geschätzte Populationsgröße liegt bei circa 45 Tieren (Konfidenzintervall: 30,7 bis 83,7) (vergl. Tab. 8). Es sei hier nochmals darauf hingewiesen, daß im Gegensatz zu den vorgenannten Befunden bei der Grundlagenuntersuchung 1980 an der gleichen Population überhaupt keine Jungtiere nachgewiesen werden konnten.

Datum	B	ΣC	P	N(min) - N(max)
31.08.88	26	11	45.5	28.4 - 113.6
01.09.88	28	12	48.7	30.7 - 116.8
06.09.88	30	15	46.9	30.9 - 97.8
08.09.88	31	17	45.1	30.4 - 87.0
10.09.88	31	18	44.3	30.1 - 83.7

Tab. 8: Auszug aus der Werteliste der täglichen Berechnungen zur Bestandsgröße des Jungtieranteils von *Natrix tessellata* der Lahnpopulation mit Hilfe der SCHNABEL-Methode.

Legende: B = Anzahl der bis zu diesem Tag individuell verschiedenen erfaßten Tiere
ΣC = Summe der Wiederfänge bis zu diesem Tag
P = geschätzte Populationsgröße zum jeweiligen Datum
N(min)-N(max) = Konfidenzintervall, das mit einer Wahrscheinlichkeit von 95% den Erwartungswert deckt

Excerpt of the daily data list for the population density of *Natrix tessellata*-hatchlings at the river Lahn, calculated with the SCHNABEL-method.

Tab. 9: Geschlechteranteile von *Natrix tessellata* der Lahnpopulation, differenziert nach Längenklassen.

Sex-ratio in the Dice-Snake-population of the river Lahn, distincted in body length classes.

Länge (cm)	♂♂	♀♀	♂♂ : ♀♀
20 - 30	13	18	1 : 1.4
30 - 40	4	10	1 : 2.5
40 - 50	1	5	1 : 5.0
50 - 60	1	0	-
60 - 70	14	8	1 : 0.6
70 - 80	13	15	1 : 1.2
80 - 90	1	10	1 : 10.0
90 - 100	0	4	-
	47	70	1 : 1.5

Geschlechterverhältnis

In der untersuchten Population von *Natrix tessellata* an der Lahn standen Ende 1988, abzüglich von sechs nicht geschlechtsdeterminierten Tieren, 47 untersuchte Männchen 70 weiblichen Tieren gegenüber. Dies entspricht einem Geschlechterverhältnis von Männchen zu Weibchen wie 1 : 1,5 (vergl. Tab. 9 und Abb. 3). Das in etwa ausgeglichene Geschlechterverhältnis innerhalb der Gesamtpopulation spiegelt sich auch bei den 1988 geschlüpften Jungtieren wider (1 : 1.4, vergl. Tab. 9, Längenklasse 20 bis 30 cm). Daher ist zu vermuten, daß ein geringfügiges Dominieren des weiblichen Geschlechtes charakteristisch für Würfelnatter-Populationen ist. Vergleichswerte aus der Literatur liegen nicht vor. Stellt man die Befunde von 1980, die ein Geschlechterverhältnis von 1 : 3 (28% = Männchen; 72% = Weibchen) erbrachten, den oben genannten Ergebnissen gegenüber, so wird auch unter diesem Gesichtspunkt eine deutliche Verbesserung der Populationsstruktur deutlich.

Vergleicht man das ermittelte Geschlechterverhältnis der Gesamtpopulation mit den einzelnen Längen- und Altersklassen (vergl. Tab. 9, Abb. 3), so zeigen sich zum Teil Unterschiede: In den Längenklassen zwischen 30 und 50 cm vermindert sich der Anteil der männlichen Tiere zunehmend mit 1 : 2,5 (Gesamtlänge 30 bis 40 cm) und 1 : 5 (Gesamtlänge 40 bis 50 cm), was zum einen auf die geschlechtsspezifisch unterschiedlichen Wachstumsintensitäten zurückzuführen ist. Dies hat zur Folge, daß weibliche Tiere gleichen Alters eher die Grenzen der Längenklassen überschreiten als vergleichbar alte männliche Tiere (vergl. LENZ 1989). Zum anderen kann auch ein vagabundierendes Verhalten der subadulten Männchen mit Migrationen außerhalb des Gebietes vermutet werden, wie es von KABISCH (1974) für die Ringelnatter (*Natrix natrix*) beschrieben wurde. Ein entgegengesetztes Bild mit einem Geschlechterverhältnis von Männchen : Weibchen mit 1 : 0,6 zeigt sich bei Tieren mit Körperlängen zwischen 60 und 70 cm, was ebenfalls auf die unterschiedlichen Wachstumsintensitäten zurückzuführen ist. Der fast vollständige Ausfall der Reproduktion im Jahr 1983/84, bedingt durch extrem hohe Wasserstände während der Aktivitätsperiode, zeigt sich im Fehlen der Männchen in der Längenklasse von 50 bis 60 cm und gleichzeitig in einer deutlichen Unterzahl der

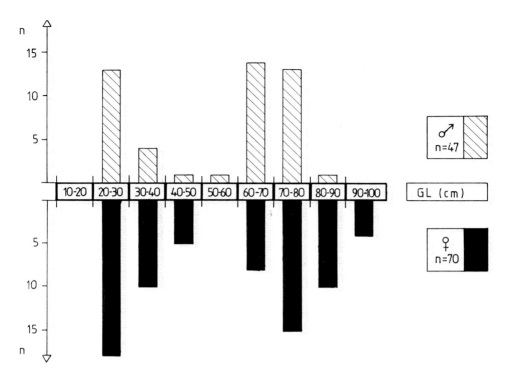

Abb. 3: Verteilung der männlichen und weiblichen Würfelnattern der Lahnpopulation auf die einzelnen Längenklassen.
Distribution of male and female Dice Snakes from river Lahn in different body length classes.

Weibchen in der nächst höheren Klasse (60 bis 70 cm). Unter den Tieren mit über 80 cm Gesamtlänge sind fast ausschließlich Weibchen zu finden, da diese im allgemeinen eine höhere Gesamtlänge als Männchen erreichen. Das Geschlechterverhältnis liegt hier bei 1 : 14 zugunsten der weiblichen Tiere.

Mit Hilfe der SCHNABEL-Methode läßt sich die nominelle Gesamtzahl der männlichen und weiblichen Würfelnattern getrennt hochrechnen. Für Männchen ergibt sich ein Bestand von durchschnittlich 70,2 Individuen (Konfidenzintervall 56,3 - 84,7) und für Weibchen ein Wert von 93,4 Tieren (74,5 bis 102,4) für 1988.

Zusammenfassende Bewertung

Faßt man die dargestellten Befunde der Populationsstudie des Jahres 1988 zusammen und vergleicht sie mit den Ergebnissen der vorangegangenen Untersuchung des Jahres 1980, so zeigt sich, daß:
- der Gesamtbestand von *Natrix tessellata* (Populationsgröße) annähernd gleich geblieben ist und trotz zwischenzeitlich durchgeführter Schutzmaßnahmen nicht wesentlich zugenommen hat (1980: 104 bis 150 Exemplare; 1988: 130 bis 150 Exemplare),

- die Populationsstruktur sich in der Ätilität (Altersklassenverteilung) (1980: 0% Jungtiere und subadulte Tiere; 1988: 46,4% Jungtiere und subadulte Tiere) und Geschlechterverteilung (1980: Männchen : Weibchen = 1 : 3; 1988: Männchen : Weibchen = 1 :1.5) deutlich verbessert hat und dem Normalbild einer intakten, erfolgreich reproduzierenden Population entspricht. Der Anteil von Jungtieren und subadulten Würfelnattern stieg innerhalb dieses 8-jährigen Zeitraumes von 0 auf 45%.

Diese Verbesserungen haben mehrere Ursachen: Zum einen lassen sie sich direkt auf die 1984/85 nachgezüchteten und ausgesetzten Jungtiere zurückführen (GRUSCHWITZ et al. 1992). Aufgrund der bekannten Wachstumskurven (LENZ 1989) ist anzunehmen, daß diese 1988 den Größenklassen zwischen 60 und 80 cm angehörten. Sie hatten somit die Geschlechtsreife erreicht (HOMBROEK 1964) und konnten zur Reproduktivität und damit zur Verjüngung der Populationsstruktur entscheidend beitragen. Zum anderen haben zwischenzeitlich durchgeführte Maßnahmen zur Verbesserung der Lebensbedingungen im Freiland sowie die rechtliche Unterschutzstellung des Gebietes durch Ausweisung als Naturschutzgebiet mit zeitlichem und räumlichem Betretungsverbot, das Anlegen von Eiablageplätzen in Form von Pferdemisthaufen und gezielte Pflegemaßnahmen zur Rücknahme der expansiven Ufervegetation positive Effekte auf die Bestandsentwicklung gehabt.

Es muß betont werden, daß nur im Zusammenwirken mit den genannten, kontinuierlich durchgeführten sowohl biotopverbessernden als auch populationsstützenden Maßnahmen der derzeitige intakte Bestand erreicht wurde. Dennoch besteht aufgrund der begrenzt verfügbaren Raumstrukturen und Ressourcen in räumlich vollständiger Isolation des Populationsstandortes eine hohe Anfälligkeit gegen externe unkalkulierbare Gefährdungsfaktoren, die kurzfristig zum Erlöschen der Population führen können.

Population ecology of the Dice Snake, *Natrix tessellata* (LAURENTI 1768) in Germany (Reptilia: Serpentes: Colubridae)

In 1988 one of only three remaining populations of the Dice Snake (*Natrix tessellata* LAURENTI 1768) in Germany was studied ecologically on the river Lahn. The results are compared with data from the same population collected by GRUSCHWITZ in 1980. This comparision is made to demonstrate the efficacy of a species conservation program that was designed since that time.

The size of population is calculated using methods devided by JOLLY and SEBER, SCHNABEL and LINCOLN (see SOUTHWOOD 1978). The result is an estimated 130 to 150 (up to 200) specimens, which is similar to the size of population in 1980. At the same time the age distribution of the population improved since 1980: Juvenile and subadulte snakes (up to 50cm of length) which were not found at all in 1980, represented 46,4 % of the population in 1988, including 30% of hatchlings.

The sex-ratio improved from that of male : female = 1 : 3 in 1980 to 1 : 1,5 in 1988.

Schriften

FUHN, J.E. und S. VANCEA (1961): Fauna Republicii Populare Romine, 14 Reptilia (Testoase, Sopirle, Serpi). - Bucuresti (Acad. Rep. pop.) 353 S.

GRUSCHWITZ, M. (1978): Untersuchungen zu Vorkommen und Lebensweise der Würfelnatter (*Natrix t. tessellata*) im Bereich der Flüsse Mosel und Lahn (Rheinland-Pfalz) (Reptilia: Serpentes: Colubridae). - Salamandra 14: 80-89.

- (1981): Verbreitung und Bestandssituation der Amphibien und Reptilien in Rheinland-Pfalz. - Naturschutz und Ornithologie in Rheinland-Pfalz 2 (2): 289-390.

- (1985): Status und Schutzproblematik der Würfelnatter (*Natrix tessellata* LAURENTI 1768) in der Bundesrepublik Deutschland. - Natur und Landschaft 60: 353-356.

- (1986): Notes on the Ecology of the Dice Snake, *Natrix tessellata* LAUR. in West Germany. - in: ROZEK, Z. (ed.): Studies in Herpetology. Prague: 353-356.

GRUSCHWITZ, M., LENZ, S., JES, H. und G. NOGGE (1992): Die Nachzucht der Würfelnatter (*Natrix tessellata* LAURENTI, 1768) im Aquarium des Kölner Zoos - Ein Beitrag zum Artenschutz. - Zeitschrift Zoo Köln 3: 117-125.

HOMBROEK, O.M. (1964): Reptilien van Europa, III. *Natrix tessellata* (LAURENTI). - Lacerta 22: 31-32.

HONEGGER, R.E. (1978): Geschlechtsbestimmung bei Reptilien. - Salamandra 2 (2): 69-79

KABISCH, K. (1974): Die Ringelnatter, *Natrix natrix* (L.). - Wittenberg-Lutherstadt (Verlag A. Ziemsen), 88 S.

LANKA, V. (1975, ausgegeben 1978): Variabilität und Biologie der Würfelnatter (*Natrix tessellata*). - Acta Universitatis Carolinae Biologica 1975-1976: 106-207.

LENZ, S. (1989): Untersuchungen zur Biologie und Populationsökologie der Würfelnatter, *Natrix tessellata* (LAURENTI 1768) in der Bundesrepublik Deutschland (Reptilia: Serpentes: Colubridae). - Diplomarbeit Uni Bonn, 185 S.

MOSER, A. (1988): Untersuchung einer Population der Kreuzotter (*Vipera berus* L.) mit Hilfe der Radio-Telemetrie. - Dissertation Uni Basel, 151 S.

MÜHLENBERG, M. (1976): Freilandökologie. - Heidelberg (Quelle & Meyer), 214 S.

SCHWEIZER, W. (1977): Wahrscheinlichkeitsrechnung und Statistik. - Stuttgart (Klett-Verlag), 272 S.

SCHWERDTFEGER, F. (1968): Ökologie der Tiere Bd. II.: Demökologie. - Hamburg, Berlin (Parey-Verlag).

SOUTHWOOD, T.A.E. (1978): Ecological methods with particular references to the study of insect populations. - London (Chapman & Hall), 524 S.

Verfasser

Dipl.-Biol. Sigrid Lenz, Hochstr. 141, D-56070 Koblenz;
Dr. Michael Gruschwitz, Heidebergenstraße 25, D-53229 Bonn.

Zur Merkmalsdifferenzierung und -variation der Würfelnatter, *Natrix tessellata* (LAURENTI 1768) in Deutschland

SIGRID LENZ & MICHAEL GRUSCHWITZ

Key words: Serpentes, Colubridae, *Natrix tessellata*, pholidosis, anomalies, body-coloration, growth-rates

Einleitung

Aufgrund ihrer kritischen Bestandssituation sowie ihrer spezifischen Lebensweise und Habitatwahl ist die Würfelnatter (*Natrix tessellata* LAURENTI 1768) Gegenstand umfassender freilandökologischer Untersuchungen in Deutschland (GRUSCHWITZ 1985, 1986, LENZ 1989). Im Rahmen eines langjährigen Artenschutzprojektes zur Erhaltung der Würfelnatter als einheimisches Faunenelement erfolgte u.a. im Jahre 1988 eine detaillierte Bestandsaufnahme und -analyse an zwei Populationen der Flüsse Lahn und Mosel (LENZ 1989). Dabei konnten eine Vielzahl von merkmalsrelevanten Daten zur Pholidose, Körperfärbung und Biometrie ermittelt und ausgewertet werden, über die nachfolgend berichtet wird. Die Untersuchungen konzentrierten sich schwerpunktmäßig auf die Population der Lahn; Ergebnisse aus der wesentlich individuenschwächeren Mosel-Population finden in dieser Arbeit eher begleitend bzw. vergleichend Berücksichtigung. Weiterhin fließen bisher nicht publizierte Befunde einer früheren, in den Jahren 1980/81 an der Lahn-Population durchgeführten ersten grundlegenden Untersuchung (GRUSCHWITZ 1985, 1986) ein.

Untersuchungsgebiet, Material und Methode

Die beiden Untersuchungsgebiete liegen innerhalb des Bundeslandes Rheinland-Pfalz an den Unterläufen der Flüsse Lahn und Mosel. Beide Standorte sind mittlerweile als Naturschutzgebiete zum Schutze der Würfelnatter und ihres Lebensraumes ausgewiesen und umfassen einen ca. 1,5 km langen Flußabschnitt der Lahn und einen ca. 1 km langen Flußabschnitt der Mosel einschließlich der Uferzonen. Eine genaue Standortbezeichnung unterbleibt aus Schutzgründen.

Die Freilandbeobachtungen erstreckten sich von Mitte April bis Mitte Oktober 1988. Im Hauptuntersuchungsgebiet an der Lahn konnten dabei 298 Beobachtungen von Einzeltieren und 248 Untersuchungen an kurzfristig gefangenen Individuen von *Natrix tessellata* durchgeführt werden. Abzüglich der Wiederfänge ergab sich daraus ein Bestand von 123 verschiedenen Würfelnattern, deren registrierte Einzeldaten in die vorliegende Arbeit eingehen.

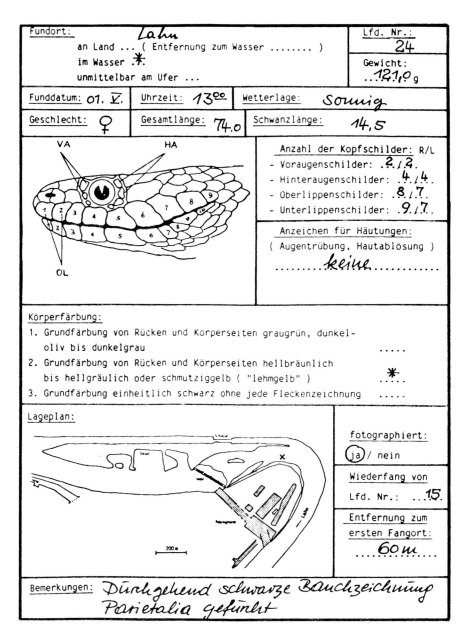

Abb. 1: Muster eines sog. Erfassungsbogens, wie er zur individuellen Erfassung von Merkmalen zur Biometrie, Pholidose und Körperfärbung für jede untersuchte Würfelnatter während der durchgeführten Freilandstudie verwendet wurde.

Example of a so-called registration-form as used for the individual data of biometric, pholidosis and body colour of each Dice snake examined during the field study.

Die merkmalsrelevanten Einzeldaten jedes untersuchten Tieres wurden auf einem speziell entwickelten Erfassungsbogen festgehalten (Abb. 1). Erfaßt wurden Geschlecht, Gesamtlänge, Schwanzlänge, Gewicht, Körperfärbung sowie ausgewählte Schuppenmerkmale, nämlich die Zahl der Präocularia (Voraugenschilder), Postocularia (Hinteraugenschilder), Supralabialia (Oberlippenschilder) und Sublabialia (Unterlippenschilder) auf beiden Kopfseiten. Darüberhinaus wurden - auf dem Erfassungsbogen nicht berücksichtigt - die Zahlenwerte für Subcaudalia (Unterschwanzschilder) registriert. Bei der Erfassung der genannten Pholidose-Merkmale wurde besonders auf anomale Verformungen, Vergrößerungen, Verwachsungen oder Verletzungen von Schildern geachtet. Die Vielfalt der erfassten Körpermerkmale erlaubte angesichts der hohen Variabilität und ausgeprägten bilateralen Asymmetrie der Schuppenmerkmale im Kopfbereich in Verbindung mit einer Vielzahl von möglichen Anomalien und in Kombination mit den ermittelten Körpermaßen problemlos das individuelle Wiedererkennen aller untersuchten Einzeltiere bzw. deren Re-Identifizierung beim Wiederfang, so daß auf zusätzliche Markierungen (wie z.B. Farbmarkierung, »Scale clipping«) verzichtet werden konnte.

Die Geschlechtsbestimmung erfolgte entweder durch Massieren des Körpers im Bereich der Analöffnung mit der potentiellen Folgewirkung einer Hemipenis-Ausstülpung bei geschlechtsreifen Männchen, durch caudales Einführen einer medizinischen Knopfsonde in die Kloake (HONEGGER 1978) oder durch Auszählen der Subcaudalia z.B. bei Jungtieren (FUHN und VANCEA 1961).

Zur möglichst »objektiven« Ermittlung der Längenmaße wurde eine speziell entwickelte Meßschiene aus zwei V-förmig im Winkel verleimten Holzlatten verwendet, in welche die Schlangen ohne »künstliche Streckung« in natürlich-ausgestreckter Position eingelegt wurden (Abb. 2).

Im Rahmen der Auswertung erfolgte eine Zuordnung der ermittelten Einzelmaße nach Längenklassen, die jeweils Intervalle von 10 cm umfassten. Da eine Reihe von Tieren im Untersuchungszeitraum mehrfach vermessen werden konnten (Wiederfänge), wurden Angaben zur Wachstumsentwicklung möglich. Die diesbezüglichen Wachstumskurven resultieren aus der Relation von Körperlänge zur Zeit (Datum).

Abb. 2: Würfelnatter in der Meßschiene. - Dabei ist der Kopf am Nullpunkt der Skala mit einer Hand leicht fixiert und der restliche Körper wird durch leichten Druck ausgestreckt.

Dice snake in a special measuring instrument. - One hand slightly fixes the head at the beginning of the scale while the body is stretched by soft pressure.

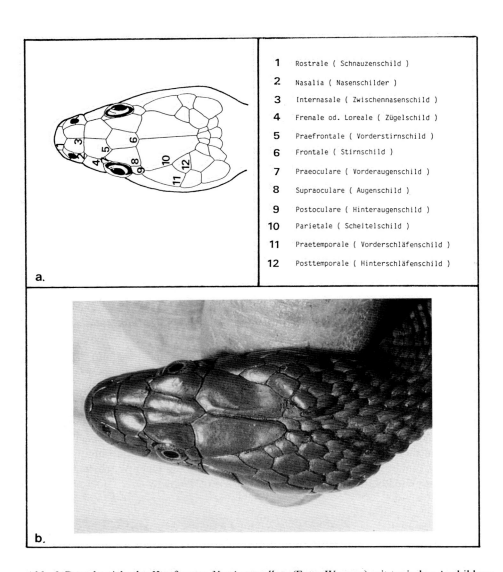

Abb. 3: Dorsalansicht des Kopfes von *Natrix tessellata* (Foto: WAGNER) mit typischer Ausbildung der Kopfdach-Beschilderung (das Schema in Abb. 3a entspricht dem Foto von 3b).

Dorsal view of the head of *Natrix tessellata* (Foto: WAGNER), demonstrating the typical upper head scaling (figure 3b corresponding with 3a).

Die Gewichtsbestimmung erfolgte nach der für Reptilien üblichen Geländemethode in Leinensäckchen mit Hilfe von Präzisionskraftmessern. Um den großen Meßbereich möglichst genau abzudecken, wurde je nach Körpergewicht bei juvenilen und subadulten Tieren mit einem 2,0 N - (200 g) Kraftmesser (Meßgenauigkeit 0,5%) und bei adulten Individuen mit einem 10 N - (1000 g) Kraftmesser (Meßgenauigkeit 1,0%) gearbeitet.

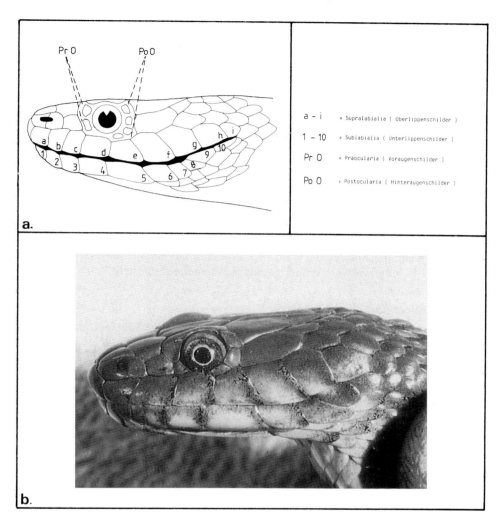

Abb. 4: Lateralansicht des Kopfes von *Natrix tessellata* (Foto: WAGNER) mit arttypischer Beschilderung. Das in Abb. 4b dargestellte Exemplar zeigt zwei Präocularia, drei Postocularia, sieben Supralabialia und acht Sublabialia.

Lateral view of the head of *Natrix tessellata* (Foto: WAGNER), demonstration the typical head scalation. The specimen in picture 4b shows two praeocularia, three postocularia, seven supralabialia and eight sublabialia.

Bei der Körperfärbung wurden angesichts der hohen Variabilität drei verschiedene Färbungstypen festgelegt, denen alle untersuchten Schlangen zugeordnet werden konnten (vergl. Erfassungsbogen, Abb. 1). Die Abgrenzung der Färbungstypen orientierte sich an Literaturbefunden und eigenen Erfahrungen (LANKA 1975, ausgegeben 1978; GRUSCHWITZ unpubl.).

Ergebnisse

1. Pholidose

In den Schuppenmerkmalen haben bei *Natrix tessellata* vor allem die variationsreiche Beschilderung des Kopfbereiches (Ocularia, Labialia) sowie die Subcaudalia besondere taxonomisch-systematische Bedeutung, da sie für die Artabgrenzung und -diagnose relevant sind (GRUSCHWITZ et al., in Vorber.). Im Mittel besitzen mitteleuropäische Würfelnattern ein bis drei Präocularia, zwei bis fünf Postocularia, fünf bis zehn Supralabialia und sechs bis elf Sublabialia (HECHT 1930, LANKA 1975, ausgegeben 1978). Charakteristisch sind weiterhin 160 bis 187 Ventralia sowie zwischen 48 und 79 paarige Subcaudalia (MERTENS 1947, FUHN und VANCEA 1961, STREET 1979).

Die festgestellten Anomalien werden für die o.g. Schuppentypen einzeln dargestellt. Als Anomalien werden dabei alle vom Normalbild (Abb. 3 u. 4) abweichenden Schuppenformen und -dimensionen, sowohl Verkleinerungen als auch Vergrößerungen und Verwachsungen oder Unterteilungen von Schildern verstanden. Unabhängig von Schuppentyp und der Ausprägung wurde bei insgesamt 101 der 123 registrierten Tiere, d.h. bei 82,1 %, eine wie auch immer gestaltete Anomalie festgestellt.

1.1. Kopfschilder (Ocularia, Labialia)

Im Bereich des Kopfes wurden die Prä- und Postocularia sowie Sub- und Supralabialia jeder Kopfseite bei allen untersuchten Würfelnattern ausgezählt. Bei Verwachsungen mehrerer Schilder miteinander wurde jeweils die Zahl der deutlich voneinander durch eine vollständige Furche abgrenzbaren Schilder in die Zählung einbezogen. Die ermittelten Werte sind in Tab. 1 dargestellt, wobei jedes Tier zweimal, sowohl mit der rechten als auch mit der linken Kopfseite in die Berechnung eingeht (d.h. n = 123x2). In Tab. 1 (siehe Anhang) werden den eigenen Befunden die Angaben von LANKA (1975, ausgegeben 1978) gegenübergestellt, ermittelt an insgesamt 120 verschiedenen Tieren tschechischer Populationen.

Alle Tiere der Lahnpopulation wiesen zwischen ein und drei Präocularia auf, wobei die Zweizahl mit 78,8% dominiert (vergl. Tab. 1, Anhang). Ein Voraugenschild zeigten 17,5% der Tiere, fast immer in Verbindung mit einer anomalen Verwachsung (siehe unten). Auch in den tschechischen Populationen dominieren Tiere mit zwei Präocularia (LANKA l.c.).

Die im Bereich der Präocularia auftretenden Anomalien sind in Abb. 5 dargestellt. Die häufigste anomale Ausprägung besteht in einer Verwachsung des unteren Präoculare mit dem Frenale, verbunden mit einer mehr oder weniger stark ausgeprägten Furche zwischen beiden Schildern. Das obere Präoculare ist gleichzeitig vergrößert und zeigt eine andeutungsweise quadratische Form (vergl. Abb. 5 A). Dies trat bei 19,3% der untersuchten Würfelnattern z.T. auf beiden Kopfseiten auf. Seltener ist eine deutliche Verkleinerung des unteren Präoculare bis hin zu einer punktförmigen Ausbildung feststellbar. Gleichzeitig ist auch hier das obere Voraugenschild im Vergleich zur Norm vergrößert und länglich ausgezogen (vergl. Abb. 5 B). Insgesamt sechs Tiere zeigten diese Anomalie, was 4,9% der Gesamtpopulation entspricht.

PRÄOCULARIA (Voraugenschilder)			
SKIZZE	BESCHREIBUNG	ANZAHL	%
A. 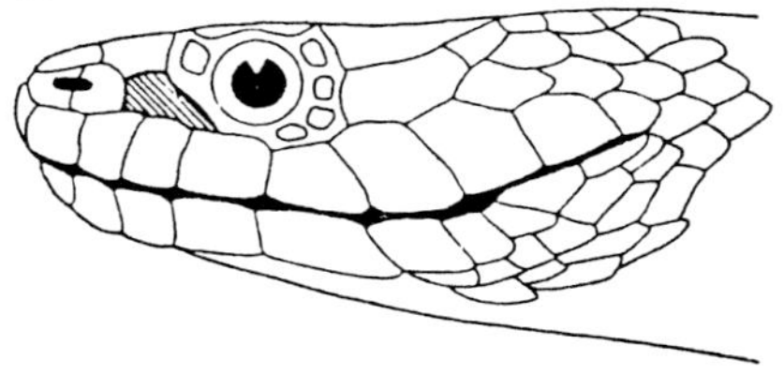	Verwachsung des unteren Präoculare mit dem Frenale, meist mit deutlicher Furche; dabei ist das obere Präoculare vergrößert und nimmt fast quadratische Form an.	36	29.3
B. 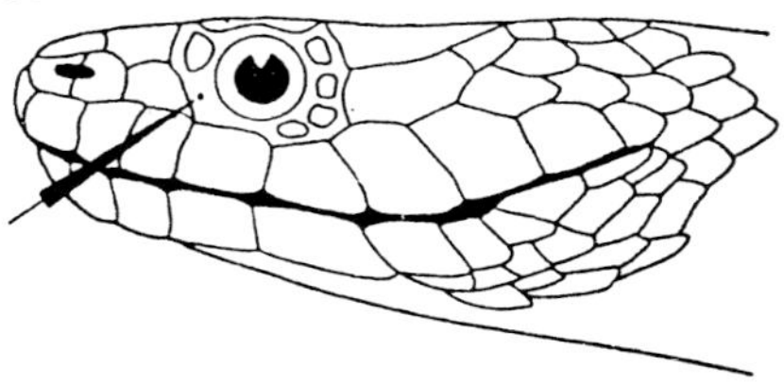	Unteres Präoculare sehr klein und körnchenförmig; das obere Präoculare ist vergrößert.	6	4.9

Abb. 5: Tabellarische Zusammenstellung aller im Bereich der Präocularia nachgewiesenen Anomalien für *Natrix tessellata* der Lahnpopulation mit Angaben zu relativer und prozentualer Häufigkeit. Die Anomalie ist durch Schraffur oder Pfeilmarkierung besonders gekennzeichnet.

Tabular list of all anomalies of praeocularia, proved for *Natrix tessellata* from the Lahn population, including number and percentage. The anomaly is specially marked by hatching or by an arrow.

Die Anzahl der Postocularia schwankt zwischen zwei und fünf, wobei der Maximalwert nur von 1,2% der untersuchten Tiere erreicht wurde. Am häufigsten trat mit 54,1% die Anzahl von vier Hinteraugenschildern auf. 35,4% zeigten drei und 9,3% wiesen zwei Postocularia auf (vergl. Tab. 1, siehe Anhang). In der dargestellten Häufigkeitsverteilung stimmen die dargestellten Werte in etwa mit den Befunden von LANKA (l.c.) überein (vergl. Tab. 1).

Für die Postocularia können insgesamt vier Anomalien voneinander unterschieden werden (vergl. Abb. 6). Zum einen können ein oder zwei der unteren Hinteraugenschilder stark verkleinert sein und eine punktförmige Gestalt annehmen (vergl. Abb. 6 A und B). Bei 22% der Würfelnattern war nur das untere Postoculare in dieser Form ausgebildet, bei 4,1% der untersuchten Tiere zeigten die beiden unteren Hinteraugenschilder diese Anomalie. Außerdem ist in einigen Fällen (2,4%) eine Verwachsung der beiden unteren Postocularia miteinander zu beobachten, immer verbunden mit einer deutlich ausgebildeten dazwischenliegenden Furche (Abb. 6 C). Ein Tier (0,8%) zeigte eine Verwachsung

POSTOCULARIA (Hinteraugenschilder)			
SKIZZE	BESCHREIBUNG	ANZAHL	%
A. 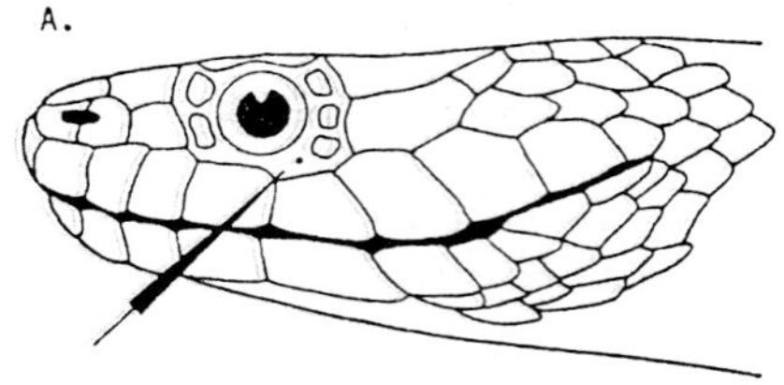	das untere Postoculare ist sehr klein und körnchenförmig ausgestaltet	27	22.0
B. 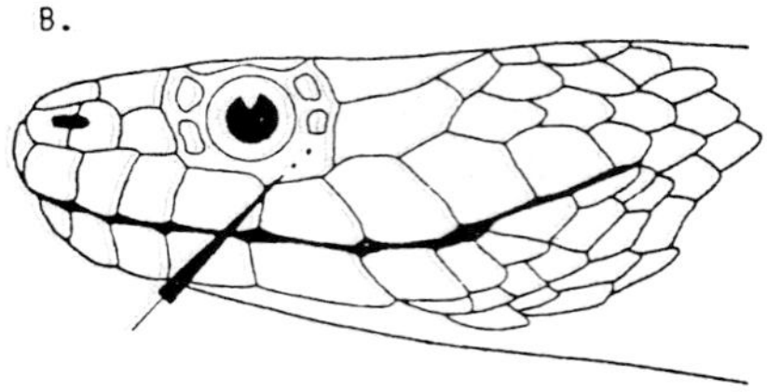	die beiden unteren Postocularia sind sehr klein und körnchenförmig ausgebildet	5	4.1
C. 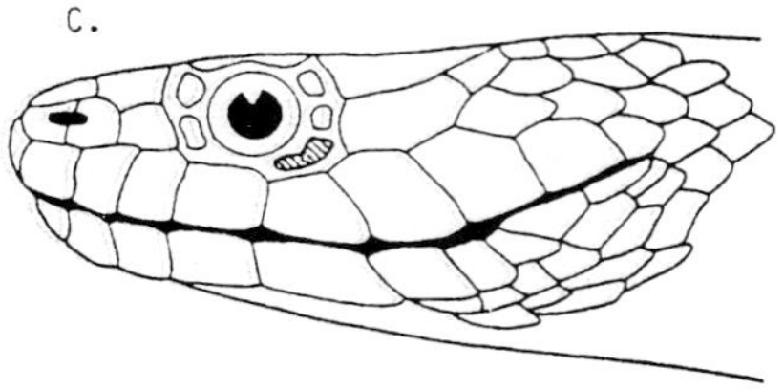	Verwachsung der beiden unteren Postocularia miteinander; Furche deutlich erkennbar	3	2.4
D. 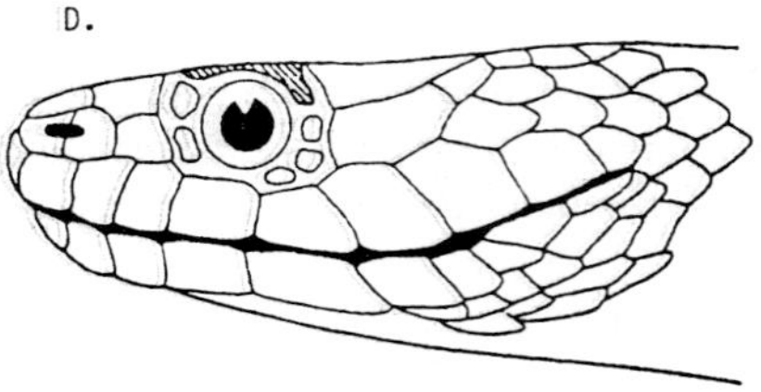	Verwachsung des oberen Postoculare mit dem Supraoculare; Furche deutlich erkennbar	1	0.8

Abb. 6: Tabellarische Zusammenstellung aller im Bereich der Postocularia nachgewiesenen Anomalien für *Natrix tessellata* der Lahnpopulation mit Angaben zu relativer und prozentualer Häufigkeit. Die Anomalie ist durch Schraffur oder Pfeilmarkierung besonders gekennzeichnet.

Tabular list of all anomalies of postocularia, proved for *Natrix tessellata* from the Lahn population, including number and percentage. The anomaly is specially marked by hatching or by an arrow.

des oberen Postoculare mit dem Supraoculare, einem Schild des Kopfdaches. Die beiden Schilder sind auch hier durch eine Furche deutlich voneinander abgegrenzt (Abb. 6 D).

Die ermittelten Werte für die Zahl der Supralabialia liegen zwischen vier und neun Schildern. Nur ein Tier zeigte, interessanterweise auf beiden Kopfseiten, den Minimalwert von vier Schildern, der aus Verwachsungen resultierte (s.u.). Am häufigsten wurden sieben (45,1%) und acht (32,1%) Supralabialia festgestellt, während der Maximalwert von neun bei 7,3% der Tiere auftrat (Tab. 1, siehe Anhang). In den untersuchten tschechischen Populationen war dagegen eine abweichende Häufigkeitsverteilung mit einem 69,0%-igem Überwiegen von acht Oberlippenschildern feststellbar (LANKA l.c.).

Die Supralabialia zeigten unter allen Schuppentypen die meisten und vielgestaltigsten Anomalien (vergl. Abb. 7), was auch mit Befunden von LANKA (l.c.) übereinstimmt. Bei fast einem Drittel (32,5%) aller registrierten Tiere war zumindest auf einer Kopfseite das letzte Supralabiale anomal ausgebildet. Dabei ist unerheblich, ob gemäß individueller Variationen das letzte Schild durch das 6., 7., 8. oder 9. Oberlippenschild repräsentiert wird. Fast immer war dieses letzte Schild vergrößert und entsprach bei 30,9% der Tiere größenmäßig zwei Schildern (Abb. 7 A und B). Meist war keine erkennbare Furche ausgebildet (24,4%). Bei einem Tier (0.8%) trat noch eine stärkere Vergrößerung auf, so daß das letzte Oberlippenschild hier das Ausmaß von drei Schildern hat (Abb. 7 C), wobei eine deutliche Furche ausgebildet ist. Ebenfalls in einem Fall war das letzte Supralabiale sehr klein, fast punktförmig gestaltet (Abb. 7 D). Auch das vorletzte Supralabiale war bei einigen Tieren vergrößert, mit (2,4%) oder ohne (4,1%) Ausbildung einer Furche (Abb. 7 E und F). Insgesamt drei Tiere zeigten ein vergrößertes 2. Oberlippenschild mit Furchenausbildung (Abb. 7 G).

Selten waren die Supralabialia durch eine quer, d.h. parallel zur Unterkante verlaufende Furche unterteilt. Diese Unterteilung kann vollständig sein und das ganze Schild durchziehen (2,4%, davon in zwei Fällen das 5. und einmal das 7. Supralabiale) oder nur bis etwa in die Mitte des Schildes verlaufen (Abb. 7 H und I). Weiterhin können Verkleinerungen von Schildern dergestalt auftreten, daß die Schuppen eine fast dreieckige Form annehmen und die untere Begrenzungslinie der Supralabialia nicht mehr erreichen. Dieses Bild zeigte sich bei insgesamt 6 Tieren, wobei entweder das 3. oder das 5. Oberlippenschild betroffen war (Abb. 7 J).

Die Anzahl der Sublabialia zeigte ebenfalls eine große Variationsbreite mit Werten zwischen sechs und elf. Bei den eigenen Untersuchungen wurde der Minimal- und Maximalwert von je 0,9% der Tiere erreicht. Neun Unterlippenschilder traten mit 43,9% am häufigsten auf, zehn Sublabialia wurden bei 26,0% der Würfelnattern festgestellt. 22,4% der Tiere zeigten acht und 5,9% noch sieben Unterlippenschilder. Auch in den von

---

Abb. 7 (siehe nächste und übernächste Seite): Tabellarische Zusammenstellung aller im Bereich der Supralabialia nachgewiesenen Anomalien für *Natrix tessellata* der Lahnpopulation mit Angaben zu relativer und prozentualer Häufigkeit. Die Anomalie ist durch Schraffur oder Pfeilmarkierung besonders gekennzeichnet.

(See next two pages): Tabular list of all anomalies of supralabialia, proved for *Natrix tessellata* from the Lahn population, including number and percentage. The anomaly is specially marked by hatching or by an arrow.

SUPRALABIALIA (Oberlippenschilder)			
SKIZZE	BESCHREIBUNG	ANZAHL	%
A.	das letzte Supralabiale entspricht größenmäßig zwei Schildern; eine deutliche Furche ist ausgebildet.	8	6.5
B.	das letzte Supralabiale entspricht größenmäßig zwei Schildern; es ist keine Furche zu erkennen.	30	24.4
C.	das letzte Supralabiale entspricht größenmäßig drei Schildern; eine Furche ist ausgebildet.	1	0.8
D.	das letzte Supralabiale ist sehr klein, fast körnchenförmig ausgebildet.	1	0.8
E.	das vorletzte Supralabiale entspricht größenmässig zwei Schildern; eine Furche ist deutlich erkennbar.	3	2.4

SUPRALABIALIA (Oberlippenschilder)	- Fortsetzung -		
SKIZZE	BESCHREIBUNG	ANZAHL	%
F.	das vorletzt Supralabiale entspricht größenmässig zwei Schildern; es ist keine erkennbare Furche ausgebildet.	5	4.1
G.	das 2. Supralabiale entspricht größenmäßig zwei Schildern; eine Furche ist ausgebildet.	3	2.4
H.	ein Supralabiale (bei 2 Tieren das 5., einmal das 7.) ist durch eine querverlaufende Furche vollständig unterteilt.	3	2.4
I.	ein Supralabiale (hier: das 5.) ist durch eine quer verlaufende Furche bis zur Mitte unterteilt.	1	0,8
J.	ein Supralabiale (bei je 3 Tieren das 3. bzw. das 5.) ist verkleinert und erreicht nicht mehr die untere Begrenzung der anderen Supralabialia	6	4.9

SUBLABIALIA (Unterlippenschilder)			
SKIZZE	BESCHREIBUNG	ANZAHL	%
A.	das letzte Sublabiale entspricht größenmäßig zwei Schildern; eine Furche ist ausgebildet	2	1.6
B.	das letzte Sublabiale entspricht größenmäßig zwei Schildern; eine Furche ist nicht erkennbar	10	8.1
C.	das letzte Sublabiale ist verkleinert und fast punktförmig ausgebildet	16	13.0
D.	das vorletzte Sublabiale entspricht größenmäßig zwei Schildern; es ist keine erkennbare Furche ausgebildet	3	2.4
E.	das 4. Sublabiale entspricht größenmäßig zwei Schildern, eine deutliche Furche ist ausgebildet	3	2.4

SUBLABIALIA (Unterlippenschilder)		- Fortsetzung -	
SKIZZE	BESCHREIBUNG	ANZAHL	%
F.	das 2. oder 3. Sublabiale ist verkleinert und erreicht nicht mehr die obere Begrenzung der anderen Sublabialia	2	1.6

Abb. 8 (links und oben): Tabellarische Zusammenstellung aller im Bereich der Sublabialia nachgewiesenen Anomalien für *Natrix tessellata* der Lahnpopulation mit Angaben zu relativer und prozentualer Häufigkeit. Die Anomalie ist durch Schraffur oder Pfeilmarkierung besonders gekennzeichnet.

(Left and above): Tabular list of all anomalies of sublabialia, proved for *Natrix tessellata* from the Lahn population, including number and percentage. The anomaly is specially marked by hatching or by an arrow.

LANKA (l.c.) untersuchten tschechischen Populationen zeigten über die Hälfte aller Tiere neun Sublabialia (59,0%) (vergl. Tab. 1).

Hinsichtlich der Anomalien war auch im Bereich der Sublabialia meist das letzte Schild betroffen (vergl. Abb. 8). Bei 13,0% der Würfelnattern war es stark verkleinert und körnchenförmig ausgebildet (Abb. 8 C). Zwölf Tiere (9,7%) zeigten ein vergrößertes letztes Unterlippenschild, welches in der Ausdehnung zwei Schildern entsprach (Abb. 8 A und B). Ein vergrößertes vorletztes Sublabiale ohne erkennbare Furchenbildung trat bei 2,4% der Würfelnattern auf (Abb. 8 D). Die Fläche von zwei »normalen« Schildern kann auch das 4. Unterlippenschild einnehmen, dabei immer mit einer deutlichen Furche versehen (Abb. 8 E). Diese Anomalie trat bei drei Tieren (2,4%) auf. Analog zu den Supralabialia können auch einzelne Sublabialia so verkleinert und dreieckig ausgeformt sein, daß sie die obere Begrenzungslinie der übrigen Unterlippenschilder nicht mehr erreichen. Ein Tier zeigte diese anomale Ausgestaltung am 2. und ein Tier am 3. Sublabiale (Abb. 8 F).

Grundsätzlich ließen sich für die Schilderzahlen im Kopfbereich keine geschlechtsspezifischen Unterschiede nachweisen. Ebensowenig war für die rechte oder linke Kopfseite eine Tendenz zur Ausbildung spezifischer Schilderzahlen belegbar.

Die innerhalb der Moselpopulation 1988 untersuchten Individuen (n = 10) stimmten bezüglich der oben genannten Häufigkeitsverteilungen für Präocularia, Supralabialia und Sublabialia mit der Lahnpopulation weitgehend überein. Lediglich in der Zahl der Voraugenschilder ergaben sich Unterschiede. Hier dominierte mit circa 70% die Zahl

Abb. 9: Rechte (a) und linke (b) Kopfseite einer einjährigen Würfelnatter der Lahnpopulation mit nur 4 Supralabialia auf beiden Kopfseiten als auffällige Kopfschildanomalie (nähere Angaben im Text).

Right (a) and left (b) head side of an one-year-old *Natrix tessellata* from the Lahn population, showing only 4 supralabialia on both head sides as conspicious anomaly of the head scales (further details see text).

von drei Postocularia, was im Gegensatz zu den Befunden an der Lahnpopulation steht (vier Postocularia mit 54,1% Anteil).

Die oben beschriebenen Anomalien traten nicht nur einzeln auf, wie in den Abb. 5 bis 8 schematisch dargestellt, sondern können auch miteinander kombiniert vorkommen. Eine einzigartig große Vielfalt von anomalen Ausformungen der Schilder im Bereich des Auges bzw. der Ober- und Unterlippe zeigte ein einjähriges Tier (vergl. Abb. 9). Auf beiden Kopfseiten wies es jeweils nur vier Supralabialia auf, wobei das 3. Schild größenmäßig zwei Schildern entsprach und das 4. Schild links die Größe von drei Schildern zeigte. Im Bereich der Sublabialia entsprach das 3. Schild links größenmäßig vier Schildern, während das 3. Schild rechts den Raum von zwei Schildern einnahm. Dabei waren jeweils deutliche Furchen ausgebildet. Allgemein zeigte dieses Exemplar eine deutliche Verringerung der durchschnittlichen Schilderzahl mit zwei Postocularia und je einem Präoculare, wobei das untere Voraugenschild wie oben beschrieben mit dem Frenale verwachsen war.

1.2. Ventralia

Die Bauchschuppen sind bei *Natrix tessellata* normalerweise in einer einfachen Längsreihe angeordnet (vergl. Abb. 10 a), wobei sie deutlich breiter sind als lang. Fünf der untersuchten Würfelnattern innerhalb der Lahnpopulation zeigten jedoch Abweichungen von diesem Normalschema. Bei ihnen waren drei bzw. vier Ventralia in Folge median geteilt, d.h. sie bestanden aus einem Schuppenpaar (vergl. Abb. 10 b). In allen Fällen trat diese Anomalie in unmittelbarer Nähe der Analöffnung auf, maximal zwölf Schuppen davon entfernt.

1.3. Subcaudalia

Die Subcaudalia (Unterschwanzschilder) werden bei *Natrix tessellata* bis auf wenige Ausnahmen (siehe unten) paarig angelegt. Ihre Anzahl variiert je nach Geschlecht und gilt als Merkmal zur Geschlechtertrennung (FUHN und VANCEA 1961). Im Rahmen der Untersuchung wurden geschlechtsunabhängig Subcaudaliazahlen zwischen 56 und 73 Paaren ermittelt. Die Ergebnisse werden in Abb. 11 geschlechtsspezifisch dargestellt,

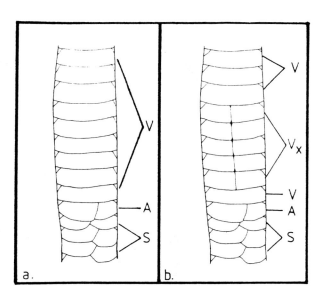

Abb. 10: Schematische Darstellung von normalen (a) und anomalen, durch eine mediane Trennung gekennzeichneten (b), Ventralia von *Natrix tessellata* der Lahnpopulation.

Legende: V = Ventralia (Bauchschilder; A = Anale (geteiltes Analschild); S = Subcaudalia (Unterschwanzschilder); V_x = anomal geteilte Ventralia.

Schematic illustration of normal (a) and abnormal (b) ventralia of *Natrix tessellata* from the Lahn population, showing a median division.

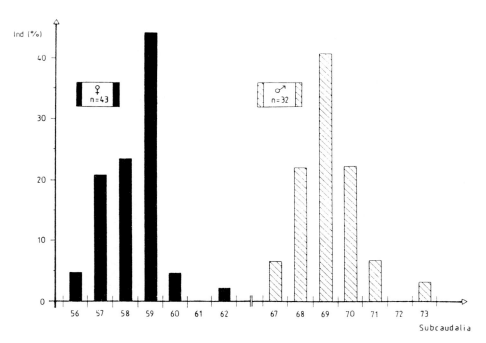

Abb. 11: Häufigkeitsverteilung der Subcaudalia-Anzahlen für männliche und weibliche *Natrix tessellata* der Lahnpopulation.

Percentage distribution in the numbers of subcaudalia for male and female Dice Snakes from the Lahn population.

wobei nur die Tiere berücksichtigt wurden, deren Geschlechtszugehörigkeit durch zusätzliches Sondieren mittels einer Knopfsonde eindeutig ermittelt werden konnte.

Für die 43 untersuchten weiblichen Tiere variiert die Anzahl der Subcaudalia-Paare zwischen 56 und 62 mit einem statistischen Mittelwert von 58,3 (± 1,1). In der Häufigkeitsverteilung zeigte sich folgendes Bild: 44,2% besaßen 59 Subcaudalia-Paare, 23,2% zeigten 58 und 20,9% wiesen 57 Paare auf. Je 4,7% zeigten 56 bzw. 60 Unterschwanzschilder und nur ein Exemplar (2,3%) wurde mit 62 Schilderpaaren registriert.

Bei den insgesamt 32 untersuchten männlichen Schlangen der Population wurden höhere Anzahlen erreicht, die zwischen 67 und 73 Subcaudalia-Paaren mit einem statistischen Mittelwert von 69,1 (± 1,2) variierten. 40,6% besaßen 69 paarige Unterschwanzschilder, 21,9% wiesen 68 bzw. 70 Subcaudalia-Paare auf und je 6,3% zeigten 67 beziehungsweise 71 Schilderpaare. Der Höchstwert von 73 wurde nur von einem Tier (3,1%) erreicht.

Im Vergleich der Geschlechter ergibt sich zwischen dem ermittelten Maximalwert für Weibchen und dem Minimalwert für Männchen eine Differenz von fünf Schilderpaaren; die Schwankungsbreite zeigte für jedes Geschlecht eine hohe Signifikanz.

Die zehn an der Mosel untersuchten Individuen zeigten ebenfalls Werte, die innerhalb dieser abgegrenzten Variationsbreiten lagen. Neue Untersuchungen an *Natrix tessellata*-Populationen der Nahe bestätigen diese geschlechtsspezifischen Variationsbreiten jedoch nicht (LENZ et al., unpubl.). Zwischen den für männliche und weibliche Tiere der Nahe ermittelten Subcaudalia-Anzahlen lag bei Werten von 67 und 68 Paaren ein Überlappungsbereich der Wertemengen, der von 3 Weibchen und 7 Männchen erreicht wurde. Damit kann die Anzahl der Unterschwanzschilder für mitteleuropäische Würfelnatter-Populationen nicht als eindeutiges Merkmal der Geschlechterdifferenzierung gelten.

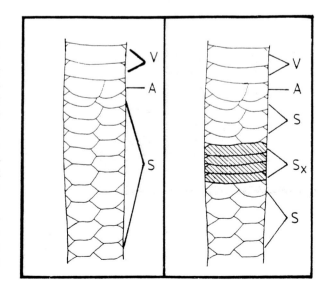

Abb. 12: Schematische Darstellung von normalen (a) und anomalen, durch eine mediane Verwachsung gekennzeichneten (b), Subcaudalia von *Natrix tessellata* der Lahnpopulation (nähere Erläuterungen im Text).

Legende: V = Ventralia (Bauchschilder); A = Anale (geteiltes Analschild), S = Subcaudalia; S_x = anomal verschmolzene Subcaudalia.

Schematic illustration of normal (a) and abnormal (b) subcaudalia of *Natrix* tessellata from the Lahn population, showing a median deformity.

Im Bereich der Subcaudalia trat eine auffällige Anomalie auf, die bisher für mitteleuropäische Würfelnattern noch nicht nachgewiesen wurde. Normalerweise sind die Subcaudalia von der Kloake bis zur Schwanzspitze paarig angeordnet (WERNER 1938, MERTENS 1947, STREET 1979). Im Rahmen der Untersuchung zeigte sich jedoch, daß die paarige Anordnung nicht durchgängig besteht und Verwachsungen zu einem durchgehenden Unterschwanzschild auftreten können (vergl. Abb. 12 a und b). Diese Anomalie wurde von MERTENS (1969) für Tiere der Insel Serpilor im Schwarzen Meer beschrieben, d.h. für Würfelnattern der zweifelhaften Unterart *Natrix tessellata heinrothi*. MERTENS (l.c.) führt das Auftreten dieser Subcaudalia-Verwachsungen auf die isolierte Lage der Inselpopulation zurück, verbunden mit einer fortpflanzungsbiologischen Separation.

Die beschriebene Anomalie trat innerhalb der Lahnpopulation bei acht Tieren auf, (6,5%, 3 Weibchen und 5 Männchen), wobei durchschnittlich vier bis fünf Subcaudalia-Paare in Folge miteinander verwachsen waren. Die Verwachsungen traten stets, analog

Abb. 13: *Natrix tessellata* - Adultes Exemplar mit verheilter Schlagverletzung im Bereich des Kopfdaches.

Natrix tessellata - adult specimen with healed injury on the upper head.

zu den Ventralia-Anomalien, in der Nähe der Kloake auf, maximal bis zum 11. Subcaudalia-Paar davon entfernt.

2. Verletzungen

Äußere Verletzungen zeigten insgesamt 11% aller untersuchten Würfelnattern, wobei innerhalb der Lahnpopulation Schädelverletzungen mit 4,9% (insgesamt 6 Tiere) dominierten, die nur bei adulten Exemplaren auftraten. Dabei waren das Frontale (Stirnschild) und die beiden Parietalia (Scheitelschilder) mehr oder weniger großflächig eingedrückt und an den Rändern der Einsenkung vernarbt (vergl. Abb. 13). Die Verletzungen gehen mit großer Wahrscheinlichkeit auf traumatische Einwirkungen, vermutlich auf Schläge mit stumpfen Gegenständen (z.B. Stöcke), zurück.

Außerdem wiesen vier Schlangen, davon drei adulte und ein subadultes Exemplar der Lahnpopulation (3%) und fünf der insgesamt zehn untersuchten Würfelnattern der Moselpopulation (d.h. 50%) Verletzungen im Schwanzbereich auf. Diesen Tieren fehlte

1/3 bis 2/3 des Schwanzes (zwischen 2 und 5 cm). Die Abtrennungsstelle war an den Rändern stets stark ausgefranst und unregelmäßig gestaltet, was vermuten läßt, daß der Verlust durch traumatische Einwirkungen zustande kam und nicht durch bakterielle Infektionen, wie für Schlangen oftmals beschrieben (KABISCH 1974). Als primäre Ursache sind hier Schiffsschrauben zu vermuten.

3. Körperfärbung

Neben den Schuppenmerkmalen unterliegt auch die Körperfärbung von *Natrix tessellata* einer ausgeprägten Variationsbreite. Wie bereits dargelegt, wurden alle untersuchten Tiere bestimmten Färbungstypen (vergl. Abb. 1) mit dem Ziel zugeordnet, gegebenenfalls populationsspezifisch vergleichbare Färbungsmuster nachzuweisen.

3.1. Dorsale und laterale Färbung

Bei den an Mosel und Lahn untersuchten Würfelnattern traten mehrere Farbvarianten auf, die sich nicht scharf voneinander abgrenzen ließen. Ein deutlicher Unterschied

	graugrün, dunkeloliv bis dunkelgrau		hellbraun bis hellgrau	
	n	%	n	%
♀♀	7	13,5	45	86,5
♂♂	8	23,5	26	76,5
Gesamt	15	17,4	71	82,5

Tab. 2: Häufigkeitsverteilung männlicher und weiblicher Würfelnattern der Lahnpopulation nach hellbraunem und dunkelgrau bis -olivem Farbtyp.
Numbers of male and female Dice snakes from the Lahn population according to a light-brown and a dark-grey to olive body colour-type.

zeigte sich aber generell zwischen den beiden Populationen. Alle innerhalb der Moselpopulation untersuchten adulten und subadulten Schlangen wiesen eine weitgehend übereinstimmende Färbung der Körperoberseite und der Flanken auf. Sie bestand in einer graugrünen bis dunkeloliven Grundfärbung mit dunkler (schwarzgrau bis schwarzer) Fleckenzeichnung. Die Flecken waren in vier oder fünf alternierenden Längsreihen angeordnet.

Dieser Färbungstyp trat auch innerhalb der Lahnpopulation auf, jedoch mit der Tendenz zu einer dunkelgrauen Grundfärbung. Diesem Färbungstyp ließen sich 17,4% der adulten und subadulten Würfelnattern der Lahn zuordnen, wobei 23,5% auf männliche und 13,5% auf weibliche Tiere entfielen (vergl. Tab. 2).

Die Mehrzahl der untersuchten Lahn-Würfelnattern zeigte jedoch eine hellere Grundfärbung des Rückens und der Flanken, die meist hellbräunlich bis hellgräulich mit vielen Zwischenschattierungen ausgeprägt war. Eine dorsale »Würfelzeichnung« war ebenfalls vorhanden, jedoch hoben sich die Fleckenmuster aufgrund ihrer mittel- bis dunkelbraunen Färbung nicht deutlich von der Grundfärbung des Körpers ab. An Land erscheinen die Tiere daher zum Teil fast einfarbig hell, bei schwimmenden oder tauchenden Schlangen tritt die Zeichnung jedoch kontrastreich hervor. Der beschriebene helle Färbungstyp dominierte bei Weibchen mit 86,5%; innerhalb der Gesamtpopulation war er mit 82,6% deutlich stärker vertreten als der graugrün bis dunkeloliv bzw. dunkelgraue Färbungstyp (vergl. Tab. 2).

Als ein auffälliges Merkmal einiger adulter und subadulter Würfelnattern der Lahnpopulation trat eine orange-rötliche Ausfärbung im Bereich der Flanken auf, die sich vor allem auf den vorderen Körperabschnitt erstreckte und zum Teil auch den Bereich der Ober- und Unterlippenschilder einschloß, wobei alle Intensitätsstufen zwischen schwach rötlich bis hin zum leuchtenden Orange vorkamen. Das Merkmal trat innerhalb der Lahnpopulation bei insgesamt 14,5% der Individuen auf, wobei sich keine geschlechtsspezifischen Unterschiede erkennen ließen. Für die Moselpopulation konnte keine derartige laterale Orange-Färbung nachgewiesen werden.

3.2. Ventrale Färbung

Die Bauchzeichnung ist bei *Natrix tessellata* ebenfalls sehr variabel ausgebildet und erlaubt aufgrund zahlreicher Übergangsmuster keine schematisierte und quantifizierbare Zuordnung nach bestimmten Zeichnungstypen. In der Regel ist die Bauchseite durch eine weißliche bis gelbliche Grundfärbung gekennzeichnet, die von einer bis mehreren Reihe(n) schwarzer bis blaugrauer quadratischer Flecken in mehr oder weniger regelmäßiger Anordnung konstrastscharf überlagert wird. In der Kopf- und Halsregion dominiert ventral zumeist die helle Grundfärbung ohne Fleckenmuster. In caudaler Richtung nimmt die Anzahl der Flecken jedoch zu und verdichtet sich in unregelmäßiger Anordnung schwanzwärts zum Teil soweit, daß die Schwanzunterseite einfarbig schwarz ist. Eine totale Schwarzfärbung der Schwanzunterseite wurde bei 4% der untersuchten Tiere ermittelt.

Abb. 14: *Natrix tessellata* der Lahnpopulation in Ventralansicht mit durchgängig schwarzer medianer Bauchzeichnung (Foto: HERZBERG).

Ventral view of *Natrix tessellata* from the Lahn population with continuous black median belly pattern (Foto: HERZBERG).

Abb. 15: *Natrix tessellata* der Lahnpopulation in Ventralansicht mit alternierend angeordnetem Fleckenmuster.

Ventral view of *Natrix tessellata* from the Lahn population showing an alterning pattern of dark patches.

Abb. 16: *Natrix tessellata* - Jungtier der Lahnpopulation mit heller Körperfärbung und ausgeprägter Nakkenzeichnung.

Natrix tessellata - Hatchling from the Lahn population with light body colour and conspicuous neck-pattern.

Die Fleckenmuster der Unterseite können grob in folgende zwei Zeichnungstypen unterteilt werden:

- Besonders auffällig war eine nur bei wenigen Tieren (3%) vorkommende durchgängige und nicht unterbrochene Fleckenreihe, die sich, in der Halsregion beginnend, bis zur Schwanzspitze fortsetzt. Dabei war festzustellen, daß die dunkle Bauchzeichnung im Bereich der Körpermitte flächenmäßig am stärksten ausgeprägt ist (Abb. 14).
- Dem gegenüber steht als zweiter, häufigerer Zeichnungstyp ein alternierend angeordnetes Fleckenmuster, das über die Fläche der Ventralia mehr oder weniger gleichmäßig verteilt ist (Abb. 15) und mit der bis zum Analschild durchgängig vorhandenen hellen Grundfärbung kontrastreich alterniert. Erst in caudaler Fortsetzung kommt es zu einer flächenhaften Verdichtung der dunklen Fleckung.

3.3. Färbung der Jungtiere

Die Jungtiere beider untersuchten Populationen zeigten bis zu einer Gesamtlänge von ca. 30 cm eine nahezu übereinstimmende Körperfärbung. Die Grundfärbung von Rücken und Körperseiten variiert zwischen einem weißlichen gelb und einem sehr hellen braun, wovon sich die hell- bis mittelbraune Fleckenzeichnung nur wenig abhebt. Alle Jungtiere zeichneten sich durch eine kontrastreiche Kopfzeichnung aus, wobei besonders ein V-förmiger dunkler Nackenfleck deutlich ausgeprägt und markant abgesetzt war (Abb. 16).

4. Biometrie

Im Rahmen der Freilanderfassung wurden Längenmaße und Gewichte von insgesamt 123 verschiedenen Würfelnattern der Lahn und zehn Tieren der Moselpopulation genommen. Die Auswertung der Längenmaße umfaßte Gesamtlänge, Schwanzlänge sowie die Relation beider Größen zueinander.

4.1. Gesamtlänge

Beginnend mit dem Minimal- bzw. Maximalwert ist zunächst festzustellen, daß die größte vermessene Würfelnatter der Lahnpopulation eine Gesamtlänge von 97,5 cm erreichte, während das kleinste vermessene Tier 21,0 cm GL aufwies. Männliche Tiere erreichten maximal eine Gesamtlänge von 84,5 cm, die für ein Exemplar belegt werden konnte. Eine weitere männliche Würfelnatter maß 81,5 cm, alle anderen Männchen blieben deutlich unter 80,0 cm. Die größte weibliche Würfelnater wurde mit einer GL von 97,5 cm vermessen (siehe oben). Insgesamt erreichten elf Weibchen Körperlängen von mehr als 85,0 cm, darunter fünf Tiere mit über 90 cm Gesamtlänge.

Die Würfelnattern der Moselpopulation erreichten in etwa der Lahnpopulation vergleichbare Gesamtlängen, die zwischen 21,5 cm und maximal 90,5 cm lagen. Dabei zeigte das größte Männchen einen Längenwert von 76,5 cm, während das größte Weibchen mit 90,5 cm vermessen wurde.

Dies entspricht Befunden von FUHN und VANCEA (1961) sowie eigenen früheren Ergebnissen (GRUSCHWITZ 1978 und unpubl.), wonach Weibchen in der Regel deutlich größer werden als männliche Tiere und maximal ca. 100 cm Gesamtlänge in Mitteleuropa erreichen können.

Die längste deutsche Würfelnatter wurde mit 102 cm an der Mosel vermessen (GRUSCHWITZ 1978). Der absolute Maximalwert ist mit 130 cm Gesamtlänge für rumänische und bulgarische *Natrix tessellata* belegt (MERTENS 1957).

Die kurz nach dem Schlupf vermessenen Jungtiere (Zeitraum Mitte bis Ende August) erreichten unabhängig vom Geschlecht eine Gesamtlänge zwischen 22,0 und 24,5 cm. Demgegenüber fiel auf, daß die zu Beginn der Aktivitätsperiode (Mitte Mai) beobachteten, im Vorjahr geschlüpften Jungtiere mit einer Gesamtlänge von 21,0 bzw. 21,5 cm kleiner waren als die frisch geschlüpften Jungtiere im Geburtsjahr.

Im Vergleich zu den bisher bekannten Literaturangaben liegen die ermittelten Längenwerte für frisch geschlüpfte Würfelnattern etwas höher. SCHWEIZER (1962), DUMMERMUTH (1977), WOLK (1984) sowie eigene frühere Befunde (GRUSCHWITZ unpubl.) belegen für Schlüpflinge eine Gesamtlänge zwischen minimal 14 und maximal 22 cm.

4.2. Schwanzlänge

Die gemessenen Schwanzlängen lagen zwischen minimal 4,0 cm und maximal 18,5 cm. Es besteht eine deutliche Abhängigkeit der Schwanzlänge sowohl von der

GL (cm)	SL (cm) ♀♀				♂♂			
	n	min. - max.	$\bar{x}$	s	n	min. - max.	$\bar{x}$	s
20 - 25	14	4.0 - 5.0	4.53	0.27	10	4.4 - 5.3	4.89	0.27
25 - 30	4	5.2 - 5.4	5.26	0.12	3	5.5 - 6.1	5.70	0.27
30 - 35	4	5.5 - 6.1	5.98	0.32	4	7.2 - 7.5	7.38	0.15
35 - 40	6	6.5 - 7.5	7.20	0.40	-	-	-	-
40 - 45	3	7.4 - 8.2	7.67	0.46	-	-	-	-
45 - 50	2	9.0 - 9.4	9.20	0.28	1	9.7	9.70	-
50 - 55	-	-	-	-	-	-	-	-
55 - 60	-	-	-	-	1	13.5	13.50	-
60 - 65	-	-	-	-	8	13.0 - 14.5	13.59	0.54
65 - 70	8	12.0 - 13.7	13.18	0.54	6	14.0 - 15.0	14.30	0.40
70 - 75	10	12.5 - 15.0	14.08	0.74	7	15.5 - 17.0	16.00	0.50
75 - 80	5	14.0 - 14.5	14.44	0.2	6	15.8 - 17.5	16.67	0.63
80 - 85	4	15.5 - 16.5	15.88	0.48	1	18.0	18.00	-
85 - 90	6	16.5 - 17.3	16.87	0.34	-		-	-
90 - 95	2	17.5 - 18.5	18.00	0.70	-		-	-
95 - 100	2	17.5 - 18.5	18.00	0.70	-		-	-

Tab. 3: Zusammenstellung von Schwanzlängen-Werten für Würfelnattern der Lahnpopulation, differenziert nach Geschlechtern und nach Gesamtlängen-Intervallen in Abständen von 5 cm (mit x = arithmetisches Mittel und s = Standardabweichung).
Compilation of tail-length data for male and female Dice snakes from the Lahn population, seperated in 5 cm-classes of body-length (with x = arithmetic mean and s = standard deviation).

Gesamtlänge als auch vom jeweiligen Geschlecht. Die Ergebnisse sind in Tab. 3 nach Gesamtlängenklassen zusammenfassend dargestellt.

Tab. 3 zeigt, daß die Schwanzlänge im Durchschnitt 1/4 bis 1/6 der Gesamtlänge einnimmt, was mit Literaturbefunden (FUHN und VANCEA 1961) übereinstimmt. Darüberhinaus wird deutlich, daß bei subadulten und adulten Tieren gleicher Längenklassen geschlechtsspezifische Differenzen in der Schwanzlänge bestehen. Grundsätzlich wurde festgestellt, daß sich männliche Würfelnattern bei gleicher Gesamtlänge wie weibliche Tiere durch eine größere Schwanzlänge auszeichnen. Die maximale Gesamtlänge von 18,5 cm wurde bei zwei adulten Weibchen gemessen (Gesamtlänge 95,5 cm bzw. 93,0 cm). Männchen erreichten eine maximale Schwanzlänge von 18,0 cm bei einer Gesamtlänge von 84,5 cm.

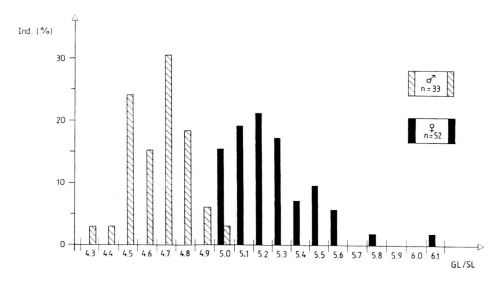

Abb. 17: Häufigkeitsverteilung der relativen Schwanzlänge (Gesamtlänge : Schwanzlänge) für *Natrix tessellata* der Lahnpopulation, differenziert nach Geschlechtern.

Percentage distribution of the relative tail-length (body-length : tail-length) for *Natrix tessellata* from the Lahnpopulation. The sexes are seperated.

4.3. Relation von Schwanzlänge zu Gesamtlänge

Um die Schwanzlänge auf ihre Eignung zur eindeutigen Geschlechterdifferenzierung zu prüfen, erschien es sinnvoll, die Relation der Schwanzlänge zur Gesamtlänge zu berechnen. Die Ergebnisse sind in Abb. 17 dargestellt. Der dabei errechnete Koeffizient ergibt sich aus der Division der Gesamtlänge durch die Schwanzlänge für jedes individuell unterschiedene Tier. Es zeigt sich, daß Koeffizienten zwischen 4,3 und 4,9 nur für Männchen auftreten. Werte zwischen 5,1 und 6,1 werden dagegen nur von Weibchen erreicht. Berechnet man aus den geschlechtsspezifisch ermittelten Verhältnis-Werten einen Mittelwert, so ergibt sich für männliche *Natrix tessellata* die durchschnittliche Relation von Gesamtlänge : Schwanzlänge mit einem Wert von 4,65 und für Weibchen mit einem Wert von 5,26.

Zwischen beiden Wertemengen liegt jedoch bei einem Koeffizienten von 5,0 ein Überschneidungsbereich, der für ein männliches und acht weibliche Tiere errechnet wurde. Deshalb können die diesbezüglichen Relationswerte zwischen den Geschlechtern nicht als signifikant unterschiedlich angesehen werden. Die Berechnung der relativen Schwanzlänge ist somit für *Natrix tessellata* nicht als eindeutiges und zweifelsfreies Merkmal zur Geschlechtertrennung verwendbar.

Demgegenüber stehen Befunde von KABISCH (1974), der für die Ringelnatter (*Natrix natrix*) die relative Schwanzlänge als Merkmal zur Geschlechtsdifferenzierung inner-

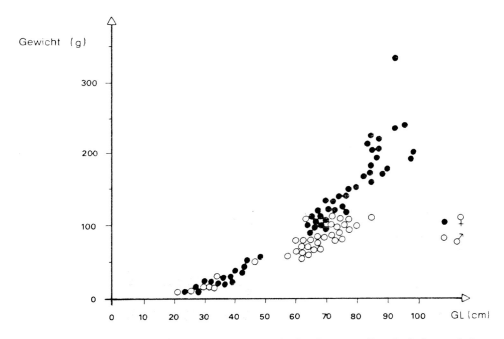

Abb. 18: Verhältnis von Gesamtlänge zu Körpergewicht für *Natrix tessellata* der Lahnpopulation, dargestellt als Punktmenge auf der Basis von 90 Tieren.

Relation of body-length to body-weight of *Natrix tessellata* from the Lahn population, illustrated as a plotting based on 90 specimens

halb der Unterarten anführt. LANKA (1975, ausgegeben 1978) berechnete für 101 tschechische Würfelnattern ebenfalls die Relation Gesamtlänge : Schwanzlänge, allerdings ohne Differenzierung nach Geschlechtern. Er ermittelte eine Variationsbreite zwischen 2,9 und 6,4 mit einem Schwerpunkt zwischen 3,3 und 4,5.

4.4. Gewicht

Die Aussagen zum Gewicht der Würfelnatter können nur orientierenden Charakter haben, da sie individuell vom - nicht kalkulierbaren - Ernährungszustand (aufgenommene Beutemenge, Verdauungszustand), vom Häutungszustand und gegebenenfalls vom Trächtigkeitszustand (bei Weibchen, vor oder nach der Eiablage) zum jeweiligen Zeitpunkt der Gewichtsermittlung abhängig sind. Dennoch sind Korrelationen zwischen Gewicht und Gesamtlänge einerseits sowie zwischen Gewicht und Geschlecht andererseits anhand der ermittelten Ergebnisse erkennbar. Die Befunde sind in Tab. 4 (siehe Anhang) zusammengestellt, differenziert nach Längenklassen und Geschlecht. Sie sind jedoch nicht als signifikant zu bewerten und haben somit orientierenden Charakter.

Frisch geschlüpfte Jungtiere wogen zwischen 6,5 und 9,0 g und lagen damit über den Gewichtswerten im Rahmen einer Nachzuchtaktion (GRUSCHWITZ et al. 1992) ge-

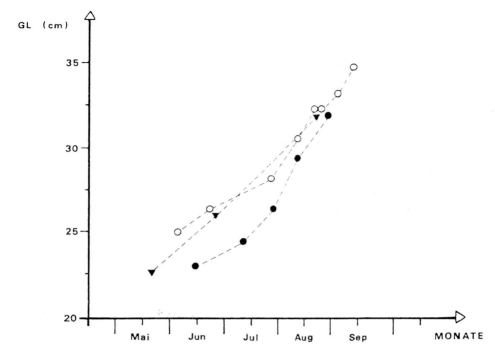

Abb. 19: Wachstumsverlauf von zwei weiblichen (ausgefüllte Symbole) und einer männlichen (offene Symbole) einjährigen Würfelnattern der Lahnpopulation im Laufe der Aktivitätsperiode, dargestellt als Funktion der Gesamtlänge zur Zeit.

Growth course of two female (filled symbols) and one male (open symbols) one-year-old *Natrix tessellata* from the Lahn population during the activity period, illustrated as body-length against time.

schlüpfter Jungtiere (3,1 bis 5,6 g, JES in litt. 1983, GRUSCHWITZ unpubl.). Zum Beginn der ersten Winterruhe im gleichen Jahr erreichten sie Körpergewichte zwischen 11,5 und 13,5 g, was einer Gewichtszunahme um 4,0 bis 6,0 g im ersten Jahr entspricht.

Mit zunehmendem Alter werden geschlechtsspezifische Unterschiede in den Körpergewichten deutlich, wobei Weibchen bei gleicher Körperlänge weitaus höhere Gewichtswerte erreichen können als männliche Tiere, die sich jedoch nicht immer - vor allem in den unteren Längenklassen - signifikant voneinander abgrenzen lassen (Abb. 18). Beispielsweise erreichten adulte Weibchen in den Längenklassen zwischen 60 und 80 cm ein durchschnittlich 25 % höheres Körpergewicht als gleichgroße Männchen (vergl. Tab. 4, siehe Anhang). Körpergewichte über 150 g wurden nur von weiblichen Tieren erreicht, wobei die Höchstwerte von 332 g, 240 g und 232 g jeweils kurz nach dem erstmaligen Aufsuchen des Wassers zur Nahrungsaufnahme nach der Überwinterung festgestellt wurden (vergl. Abb. 18). Im gleichen Zeitraum wurde auch das höchste Körpergewicht für ein männliches Tier mit 135 g registriert.

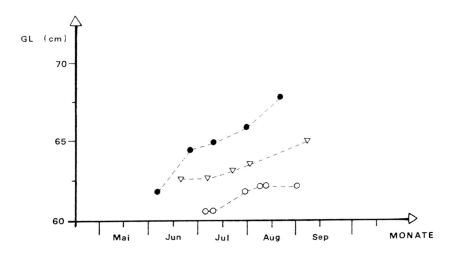

Abb. 20: Wachstumsverlauf für zwei männliche (offene Symbole) und eine weibliche (ausgefüllte Symbole) adulte Würfelnatter der Lahnpopulation während der Aktivitätsperiode, dargestellt als Funktion der Gesamtlänge zur Zeit.

Growth-course of two male (open symbols) and one female (filled symbols) adult *Natrix tessellata* from the Lahn population during the activity period, illustrated as body-lenth against time.

4.5. Wachstum

Nach den Freilandbefunden hängt die Wachstumsentwicklung von *Natrix tessellata* stark vom Alter ab, so daß in den nachfolgenden Ausführungen zwischen den einzelnen Alters- bzw. Längenklassen differenziert wird.

Mehrfachmessungen im Rahmen von Wiederfängen an insgesamt vier Jungtieren im Zeitraum zwischen Schlupf (Mitte August) und Beginn der Überwinterung (Mitte September) führten zu dem Ergebnis, daß Schlüpflinge von *Natrix tessellata* im Geburtsjahr eine Längenzunahme zwischen 1,5 und 3,5 cm erreichen können.

Für einjährige Würfelnattern wurde ein Längenzuwachs zwischen 9 und 13 cm ermittelt, so daß Tiere dieser Altersgruppe gegen Ende der Aktivitätsperiode des zweiten Lebensjahres eine durchschnittliche Gesamtlänge von 30 bis 35 cm erreichen (vergl. Abb. 19).

Bei subadulten zweijährigen Würfelnattern war eine leichte Verlangsamung des Wachstums im Vergleich zum Vorjahr festzustellen. Die Längenzunahme während der Aktivitätsperiode (Mai bis Oktober) lag zwischen 7,5 und 9,0 cm. In Verbindung mit der Geschlechtsbestimmung aller untersuchten Tiere dieser Altersklasse ist zu vermuten, daß zumindest alle weiblichen Würfelnattern im Laufe des 3. Lebensjahres eine Gesamtlänge von 40 cm erreichen oder überschreiten. Als einzigen diesbezüglich relevanten Vergleichswert aus der Literatur gibt HOMBROEK (1964) an, daß männliche *Natrix tessellata* ab einer Gesamtlänge von 40 cm die Geschlechtsreife erreichen. Aufgrund der eigenen Befunde wären sie demnach als etwa dreijährig einzustufen.

Bei adulten Tieren der Längenklasse zwischen 60 und 70 cm wurden erstmals geschlechtsspezifische Unterschiede in der Wachstumsentwicklung deutlich, wobei Männchen einen Längenzuwachs von durchschnittlich 2,5 cm und Weibchen von durchschnittlich 6,5 cm im Verlauf der Aktivitätsperiode zeigten (vergl. Abb. 20). Diese Wachstumstendenz setzte sich mit zunehmender Gesamtlänge verlangsamt fort und führte bei Tieren der nächst höheren Längenklasse (70 bis 80 cm) zu einem Längenwachstum von durchschnittlich 0,5 bis 1 cm im männlichen Geschlecht und durchschnittlich 2,0 cm für Weibchen. Wie bei allen Reptilien trifft auch auf *Natrix tessellata* zu, daß das Längenwachstum im hohen Alter nie ganz aufhört. So wurde selbst bei der größten untersuchten Würfelnatter, einem Weibchen von 97,5 cm Gesamtlänge, im Verlauf einer Aktivitätsperiode noch eine Längenzunahme um 0,5 cm festgestellt.

Vergleichende Bewertung von Pholidose, Körperfärbung und Biometrie

Für die erfaßten Pholidose-Merkmale lassen sich grundsätzlich in der Kopf- und Subcaudalia-Beschilderung keine auffälligen Abweichungen von den in der Literatur angegebenen Variationsbreiten erkennen (FUHN und VANCEA 1961, LANKA 1975, ausgegeben 1978). Lediglich die Zahl von vier Supralabialia - wenn auch nur bei einem Exemplar nachgewiesen - wurde bisher noch nicht für *Natrix tessellata* beschrieben.

Deutliche Unterschiede bestehen jedoch in der prozentualen Verteilung von Kopfschilderzahlen zwischen der untersuchten Lahnpopulation und einer von LANKA (l.c.) untersuchten tschechischen Population (vergl. Tab. 1, siehe Anhang). Dabei ist vor allem im Bereich der Supralabialia ein klares Überwiegen von sieben Schildern in der Lahnpopulation mit 45,1% gegenüber der dominanten Anzahl von acht Schildern mit 69% bei LANKA (l.c.) auffällig. Zudem zeichnen sich die Tiere der Lahnpopulation durch ein häufiges Auftreten von sieben und acht Sublabialia aus (zusammen 28,3%), während diese Anzahlen bei LANKA (l.c.) nur sehr selten (2,2%) auftreten. Grundsätzlich zeigt die Lahnpopulation gegenüber dem untersuchten tschechischen Vorkommen eine Tendenz zur Verringerung der Schuppenzahlen, was vor allem auf die hohe Zahl von Anomalien, insbesondere in Form von Verwachsungen mehrerer Schilder, zurückzuführen ist.

In seiner vergleichenden Arbeit über die tschechischen und südosteuropäischen Populationen stellte LANKA (1978) eine zunehmende Anzahl der Prä- und Postocularia von Norden nach Süden fest. Bei Populationen am Nordrand des Verbreitungsareals (Mittelböhmen) dominieren zwei Präocularia und drei Postocularia mit 89 bzw. 66% Häufigkeitsanteil. In der südlichen Hälfte des Areals (rumänisch-bulgarische Schwarzmeerküste) verschiebt sich die Anzahl der Präocularia auf vier mit Häufigkeitsanteilen von 71 bzw. 79%. Die Befunde im südlichen Arealteil werden bestätigt durch die Angaben von MERTENS (1969) für Griechenland (69 bzw. 72% Anteil bei drei bzw. vier Postocularia). Geographisch dazwischen liegende Populationen passen sich in diese Nord-Süd-Relation entsprechend ein und stellen offenbar Übergangsformen dar (LANKA l.c.). Die untersuchte deutsche Population der Lahn zeigt dagegen andere, von diesem Nord-Süd-Schema abweichende Pholidose-Relationen. Eine aufgrund vergleichbarer geographischer Breitenlage zu erwartende Übereinstimmung mit den mittelböhmischen Befunden von LANKA (l.c.) läßt sich nur für die Zweizahl der Präocularia bestätigen, nicht jedoch für die mit 54,1% dominierende Anzahl von vier Postocularia.

Diese Sonderstellung der deutschen *Natrix tessellata*-Vorkommen kann als Resultat einer langfristigen räumlichen Isolation der Reliktpopulation vom übrigen, mehr oder weniger geschlossenen Verbreitungsareal interpretiert werden, wodurch sich eigenständige Selektionsmerkmale entwickeln konnten. Diese räumliche und auch fortpflanzungsbiologische Isolation dürfte auch das beschriebene starke Auftreten von Schuppen-Anomalien in großer Ausprägungsvielfalt und Häufigkeit erklären, welches mit 82,1 % Gesamtanteil an der untersuchten Population im Literaturvergleich einzigartig dasteht. So weist LANKA (l.c.) ausdrücklich auf die große Seltenheit der von ihm an tschechischen Populationen beschriebenen und im gleichen Ausbildungstyp auch bei unserer Untersuchung nachgewiesenen Schuppenanomalien hin.

Abweichend und neu im Vergleich zu den Befunden LANKA's (l.c.) ist die festgestellte Verwachsung mehrerer Subcaudalia zu durchgehenden Unterschwanzschildern sowie die mediane Teilung einzelner Ventralia. Mögliche Isolationseffekte in der Ausprägung einzelner Merkmale bestehen jedoch nicht nur im Vergleich der deutschen *Natrix tessellata*-Populationen zu tschechischen Vorkommen, sondern deuten sich auch innerhalb der beiden voneinander isolierten deutschen Populationen an Lahn und Mosel an. Auf die Unterschiede in den prozentualen Anteilen der Postocularia-Zahl wurde bereits hingewiesen. Sie setzen sich fort in der Körperfärbung: Während alle adulten Würfelnattern der Mosel einheitlich dunkel-oliv gefärbt sind, dominiert in der Lahnpopulation der hell- bis mittelbraune Färbungstyp deutlich mit 82,6 %. Auch dies kann - mit allem Vorbehalt - als Selektionsmerkmal angesehen werden.

Hinsichtlich der Eignung verschiedener Merkmalsausprägungen zur Trennung der Geschlechter ergaben sich eine Reihe interessanter Erkenntnisse. Die Auszählung der paarigen Subcaudalia erwies sich nicht als zuverlässige und signifikante Differenzierungsmethode, insbesondere auch bei Jungtieren. Diesbezügliche Befunde von FUHN und VANCEA (1961) sowie DELY (1978), die für die Geschlechter klar abgrenzbare Variationsbreiten von 58 bis 67 Paaren für Weibchen und 68 bis 76 Paaren für Männchen angeben, können zwar für die Lahnpopulation, nicht aber für die Nahevorkommen der Art bestätigt werden.

Auch die Berechnung der relativen Schwanzlänge (Gesamtlänge : Schwanzlänge) erscheint als Methode zur Geschlechterdifferenzierung (KABISCH 1974, für *Natrix natrix*) unsicher, da zwischen den Koeffizienten für männliche Tiere (4,3 bis 5,0) und denen für weibliche Würfelnattern (5,0 bis 6,1) ein zwar geringer, aber entscheidender Überschneidungsbereich bei Gesamtlänge : Schwanzlänge = 5,0 liegt. Jedoch wird sowohl durch die niedrigere Anzahl der Subcaudalia als auch bei der Berechnung der relativen Schwanzlänge deutlich, daß weibliche Tiere im Verhältnis zur Gesamtlänge immer eine kürzere Schwanzlänge aufweisen als männliche Tiere gleicher Länge.

Hinsichtlich der absoluten Längenmaße konnte die bereits bekannte Annahme (FUHN und VANCEA 1961) bestätigt werden, daß männliche Würfelnattern in der Regel kleiner bleiben als weibliche Exemplare. Auf die Maximalwerte adulter Weibchen wurde bereits in Kap. 4.1. eingegangen. Außergewöhnlich ist jedoch die mit 84,5 cm vermessene Gesamtlänge eines männlichen Tieres der Lahnpopulation, die deutlich über den bisher bekannten Maximalwerten für männliche *Natrix tessellata* im nördlichen Teil des Verbreitungsgebietes liegt (60 bis 75 cm; GRUSCHWITZ 1978, LUTTENBERGER 1978).

Die geschlechtsspezifischen Maximalkörperlängen erklären sich zum Teil aus den unterschiedlichen Wachstumsintensitäten männlicher und weiblicher Tiere. Wie die dargestellten Wachstumskurven zeigen, weisen männliche Würfelnattern ab einer Gesamtlänge von circa 40 cm, d.h. ab dem Eintritt in die Geschlechtsreife (HOMBROEK 1964), ein gegenüber den Weibchen verlangsamtes Längenwachstum auf. Darüberhinaus sinkt generell mit zunehmendem Alter der Tiere, d.h. mit steigender Gesamtlänge, die Wachstumsintensität, ohne daß das Wachstum ganz aufhört. Dies bestätigt allgemeine Angaben von TRUTNAU (1981), wonach Schlangen in der Jugend schneller wachsen als im Alter. Die im Rahmen der durchgeführten Untersuchungen ermittelten diesbezüglichen Wachstumswerte basieren allerdings - je nach Verfügbarkeit der Wiederfänge - immer auf Einzeltierbefunden, so daß die Ergebnisse im Aussagewert mehr orientierenden Charakter haben und nur mit Vorbehalt verallgemeinert werden können. Zudem sind die Wachs-tumswerte sehr stark vom Nahrungsangebot bzw. dem Ernährungszustand der Individuen abhängig, was wiederum indirekt in Beziehung zur Aktivität der Tiere und damit zu klimatischen Faktoren (Temperatur, Zahl der Sonnentage) steht. Entsprechendes gilt auch für die Befunde zum Körpergewicht. Generell ist jedoch davon auszugehen, daß mit dem geschlechtsdimorphen Wachstum der adulten Tiere auch eine geschlechtsspezifische Gewichtszunahme korreliert, wobei weibliche Würfelnattern durchschnittlich höhere Gewichte erreichen als männliche Tiere (vergl. Kap. 4.4.).

Differentiation and variation of body features in the Dice Snake (*Natrix tessellata* LAURENTI 1768) in Germany

During a detailed ecological field study in the Dice snake (*Natrix tessellata* LAURENTI 1768) on the rivers Lahn and Mosel (Rheinland-Pfalz) data concerning pholidosis, body coloration and biometry of in all 123 specimens were collected and interpreted. The essential results can be summarized as follows:

- The head scalation is characterised by the dominance of 2 praeocularia (78,8%, variation between 1 and 3 scales), 4 postocularia (54,1%, variation between 2 and 5 scales), 7 or 8 supralabialia (45,1% or 32,1%, variation between 4 and 9 scales) and 9 sublabialia (43,9%, variation between 6 and 11 scales).
- The head scales show a multitude of anomalies in various shaping (reduction or extension in size, overgrowings, subdivisions). In all anomalies were found in 82,1% of the examined snakes. The high rate is interpreted as result of long-term isolation and spatial seperation of the population.
- Overgrowings of the paired subcaudalia to one continous scale and median divisions of the ventralia were not known before as anomalies of pholidosis in *Natrix tessellata*.
- To identify the sexes the number of subcaudalia-pairs and also the valuation of relative tail-length are not acceptable and reliable methods.
- Biometrical results pointed out that female *Natrix tessellata* reached in average a higher body-length and a higher body-weight than male specimens.
- Demonstrated by growth courses the different development of body-length in both sexes results from differences in growth rates after reaching sexual maturity.

Schriften

DELY, O. (1978): Fauna Hungariae. - Hüllök, Reptilia. - Budapest.

DUMMERMUTH, S. (1977): Pflege und Aufzucht der Würfelnatter (*Natrix t. tessellata*). - Aquaria 24: 43-44.

FUHN, J.E. und S. VANCEA (1961): Fauna Republicii Populare Romine, 14 Reptilia (Testoase, Sopirle, Serpi). - Bucuresti (Acad. Rep. pop.), 353 S.

GRUSCHWITZ, M. (1978): Untersuchungen zu Vorkommen und Lebensweise der Würfelnatter (*Natrix t. tessellata*) im Bereich der Flüsse Mosel und Lahn (Rheinland-Pfalz) (Reptilia: Serpentes: Colubridae). - Salamandra 14: 80-89.

-.- (1985): Status und Schutzproblematik der Würfelnatter (*Natrix t. tessellata* LAURENTI 1768) in der Bundesrepublik Deutschland. - Natur und Landschaft 2(2): 353-356.

-.- (1986): Notes on the Ecology of the Dice Snake, *Natrix tessellata* LAUR. in West Germany. - Studies in Herpetology, Rocek Z. (ed.) Prague, 499-502.

GRUSCHWITZ, M., LANKA, V. und S. LENZ (in Vorber.): *Natrix tessellata* (LAURENTI 1768) - Würfelnatter. - in: Handbuch der Amphibien und Reptilien Europas (W. Böhme, Hrsg.), Bd. 3 Schlangen, Wiesbaden.

GRUSCHWITZ, M., LENZ, S., JES, H. und G. NOGGE (1992): Die Nachzucht der Würfelnatter (*Natrix tessellata* LAURENTI, 1768) im Aquarium des Kölner Zoos - Ein Beitrag zum Artenschutz. - Zeitschrift des Kölner Zoo 3: 117-125.

HECHT, G. (1930): Systematik, Ausbreitungsgeschichte und Ökologie der europäischen Arten der Gattung *Tropidonotus* (KUHL) H. Boie. - Mitt. Zool. Mus. Berlin 16: 244-393.

HOMBROEK, O. M. (1964): Reptilien van Europa, III. *Natrix tessellata* (LAURENTI). - Lacerta 22: 31-32.

HONEGGER, R.E. (1978): Geschlechtsbestimmung bei Reptilien. - Salamandra 2(2): 69-79

KABISCH, K. (1974): Die Ringelnatter, *Natrix natrix* (L.). - Wittenberg-Lutherstadt (Verlag A. Ziemsen), 88 S.

LANKA, V. (1975, ausgegeben 1978): Variabilität und Biologie der Würfelnatter (*Natrix tessellata*). - Acta Universitatis Carolinae - Biologica 1975-1976, 167-207.

-.- (1978): Geographical variability of the head's scutes of *Natrix tessellata* (LAURENTI 1768). - Fauna Bohemiae Septentrionalis 3: 63-68.

LENZ, S. (1989): Untersuchungen zur Biologie und Populationsökologie der Würfelnatter, *Natrix tessellata* (LAURENTI 1768) in der Bundesrepublik Deutschland (Reptilia: Serpentes: Colubridae). - Diplomarbeit Univ. Bonn, 185 S.

LUTTENBERGER, F. (1978): Die Schlangen Österreichs. - Wien (Facultas-Verlag), 67 S.

MERTENS, R. (1947): Die Lurche und Kriechtiere des Rhein-Main-Gebietes. - Frankfurt/Main (W. Kramer), 144 S.

-.- (1957): Die Würfelnatter (*Natrix tessellata*) der Schlangeninsel. - Senckenbergiana biol. 38: 271-275.

-.- (1969): Zur Synonymie und Variabilität der Würfelnatter (*Natrix tessellata*). - Senckenbergiana biol. 50: 125-131.

SCHWEIZER, H. (1962): Beitrag zur Kenntnis der schwarzen Würfelnatter am Luganer See. - Aquar. und Terr.-Z. 15: 47-50.

STREET, D. (1979): Reptiles of northern and central Europe. - London (Batsford Ltd.), 286 S.

TRUTNAU, L. (1981): Schlangen im Terrarium; Haltung, Pflege und Zucht Bd. I: Ungiftige Schlangen. - Stuttgart (Ulmer-Verlag), 200 S.

WERNER, F. (1938): Die Amphibien und Reptilien Griechenlands. - Zoologica 35: 1-117.

WOLK, L.-P. (1984): Beobachtungen zur Nachzucht von Würfelnattern (*Natrix tessellata*) im Zimmerterrarium. - Elaphe 3: 44-45.

Verfasser

Dipl.-Biol. Sigrid Lenz, Hochstr. 141, D-56070 Koblenz;
Dr. Michael Gruschwitz, Heidebergenstr. 25, D-53229 Bonn.

Abbildungslegenden zur folgenden Seite

Tab. 1: Prozentuale Häufigkeit der Kopfschilderzahlen für Würfelnattern der Lahn-Population (n = 123) im Vergleich mit Befunden von LANKA (1975, ausgegeben 1978) aus tschechischen Populationen (n = 120).

Percentage of the number of head scales for Dice snakes from the Lahn population (n = 123), compared with results of Czech populations (n= 100), collected by LANKA (1975, published 1978).

Tab. 4: Gegenüberstellung von durchschnittlichen Körpergewichten (in g) und verschiedenen Längenklassen für männliche und weibliche *Natrix tessellata* der Lahnpopulation (mit: x = Mittelwert, s = Standardabweichung).

Comparison of average body-weights (in g) and different body-length-classes for male and female *Natrix tessellata* from the Lahn population (with x = arithmetic mean and s = standard deviation).

Gew. (g) GL (cm)	♀♀			♂♂			Gesamtpopulation		
	n	$\bar{x}$	s	n	$\bar{x}$	s	n	$\bar{x}$	s
20 - 30	18	9.2	1.95	13	8.1	1.21	31	8.8	1.75
30 - 40	10	18.0	2.88	4	16.5	1.58	14	17.7	2.53
40 - 50	5	28.4	6.74	1	35.0	-	6	29.5	6.60
50 - 60	-	-	-	1	53.5	-	1	53.5	-
60 - 70	8	100.3	11.46	14	65.9	8.97	22	78.4	19.48
70 - 80	15	115.7	29.90	13	93.9	12.76	28	106.3	25.67
80 - 90	10	184.1	35.82	1	118.0	-	11	178.6	39.12
90 -100	4	253.8	53.65	-	-	-	4	253.8	63.65

Tab.1: (Erklärung siehe vorhergehende Seite)

	Präocularia			Postocularia				Supralabialia					Sublabialia				
	1	2	3	2	3	4	5	4	5	6	7	8	9	10	6	7	8	9	10	11
n	43	194	9	23	87	133	3	2	-	36	111	79	18	-	2	15	55	108	64	2
%	17.5	78.8	3.7	9.3	35.4	54.1	1.2	0.9	-	14.6	45.1	32.1	7.3	-	0.9	5.9	22.4	43.9	26.0	0.9
LANKA in %	0.8	59.6	39.6	2.0	42.1	53.9	2.0	-	0.8	2.9	19.5	69.0	6.5	1.3	0.4	0.4	1.8	59.0	36.6	1.8

Tab. 4: (Erklärung siehe vorhergehende Seite)

Das Reliktvorkommen der Aspisviper (*Vipera aspis* L.) im Schwarzwald

KLEMENS FRITZ & MANFRED LEHNERT

Key words: Serpentes, Viperidae, *Vipera aspis*, distribution and status in Germany.

1. Historische und aktuelle Verbreitung

Das Vorkommen der Aspisviper im Schwarzwald hat nach der Entdeckung 1867 die Herpetologen offenbar stark beschäftigt. Die einen stritten ein Vorkommen trotz vorhandener Belegexemplare ab. Andere glaubten sie »weit an den südlichen Abhängen des Schwarzwaldes verbreitet«.

Neben dem Fundort bei Waldshut wurden in der älteren Literatur immer wieder der Isteiner Klotz und das Grenzacher Horn (Hornfelsen) genannt, zwei Kalkfelsengebiete im äußersten Südwesten Deutschlands.

Alle anderen rechtsrheinischen Angaben (Schönau, Wutachgebiet, Hohentwiel etc.) müssen stark angezweifelt werden.

Von der Umgebung des Hornfelsens liegen 2 Belegexemplare vor:

1 gr. Weibchen aus Grenzach. (Naturkunde-Museum Freiburg, Nr. 121; Erwerb 1902, don.: G. SCHNEIDER).

1 gr. Männchen aus Bettingen, CH (Senckenberg-Museum, Frankfurt, Nr. 47245; Aug. 1953, don: P. SEILER über »Schlangen-Hansi« SCHWEIZER an MERTENS).

Offen bleibt, ob es sich um entwichene bzw. ausgesetzte Exemplare handelte oder um Relikte einer Population.

Heute gibt es sicher keine Vipern mehr am Hornfelsen. Das Gelände ist stark verbaut, der Wald sehr viel geschlossener und daher nicht mehr geeignet als Lebensraum für die Aspisviper. Die wenigen geeigneten, flüheartigen Flächen des Südwest-Dinkelbergs sind als Habitate zu klein und zu wenig durch Korridore vernetzt.

Noch zweifelhafter ist das Vorkommen in der Umgebung des Isteiner Klotzes. Der einzige Originalbericht stammt von HUBER (1916): »ich fand ein junges Exemplar in einem Steinbruch zwischen Auggen und Kleinkems, ohne es leider zu konservieren«. Der Lebensraum wäre auch heute durchaus geeignet, jedoch kaum nach Süden, sondern überwiegend nach Westen exponiert. Belegexemplare liegen keine vor. Das Gerücht über die Viper am Isteiner Klotz hat sich bis heute gehalten. Sowohl am Grenzacher Horn als auch am Isteiner Klotz fanden wir zahlreiche Mauereidechsen (*Podarcis muralis*) sowie gelegentlich Schlingnattern (*Coronella austriaca*) und Ringelnattern (*Natrix natrix*).

Abb. 1: Aspisviper-Männchen mit kontrastreicher Zeichnung.

An asp viper (male) rich in contrast.

Abb. 2: Aspisviper-Weibchen nach der Überwinterung vor ihrem Unterschlupf.

Female asp viper after hibernation near hiding-place.

Der Fundort der Aspisviper im Südschwarzwald im Raum Waldshut stellt zugleich den nordöstlichsten Punkt des Verbreitungsgebiets dar. Er ist als Ausläufer des Jura-Vorkommens in der Schweiz zu sehen. Wahrscheinlich bestand in der postglazialen Wärmeperiode eine Verbindung vom Jura in den Südschwarzwald. Das nächstgelegene Reliktvorkommen liegt etwa 20 km entfernt im Kanton Aargau (DUSEJ & BILLING 1991).

Aus dem Raum um Waldshut liegen zahlreiche Belegexemplare und Literaturstellen vor, allem aus der Zeit um die Jahrhundertwende, vor. Auf diese soll aber im Interesse des Aspisviper-Schutzes nicht näher eingegangen werden.

Anfang dieses Jahrhunderts wurde es ruhiger um die Viper. Manche Autoren herpetologischer Schriften befürchteten ihr Aussterben auf rechtsrheinischer Seite.

In den 50er Jahren wurde Gymnasialprofessor LUDWIG MAYER, ein Naturkenner des Raums um Waldshut, mehrere Aspisvipern zugetragen.

Im Jahre 1979 schließlich fand Marcus SCHRENK, Dogern, mehrere Exemplare im Bereich eines Steilhangs, der sich zum Hochrheintal hin erstreckt. Im Jahr 1983 wurde die Viper von mehreren Amateur-Herpetologen unabhängig voneinander an gleicher Stelle nachgewiesen (CAMBENSY 1984; FRITZ et al. 1985).

2. Ziel der Untersuchung

Das rechtsrheinische Vorkommen der Aspisviper findet seit 1983 das Interesse einer kleinen Arbeitsgruppe (bestehend aus Dr. MARCUS SCHRENK, Dr. JÜRG CAMBENSY, Dr. GERRIT MÜLLER, JENS MÜLLER und Dr. HERBERT SAUERBIER sowie den Autoren).

Die Population wird systematisch, aber auf extensive und vorsichtige Weise beobachtet und untersucht mit folgenden Zielen:
- Ermittlung der Lebensraumansprüche der Art
- Erhebung von Daten zu Aktivität, Migration und Populationsdynamik
- Abgrenzung künftiger Schutzgebiete
- Ausarbeitung eines Biotoppflegekonzeptes

3. Methode

Im Zeitraum von nunmehr 10 Jahren wurden viele historische Fundorte und potentielle Lebensräume im südlichen Schwarzwald und im Hochrheingebiet begangen. Hinweisen von Ortsansässigen (vor allem Forstleute, Waldarbeiter, Lehrer, Kletterer) wurde nachgegangen.

Eine umfangreiche Sammlung faunistischer Literatur über die Aspisviper liegt mittlerweile vor; historische Belegexemplare in Museen und Schulen wurden ausfindig gemacht.

Dabei wurden manche neue Mauereidechsen-Fundorte entdeckt, die Aspisviper jedoch nur in einem einzigen Areal bestätigt. Dieses Areal wird mehrmals jährlich kontrolliert.

Untersuchungsmethode:
- Absuchen geeigneter Habitate im Gelände
- Aufnahme von Struktur / Vegetation / Exposition
- Fotografieren entdeckter Schlangen im Gelände
- Fang einiger Tiere, Fotografieren in einer Gitternetzschachtel
- Identifizierung der Exemplare anhand von Fotos des erstellten Fundkataloges
- Auswertung von abgestreiften Häuten und überfahrenen Schlangen
- Erfassung der potentiellen Beutetiere und Feinde
- Befragung Ortsansässiger nach Schlangen (lokal meist »Sandvipern« genannt)

Die individuelle Identifizierung der Aspisvipern anhand der Fotos ist sehr zeitaufwendig und erfordert viel Geduld, insbesondere wenn von verdeckt liegenden Schlangen nur Teile des Zeichnungsmusters auf den Fotos sichtbar sind.

Anhand von Vergleichen mit Tieren des Fundkataloges bzw. Fundortkataloges lassen sich Aussagen über Längenwachstum und Alter der Vipern sowie Wanderbewegungen im Habitat gewinnen. Diese Methode erlaubt meist eine Bestimmung des Individuums ohne Fang und Schuppenmarkierung.

Abb. 3: Portrait eines Weibchens.
Portrait of a female.

Eingefangene Tiere werden in einem Klappbehälter mit Gitterlinien fotografiert. Auf dem Foto kann die Länge ermittelt werden, zudem ist das Zeichnungsmuster zur Identifizierung gut zu erkennen. (siehe Abb. 4) Ein umständliches Manipulieren wie bei der Längenermittlung mit Metermaß oder gar mittels Glasröhre unterbleibt aus Naturschutzgründen.

4. Lebensraum

Die Aspisviper konnte bislang an vier, wahrscheinlich voneinander isolierten Stellen, innerhalb eines etwa 6 km langen und im Durchschnitt 0,3 km breiten Areals gefunden werden. Felsige Hänge mit Traubeneichen- und Kiefer-Eichen-Wäldern herrschen vor.

Das Aspisviper-Areal liegt in unmittelbarer Nähe des wärmebegünstigten Hochrheintals. Die Jahresdurchschnitts-Lufttemperatur liegt bei 8,5 °C. Die mittlere Temperatur von Mai bis Juli (Vegetationsperiode) beträgt über 15 °C; das Juli-Mittel 17 - 18 °C. Niederschläge fallen etwa 900 mm/Jahr. Das Gebiet ist lokalklimatisch sehr begünstigt.

An zwei der Fundstellen wurde trotz häufiger Suche nur jeweils eine Viper gesehen.

In zwei Teilarealen können wir regelmäßig Vipern finden; hier liegen offenbar die Kernbiotope.

Das kleinere der beiden ist sehr naturnah ausgeprägt und kaum durch den Menschen verändert. Es umfaßt eine Fläche von etwa 1,5 ha. Das große Teilareal ist sehr unterschiedlich ausgebildet: die Fundorte erstrecken sich vom lichten Traubeneichenwald über Felsbänder und Blockhalden bis zum Siedlungsbereich. Es umfaßt eine Fläche von mindestens 15 ha.

Alle Teilareale sind von ausgedehnten, suboptimalen Habitaten umgeben. Es muß noch geklärt werden, ob sie als Vernetzungskorridore geeignet sind, bzw. ob eine Durchwanderung tatsächlich stattfindet.

Wahrscheinlich sind diese beiden Hauptvorkommen aber voneinander isoliert. Bisher wurde trotz intensiver Suche nie eine Viper im Zwischenbereich gefunden, obwohl nach unserer Einschätzung geeignete Vernetzungskorridore vorhanden sind. Angaben von

Abb. 4: In dieser Schachtel mit Gitterzeichnung werden einige der Vipern fotografiert, um Daten über die Populationen zu gewinnen.

In this box with grids are taken photographs from some of the snakes to get facts about the population.

Ortsansässigen lassen vermuten, daß die Aspisviper auch noch an wenigen anderen Stellen des Gebiets einschließlich dieses Zwischenbereichs vorkommt.

Innerhalb ihres Lebensraums bevorzugt die Viper eindeutig Stellen mit:
- hoher Sonneneinstrahlung (überwiegend voll südexponierte Habitate)
- Strukturreichtum (Gebüsch, Brombeeren, Steinansammlungen, Felsen; halboffene und offene Bereiche)
- wenig Störungen

Vergesellschaftung:

Die Ringelnatter (*Natrix natrix*) ist regelmäßig im Aspisviper-Lebensraum anzutreffen, ebenso die Schlingnatter (*Coronella austriaca*) und die Blindschleiche (*Anguis fragilis*). Nur selten und am Rand des Gebiets kommen die Zauneidechse (*Lacerta agilis*) und Waldeidechse (*Lacerta vivipara*) vor.

Zahlreich findet man die Mauereidechse (*Podarcis muralis*), wahrscheinlich die entscheidende Nahrungsgrundlage für die jungen Aspisvipern. Die Mauereidechse hat nördlich des Aspisviper-Areals ihren höchstgelegenen Fundort in Deutschland bei ca. 790 m üNN. An Amphibien sind vereinzelt Feuersalamander (*Salamandra salamandra*), Bergmolch (*Triturus alpestris*) und Fadenmolch (*Triturus helveticus*), Erdkröte (*Bufo bufo*) und Grasfrosch (*Rana temporaria*) anzutreffen.

Die Kreuzotter (*Vipera berus*) kommt infolge der Wärmegunst im Aspisviper-Areal nicht vor. Gesicherte Fundorte befinden sich etwa 8 km entfernt in einer Höhenlage von ca. 850m üNN.

5. Angaben zur Population

Die Aspisvipern im Südschwarzwald sind äußerlich nicht von denen des Schweizer Juras zu unterscheiden (P. BRODMANN, mündl. Mitt.). Sie gehören der Unterart *Vipera aspis aspis* an. Auf hellgrauer (vor allem Männchen), graubrauner, dunkelbrauner bis selten rotbrauner (vor allem Weibchen) Grundfärbung liegen versetzt angeordnete oder

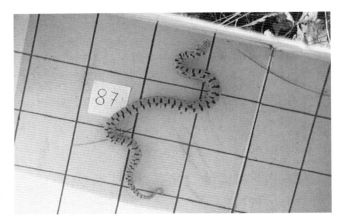

Abb. 5: Aspisviper mit ungewöhnlichem Zeichnungsmuster.

Asp viper with unusual pattern.

Abb. 6: Herbstpaarung an einem Schlehengebüsch: das kontrastreich gezeichnete Männchen umwirbt die Partnerin zuckend.

Mating in autumn: the male in contrast colour courts the female twitching.

zu Ringen verschmolzene Querbänder, die bei den Männchen kontrastreicher sind als bei den Weibchen.

Melanistische Exemplare wurden nie gefunden und nur einmal ein dunkelbraunes Weibchen mit partieller Schwarzfärbung (siehe Abb. 7). Hin und wieder findet man Tiere mit völlig abweichender, unregelmäßiger Zeichnung (siehe Abb. 5).

adult/ subadult	identifizierte Exemplare (n = 91)	bisherige Funde gesamt (n = 328)
männlich	38%	36%
?	5%	7%
weiblich	38%	39%
juvenil	19%	18%

Tab. 1: Geschlechterverhältnis und Anteil der Jungtiere.

Die ersten Exemplare wurden am 31. März gefunden, die letzten am 14. Oktober. Paarungen kommen im Frühjahr und Spätsommer vor; das Absetzen der Jungtiere erfolgt dementsprechend im Juni oder September. Die Zahl der Jungtiere konnte bei einem Wurf beobachtet werden (6 Stück).

Die Weibchen sind nach bisheriger Erkenntnis in mindestens zweijährigem Abstand trächtig.

Sowohl bei den identifizierten Exemplaren als auch bei der Zahl der bisher gemachten Funde ist das Geschlechterverhältnis in etwa ausgewogen (siehe Tabelle 1). Bei einigen Sichtfunden konnte das Geschlecht nicht sicher bestimmt werden.

Als Jungtiere gelten bis etwa einjährige Exemplare.

Da die wenigsten Schlangen gefangen und gemessen wurden, sind Ungenauigkeiten unvermeidlich.

Die an allen Fundorten mit der Aspisiper vergesellschaftete Mauereidechse (*Podarcis muralis*) erscheint bei sonnigem Wetter morgens etwa 1/2 Stunde vor dieser. Bei bedecktem Himmel und warmer Luft verlassen die Vipern ihr Versteck vor den Eidechsen.

Die Hauptnahrung besteht aus Kleinsäugern und Mauereidechsen. Einmal konnte eine adulte Viper beim Verschlingen einer Maus beobachtet werden (KERSTING, mündl. Mitt.). Ein anderes Mal würgte eine subadulte Viper eine halb verschlungene Mauereidechse heraus und floh.

Berichte über Bißunfälle durch *Vipera aspis* liegen seit den 50er Jahren keine mehr vor. Damals wurde eine Bäuerin beim Füttern des Viehs von einer Viper gebissen. Die Schlange kam offenbar mit dem Futter von der Wiese in den Stall und biß zuerst ein Kalb in die Zunge, danach die Bäuerin in den Ellenbogen. Die Frau mußte drei Wochen im Krankenhaus behandelt werden.

Aussagen über die Populationsgröße sind sehr vage. Die Gesamtzahl der rechtsrheinischen Vipern wird innerhalb der Arbeitsgruppe unterschiedlich beurteilt. Die Schätzungen schwanken von höchstens 100 bis über 200 adulte Exemplare. Sie liegt auf jeden Fall höher als bei manchen Populationen in der Nordschweiz.

Die fotografierten Aspisvipern im kleineren der beiden Teilareale (1,5 ha) wurden vollständig anhand ihres Zeichnungsmusters identifiziert, die Fotos mit Nummern versehen und tabellarisch erfaßt für den Zeitraum 1983 bis 1992.

Zwei in der Zoologie gebräuchliche Formeln zur Ermittlung von Populationsgrößen (Fang-Wiederfang-Methoden) wurden angewandt, obwohl bei individuenarmen Populationen diese Formeln nicht besonders aussagekräftig sind. Errechnet wurden, je nach Variation der Eingangsgrößen, eine Zahl zwischen 39,6 und 46,1 im Durchschnitt 42 Exemplare. Zuvor wurde die Populationsgröße aufgrund langjähriger Beobachtungen und dem fast schon persönlichen Kontakt zu den Schlangen auf etwa 40 Exemplare geschätzt. Beide Ergebnisse decken sich weitgehend.

Die Individuengröße im anderen Teilareal (ca. 6 ha) ist schätzungsweise vier bis fünf mal so hoch. Dort konnten noch nicht alle Tiere identifiziert werden; das Datenmaterial ist bisher nur etwa zur Hälfte ausgewertet.

Abb. 7: Adultes Weibchen mit ungewöhnlich stark ausgeprägter schwarzer Färbung. Aufnahme: H. SAUERBIER

Adult female with unusual dark colour.

Die Identifizierung wird erschwert durch die große Anzahl nicht vollständig abgebildeter Exemplare und durch die Verschiebung der Alters- und damit Größenklassen im Untersuchungszeitraum von nunmehr 10 Jahren.

6. Schutz und Gefährdung

Im Laufe der bisherigen Untersuchungen und Beobachtungen wurden eine Reihe wünschenswerter Punkte zur Erhaltung oder Verbesserung des Aspisviper-Lebensraums zusammengetragen. Die wichtigsten Maßnahmen sind die Erhaltung und Schaffung eines für die Schlange optimalen Mosaiks von offenen und halboffenen Wald- und Felspartien. Dabei sollte der natürliche Zustand im Lebensraum weitgehend belassen werden, da die Viper nicht allein betrachtet werden darf, sondern als Teil eines großflächigen, sehr naturnahen Biotops.

Die Tatsache, daß sich hier das einzige Vorkommen von *Vipera aspis* in Deutschland befindet, rechtfertigt aber gezielte kleinflächige Eingriffe in den Waldbestand zugunsten der Schlange.

Schutzmaßnahmen für die Aspisviperpopulation:
- Pflege wichtiger Habitatelemente (z.B. bevorzugte Sonnungsplätze), insbesondere Verhinderung starker Beschattung
- Ausweisung eines Naturschutzgebiets und Schonwalds
- Auslichten von geeigneten Waldpartien
- Umbau von Nadel- in Laubwald
- Freistellung von Felsen
- Beschrankung eines Waldweges gegen Befahrung durch Unbefugte
- kein Ausbau vorhandener Wirtschafts- und Wanderwege
- Ankauf von Waldflächen durch das Land (Forst- bzw. Naturschutzverwaltung) und Umbau in naturgemäße Bestockung
- Förderung der natürlich vorkommenden Lichtbaumarten Eiche und Kiefer
- Schaffung gut strukturierter Stellen im Randgebiet
- Koordination mit der Straßenrandpflege durch die Straßenmeisterei (z.B. Pflege außerhalb der Aktivitätszeit der Schlangen)

Mögliche direkte Gefährdungsursachen sind gezieltes illegales Wegfangen durch Sammler sowie Totschlagen Reptilien. Dem kann durch Aufklärung begegnet werden. Der Verlust durch Kfz-Verkehr ist nicht unbedeutend, die Sperrung einer Straße sollte erwogen werden.

Beim Vergleich der heutigen Luftbilder mit denen aus den 50er Jahren konnten wir feststellen, daß im Bereich der heutigen Kernhabitate die Überschirmung durch Bäume nur unwesentlich verändert ist. In den Rand- und Zwischenbereichen jedoch war die Bestockung deutlich dünner und aufgelockerter als heute, was auf die damals noch recht intensive Brennholznutzung zurückzuführen sein dürfte. Mit Nachlassen der Eingriffe nahm die Überschirmung zu und der Lebensraum von *Vipera aspis* wurde eingeschränkt, die Vernetzungskorridore seltener und kleiner.

Für viele Populationen der Nordschweiz war das Aufgeben der meist niederwaldartigen Bewirtschaftung vieler Hänge (durch Rückgang der Holzheizungen, Umstellung auf Heizöl) die Hauptursache für den Rückgang der Viper. Inwieweit sich diese Entwicklung auch im rechtsrheinischen Gebiet abzeichnet, muß untersucht werden. Eine dichtere Überschirmung bisher lichter Waldpartien am Rand des Areals oder gar in dessen Zentrum ist möglicherweise die größte Gefahr für die Viper.

Die zahlreichen Fotografien dokumentieren einige der wenigen Aspisvipern der Bundesrepublik, die in Anklang an FROMMHOLD (1965) jede für sich als Naturdenkmal betrachtet werden sollten.

Nachtrag

Im Herbst 1993 konnte ein 5. Teilareal entdeckt werden - die Aspisviper rückt wesentlich näher an Kreuzottervorkommen.

Vipera aspis in the Black Forest

In Germany there is actually only one place with *Vipera aspis*; a small site in the southeastern part of the Black Forest. Methods and results of an extensive survey in the course often years are represented, reasons for threat and proposals for protection are described.

Schriften

CAMBENSY, J. (1984): Vorkommen der Aspis-Viper, *Vipera aspis* (LINNAEUS 1758) in Baden-Württemberg (Serpentes; Viperidae). - Salamandra 20(1): 56-58.

DUSEJ, G. & H. BILLING (1991): Die Reptilien des Kantons Aargau - Verbreitung, Ökologie und Schutz. - Mitt. Naturf. Ges. 33: 233-335.

FRITZ, K., M. LEHNERT, G. MÜLLER und M. SCHRENK (1985): Status und Schutzproblematik des Aspisviper (*Vipera aspis* L.) in der Bundesrepublik Deutschland. - Natur und Landschaft, 60: 9: 360-361.

FRITZ, K., G. MÜLLER, M. LEHNERT & M. SCHRENK (1987): Zur gegenwärtigen Situation der Aspisviper (*Vipera aspis* L.) in Deutschland. - Beih. Veröff. Naturschutz Landschaftspflege Bad.-Württ. 41: 463-472.

FROMMHOLD, E. (1965): Heimische Lurche und Kriechtiere. - Die Neue Brehm-Bücherei, Wittenberg.

HUBER (1916): Die wärmeliebende Tierwelt der weiteren Umgebung Basels. - Arch. Naturgesch., Berlin, (A) 82(7): 1-20.

Verfasser

Klemens Fritz & Manfred Lehnert, ABS (Amphibien/Reptilien-Biotop-Schutz), c/o Klemens Fritz, Tennenbach 6 (Forsthaus), D-79348 Freiamt.

Die Biologie der Kreuzotter (*Vipera berus*, L. 1758) in Mitteleuropa - ein kurzer Überblick

HANS-JÜRGEN BIELLA † & WOLFGANG VÖLKL

Key words: *Vipera berus*, biology, diurnal activity, sloughing intervals, reproduction, prey, enemies, population structure

Einleitung

Die Kreuzotter stellt in der Paläarktis die Schlange mit dem nördlichsten Verbreitungsareal dar und kommt in Skandinavien bis zum Polarkreis vor (ARNOLD & BURTON 1979; SCHIEMENZ 1985). In Mitteleuropa gilt sie als boreales Faunenelement und Glazialrelikt (MERTENS 1947). Für diese biogeographische Zuordnung sprechen auch typische Anpassungen an kalte Klimate, wie die Ovoviviparie und die Fähigkeit, die Rippen abzuspreizen und damit die Aufnahmefläche für die Strahlung und die Wärmebilanz zu verbessern (SPELLERBERG 1980) sowie die Präferenz für Habitate mit kühlen Extremklimata wie Hochmooren, montanen Waldbereichen und hochalpinen Lagen.

Anthropogen bedingte Veränderungen der Landschaft seit dem Ende der letzten Eiszeit führten dazu, daß sich die Kreuzotter aus ihren postglazialen Reliktlebensräumen im Randbereich von Hochmooren und in waldarmen oder waldfreien präalpinen bzw. hochmontanen bis alpinen Lebensräumen insbesondere in der vorindustriellen Kulturlandschaft stark ausbreiten konnte. Dazu trug vor allem das Abholzen der Wälder bei, wodurch oft Lichtungen, Schlagfluren oder Heiden mit einem Mikroklima und einer Vegetation entstanden, die Moorrändern ähneln. Aufgrund der fortschreitenden Landnahme und Landnutzung wird die Kreuzotter heute jedoch sowohl in ihren primären als auch in den sekundären Lebensräumen weiterhin stark zurückgedrängt, so daß sie inzwischen stark gefährdet ist.

Im folgenden Beitrag geben wir einen kurzen Überblick über die Biologie der Kreuzotter in Mitteleuropa (vgl. auch FROMMHOLD 1969, BRUNO 1985, SCHIEMENZ 1985, BRODMANN 1987), wobei wir auf eine Darstellung der Lebensräume, der Raumnutzung und des Jahresrhythmus sowie von Schutzkonzeptionen verzichten, um Überschneidungen mit den weiteren Beiträgen zur Kreuzotter in diesem Band zu vermeiden.

Annuelle Aktivitätsperiode

Kreuzottermännchen verlassen das Winterquartier im allgemeinen vor den Weibchen (DÜRIGEN 1897, VIITANEN 1967, PRESTT 1971, BIELLA 1977, BIELLA & VÖLKL 1987), wobei die ersten Beobachtungen in Deutschland je nach Witterung und Höhenlage zwischen Mitte Februar und Anfang April (Männchen) schwanken können (BIELLA et al. 1993). Die Weibchen werden in der Regel etwa zwei Wochen nach den Männchen aktiv, wobei die

Zeitdifferenzen bei unseren Untersuchungen je nach Witterung zwischen drei Tagen und vier Wochen schwankten. Die Rückwanderung der Männchen und nicht-reproduktiven Weibchen zu den Herbstsonnplätzen (die meist mit den Frühjahrssonnplätzen identisch sind) bzw. den Winterquartieren erfolgte zwischen Ende August und Mitte September. Die letzten Beobachtungen am Winterquartier datieren in den meisten Regionen Deutschlands zwischen Mitte bis Ende Oktober; ausnahmsweise können in warmen Jahren die letzten Kreuzottern noch Anfang November beobachtet werden.

Die durchschnittliche jährliche Aktivitätsperiode schwankt damit in Deutschland zwischen etwa 180 Tagen und 215 Tagen, wobei BIELLA & VÖLKL (1987) im langjährigen Mittel eine etwa 10 Tage längere Aktivitätsperiode (durchschnittl. 208 Tage) für die Oberlausitz (Tieflandspopulation) im Vergleich zum Fichtelgebirge (Mittelgebirgspopulation; durchschnittlich 198 Tage) feststellen konnten.

Diurnale Aktivitätsrhythmen

Die diurnale Aktivität der Kreuzotter hängt von der Tageslänge, der Witterung und dem reproduktiven Status bzw. Geschlecht der Tiere ab. Generell gilt, daß die Länge der diurnalen Aktivitätsperiode bzw. die Dauer der Sonnenbäder mit steigender Tageslänge zunimmt (BIELLA & VÖLKL 1987). Am Frühjahrs-/Herbstsonnplatz können neben den Sonnenbädern kaum echte Aktivitäten (außer Flucht bei Störung) beobachtet werden, was auch den geringen Aktionsradius und die hohen Beobachtungswahrscheinlichkeiten aller Tiere an diesen Plätzen erklärt. An den Paarungsplätzen zeichnen sich die Weibchen durch verhältnismäßig hohe Ortskonstanz aus, während die Männchen innerhalb der Paarungsplätze oft sehr große Strecken pro Tag zurücklegen (ANDRÉN 1982a; VÖLKL & BIELLA unpubl.). Reproduktive Weibchen zeigen an den »Brutplätzen« außer Sonnenbädern ebenfalls nur sehr wenige Aktivitäten, was zu entsprechend geringen »home ranges« und hohen Beobachtswahrscheinlichkeiten bei den einzelnen Tieren führt. Dagegen streifen Männchen und nicht-reproduktive Weibchen in ihren Sommerrevieren bei der Nahrungssuche sehr viel umher.

Eine Nachtaktivität der Kreuzotter konnte im Freiland bisher nicht gesichert nachgewiesen werden. In Freilufterrarien konnten einzelne Tiere bei relativ hohen Nachttemperaturen (>15 °C) regelmäßig auch nachts aktiv (d.h. umherkriechend) beobachtet werden, wobei zusätzliche Gewitterregen hier ein stimulierende Wirkung zeigten (BIELLA & VÖLKL 1987). Eventuell spielt hierbei auch das hohe Trinkbedürfnis der Kreuzotter eine Rolle.

Häutungsintervalle

Die erste (nicht wachstumsbedingte, sondern hormongesteuerte) Häutungsphase der Männchen (»Hochzeitshäutung«) fand in vier langjährig untersuchten Populationen (Oberlausitz, Thüringen, Erzgebirge, Fichtelgebirge) unabhängig von der vorausgehenden Dauer der Frühjahrsonnperiode (Schwankungen zwischen zwei und sieben Wochen) und den dabei herrschenden klimatischen Bedingungen sehr konstant Ende April - Anfang Mai (= kurz vor dem Beginn der Paarungsperiode) statt, was auf eine photoperiodische Steuerung der ersten Häutung schließen läßt (NILSON 1980, ANDRÉN 1982b,

BIELLA et al. 1993). Normalerweise zeigen adulte Männchen und Weibchen zwei wachstumsbedingte Häutungen, deren Zahl aber nach unseren Beobachtungen in einzelnen Jahren und in den gleichen Untersuchungsgebieten bei Männchen zwischen ein und drei variieren kann (SCHIEMENZ 1978, 1985; BIELLA et al. 1993). Unbestritten ist der Einfluß der Witterung auf die Häutungsintervalle. Inwieweit bei ausgewachsenen Individuen hierbei Faktoren wie Nahrungsaufnahme und Alter eine Rolle spielen, muß noch geklärt werden.

Nahrung

Erwachsene Kreuzottern ernähren sich vor allem von Eidechsen, Fröschen und Kleinsäugern, wobei das jeweilige Beutespektrum stark vom lokalen Angebot bzw. vom Lebensraum abhängt. Für die Schäreninseln an der südschwedischen Küste geben ANDRÉN (1982) und ANDRÉN & NILSON (1983) eine starke Abhängigkeit von der Erdmaus (*Microtus agrestis*) an, während in den Waldlebensräumen Mitteleuropas die Rötelmaus das wichtigste Beutetier ist (POMIANOWSKA-PILIPIUK 1974; SEBELA 1980; SCHIEMENZ 1985; BIELLA 1985). In Moorgebieten bzw. Feuchtlebensräumen spielen Braunfrösche (*Rana temporaria, Rana arvalis*) eine wichtige Rolle (CLAUSNITZER 1978, SEBELA 1980; eigene Beobachtungen). Daneben werden auch Waldeidechsen, weitere kleine Wühlmäuse und Langschwanzmäuse sowie Spitzmäuse regelmäßig gefressen (PIELOWSKI 1962, POMIANOWSKA-PILIPIUK 1974, SEBELA 1980, SCHIEMENZ 1985). Die juvenilen Tiere (bis etwa eineinhalb Jahre) leben dagegen fast ausschließlich von jungen Braunfröschen und Waldeidechsen (SEBELA 1978, SCHIEMENZ 1983, 1985), so daß dem entsprechend häufigen Vorkommen dieser beiden Arten eine zentrale Rolle für das Überleben der Jungtiere zukommt.

Freßperioden zeigen wie die Wanderungen der Individuen innerhalb eines Lebensraumes Abhängigkeiten von Fortpflanzung und Konstitution. Kreuzottermännchen beginnen meist nach der Paarung (i.a. bei der Ankunft in den Sommerquartieren) mit der Nahrungsaufnahme (BIELLA & SCHIEMENZ 1985), Dagegen fressen Weibchen bei günstiger Witterung unter Umständen schon bald nach den Sonnenbädern Ende April - Anfang Mai. So konnte beispielsweise im Fichtelgebirge die Prädation einer erwachsenen Bergeidechse durch ein reproduktives Weibchen am 1. Mai beobachtet werden. Unter günstigen Bedingungen kann die Freßperiode der Männchen bereits Ende Juli wieder enden. Unter nicht-reproduktiven Weibchen registriert man bei geringerer Beutetierdichte mitunter eine Nahrungsaufnahme bis zum Verlassen der Sommerquartiere bzw. ausnahmsweise noch an den Herbstsonnplätzen. Ebenso nehmen reproduktive Weibchen nach dem Absetzen der Jungtiere oft bis in den September hinein Nahrung zu sich.

Fortpflanzung

Die Fortpflanzungsaktivitäten der Kreuzotter beginnen mit der Paarungszeit, die in Deutschland weitgehend unabhängig von der Witterung und der Höhenlage Ende April bis Anfang Mai beginnt und je nach Witterung Mitte Mai bis Anfang Juni endet (BIELLA et al. 1993). Kommentkämpfe der Männchen (unabhängig von der Tageszeit) und Kopulationen (tageszeitlich gehäuft zwischen 12.00 und 16.00 Uhr) finden während der gesamten Fortpflanzungsperiode statt (BIELLA & VÖLKL 1987).

Die durchschnittliche Dauer der Trächtigkeitsperiode hängt in Mitteleuropa stark von der jeweiligen Witterung des Sommers, und hier insbesondere von der Sonnenscheindauer, ab. Sie schwankt zwischen etwa 2,5 Monaten in warmen Jahren (Geburten ab Mitte August) und 4 Monaten in Jahren mit kalten Sommern (Geburten frühestens Ende September) (BIELLA et al. 1993), wobei die Variationen innerhalb einer Population wahrscheinlich auf verschiedenen Paarungszeitpunkte zurückzuführen sein dürften. Regionale Unterschiede im Kleinklima (Tiefland, montane Bereiche) scheinen hierbei nur eine untergeordnete Rolle zu spielen, da die jeweiligen Zeiträume für Tieflandspopulationen in der Oberlausitz und Thürigen sowie Mittelgebirgspopulationen im Fichtelgebirge und Erzgebirge in den entsprechenden Jahren vergleichbar waren (BIELLA et al. 1993). Späte Geburtstermine bergen unabhängig von Alter und Größe des Weibchens und von der Nachkommenzahl ein stark erhöhtes Risiko von Totgeburten (Abb. 1), wie es auch für die Schlingnatter nachgewiesen wurde (SPELLERBERG 1980; STRIJBOSCH & VAN GELDER 1993). Dabei werden voll entwickelte Jungtiere geboren, die aber entweder nicht aus der Eihülle schlüpfen oder die erste Häutung nach der Geburt nicht vollziehen können und kurz darauf sterben.

Die Anzahl Jungtiere pro Wurf liegt zwischen 4 und 20 bei einem Mittel von 7 bis 10 Tieren (SCHIEMENZ 1985). Von uns gemessene Jungtiere wiesen Längen zwischen < 15cm

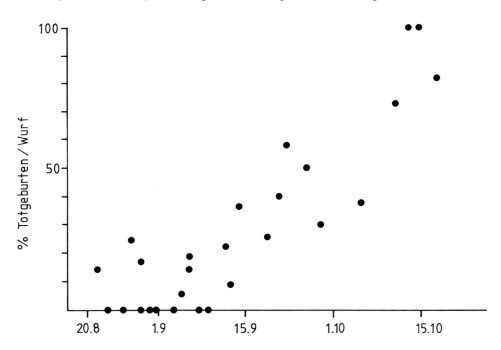

Abb. 1: Abhängigkeit des prozentualen Anteils an totgeborenen Kreuzotterjungen pro Wurf vom Geburtstermin in einem Untersuchungsgebiet im Fichtelgebirge. Daten von 1983 - 1987 zusammengestellt.

Relationship between the ratio of still-born adders per clutch and birth date in an adder population studied in the Fichtelgebirge. Data from 1983 - 1987 are pooled.

Jahr	adulte Männchen (>35 cm)	adulte Weibchen (>35 cm)	subadulte Tiere (20-25 cm)	(letztjährige Tiere) (<20 cm)
1983	14	18	12	(6)
1984	16	20	10	(5)
1985	13	15	12	(8)
1986	12	15	12	(10)
1987	13	14	9	(9)

Tab. 1: Populationsstruktur einer Kreuzotterpopulation im Fichtelgebirge zwischen 1983 und 1987. Die Anzahl letztjähriger Jungtiere ist in Klammern angegeben, da diese an den Winterquartieren wahrscheinlich nicht vollständig erfaßt wurden.

Population structure of an adder population studied in the Fichtelgebirge between 1983 and 1987. The number of neonates is given in brackets, since they where presumably recorded uncompletely at the hibernation sites.

und >18 cm auf. Das durchschnittliche Gewicht schwankt regional sehr stark (durchschnittliche Werte zwischen 3,1 g und 5,4 g), wobei die für das Gebiet der Bundesrepublik publizierten Werte zwischen 3,1 - 3,6 g (Fichtelgebirge; VÖLKL 1989), 3,3 g (Erzgebirge; SCHIEMENZ 1983) und 3,9 g (Ostseeküstenbereich; PETZOLD 1980) liegen. Die Anzahl der Jungtiere pro Wurf korreliert mit der Länge und somit auch mit dem Alter des Muttertieres. Desweiteren scheinen die Wurfgrößen wie auch das durchschnittliche Gewicht der Jungen pro Wurf vom Nahrungsangebot im jeweiligen Lebensraum abzuhängen (ANDRÉN & NILSON 1983; VÖLKL 1989).

Populationsstruktur

Populationsstrukturanalysen bei der Kreuzotter sind sehr problematisch, da sich reproduktive und nicht-reproduktive sowie subadulte Tiere sehr unterschiedlich verhalten und damit möglicherweise nicht gleich häufig registriert werden. Weiterhin wird sich der Anteil juveniler Tiere naturgemäß bei Zählungen im Herbst und im Frühjahr (hohe Mortalität der Neugeborenen während des ersten Herbstes/Winters) stark unterscheiden.

Bei unseren Untersuchungen im Fichtelgebirge, im Erzgebirge und in der Oberlausitz konnten wir (bei Nicht-Berücksichtigung von Jungtieren, die kleiner als 20 cm waren) ein relativ ausgeglichenes Verhältnis von etwa je einem Drittel adulten Männchen, adulten Weibchen und subadulten Tieren feststellen (BIELLA et al. 1993; Tab. 2). Ähnliche Relationen gibt auch PIELOWSKI (1962) an. Demgegenüber fanden VOLSOE (1944) und BELOVA (1975) nur einen sehr geringen Teil (< 10%) adulter Weibchen, während diese bei JUSZCZYK (1974; zitiert nach SCHIEMENZ 1985) etwa 50% der Population stellten.

Natürliche Feinde

Von den natürlichen Feinden der Kreuzotter erlangen in Mitteleuropa Iltis und Igel lokal eine gewisse Bedeutung. Unter verschiedenen heimischen Greifvogelarten, die gelegentlich Kreuzottern nachstellen, ist vielleicht der Mäusebussard hervorzuheben. MELDE (1976) verzeichnet die Schlange im Bielaer Teichgebiet mehrfach als Beute des Bussards. Auch aus dem Dübriger Moor wurde dieser Greif wiederholt als Schlangenvertilger bekannt (vgl. auch STEPANEK 1949, SLADEK 1961). Schwer einzuschätzen ist der Einfluß der Wildschweine, die sowohl juvenile als auch adulte Ottern fressen und die Tiere oft auch in ihrem Winterquartier aufstöbern. Bei Untersuchungen im Fichtelgebirge konnte nach dem Einwandern einer bzw. mehrerer Wildschweinrotten ab etwa 1986 in das vorher traditionell schwarzwildfreie Gebiet eine starke Abnahme der Kreuzotter in der Nähe der Wildschweinsuhlen und der - von Jägern angelegten - Fütterungen festgestellt werden (VÖLKL, unpubl). Ob es tatsächlich eine negative Abhängigkeit der Kreuzottervorkommen von der Schwarzwilddichte gibt, wie ihn auch die Verbreitungsmuster beider Arten in Nordbayern vermuten lassen, muß aber noch im Detail untersucht werden.

The biology of the adder (*Vipera berus*) in Central Europe

This contributuion presents a short summary of the biology of the adder in Central Europe. In this area, male adders leave hibernation sites between end February and early April, depending on weather and location. Females normally occur two - three weeks later. The diurnal activity period depends mainly on day length, a nocturnal activity could not be assured in the field. The first male sloughing period (»mating sloughing«) seems to be dependent on the photoperiod, while other male sloughing periods as well as female sloughing are correlated with weather and food availability. The main food of adult adders are small mammals, especially bank voles, frogs and lizards. Neonate adders feed exclusively on lizards and small frogs. Mating takes place in May, the neonates are born between mid August and mid October. Clutch size varies between 4 and 20 adders, with a mean of about 8. The ratio of still-borne adders increases with late birth dates. The population structure in spring is characterized by a balanced sex ratio and a high ratio of adult adders, since neonate mortality during the first winter is very high. The most important natural enemies are raptorial birds, polecats, hedgehocks and - presumably - wild boars.

Schriften

ANDRÉN, C. (1982a): The role of the vomeronasal organs in the reproductive behaviour of the adder *Vipera berus*. - Copeia 1982: 148-157.

ANDRÉN, C. (1982b): Effect of prey density on reproduction, foraging, and other activities in the adder, *Vipera berus*. - Amphibia-Reptilia 3: 81-96.

ANDRÉN, C. & NILSON, G. (1983): Reproductive tactics in an island population of adders, *Vipera berus* (L.), with a fluctuating food resource. - Amphibia-Reptilia 4: 63-79.

ARNOLD, E.N. & J.A. BURTON (1979): Pareys Amphibien- und Reptilienführer Europas. - Hamburg und Berlin (Parey), 270 S.

BELOVA, Z.V. (1975): Die Populationsstruktur der Kreuzotter (*Vipera berus*) nach Alter und Geschlecht. - Zool. J. Moskau 54: 143-145 (russ.).

BELOVA, Z.V. (1976): Spatial structure of a population of the common adder, *Vipera berus*. - Soviet J. Ecol. 7: 53-56.

BIELLA, H.J. (1977): Studien zur Verbreitung und Ökologie der Kreuzotter in der Oberlausitz. - Abh. Ber. Naturk. Mus. Görlitz 51(4): 1-9.

- (1978): Beobachtungen zur Vergesellschaftung der Kreuzotter (*Vipera b. berus* L.) während der Aktivitätsperiode. - Zool. Abh. Staatl. Mus. Tierkde. Dresden 35: 219-221.

- (1980): Untersuchungen zur Fortpflanzungsbiologie der Kreuzotter (*Vipera b. berus* L.). - Zool. Abh. Staatl. Mus. Tierkde. Dresden 36 (6): 117-125.

- (1985): Glattnatter und Kreuzotter in der Oberlausitz. - Natura Lusatica, Bautzen, 9: 28-37.

- (1988): Bemerkenswerte Abundanzen bei Oberlausitzer Schlangenpopulationen. - Abh. Ber. Naturk. Mus. Görlitz 61(10): 45-52.

BIELLA, H.J., DITTMANN, G. & VÖLKL, W. (1993): Ökologische Untersuchungen an Kreuzotterpopulationen (*Vipera berus* L.) in vier Regionen Mitteldeutschlands (Reptilia, Serpentes, Viperidae). - Zool. Abh. Staatl. Mus. Tierkde. Dresden 47: 193-204.

BIELLA, H.J. & H. SCHIEMENZ (1980): Beobachtungen zur Nahrungsaufnahme der Kreuzotter im Freilufterrarium. - Zool. Garten, N.F., Jena, 50: 15-16.

BIELLA, H.J. & W. VÖLKL (1987): Beobachtungen zur saisonalen und diurnalen Aktivität der Kreuzotter (*Vipera b. berus* L.). - Zool. Abh. Staatl. Mus. Tierkde. Dresden 43: 41-48.

BRODMANN, P. (1987): Die Giftschlangen Europas und die Gattung *Vipera* in Afrika und Asien. Kümmerly & Frey, Bern.

BRUNO, S. (1985): Le Vipere d'Italia e d'Europa. - Edagricole, Bologna.

CLAUSNITZER, H.J. (1978): Nahrung und Biotopanspruch der Kreuzotter im Landkreis Celle. - Beitr. Naturkde. Niedersachsen, 25: 85-86.

DÜRIGEN, B. (1897): Deutschlands Amphibien und Reptilien. - Magdeburg.

FROMMHOLD, E. (1969): Die Kreuzotter. Neue Brehm Bücherei 332. - Wittenberg.

GODDARD, P. & I.F. SPELLERBERG (1980): Reproduction as a factor in the conservation of *Coronella austriaca* LAUR. in Southern England. - Bull. Ecol. 11: 535-541.

GRUSCHWITZ, M., W. VÖLKL, P.M. KORNACKER, M. WAITZMANN, R. PODLOUCKY, K. FRITZ & R. GÜNTHER (1993): Die Schlangen Deutschlands - Verbreitung und Bestandssituation in den einzelnen Bundesländern. - Mertensiella, Bonn, 3: 7-38.

JUSZCYK, W. (1974): Plazy i gady krajowe. - Warschau.

MELDE, M. (1976): Der Mäusebussard. Neue Brehm Bücherei. - Wittenberg.

NEUMEYER, R. (1987): Density and seasonal movements of the adder (*Vipera berus* L. 1758) in a subalpine environment. - Amphibia-Reptilia 8: 259-276.

NILSON, G. (1980): Male reproductive cycle of the European adder, *Vipera berus*, and its relation to annual activity periods. - Copeia 1980: 727-737.

MERTENS, R. (1947): Die Lurche und Kriechtiere des Rhein-Main-Gebietes. Frankfurt/Main.

PIELOWSKI, Z. (1962): Untersuchungen über die Ökologie der Kreuzotter (*Vipera berus* L.). - Zool. Jb. Syst. 89: 479-500.

POMIANOWKSA-PILIPIUK, I. (1974): Energy balance and food requirements of adult vipers *Vipera berus* (L.). - Ekol. Polska 22: 195-211.

PRESTT, I. (1971): An ecological study of the viper *Vipera berus* in Southern Britain. - J. Zool., London, 164: 373-418.

Schiemenz, H. (1978): Zur Ökologie und Bionomie der Kreuzotter (*Vipera berus berus* L.). Teil I: Adulte Männchen und Weibchen. - Zool. Abh. Staatl. Mus. Tierkde. Dresden 35(12): 203-221.

- (1983): Zur Ökologie und Bionomie der Kreuzotter (*Vipera berus berus* L.). Teil II: Entwicklung der Jungtiere von der Geburt bis zur Geschlechtsreife. - Zool. Abh. Staatl. Mus. Tierkde. Dresden 39: 51-60.

- (1985): Die Kreuzotter. - Neue Brehm Bücherei A. Ziemsen, Wittenberg Lutherstadt. 108 S.

Sebela, M. (1978): Contribution to the knowledge of the common vipers' (*Vipera berus* L.) diet in the Ceskomoravska vysocina. - Cas. mor. Musea, Sci. Nat. 58: 213-216.

Sebela, M. (1980): The diet of the common viper in the area of Mt. Kralicky sneznik. - Folia Zool., Brünn, 29: 117-123.

Sladek, J. (1961): Beitrag zur Kenntnis der Nahrungsökologie des Mäusebussards. - Zool. Listy 10: 331-344.

Spellerberg, I.F. (1976): Adaptations of reptiles to cold. - In: d'A Bellairs, A. & C.B. Cox (Hrsg.): Morphology and Biology of Reptiles. - Linnean Society Symposium Series 3: 261-285.

Stepanek, O. (1949): Obojzivelnici a plazi zemi ceskych. - Praha.

Strijbosch, H. & J.J. van Gelder (1993): Ökologie und Biologie der Schlingnatter *Coronella austriaca*, Laurenti, 1768, in den Niederlanden. - Mertensiella, Bonn, 3: 39-58.

Viitanen, P. (1967): Hibernation and seasonal movements of the viper, *Vipera berus berus* (L.) in Southern Finland. - Ann. Zool. Fenn. 4: 472-546.

Völkl, W. (1989): Prey density and growth: Factors limiting the hibernation success of neonate adders (*Vipera berus* L.) (Reptilia: Serpentes,Viperidae). - Zool. Anz. 222: 75-82.

Völkl, W. & H.J. Biella (1988): Traditional using of mating and breeding places by the adder (*Vipera berus* L.). - Zool. Abh. Staatl. Mus. Tierkde. Dresden 44 (3): 19-23.

Volsoe, H. (1944): Structure and seasonale variations of the male reproductive organs of *Vipera berus*. - Sol. Zool. Mus. Haunensis, Kopenhagen, 5: 1-172.

Verfasser

Dr. Wolfgang Völkl, Lehrstuhl für Tierökologie I, Universität Bayreuth,
PF 101251, D-95440 Bayreuth.

Die Kreuzotter (*Vipera b. berus* LINNAEUS 1758) in Nordrhein-Westfalen Lebensräume, Gefährdung & Schutz

ARNO GEIGER

Key words: Viperidae, *Vipera b. berus*, distribution, habitats, threats, status, conservation, Northrine-Westphalica

Im Bereich des BRD-Bundeslandes Nordrhein-Westfalen kommen natürlicherweise nur drei Schlangenarten vor. Dies sind die Ringelnatter mit ihren Unterarten *Natrix n. natrix* und *Natrix n. helvetica*, die Schling- oder Glattnatter, *Coronella austriaca* und die Kreuzotter, *Vipera b. berus*.

Die Grundzüge der Verbreitung dieser drei Arten sind durch die in diesem Land tätigen Feldherpetologen in den beiden Landesherpetofaunen bereits Anfang der achziger Jahre niedergelegt worden. Für den Landesteil Westfalen hat dies die Arbeitsgruppe »Amphibien und Reptilien Westfalen« der ABÖL, die 1981 ihre Arbeit »Amphibien und Reptilien Westfalens« mit R. FELDMANN als Herausgeber veröffentlicht hat. Für den Landesteil Nordrhein ist in Gemeinschaftsarbeit von ehrenamtlichen und vor allem naturschützerisch motivierter Personen, die sich als Arbeitsgruppe dem BUND angeschlossen hatte, ebenfalls ein Verbreitungsatlas mit dem Titel »Die Lurche und Kriechtiere im nördlichen Rheinland« erstellt worden (A. GEIGER & M. NIEKISCH, Hrsg., 1983).

In der Zwischenzeit sind nur einige Arbeiten über die Autökologie der hier heimischen Schlangen hinzugekommen, vorallem die Arbeiten von ECKSTEIN (1987, 1990, 1993) über die Ringelnatter sind dabei anzuführen. Nachwievor fehlen Arbeiten über die Schlingnatter und die Kreuzotter aus diesem Bundesland. Insgesamt aber hat die Diskussion über Kriechtiere generell deutlich zugenommen und ein dreitägiges Symposium über »Reptilienschutz in Nordrhein-Westfalen: -Grundlagen, Resultate, Perspektiven-« fand 1989 im Biologischen Institut Metelen statt (siehe Seminarbericht Nr. 9 des Naturschutzzentrum NRW, 1990).

Die vorliegende Arbeit gibt einen Überblick über die kleinräumige Verbreitung und die besiedelten Biotoptypen, sowie über die Gefährdung und den Schutz der Kreuzotter in Nordrhein-Westfalen.

Verbreitung der Kreuzotter in NRW

Die aktuelle Verbreitung der Kreuzotter in NRW zeigt eine deutliche Beschränkung der Art auf ihre Restareale im atlantisch getönten Norden und Nordwesten des Landes. Hier wird sie in den Heiden und Moorgebieten der Westfälischen Bucht, im Westfälischen Tiefland, sowie in den Binnendünengebieten des Niederrheinischen Tieflandes mit inselhaften Vorkommen und in geringen Individuendichten nur noch angetroffen. Funde liegen aus folgenden naturräumlichen Untereinheiten vor (von West nach Nordost aufge-listet): Schwalm-Nette-Platten, Niederrheinische Höhen- und Sandplatten, Westmünsterland, Plantlüner Sandebene, Rahden-Diepenauer Geest und der Diepenauer Moorniederung.

Weiter nach Norden schließen sich im Breich des Bundesland Niedersachsen die Kreuzottervorkommen in den Moor- und Heidegebieten der Ems-Hunte-Geest und Dümmer-Geestniederung an. Der Schwerpunkt der niedersächsischen Kreuzottervorkommen liegt aber weiter nordöstlich im Aller-Weser-Flachland, in der Staader Geest, der Lüneburger Heide und im Wendland (PODLOUCKY & FISCHER 1991).

Funde aus dem südwestfälischen Waldgebirge (Sauerland) gehen mit ziemlicher Sicherheit auf ausgesetzte Tiere zurück (FELLENBERG 1976). Das Fehlen der Kreuzotter im Sauerland wird seit längerer Zeit diskuiert. SCHRÖDER (1964) führt im wesentlichen klimatische Gründe an, wie ungünstiger Strahlungsbilanz im Jahresverlauf, zu hohe Niederschläge, häufige Spätfröste, Flachgründigkeit und ungünstiger Wärmehaushalt der Böden. Auch fehlen im Sauerland lokale Wärmeinseln mit geeigneten kleinklimatischen Bedingungen.

Lebensräume der Kreuzotter

Zwei Biotoptypen mit ihren Misch- und Übergangsformen werden in den o.g. nordrhein-westfälischen Naturräumen hauptsächlich besiedelt: die Moor- und Heidekomplexe, sowie die Innen- und Außenränder von Mischwäldern mit angrenzenden Heideflächen (GLANDT 1971, ADER 1981, GEIGER 1983, FELDMANN 1985).

Die Populationen die in Waldstandorten leben, besiedeln bevorzugt feuchte bis mittelfeuchte Ränder von Eichen- und Birkenwäldern oder auch die Randbereiche von lichten Kiefernwäldern, an die sich extensiv bewirtschaftete (Feucht-) Wiesenbereiche oder/und Heideflächen anschließen. Die Tiere bevorzugen dabei Pfeifengrasbulten, Adlerfarnhorste und Brombeergestrüpp als Aufenthaltsorte. Selbst schmale Pfeifengrasstreifen am Rande von wenig begangenen Waldwegen werden besiedelt. Beobachtungen innerhalb geschlossener Waldbestände liegen nicht vor, so daß angenommen werden kann, daß dichter Wald gemieden oder (von migrierenden Jungtieren?) nur auf den Wanderungen zwischen Winter- und Sommerquartieren durchquert wird. Weitere Lebensräume befinden sich inmitten ausgedehnter Heideflächen, am Rande von Mooren und auf Binnendünen. Allerdings müssen die Sandflächen der Binnendünen mit Wacholder, Ginster, Eichen oder der Besenheide bestanden sein, denn deckungsarme Dünen werden gemieden (MÜLLER 1980).

Auf den Heideflächen und in den Moorandbereichen bevorzugen die Ottern ebenfalls geschützt liegende, ungestörte Sommerstandorte. Sie müssen windstill und sonnenexponiert liegen, sowie Unterschlupfmöglichkeiten besitzen, die die Tiere bei Gefahr aufsuchen können. Nur wenige Funde belegen Geröllhalden und Bahndämme als Sommerquartiere. Das gilt auch für Magerrasen, es sei denn, daß sie mit Hecken durchzogen oder inselartig mit niedrigem Buschwerk bestanden sind. All diese Sommerlebensraumtypen weisen in der Regel leicht wasserdurchlässige Substrate auf. Schwere

Lehm- und Mergelböden werden hier gemieden. Aus siedlungsnahen Bereichen liegen keine Funde (mehr) vor, ebenso sind konkrete Winterquartiere hier noch nicht bekannt geworden.

Gefährdung und Schutz der Schlangenfauna

Rote Liste

Die Kreuzotter ist in der Gefährdungskategorie »2« = stark gefährdet der Roten Liste der in Nordrhein-Westfalen gefährdeten Kriechtiere eingestuft (FELDMANN, R. & A. GEIGER 1986).

Dabei konnten die älteren Beobachtungen aus dem Weserbergland in neuerer Zeit nicht mehr bestätigt werden (d.h. die Kreuzotter muß hier als ausgestorben oder verschollen gelten). Die Vorkommen im Niederrheinischen Tiefland und in der Westfälischen Bucht bzw. dem Westfälischem Tiefland sind seit dem 19 Jahrhundert auf die peripheren Bereiche der Naturräume zurückgedrängt. In diesen Naturräumen ist die Kreuzotter als stark gefährdet eingestuft. Der gleiche Trent ist in den sich nördlich daran anschließenden niedersächsischen Vorkommen von PODLOUCKY & FISCHER (1991) beschrieben worden. Hier heißt es: »Dagegen sind Nachweise aus Südniedersachsen (Naturräume: Ems-Hunte-Geest und Dümmer-Geestniederung) und aus den westlichen Landesteilen sehr dünn gestreut, wobei hier auffallend viele Fundgebiete früherer Jahrzente nicht aktualisiert werden konnten. Diese Tatsache ist wohl in erster Linie auf großflächige Lebensraumzerstörung zurückzuführen, vor allem die Abtorfung und Kultivierung der meisten Hochmoore.«

Gefährdungsgründe

Alle wesentlichen Gefährdungsursachen lassen sich auf direkte oder indirekte Einflußnahme des Menschen zurückführen: Biotopzerstörung, Verdrängung der Reptilien aus den für sie geeigneten Lebensräumen, Entzug der Nahrungsgrundlage, Vergiftung, gezielte Verfolgung.

Die Zerstörung des Lebensraumes betrifft alle Typen der von den heimischen Schlangenarten besiedelten Biotope (Zusammenstellung aus RICONO & GEIGER, 1986):

- Feuchtgebiete sind insbesondere für Ringelnatter und Kreuzotter Nahrungs- und Lebensraum. Werden sie trockengelegt, zugeschüttet, oder durch Überdüngung (Eutrophierung) verändert, erfahren auch die Mitbewohner dieser Lebensräume einen deutlichen Rückgang, so daß sie als Nahrungsgrundlage für die Schlangen ausfallen und somit diese Gebiete oft für diese Reptilienarten wertlos werden.

- Trockenstandorte sind für alle wärmeliebenden Reptilien lebenswichtig. Die Intensivierung land- und forstwirtschaftlicher Maßnahmen beeinflußt durch zunehmende Verminderung die noch vorhandenen Reste von Brachländereien oder extentiv genutzten Wirtschaftsflächen wie z.B. Magerrasen, Halbtrockenrasen, Sanddünen etc. Durch Umbruch und verstärkten Einsatz von Dünger und Bioziden wird nachhaltig auf die Vegetation und ihre Insektenfauna eingewirkt. Die Verminderung des Nahrungsangebotes und des Strukturreichtums rufen eine Verschwinden der Bestände, zumindest aber deutliche Populationsschrumpfung hervor.

- Reptilienfreundliche, lichte Mischwälder mit besonntem Waldboden, unterschiedlichen Baumaltersklassen oder »Hauberge« wurden häufig in triste Nadelwälder umgewandelt. Dichteschluß, zunehmende Beschattung und feuchteres, kälteres Kleinklima sind die Folgen und verdrängen unter anderem auch die Kreuzottern.
- Saumbiozönosen an Wald- und Feldrändern fielen und fallen noch häufig der land- und forstwirtschaftlichen Intensivierung zum Opfer und insbesondere der Schlingnatter gingen so Teile ihres Lebensraumes zur Nahrungssuche und zum Sonnenbaden verloren.
- Durch Bebauung und Versiegelung des Bodens werden große Flächen für viele Lebewesen - so auch für Schlangen - unbesiedelbar. Das gilt für die Ausweisung von Industriegebieten in den Randlagen der Orte, sowie für die Erschließung vor allem von Südhängen für die Wohnbebauung.
- Böschungen, Flußufer, Bahndämme, Mauerreste und Steinhaufen, Hecken und kleine Waldlichtungen sind Refugialräume für die Schlangen. Gerade diese Restlebensräume müssen gesichert und wieder vermehrt werden und dürfen weiteren Kultivierungsmaßnamen nicht zum Opfer fallen.
- Durch den zunehmenden Druck von Freizeit- und Erholungsnutzung auf großflächige naturnahe Landschaften, wie z.B. natürliche Seen oder Heide- und Moorgebiete werden die störungsempfindlichen Arten Kreuzotter, Ringelnatter und Schlingnatter verdrängt. Naturschutzgebiete (mit Betretungsverbot oder -einschränkung) bilden oft die letzten Rückzugsgebiete.
- Problematisch ist auch die Aufforstung offener Bachtäler, versumpfter anmooriger Wiesen oder trockener Hanglagen. Beim Heranwachsen der Schonungen wandern alle drei hiesigen Schlangenarten ab.
- Biozide entziehen zum einen durch Vernichtung der Insektenfauna (Nahrungskette) den Reptilienarten eine wichtige Nahrungsgrundlage. Zum anderen reichern sich durch Aufnahme befrachteter Nährtiere die Giftstoffe in den Körpern der Kriechtiere an. Sie sind nicht oder nur gering abbaubar und werden im Fettgewebe gespeichert. Besonders nach der Winterruhe kann es deshalb bei Mobilisierung der Fettreserven zu Vergiftungen kommen.
- Straßenbaumaßnahmen zerschneiden Biotope. Darüber hinaus werden Schlangen beim Überqueren der Straße oder beim Sonnenbaden auf dem warmen Asphalt überfahren. Auch bei Pflegemaßnahmen (Mahd) der Straßenseitenflächen können hier ruhende Exemplare (meist Sommertags, am Morgen) durch die Schlegelmäher getötet oder verletzt werden.
- Innerhalb von Ortschaften, im Ortsrandbereich, in Gärten, Parks und auf Friedhöfen in denen auch Schlangen leben oder geeignete Lokalitäten als Eiablageplatz (Ringelnatter) nutzen, können sie Beute von Haustieren, insbesondere von Katzen werden, oder werden aus Schlangenhaß erschlagen.

Schlangenschutz

Aus den genannten Gefährdungsursachen ergeben sich direkt Forderungen zu ihrem Schutz:

- Erhalt der Feuchtgebiete, Moore und unbelasteter Gewässer
- Wahrung der ursprünglichen Trockenstandorte (z.B. Dünen und Felsen)
- Schutz der Brachen, Heideflächen und Magerrasen vor Wiederbewaldung durch Zulassen extensiver Beweidung
- Erhalt naturnaher Laubwälder, Rückumwandlung von Nadelholzforsten in Laubwaldbestände
- Erhalt alter Wirtschaftsformen wie Plenterbetrieb und Femelschlag, Erhalt von Niederwäldern (Hauberge)
- Schutz und Neuanlage reich strukturierter Waldränder (Waldmäntel)
- Schutz der Restbiotope in landwirtschaftlich intensiv genutzten Gebieten: dazu gehören Hecken und Feldgehölze, Kleingewässer, Hohlwege, Säume an Wegen, Feldern und Gewässern
- Deutliche Einschränkung des Biozideinsatzes
- Flurbereinigung unter stärkerer Berücksichtigung ökologischer Belange
- Erhalt von alten, nicht mehr betriebenen Steinbrüchen
- Pflege und Erhalt alter Bahn- und Uferdämme
- Erhalt und reptilienfreundliche Pflege von alten, unverfugten Steinmauern (z.B. Burg-Ruinen-, Kloster- und Friedhofsmauern)
- Erhalt von Lesesteinhaufen
- Keine Entnahme von wildlebenden Tieren zur Terrarienhaltung, besser ist eine nicht störende Beobachtung in der Natur
- Kein Einbringen faunenfremder Tierarten, da sie in Konkurrenz mit heimischen Tierarten diese verdrängen können und als zusätzliche Fressfeinde auftreten
- Keine Zerstörung von Eiablageplätze z.B. im Komposthaufen oder von Winterquartieren z.B. in Schuppen oder Kellern
- Kein Töten der Schlangen - immer noch werden diese Tiere durch unüberlegtes und sinnloses Erschlagen Opfer des Menschen

The adder (*Vipera b. berus* LINNAEUS 1758) in Northrhine-Westphalica - Habitats, Threats & Conservation

A view of the distribution, the recent viper habitats (terrestrical habitats) and the red-data-list-status of *Vipera b. berus* in Northrhine-Westphalica is given. A survey of threats and conservation of the hole serpent fauna is added.

Literatur

ADER, K. (1981): Kreuzotter - *Vipera b. berus* (LINNAEUS 1758). - In: FELDMANN, R. (Hrsg.): Die Amphibien und Reptilien Westfalens. - Abh. Landesmus. Naturkde. Münster 43(4): 151-154.

ECKSTEIN, H.-P. (1987): Ringelnatter-Projekt-Wuppertal. - unveröff. Jahresbericht, 51 S.

ECKSTEIN, H.-P. (1990): Ringelnatter (*Natrix natrix* LINNAEUS 1758). - In: Reptilienschutz in Nordrhein-Westfalen. - Naturschutz Zentrum NRW, Seminarberichte, Heft 9: 25-27.

ECKSTEIN, H.-P. (1993): Untersuchungen zur Ökologie der Ringelnatter. - Jahrbuch für Feldherpetologie, Beiheft 4, 145 S.

FELDMANN, R. (Hrsg.) (1981): Die Amphibien und Reptilien Westfalens. - Abh. Landesmus. Naturkde. Münster 43(4): 1-161.

FELDMANN, R. (1985): Die Kreuzotter in Nordrhein-Westfalen. Bestand, Umweltansprüche und Gefährdung. - Natur- und Landschaftskde. 21: 25-28.

FELDMANN, R. & A. GEIGER (1986): Rote Liste der in Nordrhein-Westfalen gefährdeten Kriechtiere (Reptilia) und Lurche (Amphibia). - In: LÖLF (Hrsg.) Rote Liste der in Nordrhein-Westfalen gefährdeten Pflanzen und Tiere, 2. Fassung Schriftenreihe der LÖLF 4: 159-167.

GEIGER, A. & M. NIEKISCH (Hrsg.) (1983): Die Lurche und Kriechtiere im nördlichen Rheinland - Vorläufiger Verbreitungsatlas. - Neuss, 168 S.

GEIGER, A. (1983): Kreuzotter - *Vipera b. berus* (LINNAEUS 1758). In: GEIGER, A. & M. NIEKISCH (Hrsg.): Die Lurche und Kriechtiere im nördlichen Rheinland - Vorläufiger Verbreitungsatlas. - Neuss, 152-155.

GLANDT, D. (1971): Zur Verbreitung und Ökologie der Kreuzotter, *Vipera berus* (L. 1758) (Reptilia, Viperidae) am Niederrhein. - Decheniana, Bonn, 125(1/2): 275-279.

MÜLLER, W. (1980): Zur Verbreitung, Ökologie und Biologie der Reptilien am rechten unteren Niederrhein. - Niederrheinisches Jahrbuch 14: 91-97.

Naturschutzzentrum Nordrhein-Westfalen (Hrsg.) (1990): Reptilienschutz in Nordrhein-Westfalen -Grundlagen, Resultate, Perspektiven. - NZ/NRW Seminarberichte, Recklinghausen, Heft 9, 57 S.

PODLOUCKY, R. & C. FISCHER (1991): Zur Verbreitung der Amphibien und Reptilien in Niedersachsen (Zwischenauswertung mit Nachweiskarten von 1981-1989). - Hrsg. vom Niedersächsischem Landesverwaltungsamt, 38 S.

RICONO, K. & A. GEIGER (Bearbeiter) (1986): Schützt die Reptilien! - Hrsg. vom Minister für Umwelt, Raumordnung und Landwirtschaft des Landes Nordrhein-Westfalen, Düsseldorf, Broschüre, 24 S.

SCHRÖDER, E. (1964): Ökologische Betrachtungen zum Fehlen der Kreuzotter im Sauerland. - Veröff. Naturwiss. Vereinigung Lüdenscheid, 6: 19-31.

Verfasser

Arno Geiger, Andreasstraße 39, D-45661 Recklinghausen.

Die Kreuzotter (*Vipera b. berus* L. 1758) im Spessart

PETER HEIMES

Key words: Serpentes, Viperidae, *Vipera berus*, Spessart, distribution, habitat preferences

Einleitung

Bereits der klassischen Arbeit von BLUM (1888) über die Verbreitung der Kreuzotter in Deutschland ist zu entnehmen, daß die Art im Spessartinnern fehlt und nur am nördlichen und nordöstlichen Rand des Mittelgebirges vorkommt. MERTENS (1947), STADLER (1956) und MALKMUS (1975) haben das bestätigt.

An der Verbreitungsgrenze zum zentralen Spessart hin verändert sich das Landschaftsbild nicht merklich, charakteristische Kreuzotterbiotope sind vielmehr im gesamten Spessart zahlreich vorhanden. Nach MALKMUS (1975) ist das beschränkte Vorkommen im Nordostspessart damit zu erklären, daß die Otter erst in relativ junger Zeit aus der Hochrhön dorthin eingewandert ist. Diese Überlegung steht im Einklang mit der Vermutung von MERTENS (1947), daß ihr Fehlen in der gesamten westdeutschen Mittelgebirgsregion auf die postglaziale Klimaerwärmung zurückzuführen ist. Die einzigen Rückzugsgebiete wären demnach die kühleren Gipfel der höchsten Mittelgebirge gewesen. Und die einzigen rezenten Kreuzottervorkommen in Spessartnähe befinden sich tatsächlich in der Rhön selbst sowie im angrenzenden Fuldaer Land. Sowohl der Vogelsberg im Norden als auch der südwestlich gelegene Odenwald sind dagegen otterfrei.

Nach derzeitigem Kenntnisstand sind die Populationen im Spessart und in der Rhön heute voneinander isoliert. Auch unter Berücksichtigung der älteren Nachweise (STADLER 1956, JOST & MÜLLER 1977) ist die kreuzotterfreie Zone dazwischen etwa zwanzig Kilometer breit. Die Arealkarte von MÜLLER (1976) zeigt zwar eine durchgehende Verbreitung, basiert nach JOGER (1985) jedoch nicht auf gesicherten Nachweisen.

Verbreitung im Spessart

STADLER (1955, 1956) hat die Verbreitung der Kreuzotter im Spessart ausführlich dokumentiert. Seine Angaben zu den Arealgrenzen haben auch nach heutigem Wissen weitgehend Gültigkeit. Im Norden und Osten bilden die Täler von Kinzig und Sinn die Grenzlinie, im Südwesten verläuft sie quer durch den Spessart von Bad Orb über Wiesen und Frammersbach bis nach Lohr am Main als südlichstem Fundpunkt (STADLER 1956, MALKMUS 1987). Durch das Verbreitungsgebiet verläuft die bayerisch-hessische Landesgrenze (Abb.1).

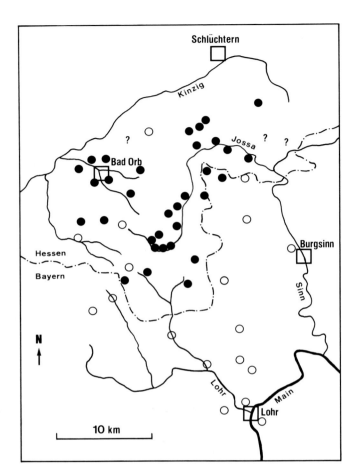

Abb. 1: Die Verbreitung der Kreuzotter im Spessart. Geschlossene Kreise: Nachweise nach 1986, offene Kreise: Nachweise vor 1986. Der bayerische Arealteil wurde nach 1986 nicht untersucht.

Distribution of the adder in the Spessart. Open circles: records before 1986, closed circles: records after 1986

MALKMUS (1974, 1975) konnte die Kreuzotter im Rahmen seiner umfangreichen Kartierungen der Herpetofauna des Spessarts nur noch an sechs Lokalitäten nachweisen, die meisten der von STADLER genannten Fundorte blieben unbestätigt. Ein deutlicher Bestandsrückgang in den vergangenen Jahrzehnten, wie ihn JOGER (1985) für das Gebiet der alten Bundesländer insgesamt aufzeigt, war demnach zu vermuten. Eine jüngst (1989-1991) vom Autor durchgeführte Kartierung beschränkte sich als hessisches Naturschutzprojekt auf den Arealteil dieses Bundeslandes. Entsprechend konzentrieren sich die aktuellen Nachweise (Abb.1) auf das hessische Gebiet und die älteren Fundortangaben auf der bayerischen Seite deuten deshalb nicht daraufhin, daß diese Vorkommen inzwischen erloschen sind.

Die meisten der aktuellen Fundorte im hessischen Spessart (HEIMES & NOWOTNE 1992) sind zuvor noch nicht beschrieben worden. Insbesondere im Kerngebiet am Oberlauf der Jossa wurde eine relativ große Dichte an Vorkommen festgestellt. Bei allen Ortschaften im Jossatal wurde die Kreuzotter beobachtet. Talabwärts nimmt die Zahl der Nachweise deutlich ab und aus dem Bereich der Jossamündung liegen nur noch unbestätigte

Fundmeldungen vor. Nachweise in diesem Gebiet und weiter nordöstlich wären besonders aufschlußreich im Hinblick auf eine mögliche Anbindung an die Vorkommen in der Rhön und im Fuldaer Land (JOST & MÜLLER 1977). Erfolglos blieb auch die Suche im oberen Kinzigtal (Schlüchterner Becken), von wo zumindest eine glaubwürdige Fundmeldung aus den fünfziger Jahren vorliegt. Alle sicheren alten und neuen Nachweise am Nordrand des Areals enden auf dem Höhenrücken zwischen Jossa- und Kinzigtal, also an der Grenze zwischen Sandsteinspessart und Schlüchterner Becken.

Erstmals wurde die Kreuzotter an mehreren Stellen um Bad Orb nachgewiesen (HEIMES & NOWOTNE 1992), wo sie sogar in Gärten unmittelbar am Ortsrand beobachtet werden konnte. Das einzige zuvor in der Literatur beschriebene Vorkommen befindet sich im südöstlich des Ortes gelegenen Orbtal (STADLER 1956, MALKMUS 1975). Eine von der Stadtverwaltung Bad Orbs im Jahre 1930 als Antwort auf Schreckensmeldungen der

Abb. 2: Lebensraum im oberen Jossatal. Die Ottern bevorzugen die kraut- und gebüschreiche Zone zwischen Feuchtwiese und jungen Aufforstungen.

Habitat in the upper Jossa valley. The adders prefer herb and srub vegetation between meadow and young plantations.

Lokalpresse (»Kreuzotterplage bei Bad Orb«) durchgeführte Vernichtungsaktion lieferte dagegen offenbar keine weiteren Erkenntnisse über die lokale Verbreitung (HECHT 1930).

Am Südrand des hessischen Areals wurden die bereits von BLUM (1888) genannten Fundorte entlang der Linie Wiesbüttmoor - Flörsbach-Lohrhaupten erneut bestätigt. Eine Untersuchung von Abundanzen war im Rahmen der Kartierung nicht möglich, so daß darüber keine detaillierten Aussagen gemacht werden können. Die weitaus meisten Nachweise beruhen auf Einzelbeobachtungen, mehrmals wurden auch zwei Kreuzottern zusammenliegend gefunden. Größere Populationsdichten werden im oberen Jossatal vermutet, worauf beispielsweise die Beobachtung von elf adulten Exemplaren an einem Waldrandstreifen als Paarungsplatz im Frühjahr 1991 hindeutet. Die Kreuzotter besiedelt die Täler ebenso wie die Spessarthöhen, deren höchste Erhebungen die 500 m-Grenze nur geringfügig überragen. Im hessischen Spessart liegen die Fundorte zwischen 240 und 460 m üNN.

Habitate

Der Hochspessart ist bekannt für seine ausgedehnten Buchen- und Traubeneichenwälder; dagegen ist im Lebensraum der Kreuzotter im Nordspessart heute die Fichte vorherrschend. Für Glashüttenbetriebe und Erzbergwerke wurde im Mittelalter viel Holz geschlagen und der entstandene Nieder- oder Stockschlagwald mag mit seiner Niederstrauchvegetation günstige Lebensbedingungen für die Kreuzotter geboten haben. Spätestens durch die Nadelwaldaufforstungen vor allem im 19. Jahrhundert ist die Art im Spessart zu einem typischen Waldrandbewohner geworden.

Die meisten Habitate beschränken sich heute auf schmale Waldrandstreifen, entweder entlang der Waldschneisen und -wege oder an den Grenzlinien zwischen Wald und offenen, landwirtschaftlich genutzten Flächen. Nur auf einigen Waldwiesen und in jungen Aufforstungen (Abb.2) erreichen die Lebensräume eine deutlich flächenhafte Ausdehnung.

Die nachfolgende Tabelle zeigt die Verteilung der Fundorte auf verschiedene Habitattypen:

Lebensraum	Fundorte	
	Anzahl	Prozent
Waldrand (Grenzlinie Wald - Wiese/ Acker, Waldweg, -schneise)	9	30
junge Forstkultur	6	20
Waldwiese	3	10
Hochmoor	1	3,3
Wegböschung, Hecke, Feldgehölz	9	30
Siedlungsbereich, Garten	2	6,7

The adder in the Spessart

The distribution patterns and habitat choise of the adder Vipera berus were studied in the northeastern part of the Spessart (Hesse) between 1989 and 1991. The results are compared with those of former authors.

Schriften

BLUM, J. (1888): Die Kreuzotter und ihre Verbreitung in Deutschland. - Abh.Senck.Naturf.Ges., Frankfurt/M., 121-278.

HECHT, G. (1930): Die Kreuzotterplage bei Bad Orb - eine Angstpsychose. - Frankfurter Zeitung, Stadtblatt vom 26.08.1930.

HEIMES, P. & F. NOWOTNE (1992): Zur Verbreitung der Reptilien im hessischen Spessart unter besonderer Berücksichtigung der Kreuzotter (*Vipera berus*). - Hess. Faun. Briefe, Darmstadt, 12(4): 49-60.

JOGER, U. (1985): Status und Schutzproblematik der Kreuzotter, *Vipera berus berus* (L.), unter Berücksichtigung der Situation in Hessen. - Natur u. Landschaft, Stuttgart, 60(9): 356-359.

JOST, O. & F. MÜLLER (1977): Die Verbreitung der Schlangen im Fuldaer Land. - Beitr.Naturk. Osthessen 12: 77-95.

MALKMUS, R. (1974): Die Verbreitung der Amphibien und Reptilien im Spessart. - Nachr. Naturwiss.Mus.Stadt Aschaffenburg, Heft 82: 23-38.

MALKMUS, R. (1975): Die Verbreitung der Amphibien und Reptilien im Hessischen Spessart. - Beitr.Naturk.Osthessen 9/10: 113-128.

MALKMUS, R. (1987): Die Reptilien im Landkreis Aschaffenburg. - Schriftenr.z.Fauna u. Flora im Landkreis Aschaffenburg, Bd. 2, 104 S.

MERTENS, R. (1947): Die Lurche und Kriechtiere des Rhein-Main-Gebietes. - Frankfurt/M., 144 S.

MÜLLER, P. (1976): Arealveränderungen von Amphibien und Reptilien in der BRD. - Schriftenr. Vegetationskde., Bonn-Bad Godesberg, 10: 269-293.

STADLER, H. (1955): Die Kreuzotter in Unterfranken. - Nachr.Naturwiss.Mus.Aschaffenburg 47: 15-17.

STADLER, H. (1956): Die Kreuzotter und ihr Vorkommen in unserer Heimat. - Monatszeit.Spessart, Heft 2: 7-8.

Verfasser

Peter Heimes, Wurzerstr. 33, D-53175 Bonn.

Verbreitung, Habitateinbindung und Gefährdung der Kreuzotter *Vipera berus* (LINNAEUS 1758) in Südbayern

ULLRICH HECKES, HANS-JÜRGEN GRUBER & JAN HAFT

Key words: Serpentes, Viperidae, *Vipera berus*, Southern Bavaria, distribution, habitats, threats, conservation

Einleitung

Die Kreuzotter (*Vipera berus*) ist gemäß Bundesartenschutzverordnung gesetzlich geschützt und gilt in Bayern als stark gefährdet (HEUSINGER et al. 1992). Sie ist damit eine vorrangige Zielart des Naturschutzes.

Eine wesentliche Grundlage gezielter Schutzmaßnahmen ist die Kenntnis der Verbreitung. Eine neuere zusammenfassende Darstellung zu dieser Thematik fehlt für Südbayern, und entsprechende Erhebungen sind in näherer Zukunft kaum zu erwarten. Der Datenbestand der Artenschutzkartierung des Bayerischen Landesamtes für Umweltschutz ergibt aufgrund der relativ geringen Anzahl registrierter Meldungen ein eher fragmentarisches Bild (etwa 60 Fundpunkte, Stand: 17.11.92). Ein Hauptziel der vorliegenden Arbeit war deshalb die Darstellung des aktuellen und historischen Verbreitungsmusters der Art in Südbayern. Darüber hinaus sollen im folgenden auch eine Übersicht von Beobachtungen zur regionalen Habitateinbindung gegeben sowie Gefährdungsursachen und Schutzmöglichkeiten aufgezeigt werden.

Verbreitung der Kreuzotter in Südbayern

Die Rasterkarte wurde auf Grundlage von etwa 750 Einzelnachweisen erstellt (Abb. 1). Bezugsraum der Recherchen war der durch die Staats- und Landesgrenzen markierte Raum Bayerns nördlich bis zur Donau. Als Quellen dienten ausgewählte faunistische Arbeiten (WIEDEMANN 1887, BANZER 1891, HEILIGENBRUNNER 1967, LIEB & OBLINGER 1981), die Belege der Zoologischen Staatssammlung München (= ZSM), zahlreiche, überwiegend aktuellere Beobachtungen von Fachleuten und Gebietskennern (mdl. und in litt.) sowie eigene Funddaten. Bei einigen wenigen Meldungen kann dabei eine Verwechslung mit der Schlingnatter (*Coronella austriaca*) nicht mit Sicherheit ausgeschlossen werden.

Ein klarer Verbreitungsschwerpunkt der Kreuzotter in Südbayern liegt im Voralpinen Hügel- und Moorland, also im Bereich der jungdiluvialen Vorlandsvergletscherung. Früher bestand hier wohl ein mehr oder weniger geschlossener Verbreitungsgürtel vom Bodensee im Westen bis Berchtesgaden im Osten. Rezente Vorkommen der Art konzentrieren sich zum einen auf großflächige Moorkomplexe (z.B. Moore südlich des Chiemsees; Staffelseemoore, Murnauer Moos und Loisachmoore von Partenkirchen über

Kochelsee bis Penzberg), zum anderen auf Bereiche mit einer relativ hohen Dichte kleinerer, halbwegs intakter Moore (z.B. Moore zwischen Starnberger und Ammersee; Moorgebiete im Bereich der Kirchsee-Filzen).

In den südlich angrenzenden Naturräumen Schwäbisch-Oberbayerische Voralpen und Nördliche Kalkalpen ist die Nachweisdichte deutlich geringer und läßt keine Aussagen zu möglichen aktuellen Verbreitungsschwerpunkten zu. Jüngere Beobachtungen liegen jedoch aus fast allen Untereinheiten der bayerischen Alpen vor.

Dem Westteil des Voralpinen Hügel- und Moorlands nördlich vorgelagert sind die Donau-Iller-Lechplatten. In diesem Bereich erreicht die Art heute noch die Donau, allerdings nur über eine bereits stark verinselte Kette von Kleinpopulationen entlang der Lechaue. Im ehemals zumindest zerstreut besiedelten Hügelland liegen aus den letzten 20 Jahren nur Meldungen weniger isolierter Vorkommen vor, die heute vermutlich z.T. bereits vollständig erloschen sind. Letzteres gilt wohl mit Sicherheit für die Populationen des Donaurieds.

Im Westteil der Isar-Inn-Schotterplatten sind nennenswerte Vorkommen nur noch im Isartal südlich München erhalten geblieben; ein einzelner neuerer Fundpunkt bei Ismaning nördlich München markiert zugleich den nördlichsten sicheren Nachweis an der Isar. Isolierte Reliktbestände existieren daneben in Haspel- und Fußbergmoor zwischen München und Augsburg, Streubestände in den Forsten südlich Münchens. Die gut belegten Vorkommen in den ehemals ausgedehnten Niedermooren des Erdinger und Dachauer Mooses (u.a. Material ZSM) sind nach derzeitigem Wissensstand restlos erloschen; letzte Nachweise aus dem Dachauer Moos datieren von 1972 (Schwarzhölzl bei Karlsfeld; KOLLER 1990) und 1955 (zwischen Eschenried und Gröbenzell; PFORR in litt.). Für den Ostteil des Naturraumes liegen nur einzelne, nicht verifizierbare ältere Meldungen vor (BANZER 1891, HEILIGENBRUNNER 1967).

Aus dem Naturraum Unterbayerisches Hügelland und den entlang der Donau kleinflächig in den Bezugsraum reichenden Naturräumen Fränkische Alb und Bayerischer Wald sind aus neuerer Zeit keine sicheren Nachweise mehr bekannt. Zwei Meldungen aus den 70er Jahren bedürfen der Überprüfung (vgl. Karte: Randbereich zum Donaumoos nordöstlich Schrobenhausen und Sippenauer Moor südlich Kelheim). Von den spärlichen alten Nachweisen ist keiner durch Sammlungsmaterial belegt oder läßt aus dem Kontext der entsprechenden Literaturstelle den Schluß zu, daß dem Autor definitiv Exemplare vorgelegen haben (vgl. BANZER l.c., HEILIGENBRUNNER l.c.). Vieles spricht dafür, daß dieser Raum bereits vor der hier sehr früh und flächig einsetzenden intensiven Landnutzung wenn überhaupt nur sehr lokal besiedelt war (Donaumoos, westliches Donautal).

Abb. 1: Verbreitung der Kreuzotter (*Vipera berus*) in Südbayern auf Grundlage von Meßtischblattvierteln (TK 1:25000).
Gefüllte Kreise - Nachweise nach 1973. Leere Kreise - Nachweise vor 1974. Naturräumliche Haupteinheiten (Punktlinie): I - Schwäbisch-Oberbayrische Voralpen und Nördliche Kalkalpen. II - Voralpines Hügel- und Moorland. III - Donau-Iller-Lechplatte. IV - Isar-Inn-Schotterplatten. V - Unterbayerisches Hügelland.

Distribution of the Adder (*Vipera berus*) in Southern Bavaria based on quaters of ordnance-survey map raster.
Dots - records later then 1973. Circles - records before 1974.

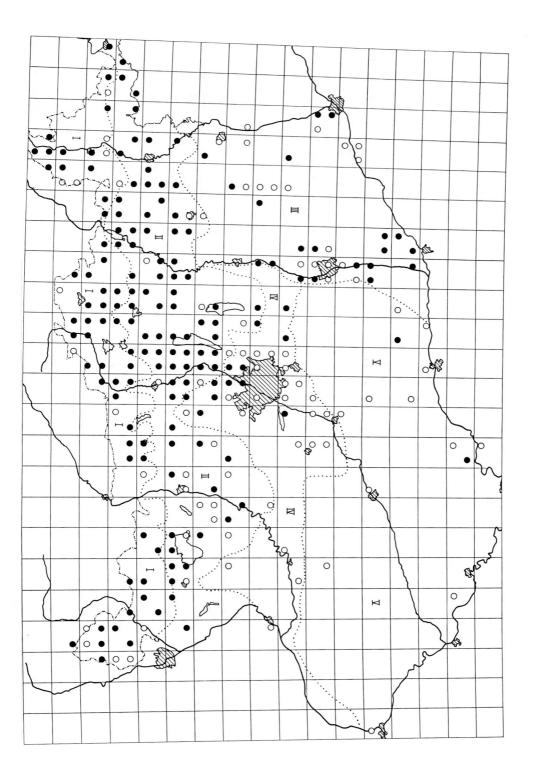

Abb. 2: Hochmoor im NSG Murnauer Moos, Lkr. Garmisch-Partenkirchen. Ein typischer Lebensraum der Kreuzotter im bayerischen Voralpenland.

Peat-bog in the natural preserve »Murnauer Moos«, rural district of Garmisch-Partenkirchen. Typical habitat of the adder in the bavarian pre-alpine hillands.

Grund hierfür dürfte die kontinentale Klimatönung des Gebietes sein. Bereits BANZER (l.c.) schreibt wörtlich »Niederbayern südlich der Donau, die Kornkammer Bayerns, scheint ganz frei zu sein«. VOGEL (1972) weist ausdrücklich auf das Fehlen der Kreuzotter im Rottal hin.

In jedem Fall setzt sich diese »Unterbayern-Lücke« nach Osten in das angrenzende Oberösterreich fort. Auch hier fehlt die Kreuzotter in den Niederungen unterhalb 700 m üNN vollständig und tritt südlich der Donau erst wieder in Hausrück und Kobernaußwald sowie in den Mooren und Grundmoränen des Alpenvorlandes auf (MAYER 1972; vgl. auch CABELA & TIEDEMANN 1985).

Vertikalverbreitung in den Bayerischen Alpen

Für die Bayerischen Alpen finden sich eher pauschal gehaltene, ältere Angaben, die auf eine Vertikalverbreitung bis 2.500 m üNN hinweisen (z.B. WIEDEMANN 1878). Tatsächlich belegt sind 1.900 m üNN durch zwei Sammlungsexemplare der ZSM aus den Berchtesgadener Alpen (Trischübel-Alm unterhalb Großer Hundstod, westlich Südende Königssee; DANIEL leg. 1949).

Die höchsten durch aktuelle Beobachtungen der letzten zehn Jahre sicher belegten Fundpunkte sind die Hänge des Miesings im Rotwandgebiet (Mangfallgebirge), wo der Lebensraum einer Population bis auf etwa 1.800 m üNN heraufreicht (MÄGDEFRAU mdl., Nachweis 1990), die Benediktenwand im Isarwinkel, an der U. GRUBER (mdl.) in etwa 1.600 m üNN ein Exemplar beobachtete (Nachweis 1984) sowie der Umgriff des Kerlinger Hauses am Funtensee (1.600 m üNN, Steinernes Meer, Berchtesgadener Alpen; PRANTL mdl., Nachweis 1983). Weitere neuere Nachweise um 1.600 m üNN liegen auch aus dem Ammergebirge vor (LIEB & OBLINGER 1981).

Habitateinbindung

Im weiteren Voralpenland, dem Verbreitungsschwerpunkt der Kreuzotter in Südbayern, ist die Art eng an Hoch- und Übergangsmoore und Feuchtflächen in deren Umgriff

Abb. 3: Auetypischer Magerrasen auf Kiesschüttung. Lechaue zwischen Landsberg und Schongau. Typischer südbayrischer Lebensraum von Kreuzotter und Schlingnatter in der dealpinen Flußaue.

Nutrient-poor grassland on gravel on gravel-filled banks adjacent to the river Lech between Landsberg and Schongau. Typical southern bavarian habitat of the adder and the smooth snake in a »dealpine« river flood plain.

gebunden. Die überwiegende Mehrzahl der recherchierten Nachweise bezieht sich auf diesen Lebensraumkomplex. Ein entsprechender Hinweis ergibt sich u.a. aus einer flächengreifenden Studie im Hügelland südlich des Chiemsees, bei der auf 70 km² 110 potentiell als Reptilienlebensräume in Betracht kommende Flächen untersucht wurden (BEUTLER et al. 1990). Die Art konnte dabei ausschließlich in Hoch-/Übergangsmooren bzw. den angebundenen Streuwiesengürteln nachgewiesen werden (Stetigkeit 55%); aus den anderen Biotoptypen liegen dagegen keine Beobachtungen vor (75 % der Untersuchungsflächen): Flachmoorstreuwiesen (Chiemseeufer und Achenaue), kleine Hangquellmoore, Grabenböschungen im Intensivgrünland, Bachufer, Hochwasserdämme, Auwaldlichtungen, magere Grasfluren entlang von Wegrändern und Bahndämmen, Kahlschläge und innere wie äußere Grenzlinien ausgedehnter Fichtenforste, Uferzonen von Stillgewässern, aufgelassene Kiesgruben.

Im allgemeinen nutzt die Kreuzotter sowohl den gehölzfreien Bereich, wie auch die licht mit Latschen-, Spirken- oder Waldkiefern bestandenen Zonen des Hochmoorkerns sowie die Bult-Schlenken Komplexe der Zwischenmoorbereiche. Innerhalb des Streuwiesengürtels werden v.a. Brachestadien mit bultigen Pfeifengrasbeständen und Gebüschsukzessionen sowie allenfalls selten gemähte Naßwiesen flächig besiedelt.

Bereits innerhalb des engeren Moorkerns, insbesondere aber im Bereich der Moorrandwälder und Streuwiesen tritt sie bevorzugt an Gehölzsäumen und gewässerbegleitenden Linearstrukturen auf (z.B. Grabenböschungen, Mädesüß-Hochstaudenfluren entlang von Bächen), die sowohl Versteckmöglichkeiten und ein reiches Nahrungsangebot bieten, als auch kleinklimatisch bevorzugt sind (Südexposition, Windschutz). Entlang solcher Linearstrukturen kann die Art lokal sogar in angrenzende Intensivnutzungen vordringen (eig. Beob.; Fichtenforste, mehrschüriges Grünland).

Von besonderer Bedeutung für die Moorpopulationen sind lichte Koniferenbestände auf trockeneren, heideartigen Standorten im Randbereich des Hochmoors, die als Frühjahrssonnen- und Paarungsplätze dienen (eig. Beob.; LIMBRUNNER 1985).

Zur Habitateinbindung in den ehemals ausgedehnten Flachmooren der Niederungen (z.B. Dachauer und Erdinger Moos, Donauried) sind keine konkreteren Angaben

Abb. 4: Isaraue ca. 1500 m unterhalb des Sylvensteinspeichers. Lebensraum Kreuzotter in der Flußaue im alpennahen Bereich des Oberlauf.

Flood-plain of the river Isar down-stream Sylvenstein reservoir at an altitude of 1500 m above sea level. Habitat of the adder in the flood plain of the upper course in the alps.

verfügbar, da die entsprechenden Populationen offensichtlich restlos erloschen sind. Als Lebensräume kommen jedoch im wesentlichen Kalkflachmoorgesellschaften (Kleinseggen-, Kopfbinsenrieder), Pfeifengrasstreuwiesen im Übergang zu Weidengebüschen sowie Regenerationsstadien ehemaliger Niedermoortorfstiche (u.a. Großseggenrieder) in Betracht.

Einen für Südbayern charakteristischen Lebensraum stellen die dealpinen Flußauen dar. Eine Vielzahl eigener Beobachtungen in den Lech- und Isarauen zeigt, daß vor allem Magerrasen auf Kiesschüttungen (»Haiden«, »Brennen«) und Kalkflachmoorgesellschaften z.B. im Uferbereich von Überlaufpfützen und Auequellen, aber auch lichte Pfeifengras- bzw. Schneeheide-Kiefernwälder sowie locker bestockte Weichholzauwälder besiedelt werden. Kiesschüttungen werden auch dann genutzt, wenn Materialzusammensetzung und Überhöhung mittel- bis langfristig nur eine sehr schüttere Krautschicht aufkommen lassen; die bevorzugten Standorte der Tiere liegen in diesem Fall an den häufig einzeln stehenden Jungfichten bzw. Strauchweidenbüschen.

Zumindest saisonal dringt die Art auch in die unmittelbare Uferzone der Flüsse ein, also einen Bereich, der den regelmäßigen Hochwässern in besonderem Maße ausgesetzt ist (Kiesbänke, flußseitiger Randbereich der Weichholzaue). In diesem Zusammenhang sind Beobachtungen zur Verdriftung von Interesse (WIEDEMANN 1878, LORENZ mdl.), eine weitgreifende Ausbreitungsform, die heute durch die intensive Querverbauung vermutlich weitestgehend unterbunden ist.

Paarungsplätze liegen offensichtlich sowohl in überschwemmungsgeschützten Bereichen (z.B. Waldränder am Fuß der Leiten), als auch innerhalb der Weichholzaue. Ähnlich wie bereits bei den Moorpopulationen betont, sind es auch hier Flächen, die entweder durch lichte Nadelbaumbestände oder durch eine ausgeprägter Krautschicht, Totholzhaufen und verfilzte Strauchschicht (*Rubus, Clematis* etc.) einen besonderen Schutz vor Freßfeinden bieten.

Nachweislich als Winterquartier genutzt werden z.B. alte und stark errodierte, spaltenreiche Betonverbauungen und größere Schüttungen grober Flußbausteine. Beide Verbauungstypen reichen vor allem im Bereich des Unterwassers von Wehren oder an Brücken bis in den hochwassergeschützten Bereich hinein.

Zur Habitateinbindung in den montanen bis alpinen Lagen der Alpen sind nur wenige Angaben verfügbar. So liegen Nachweise aus kleinen Hochmooren und der Verlandungszone von Bergseen vor. Darüber hinaus werden auch Hänge mit lichten Kiefern- oder Fichtenaltbeständen und trockener bis quelliger, grasiger Krautschicht besiedelt (Ammergebirge, Berchtesgadener Alpen). VOITH (mdl.) meldet Streunachweise von Kahlschlägen und Wegrändern aus der Nadelwaldzone der Berchtesgadener Alpen. Einzelne Beobachtungen aus der alpinen Zone beziehen sich auf Vorkommen in Latschen-Grünerlen-Gebüschen und an Schuttfächern.

Kahlschläge und Saumstrukturen in ausgedehnten Waldgebieten abseits der Moore, Flußauen und des Gebirges spielen in Südbayern als Lebensraum der Kreuzotter nur eine untergeordnete Rolle (vgl. aber Nordbayern, Fichtelgebirge; VÖLKL 1992). Einzig aus den Forsten südlich Münchens wurden in neuerer Zeit entsprechende Beobachtungen bekannt.

Gefährdung und Schutz

Bezogen auf ganz Bayern sind nach KAULE et al. (1979) von ursprünglich etwa 59.000 ha Hoch- und Übergangsmoorfläche nur noch etwa 8.000 ha erhalten. Berücksichtigt man die besondere Bedeutung dieses Lebensraumkomplexes für die Kreuzotter in Südbayern, so wird das Ausmaß der Bestandsverluste deutlich, die in den letzten Jahrzehnten eingetreten sein müssen. Bereits seit längerer Zeit sind zwar eine ganze Reihe von Hochmooren unter Schutz gestellt. In den meisten Fällen handelt es sich jedoch um kleinere Moore, bei denen sich der Schutz auch nur auf den engeren, häufig bereits dicht verwaldeten Hochmoorkern bezieht. Der umgebende und sowohl direkt als Teillebensraum, wie auch als Lebensraumkorridor bezüglich der Vernetzung wichtige Streuwiesengürtel ist meist weiterhin einer fortschreitenden Entwässerung und Nutzungsintensivierung ausgesetzt. Heute dürften so selbst in weiten Teilen des voralpinen Hügellandes nur noch kleine, isolierte und auf lange Sicht wohl kaum überlebensfähige Populationen existieren. Obwohl land- und forstwirtschaftliche Intensivnutzungen allein mit Sicherheit bereits erhebliche Ausbreitungsbarrieren darstellen, wird durch das ausgedehnte Straßennetz die Situation zusätzlich drastisch verschärft.

Als Beispiel für Lebensraumverkleinerung und Verinselung sei das NSG Haspelmoor angeführt (Lkr. Fürstenfeldbruck; zwischen Augsburg und München). Es handelt sich um einen stark degradierten Rest eines ehemals ausgedehnten Moorkomplexes, der früher über die Maisachniederung mit dem Dachauer Moos verbunden war. Die verbliebene Restfläche beträgt etwa 160 ha incl. Arrondierung. Das Vorkommen der Kreuzotter ist hier bereits seit langem bekannt (Belege ZSM). Nach Erhebungen im Zuge der zoologischen Zustandserfassung (HECKES & GRUBER 1989) sind heute nur etwa 20 ha als Lebensraum der Art geeignet. Berücksichtigt man die in Probeflächen festgestellten Aktivitätsdichten und die allgemeinen Angaben zur Siedlungsdichte (z.B. WIJNGARDEN 1959, PIELOWSKI 1962, BOSHANSKY & PISHCHELEV 1978, ANDRÉN 1982, ANDRÉN & NILSON 1983, VÖLKL 1986, NEUMEYER 1987) ergibt sich eine geschätzte Populationsgröße von 50 bis maximal 160 Tieren.

Die Haspelmoor-Population ist heute mit Sicherheit isoliert; die nächsten bekannten Vorkommen liegen etwa 7 km südlich (Wildmoos) bzw. 15 km östlich (Fußbergmoos).

Zusätzlich verteilt sich die effektiv nutzbare Fläche von 20 ha auf kleinere, durch Wald und dichte Gebüsche getrennte Parzellen, und eine mitten durch den NSG-Kern führende Straße bedeutet mit Sicherheit eine weitere Einschränkung des freien Austauschs. Der Schätzwert zur Abundanz ist deshalb nicht als effektive Populationsgröße im Sinne der Populationsgenetik zu werten. Selbst wenn es gelänge, die noch erhaltenen Habitate zu sichern bzw. zu optimieren, ist mittelfristig das Überleben des Bestandes fraglich (Verlust der genetischen Vielfalt, stochastische Effekte). Der Schutz der Haspelmoorpopulation, die einen nördlichen Vorposten des geschlossenen südbayerischen Areals markiert, ist im Zusammenhang mit der Erhaltung eines natürlichen Verbreitungsmusters von hoher Bedeutung. Erforderlich hierzu wäre jedoch nicht nur eine Vervielfachung der besiedelbaren Fläche durch umfassende Renaturierungsmaßnahmen, sondern zusätzlich eine Wiederanbindung der nächsten Vorkommen über entsprechende Ausbreitungskorridore.

Um ähnliche Prozesse zu vermeiden muß es vorrangiges Ziel eines Artenhilfsprogramms sein, in Bereich der Schwerpunktvorkommen noch großflächig zusammenhängende Moorgebiete zu sichern und zu optimieren sowie Räume mit einer noch relativ hohen Dichte kleinerer Moore in ein wirksames Verbundsystem zu bringen. Im Rahmen entsprechender Planungen sollte die Kreuzotter im Sinne des »Zielartenkonzeptes« nach MÜHLENBERG et al. (1990) in jedem Fall Berücksichtigung finden.

Die Sicherung großflächiger Bereiche mit der Möglichkeit eines freien Raumwechsels auch zwischen unterschiedlichen Biotoptypen ist u.a. deswegen von hoher Bedeutung, weil die Kreuzotter bei ihren saisonalen Migrationen zwischen Sommerlebensräumen, Winterquartieren, Frühjahrssonnen- und Paarungsplätzen teilweise erhebliche Entfernungen zurücklegt (bis 1.900 m, PRESTT 1971). Hieraus wird zugleich die Notwendigkeit deutlich, die Art vorrangig bei Eingriffsplanungen v.a. im Zuge des Straßenbaus zu berücksichtigen. Selbst auf schwach befahrenen und schmalen Straßen sind Verkehrsverluste zu registrieren (eig. Beob. im Chiemseegebiet).

Erd- und Schotterwege werden, insbesondere wenn dicht- bzw. hochwüchsige Lebensraumtypen wie z.B. Hochstaudenfluren angrenzen, regelmäßig auch als Sonnenplätze genutzt (eig. Beob.). Hieraus ergibt sich eine unmittelbare Gefährdung nicht nur durch den Kraftfahrzeugverkehr, sondern auch durch Radfahrer, die v.a. in neuerer Zeit verstärkt selbst abgelegene und kaum befestigte Wege intensiv nutzen (»Mountain-Biker«).

Spezifische Gefährdungsursachen sind für die Populationen der dealpinen Flußauen zu nennen, die als weitgreifende Ausbreitungs- und Vernetzungstrassen von besonderer Bedeutung sind. Lebensraumverluste bzw. -degradierungen haben hier zu drastischen Verlusten geführt. Besonders für den Lech um Augsburg macht ein Vergleich der ausführlichen Schilderungen WIEDEMANNS (1887) mit der heutigen Bestandssituation das Ausmaß des Rückgangs deutlich. Der Grund hierfür ist im wesentlichen die fehlende bettbildende Dynamik. Bei den weitgehend kontrollierten Hochwasserabflüssen erfolgen außerhalb des Hauptgerinnes keine nennenswerten Materialumlagerungen bzw. Abrasionen mehr, es entstehen keine neuen Kiesschüttungen und die für die Art besonders bedeutsamen auetypischen Magerrasen verbuschen und verwalden. Die Problematik wird noch dadurch verschärft, daß die wenigen dieser verbliebenen

Brennenstandorte teilweise auch heute immer noch aufgeforstet werden. Darüber hinaus bedingt die mit der Längsverbauung eingeleitete Eintiefung des Gerinnes eine Grundwasserabsenkung in der Aue, die z.B. zur Austrocknung von Kalkflachmooren bzw. zu einer verstärkten Etablierung zonaler Waldgesellschaften führt.

Nur durch Rücknahme des Flußausbaus wäre die langfristige Sicherung der verbliebenen (Relikt-)Populationen der dealpinen Flußauen möglich. Da diese in absehbarer Zeit kaum zu erwarten ist, sollte zumindest versucht werden, die noch erhaltenen Magerrasen durch differenzierte Mäh- und Rodungskonzepte offenzuhalten, auf geeigneten Teilflächen durch partiellen Oberbodenabtrag die Bodenbildung zu stören und auch jede andere Möglichkeit zu nutzen - etwa im Zuge von landschaftspflegerischen Begleitplänen im Zusammenhang mit Eingriffen - die Sukzession entsprechender Offenstandorte einzuleiten (Kiesflächen).

Danksagung

Für die kritische Durchsicht des Manuskripts danken wir den Herren A. BEUTLER und J. F. SCHMIDTLER, beide München, sowie Herrn Dr. W. VÖLKL, Bayreuth, für eine Reihe wichtiger Anregungen Herrn O. ASSMANN, Freising. Herzlich gedankt sei auch den vielen Personen, die mit ihrer spontanen Bereitschaft zu Auskünften über Beobachtungen von Kreuzottern diese Arbeit erst ermöglicht haben.

Distribution, habitats and threats to the adder (*Vipera berus*) in Southern Bavaria

In Southern Bavaria, the adder has a distinct center of distribution in the pre-alpine hilland moorlands, but is also recorded up to altitudes of 1900 m above sea level in the Bavarian Alps. Records from the northern part of the area are sparse. While the adder is missing due to natural causes in Niederbayern south of the river Danube, the Danube is reached by a chain of small isolated populations along the river Lech in the southwest.

The most important habitats and retreat areas are the pre-alpine moores and the »dealpine« river flood plains, where the adder inhabits nutrient-poor grasslands above gravel banks and open pine forests. The adder is seriously threatened in Southern Bavaria. Diminishing habitats, intensification of land use and road construction lead to isolated, continuously decreasing populations. Conservation policy should include the preservation and management of large populations as well as the creation of a powerful network of areas with a high density of small populations.

Schriften

ANDRÉN, C. (1982): Effect of prey density on reproduction, foraging an other acitivities in the adder, *Vipera berus*. - Amphibia-Reptilia 3(1): 81-96.

- & G. NILSON (1983): Reproductive tactics in an island population of adders, *Vipera berus* (L.), with a fluctuating food resource. - Amphibia-Reptilia 4(1): 63-79.

BANZER, A. (1891): Die Kreuzotter. Ihre Lebensweise, ihr Biss und ihre Verbreitung mit besonderer Berücksichtigung ihres Vorkommens in Bayern. - Münchner medicinische Abh., München, I. Serie (1): 3-48.

BEUTLER, A., T. DÜRST, U. HECKES, H.J. GRUBER & M. HALLER (1990): Pilotstudie zur Erfassung von Reptilienbeständen in ausgewählten Lebensräumen in Bayern. Abschlußbericht, Teil A: Textteil. - Unpub. Gutachten im Auftrag des Bayerischen Landesamt für Umweltschutz, München, 1-114.

BOSHANSKY, A.T. & V.A. PISHCHELEV (1978): Effect of some forms of economical activity on distribution and numbers of *Vipera berus*. - Zool. Zh. 57(11): 1695-1698.

CABELA, A. & F. TIEDEMANN (1985): Atlas der Amphibien und Reptilien Österreichs (Stand 1984). - Verlag Berger & Söhne, Wien-Horn, 1.80.

HECKES, U. & H.J. GRUBER (1989): Zoologische Zustandserfassung und Pflegehinweise. - In: BEUTLER, A., W. BECKER, H.J. GRUBER, U. HECKES & R.R. KOCH: Zustandserfassung und Pflege- und Entwicklungsplan Naturschutzgebiet Haspelmoor (100.86). - Unpubl. Gutachten im Auftrag der Regierung von Oberbayern, München, 278 S.

HEILIGENBRUNNER, F. (1967): Amphibien und Reptilien am Unterlauf des Inns. - Ber. Naturf. Ges. Bamberg, 42: 38-41.

HEUSINGER, G., E.J KRACH, G. SCHOLL & H. SCHMIDT (1992): Rote Liste gefährdeter Kriechtiere (Reptilia) Bayerns. - Schriftenreihe Bayer. Landesamt für Umweltschutz 111: 35-37.

KAULE, G., J. SCHALLER & H.-M. SCHOBER (1979): Auswertung der Kartierung schutzwürdiger Biotope in Bayern. Allgemeiner Teil. Außeralpine Naturräume. - Oldenbourg Verlag, München, 1-154.

LIEB, E. & H. OBLINGER (1981): Zur Verbreitung der Kreuzotter (*Vipera berus*) in Bayerisch-Schwaben. - Ber. Naturw. Ver. Schwaben e.V., Augsburg, 85(1/2): 2-92.

LIMBRUNNER, A. (1985): Beobachtungen zum Paarungsverhalten der Kreuzotter *Vipera berus* (LINNAEUS). - Mitt. Zool. Ges. Braunau, 4(12/13): 285-287.

KOLLER, J. (1990): Geliebtes Schwarzhölzl. Schicksal einer Landschaft im Münchner Nordwesten. - Selbstverlag, Karlsfeld, 1-361.

MAYER, G.T. (1972): Das Vorkommen der Kreuzotter (*Vipera berus* L.) in Oberösterreich.- Naturkundl. Jb. Stadt Linz 1972: 127-137.

MÜHLENBERG, M., H. ELLENBERG & G. KAULE (1990): Flächenanspruch von Tierpopulationen als Kriterien für Maßnahmen des Biotopschutzes und als Datenbasis zur Beurteilung von Eingriffen in Natur und Landschaft. - Unpubl. Abschlußbericht zum Forschungsvorhaben, gefördert vom BMFT, Würzburg, 1-139.

NEUMEYER, R. (1987): Density and Seasonal Movements of the Adder (*Vipera berus* L. 1758) in a Subalpine Environment. - Amphibia-Reptilia 8(3): 259-275.

PIELOWSKI, Z. (1962): Untersuchungen über die Ökologie der Kreuzotter (*Vipera berus* L.). - Zool. Jb. Syst. 89: 479-500.

PRESTT, I. (1971): An ecological study of the viper *Vipera berus* in southern Britain. - J. Zool., London, 164: 373-418.

VIITANEN, P. (1967): Hibernation and seasonal movements of the viper, *Vipera berus berus* L., in southern Finnland. - Ann. soc. zool.-bot. Fenn. Vanamo, Helsinki, 12: 1-19.

VÖLKL, W. (1986): Untersuchungen zum Bestand der Kreuzotter (*Vipera b. berus* L.) im Fichtelgebirge. - Schriftenreihe Bayer. Landesamt für Umweltschutz, München, 73: 125-133.

- (1992): Verbreitungsmuster und Bestandssituation der Kreuzotter*Vipera berus* (LINNAEUS, 1758) in Nordbayern. - Salamandra, Frankfurt a.M., 28(1): 25-33.

VOGEL, W. (1972): Ein Beitrag zur Amphibien- und Reptilienfauna des Rottals und einiger anderer Gebiete. - Mitt. Zool. Ges. Braunau, 1: 323-329.

WIEDEMANN, A. (1887): Die im Regierungsbezirke Schwaben und Neuburg vorkommenden Kriechthiere und Lurche. - Ber. Naturw. Vereins für Schwaben u. Neuburg, Augsburg, 29: 164-216.

Verfasser

Ullrich Heckes, Schneckenburgerstraße 15, D-81675 München;
Hans-Jürgen Gruber, Wasserburger Landstraße 151, D-81827 München;
Jan Haft, Grasbrunner Weg 3a, D-85630 Grasbrunn.

Verbreitung und Klimaanspruch der Kreuzotter (*Vipera berus berus* L.) in Südwestdeutschland

MANFRED LEHNERT UND KLEMENS FRITZ

Key words: Serpentes, Viperidae, *Vipera berus,* distribution, climatic aspect, status, South West Germany.

1. Einleitung

Das deutsche Areal der Kreuzotter ist durch eine großräumige natürliche Verbreitungslücke im westlichen und südlichen Teil Deutschlands gekennzeichnet (DÜRIGEN 1897, SCHIEMENZ 1985, GRUSCHWITZ et al. 1993) (Abb. 1). Diese südwestliche Areallücke (sie setzt sich im benachbarten Luxemburg und Frankreich fort, SCHIEMENZ [1985]) und BAUMGART et al (1983) deckt sich weitgehend mit den wärmebegünstigten Gebieten mit warmen Sommern und milden Wintern (Gebiet des flächigen Weinbaus), wobei die rechtsrheinischen Schiefergebirge hiervon eine Ausnahme bilden. Das Fehlen der Kreuzotter in diesen Bereichen wird mit einer zu starken postglazialen Erwärmung in Verbindung gebracht (MERTENS 1947). Das angrenzende, von Kreuzottern besiedelte nordwestliche Deutschland zeichnet sich hingegen durch mäßig warme Sommer und milde Winter aus, während im östlichen bzw. südöstlichen Gebiet der kontinentale Einfluß mit strengeren Wintern und kürzeren, warmen Sommern spürbar wird.

Vereinfacht läßt sich die Kreuzotterverbreitung in Deutschland bezüglich klimatischer Aspekte wie folgt darstellen - wobei regionale Verbreitungslücken innerhalb des Gesamtareals nicht berücksichtigt werden:

a) Vorkommen in Gebieten mit milden Wintern und mäßig warmen (und feuchten) Sommern (Nordwestdeutschland) bzw. in Gebieten mit kälteren Wintern (Nordostdeutschland)

b) Vorkommen in Übergangsbereichen mit etwas wärmeren Sommern, dort mehr in höheren Lagen oder in kühlen Moorgebieten (z.B. Alpenvorland, Frankenjura)

c) Vorkommen in Gebieten mit kühlen bzw. mäßig warmen Sommern und kalten Wintern (Mittelgebirge, Alpen)

d) Kreuzotterfreie Areale in sommerwarmen und zugleich relativ wintermilden Gebiete, d.h. im wesentlichen alle Regionen mit mittleren Julitemperaturen von 18-19 °C bzw. mittleren »Mai-Juli«-Temperaturen von 16-17 °C (Weinbaugebiete). In diesen Gebieten liegen - zum Vergleich - die autochtonen Vorkommen der stark thermophilen Mauereidechse in Deutschland (Abb. 1).

Im mäßig warmen und wintermilden nordwestlichen Deutschland liegen die Kreuzotterpopulationen praktisch alle im Bereich einer mittleren Julitemperatur von 17 °C (bzw. einer mittleren »Mai-Juli«-Temperatur von 15 °C). Dasselbe gilt für die einst durchge-

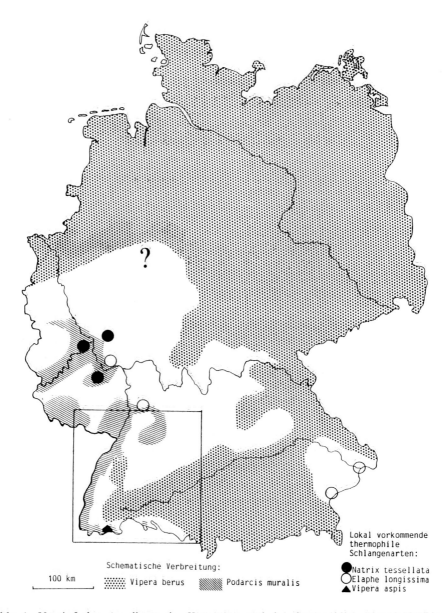

Abb. 1: Vereinfachte Arealkarte der Kreuzotter und der thermophilen Mauereidechse. In charakteristischer Ausdehnungsform stoßen im südwestdeutschen Raum (siehe Bildausschnitt) die Kreuzottervorkommen nahe auf Gebiete mit hoher Wärmegunst (Oberrheingebiet/Schwarzwaldvorbergzone).

A simplified map of the distribution of the adder (*Vipera berus*) and of the thermophilic wall lizard (*Podarcis muralis*) in Germany. The area of *Vipera berus* borders almost directly to that of *Podarcis muralis* only in the region of the Northern Black Forest. The distribution of *Vipera berus* has a characteristic form and correlates with the cool areas of South West Germany.

hend kreuzotterreiche norddeutsche Tiefebene, deren Lufttemperatur und Bodenfeuchte den klimatisch typischen Kreuzotterlebensraum im Tiefland darstellt. Die genannten Punkte zeigen, daß die Kreuzotter mit ihrer borealen Verbreitung auf klimatische Grenzen in Teilen Mitteleuropas stößt.

Was damit großräumig in Mitteleuropa zu erkennen ist (trotz Arealverlust durch Kultivierung, Besiedelung, allgemeine Landschaftsveränderungen), finden wir aufgrund orographischer und klimatischer Besonderheiten z.T. auf sehr engem Raum in Baden-Württemberg. Die z.T. relativ scharfen Grenzen der Kreuzotterareale in diesem Bundesland bieten deshalb die Möglichkeit zu einer genaueren Betrachtung der klimatisch bedingten Verbreitung.

2. Die Kreuzotter in Baden-Württemberg

2.1 Das Klima in Baden-Württemberg

Baden-Württemberg ist klimatisch gesehen im westlichen Teil ozeanisch, gegen Osten hin zunehmend kontinental getönt und weist Regionen mit hoher Wärmegunst auf (Klima-Atlas Baden-Württemberg, 1956).

Charakteristisch ist auch das Aufeinandertreffen warmer bzw. sehr warmer auf kühle und extrem niederschlagsreiche Gebiete, so z.B. am Schwarzwald-Westrand. Daraus resultiert u.a. der scharfe Wechsel (auf relativ kurzer Distanz) mediterraner (Mauereidechse) und borealer Faunenelemente (Kreuzotter) (LEHNERT & FRITZ, 1989, 1993).

Vereinfacht lassen sich drei großflächige Klimabereiche beschreiben, für die neben der Jahresdurchschnittstemperatur zur besseren Verdeutlichung auch die mittleren Werte für die Monate »Mai-Juli« (Vegetationsperiode) bzw. nur für den Monat Juli angegeben werden.

a) Warm bis sehr warm (8 bis über 9 °C/Jahr; 15-17 °C [»Mai-Juli«]; 17-19 °C [»Juli«]). Es sind dies v.a. das Rheingebiet (die Oberrheinische Tiefebene mit Kaiserstuhl, die anschließende Hügel- und Vorbergzone), das unmittelbare Bodenseegebiet, Hochrheintal sowie halbkreisförmig das Neckargebiet, d.h. die Weinbaugebiete und ihre benachbarten, weiträumig klimatisch begünstigten Gebiete wie z.B. Kraichgau, Hohenloher- und Taubergebiet. In diesem Klima-Bereich leben Ringelnatter (*Natrix natrix*), Schlingnatter (*Coronella austriaca*), Aspisviper (*Vipera aspis*), Äskulapnatter (*Elaphe longissima*), während die Kreuzotter fehlt. Als thermophile Echsen seien hier noch Mauereidechse *(Podarcis muralis)* und Smaragdeidechse *(Lacerta viridis)* genannt; die Zauneidechse (*Lacerta agilis*) ist weit verbreitet. Aber auch die kälteverträgliche Bergeidechse (*Lacerta vivipara*) besiedelt dieses Gebiet, so z.B. einige feuchte Wälder der sommerwarmen Rheinebene.

b) Mäßig kühl bis mäßig warm (7 bis unter 8 °C/Jahr; 14-15 °C [»Mai-Juli«]; 16-17 °C [»Juli«]): Dazu gehören vor allem großräumig das Gebiet des Alpenvorlandes mit seinen kühlen Mooren, das östliche bzw. südöstliche Baden-Württemberg und alle Übergangsstufen der Mittelgebirge zu den warmen Gebieten. In diesem Bereich leben Ringelnatter, Schlingnatter und lokal in Mooren bzw. Mittelgebirgs-Tallagen die Kreuzotter. An zwei Stellen erreicht die Mauereidechse gerade noch diesen Klimabereich (lokalklimatisch begünstigt); ansonsten kommen Bergeidechsen und Zauneidechsen vor.

c) Sehr kalt bis kühl [4 bis unter 7 °C/Jahr; 10-14 °C (»Mai-Juli«); 12-16 °C(»Juli«)]: Dieser Bereich umfaßt die höheren Lagen von Schwarzwald und Schwäbischer Alb sowie des württembergischen Allgäus mit Vorkommen von Kreuzotter, Schlingnatter (gebietsweise fehlend) und Ringelnatter. In diesem Klimabereich herrscht die Bergeidechse vor; lokal, an begünstigten Stellen, kommt die Zauneidechse vor.

Die Niederschläge erreichen am Westkamm des Schwarzwaldes die Werte von über 2100 mm/Jahr (in den darunter liegenden Gebieten der Rheinebene bei ca. 100 m NN bereits schon über 900 mm/Jahr). In den östlich des Schwarzwaldes gelegenen Gebieten fallen die Niederschlagsmengen je nach orographischen Gegebenheiten auf 1000-700 mm/Jahr ab (der niederschlagsreichere Allgäuer Raum mit 1200-1800 mm ausgenommen). Im wärmebegünstigten nördlichen Baden-Württemberg, in dem die Kreuzotter fehlt, liegen die durchschnittlichen Jahresniederschläge zwischen 600 und 800mm.

Die mittlere Niederschlagssumme für »Mai-Juli« beträgt je nach Höhenlage für den Schwarzwald 300-600 mm, die Schwäbische Alb 260-400 mm, für Oberschwaben 260-400 mm und Allgäu 400-600 mm, für das nördliche Baden-Württemberg 200-250 mm.

2.2. Verbreitung der Kreuzotter

Die Kreuzotter kommt in Baden-Württemberg in drei großen Arealen vor (siehe Abb.2), die alle den kalten bis mäßig warmen Klimastufen (bezogen auf das Jahresmittel) zuzuordnen sind.

a) Der Schwarzwald

Der Schwarzwald, der im Feldberg 1493m ü. NN erreicht, erstreckt sich ca. 150 km zwischen Pforzheim im Norden und Waldshut im Süden. Im nadelwaldreichen Nordschwarzwald herrschen große Buntsandsteinareale (Hochflächen) vor; im mittleren bzw. südlichen (Wald-Wiese-geprägten) Schwarzwald dagegen Granite und Gneise. Der Schwarzwald gehört mit seinen Niederschlägen bis über 2000 mm/Jahr zu den niederschlagsreichsten Gebieten Deutschlands. Verglichen mit nordöstlichen Mittelgebirgen (z.B. Harz) ist er aber durch seine südwestliche Lage in allen Höhenstufen wärmer, da z.B. der Westabfall stark durch die sommerwarme und relativ wintermilde Rheinebene beeinflußt wird.

Die z.T. scharf an die Rheinebene anschließenden Kammlagen mit Temperaturen von 5 °C (im Jahresmittel) fallen auf ca. 3 km Luftlinie in sommerwarme Gebiete der Rheinebene von über 9 °C (im Jahresmittel) ab. Die mediterrane Mauereidechse (*Podarcis muralis*) erreicht dort eine Höhenverbreitung bis zu 750 m üNN im nördlichen Schwarzwald und bis nahezu 800 m im südlichsten Schwarzwald und trifft dabei nahe auf Kreuzotterlebensräume (horizontal ca. 2 km Abstand am Westabfall; vertikal ca. 250-300 m im Murgtal).

Die Kreuzotter besiedelt kühle, niederschlagsreiche Hochlagen (höchster Fund bei ca. 1100 m im Nord- wie im Südschwarzwald) sowie die damit verbundenen klimatisch ähnlichen Taleinschnitte (d.h. also vorwiegend östlich verlaufende Einschnitte bis etwa 500 m hinab (Abb. 3a). Im Nordschwarzwald sind dies vor allem die Buntsandsteinbereiche des Grindenschwarzwaldes (Verbreitungsschwerpunkt) bis in Richtung des warmen Kinzigtales.

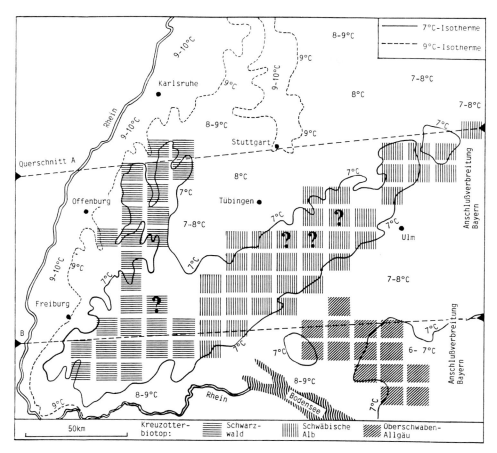

Abb. 2 (Bildausschnitt von Abb. 1): Klima und Verbreitung (Rasterdarstellung) der Kreuzotter in Baden-Württemberg anhand von Meßtischblattflächen (die Verbreitung im östlich angrenzenden Bundesland Bayern ist nicht berücksichtigt). Deutlich zu sehen die Ausbreitungstendenz (bzw. Arealgrenzen), die mit den kühlen Gebieten korreliert (hier sind nur die Jahresmittel angegeben, die durchgezogene Linie umfaßt den Bereich von 7 °C und darunter, die gestrichelte Linie zeigt den wärmenegünstigten Teil mit 9 °C und darüber; Näheres siehe Text). Die Pfeile zeigen die beiden Querschnitte A und B an (siehe Abb. 3).

Distribution map (simplified) of *Vipera berus* in South West Germany (Baden-Württemberg). The grids refer to topographical maps. The continuous line includes the cool area with an average annual temperature of 7 °C or less. The dashed line includes the warm area with an average annual temperature of 9 °C and more. Arrows A, B see Fig. 3.

Der mittlere Schwarzwald ist z.T. noch nicht befriedigend kartiert, so daß Aussagen nur unter Vorbehalt gemacht werden können. Habitate bzw. potentielle Habitate finden sich hier praktisch nur im Grenzbereich von Wald/Wiese und in Niederwaldresten. Im Gegensatz zum Nordschwarzwald, wo blockreiche Steilhänge und Moore bzw. vermoorte, lückige Flächen häufiger sind, fehlen größere geeignete Habitate im Mittleren

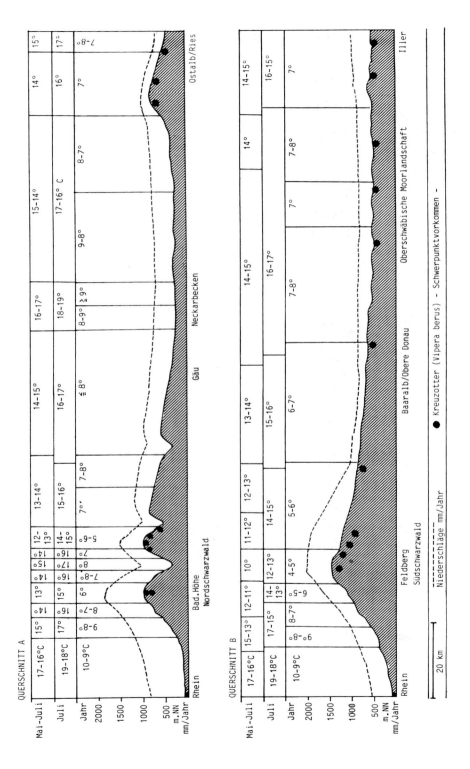

Schwarzwald: die Otter ist vermutlich aus diesem Grund seltener. Dagegen häufen sich Fundmeldungen im Bereich des süd(öst-)lichen Schwarzwaldes wieder, wo auch eigene Ergebnisse vorliegen. Das Gebiet östlich des Feldbergs, zwischen St. Blasien und Furtwangen ist der »Kernbiotop« des südlichen Schwarzwaldes.

Im Vergleich zum flächig vermoorten nördlichen Schwarzwald (wo die Kreuzotter in den Kammlagen oberhalb des Rheintals vorkommt) sind im südlichen Teil die Vorkommen auffallend nach Osten hin versetzt (Abb.3b), also in Richtung der - zwar niederschlagsärmeren, aber kühlen - Baarhochmulde. Auffallend ist weiterhin der halbkreisförmige (Radius ca. 25 km) Arealverlauf rund und weit um die warme Freiburger Bucht.

Alte Funde von (eindeutig identifizierten) Einzeltieren in wärmebegünstigteren Gebieten wie z.B. Freiburg/Brsg. sind mit Sicherheit ausgesetzte oder aus der Gefangenschaft entkommene Ottern (ähnliches gilt auch für den Großraum Stuttgart).

Fast alle Vorkommen befinden sich innerhalb der 4-7 °C-Isothermen (Jahresmittel), innerhalb der 10-14 °C-Isothermen (haupts. 10-13 °C) (»Mai-Juli«) und innerhalb der 12-16 °C-Isothermen (hauptsächlich 12-15 °C) (»Juli«). Kleine Vorkommen über diesen Isothermen bilden keine Exklaven, sondern sind in unmittelbarer Nachbarschaft des Hauptareals angesiedelt; dasselbe gilt auch für die anderen Vorkommen Baden-Württembergs!

Verglichen mit dem nördlichen Schwarzwald ist der südliche Teil insgesamt wärmer, so daß man vorsichtig schließen kann, daß der im gesamten kühl-feuchtere Nordschwarzwald - in Verbindung mit dem niederschlagsstauenden Buntsandsteingebiet - günstigere Voraussetzungen bietet. Vermutlich beheimatet der flächenmäßig kleinere nördliche Schwarzwald mehr Individuen als der südliche Teil.

Abb. 3 (vorhergehende Seite): Schematische Querschnitte A und B aus Abb. 2.
A: Deutlich zu erkennen: der niederschlagsreiche, kühle Nordschwarzwald. Das Kreuzottervorkommen ist dort scharf auf die Höhenrücken und kühle Taleinschnitte begrenzt. Die Otter fehlt danach über weite Strecken im wärmebegünstigten Neckarraum und kommt erst wieder im Bereich Ostalb/Riesgebiet vor.
B: Im Vergleich zum Nordschwarzwald sind die Kreuzotterbestände im Südschwarzwald deutlich nach Osten hin versetzt. Die Lücke zwischen Schwarzwald und Baaralb ist vermutlich auf die fehlenden Strukturen (landwirtschaftlich stark genutztes Gebiet) zurückzuführen. Die Vorkommen im baden-württembergischen Alpenvorland konzentrieren sich besonders auf die Moorgebiete.
Deutlich zeigen sich bei beiden Querschnitten die klimaabhängigen Verbreitungstendenzen. Die Otter benötigt also Gebiete mit einem Mindestmaß an Abkühlungsmöglichkeit.

Cross-section A, B of Fig. 2:
A: Adders exist only in the cool and markedly rainy area of the Northern Black Forest (Nordschwarzwald) and the Eastern area of the Swabian Alb (Schwäbische Alb).
B: Adders exist in the Southern Black Forest (Südschwarzwald) and the moorland of »Oberschwaben/Allgäu«.
The scales show the average annual temperatures as well as the average temperatures in »May-July« and in »July«. The dashed line shows the average annual precipitation.

Die Kreuzotter besiedelt im nördlichen Schwarzwald vor allem blockreiche Hanglagen, Grinden (=offene, lückige Flächen der Nordschwarzwaldkammlagen mit Zwergsträuchern und Gräsern, entstanden durch Waldweide, Streunutzung, Vermoorung), Niederwaldreste, Wegränder mit ausreichendem Saumbereich (z.B. Hänge mit Zwergsträuchern und Geröll), Waldlichtungen und Moorränder. Im Südschwarzwald wurde sie vor allem in hochgelegenen extensiv genutzten Weideflächen mit ehemaligen Mähwiesen und Mauerwerk, in Feldgehölzen, aber auch in Mooren und lichten Fichtenbeständen im Grenzbereich von strukturierten Wiesenrändern und sogar an Bahndämmen gefunden.

b) Die Schwäbische Alb

Dieses ca. 200 km lange, schmale Mittelgebirge, das im Lemberg 1015 m üNN erreicht, schließt östlich an den südlicheren Schwarzwald/Baar an. Der Untergrund der Schwäbischen Alb besteht weitgehend aus Jurakalken. Im Vergleich zum Schwarzwald ist die Alb durch dessen Regenschattenwirkung niederschlagsärmer und gegen Osten hin kontinentaler getönt. Im Gegensatz zum Schwarzwald stoßen hier keine sommerwarmen Gebiete direkt auf dieses Mittelgebirge, das Klima der Umgebung ist also insgesamt etwas kühl. Nur nördlich der Alb stoßen wärmebegünstigtere Gebiete im Bereich des Neckars vor (Raum Tübingen). Charakteristisch für die Schwäbische Alb sind landwirtschaftlich genutzte Flächen, Wacholderheiden mit Halbtrockenrasen, Waldparzellen, Felsformationen mit Schutthalden und Laubwälder.

Die Otter kommt in lückiger Verbreitung im gesamten Alb-Bereich von Tuttlingen im Westen bis ins Ostalb-Ries-Gebiet vor (Vorkommen läuft im Frankenjura aus). Verbreitungsschwerpunkt ist die westliche bis mittlere Alb, aber mit nur wenigen lokal etwas stärkeren Populationen (z.B. Raum Hechingen bis in Richtung Donautal). Die Baar, d.h. das Gebiet zwischen Schwarzwald und Alb, ist landwirtschaftlich stark genutzt, arm an Strukturen und - zumindest heute - sehr kreuzotterarm.

Die Kreuzottervorkommen auf der Schwäbischen Alb liegen nahezu alle unterhalb der 7 °C-Isotherme (Jahresmittel). Nur im Bereich der insgesamt kühlen bzw. mäßig warmen Umgebung des Ostalb-Ries-Gebietes treten Bestände auch über der 7 °C -Isotherme (Jahresmittel) auf (ca.7,5 °C). Fast alle Bestände finden sich innerhalb der 13-14 °C - Isothermen (»Mai-Juli«) bzw. 15-16 °C-Isothermen (»Juli«) - ausgenommen wieder Funde der östlichen Alb, wo die Funde im 14-15 °C-Bereich (»Mai-Juli«) bzw. 16-17 °C -Bereich (»Juli«) liegen.

Die Höhenlagen der Verbreitung reichen von ca. 960 m bis ca. 650 m in Tallagen. Da die Albhochflächen durch die wasserdurchlässigen Kalkböden relativ trocken und in weiten Teilen stark verkarstet sind, z.T. sehr stark landwirtschaftlich genutzt werden und Moore bzw. feuchtere Areale nur selten vorkommen, aus denen Funde früherer Jahre belegt sind, existieren Vorkommen praktisch nur noch in Wacholderheiden-Hecken-Waldrand-Komplexen, abschüssigen Stellen (sonnenexponierten Albtraufstellen), Rändern lichter Buchenwälder, Kalkfelsengebieten mit feuchter Umgebung (Hangnässe), Bahndämmen, Feldgehölzen. Die felsigen Gebiete dürften - wie im Schwarzwald - Primärhabitate sein. In Wacholderheidegebieten kommt die Kreuzotter nur vor, wenn günstige Kleinstrukturen (z.B. Schlehenheckenstreifen an aufgeworfenen Wegrändern) vorhanden sind. Wacholderheiden ohne Strukturen bzw. Deckungsmöglichkeiten wer-

Abb. 4: Kreuzottern (graues Männchen und schwarzes Weibchen) bei der Paarung. Ein zweites Männchen (schwarz, oben im Bild) berührt mit dem Kopf den Körper des Weibchens.

A black female and a grey male in copula. A second male adder (black, above) is touching the female.

Abb. 5: Kreuzotterweibchen im Schmelzwasser. (Aufnahmedatum 1. Mai, 1986; Höhe: 820 m üNN, Südschwarzwald). Das Tier hatte sich mit einem anderen Weibchen bei sonnigem Wetter (nach einer kühlen Periode) zielgerichtet ins Wasser begeben, wo sich die Ottern eine Zeitlang aufhielten. (Foto: Dr. GERRIT MÜLLER, Neustadt).

Female adder in an inundated meadow (date: May 1st. 1986).

den nicht besiedelt. In vielen Habitaten der Schwäbischen Alb kommt die Kreuzotter syntop mit der Schlingnatter vor.

Die Otter kommt in der Alb auch an (relativ) niederschlagsärmeren Stellen in mehr trockenen Lebensräumen vor - im Gegensatz zum Schwarzwald, wo schwerpunktmäßig nur niederschlagsreiche Gebiete besiedelt werden. Offenbar benötigt die Otter im Schwarzwald aufgrund der Ausstrahlung des sommerwarmen Rheintalklimas eine »Verstärkung« ihres klimatischen Anspruchs durch vernäßte Böden.

c) Das Alpenvorland (Oberschwaben, Allgäu)

Die Oberschwäbische Moränenlandschaft ist gekennzeichnet durch Hügel, Moore, verlandete Seen. Das landwirtschaftlich stark genutzte Gebiet hat ein relativ ausgeglichenes Relief, die Höhen liegen zwischen 500 und 700 m üNN und erlangen im Westallgäu im Bereich der Adelegg mit über 1000 m üNN voralpinen Charakter. Das Klima ist relativ ausgeglichen (mit Ausnahme des Allgäus) und beherbergt die Kreuzotter hauptsächlich

Abb. 6: Die klimatische Auswirkung der 800 m unterhalb liegenden Rheinebene weit in die Höhenlagen veranlaßt die wenig kälteempfindlichen Kreuzottern, sich schon früh an schneefreien Stellen zu zeigen (Bildmitte neben dem Schnee).
Adder (male) beside the snow area in the middle of the picture. The influence of the nearby Rhine valley makes adders leave their hibernation site early.

im Bereich der 7-8 °C-Jahresmittel-Isothermen bzw. im Bereich der 14-15 °C-»Mai-Juli«-Isothermen (bzw. 13-14 °C lokal) und der 16-17 °C-»Juli«-Isothermen. Die Niederschläge im westlichen Oberschwaben von durchschnittlich 800-900 mm/Jahr (mit Sommermaximum) nehmen im Allgäu bis ca. 1800 mm/Jahr zu.

Die Vorkommen der Kreuzotter liegen praktisch alle in und im Umfeld der Moorgebiete (z.B. Torfstiche, lichte Moorwälder), die in Oberschwaben anscheinend die ursprünglichen Lebensräume darstellen. Die Landschaft ist außerhalb stark landwirtschaftlich genutzt; d.h. die Moorflächen wurden durch Trockenlegung und Torfabbau stark reduziert.

Der Bereich »Oberschwaben-Allgäu« ist das westlichste Fundgebiet des gesamten Alpenvorlandes; die Schwerpunktverbreitung ist im bayerischen Teil. Seltsamerweise fehlt die Otter im Bergland des flächenmäßig kleinen württembergischen Allgäus (Gebiet um die Adelegg). Im Gegensatz zur Schwäbischen Alb kommen Schlingnattern - vermutlich durch die doch sehr feucht-kühlen Bodenverhältnisse - im oberschwäbischen Kreuzotterareal so gut wie nicht vor.

3. Bemerkungen zum Melanismus

Das Vorkommen größerer Populationsanteile melanistischer Ottern wird mit der günstigeren Wärmeumsetzung der schwarzen Körper in feucht-kühlen/windigen Habitaten (SCHIEMENZ, 1985) in Verbindung gebracht. Der Anteil melanistischer Tiere im südwestdeutschen Raum schwankt (nach dem jetzigen Kartierungsstand) zwischen 30 und über 90% in den verschiedenen Lebensräumen, wobei für die meisten Gebiete nur Schätzungen angegeben werden können:

(a) Schlingnattern werden oft als braune Kreuzotter »angesprochen« und können somit Umfrageergebnisse verfälschen. (b) Schwärzlinge sind bei der Nachsuche oft unterrepräsentiert, wenn sonniges Wetter vorherrscht (melanistische Tiere ziehen sich in der Regel früher als graue Tiere in schattige Stellen zurück). (c) Die weiblichen Tiere haben einen auffallend höheren Anteil an Schwärzlingen. Dies kann zu einer Fehlein-

Abb. 7: Eine seltene Zeichnungsvariante: helles Band auf dunklem Grund.

A rare pattern: light structure on a dark body.

Abb. 8: Zwei schwarze hochträchtige Weibchen nutzen die milde Bodenwärme (bei abgekühlter Luft) an einem Oktober-Spätnachmittag (1000 m üNN). Ein braunes Weibchen (nicht trächtig) nutzt wiederum das günstige Wärmeangebot der schwarzen Körper.

Two pregnant black female adders and a brown one (not pregnant) utilize the warm ground and the warm black bodies to warm up in the cool air of an October afternoon (1000 m above sea level).

schätzung von Häufigkeiten führen: Werden Beobachtungen vorwiegend im Frühjahr gemacht, so fallen vorzugsweise die (mehrheitlich) grauen Männchen auf; im Spätsommer dagegen sind trächtige Weibchen häufiger zu sehen, was eine Dominanz melanistischer Exemplare vortäuschen kann.

Schwärzlinge kommen in lichten, feucht-kühlen Nadelholzbeständen wie in Niederwäldern der tieferen Lagen (bis 500m) des Schwarzwaldes vor, ebenso in relativ offenen Wacholderheiden der Schwäbischen Alb. Dabei scheint die Höhenlage unseren Ergebnissen zufolge keinen Einfluß auf den Anteil melanistischer Tiere zu haben.

Anhand eigener, z.T. über 10 Jahre durchgeführter stichprobenartiger Beobachtungen können für einige Gebiete gesicherte Angaben gemacht werden. Beobachtet wurden besonders Überwinterungsplätze, Frühjahrsplätze sowie »Brutplätze« in Kernbiotopen (siehe Tab. 1 und 2).

Die prozentualen Zusammensetzungen sind über den mehrjährigen Beobachtungszeitraum relativ konstant - und von Habitat zu Habitat bzw. Fundort zu Fundort verschieden wie die Beispiele zeigen. Die Höhenlage scheint keinen Einfluß für das Auftreten dieser Variante zu haben - die Mauereidechsen-nähesten Vorkommen zeich-

Beobachtungen	schwarz	grau/braun
Männchen n = 96	42 (ca. 44%)	54 (ca. 56%)
Weibchen n = 75	48 (ca. 64%)	27 (ca. 36%)

Schwerpunktvorkommen melanistischer Ottern sind hier im Bereich der Enzhöhen und Freudenstadt.

Beispiele für Fundzusammensetzungen:

[M = Männchen, W = Weibchen, s = schwarz, g = grau/braun]
(2sW, 1gW); (2sM, 1gM, 3sW); (2sM, 1sW, 1gW); (1sW, 1gW); (2sM); (1gM, 3sW, 1gW); (1gM, 1gW); (2sM, 2gM); (2gM, 1sW, 1gW); (1sM, 2gW); (1gM, 1gW); (1sM, 2gM); (1gM, 1gW); (4sM, 1 gM, 3sW); (1sM, 3gM, 2sW); (1sM, 2gM, 4sW, 1gW); (3sW, 3gW).

Tab. 1: Nordschwarzwald

Beobachtungen	schwarz	grau
Habitat 1, 820 m üNN. Feldgehölz-Wiese-Moor-Komplex; n = 178	72 (ca. 40%)	106 (ca. 60%)
Habitat 2, 960 m üNN. Weideflächen mit Mauerwerk; n = 78	67 (ca. 86%)	11 (ca. 14%)
Habitat 3, 870 m üNN. Bahndamm; n = 17	9 (ca. 53%)	8 (ca. 47%)

Beispiel für Zusammensetzungen in Habitat 2 (an verschiedenen Tagen): (10s); (13s); (9s); (4g, 2s); (10s, 2g)

Tab. 2: Südschwarzwald

nen sich sogar mit einem hohen Anteil melanistischer Tiere aus. Bemerkenswert ist die relative Stabilität des Vorkommens von Schwärzlingen: auch historische Beschreibungen erwähnen früh diese Variante.

Verglichen mit dem Fichtelgebirge, wo melanistische Tiere relativ selten sind (VÖLKL, 1992) und einen Prozentsatz von ca.5% ausmachen, ist der Schwarzwald in vergleichbaren Höhenstufen wärmer, aber weitaus niederschlagsreicher. NIEBERGALL (1992) gibt ein Verhältnis für Gebiete des Bayerischen Waldes mit 50:50 an.

Für »Oberschwaben/Allgäu« dürften die Relationen in etwa 50:50 entsprechen. Für die Schwäbische Alb liegen nur wenige Eigenfunde vor; das Verhältnis dürfte nach Umfragen ähnlich sein. BUCHNER (1917) gibt für Teile der Alb ein Verhältnis von 8:2 (schwarz : gezeichnet) an, wobei auch die Weibchen dominieren.

Danksagung

Diese großflächige und schwierige, aber interessante Kartierungsaufgabe kann nur mit Hilfe vieler Informanten gelöst werden. Unser Dank gilt daher besonders den Beteiligten aus Forstwirtschaft und Naturschutz. Neben Habitatsicherung ist Aufklärung der Öffentlichkeit über die Schutzwürdigkeit ein überaus wichtiger Aspekt: Wir danken der Stiftung »Natur und Umwelt« der Landesgirokasse Stuttgart für die publizistische Förderung. Dank auch an Herrn U. SCHEIDT, Naturkundemuseum Erfurt, für Hinweise zur Kreuzotterverbreitung zwischen Erzgebirge und Ostsee. Herrn Dr.Wolfgang VÖLKL, Universität Bayreuth, danken wir für die kritische Durchsicht des Manuskriptes. Für Mithilfe bei Kartierungen »vor Ort« besonderen Dank an Frau Dr.RENATE SUTOR, Pfäffingen.

Distribution and climatic preference of the adder in South West Germany

The distribution of the adder *Vipera berus* in South West Germany (Baden-Württemberg) is restricted to the cool areas of the highlands of the Black Forest and the Swabian Alb (distribution of 500 to 1150 m above sea level) and the moorland areas of »Oberschwaben/Allgäu« (6oo m above sea level). In the Northern Black Forest, the range of the adder borders that of the thermophilic wall lizard (*Podarcis muralis*) according to the climatically cool and warm zones in this area respectively.

Schriften

BAUMGART, G., G.H. PARENT & R. THORN (1983): Observations récentes de la vipère péliade (*Vipera berus* L.) dans le Massif Vosgien. - Ciconia, Strasbourg, 7(1): 1-23.

BUCHNER, O. (1917): Über besonders merkwürdige Färbungsvarietäten der Kreuzotter. - Jh.-Ver. vaterl. Naturkde. Württ. 73: 10-22.

DÜRIGEN, B. (1897): Deutschlands Amphibien und Reptilien. - Magdeburg.

Deutscher Wetterdienst (Hrsg.) (1956): Klima-Atlas von Baden-Württemberg. - Bad Kissingen.

GRUSCHWITZ, M., W. VÖLKL, P.M. KORNACKER, M. WAITZMANN, R. PODLOUCKY, K. FRITZ & R. GÜNTHER (1993): Die Schlangen Deutschlands - Verbreitung und Bestandssituation in den einzelnen Bundesländern. - Mertensiella, Bonn, 3: 7-38.

MERTENS, R. (1947): Die Lurche und Kriechtiere des Rhein-Main-Gebietes. - Frankfurt/Main.
NIEBERGALL, P. (1992): Bestandserfassung und Schutzkonzept für die Kreuzotter *Vipera berus* im Raum Dachselried, Landkreis Regen. - Unveröffentl. Gutachten im Auftrag der Regierung von Niederbayern, 10 S.
LEHNERT, M. & K. FRITZ (1989): Status und Verbreitung der Kreuzotter im nördlichen Schwarzwald. - Jh.Ges.Naturkde.Württ. 144: 273-290.
LEHNERT, M. & K. FRITZ (1993): Die Kreuzotter im nördlichen Schwarzwald - Ergänzungsbeitrag. - Jh.Ges.Naturkde.Württ. 148, 23 S.
VÖLKL, W. (1992): Verbreitungsmuster und Bestandssituation der Kreuzotter *Vipera berus* (Linnaeus, 1758) in Nordbayern. - Salamandra 28: 25-33.
SCHIEMENZ, H. (1985): Die Kreuzotter. - Wittenberg Lutherstadt.

Verfasser

Manfred Lehnert & Klemens Fritz, ABS (Amphibien/Reptilien-Biotop-Schutz), c/o Klemens Fritz, Tennenbach 6 (Forsthaus), D-79348 Freiamt.

Ökologische Grundlagen einer Schutzkonzeption für die Kreuzotter *Vipera berus* (LINNAEUS 1758) in Mittelgebirgen

WOLFGANG VÖLKL & HANS-JÜRGEN BIELLA †

Key words: *Vipera berus*, habitats, German highlands, seasonal movements, threats, conservation

Einleitung

Die Kreuzotter stellt die verbreitetste Giftschlange Europas mit einem nahezu geschlossenen Areal von Westfrankreich, Norditalien und dem Balkan bis nördlich des Polarkreises dar (ARNOLD & BURTON 1971, SCHIEMENZ 1985). In weiten Teilen ihres Verbreitungsgebietes wurde in den letzten Jahrzehnten allerdings ein stetiger Rückgang beobachtet. Dies führte dazu, daß die Kreuzotter sowohl auf europäischer Ebene (HONEGGER 1981) als auch in Deutschland bzw. hier separat in allen Bundesländern (BLAB et al. 1984; GRUSCHWITZ et al. 1993) als mehr oder minder stark gefährdet eingestuft wird.

In Deutschland liegt einer der traditionellen Verbreitungsschwerpunkte der Kreuzotter in den waldreichen Mittelgebirgen entlang der deutsch-tschechischen Grenze (BLUM 1888, SCHIEMENZ 1985, GRUSCHWITZ et al. 1993), in denen derzeit noch viele individuenstarke Populationen leben (VÖLKL 1992, BIELLA et al. 1993). Allerdings sind auch in dieser Region deutliche Bestandsrückgänge zu verzeichnen (SCHIEMENZ 1985; VÖLKL 1986, 1992).

Für gezielte Schutzmaßnahmen ist zunächst eine genaue Kenntnis der Ökologie notwendig. Vergleichende Untersuchungen an Tieflands- und an Mittelgebirgspopulationen (VÖLKL & BIELLA 1988; BIELLA et al. 1993) zeigten Unterschiede vor allem in der räumlichen Nutzung der Habitate, die sicherlich auf die verschiedenen Lebensraumstrukturen zurückzuführen sind. In der folgenden Arbeit wollen wir anhand von Untersuchungen aus dem Fichtelgebirge und dem Erzgebirge die wichtigsten ökologischen Grundlagen darstellen, die bei der Entwicklung und Durchführung eines Schutzkonzeptes für die Kreuzotter in Mittelgebirgslebensräumen von Bedeutung sind.

Schwerpunktlebensräume in den Mittelgebirgen

Die Kreuzotter bewohnt in den Mittelgebirgen ein breites Spektrum von trockenen und feuchten Lebensräumen (SCHIEMENZ 1980, 1981; LEHNERT & FRITZ 1989; VÖLKL 1992; vgl. Abb. 1). Ihre ursprünglichen Habitate dürften hier zum einen in den Hochmooren bzw. ihren Randbereichen liegen, zum anderen in den ebenfalls großteils von Natur aus waldfreien Blocksteinmeeren (v.a. aus Granit) der Hochlagen sowie auf natürlichen Lichtungen insbesondere im Grenzbereich zu den vorher genannten Habitaten. Im Zuge der Waldbewirtschaftung entstand in allen Mittelgebirgen während der letzten Jahrhunderte ein Mosaik mit einer Vielzahl von Waldwiesen und Lichtungen, die der Kreuzotter

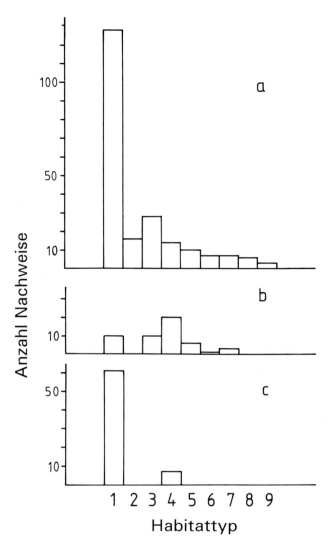

Abb. 1a - c: Verteilung von Kreuzotterfundpunkten auf unterschiedliche Lebensräume in den Naturräumen (a) »*Hohes Fichtelgebirge*«(n = 218 Nachweise), (b) »*Selb-Wunsiedler Hochfläche*« (n = 50) und (c) »*Westerzgebirge/Ostvogtland*« (n = 67). Habitattypen: 1 = Waldlichtungen und Waldränder mit Zwergsträuchern oder Gräsern, 2 = Blockmeere (v.a. Granit), 3 = Borstgrasrasen, 4 = Hoch- und Zwischenmoorrelikte einschließlich der Randbereiche, 5 = Feuchtwiesen, 6 = Brachflächen, mesophile Wiesen und Äcker, 7 = Steinbrüche, 8 = Hecken, 9 = geschlossene Waldgebiete.

Distribution of adder records in different habitats in the areas (a)»*Hohes Fichtelgebirge*« (n = 218 records), (b) »*Selb-Wunsiedler Hochfläche*« (n = 50) and (c) »*Westerzgebirge/Ostvogtland*« (n = 67). Habitat types: 1 = Forest clearings and forest edges with dwarf shrubs and grasses, 2 = granite rock aggregations, 3 = *Nardus*-meadows, 4 = moores including neighbouring areas, 5 = wet meadows, 6 = ruderals and agricultural areas, 7 = quarries, 8 = hedges, 9 = spruce forests.

zusätzlichen Lebensraum boten und zunächst die Grundlage für eine flächendeckende Besiedlung der Mittelgebirge boten.

Im Fichtelgebirge und im Erzgebirge konzentrieren sich die aktuellen Kreuzotternachweise in den waldreichen Hochlagen auf - hauptsächlich anthropogene - trockene oder wechselfeuchte Waldlichtungen (Abb. 2) bzw. Wald- oder Wegränder, deren Vegetation von Zwergsträuchern (Heidelbeere [*Vaccinium myrtillus*], Preiselbeere [*Vaccinium vitis-idaea*], Besenheide [*Calluna vulgaris*]) und/oder Gräsern (Drahtschmiele [*Avenella flexuosa*], Pfeifengras [*Molinia caerulea*], Borstgras [*Nardus stricta*], Reitgräser [*Calamagrostis* spp.]) dominiert wird (Abb. 1a, c) und die als charakteristische Strukturelemente fast immer alte Baumstümpfe und/oder liegendes Totholz (wichtige Sonnplätze und Tagesverstecke) sowie häufig einzelne Granitblöcke oder Findlinge aufweisen. In diesen Lebensräumen liegen auch im nördlichen Bayerischen Wald (NIEBERGALL 1992), im Thüringer Wald (SCHIEMENZ 1980) und im Schwarzwald (LEHNERT & FRITZ 1989) die Schwerpunkte der Kreuzottervorkommen. Daneben spielen Borstgrasrasen und Feuchtwiesen im Grenzbereich zum Wald sowie die bereits genannten (inzwischen aber vielfach abgetorften) Hoch- und Zwischenmoore eine wichtige Rolle als Kreuzotterhabitat (SCHIEMENZ 1981; SCHLEICHER 1991; VÖLKL 1992). In Natur-

Abb. 2: Typischer Kreuzotterlebensraum im Fichtelgebirge (Aufnahmejahr: 1985) mit Drahtschmiele und Zwergsträuchern. Die Lichtung war mindestens seit Kriegsende waldfrei und wurde 1983 aufgeforstet. Sie wird derzeit (1992) noch als Paarungsplatz genutzt, doch wird sie nach dem Kronenschluß der Fichten in spätestens 5 Jahren nicht mehr dafür geeignet sein. Die Bergeidechsendichte (als Nahrungsbasis für die Neugeborenen) hatte 1989 bereits merklich abgenommen. Direkt angrenzende Ersatzlebensräume stehen nicht zur Verfügung.
A typical adder habitat in the Fichtelgebirge (1985) dominated by *Deschampsia flexuosa* and dwarf shrubs. This area was afforstated in 1983 but is still used as a mating place.

räumen mit einem großen Angebot an solchen Biotopen (z.B. Selb-Wunsiedler-Hochfläche im Fichtelgebirge, Erzgebirgskamm, Naab-Wondreb-Senke) können dort sogar Verbreitungsschwerpunkte der Kreuzotter liegen (Abb. 1b).

Die Konzentration der Kreuzottervorkommen auf Waldgebiete erfordert konsequenterweise auch intensive Schutzbemühungen für diese Bereiche, auch wenn es sich großteils um Sekundärlebensräume handelt. Der erste Schritt für die Erstellung einer Schutzkonzeption ist dabei die Analyse der Verteilung und Bedeutung der einzelnen Teilhabitate und ihre Nutzung im Jahreslauf.

Räumliche Struktur der Jahreslebensräume

Ein Kreuzotterjahreslebensraum läßt sich generell in die vier Teilbereiche »Winterquartier«, »Frühjahrs-/Herbstsonnplatz«, »Paarungs-/Brutplatz« und »Sommerrevier« unterteilen (VIITANEN 1967, PRESTT 1971, BIELLA 1977, VÖLKL & BIELLA 1988, BIELLA et al. 1993), wobei die räumliche Distanz zwischen diesen Teilbereichen je nach der Struktur des Gesamtlebensraumes stark schwanken kann.

Die Frühjahrssonnplätze befinden sich oft in unmittelbarer Nähe des Winterquartieres, das im Fichtelgebirge in der Regel in Erdlöchern unter Wurzeltellern oder (ausgefaulten) Baumstubben, in Felsspalten oder in Kleinsäugerbauten liegt und im Frühjahr je nach Witterung zwischen Ende Februar und Mitte April verlassen wird. Dabei erscheinen die Männchen in der Regel etwa zwei Wochen (Spannbreite drei Tage bis vier Wochen) vor den Weibchen (BIELLA & VÖLKL 1987, BIELLA et al. 1993). Winterquartiere und Frühjahrssonnplätze werden normalerweise von den jeweiligen Tieren lebenslang beibehalten. Die Frühjahrssonnplätze umfassen meist nur wenige m^2 und sind durch Lage (fast immer süd- bzw. südwestexponiert) und Bodenstruktur (viele offene Flächen mit dunklem organischem Untergrund, der sich schnell erwärmt; viele alte Baumstubben) mikroklimatisch begünstigt.

Zwischen Ende April und Anfang Juni versammeln sich normalerweise alle reproduktiven Tiere einer Population (d.h. die Männchen jährlich, die Weibchen in zweijährigem Zyklus) am Paarungsplatz, der eine zentrale Funktion innerhalb eines Kreuzotterhabitats hat und normalerweise über mehrere Generationen genutzt wird, da Kreuzottern zur Fortpflanzung in der Regel zum Platz ihrer Geburt zurückkehren (VÖLKL & BIELLA 1988). In den meisten Waldlebensräumen sind die Paarungsplätze durch Hochwaldareale räumlich deutlich von den Winterquartieren getrennt (Abb. 3), obwohl es hiervon Ausnahmen geben kann (BIELLA et al. 1993). Die Größe schwankt im Fichtelgebirge zwischen 0,3 und 2 ha, wobei normalerweise aber nur mikroklimatisch stark begünstigte Stellen innerhalb dieser Flächen bei den Fortpflanzungsaktivitäten genutzt werden. Trächtige Weibchen verbleiben in der Regel während des Sommers am Paarungsplatz (VIITANEN 1967, VÖLKL & BIELLA 1988) und gebären dort, je nach Witterung, zwischen Mitte August und Anfang Oktober 4 - 20 Jungottern (SCHIEMENZ 1985; VÖLKL 1989; BIELLA et al. 1993).

Die Sommerreviere, die von Männchen je nach Paarungszeit Ende Mai bis Anfang Juni bzw. von nicht-reproduktiven Weibchen im Mai aufgesucht werden, zeigen im Gegensatz zu den vorherigen Habitaten keine einheitliche Struktur hinsichtlich Exposition, Vegetation oder Mikroklima. Sie können auch an offenen Nordhängen liegen und bis in

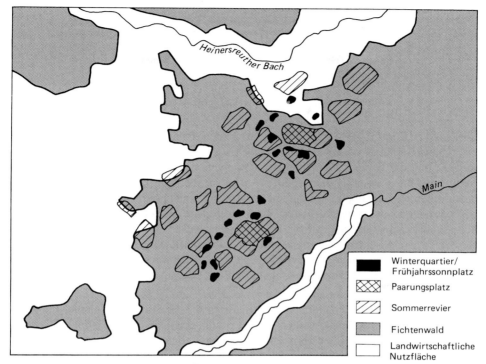

Abb. 3: Räumliche Verteilung von Überwinterungsquartieren, Paarungsplätzen und Sommerrevieren einer Kreuzotterpopulation im Fichtelgebirge (aus VÖLKL & BIELLA 1988).
Spatial distribution of hibernation sites, mating areas and summer grounds of an adder population in the Fichtelgebirge

waldnahe landwirtschaftlich genutzte Bereiche (z.B. an Waldmäntel angrenzende Felder oder Hecken) reichen. Ihre Größe schwankt in der Regel zwischen 0,5 und 3 ha. Sommerquartiere werden in weit geringerem Umfang von den einzelnen Tieren traditionell genutzt als die Winterquartiere, Frühjahrssonnplätze oder Paarungsplätze. Bei einer gravierenden Änderung der Bedingungen (z.B. ständige Störungen, Aufforstung, etc.) besiedeln die Tiere, falls verfügbar, sehr schnell naheliegende Habitate.

Die Rückwanderung der Männchen und nicht-reproduktiven Weibchen zu den Herbstsonnplätzen (die meist mit den Frühjahrssonnplätzen identisch sind) erfolgt zwischen Ende August und Mitte September. Reproduktive Weibchen kehren in der Regel ein bis drei Wochen nach dem Absetzen der Jungtiere dorthin zurück. Die letzten Beobachtungen sich sonnender Tiere im Herbst datieren im Fichtelgebirge je nach Witterung von Mitte bis Ende Oktober (BIELLA & VÖLKL 1987; BIELLA et al. 1993).

Die Distanzen, die während der notwendigen saisonalen Wanderungen zurückgelegt werden, hängen (logischerweise) stark von der Struktur des Gesamtlebensraumes und der räumlichen Verteilung der funktionell wichtigen Plätze ab, wobei die aktuelle forstwirtschaftliche Nutzung eine wichtige Rolle spielt. In den Waldgebieten der Mittelgebirge sind die Kreuzotterjahreslebensräume meist stark fragmentiert und die oben beschriebenen Teillebensräume in der Regel durch Hochwaldareale getrennt (Abb. 3), die zwar durchquert, jedoch nicht dauerhaft besiedelt werden. Im Fichtelgebirge betrugen die Entfernungen zwischen Winterquartieren und Paarungsplätzen zwischen 30 und 250 m Luftlinie (VÖLKL & BIELLA 1988; BIELLA et al. 1993). Diese Distanzen wurden beim entsprechenden Ortswechsel Ende April/Anfang Mai normalerweise innerhalb eines Tages zurückgelegt (n = 31 täglich kontrollierte Individuen; Daten von 1983 - 1986 zusammengefaßt). Die Wanderungen der Männchen von den Frühjahrssonnplätzen zu den Paarungsplätzen sind dabei mit Sicherheit »gerichteter Natur«, was durch das regelmäßige Eintreffen von Männchen noch vor den ersten Weibchen, die Verteilung der Frühjahrssonnplätze (Männchen und Weibchen kommen oft aus entgegensetzten Richtungen) und die kurzen Wanderzeiten hinreichend belegt wird. Die aktive Suche der Männchen nach einer Duftspur des Weibchens, bei der pro Tag innerhalb eines bestimmten Reviers über 1 km zurückgelegt werden kann (ANDRÉN 1982), erlangt erst nach Erreichen des Paarungsplatzes Bedeutung. Die Distanzen zwischen Paarungsplätzen und Sommerrevieren bzw. bei nicht-reproduktiven Tieren zwischen Wintersonnplätzen und Sommerrevieren waren im selben Untersuchungsgebiet noch einmal deutlich länger und schwankten zwischen 80 und 900 m, wobei die maximale beobachtete tägliche Wanderdistanz etwa 450 m (Luftlinie) betrug.

Im Westerzgebirge lagen die Frühjahrssonnplätze und Paarungplätze dagegen selten mehr als 25 - 30 m voneinander entfernt und waren in der Regel ineinander integriert (BIELLA et al. 1993). Die Distanzen zu den Sommerrevieren waren jedoch mit einer Schwankungsbreite zwischen 30 m und 600 m ähnlich hoch wie im Fichtelgebirge.

Abundanzen in Waldlebensräumen

Tabelle 1 gibt die Kreuzotterabundanzen für zwei Untersuchungsgebiete im Fichtelgebirge und im Westerzgebirge an, in denen jeweils stark fragmentierte Jahreslebensräume besiedelt werden. Dabei zeigt sich, daß die Abundanzen in den trockenen »*Vaccinium*-Zwergstrauchheiden« des Fichtelgebirges wesentlich niedriger sind als auf den von

	UG Fläche (ha)	bewohnbar (ha)	Anzahl Ottern	Otter/ha Gesamtfl.	Ottern/ha bewohnb. Fl.
I)	<12	4	16	1,3	4
II)	900	35	38	0,04	1,08

I) = WE (1988); II) = FG (1987)

Tabelle 1: Ermittelte Abundanzen von adulten und subadulten Kreuzottern in zwei Mittelgebirgspopulationen im Westerzgebirge (WE; Hauptlebensraum feuchte Waldwiesen) und im Fichtelgebirge(FG; Hauptlebensraum trockene *Vaccinium*-Heiden) (aus BIELLA et al. 1993). Abundancies of adult and subadult adders in two populations in the Erzgebirge and in the Fichtelgebirge.

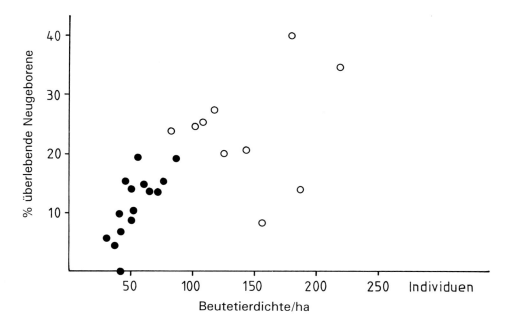

Abb. 4: Abhängigkeit der Neugeborenenmortalität im ersten Winter von der geschätzten Nahrungdichte (aus VÖLKL 1989). Gefüllte Kreise = Waldlichtungen, offene Kreise = Feuchtlebensräume. Spearman's Korrelationskoeffizient $r_s = 0.72^{***}$.
Relationship between neonate mortality and prey density. Filled circles = forest clearings, open circles = wetlands.

feuchten Pfeifengraswiesen dominierten Lichtungen des Westerzgebirges (BIELLA et al. 1993), und zwar unabhängig davon, ob als Bezugsbasis die Gesamtuntersuchungsfläche oder nur die tatsächlich als Kreuzotterlebensraum geeignete Fläche (d.h. Gesamtuntersuchungsfläche ohne Hochwaldareale) gewählt wird. Die Abundanzen im Untersuchungsgebiet Fichtelgebirge blieben über einen längeren Zeitraum in den achtziger Jahren (1981 - 1989) bemerkenswert konstant (Schwankungen zwischen 0,80 und 1,17 Ind./ha), wobei negative Veränderungen in der Lebensraumstruktur während dieser Untersuchungsperiode kaum auftraten und die Verluste durch direkte Verfolgung sehr gering waren (vgl. auch VÖLKL 1986). Die Hauptgründe für diese geringen Abundanzen in den trockenen Waldlebensräumen, wie sie nicht nur für das Fichtelgebirge typisch sind (BIELLA et al. 1993), dürften in der starken räumlichen Trennung der Teilhabitate und in der geringeren Überlebensrate der Neugeborenen gegenüber Feuchtgebieten sein.

Überleben der Neugeborenen

Ein kritischer Punkt in der Populationsdynamik der Kreuzotter scheint das Überleben der Neugeborenen während des ersten Winters bzw. Frühlings zu sein. Neugeborene Kreuzottern ernähren sich ausschließlich von jungen Bergeidechsen (*Lacerta vivipara*

JACQ.) und/oder kleinen »Braunfröschen« (*Rana temporaria* L., *Rana arvalis* NILSON) (SEBELA 1978; SCHIEMENZ 1983; VÖLKL & BIELLA, unpubl.). Im Fichtelgebirge war ihre Überlebensrate vor allem mit der Beutetierdichte korreliert. In Feuchtlebensräumen mit hoher Beutetierdichte (bedingt durch eine hohe Zahl an Grasfroschhüpferlingen) war die Überlebensrate während des ersten Winters signifikant höher als auf Waldlichtungen, auf denen als einzige Nahrung junge Bergeidechsen zur Verfügung standen (Abb. 4). Als weitere Neugeborenenmortalität muß einkalkuliert werden, daß eine - wenn auch möglicherweise geringe - Zahl an Jungschlangen kein geeignetes Winterquartier findet (VÖLKL 1989).

Gefährdungsursachen

Die Hauptgefährdungsursache für die Kreuzotter liegt in den waldreichen Mittelgebirgen in der Aufforstungen von Waldlichtungen, von denen im Fichtelgebirge derzeit mindestens 20% der aktuell registrierten Fundpunkte betroffen sind, und der Zerstörung flächig ausgeprägter Waldränder (z.B. durch Nutzungsintensivierung in angrenzenden landwirtschaftlichen Flächen) (VÖLKL 1992). Neben dem direkten Lebensraumverlust führen die Aufforstungen auch zu einer immer stärkeren Fragmentierung der Jahreslebensräume, zu weiteren Distanzen zwischen Teilhabitaten (soweit diese überhaupt gewechselt werden) und zur Isolierung einzelner Populationen.

Eine weitere starke - wenn auch indirekte - Bedrohung stellen die neuerdings wieder forcierten Straßenbauaktivitäten und die Zunahme des Ost-West-Verkehrs seit 1990 dar. Durch den starken Straßenverkehr können nicht nur Autobahnen, sondern auch Bundesstraßen und selbst Kreisstraßen saisonale Wanderungen bzw. den (natürlicherweise bereits geringen) Austausch zwischen lokalen Populationen stark behindern und deren Isolierung zusätzlich fördern.

Dagegen dürfte die direkte Verfolgung durch den Menschen, die in der Vergangenheit die Hauptursache für den Rückgang der Kreuzotter war (SCHIEMENZ 1985), infolge der Aufklärungsarbeit von Behörden, Verbänden und Privatleuten - die konsequent weiterbetrieben werden muß - aktuell kaum noch eine wesentliche Bedrohung für gesamte Populationen darstellen. Allerdings können Kreuzottern - wie auch Ringelnattern und Schlingnattern - durch »konsequente« Störungen insbesondere an vorher ungestörten Stellen aus dem entsprechenden Lebensraum vertrieben werden. Dies gilt vor allem für Winterquartiere und Paarungsplätze.

Auch die Zerstörung der (wenigen verbliebenen) Feuchtlebensräume und Moore bzw. Moorreste, z.B. durch Torfabbau oder durch Entwässerung und anschließender Meliorisierung, scheint in den Mittelgebirgen - im Gegensatz zu vielen Tieflandpopulationen bzw. zum Voralpenraum (HECKES et al. 1993) - derzeit nur noch lokal eine Rolle zu spielen (VÖLKL 1992), da diese Lebensräume inzwischen einen weitgehenden gesetzlichen Schutz genießen.

Möglichkeiten des Kreuzotterschutzes

Eine zentrale Bedeutung kommt innerhalb des Jahreslebensraumes einer Kreuzotterpopulation dem Paarungsplatz zu, da dieser im Gegensatz zu den Winterquartieren, die stets nur von Einzeltieren langfristig beibehalten werden, von der gesamten Population über Generationen traditionell genutzt wird (VÖLKL & BIELLA 1988). Diese Dauernutzung erleichtert in den stark fragmentierten Teillebensräumen die Partnerfindung. Andererseits birgt die Konzentration der Fortpflanzungsaktivitäten und das starke Festhalten an einem Platz aber ein hohes Gefährdungspotential, da die Zerstörung des Paarungsplatzes wegen des dauerhaft ausbleibenden Reproduktionserfolges leicht zum Erlöschen der Population führen kann (VÖLKL 1986). Die wichtigste kurzfristige Schutzmaßnahme für die Kreuzotter ist deshalb der unbedingte Erhalt des »strukturellen Status quo« aller bekannten Paarungsplätze, d.h. ihr Freihalten von Aufforstungen sowie der Erhalt des Mikroreliefs und der aktuellen Strukturausstattung (z.B. mit Totholz und Baumstubben).

Dies bedeutet, daß auch »forstliche Aufräumarbeiten« oder Stubbenroden an solchen Plätzen unterbleiben müssen. An aufgeforsteten Paarungsplätzen, die noch von einer Population genutzt werden, muß die Entfernung der Aufforstung aus Naturschutzgründen in Betracht gezogen werden. Für Privatwaldflächen wäre dafür natürlich ein finanzieller Ausgleich ähnlich den Zahlungen für die extensive naturschutzorientierte Bewirtschaftung von Grünland notwendig.

Eine (wie auch immer geartete) »Neuanlage« von Paarungsplätzen ist aufgrund der traditionellen Nutzung nur erfolgversprechend, wenn der Ersatzlebensraum direkt an den angestammten Paarungsplatz grenzt, da weiter entfernte (> 100 m mit dazwischen liegendem Hochwaldareal) neu entstandene Lichtungen von der Kreuzotter kurzfristig kaum als Lebensraum genutzt werden (VÖLKL 1991).

Der Erhalt der Winterquartiere bzw. der Frühjahrssonnplätze stellt ebenfalls einen wichtigen Aspekt dar, erlangt aber nicht die zentrale Bedeutung wie in Heide- und Moorlebensräumen, da das Angebot an Winterquartieren in den Mittelgebirgslebensräumen keinen wesentlichen limitierenden Faktor darzustellen scheint (VÖLKL 1989). Für diese Annahme spricht auch, daß hier bisher nur selten Massenüberwinterungsquartiere mit mehr als 10 Tieren bekannt wurden, sondern die Tiere in der Regel einzeln oder in kleinen Gruppen überwintern. Trotzdem sollten die bekannten Winterquartiere/Frühjahrssonnplätze nicht aufgeforstet werden und auch andere schwerwiegende Veränderungen (z.B. Stubbenroden), insbesondere während der Winterruhe der Kreuzottern, unterbleiben.

Die Wanderwege zwischen Winterquartieren und Paarungsplätzen bzw. Sommerrevieren dürfen auf keinen Fall durch die Neuanlage von befestigten Straßen, die für den allgemeinen Verkehr freigegeben werden, zerschnitten werden. Dies könnte im Extremfall bis zum Ausbleiben der Reproduktion (die Tiere gelangen nicht vom Winterquartier zum Paarungsplatz, sondern werden unterwegs Opfer des Verkehrs) und dem Erlöschen der Population führen.

Einen gewissen Engpaß in der Populationsdynamik der Kreuzotter scheint das Überleben der Neugeborenen darzustellen (vgl. Kap. 4.2.), bei denen besonders im ersten Winter eine Sterblichkeit bis ca. 90% keine Seltenheit ist (PRESTT 1971, VÖLKL 1989). In den meisten Waldlebensräumen stellt die Bergeidechse die einzige quantitativ bedeutsame Nahrungsgrundlage für die Jungtiere dar. Der Erhalt der Bergeidechsenpopulationen wird in der Regel durch einen konsequenten Schutz der Paarungs/»Brut«plätze (s.o.), an denen die Jungtiere geboren werden und ihre erste Freßperiode im Spätsommer/Herbst verbringen, automatisch mit erreicht. Allerdings ist hierbei zu berücksichtigen, daß die notwendigen Bergeidechsenabundanzen nur auf Flächen von entsprechender Größe (nicht unter 1 ha) erreicht werden können. Dies bedeutet, daß auch mögliche Teilaufforstungen von Paarungsplätzen unterbleiben müssen. In Feuchtgebieten oder in der Umgebung von Gewässern aller Art können die Schutzmaßnahmen auch eine gezielte Förderung von Braunfröschen beeinhalten (z.b. durch Extensivierung von nahegelegenen Teichen). Bei Neuanlagen von Amphibiengewässern (CLAUSNITZER 1978, BLAB 1980, VÖLKL 1986) als Fördermaßnahme muß zunächst die grundsätzliche Eignung des Standortes aus naturschutzfachlicher Sicht überprüft werden. Solche Gewässer sollten aber grundsätzlich nie direkt in den Kreuzotterlebensräumen geschaffen werden.

Für alle verbliebenen Feuchtlebensräume gilt natürlich, daß die gesetzlichen Schutzbestimmungen (§ 20c BundesNatSchG und entsprechende Länderparagraphen, z.B. Art. 6d BayrNatSchG) innerhalb und außerhalb von Naturschutzgebieten konsequent umgesetzt werden und diese Habitate weder entwässert noch meliorisiert noch aufgeforstet werden. Weiterhin müssen flächig ausgeprägte, reich strukturierte Waldränder im Übergangsbereich zu landwirtschaftlichen Nutzflächen unbedingt erhalten werden. Fallweise muß auch ihre »Renaturierung« in Betracht gezogen werden.

Die traditionelle Bindung an bestimmte Teillebensräume sowie die notwendige Nahrungsdichte für das Überleben der Neugeborenen müssen beim Versuch einer möglichen Neuansiedlung (an Stellen mit erloschenen Vorkommen) unbedingt berücksichtigt werden. Diese Maßnahme ist aber höchstens in Regionen zu begründen, aus denen die Kreuzotter komplett verschwunden ist und in denen eine natürliche Wiederbesiedlung nicht erfolgen kann, obwohl (wieder) ein geeigneter Lebensraum für eine Kreuzotterpopulation verhanden ist (vgl. NOWAK & ZSIVANOVITS 1982; REBHAN 1991). Auch Umsiedlungsaktionen - z.B. bei Bauvorhaben - können ansonsten unter den gegebenen verhaltensbiologischen Voraussetzungen (traditionelles und individuelles Festhalten der Tiere an bestimmten Plätzen) kaum Chancen eingeräumt werden. Vor der Realisierung möglicher diesbezüglicher Aktivitäten muß grundsätzlich eine Abstimmung mit den zuständigen Naturschutzbehörden erfolgen.

Für einen langfristigen Schutz der Kreuzotter in den Mittelgebirgen ist allerdings ein Erhalt der bekannten Paarungsplätze und Winterquartiere nicht hinreichend. Hierfür muß ein Mosaik an offenen Lebensräumen (Lichtungen, Schneisen etc.) erhalten werden, die nahe genug beisammen liegen, um den Jahreslebensraum für eine gesamte Kreuzotterpopulation zu bieten, wobei die unterste Grenze für eine mittelfristig (>10 Jahre) überlebensfähige Population bei etwa 35 fortpflanzungsfähigen Ottern liegen dürfte (VÖLKL, unpubl. Daten). Dabei sollte berücksichtigt werden, daß mit solchen Maßnahmen gleichzeitig die gesamte typische Biozönose alter Lichtungen (VÖLKL 1991) sowie innere (Wald)randstrukturen mit erhalten werden, was z.B. auch dem Auerhuhn zugute käme (SCHERZINGER 1976). Aus unserer Sicht sind somit als Naturschutzleitbild - und natürlich ebenso als forstliches Leitbild - keine vollständig geschlossenen großflächigen Waldgebiete zu fordern, sondern der Erhalt eines traditionellen Waldmosaiks mit Lichtungen, wie es auch für Urwälder typisch sein dürfte (REMMERT 1985). Der Anteil an offenen Lebensräumen innerhalb eines größeren Waldgebietes sollte dabei 5% (wie beim Untersuchungsgebiet Fichtelgebirge) nicht unterschreiten.

Biology and Conservation of the Adder *Vipera berus* in German Highlands

Forest clearings whose vegetation is dominated by *Vaccinium*-heathlands or grasses are the most important habitats for the adder *Vipera berus* in the coniferous forest areas of the German highlands. Within these habitats, adders carry out extended seasonal movements between hibernation sites, mating/»breeding« areas, which are used traditionally for many generations, and summer grounds. The main threat to the adder in the highlands is the loss of habitats by afforestation. The central short-termed target of our proposed conservation strategy is the avoidance of afforestations in mating places.

Schriften

ANDRÉN, C. (1982): The role of the vomeronasal organs in the reproductive behaviour of the adder *Vipera berus*. - Copeia 1982: 148-157.

ARNOLD, E.N. & J.A. BURTON (1979): Pareys Amphibien- und Reptilienführer Europas. - Hamburg und Berlin, 270 S.

BIELLA, H.J. (1977): Studien zur Verbreitung und Ökologie der Kreuzotter in der Oberlausitz. - Abh. Ber. Naturk. Mus. Görlitz 51(4): 1-9.

- (1980): Untersuchungen zur Fortpflanzungsbiologie der Kreuzotter (*Vipera b. berus* L.). - Zool. Abh. Staatl. Mus. Tierkde. Dresden 36(6): 117-125.

BIELLA, H.J. & W. VÖLKL (1987): Beobachtungen zur saisonalen und diurnalen Aktivität der Kreuzotter (*Vipera b. berus* L.). - Zool. Abh. Staatl. Mus. Tierkde. Dresden 43: 41-48.

BIELLA, H.J., G. DITTMANN & W. VÖLKL (1993): Ökologische Untersuchungen an Kreuzotterpopulationen (*Vipera berus* L.) in vier Regionen Mitteldeutschlands (Reptilia, Serpentes, Viperidae). - Zool. Abh. Staatl. Mus. Tierkde. Dresden 47: 193-204.

BLAB, J. (1980): Reptilienschutz: Grundlagen - Probleme - Lösungsansätze. - Salamandra 16: 89-113.

BLAB, J., E. NOWAK, W. TRAUTMANN & H. SUKOPP (1984): Rote Liste der bedrohten Tierarten in der Bundesrepublik Deutschland. - Kilda, Greven, 270 S.

BLUM, J. (1888): Die Kreuzotter und ihre Vebreitung in Deutschland. - Abh. Senckenberg naturf. Ges. 15: 123-278.

CLAUSNITZER, H.J. (1978): Nahrung und Biotopanspruch der Kreuzotter im Landkreis Celle. - Beitr. Naturkde. Niedersachsen 25: 85-86.

GRUSCHWITZ, M., W. VÖLKL, P.M. KORNACKER, M. WAITZMANN, R. PODLOUCKY, K. FRITZ & R. GÜNTHER (1993): Die Schlangen Deutschlands - Verbreitung und Bestandssituation in den einzelnen Bundesländern. - Mertensiella, Bonn, 3: 7-38.

HECKES, U., H.J. GRUBER & J. HAFT (1993): Verbreitung, Habitateinbindung und Gefährdung der Kreuzotter *Vipera berus* (LINNAEUS 1758) in Südbayern. - Mertensiella, Bonn, 3: 331-342.

HONEGGER, R. (1981): Threatened Amphibians and Reptiles in Europe. Handbuch der Reptilien und Amphibien Europas, Suppl. - Wiesbaden, 158 S.

LEHNERT, M. & K. FRITZ (1989): Verbreitung und Status der Kreuzotter (*Vipera berus*) im nördlichen Schwarzwald. - Jh. Ges. Naturkde. Württ. 144: 273-290.

NIEBERGALL, P. (1992): Bestandserfassung und Schutzkonzept für die Kreuzotter *Vipera berus* im Raum Dachselried, Landkreis Regen. - Unveröffentl. Gutachten im Auftrag der Regierung von Niederbayern. 10 S.

NOWAK, E. & K.P. ZSIVANOVITS (1982): Wiedereinbürgerung gefährdeter Tierarten. Wissenschftliche Grundlagen, Erfahrungen und Bewertung. - Schriftenr. Landschaftspfl. Naturschutz 23: 1-153.

REBHAN, H. (1991): Naturschutz in Oberfranken. Zur Problematik der Einbürgerung von Pflanzen und Tieren. II. Ausbringen von Tierarten. - Heimatbeilage Amtl. Schulanz. Oberfranken, Bayreuth 178: 46-64.

REMMERT, H. (1988): Naturschutz. - Springer, Berlin-Heidelberg, 202 S.

PIELOWSKI, Z. (1962): Untersuchungen über die Ökologie der Kreuzotter (*Vipera berus* L.). - Zool. Jb. Syst. 89: 479-500.

POMIANOWKSA-PILIPIUK, I. (1974): Energy balance and food requirements of adult vipers *Vipera berus* (L.). - Ekol. Polska 22: 195-211.

PRESTT, I. (1971): An ecological study of the viper *Vipera berus* in Southern Britain. - J. Zool., London, 164: 373-418.

SCHERZINGER, W. (1976): Rauhfußhühner. - Schriftenr. BStMELF, Nationalpark Bayerischer Wald 2: 1-72.

SCHIEMENZ, H. (1980): Die Herpetofauna der Bezirke Leipzig, Dresden und Karl-Marx-Stadt (Amphibia et Reptilia). - Faun. Abh. Staatl. Mus. Tierkde. Dresden 7: 191-211.

- (1981): Die Verbreitung der Amphibien und Reptilien in Thüringen. - Veröff. Mus. Stadt Gera, Naturwiss. R. 9: 3-39.

- (1983): Zur Ökologie und Bionomie der Kreuzotter (*Vipera berus berus* L.). Teil II: Entwicklung der Jungtiere von der Geburt bis zur Geschlechtsreife. - Zool. Abh. Staatl. Mus. Tierkde. Dresden 39: 51-60.

- (1985): Die Kreuzotter. - Neue Brehm Bücherei 332, Wittenberg Lutherstadt, 108 S.

SCHLEICHER, R. (1991): Die Kreuzotter im Landkreis Tirschenreuth. - Landkreis Tirschenreuth 3: 120-130.

SEBELA, M. (1978): Contribution to the knowledge of the common vipers' (*Vipera berus* L.) diet in the Ceskomoravska vysocina. - Cas. mor. Musea, Sci. Nat. 58: 213-216.

VIITANEN, P. (1967): Hibernation and seasonal movements of the viper, *Vipera berus berus* (L.) in Southern Finland. - Ann. Zool. Fenn. 4: 472-546.

VÖLKL, W. (1986): Untersuchungen zum Bestand der Kreuzotter (*Vipera b. berus* L.) im Fichtelgebirge. - Schriftenr. Bayr. Landesamt Umweltschutz 73: 125-133.

- (1989): Prey density and growth: Factors limiting the hibernation success of neonate adders (*Vipera berus* L.) (Reptilia: Serpentes,Viperidae). - Zool. Anz. 222: 75-82.

- (1991): Besiedlungsprozesse in kurzlebigen Habitaten: Die Biozönose von Waldlichtungen. - Natur Landschaft 66: 98-102.

- (1992): Verbreitungsmuster und Bestandssituation der Kreuzotter *Vipera berus* (LINNAEUS, 1758) in Nordbayern. - Salamandra 28: 25-33.

VÖLKL, W. & H.J. BIELLA (1988): Traditional using of mating and breeding places by the adder (*Vipera berus* L.). - Zool. Abh. Staatl. Mus. Tierkde. Dresden 44 (3): 19-23.

Verfasser

Dr. Wolfgang Völkl, Lehrstuhl für Tierökologie I, Universität Bayreuth,
PF 101251, D-95440 Bayreuth.

Konzeptionen für einen flächendeckenden Schutz unserer heimischen Schlangen - ein theoretischer Ansatz

WOLFGANG VÖLKL & PAUL M. KORNACKER

Key words: adder, grass snake, smooth snake, Germany, conservation strategy, population network, stepping stones, hierarchical approach

Einleitung

Trotz intensiver Bemühungen seitens des Naturschutzes sind alle heimischen Schlangenarten nach wie vor im gesamten Bundesgebiet gefährdet und teilweise sogar vom Aussterben bedroht, wie ein Vergleich der aktuellen »Roten Listen« in Bund und Ländern eindeutig zeigt (GRUSCHWITZ et al. 1993). Der flächendeckende Rückgang konnte auch durch die in den letzten Jahren verstärkte vorgenommene Ausweisung von Naturschutzgebieten kaum gebremst werden, da sich diese Aktivitäten stets auf relativ kleine und oft isolierte Flächen bezogen (HAARMANN & PRETSCHER 1989; REICHEL 1990), während beispielsweise der Straßenbau oder die Zersiedlung der Landschaft, unter anderem auch in der Umgebung der Naturschutzgebiete stetig weiter voranschritten. Um diesen Rückgang zu stoppen, wären als Alternative zu den bisher mehr lokal ausgerichteten Maßnahmen flächendeckende überregionale Konzeptionen notwendig (vgl. auch VÖLKL 1991a, BLAB 1992). Dies gilt insbesondere für die drei weit verbreiteten Arten Kreuzotter (*Vipera berus*), Schlingnatter (*Coronella austriaca*) und Ringelnatter (*Natrix natrix*), die hier als Charakterarten für bestimmte Biotoptypen/-komplexe unter funktional-landschaftsökologischen Gesichtspunkten betrachtet werden sollen. Dagegen müssen Schutzmaßnahmen für Aspisviper (*Vipera aspis*), Äskulapnatter (*Elaphe longissima*) und Würfelnatter (*Natrix tesselata*) logischerweise auf die derzeitigen sehr disjunkten deutschen Einzelvorkommen und ihr Habitatumfeld beschränkt bleiben (FRITZ & LEHNERT 1993, LENZ & GRUSCHWITZ 1992; WAITZMANN 1993).

Im folgenden Beitrag möchten wir ein theoretisches Modell für ein hierarchisch strukturiertes Schutzkonzept für Kreuzotter, Schlingnatter und Ringelnatter am Beispiel Bayerns und angrenzender Gebiete vorstellen. Da alle drei Schlangenarten sehr hohe Ansprüche an die Struktur ihres Lebensraumes stellen, müssen sie für ihre Hauptlebensräume auch als Leitarten dienen (MÜHLENBERG et al. 1991), deren Schutz gleichzeitig dem Erhalt der gesamten typische Biozönose dient.

Theoretische Ansätze für einen flächendeckenden Schutz der Lebensräume heimischer Schlangen

Zunächst sollten wir Naturschutz als Nutzung betrachten. Als Folge davon können Naturschutzvorrangflächen verstärkt als gleichberechtigte Nutzungsart neben Landwirtschaft, Forstwirtschaft, Gewerbe etc. in Landschaftsplänen, Flächennutzungsplänen oder Raumordnungsplänen dargestellt werden. Als Grundlage für die Erarbeitung solcher Vorrangflächen dient z.B. in Bayern das Arten- und Biotopschutzprogramm. Innerhalb eines solchen Vorrangkonzeptes lassen sich auch für Schlangen Gebiete festlegen, auf die intensive und gezielte Schutzaktivitäten konzentriert werden. In der Regel dürften dies Gebiete innerhalb der Verbreitungszentren der jeweiligen Art mit einem hohen Anteil noch weitgehend intakter Habitate und mit individuenstarken Populationen sein.

In den jeweiligen Vorranggebieten ist auch die SLOSS-Debatte (single large or several small), nämlich ob ein großes oder mehrere kleine Schutzgebiete für den Erhalt einer Art effektiver sind, in eine SLASS-Argumentation (single large and several small) umzuwandeln. Das heißt, wir benötigen ein Netz aus großen und kleinen Schutzgebieten, die natürlich nicht nur dem Reptilienschutz dienen (BLAB 1992). Die großen Schutzgebiete dienen als Kernzonen für den Erhalt langfristig überlebensfähiger individuenstarker Populationen der jeweiligen Zielart und haben zugleich Initial- und Rückzugsfunktion bei Arealexpansion und -regression. Dagegen sollen die kleinen, mehr verstreut liegenden Flächen vor allem den räumlichen Verbund zwischen diesen Flächen herstellen (vgl. auch BLAB 1985).

Auf diesen beiden Grundvoraussetzungen könnte ein hierarchisch gegliedertes Schutzsystem mit lokalen Zentren, regionalen und überregionalen Netzen wie folgt aufgebaut werden (vgl. auch ZUIDERWIK & SMIT 1990/91, die ein vergleichbares Konzept für die Niederlande vorschlagen):

Gebiete mit einer Konzentration individuenstarker Populationen und mit einem hohen Anteil an weitgehend intakten Lebensräumen könnten als unterste hierarchische Ebene ein lokales Zentrum (»core area«) bilden, das innerhalb eines Naturraumes liegt. Hier muß Naturschutz zumindest mittelfristig die prioritäre und festgeschriebene Vorrangnutzung darstellen (»Tabu-Zonen«), bei der andere Nutzungen wie extensive Landwirtschaft oder standortgerechte Forstwirtschaft zwar weiterhin fortgeführt werden, ihre Durchführung aber klar und eindeutig den Zielen des Naturschutzes untergeordnet werden. Bezüglich ihrer Flächengröße sollten die lokalen Zentren zumindest nicht kleiner sein als das ungefähre Minimalareal einer Population der jeweiligen Art, soweit dieses bekannt ist. Die Angabe von Minimalarealen für Tierpopulationen ist aus der Sicht des Naturschutzes sehr kritisch zu hinterfragen und nicht immer hilfreich (MADER 1991), jedoch planerisch als Argumentationsbasis für den Naturschutz unumgänglich. Wenn wir jedoch die für unsere einheimischen Schlangenarten geschätzten Flächengrößen von mindestens 250 ha als unterstes Limit eines einzelnen Schutzgebietes erreichen könnten (VÖLKL 1991a), das in einen übergeordneten Verbund integriert ist, dürften wir bei der kurz- bis mittelfristigen Flächensicherung zunächst trotzdem einen großen Schritt weiter sein. In diesen lokalen Zentren ist eine Konzentration bzw. Ausweitung der Schutzbemühungen - abgestimmt auf lokale und regionale Besonderheiten - für die jeweilige Zielart und die durch sie repräsentierte Biozönose anzustreben, wozu vor allem ein dauerhafter Erhalt der Schlüsselstrukturen (z.B. Paarungsplätze bei der Kreuzotter) sowie die Gewährleistung einer engen Vernetzung aller Teillebensräume (Winterquartiere, Eiablageplätze, Paarungsplätze, Sommerreviere) und der darin notwendigen funktionalen Strukturen (z.B. Sonnplätze, Tagesverstecke) gehört. Weiterhin dürfen die saisonale Wanderungen, wie sie von Kreuzotter, Ringelnatter und Schlingnatter zwischen den einzelnen Teillebensräumen unternommen werden (VIITANEN 1967, PRESTT 1971, PHELPS 1977, MADSEN 1984, VÖLKL & BIELLA 1988; STRIJBOSCH & VAN GELDER 1993), auf keinen Fall durch unpassierbare Barrieren behindert werden, z.B. durch Erweiterung oder Ausbau des bestehenden Straßennetzes oder durch andere sogenannte infrastrukturfördernde Maßnahmen. Fallweise darf hier sogar ein Rückbau von Straßen nicht tabu sein. Auch die Freizeitnutzung der Gebiete muß - insbesondere wenn die sehr störungsempfindlichen Ringelnatter und Kreuzotter die Zielarten sind - konsequent den Erfordernissen des Schlangenschutzes angepaßt werden. In die lokalen Zentren können gegebenfalls aktuelle Naturschutzgebiete integriert werden (bzw. umgekehrt), deren Effizienz bei der Bestandssicherung von Tierpopulationen ja oft an der mangelnden Flächengröße scheitert (PLACHTER 1985; REICHEL 1990).

Als nächste hierarchische Ebene würden zwei oder mehrere lokale Zentren durch ein kleinräumiges Mosaik geeigneter Lebensräume zu einem regionalen Netz verbunden werden (vgl. auch BLAB 1985), z.B. auf Naturraumebene (Fichtelgebirge, Nordfrankenjura). Dabei ist es zunächst nicht unbedingt entscheidend, ob diese »Trittsteine« ein aktuelles Vorkommen der Zielart beherbergen oder nicht. Wichtig ist hier vor allem, daß ein Individuenaustausch zwischen lokalen Netzen potentiell möglich ist und daß diese verbindenden Lebensräume, falls die Zielart aktuell fehlt, durch abwandernde Individuen aus den lokalen Zentren besiedelt werden können. Die Aufgabe der regionalen Netze besteht somit vor allem darin, die Landschaft für Ausbreitungs- oder Wanderbewegungen - nicht nur von Reptilien - funktionsfähig/passierbar zu halten bzw. diese Funktionsfähigkeit/Passierbarkeit etwa durch Extensivierung der Landwirtschaft oder dem Ausbau von Strukturen mit Leitlinienfunktion sicherzustellen bzw. neu aufzubauen. Wie Erfahrungen z.B. in Rheinland-Pfalz und Berlin gezeigt haben, können derartige Strukturen mit Leitlinienfunktion eine hohe Bedeutung für den Reptilienschutz haben, auch wenn sie anthropogenen Ursprungs sind, z.B. Bahndämme, Straßenböschungen oder brachfallende Wegstreifen, die in linearer Vernetzung und z.T. optimalen Mikroklimabedingungen regelrechte Wander- und Ausbreitungsschienen für thermophile Reptilien darstellen (GRUSCHWITZ 1985). Einer weiteren Isolation lokaler Zentren z.B. durch den Ausbau der Verkehrsinfrastruktur sollte aber - trotz der möglichen Bedeutung der Straßenränder als Leitlinien - auch hier entgegengewirkt werden.

Als oberste hierarchische Ebene bilden mehrere regionale Netze ein überregionales Netz mit losem Verbund, z.B. in den tschechisch-deutschen Grenzgebirgen, im Fränkischen und Schwäbischen Jura, im Voralpen- und Alpenraum oder entlang großer Flußtäler.

Wie können lokale und regionale Zentren ermittelt werden?

Lokale Zentren sollten vier Voraussetzungen erfüllen: (a) ausreichender Individuenbestand der Population: Die jeweilige Schlangenart sollte auf einer verhältnismäßig großen Fläche (nicht unter 250 ha) eine ausreichend hohe Populationsgröße besitzen. (b) Vitalität der Population: Die Populationen müssen einen hohen Anteil an Jungtieren und eine intakte Altersstruktur aufweisen (d.h. eine eigenständige Reproduktion im Sinne einer langfristigen Überlebensfähigkeit der Population muß gegeben sein). (c) Raumanspruch der Population: Es sollte zusätzlich ein hoher Anteil an potentiell geeigneten und vernetzten Lebensräumen vorhanden sein, aus denen keine aktuellen Nachweise vorliegen müssen. (d) Ressourcenangebot für die Population: Die entsprechende Nahrungsgrundlage für ein langfristiges Überleben der Population muß vorhanden sein.

Regionale Netze wären entsprechend durch eine räumliche Konzentration lokaler Zentren z.B. innerhalb einer naturräumlichen Einheit gekennzeichnet.

Die beste Grundlage für die Erarbeitung lokaler und regionaler Zentren bieten derzeit die Datenbanken auf der Basis von Artenschutzkartierungen der Länder, sinnvollerweise in Kombination mit Daten aus der Biotopkartierung. In Zusammenarbeit mit örtlichen Spezialisten sollte es mit Hilfe der hier gespeicherten Daten durchaus möglich sein, für die heimischen Reptilienarten lokale, regionale und überregionale Netze zu erarbeiten, in denen die Schutzaktivitäten konzentriert und zielorientiert gelenkt werden könnten.

Schutzkonzeptionen und Vorrangflächen am Beispiel Bayerns

Kreuzotter (*Vipera berus*)

In den lokalen Zentren genießen die Paarungs- bzw. »Brut«plätze (Abb. 1a mit großen Punkten gekennzeichnet) als wichtigste Teilbereiche der Habitate die höchste Schutzpriorität. Sie werden meist über Generationen traditionell für die Fortpflanzung genutzt (VÖLKL & BIELLA 1988; BIELLA et al. 1993) und ihre Zerstörung, z.B. durch Aufforstung, führt in der Regel zum Erlöschen der Teilpopulation. Für alle bekannten Paarungsplätze sind je nach aktueller Situation ein Erhalt des Ist-Zustandes oder spezielle Pflegemaßnahmen (z.B. Entfernen von Aufforstungen) zu fordern (vgl. auch VÖLKL & BIELLA 1993), die neben der Kreuzotter auch der gesamten typischen Lebensgemeinschaft der entsprechenden Flächen zugute kommen (VÖLKL 1991b). Weiterhin sollten auf jeden Fall alle bekannten Winterquartiere sowie Sommerreviere von Männchen und nichtreproduktiven Weibchen (in Abb. 1a mit kleinen Kreisen gekennzeichnet) in ihrer aktuellen Struktur erhalten werden. Allerdings werden letztere auch von Einzelindividuen häufiger gewechselt, so daß hier vor allem ein genügend großen Angebot an geeigneten Flächen innerhalb des »lokalen Zentrums« wichtig ist (VÖLKL 1986, VÖLKL 1991b).

Der Verbund mehrerer lokaler Zentren zu einem regionalen Netz ist in Abb. 1b für das Fichtelgebirge dargestellt. Als Verbindungselemente zwischen den lokalen Zentren (in Abb. 1b flächig schwarz eingefärbt) fungieren dazwischenliegende kleine Vorkommen (in Abb. 1b gekennzeichnet durch schwarze Punkte) sowie geeignete Lebensräume ohne aktuelle Kreuzotternachweise. Regionale Netze mit guten Kreuzotterbeständen sind in

Abb. 1: Möglichkeiten eines hierarchischen Verbundsystems für die Kreuzotter in Bayern und angrenzenden Gebieten: a = lokales Zentrum im Fichtelgebirge (nach VÖLKL 1986, 1991a), b = regionales Netz Fichtelgebirge (nach VÖLKL 1992), c = überregionales Bayern und angrenzende Gebiete (kombiniert nach Daten des Bayerischen Landesamtes für Umweltschutz -Artenschutzkartierung Bayern; SCHIEMENZ 1980; LIEB & OBLINGER 1981; VÖLKL 1992)

Potential hierarchical networks for the conservation of the adder in Bavaria and adjacent countries: a = local core area in the Fichtelgebirge, b = regional network Fichtelgebirge, c = country-wide network for Bavaria and adjacent countries.

lokales Zentrum mit strengem Schutz für Schlüsselhabitate (große Kreise) und Vorrangnutzung Naturschutz in den rechtlichen Lebensräumen (kleine Kreise)	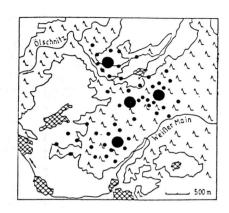
↓	↓
regionales Netz aus mehreren lokalen Zentren (schwarze Flächen), die durch aus Mosaik aus geeigneten Lebensräumen gut miteinander verbunden sind	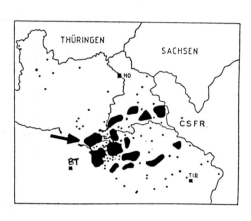
↓	↓
überregionale Netze aus jeweils mehreren regionalen Netzen, zwischen denen ein loser Verbund besteht	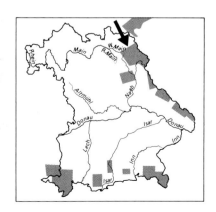

Ostbayern neben dem Fichtelgebirge (Abb. 1c) die direkt angrenzende Naab-Wondreb-Senke, der Oberpfälzer Wald, der Bayerische Wald und das Oberpfälzer Hügelland nördlich von Amberg, die zusammen mit den nordöstlich angrenzenden angrenzenden Vorkommen in Vogtland und Erzgebirge einen überregionalen Verbund entlang der deutsch-tschechischen Grenze bilden. Ein weiteres überregionales Netz für den Kreuzotterschutz könnte im Voralpen- und Alpenraum liegen (regionale Netze: Chiemgauer und Berchtesgadener Alpen und Vorland, südlich Rosenheim, entlang der Isar südlich München, Murnauer Moos und Loisachmoore, Allgäu), wobei die Trennwirkung der Autobahnen München-Kufstein bzw. München- Salzburg eine Aufspaltung in zwei separate Verbundsysteme zur Folge haben dürfte (vgl. HECKES et al. 1993).

Schlingnatter (*Coronella austriaca*)

Die Schlingnatter bevorzugt als Lebensraum reich strukturierte Gebiete mit einem Wechsel von offenen Flächen und Gebüsch bzw. Wald. Im Nordbayern sind dies vor allem Hanglagen mit Magerrasen, Gebüsch, Felspartien und angrenzendem lichten Wald, in dem sehr oft die Winterquartiere liegen. Die Schutzmaßnahmen in den lokalen Zentren müssen sich vor allem auf den Erhalt des notwendigen Lebensraummosaiks bzw. der Nahrungsgrundlage konzentrieren (VÖLKL 1991a), wobei dem Erhalt der Winterquartiere eine besondere Aufmerksamkeit zukommen sollte. Deren Bedeutung unterstreichen auch verschiedene Hinweise, daß trächtige Weibchen nach der Paarung in die Nähe des Winterquartiers zurückkehren, dort den Sommer verbringen und auch die Jungtiere gebären.

Die Schlingnattervorkommen in Bayern konzentrieren sich vor allem in drei Räumen (Abb. 2): (a) Als Schwerpunktverbreitung in Bayern erstreckt sich ein überregionales Netz über den Frankenjura und die benachbarten Muschelkalkrücken zur Schwäbischen Alb. In diesem Gebiet können nach den aktuellen Daten mehrere regionale Netze ausgewiesen werden, wobei mit Sicherheit davon auszugehen ist, daß bei besserer Bearbeitung des mittleren und südlichen Frankenjura weitere regionale Netze diesen überregionalen Verbund ergänzen (in Abb. 2 mit gebrochenen Linien gekennzeichnet). (b) Die regionalen Netze im Maintal, auf den Mainfränkischen Platten und am Südostabfall der Rhön stehen wahrscheinlich mit den angrenzenden baden-württembergischen Vorkommen im Tauberland und im Neckargebiet in Verbindung. (c) Die regionalen Netze im Donau- und Salzachtal, in denen die Schlingnatter zum Teil syntop mit der Äskulapnatter vorkommt und stellenweise als sehr häufig bezeichnet wird (FRÖR 1986), bilden mit den österreichen Vorkommen entlang der Donau und ihren Nebenflüssen (WAITZMANN & SANDMAIER 1990) eine übergeordnete Einheit. Weitere kleinere regionale Netze könnten im Oberpfälzer Hügelland, Bayerischen Wald und Böhmerwald (VÖLKL

Abb. 2: Mögliche »regionale und überregionale Netze« für den Schlingnatterschutz im Rahmen eines hierarchischen Verbundsystems in Bayern und angrenzenden Gebieten (kombiniert nach Daten des Bayerischen Landesamtes für Umweltschutz - Artenschutzkartierung Bayern; BAUER 1987; VÖLKL & MEIER 1988). Mit gebrochenen Linien sind potentielle »regionale Netze« dargestellt, die noch durch detaillierte Untersuchungen bestätigt werden müssen.

Potential regional and country-wide networks for the conservation of the smooth snake in Bavaria and adjacent countries.

et al. 1993) bzw. entlang der dealpinen Auen in Südbayern liegen (ASSMANN et al. 1993). Allerdings müßte hierfür die Datengrundlage noch verbessert werden. Als Verbindungsadern und Ausbreitungslinien innerhalb bzw. zwischen regionalen Netzen könnten die Felshänge entlang der Flüsse (z.B. im Jura an Main, Altmühl, Wiesent, Püttlach, Pegnitz und Weismain; in Ostbayern an Donau und Salzach) und die Wellenkalkbänder und Trockenhänge des Muschelkalkes (im Main- und Taubergebiet) dienen, die wohl auch primäre Lebensräume der Schlingnatter darstellen dürften. Im Voralpenland würde diese Funktion von den auebegleitenden Magerstandorten übernommen.

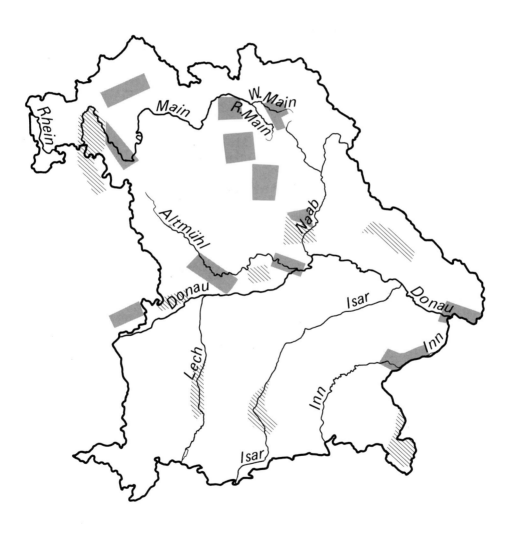

Ringelnatter (*Natrix natrix*)

Eine wesentlicher wertbestimmender Faktor für die »Qualität« von Ringelnatterlebensräumen ist das Vorhandensein von Eiablagemöglichkeiten und Sonnplätzen (z.B. Totholz im Gewässerbereich; mit dichter Vegetation bestandene Gewässerränder; Ufergeröll) und deren enge Vernetzung mit trockenen, frostfreien Winterquartieren (die entweder an exponierter hochwasserfreier Stelle oder, z.B in Mittelgebirgen, oft in den Hanglagen liegen) und Jagdrevieren. Schutzmaßnahmen in den lokalen Zentren sollten damit vor allem auf eine dauerhafte Vernetzung der Teillebensräume und den Erhalt der wichtigen funktionalen Strukturen (Eiablageplätze, Sonnplätze) abzielen (VÖLKL 1991a, ZUIDERWIJK et al. 1993). Dies bedeutet, daß vor allem in Tallagen das bestehende Straßen- und Wegenetz, das die Teillebensräume vor allem in den Mittelgebirgen sehr oft zerschneidet, auf keinen Fall erweitert wird. Fallweise muß sogar die Möglichkeit des Entfernens der Asphalt- oder Betondecke auf wenig benutzten Wegen geprüft werden (z.B. im Rahmen von Flurbereinigungsmaßnahmen).

Die Ringelnatter läßt sich von allen einheimischen Schlangen am besten in bestimmten regionalen Netzen lenken und steuern. Dies gilt umso mehr, da die Ringelnatter unter allen drei hier behandelten Arten über das ausgeprägteste Migrations-/Wandervermögen verfügt. Insbesondere männliche Tiere unternehmen in der Paarungs-/Fortpflanzungsphase ausgedehnte Wanderungen und werden dann nicht selten in Bereichen gefunden, die nicht zu den typischen Habitaten der Art gehören (MADSEN 1984, ECKSTEIN 1993). Auch die Anlage von Eiablageplätzen, die eine außerordentliche Attraktivität für gravide Weibchen besitzen, kann oft kilometerweites Anwandern auslösen, wenn eine Traditionenbildung gegeben ist (SMIT & ZUIDERWIJK 1991; ZUIDERWIJK et al. 1993)

Die regionale Netze für den Ringelnatterschutz konzentrieren sich in Bayern in den Fluß- und Bachtälern (z.B. Main-, Regnitz-, Donau-, Altmühl-, Lech-, Isar-, Salzach- und Inntal einschließlich der wichtigen Nebenflüsse) sowie in ausgedehnten Feuchtwiesen- und Teichgebieten (z.B. Erlangen-Höchstädter-Weihergebiet, Itz-Baunach-Hügelland) (Abb. 3), insbesondere wenn sie in wenig zersiedelte und großflächig naturnah ausgeprägte Landschaften eingebettet sind (z.B im Spessart). Im Gegensatz zu Kreuzotter (Abb. 1) und Schlingnatter (Abb. 2), bei denen jeweils mehrere gegeneinander abgrenzbare überregionale Netze unterschieden werden müssen, ist bei der Ringelnatter davon auszugehen, daß alle regionalen Netze ein einziges überregionales Verbundnetz bilden, das sich in Thüringen, Baden-Württemberg und Oberösterreich fortsetzt und in dem die Fluß- und Bachauen die wichtigsten Verbindungsadern bzw. Wanderlinien darstellen (vgl. auch SMIT & ZUIDERWIJK 1991). Im Frankenjura, im Maintal und im Donau- und Salzachtal überschneiden sich die regionalen Netze für Ringelnatter und Schlingnatter großteils (vergleiche Abbildung 2 und 3). In diesen Gebieten besiedelt die Ringelnatter

Abb. 3: Mögliche »regionale und überregionale Netze« für den Ringelnatterschutz im Rahmen eines hierarchischen Verbundsystems in Bayern und angrenzenden Gebieten (kombiniert nach Daten des BAYERISCHEN LANDESAMTES FÜR UMWELTSCHUTZ - ARTENSCHUTZKARTIERUNG BAYERN; BAUER 1987; VÖLKL & MEIER 1989).

Fig. 2: Potential regional and country-wide networks for the conservation of the grass snake in Bavaria and adjacent countries.

vor allem die feuchten Talbereiche, während die Schlingnatter auf die trockenen Hanglagen konzentriert bleibt, wobei beide Arten oft gemeinsam überwintern.

Danksagung

Wir danken M. GRUSCHWITZ und D. HAMMER für ihre Diskussionsbeiträge und Ergänzungen zu früheren Fassungen des Manuskriptes, J. BLAB für zahlreiche fachliche Anregungen und dem Bayerischen Landesamt für Umweltschutz für das Überlassen unpublizierter Daten aus der Artenschutzkartierung zur Anfertigung der Abbildungen 1 - 3.

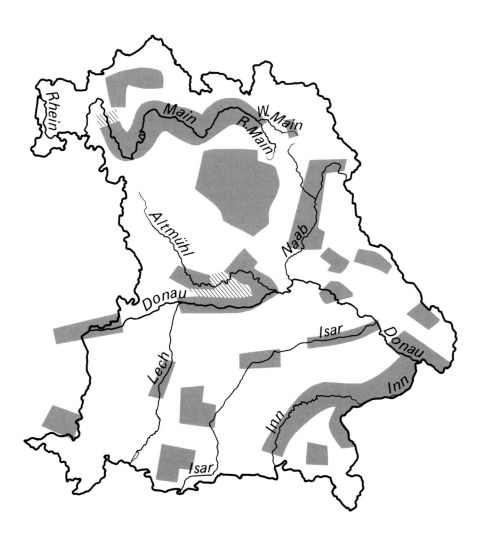

Conservation strategies for snakes in Southern Germany - a theoretical approach

We develop a hierarchical approach for the conservation of adder, smooth snake and grass snake in Germany. The core areas of our proposed network are local population centers where conservation efforts should focus to protect and conserve the habitats of the respective species. These local centers could be connected by stepping stones to regional networks, e.g. in large areas with high densities of records. Some regional networks could form country-wide networks.

Schriften

Assmann, O., M. Drobny & A. Beutler (1993): Zur Situation der Schlingnatter (*Coronella austriaca* Laurenti 1768) in Südbayern: Lebensräume, Gefährdung und Schutz. - Mertensiella, Bonn, 3: 83-90.

Bauer, S. (1987): Verbreitung und Situation der Amphibien und Reptilien in Baden-Württemberg. - Beih. Veröffentl. Naturschutz Landespfl. Bad.-Württ., Karlsruhe, 41: 71-115.

Biella, H.J., G. Dittmann & W. Völkl (1993): Ökologische Untersuchungen an Kreuzotterpopulationen (*Vipera berus* L.) in vier Regionen Mitteldeutschlands (Reptilia, Serpentes, Viperidae). - Zool. Abh. Staatl. Museum Tierkde. Dresden 47: 193-204.

Blab, J. (1985): Handlungs- und Forschungsbedarf für den Reptilienschutz. - Natur Landschaft 60: 336-339.

- (1992): Isolierte Schutzgebiete, vernetzte Systeme, flächendeckender Naturschutz. Stellenwert, Möglichkeiten und Probleme verschiedener Naturschutzstrategien. - Natur Landschaft 68:

Blab, J. & E. Nowak (1989): Gefährdungscharakteristika und Rückgangsursachen bei Reptilien. Schriftenr. Landschaftpfl. Naturschutz, Bonn/Bad Godesberg, 30: 210-214.

Clausnitzer, H.J. (1990): Zur Verbreitung und Ökologie der Schlangen im Landkreis Celle. - Jb. Feldherpetol. 3: 81-95.

Eckstein, H.P. (1993): Untersuchungen zur Ökologie der Ringelnatter. - Jb. Feldherpetol., Beiheft 4: (im Druck).

Fritz, K. & M. Lehnert (1993): Das Reliktvorkommen der Aspisviper (*Vipera aspis* L.) im Schwarzwald. - Mertensiella, Bonn, 3: 301-310.

Frör, E. (1986): Erhebungen zur Situation der Reptilienbestände im Bereich der Donauhänge zwischen Passau und Jochenstein. - Schriftenr. Bayer. Landesamt Umweltschutz 73 (= Beiträge zum Artenschutz 2): 135-158.

Gruschwitz, M. (1985): Status und Schutzproblematik der Würfelnatter (*Natrix tessellata* Laurenti 1768) in der Bundesrepublik Deutschland. - Natur Landschaft 60: 353-356.

Gruschwitz, M., W. Völkl, P.M. Kornacker, M. Waitzmann, R. Podloucky, K. Fritz & R. Günther (1993): Die Schlangen Deutschlands - Verbreitung und Bestandssituation in den einzelnen Bundesländern. - Mertensiella, Bonn, 3: 7-38.

Haarmann, K. & P. Pretscher (1988): Naturschutzgebiete in der Bundesrepublik Deutschland. Naturschutz aktuell 3. Kilda Verlag, Greven. 182 S.

Heckes, U., H.J. Gruber & J. Haft (1993): Verbreitung, Habitateinbindung und Gefährdung der Kreuzotter *Vipera berus* (Linnaeus 1758) in Südbayern. - Mertensiella, Bonn, 3: 331-342

Lenz, S. & M. Gruschwitz (1992): Artenschutzprojekt »Würfelnatter«. - Fauna u. Flora in Rheinl.-Pfalz, Beiheft 6: 55-60.

LIEB, E. & H. OBLINGER (1981). Zur Verbreitung der Kreuzotter (*Vipera berus*) in Bayerisch-Schwaben. - Ber. Naturw.Verein Schwaben 85: 2-13.

MADER, H.J. (1991): The isolation of animal and plant populations: Aspects for an European nature conservation strategy. In: Species conservation: A population biological approach (SEITZ, A. & V. LOESCHKE, eds.). Birkhäuser, Basel. S. 265-275.

MADSEN, T. (1984): Movements, home range size and habitat use of radio-tracked grass snakes (*Natrix natrix*) in southern Sweden. - Copeia 1984: 707-713.

PHELPS, T. (1978): Seasonal movements of the snakes *Coronella austriaca*, *Vipera berus* and *Natrix natrix* in southern England. - Brit. J. Herpet. 5: 775-761.

PLACHTER, H. (1985): Schutz der Fauna durch Flächensicherung - Stand, Möglichkeiten und Grenzen. - Schriftenr. Deutscher Rat f. Landespflege 46: 618-630.

PRESTT, I. (1971): An ecological study of the viper *Vipera berus* in Southern Britain. - J. Zool., London, 164: 373-418.

REICHEL, D. (1990): Schutz von Vogelarten in Naturschutzgebieten am Beispiel des Regierungsbezirkes Oberfranken. - Natur Landschaft 65: 497-499.

SCHIEMENZ, H. (1980): Die Herpetofauna der Bezirke Leipzig, Dresden und Karl-Marx-Stadt (Amphibia et Reptilia). - Faun. Abh. Staatl. Museum Tierkde. Dresden 7: 191-211.

SMIT, G. & A. ZUIDERWIJK (1991): Nieuw land voor de ringslang. - De Levende Natuur 92: 212-222.

STRIJBOSCH, H. & J.J. VAN GELDER (1993): Ökologie und Biologie der Schlingnatter *Coronella austriaca* LAURENTI 1768 in den Niederlanden. - Mertensiella, Bonn, 3: 39-58.

VIITANEN, P. (1967): Hibernation and seasonal movements of the viper, *Vipera berus berus* (L.) in Southern Finland. - Ann. Zool. Fenn. 4: 472-546.

VÖLKL, W. (1986): Untersuchungen zum Bestand der Kreuzotter (*Vipera berus* L.) im Fichtelgebirge. - Schriftenr. Bayer. Landesamt Umweltsch. 73 (=Beiträge zum Artenschutz 2): 125-133.

- (1991a): Habitatansprüche von Ringelnatter (*Natrix natrix*) und Schlingnatter (*Coronella austriaca*): Konsequenzen für Schutzkonzepte am Beispiel nordbayerischer Populationen. - Natur Landschaft 66: 444-448.

- (1991b): Besiedlungsprozesse in kurzlebigen Habitaten: Die Biozönose von Waldlichtungen. - Natur Landschaft 66: 98-102.

- (1992): Verbreitungsmuster und Bestandssituation der Kreuzotter *Vipera berus* (LINNAEUS, 1758) in Nordbayern. - Salamandra 28: 25-33.

VÖLKL, W., O. ASSMANN & A. BEUTLER (1993): Die Schlingnatter (*Coronella austriaca* LAURENTI 1768) in Nordbayern: Lebensraum, Gefährdung und Schutz. - Mertensiella, Bonn, 3: 77-82.

VÖLKL, W. & H.J. BIELLA (1988): Traditional using of mating and breeding places by the adder (*Vipera berus* L.). - Zool. Abh. Staatl. Museum Tierkde. Dresden 44: 19-23.

- (1993): Ökologische Grundlagen einer Schutzkonzeption für die Kreuzotter *Vipera berus* (LINNAEUS, 1758) in Mittelgebirgen. - Mertensiella, Bonn, 3: 357-368.

VÖLKL, W. & B. MEIER (1988): Verbreitung und Habitatwahl der Schlingnatter in Nordostbayern. - Salamandra 24: 7-15.

- (1989): Untersuchungen über das Vorkommen der Ringelnatter in Nordostbayern. - Salamandra 25: 213-223.

WAITZMANN, M. (1993): Zur Situation der Äskulapnatter *Elaphe longissima* LAURENTI, 1768, in der Bundesrepublik Deutschland - Ökologie und Schutzproblematik. - Mertensiella, Bonn, 3: 115-134.

WAITZMANN, M. & P. SANDMAIER (1990): Zur Verbreitung, Morphologie und Habitatwahl der Reptilien im Donautal zwischen Passau und Linz (Niederbayern, Oberösterreich). - Herpetozoa 3: 25-53.

ZUIDERWIJK, A. & G. SMIT (1990/1991): De Nederlandse Slangen in de jaren tachtig. Analyse van waarnemingen en beschrijving van landelijke verspreidingspatronen. - Lacerta 49(2): 43-60.

ZUIDERWIJK, A., G. SMIT & H. VAN DEN BOGERT (1993): Die Anlage künstlicher Eiablageplätze: Eine einfache Möglichkeit zum Schutz der Ringelnatter. - Mertensiella, Bonn, 3: 227-234.

Verfasser

Dr. WOLFGANG VÖLKL* & PAUL M. KORNACKER,
Bundesamt für Naturschutz, Konstantinstraße 110, D-53179 Bonn.

*) derzeitige Adresse: Lehrstuhl für Tierökologie I, Universität Bayreuth, Postfach 10 12 51, D-95440 Bayreuth.

Die fossilen Schlangen Deutschlands: Geschichte der Faunen und ihrer Erforschung

ZBIGNIEW SZYNDLAR & WOLFGANG BÖHME

Key words: Serpentes (Aniliidae, Boidae, Colubridae, Elapidae, Viperidae); Paleocene to Recent distribution; Germany.

1. Einleitung

Die Untersuchung von Schlangenfossilien wird von manchen Paläozoologen als das schwierigste Feld der Wirbeltierpaläontologie angesehen. Diese Aussage ist natürlich kaum zu objektivieren, doch Tatsache ist, daß weltweit nur sehr wenige Personen sich schwerpunktmäßig mit der Bearbeitung fossiler Schlangen beschäftigen. Dies hat unter anderem die Konsequenz, daß, obwohl eine Menge von Material in den Museen zusammengetragen worden ist, dieses über lange Zeiträume unbearbeitet in den Schränken liegenbleibt, einfach weil niemand in der Lage ist, es kompetent zu bearbeiten. Ein weiterer wichtiger Aspekt ist, daß es sich bei Schlangenfossilien fast immer um isolierte Wirbel handelt, deren Strukturen außerordentlich schwer zu interpretieren sind. Dazu kommt, daß gute Beschreibungen der Wirbel rezenter Schlangenarten fast nicht existieren, da praktisch alle Bearbeiter der Schlangenosteologie sich auf die Beschreibung der Knochenelemente des Schädels konzentrierten und das Axialskelett außer acht ließen. Die recht einheitliche Morphologie von Schlangenwirbeln (nach weit verbreiteter Ansicht ohnehin ununterscheidbar!) bietet nicht viele Merkmale, die sich in phylogenetischem Kontext polarisieren ließen. Folglich können Beschreibungen fossiler Schlangenreste, die notwendigerweise nach phänetischer Ähnlichkeit und nicht nach Synapomorphien diagnostiziert wurden, nicht das besondere Interesse der Taxonomen in einer Zeit finden, die durch den phylogenetischen Ansatz dominiert ist. Für die »Kladisten der reinen Lehre« existieren die allermeisten ausgestorbenen Schlangenarten als distinkte Taxa einfach nicht, und die Rekonstruktionen der Stammesgeschichte der Schlangen basieren daher ausschließlich auf rezenten Formen.

Dennoch und unabhängig von herrschenden Strömungen der theoretischen Systematik ist die Existenz fossiler Schlangen ein objektiver Tatbestand, und trotz aller Schwierigkeiten macht unser Verständnis der Fossilgeschichte der Schlangen Fortschritte, wenn auch naturgemäß langsam. Obwohl es immer noch große geographische und auch stratigraphische Lücken gibt, ist unsere Kenntnis der europäischen fossilen Schlangen innerhalb der letzten Jahre beträchtlich gewachsen. Zum Beispiel listete RAGE (1984a) im Schlangenband des »Handbuch der Paläoherpetologie« fünf ausgestorbene Viperiden aus Europa auf, die alle zwischen 1845 und 1913 beschrieben worden waren (nur zwei davon hielt er für valide!). Dagegen wurden zwischen 1987 und 1992 nicht

Abb. 1. Lage der in dieser Arbeit vorkommenden Fundstätten fossiler Schlangen in Deutschland.

Volle Kreise - tertiäre Fundstellen: 1, Walbeck (Paläozän; MP 1-5); 2, Katharinenhof auf Fehmarn (frühes Eozän); 3, Messel (mittleres Eozän; MP 11); 4, Geiseltal (Mitteleozän; MP 12); 5, Herrlingen 7 (frühes Oligozän; MP 22); 6, Ehrenstein 12 (Früholigozän; MP 22); 7, Bernloch (frühes Oligozän; MP 23); 8, Gaimersheim (Spätoligozän; MP 27); 9, Ehrenstein 7 (spätes Oligozän; MP 27); 10, Eggingen-Mittelhart (Spätoligozän; MP 28); 11, Herrlingen 8 (spätestes Oligozän; MP 30); 12, Rott (spätestes Oligozän; MP 30); 13, Weisenau (frühestes Miozän; MN 1); 14, Hessler (frühestes Miozän; MN 1); 15, Ulm-Westtangente (Frühmiozän; MN 2); 16, Stubersheim 3 (frühes Miozän; MN 3); 17, Petersbuch 2 (Frühmiozän; MN 4); 18, Langenau (Frühmiozän; MN 4); 19, Eichstätt (frühes bis mittleres Miozän; MN 4-6); 20, Randecker Maar (Mittelmiozän; MN 5); 21, Oggenhausen (mittleres Miozän; MN 5 oder 6); 22, Sandelzhausen

(Mittelmiozän; MN 6); 23, Rothenstein 13 (Mittelmiozän; MN 6); 24, Öhningen (mittleres Miozän; MN 7+8); 25, Steinheim am Albuch (Mittelmiozän; MN 7+8); 26, Gundersheim (Spätpliozän; ? MN 16).

Offene Kreise - quaternäre Fundstellen: 27, Breitenberghöhle bei Gößweinstein (Mittelpleistozän); 28, Fuchsloch bei Siegmannsbrunn (mittleres Pleistozän); 29, Lobsing (Mittelpleistozän); 30, Gaiskirche (? Spätes Pleistozän); 31, Teufelshöhle bei Pottenstein (Spätpleistozän); 32, Günthersthaler Loch bei Velden (spätes Pleistozän); 33, Grundfelsen-Höhle bei Gaisheim (Spätpleistozän); 34, Steinheim an der Murr (spätes Pleistozän); 35, Burgtonna (Spätpleistozän); 36, Taubach (spätes Pleistozän); 37, Weimar-Ehringsdorf (spätes Pleistozän); 38, Grabschütz (Spätpleistozän); 39, Dietfurt bei Sigmaringen (Spätpleistozän/Holozän); 40, Euerwanger Bühl und Malerfels bei Greding (spätes Pleistozän/Holozän); 41, Spitzbubenhöhle bei Eselburg (Spätpleistozän/Holozän); 42, Pisede (Holozän); 43, Neukloster (Holozän).

Distribution of fossil snake localities in Germany, discussed in the present paper.

Solid circles - Tertiary localities: 1, Walbeck (Paleocene; MP 1-5); 2, Katharinenhof in Fehmarn (Early Eocene); 3, Messel (Middle Eocene; MP 11); 4, Geiseltal (Middle Eocene; MP 12); 5, Herrlingen 7 (Early Oligocene; MP 22); 6, Ehrenstein 12 (Early Oligocene; MP 22); 7, Bernloch (Early Oligocene; MP 23); 8, Gaimersheim (Late Oligocene; MP 27); 9, Ehrenstein 7 (Late Oligocene; MP 27); 10, Eggingen-Mittelhart (Late Oligocene; MP 28); 11, Herrlingen 8 (latest Oligocene; MP 30); 12, Rott (latest Oligocene; MP 30); 13, Weisenau (earliest Miocene; MN 1); 14, Hessler (earliest Miocene; MN 1); 15, Ulm-Westtangente (Early Miocene; MN 2); 16, Stubersheim 3 (Early Miocene; MN 3); 17, Petersbuch 2 (Early Miocene; MN 4); 18, Langenau (Early Miocene; MN 4); 19, Eichstätt (Early to Middle Miocene; MN 4-6); 20, Randecker Maar (Middle Miocene; MN 5); 21, Oggenhausen (Middle Miocene; MN 5 or 6); 22, Sandelzhausen (Middle Miocene; MN 6); 23, Rothenstein 13 (Middle Miocene; MN 6); 24, Öhningen (Middle Miocene; MN 7+8); 25, Steinheim am Albuch (Middle Miocene; MN 7+8); 26, Gundersheim (Late Pliocene; ? MN 16).

Open circles: Quaternary localities: 27, Breitenberghöhle near Gößweinstein (Middle Pleistocene); 28, Fuchsloch near Siegmannsbrunn (Middle Pleistocene); 29, Lobsing (Middle Pleistocene); 30, Gaiskirche (?Late Pleistocene); 31, Teufelshöhle near Pottenstein (Late Pleistocene); 32, Günthersthaler Loch near Velden (Late Pleistocene); 33, Grundfelsen-Höhle near Gaisheim (Late Pleistocene); 34, Steinheim an der Murr (Late Pleistocene); 35, Burgtonna (Late Pleistocene); 36, Taubach (Late Pleistocene); 37, Weimar-Ehringsdorf (Late Pleistocene); 38, Grabschütz (Late Pleistocene); 39, Dietfurt near Sigmaringen (Late Pleistocene/ Holocene); 40, Euerwanger Bühl and Malerfels near Greding (Late Pleistocene/ Holocene); 41, Spitzbubenhöhle near Eselburg (Late Pleistocene/ Holocene); 42, Pisede (Holocene); 43, Neukloster (Holocene).

weniger als acht neue Vipern-Paläospezies beschrieben. Ein weiteres gutes Beispiel ist der Fossilnachweis von Kobras aus dem europäischen Neogen: Während sie bis in die frühen achtziger Jahre nur von zwei französischen Fundstellen nachgewiesen waren, kennt man ihre Reste heute von über 20 verschiedenen miozänen und pliozänen Fundstellen in nicht weniger als sieben europäischen Ländern!

Wegen seiner Lage in der geographischen Mitte Europas sollte Deutschland eine wichtige Rolle für unser Verständnis der Entwicklung, der Wanderungen und des Erlöschens ehemaliger Schlangenfaunen unseres Kontinents spielen. Dies betrifft besonders den Zeitraum vom späten Eozän bis zum mittleren Miozän, als die alten, aus ursprünglichen Schlangengruppen zusammengesetzten Faunen durch modernere ersetzt wurden, die bereits den heute in der Westpaläarktis lebenden ähneln. In den westlich von

Deutschland liegenden Ländern, speziell in Frankreich, ist die Geschichte der Schlangen seit der Kreide relativ gut belegt. Im Gegensatz dazu sind in den Ländern östlich von Deutschland ältere Schlangenfossilien völlig unbekannt und unsere Kenntnis über diese Hälfte Europas ist (abgesehen von wenigen, meist nichtssagenden Resten aus dem Früh- und Mittelmiozän) auf den Zeitraum ab Spätmiozän beschränkt, als die Schlangenfaunen schon aus relativ modernen Formen zusammengesetzt waren.

Tatsächlich besitzt Deutschland überaus reiche Sammlungen fossiler Schlangen, die die Kenntnislücken zwischen der westlichen und östlichen Hälfte Europas überbrücken können. Obwohl das Wissen über die ausgestorbene Schlangenfauna Deutschlands lange Zeit fragmentarisch und unvollständig war, ermutigen uns doch einige in letzter Zeit veröffentlichte Revisionen klassischen Materials sowie Berichte über vorher nicht beschriebene Materialien, den heute verfügbaren Informationsstand zusammenfassend darzustellen. Um die fossilen Schlangen Deutschlands nicht isoliert, sondern vor einem breiteren Hintergrund darzustellen, haben wir versucht, alle europäischen vom Oligozän bis zum mittleren Miozän bekannten fossilen Schlangen mit zu berücksichtigen. Diese Daten (vgl. Appendix) zeigen, daß Deutschland zur Zeit, gemeinsam mit Frankreich, die best repräsentierten Schlangenfaunen aus dieser Epoche besitzt.

Ein weiteres Ziel dieser Arbeit ist, die fast 200-jährige Geschichte der Forschung an fossilen Schlangen in Deutschland darzustellen. Allerdings ist der taxonomische Status vieler in den klassischen Bearbeitungen vor allem des vorigen Jahrhunderts beschriebener Formen zweifelhaft. Um Ordnung in dieses nomenklatorische Chaos zu bringen, widmen wir den als nomina dubia aufgefaßten Namen einen eigenen Abschnitt, der zum größten Teil auf eigenen, persönlichen Untersuchungen des Typusmaterials durch den Erstautor beruht.

Abb. 1 zeigt die geographische Lage der Fundstellen fossiler Schlangen in Deutschland. Die Stätten, von denen Schlangenreste gemeldet wurden, die nicht wenigstens bis zu Familienniveau bestimmt waren, haben wir fortgelassen; dies gilt auch für diejenigen klassischen Fundstellen, deren Schlangenreste offenbar aufs Geratewohl identifiziert wurden und die anschließend verloren gingen. Einige Ausnahmen haben wir aber dann gemacht, wenn die Fossilien uns stratigraphisch und/oder taxonomisch besonders wichtig erschienen. Für weitere Lokalitäten in Süddeutschland, die wir hier fortgelassen haben, verweisen wir auf die von SCHLEICH (1985: fig. 18) publizierte Karte. Die hier beigegebenen Abbildungen fossiler Schlangenreste sollen die häufigsten oder aber die bedeutendsten in Deutschland gemachten Funde dokumentieren; mit Ausnahme der Lithographie von KARG (1805), die hier als Abb. 2 wiedergegeben ist, sind alle Abbildungen hier erstmalig publiziert.

Im folgenden Text benutzen wir die standardisierte chronostratische Unterteilung des Känozoikums in die Epochen von Paläozän bis Holozän. Um die diskutierten Fossilfundorte so präzise wie möglich innerhalb der einzelnen Epochen festlegen zu können, wenden wir die biochronologische Zonierung des kontinentalen europäischen Paläogens (Paläozän + Eozän + Oligozän) und Neogens (Miozän + Pliozän) in MP- bzw. MN-Einheiten an. Die MN-Einheiten, ursprünglich von MEIN (1975) für die Korrelierung europäischer neogener Säugetierfaunen aufgestellt, wurden inzwischen weithin akzeptiert und auch für die übrigen terrestrischen Wirbeltiergruppen angewandt; später wurden

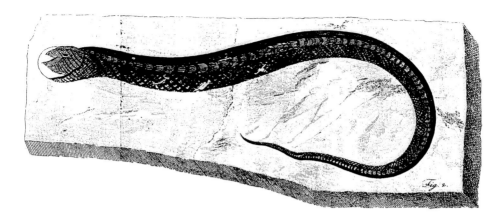

Abb. 2. Die älteste Abbildung einer fossilen Schlange, 1805 von KARG publiziert. Sie zeigt eine »Natter« (tatsächlich eine Viperide) aus dem mittleren Miozän (MN 7+8) von Öhningen, die später von VON MEYER (1845) als *Coluber kargii* beschrieben wurde. Die historische Abbildung hat mit dem noch erhaltenen Fossil (PIMUZ Nr. A/III 164) keine große Ähnlichkeit.

The oldest illustration of a fossil snake, published by KARG in 1805. It shows a »Natter« (actually a member of the Viperidae) from the middle Miocene (MN 7+8) of Öhningen, later described by VON MEYER (1845) as *Coluber kargii*. The illustration does not resemble the existing specimen very much (Pimuz N° A/III 164).

entsprechend für paläogene Säugerfaunen MP-Einheiten eingerichtet (SCHMIDT-KITTLER 1987). In dieser Arbeit folgen wir DE BRUIJN et al. (1992), indem wir deren aktualisierte MN-Zonierung anwenden; für einige wenige deutsche miozäne Fundstätten, die in letzterer Arbeit nicht berücksichtigt wurden, folgen wir vor allem SCHLEICH (1985, und dort zitierte Literatur). Der hier benutzte chronometrische Maßstab richtet sich nach HARLAND et al. (1990).

Instituts-Akronyme

BSP: Bayerische Staatssammlung für Paläontologie und historische Geologie, München;
SMF: Forschungsinstitut und Naturmuseum Senckenberg, Frankfurt am Main;
GPIBO: Institut für Paläontologie der Rheinischen Friedrich-Wilhelms-Universität, Bonn;
PIMUZ: Paläontologisches Institut und Museum der Universität Zürich;
SMNK: Staatliches Museum für Naturkunde, Karlsruhe;
SMNS: Staatliches Museum für Naturkunde, Stuttgart.

2. Historischer Abriß

Während des größten Teils des 19. Jahrhunderts spielten deutsche Forscher zweifellos die wichtigste Rolle in der Schlangenpaläontologie. Das älteste weltweit überhaupt beschriebene Fossil einer Schlange war miozänen Ursprungs und stammte aus einem Steinbruch bei Öhningen, beschrieben und abgebildet von KARG im Jahre 1805 (Abb. 2)!

Die nächste Beschreibung erfolgte durch GOLDFUSS (1831), der einen Hautabdruck aus der oligozänen Fundstelle Rott bei Bonn beschrieb; er war sich aber nicht sicher, ob es sich bei seinem Fund, den er *Ophis dubius* nannte, um eine Schlange oder aber einen schlangenartigen Fisch handelte.

Die Arbeiten über fossile Schlangen aus Rott wurde später von VON MEYER (1851, 1855, 1860) resümiert. Unabhängig von ihm, erregten die Schlangen von Rott auch die Aufmerksamkeit TROSCHELS (1854, 1858, 1861) und seines Schülers FISCHER (1857). Der Streit zwischen VON MEYER (der die Fossilien von Rott unter dem Namen *Tropidonotus atavus* VON MEYER, 1855 beschrieb) und TROSCHEL (der sie *Coluber papyraceus* TROSCHEL, 1854 nannte), um die Namenspriorität wurde berühmt und setzte sich bei den späteren Generationen europäischer Paläoherpetologen fort (für Einzelheiten vgl. SZYNDLAR & BÖHME, im Druck). VON MEYER (1844a, 1845) beschrieb auch 3 fossile Schlangen von Öhningen: *Coluber owenii, Coluber arcuatus* und *Coluber kargii*; letzterer Name wurde für das von KARG (1895) vorher beschriebene Fossil vergeben. In weiteren Arbeiten (VON MEYER 1844 a, 1844 b, 1851) erwähnte er noch einige »natterartige Schlangen« aus dem Miozän von Weisenau, ohne sie aber im Detail zu beschreiben.

Andere fossile Schlangen, über die im 19. Jahrhundert aus Deutschland berichtet wurde, waren *Coluber steinheimensis* und *Naja suevica* aus dem Miozän von Steinheim am Albuch (FRAAS, 1870), sowie *Provipera boettgeri* aus dem Miozän von Hessler (KINKELIN 1892, 1896). Es ist erwähnenswert, daß FRAAS der erste war, der seine Beschreibungen auf isolierte Wirbel gründete, während sich davorliegende Beschreibungen ausschließlich auf mehr oder weniger vollständige Exemplare oder deren Abdrücke bezogen, wie sie in steinigem oder kohleartigem Sediment erhalten waren.

Für den heutigen Leser müssen die meisten dieser Beschreibungen aus dem 19. Jahrhundert notwendigerweise recht naiv wirken. So beschränkte sich z. B. die Diagnose von *Coluber steinheimensis* durch FRAAS (1870: 291) auf den Satz: »Sie ist von der *Coluber papyraceus* MEYER und der Oeninger (sic!) durch bedeutendere Größe verschieden«; keine Abbildung begleitete diese recht sparsame Beschreibung. TROSCHEL (1854) lieferte sogar nicht einmal eine solch kurze Erwähnung über seinen *Coluber papyraceus*, er stellte nur den Namen auf. KINKELIN (1892) zögerte nicht, eine neue Gattung und Art aufgrund eines einzigen isolierten Giftzahnes aufzustellen, obwohl er selbst einschränkte: »Ob der Zahn einer Viperine oder einer Crotaline angehört, ist nicht festzustellen«. Eine ausführliche Nachbeschreibung dieses Zahnes, verbunden mit dem Vergleich einiger rezenter Viperidenzähne, vier Jahre später vom selben Autor (KINKELIN 1986) publiziert, wurde von COPE (1892) heftig kritisiert. Man sollte jedoch bedenken, daß die meisten Bearbeitungen fossiler Schlangen des 19. Jahrhunderts, in Deutschland und anderswo, von Paläontologen gemacht wurden, deren Hauptinteresse bei anderen Wirbeltiergruppen, vor allem Säugetieren, lag. Vor diesem Hintergrund stachen die Arbeiten von VON MEYER (1845, 1860) außerordentlich hervor und rechtfertigen, ihn als den Pionier und Begründer der modernen Paläoherpetologie zu bezeichnen.

Die nächste fossile, aus Deutschland beschriebene Schlange war *Protropidonotus neglectus* aus dem Miozän von Eichstätt (SCHLOSSER 1916). Später gefundene Schlangenreste aus mehreren bayrischen oligo- und miozänen Fundstellen (STROMER 1928, 1940,

DEHM 1935, 1952) wurden ebenfalls als *Protropidonotus* gedeutet. Es ist jedoch nicht sicher, ob diese Fossilien (heute nicht mehr auffindbar) wirklich richtig identifiziert wurden. Da die Bestimmung von Schlangenwirbeln für Nicht-Experten immer außerordentlich schwierig war (und ist), gab es die häufige Praxis unter Paläontologen, neu gefundenes Schlangenmaterial einfach zu Taxa zu stellen, die aus der Epoche und dem Gebiet bereits bekannt waren, ohne daß diese Schlangen zwangsläufig auch verwandt miteinander waren. Dies war vielleicht auch bei ROGER (1902) der Fall, der einige miozäne Reste aus Bayern auf *Thamnophis pouchetii* bezog, eine Schlange, die vorher von DE ROCHEBRUNE (1880) aus Frankreich beschrieben worden war (= *Coluber sansaniensis* LARTET, 1851, part. = *Coluber pouchetii*, RAGE 1981 a).

Aus dem Eozän des Geiseltales beschrieb BARNES (1927) zwei neue Boidenarten, *Paleryx spinifer* und *Palaeopython ceciliensis*. Dieses aus isolierten Wirbeln und Schädelknochen bestehende Material wurde später von KUHN (1939 a) erneut beschrieben und mit einigen kompletten Skeletten in Verbindung gebracht. KUHN (1940) meldete auch eine unidentifizierte Boide aus dem Paläozän von Walbeck, der ältesten deutschen Lokalität, aus der Schlangenreste stammen. KUHNS wichtigster Beitrag auf dem Gebiet der Schlangenpaläontologie ist jedoch sein Katalog der fossilen Schlangen (KUHN 1939 b, revidierte 2. Ausgabe 1963); leider enthalten diese Kataloge eine ganze Reihe von Fehlern und Irrtümern. Diese Feststellung gilt auch für den Schlangenabschnitt von KUHNS (1971) Katalog der deutschen fossilen Amphibien und Reptilien.

Alle Arbeiten, die sich vor 1930 mit ausgestorbenen Schlangen aus Deutschland befaßten, bezogen sich ausschließlich auf miozäne oder ältere Fossilien. 1936 jedoch berichtete HELLER über mehrere rezente Schlangenarten aus dem Pliozän von Gundersheim, während der überwältigende Anteil späterer Publikationen quartäre Schlangen betrifft. Eine besonders große Zahl von Arbeiten produzierte BRUNNER (1938, 1942-43, 1950, 1954, 1957 a, 1957 b, 1958). BRUNNER konzentrierte sich auf einige pleistozäne Fundstellen in Oberfranken, von wo er mehrere Schlangenarten meldete, die auch heute noch in Deutschland vorkommen, zusätzlich aber auch mediterrane Formen und auch zwei neue von ihm beschriebene Arten, *Coluber freybergi* und *Natrix rusticus*. Eine weitere neue Art, wenig später aus dem deutschen Pleistozän von HELLER (1960) beschrieben, war *Coluber lobsingensis*. All diese Bearbeitungen basierten ausschließlich auf Schädelknochen.

Weitere Arbeiten über pleisto- und holozäne Schlangen wurden hauptsächlich in den siebziger Jahren publiziert (MARKERT 1975, MLYNARSKI & ULLRICH 1975, 1977, PETERS 1977 a, 1977 b, MLYNARSKI et al. 1978), aber auch ganz kürzlich (BENECKE et al. 1990, BLOOS et al. 1991), wobei wir hier nicht ganz sicher sind, mit den aufgeführten Zitaten alle Arbeiten über quartäre Schlangen erfaßt zu haben. Die erwähnten Arbeiten, im Gegensatz zu denen vor 1970, stützen sich meist auf isolierte Wirbel, wobei MARKERT (1975, 1976) einen Bestimmungsschlüssel für Schlangenwirbel entwarf.

Der einzige Bericht über einen marinen Vertreter der Palaeophidia aus Deutschland, aus dem Eozän der westlichen Ostsee, wurde von HOCH (1975) publiziert. Terrestrische eozäne Schlangen aus dem Geiseltal wurden erneut von MATTHES (1970), HAUBOLD (1983) und KRUMBIEGEL et al. (1983) diskutiert. Vorläufige Beobachtungen an Schlangen der zweiten deutschen eozänen Lokalität, nämlich Messel, publizierten KELLER & SCHAAL

(1988), obgleich einige kurze Erwähnungen und Photos dieser Schlangen auch anderswo zu finden sind (z. B. GREENE 1984).

Einen sehr nützlichen Katalog mit grundlegenden Daten zu 46 schlangenführenden Fossilfundstellen in Süddeutschland publizierte SCHLEICH (1986); leider wurde das hier aufgeführte und vorher unbearbeitete Material nicht unterhalb des Familienniveaus identifiziert. Derselbe Autor (SCHLEICH 1988) beschrieb auch eine Schlange aus dem Oligozän von Sieblos, die aus einem kompletten Schädel und der Halswirbelsäule bestand, versuchte aber nicht, sie unterhalb des Unterordnungsniveaus zu bestimmen. Die erste umfassende Studie über oligozäne Schlangen aus mehreren Fundstellen bei Ulm in Süddeutschland publizierte kürzlich SZYNDLAR (1993). SZYNDLAR & SCHLEICH (im Druck) stellten die Beschreibung der überreichen Schlangenfauna der miozänen Fundstelle Petersbuch 2 fertig; bei dieser Gelegenheit revidierten sie auch das gesamte verfügbare, vorher weitgehend unpublizierte Material des unteren und mittleren Miozäns Süddeutschlands.

Wie im folgenden Kapitel dieser Arbeit (3. Nomina dubia) gezeigt wird, ist der taxonomische Status der meisten ausgestorbenen Schlangen, die aus Deutschland beschrieben wurden, zweifelhaft. Daher sind kritische Revisionen dieser Taxa dringend notwendig. Hier machte RAGE (1984 a) einen wichtigen Anfang mit der Revision des Schlangenmaterials von Steinheim a. A., das ursprünglich von FRAAS (1870) beschrieben worden war. Die Viperide »*Coluber*« *kargii,* von VON MEYER (1845) aus dem Miozän von Öhningen beschrieben, würde kürzlich von SZYNDLAR (1992) nachuntersucht, während der Status der übrigen Schlangenfauna aus dieser Fundstelle im weiteren Verlauf dieser Arbeit diskutiert wird. In den letzten Jahren gab es auch einige Versuche, den taxonomischen Status des klassischen Schlangenmaterials aus dem Oligozän von Rott bei Bonn zu klären (BÖHME & VON KOENIGSWALD 1989, BÖHME & LANG 1989, VON KOENIGSWALD et al. 1992); dieses Material, schließlich, wurde von SZYNDLAR & BÖHME (im Druck) nachuntersucht und detailliert beschrieben.

3. Nomina dubia

Ophis dubius GOLDFUSS, 1831 aus dem spätesten Oligozän (MP 30) von Rott wurde von RAGE (1984 a: 61) als nomen dubium angesehen, da das Fossil (ein Hautabdruck) keine schlüssige Information lieferte. Zu beachten ist, daß der Typus von *Ophis dubius,* nach RAGE (l.c.) in der Bonner Universität (GPIBO GOLDFUSS Nr. 1345) verwahrt, sich tatsächlich nicht mehr dort findet (VON KOENIGSWALD et al. 1992: 327).

Provipera boettgeri KINKELIN, 1892 aus dem frühesten Miozän (MN 1) von Hessler. Die taxonomische Unterscheidbarkeit dieser Schlange, die nur auf einen isolierten Giftzahn (SMF R 4186) gegründet ist, wurde von COPE (1892) angezweifelt. RAGE (1984 a: 58) betrachtete sie als Nomen dubium.

Protropidonotus neglectus SCHLOSSER, 1916, aus dem Früh- bis Mittelmiozän (MN 4-6) von Eichstätt. Das Typusmaterial, bestehend aus Rumpfwirbeln, ist wahrscheinlich verloren; SCHLOSSER beobachtete, daß die Wirbel denen der rezenten Gattung *Natrix* sehr ähnelten, aber niedrigere Neuralfortsätze hatten. Die Abbildungen bei SCHLOSSER (l.c.: Taf. 1: Abb. 2 und 3) legen nahe, daß die Wirbel eher zu der elapiden Gattung *Naja* als zu einer natricinen Schlange gehörten. SCHLOSSER selbst bemerkte das Vorhandensein von sehr ähnlichen Wirbeln im »Untermiocän und Oberoligocän des Mainzer Beckens, Weisenau und Flörsheim«, und die vermeintliche Existenz dieser Gattung in obiger und anderen deutschen Fundstellen wurde auch von STROMER (1928, 1940) und DEHM (1935, 1952) gemeldet. Das zugehörige Belegmaterial ist heute meistenteils nicht auffindbar, jedoch enthält die vorhandene Sammlung aus Weisenau (SMNS) keinen einzigen Rest einer natricinen oder elapiden Schlange. RAGE (1984 a: 51) synonymisierte *Protropidonotus neglectus* mit *Coluber steinheimensis* FRAAS, 1870, doch ist diese Maßnahme durch das existierende Material nicht gut gedeckt (s. unten unter »*Coluber*« *steinheimensis*). *Protropidonotus neglectus* wird daher hier als nomen dubium aufgefaßt.

»*Coluber*« *steinheimensis* FRAAS, 1870 aus dem Mittelmiozän (MN 7 + 8) von Steinheim am Albuch. Von den 48 syntypischen Wirbeln von *C. steinheimensis* repräsentiert einer eine natricine Schlange (SMNS 51027 a), 38 Wirbel gehörten zu der ausgestorbenen erycinen Gattung *Bransateryx* (SMNS 51152), 7 zu *Vipera* (SMNS 51153), während die übrigen überhaupt keine Schlangenwirbel waren (RAGE 1984 a: 51, sowie eigene Beob.). Auf der Basis des Wirbels SMNS 51027 a (von ihm als Lektotypus designiert) synonymisierte RAGE *Coluber steinheimensis* mit *Protropidonotus neglectus* SCHLOSSER, 1916, dadurch die neue nomenklatorische Kombination *Protropidonotus steinheimensis* (SCHLOSSER, 1916) schaffend.

Der Bezug beider Namen auf eine einzige Art ist jedoch nicht überzeugend. Während *steinheimensis* eine unzweifelhafte Natricine war, könnte *neglectus* zur Familie Elapidae gehört haben (s. oben: *Protropidonotus neglectus*). Der taxonomische Status von *steinheimensis* bleibt daher eine offene Frage, weil der einzelne unvollständige Wirbel keine gute Grundlage für eine Gattungszuordnung abzugeben scheint, während andererseits dieser Wirbel auf gar keinen Fall auf *Coluber* bezogen werden kann. Wir nehmen jedoch vorerst davon Abstand, »*Coluber*« *steinheimensis* zum nomen dubium zu erklären, in der Hoffnung, daß der Name bei Auftauchen neuen natricinen Materials in Steinheim verfügbar bleiben kann (allerdings erbrachten auch ganz neue Ausgrabungen in Steinheim durch das SMNS-Team keinerlei Natricinen-Reste).

Coluber (Tropidonotus?) owenii VON MEYER, 1844 a, aus dem Mittelmiozän (MN 7 + 8) von Öhningen; in der Literatur auch unter dem Gattungsnamen *Elaphe* geführt: ROCHEBRUNE (1880). Die Beschreibung dieser Schlange war auf zwei Exemplare gegründet: SMNK Nr. te-mi 126 (früher TE 58) and PIMUZ Nr. A/III 688. Das Exemplar SMNK te-mi 126 wurde 1982 durch das Museum Karlsruhe an eine heute kaum zu identifizierende Person verliehen (Dr. E. FREY, pers. Mitt.) und ist wahrscheinlich verloren. Nach der von VON MEYER (1845, Taf. 7: Abb. 1) beigegebenen Abbildung könnte es sich bei dieser Schlange (es lag nur ein Wirbelsäulenfragment in Matrix eingebettet vor) zwar um eine Colubride gehandelt haben, doch eine Gattungszuordnung ist unmöglich. Auch das Exemplar PIMUZ A/III 688 (ein Abdruck einer kompletten Schlange mit einigen erhaltenen Knochenfragmenten) kann aufgrund seines schlechten Erhaltungszustandes nicht als Grundlage einer Zuordnung unterhalb des Familienniveaus herangezogen werden. In Wertung dieser Tatsachen gibt es keine Möglichkeit, die Konspezifität beider Exemplare zu stützen oder zu verwerfen (SZYNDLAR 1992). *Coluber owenii* wird hier als nomen dubium angesehen.

Coluber arcuatus VON MEYER, 1845, aus dem Mittelmiozän (MN 7 + 8) von Öhningen. Dieses Fossil wurde anhand einer fragmentarischen Wirbelsäule, in Matrix eingebettet, beschrieben. Nach der Abbildung von VON MEYER (1845, Taf. 2: Abb. 5) ist es nicht einmal möglich, zu entscheiden, ob es sich um eine Schlange oder ein anderes, schlangenähnliches Lebewesen handelt. Das Exemplar SMNK Oe 337/ (früher TE 57, etikettiert als Typus von *Coluber arcuatus*) ist in Wirklichkeit ein Aal, während das von VON MEYER beschriebene Fossil sehr wahrscheinlich verloren ist. *Coluber arcuatus* wird hier als nomen dubium angesehen.

»*Coluber*« *kargii* VON MEYER, 1845, aus dem Mittelmiozän (MN 7 + 8) von Öhningen, in der Literatur auch unter den Gattungsnamen *Echidna* (= *Bitis,* eingeführt von ROCHEBRUNE 1880) und *Vipera* (eingeführt von KUHN 1971) genannt. Dieses Fossil besteht aus Platte und Gegenplatte einer steinigen Matrix, die beide Knochenfragmente und Abdrücke der ganzen Schlange tragen (PIMUZ A/III 163 und 164). VON MEYER stellte das Fossil zur Familie Colubridae, aber eine Reihe späterer Autoren stellte richtig fest, daß es tatsächlich zu den Viperiden gehörte. Leider ist es unmöglich, eine präzise Gattungszuordnung vorzunehmen, weshalb »*Coluber*« *kargii* nach SZYNDLAR (1992) ein nomen dubium ist.

Natrix rusticus BRUNNER 1957 b, aus dem mittleren Pleistozän der Breitenberghöhle bei Gößweinstein. BRUNNER gründete seine Beschreibung auf ein unvollständiges Dentale (BSM Nr. 1982 X, fide RAGE 1984 a), mit Zähnen »an ihrer Basis aufgetrieben, die Spitzen sind kräftig und nicht spitz ausgezogen, sondern des öfteren stumpf«, daher unähnlich den »schlanken und konisch fein zugespitzten« Zähnen von *Natrix natrix*. Der systematische Wert dieses Merkmals wurde von MLYNARSKI (1961) in Zweifel gezogen. RAGE (1984 a) betrachtete *Natrix rusticus* als nomen dubium; er nahm an, daß das Dentale auch zu einer rezenten Art gehört haben könnte.

Zusätzlich sollte erwähnt werden, daß *Thoracophis rugosus* und *Tropidonotus elongatus* aus dem Oligozän von Rott, durch ihren Beschreiber TROSCHEL (1854) für Schlangen gehalten, in Wirklichkeit anguide Echsen sind (VON KOENIGSWALD et al. 1992).

Die in diesem Abschnitt aufgelisteten Taxa werden im folgenden Kapitel nicht mehr diskutiert.

4. Die Geschichte der Schlangenfaunen aus Deutschland

4.1. Paläozän (ca. 65 - 56,5 mybp) und Eozän (ca. 56,5 - 35,4 mybp)

Vor dem Oligozän war Europa kein Kontinent, sondern bestand lediglich aus einer Reihe von Inseln, die von Asien durch ein Epikontinentalmeer, die sogenannte Turgai-Straße, und von Afrika durch den tiefen Tethys-Ozean getrennt waren. Im frühen Eozän trennte der entstehende nördliche Atlantik den europäischen Archipel endgültig von Nordamerika. Diese Ereignisse bedingten, daß Europa für eine lange Zeit von anderen Landmassen gründlich isoliert blieb - bis zum Verschwinden der Turgai-Straße, die es von Asien trennte, und zwar um den Übergang Eozän-Oligozän herum.

Sehr wenig ist über terrestrische Vertebraten einschließlich der Schlangen aus dem Paläozän bekannt. In Europa ist der einzige paläozäne Schlangenrest das Kieferfragment einer unbestimmten Boide aus Walbeck (KUHN 1940); gleichzeitig ist dies der älteste Fund einer fossilen Schlange aus Deutschland überhaupt.

Während des Eozäns waren die europäischen Epikontinentalmeere häufig von marinen Schlangen bewohnt, die verschiedenen ausgestorbenen Familien an gehörten; zahlreiche Überreste dieser Reptilien sind aus marinen Sedimenten in Frankreich, England, Italien, Belgien, Portugal und Dänemark bekannt (vgl. die Übersicht bei RAGE 1983). Der einzige deutsche Fund stammt aus dem frühen Eozän von Katharinenhof auf der Ostseeinsel Fehmarn; ein einzelner, fragmentarischer Wirbel wurde als *Palaeophis* cf. *toliapicus* bestimmt, ein weitverbreiteter Vertreter der Familie Palaeophiidae (HOCH 1975).

Die eozänen Landschlangen Europas waren Abkömmlinge verschiedener Stammlinien, die wahrscheinlich aus Südamerika über Nordamerika nach Europa - vor der Trennung der Kontinente im frühen Eozän - einwanderten (s. RAGE 1981 b). Aufgrund der langen Isolierung Europas entwickelten sie sich zu einer distinkten, autochthonen Fauna. Reste dieser Schlangen, bekannt aus (meist spät-eozänen) Fundstellen Frankreichs, Englands, Belgiens, Portugals, der Schweiz und Deutschlands repräsentierten mehrere Gruppen ursprünglicher Schlangen: Scolecophidia, Aniliidae, und Angehörige von mindestens drei Unterfamilien der Boidae, nämlich der Boinae, Erycinae und Tropidophiinae.

Scolecophidier wurden in Deutschland nie gefunden. Die Aniliidae, die heute im nördlichen Südamerika (*Anilius*) und im südlichen Asien (*Cylindrophis* und *Anomochilus*) (letztere allerdings nur entfernt mit *Cylindrophis* verwandt) leben, waren in ihrer früheren Geschichte weiter verbreitet. Die ersten Nachweise dieser Familie stammen aus der Kreide der Neuen Welt, während sie in Europa seit dem späten Eozän bekannt sind (RAGE 1981 b, 1987 a). Die Boidae (im weiteren Sinne) waren eine dominante Schlangenfamilie von der späten Kreide bis zum Oligozän. Leider kann die Unterfamilienzugehörigkeit vieler fossiler Boiden aus vor-miozänen Epochen nicht sicher determiniert werden, und es ist nicht unwahrscheinlich, daß ein Teil von ihnen auch ausgestorbene Linien repräsentieren dürfte, die sich von einem anzestralen Stamm dieser Gruppe ableiteten.

Aber wenigstens eine ausgestorbene Boidengattung aus dem europäischen Eozän, nämlich der unpassend benannte *Palaeopython*, wird als Mitglied der rezenten Unterfamilie Boinae angesehen (UNDERWOOD 1976, MCDOWELL 1987, RAGE 1987 a). Die ersten Erycinen dürften bereits in der späten Kreide von Nordamerika aufgetaucht sein; im folgenden breiteten sie sich im westlichen Laurasien (d.h. im mit Nordamerika verbundenen Europa) aus und machten im Eozän eine erfolgreiche Radiation durch (HOFFSTETTER & RAGE 1972, UNDERWOOD 1976, RAGE 1977, 1987 a). Die Zahl der fossilen Gattungen der Erycinae, nämlich 3 - 4, übertraf die der bis heute überlebenden. In Europa sind die Erycinae seit dem frühen Eozän Frankreichs bekannt (RAGE 1977). Die Tropidophiinae, kleine Boas mit heute auf Mittelamerika und das nördliche Südamerika beschränkter Verbreitung, wurden zuerst im Paläozän Südamerikas gefunden; zu dieser Gruppe gerechnete Vertreter bewohnten Europa seit dem frühen Eozän bis zum frühen Oligozän (RAGE 1987 a).

Die Frage, ob Mitglieder der obengenannten Schlangengruppen im Eozän Deutschlands gelebt haben, ist noch ungelöst. Eozäne terrestrische Schlangen aus dieser Epoche entstammen ausschließlich zwei Fundlokalitäten, nämlich dem Geiseltal bei Halle, und

Messel bei Darmstadt, beide mitteleozänen Alters. Leider wurde das reiche Material dieser beiden Fundstellen, meist vollständige in der Matrix eingebettete Skelette, nur ungenügend oder aber überhaupt noch nicht im Detail beschrieben. Der ganz überwiegende Teil dieser Schlangen gehörte zweifellos zur Familie Boidae. Die meisten Überreste aus dem Eozän Deutschlands wurden zu den ausgestorbenen Würgeschlangen *Palaeopython* und *Paleryx* gestellt, Gattungen, die von ROCHEBRUNE (1880) bzw. OWEN (1850) aufgestellt worden waren. Angehörige beider Gattungen, meist recht große Schlangen, die allerdings nicht die Ausmaße der heute größten Boiden erreichten, wurden in verschiedenen späteozänen Lokalitäten Frankreichs, Englands und der Schweiz gefunden.

Palaeopython ceciliensis wurde von BARNES (1927) auf der Grundlage eines einzelnen Wirbelfragments aus dem Geiseltal beschrieben. KUHN (1939 a) bezog ein fast vollständiges Skelett auf diese Art; er stellte sie jedoch zur Gattung *Paleryx,* zweifellos unter dem Einfluß von LYDEKKER (1888), der (fälschlich) beide Gattungen synonymisierte. Leider ist der als Typus fungierende unvollständige Wirbel für genaue Vergleiche ungeeignet, wie auch die Beschreibung des vollständigen Skelettes durch KUHN (l.c.) nicht zufriedenstellend ist (RAGE 1984 a).

Paleryx spinifer war die andere Geiseltal-Boa, die BARNES (1927) beschrieb, in diesem Falle aber auf Axial- und Schädelknochen gegründet. KUHN (1939 a) bezog wieder ein vollständiges Skelett auf dieses Taxon, allerdings ohne dies zu belegen. Während die von BARNES beschriebenen Wirbel zu *Paleryx* gehört haben könnten (die Typusart, *P. rhombifer,* ist ausschließlich nach Wirbeln bekannt), bleibt die Zuordnung des restlichen Materials zu dieser Schlange unsicher (RAGE 1984 a). Legt man KUHNS (1939 a) Beschreibung zugrunde, ähnelt *Paleryx* aus dem Geiseltal in einigen Schädelmerkmalen sehr den lebenden Pythoninae, in einigen anderen gibt es boinen-typische Merkmalsannäherungen (SZYNDLAR 1993).

Auch der Status der vermutlichen Aniliiden derselben Fundstelle (MATTHES 1970) ist zweifelhaft, weil wenigstens eines der auf diese Gruppe bezogenen Exemplare (KRUMBIEGEL

Abb. 3. Schädel einer unbenannten python-artigen Boide aus Messel (SMNK, Nr. 461 a) in linksseitiger, laterodorsaler Ansicht (links). Das Vorderende des Schädels liegt auf dem mittleren Abschnitt der Rumpfwirbelsäule. Das Schädeldach ist teilweise erhalten, bestehend aus den Nasalia (n), dem linken Praefrontale (pf), den Frontalia (f), einem fragmentarischen Parietale (pa) und dem rechten Postorbitale (po), letzteres ist nach vorn verdrückt. Beide Maxillaria (m) liegen seitlich vom Hirnschädel, das linke besitzt noch seinen Palatinfortsatz (pp). Das linke Palatinum (pl), mit einem deutlichen Maxillarforamen (mf) ist unter dem linken Frontale sichtbar. Die Abbildung rechts zeigt, als Vergrößerung, die Artikulation zwischen Maxillare, Praefrontale und Palatinum beim selben Exemplar.

Skull of an unnamed pythonine-like Boidae from the Middle Miocene of Messel (SMNK, N° 461 a), in left latero-dorsal view (left). The anterior end of the skull lies on the mid-trunk portion of the vertebral column. The roof of the braincase is partly preserved, consisting of the nasals (n), left prefrontal (pf), frontals (f), fragmentary parietal (pa), and right postorbital (po), the latter bone transpositioned anteriorly. Both maxillae (m) lie laterally to the braincase, the left retaining its palatine process (pp). The left palatine (pl), bearing a prominent maxillary foramen (mf), is visible below the left frontal. The figure on the right side shows, in magnification, the articulation among the maxilla, prefrontal, and palatine of the same specimen.

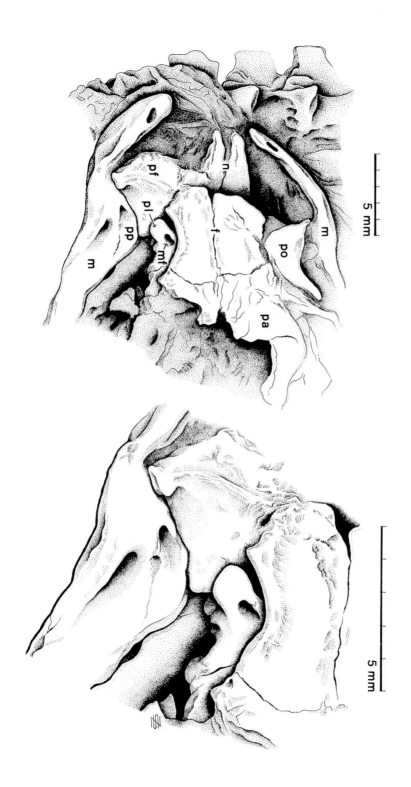

et al. 1983: Abb. 118) überhaupt keine Schlange war (SZYNDLAR l.c.). Es ist klar, daß das Schlangenmaterial aus dem Geiseltal dringend revisionsbedürftig ist.

Nach der vorläufigen Auswertung der Schlangenfauna von Messel durch KELLER & SCHAAL (1988) repräsentierten die Schlangen aus dieser Lokalität sowohl Aniliiden als auch *Palaeopython,* Tropidophiinen, Erycinen und andere Boiden; jedoch dürften die meisten ihrer Determinationen falsch sein (SZYNDLAR 1993). Die Messeler Schlangen (zumeist in SMF-Besitz) werden zur Zeit, wie im »News Bulletin« der »Society of Vertebrate Paleontology« (Nr. 151, Februar 1991: 42) angekündigt, von S. SCHAAL und J.C. RAGE studiert.

Auf der Basis der hohen Gesamtwirbelzahl (ca. 400) bei einigen Schlangen aus Messel, die von KELLER & SCHAAL (1988) beschrieben oder abgebildet wurden, kam SZYNDLAR (1993) zu der Überzeugung, daß sie tatsächlich zu den Pythoninae gehört haben dürften. Diese Annahme erfuhr kürzlich eine Stütze durch die Untersuchung von bisher unbearbeiteten Schlangen aus Messel, die der SMNK-Sammlung gehören (eigene Beob.). Bei dem Exemplar SMNK Me 461 a (Abb. 3) offenbart die Morphologie seines Oberkiefers zwei Merkmale, die für die rezenten Pythoninae und nicht die Boinae charakteristisch sind: 1. Der Processus palatini des Maxillare ist nicht nach hinten vorragend, wie für Boinen typisch. 2. Das Maxillarforamen liegt vollständig innerhalb des Palatinums wie bei den meisten Pythoninen und einigen anderen primitiven Schlangengruppen, im Gegensatz zu allen Boinen, bei denen der maxillare Ast des Trigeminus über das Palatinum durch eine offene Einbuchtung führt. Das Vorhandensein eines Maxillarforamens im Palatinum wird gemeinhin als ursprünglich unter den Schlangen angesehen (UNDERWOOD & STIMSON 1990, KLUGE 1991) und als solches kann es natürlich keine Entscheidung herbeiführen, ob die betreffenden Messel-Schlangen Pythoninen oder Vertreter anderer ausgestorbener Linien pythoninen-ähnlicher Schlangen waren; es steht jedoch fest, daß sie keine Angehörigen der Boinae gewesen sein können.

Das Vorkommen pythoninen-artiger Schlangen in Europa bereits im mittleren Eozän ist aus paläo-zoogeographischer Sicht außerordentlich bedeutsam. Bisher waren die ältesten bekannten sicheren Pythoninae Vertreter der Gattung *Python* aus dem Frühmiozän. Das Auftreten der rezenten Gattung *Python* im europäischen Miozän scheint jedoch eher das Ergebnis post-paläogener Einwanderung als eines Überlebens zu sein (s. unten: 4.3.). Die rezente Verbreitung der Boinae ist hauptsächlich auf das tropische Amerika beschränkt, und dieser Kontinent wird als das Ursprungszentrum dieser Schlangen angesehen (UNDERWOOD 1976, KLUGE 1991). Die Pythoninae mit ausschließlich altweltlicher Verbreitung werden dagegen als in Laurasien (d.h. auf der Nordhalbkugel, UNDERWOOD & STIMSON 1990) entstanden aufgefaßt. Aber wie im vorigen Abschnitt gezeigt legen die neuen Fossildaten nahe, daß sowohl die europäischen Boinae (Vorläufer von *Palaeopython*) als auch die pythoninen-artigen Schlangen von einer früh-paläogenen Radiation im westlichen Laurasien (= Nordamerika + Europa) abstammen müssen, die auf ihre Einwanderung aus Südamerika folgte; also müssen sie auch sympatrisch in Europa nach dessen Abtrennung von Nordamerika gelebt haben. Das Problem, ob in Europa die pythoninen-artigen Schlangen vollständig durch die Boinae in der Zeit nach dem mittleren Eozän verdrängt wurden, oder ob beide Gruppen nebeneinander überlebten, wird so lange ungeklärt bleiben, bis die Taxonomie der europäischen fossilen Boidae klar sein wird. Anhand des derzeit vorhandenen Materials kann keine späteozäne oder oligozäne Boide, auch aus Deutschland, zu den Pythoninae gestellt werden. Andererseits kann auch die Zugehörigkeit der meisten Formen zu den Boinae, mit Ausnahme des eozänen *Palaeopython* und einiger weniger oligozäner Schlangen (s. unten: 4.2.), nicht sicher konstatiert werden. Bemerkenswert ist, daß *Cheilophis* aus dem mittleren Eozän Nordamerikas fast ohne jeden Zweifel eine Boine war (RAGE 1987 a); außer ihr existiert kein Fossilnachweis irgendeiner Boine und/oder Pythonine im frühen Paläogen Nordamerikas.

4.2. Oligozän (ca. 35,4 - 23,3 mybp)

Der weltweite Temperaturrückgang, der bereits am Ende des Eozäns begann, erreichte seine größte Ausprägung im mittleren Oligozän (RÖGL & STEININGER 1984). Die Verschlechterung der klimatischen Bedingungen, zusammen mit der fortschreitenden Aridisierung der Umwelt, bewirkte drastische Aussterbensprozesse unter den ektothermen Reptilien. Ein weiterer wichtiger Faktor war das Einwandern östlicher Faunenelemente, aufgrund der fortschreitenden Schließung der Turgai-Straße, die Europa von Asien trennte. Letzteres Phänomen resultierte im größten faunen-historischen Ereignis des ganzen europäischen Känozoikums, der sogenannten »Grande Coupure«, in deren Verlauf die meisten terrestrischen Wirbeltiere ausstarben und durch modernere Faunen ersetzt wurden (STEININGER et al. 1985). In Frankreich überlebte die gesamte eozäne Schlangenfauna die »Grande Coupure« nicht, außer einer noch unbenannten Boide (»Boïdé C« sensu RAGE 1984 b), die aber im frühen Oligozän ebenfalls ausstarb (RAGE l.c.).

In Deutschland fanden die damaligen Schlangenfaunen jedoch offenbar bessere Überlebensbedingungen. Die im Detail bekannten und beschriebenen Schlangen aus dem Oligozän Deutschlands gehörten zu den Familien Aniliidae, Boidae und Colubridae. Sie wurden aus mehreren süddeutschen Fundorten frühen und späten oligozänen Alters und aus Rott bei Bonn im nördlichen Rheinland bekannt (SZYNDLAR 1993, SZYNDLAR & BÖHME, im Druck; vgl. den Appendix für detailliertere Angaben).

Die Aniliiden waren sowohl im frühen als auch späten Oligozän durch *Eoanilius oligocenicus* vertreten (SZYNDLAR 1993), die der Typusart der Gattung, *E. europae* aus dem späten Eozän Englands und Frankreichs (RAGE 1974, MILNER 1986) stark ähnelt. In Frankreich hat diese Gattung aber anscheinend das Ende des Eozäns nicht überlebt. Das angenommene Auftreten von Aniliiden (etikettiert als »?Aniliidae«) in einigen oligozänen französischen Fundorten (DE BONIS et al. 1973) konnte später nicht bestätigt werden (RAGE 1984 b). Das Überleben dieser eozänen Gattung im deutschen Oligozän ist daher einigermaßen überraschend, zumal wenn man bedenkt, daß *Eoanilius* sogar noch im Frühmiozän vorkam (vgl. unten: 4.3.). Die in Deutschland gefundenen Reste von *Eoanilius* bestehen ausschließlich aus winzigen Wirbeln, einschließlich Schwanzwirbeln. Das Auftreten letzterer ermöglicht eine besonders sichere Zuordnung zu den Aniliiden, aufgrund des Fehlens von Hypapophysen und Haemapophysen unter den Wirbelzentra; das Fehlen dieser Strukturen, die bei fast allen anderen Schlangengruppen vorhanden sind, ist ein hoch zuverlässiges Kennzeichen der Aniliidae. Das mögliche Vorkommen aniliider Schlangen an anderen oligozänen Fundstellen in Deutschland wurde von SCHLEICH (1985) publiziert, doch steht eine detaillierte Untersuchung dieser Funde noch aus.

In Frankreich wurde die Schlangenfauna durch sehr kleine Boiden dominiert (RAGE 1984 b), speziell durch den ausgestorbenen *Bransateryx vireti* (ursprünglich aus dem spätesten Oligozän von Coderet beschrieben: HOFFSTETTER & RAGE 1972), der gegen Ende des Oligozäns besonders häufig wurde, während zur selben Zeit die nicht-erycinen Boas stark an Zahl abnahmen (RAGE 1987 b). Dieses Phänomen dürfte mit der fortschreitenden Abkühlung und Aridisierung zu tun gehabt haben. Tatsächlich sind die rezenten Erycinae praktisch sämtlich an aride Zonen angepaßt, und sie besetzen im Gegensatz zu den nicht-erycinen Boas auch nördlichere Verbreitungsareale. Ähnlich wie in Frankreich war *Bransateryx vireti* auch im Oligozän Deutschlands weit verbreitet. Die früh-oligozänen Fundstellen Herrlingen 7 und Ehrenstein 12 erbrachten die ältesten bekannten Reste dieser Schlange (SZYNDLAR 1993). Die Abstammung der Gattung *Bransateryx* bleibt unklar. Sie wurde als oligozäner Einwanderer nordamerikanischen Ursprungs angesehen, wobei Nordamerika als Radiationszentrum der Erycinae betrachtet wird (RAGE 1977), doch können eventuell dazu (cf. *Bransateryx*) gehörige Reste aus England (MILNER 1986) ebenfalls als ihre Vorläufer gedeutet werden. Ähnlich wie bei den rezenten Erycinae war das charakteristische Merkmal von *Bransateryx* die hoch komlizierte Morphologie der Schwanzwirbel (HOFFSTETTER & RAGE 1972). Eine Analyse der intervertebralen Gelenkungen im Schwanzbereich zeigt jedoch substantielle Unterschiede zwischen *Bransateryx* und anderen erycinen Gattungen, so daß *Bransateryx* als Stammform der rezenten Erycinae ausscheidet (SZYNDLAR 1993).

Die subfamiliäre Zuordnung einiger anderer Boidenwirbel, die zu zarten Schlangen aus dem frühen Oligozän Deutschlands gehört haben, ist unsicher. Einige von ihnen ähneln *Platyspondylia sudrei* aus dem Späteozän Frankreichs (RAGE 1988 b), einer rätselhaften Boide mit unklaren Beziehungen, andere zeigen dagegen die generalisierte Wirbelmorphologie, wie sie sowohl für Boinen als für Pythoninen charakteristisch ist (SZYNDLAR 1993). Der Ursprung der kleinen Boiden des europäischen frühen Oligozäns wird angesichts ihrer ungeklärten Beziehungen so lange offen bleiben, bis reicheres und informativeres Fossilmaterial gefunden wird. Diese Schlangen können entweder autochthone Mitglieder der eozänen Fauna Europas oder aber Einwanderer aus Asien gewesen sein.

Zwei im späten Oligozän Süddeutschlands auftretende Schlangen können auf die Unterfamilie Boinae bezogen werden. Die noch unbenannte »Boinae D«, eine relativ kleine, auf reiches Material axialer und kranialer Elemente gegründete Schlange (SZYNDLAR 1993) wurde aufgrund der Morphologie ihrer zahntragenden Knochen zu den Boinae gestellt. Die andere, ursprünglich als »Boinae B & C« von SZYNDLAR (1993)

Abb. 4. *Eoanilius oligocenicus* (SMNS 57709/1) aus Stubersheim 3. A-E, mittlere Rumpfwirbel, F-G, hintere Rumpfwirbel. A, F, linke Seitenansicht; B, Dorsalansicht; C, Ansicht von vorn; D, G, Ventralansichten; E, Ansicht von hinten.

Eoanilius oligocenicus (SMNS 57709/1) from Stubersheim 3. A-E, middle trunk vertebra; F-G, posterior trunk vertebra. A,F, left lateral views; B, dorsal view; C, anterior view; D,G, ventral views; E, posterior view.

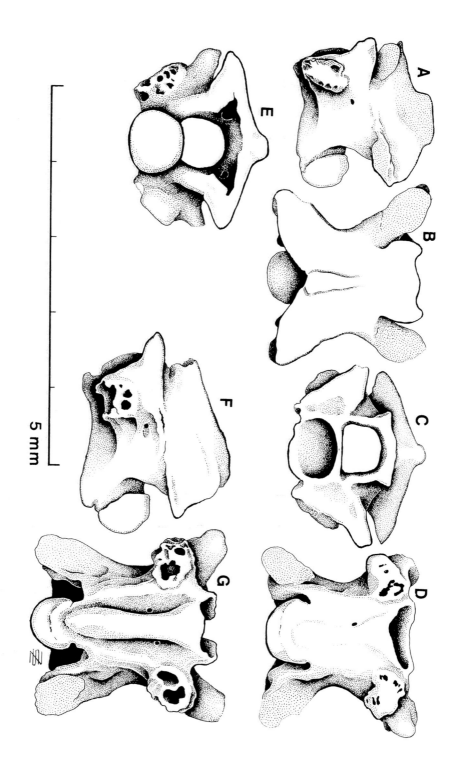

gemeldet, war mittelgroß und überlebte wahrscheinlich in Deutschland bis zum Mittelmiozän (s. unten: 4.3.).

Die Schlange aus dem spätesten Oligozän von Rott, seit ihrer Erstbeschreibung als *Tropidonotus atavus* durch VON MEYER (1855) konstant als Colubride aufgefaßt, wurde kürzlich nachuntersucht und als Mitglied einer neuen fossilen Boidengattung beschrieben (SZYNDLAR & BÖHME, im Druck), obwohl die subfamiliäre Zuordnung dieser zarten Schlange unklar bleibt. Vielleicht gehörte sie zu den Boinae, aber eine Reihe morphologischer Besonderheiten, darunter sehr niedrige Wirbelzahlen und eine abweichende Morphologie der Schwanzwirbel (die an die rezente Gattung *Sanzinia* auf Madagaskar erinnern) deuten an, daß die Schlange von Rott sehr wohl auch eine bisher unbekannte ausgestorbene Linie der Boiden repräsentiert haben könnte. Wirbel von Schlangen, die vermutlich mit der Boide von Rott verwandt waren, wurden auch in etwas älteren (Spätoligozän) Lokalitäten Süddeutschlands gefunden (SZYNDLAR 1993).

Der Unterfamilien-Status der vermutlichen Boiden aus anderen süddeutschen oligozänen Fundorten (Bernloch, Burgmagerbein, Ehingen 1 und Gaimersheim: SCHLEICH 1985) bleibt ebenfalls unklar.

Inzwischen ist recht sicher, daß die modernen Schlangen, d.h. die Colubriden, Elapiden und Viperiden, die weltweit die heutige Schlangenfauna dominieren, in Europa vor dem Oligozän abwesend waren. Obwohl eine Reihe von »Colubriden« in der Vergangenheit aus dem europäischen Eozän beschrieben wurde, erwiesen sich diese Fossilien entweder als Nicht-Colubriden, oder aber als nicht-eozän (RAGE 1988 a). Echte eozäne Colubriden wurden jedoch in Thailand gefunden (RAGE et al. 1992). Die ältesten europäischen Colubriden sind *Coluber cadurci* (RAGE 1974) und *Natrix mlynarskii* aus Frankreich (RAGE 1988 a), wie auch *Texasophis bohemiacus* aus Süddeutschland (SZYNDLAR 1993), alle aus dem Früh-Oligozän. *Coluber cadurci,* dessen Zuordnung zur rezenten Gattung *Coluber* unsicher ist, kam in Frankreich auch in späteren Phasen des Oligozäns, vielleicht sogar noch im Frühmiozän vor (RAGE 1984 a, 1988 a). Die charakteristischen Merkmale nicht-natriciner Colubriden aus dem europäischen Oligozän und Frühmiozän sind sehr kleine Abmessungen und die longitudinale Streckung der Wirbel. Diese Wirbelform, die bei mittelmiozänen und jüngeren Fossilien sehr selten zu finden ist, scheint eine mögliche Verwandtschaft zwischen den ersten europäischen Colubriden und ihren Nachfahren auszuschließen.

Texasophis bohemiacus, obwohl in Deutschland nach dem frühen Oligozän unbekannt, überlebte in Böhmen bis ins späteste Frühmiozän (SZYNDLAR 1987). Interessanterweise wurden in Deutschland keine Colubriden des späten Oligozäns mehr gefunden (vielleicht mit Ausnahme einer unbeschriebenen, vermutlichen Colubride aus dem Spätoligozän von Gussenstadt in Süddeutschland: SCHLEICH 1985), aber ihr Fehlen dürfte eher mit den noch begrenzten Fossilfunden zu tun haben. Jedenfalls waren im Oligozän die Colubriden im Vergleich zu den Boiden noch sehr selten.

Charakteristisch für die meisten oligozänen Schlangen Deutschlands waren ihre Miniaturisierung (Verzwergung) und eine Reihe morphologischer Anpassungen an grabende oder wühlende Lebensweise (SZYNDLAR 1993). Dieses Phänomen wurde auch an den spät-eozänen und oligozänen Schlangen Frankreichs beobachtet (RAGE 1987 b, 1988 b) und hing höchstwahrscheinlich mit der zunehmenden Aridisierung der Umwelt zusammen. Es ist ebenfalls wahrscheinlich, daß die grabende Lebensweise den zarten eozänen Gattungen in Mitteleuropa das Überleben bis ins frühe Miozän ermöglichte, trotz der veränderten Klimabedingungen, während großwüchsige Schlangen wie z.B. *Palaeopython* gegen Ende des Eozäns ausstarben.

4.3. Frühes und mittleres Miozän (ca. 23,3 - 10, 4 mybp)

Die weltweite für fast das ganze Oligozän charakteristische Abkühlungsphase kam gegen Ende des Oligozän/Miozän-Übergangs zum Stillstand und machte wieder einem feuchten tropischen bis subtropischen Klima Platz (RÖGL & STEININGER 1984). Solche günstigen Klimabedingungen herrschten bereits im Bereich der spätest-oligozänen Fundstelle Rott bei Bonn (VON KOENIGSWALD 1989). Der Erwärmungstrend erreichte sein Maximum im späteren Abschnitt des Frühmiozäns (MN 4), während im Verlauf des mittleren Miozäns wieder eine Abnahme der Temperaturen und der Feuchtigkeit zu verzeichnen war (DEMARQ et al. 1983, STEININGER et al. 1985).

Die Zusammensetzung der deutschen Schlangenfaunen veränderte sich im Frühmiozän recht langsam, doch können zwei wichtige Etappen in der diskutierten Zeitspanne festgehalten werden, die durch das Auftreten der Vipern im frühesten Miozän (MN 1) und der Elapiden am Ende des Frühmiozäns (MN 4) markiert sind (vgl. den Appendix für eine detaillierte Liste der früh- und mittelmiozänen Schlangen).

Eine Anzahl von Schlangen, die im Oligozän Süddeutschland bewohnten, war im Frühmiozän noch vorhanden. Von besonderem Interesse ist dabei das Überleben der aniliiden Gattung *Eoanilius* (SZYNDLAR 1993) (Abb. 4); kürzliche Funde dieser Schlange in Petersbuch 2 (SZYNDLAR & SCHLEICH, im Druck) zeigen, daß *Eoanilius* in Deutschland wenigstens bis zum Ende des Frühmiozäns überlebt hat. Die Erycine *Bransateryx vireti* (Abb. 5) wurde gegen Ende des Frühmiozäns durch eine andere Art dieser Gattung , *B. septentrionalis* (vorher aus Böhmen bekannt: SZYNDLAR 1987), abgelöst. Überraschenderweise scheinen die im Mittelmiozän gefundenen *Bransateryx*-Reste aus Steinheim am Albuch wieder zu *B. vireti* zu gehören. Es ist schwer zu entscheiden, ob beide Arten um die Wende vom Früh- zum Mittelmiozän sympatrisch in Süddeutschland vorkamen, oder ob ihre Areale fluktuierten.

Nicht-erycine Boiden aus dem deutschen Miozän waren durch ein neues boines Genus vertreten, das SZYNDLAR & SCHLEICH (im Druck) aus Petersbuch 2 beschreiben; die oligozäne »Boine B & C« sensu SZYNDLAR (1993: s. oben: 4.2.) und einige weitere Fossilien verkörpern vermutlich dieselbe Gattung oder sehr ähnliche Formen. Die Zuordnung der Fossilien zur Unterfamilie Boinae erfolgte aufgrund vorhandener Paracotylarforamina, Strukturen, die den Wirbeln der Pythoninae fehlen. Die stratigraphische und geographische Verbreitung dieser Schlangen deckte den Zeitraum zwischen spätem Oligozän (MP 27) und mittlerem Miozän (MN 6) in Deutschland, Böhmen und vielleicht auch Portugal ab (SZYNDLAR & SCHLEICH, im Druck). Die taxonomische Stellung der vermutlichen Boide (»Boidae? gen. indet.«), die SCHLEICH (1985) aus dem Frühmiozän von Schnaitheim 1 meldete, bleibt unklar.

Das Auftreten nicht-eryciner Boiden im Früh- und Mittelmiozän Europas ist von besonderem Interesse, speziell im Hinblick auf die Verbreitungsmuster ihrer lebenden Verwandten. Es gibt wenigstens einen sicheren Nachweis einer »unnamed species of

Python from the French Early Miocene (Burdigalian)« (RAGE in THOMAS et al. 1982); die Meldung einer »assez gros Boïné« von der Fundstelle Vieux Collonges (RAGE in DEMARQ et al. 1983) bezieht sich vermutlich auf dieselbe Schlange (RAGE faßte die Boinae und Pythoninae beide als Angehörige einer Unterfamilie Boinae auf). Das Auftreten von Pythons (heute in Afrika, Südasien und Australasien weit verbreitet) im europäischen Miozän läßt sich als Ergebnis einer Einwanderung durch die Tethys oder (wahrscheinlicher) aus Asien leicht erklären. Im Gegensatz dazu ist das Vorkommen von Boinen (heute im tropischen Amerika, auf Madagaskar und einigen westpazifischen Inseln) erstaunlich. Eine mögliche Abstammung der relativ großen und sicher nicht grabenden Boine aus Deutschland (SZYNDLAR & SCHLEICH, im Druck) von den autochthonen eozänen Boas und, folglich, ein Überleben trotz der harten Klimabedingungen im Oligozän ist wenig wahrscheinlich; abgesehen davon gibt es keinerlei Fossilhinweis für solch eine Möglichkeit. Diese Schlange wird daher als Osteinwanderer betrachtet, der in Europa im spätesten Oligozän, unmittelbar nach Verbesserung der klimatischen Verhältnisse erschien. Nichtsdestoweniger gibt es auch keinen Fossilnachweis, der das Vorkommen von Boinen außerhalb Europas in der Alten Welt dokumentieren würde. Der Unterfamilien-Status einiger eozäner und oligozäner asiatischer Boiden bleibt unbekannt, während das verfügbare miozäne Belegmaterial sich ausschließlich auf pythonine Schlangen beschränkt, die innerhalb der rezenten Verbreitungsareale dieser Unterfamilie in Asien, Afrika und Australien gefunden wurden. Die letzte Möglichkeit für die deutsche Boine ist ein nordamerikanischer Ursprung und eine Ankunft in Europa nach Überqueren der Beringbrücke, obwohl es auch für diese Annahme wiederum keinerlei auf Fossilfunde zu gründende Anhaltspunkte aus Nordamerika gibt.

Nicht-natricine Colubriden waren im deutschen Frühmiozän durch zarte Schlangen unbekannter Gattungszugehörigkeit aus Weisenau und Stubersheim 3 vertreten; in Petersbuch 2 häufig gefundene Wirbel größerer Schlangen (SZYNDLAR & SCHLEICH, im Druck) sind dagegen offenbar eng mit dem rezenten *Coluber caspius* verwandt.

Wie erwähnt, waren kleine Abmessungen jedoch charakteristisch für das gros dieser Schlangen aus dem Oligozän und Frühmiozän, auch außerhalb von Deutschland. In Frankreich gehörten zarte, bisher noch unbenannte Colubriden zu den häufigsten Schlangen in der Zeitspanne vom mittleren Oligozän bis zum frühen Miozän (RAGE & HOLMAN 1984). Der Erstnachweis einer natricinen Colubride aus Deutschland, hinsichtlich ihrer Gattungszuordnung ebenfalls unklar, stammt aus Stubersheim 3. »Natter-artige Schlangen« aus Weisenau wurden auch von VON MEYER (1844 a, b) erwähnt, doch fanden sich in dem noch erhaltenen Material (SMNS) aus dieser Lokalität keine Natricinen-Reste. Es muß aber bedacht werden, daß VON MEYER die meisten der von ihm beschriebenen Schlangen als Mitglieder der Gattung *Natrix* auffaßte (ungeachtet der Verwendung anderer Gattungsnamen wie z.B. *Tropidonotus*), darunter auch die Boide aus Rott (SZYNDLAR & BÖHME, im Druck).

Abb. 5. *Bransateryx vireti* (SMNS unkatalog.) aus Weisenau; mittlere Rumpfwirbel. A, rechte Seitenansicht; B, Vorderansicht; C, Dorsalansicht; D, Ventralansicht; E, Hinteransicht.
Bransateryx vireti (SMNS uncat.) from Weisenau; middle trunk vertebra. A, right lateral view; B, anterior view; C, dorsal view; D, ventral view; E, posterior view.

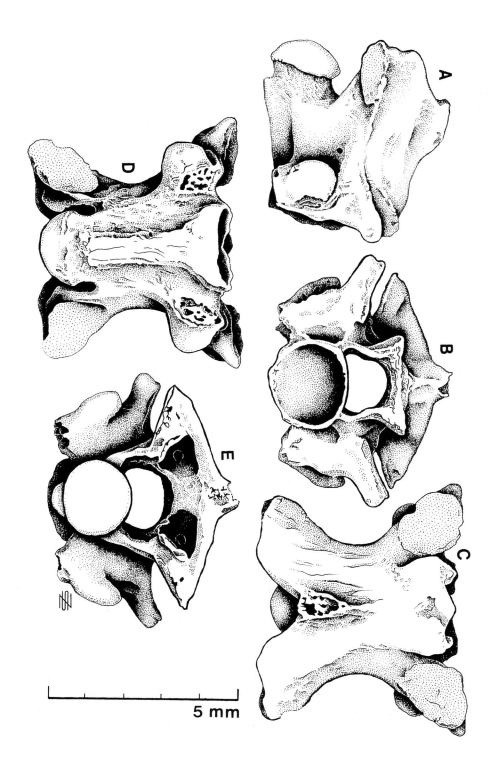

Die wichtigste Neuheit in der Zusammensetzung der Schlangenfauna am Beginn des Miozäns ist das Erscheinen von Vipern in Europa. Reste der heutigen Gattung *Vipera* aus dem frühesten Miozän von Weisenau (Abb. 6) gehören weltweit zu den ältesten Nachweisen von Viperiden, zusammen mit *Provipera boettgeri* aus dem zeitgleichen Hessler (KINKELIN 1892, 1896; obwohl der generische Status zweifelhaft ist, gehört der *Provipera* zugeschriebene Giftzahn zweifellos zu einer Viperide) und mit noch unbeschriebenen kleinen Vipern mehrerer Fundstellen in Frankreich (HOFFSTETTER 1955). Betont sei, daß die Wirbel der Viper von Weisenau sich nicht signifikant von denen der rezenten *Vipera ammodytes* unterscheiden. Dies bedeutet, daß die Gattung *Vipera* sich schon lange vor dem Miozän entwickelt haben muß, aber offenbar außerhalb Europas. Seit dem Beginn des Miozäns bis heute sind *Vipera*-Reste in europäischen Fossilfundstätten häufig.

Die Zusammensetzung der europäischen Schlangenfaunen veränderte sich drastisch am Übergang zum Frühmiozän (d.h. ca. im Bereich der Zone MN 4), als Resultat der Konkurrenz mit neuen Einwanderungswellen aus dem Osten, die überwiegend aus modernen Colubriden, großen Vipern und aus Elapiden bestanden. Die Ankunft dieser Schlangen ist durch die Funde aus Petersbuch 2 gut dokumentiert (SZYNDLAR & SCHLEICH, im Druck). RAGE (in DEMARQ et al. 1983) korrelierte das Auftreten der Elapiden und von *Python* mit dem Temperaturmaximum, das in Europa für den Früh- bis Mitteleozän-Übergang angenommen wird. Ein weiteres charakteristisches Ereignis war die weltweite Meeresregression, die einen Faunenaustausch zwischen Eurasien und Nordamerika über die Beringstraße hinweg ermöglichte und mehrere Wellen nordamerikanischer Wirbeltiere nach Europa brachte, vom Ende des Frühmiozäns an (RÖGL & STEININGER 1984). Die best bekannten Einwanderer waren Säugetiere, aber über das Auftreten einiger nordamerikanischer Schlangen wurde ebenfalls berichtet (RAGE & HOLMAN 1984). Dennoch ist bis heute nicht endgültig bewiesen, daß alle angenommenen Gruppenangehörigen nordamerikanischer und europäischer Schlangen tatsächlich gattungsgleich sind. RAGE & HOLMAN (1984) schlossen selbst ebenfalls die Möglichkeit paralleler Entwicklungen nicht aus. Das Problem selbst liegt jedoch woanders, weil die sparsamste Erklärung des gleichzeitigen Auftretens der meisten Schlangetaxa sowohl in Europa als auch in Nordamerika nicht eine transasiatische Odyssee ist, sondern lediglich ein asiatisches Entstehungszentrum mit nachfolgender Ausbreitung nach Westen und nach Osten. Folglich könnten die vermeintlich fossilen Gattungen, die Europa und Nordamerika im Miozän bewohnten, durchaus rezente asiatische Genera darstellen, besonders bei den Colubriden. Unser Verständnis der möglichen Faunenbeziehungen zwischen Europa und Nordamerika wird daher so lange reine Spekulation bleiben, bis die betreffenden Fossilien sorgfältig mit ihren potentiellen asiatischen Verwandten verglichen sein werden. Leider ist jedoch die ganz überwiegende Mehrheit der asiatischen Colubriden hinsichtlich ihres axialen Skeletts nie untersucht und beschrieben worden.

Abb. 6. *Vipera* cf. *V. antiqua* (SMNS unkatalog.) aus Weisenau; Nackenwirbel. A, linke Seitenansicht; B, Dorsalansicht; C, Ventralansicht; D, Vorder- und E, Hinteransicht.
Vipera cf. *V. antiqua* (SMNS uncat.) from Weisenau; cervical vertebra. A, left lateral view; B, dorsal view; C, ventral view; D, anterior view; E, posterior view.

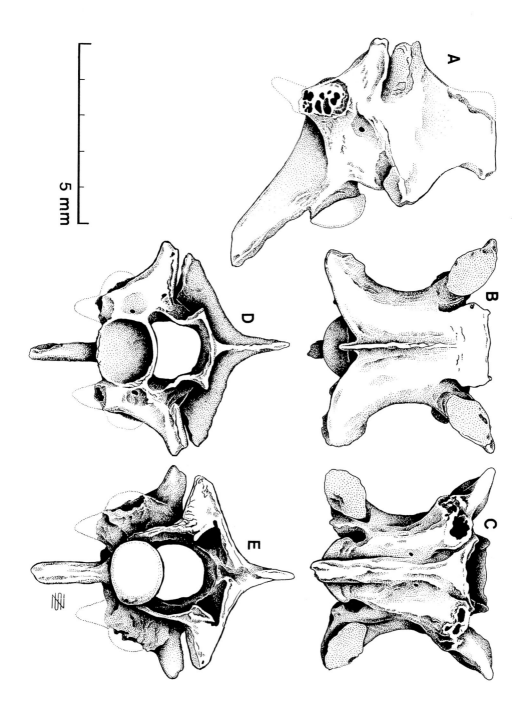

Die ersten Elapiden, die in Europa auftauchten, waren hauptsächlich durch große Kobras der heutigen Gattung *Naja* vertreten. Seit ihrem ersten Auftreten am Ende des Frühmiozäns gehörten Kobras bis ins Pliozän hinein zu den häufigsten Schlangen Europas, und zwar über einen beträchtlichen Teil des Kontinents. Häufige Kobrareste aus Petersbuch 2 gehören zu den ältesten Fossilnachweisen der gesamten Familie Elapidae; sie lassen sich klar auf die ausgestorbene Art *Naja romani* beziehen, die ursprünglich von HOFFSTETTER (1939) als Typusart der Gattung *Palaeonaja* aufgestellt worden war. Wie durch die Untersuchung ihrer Schädelknochen aus mehreren europäischen Fundstellen belegt, war *N. romani* mit den heute lebenden asiatischen Arten der Gattung verwandt, unterschied sich von ihnen aber durch einige primitive Merkmale, darunter das Vorhandensein von zwei nicht zu Giftzähnen modifizierten Zähnen auf ihren Maxillaria (SZYNDLAR & RAGE 1990). *Naja romani* war in Europa wenigstens bis zum mittleren Spätmiozän (MN 11) verbreitet (SZYNDLAR & ZEROVA 1990). Außer Kobras enthält das Material von Petersbuch 2 auch kleine Wirbel, die zu zwei anderen Elapiden gestellt werden: zu *Micrurus gallicus* und zu einer unbenannten »Elapidae indet.« (SZYNDLAR & SCHLEICH, im Druck). Erstere, ursprünglich von RAGE & HOLMAN (1984) aus dem Mittelmiozän Frankreichs beschrieben, wurde für einen Immigranten gehalten, der Europa aus Nordamerika über die Bering-Landbrücke erreicht habe. Allerdings ist fraglich, ob diese Schlange tatsächlich zu der heute auf das tropische Amerika beschränkten Gattung *Micrurus* gehört hat, denn es gibt große Übereinstimmungen im Axialskelett von *Micrurus* auch zu einigen Gattungen primitiver, kleinwüchsiger Elapiden aus Südasien; leider ist aber auch die Wirbelmorphologie letzterer weitgehend unbekannt (AUGÉ & RAGE, im Druck; SZYNDLAR & SCHLEICH, im Druck). Immerhin ist bemerkenswert, daß die unbenannte »Elapidae indet.« aus Petersbuch 2 unter anderem der rezenten asiatischen Gattung *Maticora* ähnelt.

Großwüchsige Vertreter der Gattung *Vipera*, die in Europa zusammen mit Kobras gegen Ende des Frühmiozäns erschienen, waren mit der rezenten *V. lebetina* und vielleicht mit einigen anderen heutigen Arten aus dem südlichen Asien, Nordwestafrika und den östlichsten Rändern Europas verwandt. - Hier ist die Anmerkung wichtig, daß die Systematik der heute lebenden großwüchsigen *Vipera*-Arten in einem ziemlich chaotischen Zustand ist. Entweder wurden sie als verschiedene Komplexe innerhalb einer Gattung *Vipera* sensu lato angesehen oder aber, teilweise oder ganz, aus dieser Gattung herausgenommen und in andere Gattungen oder Untergattungen plaziert, während gleichzeitig die Ansichten über mögliche Verwandtschaften einzelner Arten erstaunlich divergierten. Angesichts dieser unstabilen Situation und eingedenk der Tatsache, daß die Beziehungen zwischen den fossilen und den rezenten Vipern noch weitgehend unklar sind, ziehen wir es vor, für die großwüchsigen Formen den informellen Terminus »orientalische Vipern« zu benutzen. Kleinwüchsige *Vipera*-Formen (»*Vipera aspis*-Komplex«, »*Vipera berus*-Komplex«) bezeichnen wir informell als »europäische Vipern«. Ähnlich wie die Kobras gehörten die »orientalischen Vipern« bis zum Pliozän zu den häufigsten Schlangen. In Petersbuch 2 waren sie durch die ausgestorbene *Vipera platyspondyla* vertreten, die sehr große Dimensionen erreichte, und deren Beziehungen zu den lebenden »orientalischen Vipern« noch unklar sind. *V. platyspondyla* wurde ursprünglich aus der zeitgleichen Fundstelle Dolnice in Böhmen beschrieben (SZYNDLAR

1987). An beiden Fundstellen trat sie gemeinsam mit der viel kleineren *Vipera antiqua* auf; die *Vipera* aus Weisenau könnte ebenfalls zu letzterer Art gehört haben.

Abgesehen von der Invasion der Elapiden und der »orientalischen Vipern« am Ende des Frühmiozän war das Auftreten einer komplexen natricinen Fauna ein bedeutsames Ereignis. In Petersbuch 2 waren die natricinen Colubriden durch mindestens vier verschiedene Formen vertreten (SZYNDLAR & SCHLEICH, im Druck). Dieses natricine Artenspektrum war noch im mittleren Miozän vorhanden, wie aus den noch unpublizierten zahlreichen Funden hervorgeht, die neuerdings in der französischen Fundstelle Sansan ausgegraben wurden (AUGÉ & RAGE, im Druck). Die rezente Gattung *Natrix* war in Petersbuch 2 durch die sehr großwüchsige fossile *Natrix sansaniensis* vertreten, die ursprünglich aus Sansan beschrieben worden war (RAGE 1981 a). Andere natricine Reste aus Petersbuch 2 gehörten zu einer winzigen, unbenannten und noch rätselhaften Schlange und zu den ausgestorbenen Taxa *Palaeonatrix lehmani* und cf. »*Neonatrix*« (SZYNDLAR & SCHLEICH, im Druck). *Palaeonatrix*, ursprünglich aus dem zeitgleichen böhmischen Fundort Dolnice (als *Dolniceophis lehmanni* RAGE & ROCEK 1983) beschrieben, unterscheidet sich von *Natrix* substantiell durch einige Wirbelbesonderheiten. Leider, wie schon öfters für andere Formen beklagt, wurde auch *Palaeonatrix* mit den meisten rezenten natricinen Gattungen nicht verglichen (SZYNDLAR in MLYNARSKI et al. 1982), und daher ist ihre taxonomische Unterscheidbarkeit noch unsicher. Die übrigen Wirbel ähnelten denen der europäischen Mitglieder der ausgestorbenen Gattung *Neonatrix*, die schon vorher aus dem Mittelmiozän Frankreichs gemeldet worden war (RAGE & HOLMAN 1984). Allerdings kamen SZYNDLAR & SCHLEICH (im Druck) zu dem Schluß, daß die Gattung *Neonatrix* wahrscheinlich polyphyletisch ist; daher solle der Gattungsname besser auf die nordamerikanischen Formen beschränkt bleiben, da die europäischen Vertreter einer anderen Gattung (oder anderen Gattungen) angehört haben dürften.

Die mittelmiozäne Schlangenfauna unterschied sich nur wenig von der am Ende des Frühmiozäns. Mittelmiozäne Funde in Deutschland erbrachten unter anderem Reste von *Naja*, *Vipera* (sowohl »orientalische« als auch »europäische« Formen) und Natricinen einschließlich *Natrix*. Ein interessanter Unterschied ergab sich jedoch durch das Erscheinen sehr großer Colubriden im Mittelmiozän, die gewöhnlich zur rezenten Gattung *Coluber* gestellt werden. In Frankreich wurden diese Schlangen durch *Coluber pouchetii* (RAGE 1981 a, AUGÉ & RAGE, im Druck) vertreten, in Deutschland durch eine noch unbenannte Schlange (wahrscheinlich *Coluber*: SZYNDLAR & SCHLEICH, im Druck) und durch *Coluber suevicus* aus Steinheim am Albuch (Abb. 7). Letztere Schlange wurde ursprünglich als Angehörige der elapiden Gattung *Naja* beschrieben (FRAAS 1870), von RAGE (1984 a) aber als Colubride erkannt und, mit einigem Vorbehalt, zu *Coluber* gestellt. Die Morphologie eines syntypischen Unterkiefers (SMNS unkatalogisiert; außerdem gibt es nur noch einige Rumpfwirbel) deutet an, daß *suevicus* tatsächlich zu *Coluber* gehörte. Kleine Colubriden waren im Mittelmiozän ebenfalls häufig, unterschieden sich aber morphologisch gewöhnlich von denen des Oligozäns und des Frühmiozäns. Unter einer ganzen Reihe unbenannter Schlangen vom Randecker Maar gehörte eine winzige Form sehr wahrscheinlich zu *Texasophis meini*, die ursprünglich aus dem mittleren Miozän Frankreichs beschrieben worden war (RAGE & HOLMAN 1984). Wie schon vorher in dieser Arbeit erwähnt, war eine weitere Art dieser Gattung, nämlich

T. bohemiacus, aus dem frühen Oligozän Deutschlands nachgewiesen worden. *Texasophis* wurde, ebenso wie die Colubriden *Palaeoheterodon* und *Neonatrix* sowie die Elapide *Micrurus,* allesamt aus dem Mittelmiozän Frankreichs bekannt, als vermutlicher Einwanderer aus Nordamerika betrachtet. Keine der genannten Gattungen wurde nach dem Ende des mittleren Miozäns mehr aus Europa gemeldet.

4.4. Spätes Miozän (ca. 10,4 - 5,2) und Frühes Pliozän (ca. 5,2 -3,4 mybp)

Im späten Miozän griff eine immer mehr zunehmende Aridisierung in Europa um sich, besonders in den östlichen Teilen, während Westeuropa durch ein feuchteres und wärmeres Klima bestimmt war. Nach einer ganzen Serie starker Klimaschwankungen am Ende des Miozäns, als die Tethys-See austrocknete, wurde das Klima im frühen Pliozän insgesamt wieder wärmer und feuchter (STEININGER et al. 1985).

Bislang wurde keine einzige fossile Schlange aus dem späten Miozän oder dem frühen Pliozän von deutschem Gebiet nachgewiesen. Der Fossilnachweis anderer europäischer Länder, besonders aus Spanien, Frankreich, Österreich, Ungarn und der Ukraine, zeigt jedoch, daß die europäische Schlangenfauna fast ausnahmslos zu rezenten Gattungen (aber nicht zu rezenten Arten!) gehörte, wenngleich nicht zwangsläufig zu solchen, die auch heute noch in Europa vorkommen (vgl. SZYNDLAR 1991 b für nähere Angaben).

Die altertümlichen Formen der Boiden verschwanden in Europa nach dem Mittelmiozän und wurden vollständig durch die rezente erycine Gattung *Eryx* ersetzt. Letztere, obwohl vielleicht schon gegen Ende des Frühmiozäns in Europa vertreten, wurde erst jetzt häufig und besetzte vermutlich den größten Teil Europas. Ein ähnliches, sowohl West- als auch Osteuropa umfassendes Verbreitungsbild zeigten die Scolecophidia , die Kobras der Gattung *Naja* und die »orientalischen Vipern«. Diese starke Ausbreitung war zweifellos eine Folge der länger andauernden günstigen Klimabedingungen. Im Pliozän wurden Vertreter der colubriden Gattungen *Coluber, Elaphe* und *Natrix* zu den dominanten Vertretern der europäischen Schlangenfauna.

Die Europa im Pliozän bewohnenden Schlangen waren meist asiatischer Herkunft (SZYNDLAR 1984). Die Austrocknung der Tethys und die dadurch entstehenden Einwanderungswege brachten keine afrikanischen Schlangen nach Europa, außer auf die Iberische Halbinsel (SZYNDLAR 1985).

Ein wichtiges Ereignis am Ende des frühen Pliozäns (MN 15) ist das erste Auftreten von rezenten Schlangenarten in Europa, die diesen Kontinent bis heute bewohnen (SZYNDLAR 1984, BAILON 1991).

4.5. Spätes Pliozän bis heute (ca. 3,4 - 0,0 mybp)

Das Spätpliozän war von drastischen Klimaschwankungen beherrscht, die das langsame Abkühlen des quartären Klimas in Europa ankündigten. Schlangen mit einem höheren Wärmebedürfnis, insbesondere Kobras und die »orientalischen Vipern« konnten zwar bis zum Ende des Pliozäns im Mittelmeerbecken überleben, starben aber während des Pleistozäns in Europa endgültig aus. Als Ergebnis dieser Klimaverschlechterung ähnelte die Zusammensetzung der nördlich des Mittelmeerbeckens

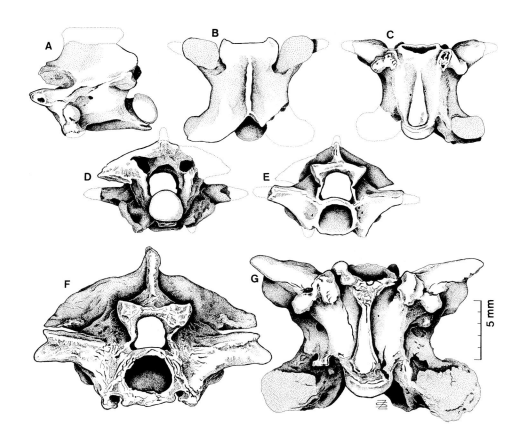

Abb. 7. *Coluber suevicus* aus Steinheim a.A. A-E, mittlere Rumpfwirbel (SMNS 53257/1); F-G, weiterer Mittelrumpfwirbel eines enorm großen Tieres (SMNS 53240). A, linke Seitenansicht; B, Dorsalansicht; C,G, Ventralansichten; D, Hinteransicht; E, F, Vorderansichten.

Coluber suevica from Steinheim a.A. A-E, middle trunk vertebra (SMNS 53257/1); F-G, another middle trunk vertebra belonging to an enormously grown specimen (SMNS 53240). A, left lateral view; B, dorsal view; C,G, ventral views; D, posterior view; E,F, anterior views.

etablierten Schlangenfauna außerordentlich stark der heutigen (SZYNDLAR 1984, BAILON 1991).

Die abwechselnd kühlen und warmen Phasen, mit Glazialen und Interglazialen korreliert, führten zu drastischen Veränderungen der Verbreitungsgebiete bestimmter europäischer Arten. In den Interglazialen, als die mittleren Sommertemperaturen um 2-3 °C höher lagen als heute, dehnten sich die Areale weit nach Norden aus. Dies wird am deutlichsten in den mittelpleistozänen Fundstellen Bad Deutsch-Altenburg 2 und Sankt Margarethen in Österreich (RABEDER 1974, 1977), die unter anderem Reste von *Elaphe quatuorlineata, Coluber gemonensis* und *C. caspius* erbrachten, die heute nur im südöstlichen Teil Europas verbreitet sind.

In der einzigen Arbeit über spätpliozäne Schlangen aus Deutschland listete HELLER (1936) *Natrix natrix, Coluber caspius* und *C. viridiflavus* aus Gundersheim in Rheinhessen auf. Von diesen war *N. natrix* die am weitesten verbreitete Art ab dem späten Pliozän, ähnlich wie heute. Das angenommene Vorkommen von *C. caspius* ist jedoch überraschend, während das Auftreten von *C. viridiflavus* im deutschen Pliozän recht wahrscheinlich ist. Diese Art bewohnt heute das südwest- bis südliche Europa, war aber vom Spätpliozän bis zum mittleren Pleistozän auch in Zentral- und Osteuropa weit verbreitet, wie zahlreiche Fossilnachweise (SZYNDLAR 1984, 1992 b) belegen. Ob HELLERS (l.c.) Bestimmungen, die sich nur auf zahntragende Knochen gründeten, immer richtig sind, kann ohne Nachuntersuchung seines Materials nicht gesagt werden.

Bevor man die pleistozäne Schlangenfauna Deutschlands diskutiert, muß man einige kritische Bemerkungen über eine Reihe von Arbeiten des Autors BRUNNER machen. Obwohl wir keine Gelegenheit hatten, sein Material nachzuuntersuchen, liegt es auf der Hand, daß wenigstens ein Teil seiner Fossilbestimmungen außerordentlich zweifelhaft ist. BRUNNER vermutete unter den zahlreichen von ihm untersuchten Wirbeltieren und Wirbellosen des deutschen Pleistozäns häufig Vertreter sehr exotischer Gruppen. Zum Beispiel beschrieb er unter anderem eine vermeintliche Gymnophione unter dem Namen *?Ichthyophis muelleri* (BRUNNER 1954), die sich tatsächlich als pathologisch veränderter Brustflossenstrahl eines siluriden Welses erwies (ESTES & WAKE 1972)!

Auch im Hinblick auf die Schlangen sind BRUNNERS kursorische und nur auf Kieferelemente gegründete Beschreibungen wenig glaubwürdig. So ist etwa das Vorkommen zweier mediterraner Schlangen in Oberfranken, nämlich *Coluber hippocrepis* (als *Zamenis* aff. *hippocrepis*) aus dem Spätpleistozän des Günthersthaler Lochs und *Elaphe situla* (als *Coluber leopardus*) aus dem Mittelpleistozän der Breitenberghöhle (BRUNNER 1950 bzw. 1957a), wenig wahrscheinlich. Die mögliche Präsenz von *Coluber viridiflavus* an letzterer Lokalität (BRUNNER 1958) ist zwar wahrscheinlicher, aber ebenfalls nicht überzeugend dokumentiert. BRUNNERS Diagnosen zweier von ihm aufgestellter mittelpleistozäner fossiler Arten, nämlich *Natrix rusticus* aus der der Breitenberghöhle (BRUNNER 1957 b) und *Coluber freybergi* vom Fuchsloch (BRUNNER 1954), können diese Schlangen nicht von einer Reihe lebender Vertreter differenzieren; erstere wurde von RAGE (1984a) als nomen dubium eingestuft (siehe oben: 3). Sehr wahrscheinlich gehörten beide Taxa zu rezenten Arten, doch kann dies nicht ohne Nachuntersuchung von BRUNNERS Typen geklärt werden.

Eine weitere aus dem Mittelpleistozän Deutschlands beschriebene fossile Art (HELLER 1960) ist *Coluber lobsingensis*, gegründet auf einen Hirnschädel und einige zahntragende Knochen aus der Fundstelle Lobsing bei Neustadt in Süddeutschland. HELLER (l.c.) glaubte, daß diese Schlange der rezenten *Elaphe situla* (bei ihm *Coluber leopardinus*) ähnele, weshalb MLYNARSKI (1961) sie zu *Elaphe* stellte. Auf der Grundlage des von HELLER (l.c.: Taf. 3: Abb. 14-15) abgebildeten Typusmaterial kam SZYNDLAR (1984) zu dem Schluß, daß die Reste sehr wohl zur rezenten *E. longissima* gehören könnten. RAGE (1984 a) fand einige Ähnlichkeiten zwischen *Elaphe lobsingensis* und *E. quatuorlineata*, doch schloß er auch die Möglichkeit der artlichen Validität ersterer nicht aus. Auch diese Schlange bedarf daher einer dringenden Revision.

Die seit den siebziger Jahren bis heute publizierten zahlreichen Funde fossiler Schlangen des deutschen Quartärs gehören ausnahmslos Arten an, die auch heute in Deutschland vorkommen. Wie in anderen Ländern Europas auch, war *Natrix natrix* die häufigste Schlange pleistozäner und holozäner Fundstellen im ganzen Lande (BRUNNER 1942-1943, 1958, MARKERT 1975, 1976, MLYNARSKI & ULLRICH 1975, 1977, PETERS 1977 a, b, MLYNARSKI et al. 1978, BLOOS et al. 1991). Eine artlich unidentifizierte *Natrix* wurde von BENECKE et al. (1990) gemeldet. Berichte über quartäre Reste von *Coronella austriaca* (BRUNNER 1957 b, MARKERT 1975, 1976, PETERS 1977 a, b, BLOOS et al. 1991) und von *Vipera berus* (BRUNNER 1954, 1957 a, MARKERT 1975, 1976, PETERS 1977 a, b), BLOOS et al. 1990) sind ebenfalls recht häufig.

Daß *Natrix natrix*, *Coronella austriaca* und *Vipera berus* - Arten, die heute Skandinavien erreichen und in ganz Deutschland vorkommen - im Quartär ebenso weit verbreitet waren, ist sicher überraschend. Doch von viel größerem Interesse ist die ehemalige Verbreitung von *Natrix tessellata* und *Elaphe longissima*, weil ihre heutige geschlossene Verbreitung in Europa nördlich nur bis zum 50. Grad nördlicher Breite reicht, während in Deutschland einige isolierte Reliktstandorte im südwestlichen Teil des Landes bewohnt werden. Spätpleistozäne bis holozäne Nachweise von *Natrix tessellata* wurden bisher nur für das Donautal erbracht (MARKERT 1975, 1976), aber der Fossilnachweis von *Elaphe longissima* ist sehr viel weitreichender. Er umfaßt südliche (BRUNNER 1942-1943, MARKERT 1975, 1976), östliche (MLYNARSKI & ULLRICH 1975, 1977) und nördliche Teile Deutschlands (PETERS 1977 a, b). Die von PETERS (l.c.) beschriebenen holozänen *E. longissima*-Reste bestehen aus zahlreichen hervorragend erhaltenen Wirbeln und Schädelknochen und stammen aus Pisede bei Malchin und aus Neukloster, beides in Mecklenburg; sie wurden in subfossilen Dachsbauten gefunden, die von den Schlangen als Überwinterungsquartiere genutzt worden waren. Das Vorkommen von *E. longissima* an der Ostseeküste illustriert sehr eindrucksvoll die Veränderungen in der Verbreitung dieser Art, die nur wenige tausend Jahre zurückliegen. Ähnlichen historischen Veränderungen dürften auch die Areale anderer rezenter Schlangen in Mitteleuropa unterworfen gewesen sein.

Danksagung

Für die Ausleihe von fossilem Vergleichsmaterial sind wir den Kollegen Dr. R. BÖTTCHER (SMNS), Dr. E. FREY (SMNK), Dr. K. A. HÜNERMANN (PIMUZ), Prof. Dr. W. VON KOENIGSWALD (GPIBO) und Priv.-Doz. Dr. H. H. SCHLEICH (BSP) außerordentlich dankbar.

Dr. M. AUGÉ und Dr. J.-C. RAGE (P. & M. Curie-Universität, Paris) gewährten freundlicherweise Einsicht und erlaubten die Zitierung ihrer noch unpublizierten Arbeit über die Squamatenfauna von Sansan.

Diese Arbeit wurde ermöglicht durch ein Forschungsstipendium (IV-1-7121g) der Alexander-von-Humboldt-Stiftung, Bonn, an den Erstautor.

The fossil snakes of Germany:
History of the faunas and of their exploration

Studies on extinct snakes in Germany, initiated in 1805, have covered fossil materials ranging in age from the Paleocene to Holocene. Chapter 2 summarizes briefly the history of this research.

The following snake taxa described from Germany are nomina dubia: *Ophis dubius* GOLDFUSS, 1831; *Provipera boettgeri* KINKELIN, 1892; »*Coluber*« *kargii* VON MEYER, 1845; *Natrix rusticus* BRUNNER, 1957a; *Protropidonotus neglectus* SCHLOSSER, 1916; *Coluber (Tropidonotus?) owenii* VON MEYER, 1844a; *Coluber arcuatus* VON MEYER, 1845. The last three species were considered nomina dubia in the present paper.

The oldest snake found in Germany, an unidentified Boidae, comes from the Paleocene of Walbeck. The Eocene terrestrial fauna is poorly recognized; presence of the Aniliidae and Boidae has been reported from the Middle Eocene sites in Geiseltal and Messel, but the exact taxonomic status of these snakes remains uncertain. The occurrence of pythonine-like boids in Messel has been confirmed. The only German record of a palaeophid sea snake was reported from the Early Eocene of the isle of Fehmarn.

The German snake faunas from the period between the Oligocene and Middle Miocene belong to those best recognized in Europe; with few exceptions the fossil record comes from southern Germany. The Aniliidae, represented by the extinct genus *Eoanilius*, survived in Germany from the Early Oligocene until the end of the Early Miocene. The Oligocene snake fauna was dominated by the Boidae, among others by the extinct erycine *Bransateryx*, known from the Early Oligocene to Middle Miocene, and by an unnamed Boinae, reported from the Late Oligocene until Middle Miocene. The non-natricine Colubridae were represented in the Oligocene and Early Miocene by minute, mostly unnamed, forms; the Early Oligocene *Texasophis* belongs to oldest colubrid snakes known from Europe. The living genus *Vipera* appeared in the earliest Miocene; remains of a small member of this genus found in Weisenau are the oldest worldwide record of the family Viperidae.

Considerable changes in the composition of the German snake faunas can be observed at the end of the Early Miocene, well marked by arrival of large members of the genus *Vipera* (»Oriental vipers«) as well as of the living elapid genera *Naja* and *Micrurus*; *Vipera* and *Naja* occurred also in the Middle Miocene of Germany. Other characteristic elements that appeared at the same period were large members of the non-natricine Colubridae, represented by the living genus *Coluber*, as well as a variety of natricine snakes, including the living genus *Natrix*.

No fossil snakes have been reported from Germany from the Late Miocene and Early Pliocene. Late Pliocene and Quaternary snakes were represented by living European species, in particular those inhabiting also presently Germany; taxonomic status of some fossil species described from the Pleistocene is doubtful. In warmer phases of the Quaternary the snake fauna was distributed much more north than today.

Schriften

ALFERÉZ, F. & P. BREA (1981): Estudio preliminar de los restos de Peces, Anfibios y Reptiles del yacimiento mioceno de Córcoles (Guadalajara). - Bol. Real Soc. Española Hist. Nat. (Sec. Geol.), Madrid, 79: 5-20.

ANTUNES, M.T. & J.C. RAGE (1974): Notes sur la géologie et la paléontologie du Miocène de Lisbonne. XIV - Quelques Squamata (Reptilia). - Bol. Soc. Geol. Portugal, Lisboa, 19: 47-60.

AUGÉ, M. & J.C. RAGE (im Druck): Les Squamates (Reptilia) du Miocène moyen de Sansan (Gers, France). - Mém. Mus. natn. Hist. nat., Paris.

BAILON, S. (1991): Amphibiens et reptiles du Pliocène et du Quaternaire de France et d'Espagne: Mise en place et évolution des faunes. - Unpubl. Ph.D. Thesis, Univ. Paris VI, 499 S.

BARNES, B. (1927): Eine eozäne Wirbeltier-Fauna aus der Braunkohle des Geiseltals. - Jb. Halleschen Verband. Erforsch. mitteldeutsch. Bodenschätze, (N.F.), Halle, 6: 5-24.

BENECKE, N., BÖHME, G. & W.D. HEINRICH (1990): Wirbeltierreste aus interglazialen Beckensedimenten von Gröbern (Kr. Gräfenhainichen) und Grabschütz (Kr. Delitzsch). - Altenburg. naturwiss. Forsch., Altenburg, 5: 231-281.

BLOOS, G., BÖTTCHER, R., HEINRICH, W.D. & K. MÜNZING, K. (1991): Ein Vorkommen von Kleinvertebraten in jungpleistozänen Deckschichten (Wende Eem/Würm) bei Steinheim an der Murr. - Stuttgart. Beitr. Naturk., Serie B, Stuttgart, 170: 1-72.

BÖHME, W. & W. VON KOENIGSWALD (1989): Die Schwanzlurche und Reptilien von Rott. - In: KOENIGSWALD, W. VON (Hrsg.): Fossillagerstätte Rott bei Hennef am Siebengebirge. Das Leben an einem subtropischen See vor 25 Millionen Jahren: 59-64. - Siegburg (Rheinlandia Verlag).

- & M. LANG (1991): The reptilian fauna of the Late Oligocene locality Rott near Bonn (Germany) with special reference to the taxonomic assignment of »Lacerta« *rottensis* VON MEYER, 1856. - N. Jb. Geol. Paläont. Mh., Stuttgart, 1991 (9): 515-525.

BONIS, L. DE, CROCHET, J.Y., RAGE, J.C., SIGÉ, B., SUDRE, J. & M. VIANEY-LIAUD (1973): Nouvelles faunes de Vertébrés Oligocènes des phosphorites du Quercy. - Bull. Mus. Natn. Hist. Nat., Paris, 3ᵉ sér., 174 (Sciences de la Terre 28): 105-113.

BRUIJN, H. DE, DAAMS, R., DAXNER-HÖCK, G., FAHLBUSCH, V., GINSBURG, L., MEIN, P. & J. MORALES (unter Mitarbeit von: HEIZMANN, E., MAYHEW, D.F., MEULEN, A.J. VAN DER, SCHMIDT-KITTLER, N. & M.T. ANTUNES (1992): Report of the RCMNS working group on fossil mammals, Reisensburg 1990. - Newsl. Stratigr., Berlin - Stuttgart, 26 (2/3): 65-118.

BRUNNER, G. (1938): Die Gaiskirche im oberen Püttlachtal (Oberfranken). - Pottensteiner Nagerschicht. - Ein Schnee-Eulen-Horst (*Nictea nivea* L.) des Magdalénien mit *Mirus mühlhoferi* n.g.n.sp. - N. Jb. Mineral. Geol. Paläont., Beil.-Bände, Abt. B, Stuttgart, 79: 243-273.

- (1942-43): Die Grundfelsen-Höhle bei Gaisheim (Opf.). - Zeitschr. Karst- und Höhlenkunde, Berlin, 1942-43 (1-4): 95-116.

- (1950): Postglaziale Faunen aus dem »Günthersthaler Loch« bei Velden a. Pegnitz (Mfr.). - Zeitschr. Deutsch. Geol. Ges., Hannover, 101 (2): 70-78.

- (1954): Das Fuchsloch bei Siegmannsbrunn (Oberfr.) (Eine mediterrane Riß-Würm-Fauna). - N. Jb. Geol. Paläont. Abh., Stuttgart, 100 (1): 83-118.

- (1957a): Nachtrag zur Kleinen Teufelshöhle bei Pottenstein (Oberfranken). Ein Übergang von der letzten interglazialen Riß-Würm-Warmfauna zur Würm I-Kaltfauna. - N. Jb. Geol. Paläont. Mh., Stuttgart, 1956 ( ): 75-100.

- (1957b): Die Breitenberghöhle bei Gößweinstein/Ofr. Eine Mindel-Riß- und eine postglaziale Mediterran-Fauna. - N. Jb. Geol. Paläont. Mh., Stuttgart, 1957 (7/9): 352-378 und 385-403.

- (1958): Nachtrag zur Breitenberghöhle bei Gößweinstein (Ofr.). - N. Jb. Geol. Paläont. Mh., Stuttgart, 1958 (11): 500-517.
COPE, E.D. (1892): Remarks on the communication »Ein fossiler Giftzahn«, by Dr. F. KINKELIN. - Zool. Anz., Leipzig, 15: 224.
DEHM, R. (1935): Über tertiäre Spaltenfüllungen im Fränkischen und Schwäbischen Jura. - Abh. Bayer. Akad. Wiss., Mathem.-naturwiss. Abt., (N.F.), München, 29: 1-86.
- (1952): Über den Fossilinhalt von Aufarbeitungslagen im tieferen Ober-Miocän Südbayerns. - Geol. Bavar., München, 14: 86-90.
DEMARQ, G., BALLESIO, R., RAGE, J.C., GUÉRIN, C., MEIN, P. & H. MÉON (1983): Données paléoclimatiques du Néogène de la Vallée du Rhône (France). - Palaeogeogr., Palaeoclimatol., Palaeoecol., Amsterdam, 42: 247-272.
ESTES, R. & M.H. WAKE (1972): The first fossil record of caecilian amphibians. - Nature, London, 239: 228-231.
FISCHER, G. [=W.] (1857): De serpentibus quibusdam fossilibus. Dissertatio zoologica. - Bonn (Carthaus), 35 S.
FRAAS, O. (1870): Die Fauna von Steinheim. Mit Rücksicht auf die miocänen Säugethier- und Vogelreste des Steinheimer Beckens. - Jh. Ver. vaterländ. Naturk. Württemberg, Stuttgart, 26: 145-306.
GOLDFUSS, [G.A.] (1831): Beiträge zur Kenntniss verschiedener Reptilien der Vorwelt. - Nova Acta Phys.-Med. Acad. Caesar. Leopold.-Carol., Nürnberg, 15 (1): 61-128.
GREENE, H.W. (1984): Feeding and the evolution of snakes. - BioScience, 34 (1): 41-42.
HARLAND, W.B., ARMSTRONG, R.L., COX, A.V., CRAIG, L.E., SMITH, A.G. & D.G. SMITH (1990): A geologic time scale 1989. - Cambridge (Cambridge Univ. Press).
HAUBOLD, H. (1981): Systematische Übersicht der Wirbeltiere aus dem Eozän des Geiseltals. - Hallesches Jb. Geowiss., Halle, 6: 13-21.
HELLER, F. (1936): Eine oberpliocäne Wirbeltierfauna aus Rheinhessen. - N. Jb. Mineral. Geol. Paläont., Beil.-Bände, Abt. B, Stuttgart, 36: 99-160.
- (1960): Würmeiszeitliche und letztinterglaziale Faunenreste von Lobsing bei Neustadt/Donau. - Erlanger Geol. Abh., Erlangen, 34: 19-33.
HOCH, E. (1975): Amniote remnants from the eastern part of the lower Eocene North Sea Basin. - Problèmes actuels de paléontologie-Évolution des Vertébrés; Coll. internat. C.N.R.S. (Paris, 4-9 juin 1973), Paris, 218: 543-562.
HOFFSTETTER, R. (1939): Contribution à l'étude des Elapidae actuels et fossiles et de l'ostéologie des Ophidiens. - Arch. Mus. Hist. Nat. Lyon, Lyon, 15: 1-78.
- (1946): Les Typhlopidae fossiles. - Bull. Mus. Natn. Hist. Nat., Paris, 2ᵉ sér., 18 (3): 309-315.
- (1955): Squamates de type moderne. In: PIVETEAU, J. (Hrsg.): Traité de Paléontologie, Tome V (Amphibiens, Reptiles, Oiseaux): 606-662. - Paris (Masson).
- & J.C. RAGE (1972): Les Erycinae fossiles de France (Serpentes, Boidae). Compréhension et histoire de la sous-famille. - Ann. Paléont. (Vertébrés), Paris, 58 (1): 81-124.
KARG, J.M. (1805): Ueber den Steinbruch zu Oeningen bei Stein am Rheine und dessen Petrefacte. - Denkschr. vaterländ. Ges. Aerzte Naturforscher Schwabens, Tübingen, 1: 1-74.
KELLER, T. & S. SCHAAL (1988): Schuppenechsen - Reptilien auf Erfolgskurs. - In: SCHAAL, S. & W. ZIEGLER (Hrsg.): Messel - Ein Schaufenster in die Geschichte der Erde und des Lebens: 119-133. - Frankfurt am Mein (Verlag Waldemar Kramer).
KINKELIN, F. (1892): Ein fossiler Giftzahn. - Zool. Anz., Leipzig, 15: 93-94.

- (1896): Einige seltene Fossilien des Senckenbergischen Museums. IV. Ein fossiler Giftzahn aus den untermiocänen Hydrobienschichten vom Hessler bei Mosbach-Biebrich. - Abh. Senckenberg. naturforsch. Ges., Frankfurt am Main, 20 (1): 36-40.

KLUGE, A.G. (1991): Boine snake phylogeny and research cycles. - Misc. Publ., Mus. Zool., Univ. Michigan, Ann Arbor, 178: 1-58.

KOENIGSWALD, W. VON, (Hrsg.) (1989): Fossillagerstätte Rott bei Hennef am Siebengebirge. Das Leben an einem subtropischen See vor 25 Millionen Jahren. - Siegburg (Rheinlandia Verlag), 82 S.

-, MARTIN, T., MÖRS, T. & H.U. PFRETSCHNER (1992): Die oberoligozäne Wirbeltierfauna von Rott bei Hennef am Siebengebirge. Synonymien und Literatur 1828-1991. - Decheniana, Bonn, 145: 312-340.

KRUMBIEGEL, G., RÜFFLE, L. & H. HAUBOLD (1983): Das eozäne Geiseltal, ein mitteleuropäisches Braunkohlenvorkommen und seine Pflanzen- und Tierwelt (Die Neue Brehm-Bücherei 237). - Wittenberg Lutherstadt (A. Ziemsen Verlag), 227 S.

KUHN, O. (1939a): Die Schlangen (Boidae) aus dem Mitteleozän des Geiseltales. - Nova Acta Leopold., (N.F.), Halle, 7 (47): 119-133.

- (1939b): Squamata: Lacertilia et Ophidia. Fossilium Catalogus, I: Animalia, pars 86 [Quenstedt, W., Hrsg.]. - Neubrandenburg (Verlag Gustav Feller), 89+33 S.

- (1940): Crocodilier- und Squamatenreste aus dem oberen Paleocän von Walbeck. - Zentralblatt Mineral. Geol. Paläont., Abt. B, Stuttgart, 1940 (1): 21-25.

- (1963): Serpentes (Supplementum I). Fossilium Catalogus, I: Animalia, Pars 103 [Westphal, F., Hrsg.]. - Gravenhage (Uitgeverij Dr W. Junk), 45 S.

- (1971): Die Amphibien und Reptilien des deutschen Tertiärs und Diluviums. - Altötting (Verlag Gebr. Geiselberger), 91 S.

LARTET, E. (1851): Notice sur la colline de Sansan, suivie d'une récapitulation des diverses espèces d'animaux vertébrés fossiles, trouvés soit a Sansan, soit dans d'autres gisements du terrain tertiare miocéne dans le Bassin Sous-Pyrénéen. - Auch (J.-A. Portes), 42 S.

LYDEKKER, R. (1888): Catalogue of the fossil Reptilia and Amphibia in the British Museum (Natural History). Part I. containing the orders Ornithosauria, Crocodilia, Dinosauria, Squamata, Rhynchocephalia, and Proterosauria. - London (Taylor and Francis), xxviii+309 S.

McDOWELL, S.B. (1987): Systematics. - In: SEIGEL, R.A., COLLINS, J.T. & S.S. NOVAK (Hrsg.): Snakes: Ecology and Evolutionary Biology: 3-50. - New York (Macmillan).

MARKERT, D. (1975): Schlüssel zur Bestimmung der Wirbel süddeutscher Ophidier und dessen Anwendung auf pleistozän/ holozänes Reptilmaterial aus dem Euerwanger Bühl (Franken). - N. Jb. Geol. Paläont. Abh., Stuttgart, 149 (2): 211-226.

- (1976): Erstmalige Verwendung quartärer Reptilreste bei palökologischen Rekonstruktionsversuchen am Beispiel des oberen Donauraumes um die Wende Pleistozän/Holozän. - Unpubl. Dissertation, Tübingen (Eberhard-Karls-Universität), 97 S.

MATTHES, H.W. (1970): Zur Paläogeographie und Stammesgeschichte der eozänen Wirbeltiere des Geiseltales. - Hercynia, Leipzig, 7 (1-3): 199-249.

MEIN, P. (1975): Biozonation du Néogène méditerranéen à partir des Mammifères. - In: Proc. VI Congr. Reg. Comm. Mediterr. Neogene Stratigr.: unpaginated. - Bratislava.

MEYER, H. VON (1844a): [ohne Titel; In 'Mittheilungen an Professor BRONN gerichtet']. - N. Jb. Mineral. Geogn. Geol. Petrefak., Stuttgart, 1844: 329-340.

- (1844b): [ohne Titel; In 'Mittheilungen an Professor BRONN gerichtet']. - N. Jb. Mineral. Geogn. Geol. Petrefak., Stuttgart, 1844: 564-567.

- (1845): Zur Fauna der Vorwelt. Fossile Saeugethiere, Voegel und Reptilien aus dem Molasse-Mergel von Oeningen. - Frankfurt am Main (Verlag der S. Schmerber'schen Buchhandlung), VI+52 S.
- (1851): [ohne Titel; In 'Mittheilungen an Professor BRONN gerichtet']. - N. Jb. Mineral. Geogn. Geol. Petrefak., Stuttgart, 1851: 677-680.
- (1855): [ohne Titel; In 'Mittheilungen an Professor BRONN gerichtet']. - N. Jb. Mineral. Geogn. Geol. Petrefak., Stuttgart, 1855: 326-337.
- (1860): *Coluber (Tropidonotus?) atavus* aus der Braunkohle des Siebengebirges. - Palaeontographica, Stuttgart, 7 (4): 232-240.

MILNER, A.C. (1986): Amphibians and squamates from the Palaeogene of England. In: ROCEK, Z. (Hrsg.): Studies in Herpetology: 685-688. - Prague (Charles University).

MLYNARSKI, M. (1961): Serpents pliocènes et pléistocènes de la Pologne avec la revue critique des Colubridés fossiles. - Folia Quatern., Kraków, 4: 1-45.

-, BÖHME, G. & H. ULLRICH (1978): Amphibien- und Reptilienreste aus der jungpleistozänen Deckschichtenfolge des Travertins von Burgtonna in Thüringen. - Quartärpaläontologie, Berlin, 3: 223-226.

-, SZYNDLAR, Z., ESTES, R. & B. SANCHIZ (1982): Lower vertebrate fauna from the Miocene of Opole (Poland). - Estud. geol., Madrid, 38 (1-2): 103-119.

- & H. ULLRICH (1975): Amphibien- und Reptilienreste aus dem Travertin von Weimar-Ehringsdorf. - Abh. Zentr. Geol. Inst., Paläont. Abh., Berlin, 23: 137-146.

- & - (1977): Amphibien- und Reptilienreste aus dem Pleistozän von Taubach. - Quartärpaläontologie, Berlin, 2: 167-170.

OWEN, [R.] (1850): Monograph on the fossil Reptilia of the London Clay. Part II. Crocodilia, Ophidia. - London (Palaeontographical Society), 68 S.

PETERS, G. (1977a): Die Reptilien aus dem fossilen Tierbautensystem von Pisede bei Malchin. Teil I: Analyse des Fundgutes. - Wiss. Zeitschr. Humboldt-Univ. Berlin, Mathem.-Naturwiss. Reihe, Berlin, 26 (3): 307-320.

- (1977b): Die Reptilien aus dem fossilen Tierbautensystem von Pisede bei Malchin. Teil II: Interpretationen und Probleme. - Wiss. Zeitschr. Humboldt-Univ. Berlin, Mathem.-Naturwiss. Reihe, Berlin, 26 (3): 321-327.

PORTIS, A. (1901): Il *Palaeopython sardus* Port. Nuovo pitonide del miocene medio della Sardegna. - Boll. Soc. Geol. Italiana, Roma, 20 (2): 247-253.

RABEDER, G. (1974): Fossile Schlangenreste aus den Höhlenfüllungen des Pfaffenberges bei Bad Deutsch-Altenburg (NÖ). - Die Höhle, Wien, 25 (4): 145-149.

- (1977): Wirbeltierreste aus einer mittelpleistozänen Spaltenfüllung im Leithakalk von St. Margarethen im Burgenland. - Beitr. Paläont. Österr., Wien, 1977 (3): 79-103.

RAGE, J.C. (1974): Les serpents des Phosphorites du Quercy. -Palaeovertebrata, Montpellier, 6 (3-4): 274-303.

- (1977): An erycine snake (Boidae) of the genus *Calamagras* from the French Lower Eocene, with comments on the phylogeny of the Erycinae. - Herpetologica, 33 (4): 459-463.

- (1981a): Les Colubridae (Reptilia, Serpentes) du Néogène français. Le probleme des espèces du Miocène de Sansan (Gers). - Géobios, Lyon, 14 (4): 537-542.

- (1981b): Les continents péri-atlantiques au Crétacé supérieur: Migrations des faunes continentales et problèmes paléogéographiques. - Cretac. Res., London, 2: 65-84.

- (1983): Les serpents aquatiques de l'Éocène européen. Définition des espèces et aspects stratigraphiques. - Bull. Mus. Natn. Hist. Nat., Paris, 4ᵉ sér., sec. C, 5 (2): 213-241.
- (1984a): Serpentes. Handbuch der Paläoherpetologie, Pars 11 [WELLNHOFER, P., Hrsg.]. - Stuttgart - New York (Gustav Fischer Verlag), XI+80 S.
- (1984b): La »Grande Coupure« éocène/oligocène et les herpétofaunes (Amphibiens et Reptiles): problèmes du synchronisme des événements paléobiogéographiques. - Bull. Soc. Géol. France, Paris, 7ᵉ sér., 26 (6): 1251-1257.
- (1987a): Fossil history. - In: SEIGEL, R.A., COLLINS, J.T. & S.S. NOVAK (Hrsg.): Snakes: Ecology and Evolutionary Biology: 51-76. - New York (Macmillan).
- (1987b): Extinctions chez les Squamates (Reptiles) à la fin de l'Oligocène en France. Adaptations et modifications de l'environnement. - Mém. Soc. Géol. France, (N.S.), Paris, 150: 145-150.
- (1988a): The oldest known colubrid snakes. The state of the art. - Acta Zool. Cracov., Kraków, 31 (13): 457-474.
- (1988b): Le gisement du Bretou (Phosphorites du Quercy, Tarn-et-Garonne, France) et sa faune de Vertébrés de l'Eocène supérieur. X. Conclusions générales. - Palaeontographica, Abt. A, Stuttgart, 205: 183-189.
-, BUFFETAUT, E., Buffetaut-TONG, H., CHAIMANEE, Y., DUCRUCQ, S., JAEGER, J.J. & V. SUTEETHORN (1992): A colubrid snake in the late Eocene of Thailand: The oldest known Colubridae (Reptilia, Serpentes). - C. R. Acad. Sci., Paris, Sér. II, 314: 1085-1089.
- & J.A. HOLMAN (1984): Des Serpents (Reptilia, Squamata) de type Nord-Américain dans le Miocène Français. Évolution parallèle ou dispersion? - Géobios, Lyon, 17 (1): 89-104.
- & Z. ROCEK (1983): *Dolniceophis lehmani* (Serpentes, Colubridae), a new fossil snake from the Lower Miocene of Czechoslovakia. - as. mineral. geol., Praha, 28 (1): 17-21.
- & Z. SZYNDLAR (1986): *Natrix longivertebrata* from the European Neogene, a snake with one of the longest known stratigraphic ranges. - N. Jb. Geol. Paläont., Mh., Stuttgart, 1986 (1): 56-64.

ROCHEBRUNE, A.T. DE (1880): Revision des Ophidiens fossiles du Muséum d'Histoire Naturelle. - Nouv. Arch. Mus. Hist. Nat., Paris, 2ᵉ sér., 3: 271-296.

RÖGL, F. & F.F. STEININGER (1984): Neogene Paratethys, Mediterranean and Indo-Pacific Seaways. - In: BRENCHLEY, P. (Hrsg.): Fossils and Climate: 171-200. - New York (John Wiley & Sons).

ROEMER, F. (1870): Ueber *Python Euboïcus*, eine fossile Riesenschlange aus tertiärem Kalkschiefer von Kumi auf der Insel Euboea. - Zeitschr. Deutsch. geol. Ges., Berlin, 22 (13): 582-590.

ROGER, O. (1902): Wirbelthierreste aus dem Obermiocän der bayerisch-schwäbischen Hochebene. IV. Theil. - Ber. Naturwiss. Ver. Schwaben Neuburg, Augsburg, 35: 1-63.

SCHLEICH, H.H. (1985): Zur Verbreitung tertiärer und quartärer Reptilien und Amphibien. I. Süddeutschland. - Münchner Geowiss. Abh., (A), München, 4: 67-149.

- (1988): Reptilien- und Amphibienreste von der oligozänen Fundstelle Sieblos an der Wasserkuppe/Rhön. Beitr. Naturk. Osthessen, Fulda, 24: 161-167.

SCHLOSSER, M. (1916): Neue Funde fossiler Säugetiere in der Eichstätter Gegend. - Abh. Königl. Bayer. Akad. Wiss., Mathem.-physik. Kl., München, 28 (6): 1-78.

SCHMIDT-KITTLER, N. (Hrsg.) (1987): International Symposium on Mammalian Biostratigraphy and Paleoecology of the European Paleogene, Mainz, February 18-21, 1987. Münchner Geowiss. Abh., (Abt. A), München, 10: 1-312.

STEININGER, F.F., RABEDER, G. & F. RÖGL (1985): Land mammal distribution in the Mediterranean Neogene: A consequence of geokinematic and climatic events. - In: STANLEY, D.J. & F.C. WEZEL

(Hrsg.): Geological evolution of the Mediterranean Basin: 559-571. - New York (Springer Verlag).

STROMER, E. (1928): Wirbeltiere im obermiocänen Flinz Münchens. - Abh. Bayer. Akad. Wiss., Mathema.-naturwiss. Abt., (N.F.), München, 32: 1-71 [non vidi].

- (1940): Die jungtertiäre Fauna des Flinzes und des Schweiß-Sandes von München. Nachträge und Berichtigungen. - Abh. Bayer. Akad. Wiss., Mathem.-naturwiss. Abt., (N.F.), München, 48: 1-102.

SZYNDLAR, Z. (1984): Fossil snakes from Poland. - Acta Zool. Cracov., Kraków, 28 (1): 1-156.

- (1985): Ophidian fauna (Reptilia: Serpentes) from the Uppermost Miocene of Algora (Spain). - Estud. Geol., Madrid, 41 (5-6): 447-465.

- (1987): Snakes from the Lower Miocene locality of Dolnice (Czechoslovakia). - J. Vertebr. Paleont., Lawrence, 7 (1): 55-71.

- (1991a): A review of Neogene and Quaternary snakes of Central and Eastern Europe. Part I. Scolecophidia, Boidae, Colubrinae. - Estud. Geol., Madrid, 47 (1-2): 103-126.

- (1991b): A review of Neogene and Quaternary snakes of Central and Eastern Europe. Part II. Natricinae, Elapidae, Viperidae.

- (1992): «*Coluber*» *kargii* VON MEYER, 1845 (Serpentes: Viperidae), from the Miocene of Öhningen (Germany). - N. Jb. Geol. Paläont. Mh., Stuttgart, 1992 (11): 692-700.

- (1993): Oligocene snakes of southern Germany. - J. Vertebr. Paleont., Lawrence, (): -.

- & W. BÖHME (im Druck): Redescription of *Tropidonotus atavus* VON MEYER, 1855 from the Upper Oligocene of Rott (Germany) and its allocation to *Rottophis* gen. nov. (Serpentes, Boidae). - Palaeontographica, Abt. A, Stuttgart.

- & J.C. RAGE (1990): West Palearctic cobras of the genus *Naja* (Serpentes: Elapidae): interrelationships among extinct and extant species. - Amphibia-Reptilia, Leiden, 11 (4): 385-400.

- & H.H. SCHLEICH (im Druck): Description of Miocene snakes from Petersbuch 2 with comments on the lower and middle Miocene ophidian faunas of southern Germany. - Stuttgart. Beitr. Naturk., Ser. B, Stuttgart.

- & G.A. ZEROVA (1990): Neogene cobras of the genus *Naja* (Serpentes: Elapidae) of East Europe. - Ann. Naturhist. Mus. Wien, Wien, 91A: 53-61.

THOMAS, H., SEN, S., KHAN, M., BATTAIL, B. & LIGABUE, G. (1982): The Lower Miocene fauna of Al-Sarrar (Eastern province, Saudi Arabia). - Atlal, Riyadh, 5: 109-136.

TROSCHEL, [F.H.] (1854): [ohne Titel]. - SB niederrhein. Ges. Natur- Heilkunde Bonn, Bonn, 1854: XIX.

- (1858): [ohne Titel]. - SB niederrhein. Ges. Natur- Heilkunde Bonn, Bonn, 1858: CXXVI-CXXVII.

- (1861): Ueber den Unterkiefer der Schlangen und über die fossile Schlange von Rott. - Archiv Naturgesch., Berlin, 27 (1): 326-360.

UNDERWOOD, G. (1976): A systematic analysis of boid snakes. - In: BELLAIRS, A.d'A. & C.B. COX (Hrsg.): Morphology and Biology of Reptiles: 151-175. - London (Academic Press).

- & STIMSON, A.F. (1990): A classification of pythons (Serpentes, Pythoninae). J. Zool., London, 221: 565-603.

WEGNER, R.N. (1913): Tertiaer und umgelagerte Kreide bei Oppeln (Oberschlesien). - Palaeontographica, Stuttgart, 60: 175-274.

WETTSTEIN-WESTERSHEIMB, O. (1955): Die Fauna der miozänen Spaltenfüllung von Neudorf a.d. March (SR.). Amphibia (Anura) et Reptilia. - SB Österreich. Akad. Wiss., Mathem.-naturwiss. Kl., Abt. I, Wien, 164 (10): 805-815.

Verfasser

Doz. Dr. ZBIGNIEW SZYNDLAR, Priv.-Doz. Dr. WOLFGANG BÖHME,
Herpetologische Sektion, Zoologisches Forschungsinstitut und Museum Alexander Koenig, Adenauerallee 150-164, D-53113 Bonn

(Daueradresse von Z. SZYNDLAR: Institut für Systematik und Evolution der Tiere, Polnische Akademie der Wissenschaften, Slawkowska 17, PL-31-016 Kraków, Polen).

LEGENDE FÜR DEN APPENDIX

Der Appendix enthält eine Liste der aus Deutschland und anderen europäischen Ländern bekanntgewordenen fossilen Schlangen aus der Zeitspanne vom frühen Oligozän bis zum mittleren Miozän. Die Taxa sind systematisch und geographisch geordnet, getrennt für Deutschland, Frankreich und das übrige Europa. Die Namen der Fundstätten sind unterstrichen, ihr Alter ist in der ersten (chronostratische Unterteilungen) und der zweiten Spalte (MN und MP-Einheiten) angegeben. Die Literaturzitate beziehen sich auf Originalbeschreibungen oder Erstnachweise. In den Fällen, wo sich die systematische Zuordnung bestimmter Taxa geändert hat, sind sowohl der originale als auch der heute gebräuchliche Name angegeben, mit den zugehörigen Zitaten.

Die Liste enthält keine Scolecophidia, da diese Gruppe aus Deutschland nicht bekannt ist. Für die vom Appendix abgedeckte Zeitspanne wurden Scolecophidia aus zwei miozänen Fundstellen gemeldet: 1. *Typhlops grivensis* HOFFSTETTER, 1946 (= ?*Typhlops grivensis*, RAGE 1984a) aus La Grive-St. Alban, Frankreich - Mittelmiozän, MN 7+8; 2. Scolecophidia indet. (SZYNDLAR 1987) aus Dolnice, Böhmen - Frühmiozän, MN 4.

APPENDIX CAPTION

The Appendix contains a list of fossil snakes reported from Germany and other European countries from the period between the Early Oligocene and Middle Miocene. The snake taxa are arranged in systematic order and according to their geographical distribution: separately for Germany, France and remaining European countries. The locality names are underlined, while their age is given in the first (chronostratic subdivision) and second column (MN and MP units). References indicate authors of original descriptions or first reports; in the cases when the systematic allocation of particular taxa was changed, both the original name and that in the current use are given, accompanied by appropriate references.

The list does not include Scolecophidia, because these snakes are unknown from Germany. From the period covered by the Appendix, Scolecophidia were reported from two Miocene sites: 1) La Grive-Saint Alban in France - Middle Miocene, MN 7+8 - *Typhlops grivensis* HOFFSTETTER, 1946; = ?*Typhlops grivensis*, RAGE 1984a; 2) Dolnice in Bohemia - Early Miocene, MN 4 - Scolecophidia indet., SZYNDLAR 1987.

	Deutschland	Frankreich	Übriges Europa

A n i l i i d a e :

	Deutschland	Frankreich	Übriges Europa
MN 4	Petersbuch 2 ▸ *Eoanilius oligocenicus*, SZYNDLAR & SCHLEICH (i.Dr.)		
MN 3	Stubersheim 3 ▸ *Eoanilius oligocenicus*, SZYNDLAR 1993		
MN 2	Ulm-Westtangente ▸ cf. *Eoanilius* sp., SZYNDLAR 1993		
MP 28	Herrlingen 8 ▸ *Eoanilius oligocenicus* SZYNDLAR 1993	Pech du Fraysse ▸ ?Aniliidae A, DE BONIS et al. 1973	
MP 27	Gaimersheim ▸ Aniliidae (?), SCHLEICH 1985 Ehrenstein 7 ▸ *Eoanilius oligocenicus*, SZYNDLAR 1993		
MP 25		Rigal Jouet 1 ▸ ?Aniliidae A, DE BONIS et al. 1973	

UNTERMIOZÄN — OBEROLIGOZÄN — MITTEL-OLIGOZÄN

Fortsetzung folgende Seite / continued on next page

MP 23	Bernloch • Aniliidae, SCHLEICH 1985	Mège • ?Aniliidae A, DE BONIS et al. 1973 Roqueprune 2, Itardies, Pech Crabit • ?Aniliidae A & B, DE BONIS et al. 1973	
MP 22	Herrlingen 7, Ehrenstein 12 • *Eoanilius oligocenicus*, SZYNDLAR 1993	Mas de Got A & B • ?Aniliidae A, DE BONIS et al. 1973 La Plante 2 • ?Aniliidae B, DE BONIS et al. 1973	
MP 21		Ravet • ?Aniliidae A, DE BONIS et al. 1973	
UNTEROLIGOZÄN			

nicht-erycine Boidae :

MN ?			Monte Albu (I) • *Palaeopython sardus* PORTIS 1901; = ?*Python sardus*, RAGE 1984a
MN 6	Rothenstein 13 • Boinae, SZYNDLAR & SCHLEICH (i.Dr.)		
MN 5		Pontlevoy • *Botrophis gaudryi* DE ROCHEBRUNE 1880; = [nomen dubium], RAGE 1984a	
MITTELMIOZÄN			

Fortsetzung folgende Seite / continued on next page

MN 4/5		Vieux Collonges ▲ *Python*, RAGE in THOMAS et al. 1982; [?] = «un gros Boïdé», RAGE in DEMARCQ et al. 1983	
MN 4	Petersbuch 2 ▲ Boinae nov.gen. & nov.sp., SZYNDLAR & SCHLEICH (i.Dr.)		Córcoles (E) ▲ Boinae, SZYNDLAR 1987 Dolnice (CS) ▲ cf. *Gongylophis* sp., SZYNDLAR 1987; = Boinae, SZYNDLAR 1993
MN 3			Lisboa (P) ▲ Boinae, ANTUNES & RAGE 1974
MN ?			Kimi (GR) ▲ *Python euboicus* ROEMER 1870; = *Heteropython euboicus*, DE ROCHEBRUNE 1880; = [nomen dubium], RAGE 1984a
MP 30	Rott ▲ *Tropidonotus atavus* V. MEYER 1855; = Boinae nov.gen., SZYNDLAR & BÖHME (i.Dr.)		
MP 28	Herrlingen 8 ▲ Boinae indet. D, SZYNDLAR 1993	Pech du Fraysse ▲ *Platyspondylia lepta* RAGE 1974	

UNTERMIOZÄN

OBEROLIGOZÄN

Fortsetzung folgende Seite / continued on next page

▲ Boidae H & I, DE BONIS et al. 1973 <u>Pech Desse</u> ▲ *Platyspondylia lepta*, RAGE, 1988b	MP 27	<u>Ehrenstein 7</u> ▲ Boinae indet. B & C, SZYNDLAR 1993 cf. «*Tropidonotus*» *atavus*, SZYNDLAR 1993
(ohne Fundort) ▲ *Platyspondylia* sp., RAGE 1984b	MP 25	
<u>Roqueprune 2</u> ▲ Boidae E, DE BONIS et al. 1973 <u>Itardies, Pech Crabit</u> ▲ Boidae E & F, DE BONIS et al. 1973 <u>Mège</u> ▲ Boidae E & G, DE BONIS et al. 1973 (ohne Fundort) ▲ *Platyspondylia* sp., RAGE 1984b	MP 23	
<u>Mas de Got A & B</u> ▲ Boidae E & H, DE BONIS et al. 1973	MP 22	<u>Ehrenstein 12</u> ▲ Boinae indet. A, SZYNDLAR 1993
OBEROLIGOZÄN	MITTEL-OLIGOZÄN	UNTEROLIGOZÄN

Fortsetzung folgende Seite / continued on next page

UNTER-OLIGOZÄN	MP 21

• cf. *Platyspondylia* sp., SZYNDLAR 1993	Aubrelong 1 • Boidae C, DE BONIS et al. 1973 Ravet • Boidae E, DE BONIS et al. 1973

Erycinae :

MITTELMIOZÄN	MN 7+8	Steinheim a.A. • cf. *Bransateryx* sp., RAGE 1984a = *Bransateryx* cf. *vireti*, RAGE in SZYNDLAR 1993	La Grive-Saint Alban • *Albaneryx depereti* HOFFSTETTER & RAGE 1972 La Grive M. L7, L5 • *Albaneryx depereti*, HOFFSTETTER & RAGE 1972	
	MN 6		Sansan • *Albaneryx* sp., HOFFSTETTER & RAGE 1972: = *Albaneryx depereti*, RAGE & HOLMAN 1984	
	MN 4/5		Vieux Collonges • *Bransateryx* sp., HOFFSTETTER & RAGE 1972	
UNTER-MIOZÄN	MN 4		Petersbuch 2 • *Bransateryx septentrionalis*, SZYNDLAR & SCHLEICH (i.Dr.)	Córcoles (E) • Erycinae, ALFÉREZ & BREA 1981; = «*Eryx*-group», SZYNDLAR 1987

Fortsetzung folgende Seite / continued on next page

MN 3	Stubersheim 3 ▲ cf. *Eryx* sp., SZYNDLAR & SCHLEICH (i.Dr.)		Dolnice (CS) ▲ *Bransateryx septentrionalis* SZYNDLAR 1987
MN 2		Saint Gérand le Puy ▲ *Bransateryx* sp., HOFFSTETTER & RAGE 1972	
MN 1	Weisenau ▲ *Bransateryx* sp., HOFFSTETTER & RAGE 1972 = *Bransateryx vireti*, SZYNDLAR & SCHLEICH (i.Dr.)	Paulhiac ▲ *Bransateryx* sp., HOFFSTETTER & RAGE 1972	
MN 30	Eggingen-Mittelhart ▲ *Bransateryx vireti*, SZYNDLAR 1993	Coderet ▲ *Bransateryx vireti* HOFFSTETTER & RAGE 1972 La Colombière ▲ *Bransateryx vireti*, RAGE 1987b	
MP 29		La Milloque, Moissac II ▲ *Bransateryx vireti*, RAGE 1987b Dieupentale ▲ ?*Bransateryx vireti*, RAGE 1987b	
MP 28	Herrlingen 8 ▲ *Bransateryx vireti*, SZYNDLAR 1993	Pech du Fraysse, Pech Desse ▲ *Bransateryx vireti*, RAGE 1987b	

UNTERMIOZÄN: MN 3, MN 2, MN 1
OBEROLIGOZÄN: MN 30, MP 29, MP 28

Fortsetzung folgende Seite / continued on next page

MP 27	Ehrenstein 7 ▪ *Bransateryx vireti*, SZYNDLAR 1993		
MP ?	Nassiet ▪ *Bransateryx* sp., HOFFSTETTER & RAGE 1972		
MP 25	Belgarric, Rigal Jouet 1 ▪ *Bransateryx vireti*, RAGE 1987b		
MP 22	Herrlingen 7, Ehrenstein 12 ▪ *Bransateryx vireti*, SZYNDLAR 1993		
	N a t r i c i n a e :		
MN 7+8	Steinheim a.A. ▪ [part] *Coluber steinheimensis* FRAAS 1870; = *Protropidonotus steinheimensis*, RAGE 1984a; = «*Coluber*» *steinheimensis*, diese Arbeit	La Grive M ▪ *Neonatrix europaea* RAGE & HOLMAN 1984 ▪ *Neonatrix crassa* RAGE & HOLMAN 1984 La Grive L7, L3 ▪ *Natrix* aff. *N. longivertebrata*, RAGE & SZYNDLAR 1986	Opole (PL) ▪ *Palaeonatrix silesiaca* SZYNDLAR in MŁYNARSKI et al. 1982
MN 6	Sandelzhausen ▪ Natricinae indet. SZYNDLAR & SCHLEICH (i.Dr.)	Sansan ▪ [part] *Coluber sansaniensis* LARTET 1851;	Devínska Nová Ves (CS) ▪ *Neonatrix* sp., SZYNDLAR 1991b

OBER-OLIGOZÄN — MP 27, MP ?

MITTEL-OLIGOZÄN — MP 25

UNTER-OLIGOZÄN — MP 22

MITTELMIOZÄN — MN 7+8, MN 6

Fortsetzung folgende Seite / continued on next page

Stage				
MN 5/6	Oggenhausen ▲ cf. *Natrix* sp., SZYNDLAR & SCHLEICH (i.Dr.)	= *Natrix sansaniensis*, RAGE 1981a		
MN 5	Randecker Maar ▲ Natricinae indet., SZYNDLAR & SCHLEICH (i.Dr.)			
MN 4/5		Vieux Collonges ▲ ?*Neonatrix europaea*, RAGE & HOLMAN 1984		
MN 4	Langenau ▲ *Palaeonatrix* cf. *P. lehmani*, SZYNDLAR & SCHLEICH (i.Dr.) Petersbuch 2 ▲ *Palaeonatrix lehmani*, SZYNDLAR & SCHLEICH (i.Dr.) ▲ *Natrix* aff. *N. sansaniensis*, SZYNDLAR & SCHLEICH (i.Dr.) ▲ cf. «*Neonatrix*», SZYNDLAR & SCHLEICH (i.Dr.) ▲ Natricinae indet., SZYNDLAR & SCHLEICH (i.Dr.)		Dolnice (CS) ▲ *Dolniceophis lehmani* RAGE & ROČEK 1983; = *Palaeonatrix lehmani*, SZYNDLAR 1987 ▲ *Neonatrix nova* SZYNDLAR 1987	
MN 3	Stubersheim 3 ▲ Natricinae indet., SZYNDLAR & SCHLEICH (i.Dr.)			
MP 22		Mas de Got ▲ *Natrix mlynarskii* RAGE 1988a		

MITTELMIOZÄN   UNTERMIOZÄN   UNTER-OLIGOZÄN

Fortsetzung folgende Seite / continued on next page

nicht-natricine Colubridae:

MN 7+8	Öhningen • *Coluber (Tropidonotus) owenii* V. MEYER 1844a; = [nomen dubium], diese Arbeit • *Coluber arcuatus* V. MEYER 1845; = [nomen dubium], diese Arbeit Steinheim a.A. • *Naja suevica* FRAAS 1870; = ?*Coluber suevica*, RAGE 1984; = *Coluber suevica*, diese Arbeit	La Grive M. L7, L5 • *Texasophis meini* RAGE & HOLMAN 1984 • *Paleoheterodon arcuatus* RAGE & HOLMAN 1984	Opole (PL) • *Tamnophis* sp., WEGNER 1913; = [?]«Colubrinae» indet., SZYNDLAR 1991a • *Ognophis europaeus* SZYNDLAR in MŁYNARSKI et al. 1982; = «Colubrinae» indet., SZYNDLAR 1991a San Quirze, Hostalets de Pierola (E) • Colubridae, CRUSAFONT PAIRÓ & DE VILLALTA 1952
MN 6	Sandelzhausen • cf. *Coluber* sp., SZYNDLAR & SCHLEICH (i.Dr.)	Sansan • [part] *Coluber sansaniensis* LARTET 1851; = *Tamnophis pouchetii*, DE ROCHEBRUNE 1880; = *Coluber pouchetii*, RAGE 1981a	Devínska Nová Ves (CS) • ?*Malpolon* sp., WETTSTEIN-WESTERSHEIMB 1955; = Colubrinae, SZYNDLAR 1984 • «Colubrinae» indet., SZYNDLAR 1991a
MN 5-7			Przeworno (PL) • Colubrinae indet. (form "A"), SZYNDLAR 1984
MN 5/6	Oggenhausen • cf. *Elaphe* sp., SZYNDLAR & SCHLEICH (i.Dr.)		
MN 5	Randecker Maar • *Texasophis* cf. *meini*, SZYNDLAR & SCHLEICH (i.Dr.)		

MITTELMIOZÄN

Fortsetzung folgende Seite / continued on next page

Stage			
MN 4	Petersbuch 2 ▲ *Coluber* nov.sp. SZYNDLAR & SCHLEICH (i.Dr.)		Córcoles (E) ▲ Colubridae indet., ALFÉREZ & BREA 1981 Dolnice (CS) ▲ *Coluber dolnicensis* SZYNDLAR 1987 ▲ *Texasophis boheniacus* SZYNDLAR 1987 ▲ Colubridae indet., SZYNDLAR 1987 Lisboa (P) ▲ «Colubrinae», ANTUNES & RAGE 1974
MN 3	Stubersheim 3 ▲ non-natricine Colubridae, SZYNDLAR & SCHLEICH (i.Dr.)		
MN ?		(ohne Fundort) ▲ ?*Coluber cadurci*, RAGE 1988a	
MN 1	Weisenau ▲ cf. «*Coluber*» *cadurci*, SZYNDLAR & SCHLEICH (i.Dr.)		
MP 28		Pech du Fraysse ▲ "Colubrinae" indet., DE BONIS et al. 1973	
MP 25		Rigal Jouet 1 ▲ *Coluber cadurci*, RAGE 1974	

UNTERMIOZÄN — OBER-OLIGOZÄN — MITTEL-OLIGOZÄN

Fortsetzung folgende Seite / continued on next page

MP 23		Roqueprune 2, Itardies, Pech Crabit ▲ *Coluber cadurci*, RAGE 1974
MP 22	Ehrenstein 12 ▲ *Texasophis bohemiacus*, SZYNDLAR 1993	Mas de Got A ▲ *Coluber cadurci* RAGE 1974 La Plante 2 ▲ *Coluber cadurci*, RAGE 1974

UNTEROLIGOZÄN

E l a p i d a e :

MN 7+8		La Grive-St. Alban ▲ *Palaeonaja romani* HOFFSTETTER 1939; *Palaeonaja crassa* HOFFSTETTER 1939; = *Naja romani*, SZYNDLAR & RAGE 1990 Isle d'Abeau ▲ *Naja* sp., SZYNDLAR & RAGE 1990 La Grive M ▲ *Micrurus gallicus* RAGE & HOLMAN 1984 La Grive L5 ▲ *?Micrurus gallicus*, RAGE & HOLMAN 1984
MN 6	Sandelzhausen ▲ *Naja* sp., SZYNDLAR & SCHLEICH (i.Dr.)	

MITTELMIOZÄN

Fortsetzung folgende Seite / continued on next page

MN 4-6	Rothenstein 13 ▲ *Naja* sp., SZYNDLAR & SCHLEICH (i.Dr.) Eichstätt ▲ *Protropidonotus neglectus* SCHLOSSER 1916; = *Protropidonotus steinheimensis*, RAGE 1984a; = [nomen dubium]; ?*Naja* sp., diese Arbeit	MITTEL-MIOZÄN
MN 4/5	Vieux Collonges ▲ *Palaeonaja romani*, RAGE 1984a = *Naja* cf. *N. romani*, SZYNDLAR & RAGE 1990 ▲ ?*Micrurus gallicus*, RAGE & HOLMAN 1984	
MN 4	Petersbuch 2 ▲ *Naja romani*, SZYNDLAR & SCHLEICH (i.Dr.) ▲ *Micrurus gallicus*, SZYNDLAR & SCHLEICH (i.Dr.) ▲ Elapidae indet., SZYNDLAR & SCHLEICH (i.Dr.)	UNTERMIOZÄN
	Córcoles (E) ▲ *Palaeonaja* sp., ALFÉREZ & BREA 1981 = *Naja* sp., SZYNDLAR & RAGE 1990	

V i p e r i d a e :
(*Vipera* = «Europäische Vipern»; *VIPERA* = «Orientalische Vipern»)

MN 7+8	Öhningen ▲ *Coluber kargii* V. MEYER 1845; = *Vipera kargii*, KUHN, 1971;	MITTEL-MIOZÄN
	Opole (PL) ▲ Viperidae, SZYNDLAR in MŁYNARSKI et al. 1982;	

Fortsetzung folgende Seite / continued on next page

		= *Vipera* sp., SZYNDLAR 1991b San Quirze, Hostalets de Pierola (E) ▲ *Vipera* sp., CRUSAFONT PAIRÓ & DE VILLALTA 1952
		Devínska Nová Ves (CS) ▲ *Vipera* sp., SZYNDLAR 1991b
MN 6	= «*Coluber*» *kargii*, [nomen dubium], SZYNDLAR 1992 Steinheim a.A. ▲ cf. *Vipera* sp., RAGE 1984; = *Vipera* sp., SZYNDLAR & SCHLEICH (i.Dr.) ▲ *VIPERA* sp., SZYNDLAR & SCHLEICH (i.Dr.)	
	Sandelzhausen ▲ *VIPERA* sp., SZYNDLAR & SCHLEICH (i.Dr.)	Sansan ▲ *Vipera sansaniensis* LARTET 1850; = [nomen nudum], RAGE 1984a
MN 5/6	Oggenhausen ▲ *Vipera* sp., SZYNDLAR & SCHLEICH (i.Dr.) Randecker Maar ▲ *Vipera* sp., SZYNDLAR & ŠCHLEICH (i.Dr.)	
MN 4/5		Vieux Collonges ▲ *VIPERA* sp., diese Arbeit
MN 4	Petersbuch 2 ▲ *VIPERA platyspondyla*, SZYNDLAR & SCHLEICH (i.Dr.) ▲ *Vipera antiqua*, SZYNDLAR & SCHLEICH (i.Dr.) Langenau ▲ *VIPERA* sp., SZYNDLAR & SCHLEICH (i.Dr.) ▲ *Vipera* sp., SZYNDLAR & SCHLEICH (i.Dr.)	Córcoles (E) ▲ [cf.] Viperidae, SZYNDLAR 1985 Dolnice (CS) ▲ *VIPERA platyspondyla* SZYNDLAR 1987 ▲ *Vipera antiqua* SZYNDLAR 1987
MITTELMIOZÄN		UNTERMIOZÄN

Fortsetzung folgende Seite / continued on next page

UNTERMIOZÄN	MN 3	Stubersheim 3 ▲ *Vipera* sp., SZYNDLAR & SCHLEICH (i.Dr.)		Lisboa (P) ▲ Viperidae, ANTUNES & RAGE 1974 = cf. *VIPERA* sp., SZYNDLAR & SCHLEICH (i.Dr.)
	MN 2		Marcoin ▲ Viperinae, HOFFSTETTER 1955; RAGE in SZYNDLAR & SCHLEICH (i.Dr.)	
	MN 1&2		Saint Gérand le Puy complex ▲ Viperinae, HOFFSTETTER 1955; RAGE in SZYNDLAR & SCHLEICH (i.Dr.)	
	MN 1	Hessler ▲ *Provipera boettgeri* KINKELIN 1892; = [nomen dubium], RAGE 1984a Weisenau *Vipera* cf. *V. antiqua*, SZYNDLAR & SCHLEICH (i.Dr.)		

MERTENSIELLA
Supplement zu SALAMANDRA

Herausgegeben von der Deutschen Gesellschaft für Herpetologie und Terrarienkunde e.V., Postfach 14 21, D-53351 Rheinbach, Tel. (02255) 60 86, Fax (02255) 17 26.

Vorstand: Dipl.-Ing. INGO PAULER (Vorsitzender) — Dr. MICHAEL GRUSCHWITZ (1. Stellvertreter) — Dr. ULRICH JOGER (2. Stellvertreter) — Dipl.-Biol. URSULA FRIEDERICH (1. Schriftleiterin) — Dr. KLAUS HENLE (2. Schriftleiter) — RAINER THISSEN (Schatzmeister).

MERTENSIELLA enthält Beiträge zu herpetologischen Themen von allgemeinem Interesse. Je Heft sind eine umfangreiche Arbeit oder mehrere Arbeiten zu einem Rahmenthema vorgesehen, bevorzugt in deutscher Sprache, kürzere Berichte auch in Englisch. MERTENSIELLA erscheint in Form von Einzelheften in unregelmäßigen Abständen. MERTENSIELLA wird ohne finanziellen Gewinn publiziert, Herausgeber und Autoren erhalten kein Honorar. Der Bezug ist im Mitgliedspreis nicht enthalten. DGHT-Mitglieder erhalten die Hefte zum Vorzugspreis (siehe unten) direkt von der Gesellschaft gegen Vorkasse.

MERTENSIELLA contains herpetological contributions of general interest. Each booklet contains a larger work or several publications centered around a particular theme. Publications are preferentially in German, with shorter notes also in English. MERTENSIELLA appears irregularly as a separate issue, and is a non-profit publication, with editors and authors not receiving fees. This publication is not included with the yearly subscription. DGHT-members, however, can receive MERTENSIELLA at a reduced rate (see below) directly from the society after prepayment.

Bankverbindung: Deutsche Bank AG Frankfurt/M.
(BLZ 500 700 10), Konto-Nr. 92-1718

ISSN 0934-6643, ISBN 3-9801929-2-X

Preis: 39,80 DM; ermäßigter Preis für DGHT-Mitglieder: 22,50 DM.

Layout & Satz: Andreas Mendt, DGHT-Geschäftsstelle; DTP: Aldus PageMaker.
Druck: Warlich Druck und Verlagsgesellschaft mbH, Meckenheim.

Weitere Informationen über die Deutsche Gesellschaft für Herpetologie und Terrarienkunde und die bisher erschienenen Mertensiella-Bände erhalten Sie über die DGHT-Geschäftsstelle, Postfach 14 21, D-53351 Rheinbach. Unsere Mitglieder erhalten vierteljährlich die Zeitschriften »SALAMANDRA« und »elaphe«.